Das TeXikon

Referenzhandbuch für TeX und LaTeX

Stefan Schwarz
Rudolf Potuček

Das TEXikon

Referenzhandbuch für TEX und LATEX

An imprint of Addison Wesley Longman, Inc.

Bonn • Reading, Massachussets • Menlo Park, California • New York • Harlow, England
Don Mills, Ontario • Sydney • Mexico City • Madrid • Amsterdam

Die Deutsche Bibliothek – CIP-Einheitsaufnahme

Schwarz, Stefan:
Das TeXikon: Referenzhandbuch für TeX und LaTeX /
Stefan Schwarz; Rudolf Potuček. –
Bonn; Reading, Mass. [u.a.]: Addison-Wesley-Longman, 1997
ISBN 3-89319-690-0
NE: Potuček, Rudolf

Lektorat: Fernando Pereira, Bonn
Korrektorat: Herbert Scheubner, Gräfeling
Produktion: Claudia Lucht, Bonn
Satz: Stefan Schwarz, Würzburg und Rudolf Potuček, Karlsruhe
Belichtung, Druck und Bindung: Bercker Graphischer Betrieb, Kervelaer
Umschlaggestaltung: Atelier Pulido, Bonn

Das verwendete Papier ist aus chlorfrei gebleichten Rohstoffen hergestellt und alterungsbeständig. Die Produktion erfolgt mit Hilfe umweltschonender Technologien und unter strengsten Auflagen in einem geschlossenen Wasserkreislauf unter Wiederverwendung unbedruckter, zuruckgeführter Papiere.

Vorwort

Die Geschichte von TEX ist eine Geschichte voller Mißverständnisse.

Halten Sie Lamport für eine ausgezeichnete Weinsorte?
Ist Plain-TEX für Sie der Stoff, aus dem regendichte Kleidung ist?
Oder berührt Sie vielleicht das Wort LATEX peinlich?

Dann sollten Sie die Finger von diesem Buch lassen!
Sie werden damit bestimmt nicht glücklich.

Klartext

Was ist das TEXikon?

Das TEXikon ist ein alphabetisch sortiertes Lexikon aller (über 1400) TEX- und LATEX-Befehle. Es steht nicht in Konkurrenz mit den zahlreichen Lehrbüchern zu TEX und LATEX, denn es kann als Lexikon ein ordentliches Lehrbuch nicht ersetzen.

„Schließlich lernt man Deutsch auch nicht, indem man den Duden durchliest".

Die Zielgruppe

Das TEXikon richtet sich an alle, die TEX oder LATEX häufiger einsetzen.

Der Nutzen

Bei der Arbeit mit TEX oder LATEX muß man immer wieder Verschiedenes nachschlagen. Sei es, weil einem die Syntax eines Befehls entfallen ist, die Wirkung nicht ganz klar ist oder weil man einen Befehl sucht, der irgend etwas ganz bestimmtes tut. Das Ziel des TEXikons ist, dieses „Referenzieren" einfacher und effizienter zu gestalten, um Ihnen Zeit und Nerven zu sparen.

Das Konzept

Zu jedem Befehl existiert eine Beschreibung, die grundlegende Informationen liefert:

(a) Alle Plattformen auf denen der Befehl verfügbar ist (TEX-Primitive, Plain-TEX, LATEX, LATEX 2ε), (b) die gebräuchliche Standardsyntax, (c) eine einzeilige Kurzbeschreibung und (d) ein einfaches Beispiel.

Diese Grundinformationen helfen Ihnen weiter, wenn Sie die Syntax des Befehls vergessen haben, Ihnen die Wirkung entfallen ist oder Sie den Befehl in seiner gebräuchlichen Form einsetzen wollen.

Den Grundinformationen folgen detaillierte Informationen, bestehend aus der allgemeinen Syntax des Befehls, vertieften Beispielen, der Definition des Befehls und einer ausführlichen Beschreibung, die alle Anwendungsgebiete aufzeigt.

Dieses Konzept hat zum Ziel, daß die Zeit, die Sie benötigen, um eine bestimmte Information zu finden, im Verhältnis dazu steht, wie spezifisch die Information ist. Mit anderen Worten:

„Sie müssen keine ganze Seite tiefsinniger Erklärungen durchlesen, um etwas Grundlegendes zu erfahren."

Wichtig war uns, daß die alphabetische Reihenfolge der Befehle nicht der einzige Index ist, an dem man sich orientieren kann. Nach jeder Befehlsbeschreibung folgt eine Liste mit Verweisen auf andere Befehle, die thematisch oder funktionell in einer Beziehung zu dem beschriebenen Befehl stehen. Dabei sind auch plattformübergreifende Verweise realisiert, da z.B. LaTeX die Möglichkeit bietet, Plain-TeX-Befehle einzusetzen. Man kann sich auf diese Weise von einem Befehl, den man kennt, zu einem Befehl „durchhangeln", der das tut, was man eigentlich möchte.

Ein weiterer Anhaltspunkt ist der Themenindex, in dem zu jedem Schlagwort Befehle aufgeführt sind, die sich damit assoziieren lassen.

Als Anhang gibt es noch den sogenannten *Nachschlag*. Er enthält verschiedene Übersichten in Form von Tabellen und Graphiken. Er ist, wie der Name schon sagt, eine Dreingabe und zum Nachschlagen gedacht.

Unser Ziel war es, ein Buch zu schreiben, das bei der Arbeit mit TeX und LaTeX hilft, Zeit zu sparen. In diesem Sinne wünschen wir Ihnen viel Spaß und daß Ihnen Ihr TeXikon längere Kaffeepausen beschert.

Danksagung

Abschließend möchten wir uns bei allen bedanken, die bei der Entstehung dieses Buches mitwirkten oder uns unterstützten.

Da ist als erstes Addison-Wesley zu nennen und dort speziell Herr Ekkehard Hundt. Er hatte ein offenes Ohr für unsere Idee und gab uns auch die Chance, sie zu realisieren.

Weitere Personen, denen Dank gebührt: Fernando Pereira, Friederike Daenecke, Claudia Lucht, Herbert Scheubner, Fiedhelm Sowa, Volker Schaa, Bernd Knappmann und Joachim Lammarsch.

Stefan Schwarz, Rudolf Potuček, November 1996

Inhaltsverzeichnis

Legende

Wichtiger Hinweis!

Um das TEXikon richtig nutzen zu können, ist es erforderlich, daß Sie die Abschnitte **Aufbau der Befehlsbeschreibungen** und **Allgemeine Syntaxnotation** lesen.

Alle anderen Abschnitte der Legende sind ebenfalls interessant und nützlich, aber nicht unbedingt notwendig, um mit diesem Buch arbeiten zu können. Falls Sie einmal aus einer Befehlsbeschreibung nicht schlau werden, weil Sie mit einem Konzept von TEX oder LATEX nicht vertraut sind, dann hilft Ihnen vielleicht ein anderer Abschnitt der Legende oder der Crashkurs weiter.

Führt das auch nicht zum Erfolg, hilft nur der Griff zu einem guten Lehrbuch, das auch größere Zusammenhänge erläutert. Alle TEX-und LATEX-Bücher, die im Literaturverzeichnis angegeben sind, sind als Lehrbücher empfehlenswert.

Aufbau der Befehlsbeschreibungen

Seitenkopfzeile In der Kopfzeile der Seite steht der Name des ersten Befehls, der auf der aktuellen Seite beschrieben wird. Das bedeutet: Der Text direkt unterhalb der Kopfzeile gehört immer zu dem Befehl in der Kopfzeile.

Kommandokopfzeile Dort steht der Name des Befehls und die gebräuchliche Syntax. Bei Symbolbefehlen findet sich rechts gleich die Wirkung des Befehls in einer umrahmenden weißen Box (Siehe `\alpha`). Diese Box gibt Aufschluß über die Ausrichtung des Symbols und die Größe der umgebenden Box. Ergebnisse wie bei `\not` sind daher beabsichtigt.
Namen von LaTeX-Umgebungen kürzen wir durch `{`*Umgebungsname*`}` ab. Diese Notation steht für: `\begin{`*Umgebungsname*`}` ... `\end{`*Umgebungsname*`}`

System Enthält alle TeX-Plattformen, die den Befehl unterstützen. Die Angaben sind durch Kommata getrennt. Möglich sind: TeX-Primitive, Plain-TeX, LaTeX 2.09 und LaTeX2e. Weiterhin kann eine Information durch einen Doppelpunkt angehängt sein. Diese schränkt in der Regel die Wirkung des Befehls auf einen Modus oder ein LaTeX-*package* ein.

Kurzbeschreibung Eine meist einzeilige Kurzbeschreibung des Befehls.

Syntax Gibt die vollständige Syntax des Befehls an. Die Notation der Syntax findet sich im Abschnitt *Allgemeine Syntaxnotation*.

Beispiel Hier finden sich ein oder mehrere Beispiele. Das erste Beispiel ist in der Regel die gebräuchliche Anwendung des Befehls. Quelltext ist in `Typewriter` gesetzt. Darunter folgt normalerweise sofort die Wirkung.

Definition Die Definition des Befehls ist nur angegeben, falls sie hilfreich oder interessant und nicht zu komplex ist.

Beschreibung Eine ausführliche Beschreibung des Befehls.

Bemerkung Nomen est Omen.

Vergleiche Eine Liste von Befehlen und Themen, die in irgendeiner Beziehung zum beschriebenen Befehl stehen. Innnerhalb der Liste können folgende Markierungen auftauchen: [T], [L] oder [S]. Diese kennzeichnen, daß die nachfolgenden Befehle nur in Plain-TeX, LaTeX oder SLITeX verfügbar sind.

Allgemeine Syntaxnotation

Die nachfolgende Liste beschreibt alle Arten, wie Parameter in der Syntaxzeile notiert sein können. Zu jeder Notation existiert ein Syntaxbeispiel. Die Beispiele sind grau unterlegt, damit sie leicht zu finden sind.

An manchen Stellen im Buch finden sich kleine Indizes an den Parametern. Dies ist eine Zusatzinformation für Leute, die TEX systemnah einsetzen möchten. Falls Sie sich dafür interessieren, finden Sie im Abschnitt *Spezielle Syntaxnotation* eine Aufschlüsselung. Anderenfalls können Sie die Indizes einfach ignorieren.

⟨ ... ⟩ **Standard-Argument**

Ein Zeichen oder einen Befehl nennt man ein Token. Tokens sind die Grundbausteine, mit denen das TEX-Programm arbeitet. Ein Standard-Argument ist:

(a) Ein einzelnes Token.

(b) Mehrere Tokens, umschlossen von geschweiften Klammern.

(c) Mehrere Tokens, falls noch sogenannte *erwartete Zeichen* folgen.

Syntax	`\underline` ⟨*Text*⟩
Fall (a)	`\underline{Hallo}`
Wirkung	Hallo
Fall (b)	`\underline Hallo`
Wirkung	Hallo
Fall (c)	Siehe Abschnitt *Erwartete Zeichen.*

`[`⟨*Zeichen*⟩`]` **Optionales LaTeX-Argument**

Optionale Parameter von LaTeX-Befehlen stehen in eckigen Klammern. Die eckigen Klammern sind in diesem Fall keine Notationshilfe. Sie müssen auch im Quelltext auftauchen.

Syntax	`\footnote [`⟨*Zahl*⟩`]` ⟨*Fußnotentext*⟩
Aufruf	`\footnote[777]{Eine beispielhafte Fu"snote.}`

`Zeichen`

Erwartete Zeichen

Zeichen, die in `typewriter` stehen, müssen explizit im Quellcode auftauchen, anderenfalls ist die Syntax unvollständig.

Syntax	`\buildrel` ⟨*Ausdruck*⟩ `\over` ⟨*Relation*⟩
Aufruf	`$\buildrel I+II\over\Longrightarrow$`
Wirkung	$\buildrel I+II \over \Longrightarrow$

`Zeichen`

Optionale Zeichen

Zeichen, die in ***`typewriter italic`*** stehen, sind optional. Das heißt, man kann sie einfügen oder auch weglassen, ohne daß sich etwas an der Wirkung des Befehls ändert. Berühmtes Beipiel dafür ist das = in Zuweisungen.

Syntax	`\let` ⟨*Befehlsname*⟩ = ⟨*Token*⟩
Aufruf 1	`\let\a=\b`
Aufruf 2	`\let\a\b`

Aufruf 1 und Aufruf 2 sind äquivalent.

⟪ ... ⟫

Unexpandierbares Token

TEX erwartet ein unexpandierbares Token. Ist das Token dennoch expandierbar, wird es expandiert. Falls sich das erste Token von der entstehenden Tokenliste weiter expandieren läßt, wird dieses wieder expandiert. Auf diese Weise wird rekursiv fortgefahren, bis die Tokenliste von einem unexpandierbaren Token angeführt wird. Dieses wird von dem Befehl als Argument gelesen.

Erwartet der Befehl mehrere unexpandierbare Tokens, wird das dem gelesenen Token nachfolgende Token der gleichen Prozedur unterzogen, solange bis die entsprechende Anzahl unexpandierbarer Tokens gelesen wurde.

Syntax	`\accent`⟪*nummer*⟫
Aufruf	`\def\ueno{127}` `H\accent\ueno ugel`
Wirkung	Hügel

Spezielle Syntaxnotation

Im Buch finden sich an manchen Stellen kleine Indizes an den Parametern. Dies ist eine Zusatzinformation über spezielle Verhaltensweisen von TEX bei bestimmten Untertypen von Parametern. Für den interessierten Leser findet sich in den folgenden beiden Unterabschnitten eine Erläzuterung, wie TEX vom Eingabezeichen zum sog. *Token* gelangt, und was die kleinen Indizes in der Parametersyntax bedeuten.

Vom Zeichen zum *Token*

TEX, und damit ist das Programm gemeint, liest eine Eingabedatei nicht zeichenweise, sondern in kleinen Häppchen, deren Länge von der Art der gelesenen Zeichen abhängt – eben von der Art, wie sich die Zeichen logisch zu sogenannten *Token*, den minimalen logischen Einheiten, zusammenfassen lassen.

Der entscheidende Parameter ist zunächst der sogenannte `\catcode` (*category code*). Das ist ein Code, der einem Zeichen eine logische Funktion zuordnet. Dabei ist die Funktion vom *Zeichencode*,* also dem des Zeichens in der Eingabe nur indirekt abhängig. TEX hält zu diesem Zweck eine Tabelle im Speicher, nach der es zu jedem *Zeichencode* eines Eingabezeichens einen `\catcode` zuordnet.

Im Regelfall (normaler Text) ist ein *Token* ein einzelnes Zeichen. Eingeleitet durch das Befehlszeichen (*escape character*) treten weitere Regeln in Kraft, durch die ein *Token* erheblich länger werden kann.

Befehlsnamen: Wird in der Eingabe ein Befehlszeichen (`\catcode`=0) gefunden, werden alle folgenden Zeichen mit `\catcode`=11 (oder ein einziges Zeichen mit einem beliebigen `\catcode`) mit dem Befehlszeichen (*escape character*) zum Befehlsnamen zusammengefaßt und fortan als ein Befehls-*Token* geführt.

Parameter: Der zweite Weg, wie lange *Token* entstehen können, ist als Makroparameter.

Dies kann entweder durch die Angabe eines erwarteten Textes bei `\def` geschehen, dann werden alle Zeichen bis zu der notwendigen Zeichenkette zu einem *Token* zusammengefaßt. Das gleiche geschieht, wenn beim Einlesen eines normalen Makroparameters Klammerzeichen gefunden werden (`\catcode` 1,2). Dann werden alle Zeichen bis zu einer hierarchisch passenden schließenden Klammer zu einem *Token* zusammengefaßt.

Zahlen: Unter den Systembefehlen gibt es solche, die explizit Zahlenmaterial für dimensionslose Größen oder Längen verlangen. Als *Token* werden hier solange Zeichen akzeptiert, bis ein Zeichen auftaucht, das nicht `\catcode` 12 hat oder keine Zahl ist.

*Als Zeichencode wird hier fortan der maschinenspezifische Code bezeichnet (z.B. ASCII, EBCDIC), mit dem einem numerischen Wert eine graphische Repräsentation zugeordnet wird.

Bei all diesen Umwandlungen ist zu beachten, daß es innerhalb von TEX keine Methode gibt, ein Eingabezeichen (bzw. dessen *Zeichencode*) zu verändern. Man kann zwar einige Tricks anwenden (vgl. `\newif`), aber es gibt keine direkte Umwandlungstabelle für *Zeichencodes*.

Die Grundtypen – Parameter ohne Indizes

Die folgende Auflistung ist eine etwas genauere Analyse der in der allgemeinen Syntaxnotation bereits beschriebenen Parametertypen. Grundsätzlich können drei Arten von *Parametern* für Makros unterschieden werden:

1.) ⟪*Token*⟫ — **Unexpandierbare Tokens.**

Dies sind die Grundbausteine mit denen das TEX-Programm arbeitet. Hierzu zählen Zeichen, Systembefehle und Register.

2.a) ⟨*Token*⟩ — **Einzelne *Tokens*, entspricht dem *Standard-Argument*.**

Hier wird das nachfolgende *Token* als Parameter verwendet. Es gelten alle Regeln für *Token* und *Gruppen*. Beispiel wäre eine Makrodefinition der Art:

```
\def\test#1{Dies ist ein Test: #1.}
```

2.b) *Zeichen* — ***Tokenlisten.***

So gesetzte Zeichen stehen für eine *Tokenliste*, die durch äußere Umstände begrenzt wird, z.B. durch Gruppenklammern, explizit erwartete Zeichen oder ähnliches.

(Diese Notation ist nur implizit durch die Verwendung *geneigter* Schrift für die *Tokenlisten* verwendet worden, da man die *Tokenliste* vor dem erwarteten Zeichen auch als einzelnes *Token* auffassen kann).

3.) *`Opt. Zeichen`* — **Optionale Zeichen.**

So angegebene Zeichen sind in irgendeiner Weise optional. Dies kann auf einer TEX-Ebene ablaufen, wie bei dem `=` in

```
\let\a=\b
```

oder auf höherer Ebene, wie bei

`\parbox` `[`⟨*Position*⟩`]` ⟨⟨*Breite*⟩$_d$⟩⟨*Text*⟩

Für letztere Art von Parametern gilt im allgemeinen eine Begrenzung des Parameters durch ein zweites optionales Zeichen, in obigem Fall „`]`“. Das heißt es werden alle *Tokens* bis zu diesem Zeichen zum Parameter zusammengefaßt, und wenn dadurch die Gruppenstruktur verletzt wird, führt dies zu einer Fehlermeldung.

4.) `Erw. Zeichen`

Erwartete Zeichen.

Diese Zeichen müssen explizit im Eingabetext vorgefunden werden. In folgendem Beispiel

```
\def\line(#1,#2)#3{...}
```

würde der gesamte Text zwischen „`(`" und dem ersten „`,`" als Parameter 1 und der Rest bis zum „`)`" als Parameter 2 übergeben. Die Zeichen selbst werden nur als Begrenzer verwendet und nicht weitergeleitet.

Die *erwarteten Zeichen* dürfen nicht innerhalb einer Makrodefinition versteckt sein, da der TEX-Parser bei der Suche nach den *erwarteten Zeichen* die Tokens, die er einließt, nicht expandiert.

Folgende Definition

```
\let\kl[
\def\test[#1]{\message{#1}}
```

würde folgende Ergebnisse liefern:

```
*\test[Hello}]
! Argument of \test has an extra }.
...

?
Runaway argument?
...

! Paragraph ended before \test was complete.
...

! Too many }'s.
...

*\test[Hello \egroup]
Hello \egroup
*\test[1\kl[2]
1\kl [2
```

Wenn dies auch nicht auf Anhieb wichtig erscheint, kann es doch von Bedeutung sein, da in manchen Fällen die Parameter-Token expandiert werden können, *bevor* das Makro sie benötigt:

```
\expandafter\test\kl Hello]
```

würde „Hello" liefern.

Abgeleitete Typen – Parameter mit Indizes

Vom Typ 2 abgeleitete Typen

Alle weiteren verwendeten Notationen für Parameter sind Abwandlungen der obigen Typen. Für die folgenden Abwandlungen von Typ 2 gilt, daß das erste gelesene *Token*, sowie jeweils das erste *Token* der jeweils entstandenen *Tokenlisten* expandiert wird bis ein nicht weiter expandierbares *Token* entsteht. Wenn das so entstandene *Token* nicht den Anforderungen entspricht gibt TEX eine Fehlermeldung aus.

⟨*Klammer*⟩$_{()}$ — Es wird ein *Token* erwartet, dessen mathematische Funktion `\mathopen` oder `\mathclose` entspricht.

```
$\right)$
```

⟨*Box*⟩$_b$ — Es wird ein Token erwartet, das zu einer Box expandiert.

```
\raise2cm\box0
```

⟨*Befehl*⟩$_\backslash$ — Es wird ein Befehlsname erwartet. Befehlsnamen in TEX können sein:
⟨aktives Zeichen⟩$_{12}$
\\$_0$*⟨beliebiges Zeichen⟩*
\\$_0$*⟨normale Zeichen⟩*$_{11}$

```
\typein[\mytoks]{Who am I}
```

Auch bei obigen *Token* besteht die Gefahr, daß mehr *Token* gelesen werden als notwedig wären, und daß durch die resultierende Expansion und Zuweisung von `\catcodes` manche Trickmakros nicht funktionieren könnten.

Vom Typ 3 abgeleitete Typen

Bei den folgenden *Tokenlisten* kommt die Gefahr hinzu, daß sich ein optionaler Teil eines Parameters zufällig im geschriebenen Text nach einem Makroaufruf befindet.

```
\def\jump{\hskip1cm}
L"ange\jump plus 1cm
```

expandiert zu

```
L"ange\hskip1cm plus1cm
```

und so wird anstelle des höchstwahrscheinlich gewünschten Ergebnisses eine elastische Länge eingeführt. Man kann diese Effekt unterbinden, indem man Befehle oder Zeichen einfügt, die sicher nicht zu den optionale Teilen gerechnet werden, aber sonst keine Wirkung zeigen. Zum Beispiel `{}` oder `\relax`.

⟨Zahl⟩$_z$

Es wird bis zum ersten *Token* gelesen, dessen Zeichencode nicht einer Zahl (und eventuell einem Dezimalpunkt) entspricht.

```
\count0=123
\dimen0=12.3mm
```

⟨Font⟩$_f$

Hier wird eine ganze *Tokenliste* verarbeitet, die einer der folgenden Formen entsprechen kann:

⟨Befehl⟩ = *⟨Schrift⟩* ␣`at` *⟨Größe⟩*$_z$
⟨Befehl⟩ = *⟨Schrift⟩* ␣`scaled` *⟨Faktor⟩*$_z$
⟨Befehl⟩ = *⟨Schrift⟩* ␣

```
\font\myfont=cmr10 at 10pt
```

⟨Länge⟩$_d$

Es wird eine Längenangabe für eine feste Länge erwartet. Diese besteht aus einer Zahl und einer Längeneinheit (vgl. Schlüsselworte)

⟨Länge⟩$_z$ **Längeneinheit**

```
\dimen0=12.3mm
```

⟨elast. Länge⟩$_s$

Es wird eine Längenangabe für eine elastische Länge erwartet. Diese besteht aus einer festen Länge (s.o.) und zwei optionalen Teilen in beliebiger Reihenfolge:

plus *⟨Länge⟩*$_z$ ***Längeneinheit***
minus *⟨Länge⟩*$_z$ ***Längeneinheit***

```
\skip0=12.3mm plus 2.45mm minus 0.12mm
```

⟨Linienmaße⟩$_r$

Es wird eine Längenangabe für eine Linie bzw. einen gefüllten Balken erwartet. Diese besteht aus den drei optionalen Teilen

height *⟨Länge⟩*$_z$ ***Längeneinheit***
width *⟨Länge⟩*$_z$ ***Längeneinheit***
depth *⟨Länge⟩*$_z$ ***Längeneinheit***

in beliebiger Reihenfolge.

```
\hrule width12pt
```

Vom Typ 4 abgeleitete Typen

{*Text*}

Das Argument muß explizit mit Gruppenklammern versehen sein. Dabei werden alle Zeichen mit Klammerfunktion ⟨*Zeichen*⟩$_1$ und ⟨*Zeichen*⟩$_2$ akzeptiert, auch wenn die Defintion über die

`\def#1#{...}`

Variante definiert wurde.

Syntax	`\write`⟨*Stream*⟩$_z${*Daten*}
Beispiel	`\write16{Hello World}`

Nicht direkt abgeleitete Typen

Eine Gruppe von TEX-Befehlen wirkt auf den gesamten Text innerhalb der umgebenden Klammerstruktur. Diese werden im Text wie folgt gekennzeichnet:

⟨{⟩*Argument1* `\Befehl` *Argument2* ⟨}⟩

Da alle Befehle dieser Gruppe im Mathemodus verwendet werden müssen, ist zu beachten, daß `\left` und `\right` auch Klammerstrukturen produzieren.

Sortierreihenfolge

Für die Sortierung der Befehle wurde folgende Reihenfolge gewählt:

- Sonderzeichen kommen vor Buchstaben, Buchstaben vor Zahlen. Die Sonderzeichen werden dabei in folgender Reihenfolge sortiert:

  `@.,\{}`

- Es wird zunächst unabhängig von Groß- und Kleinschreibung lexikographisch sortiert. Bei Befehlen gleichen Namens, aber unterschiedlicher Groß- und Kleinschreibung kommen Kleinbuchstaben vor Großbuchstaben:

  `\large` `\Large` `\LARGE`

- Befehlsnamen kommen vor Zählern des gleichen Namens:

  `\section` `section`

Für den Abschnitt *Zeichen* ist hier die Liste aller aufgeführten Befehle und deren Reihenfolge:

!‘, "’, "‘, "A, "a, "ff, "ll, "O, "o, "s, "U, "u, \␣, \!, \", \#, #, $, $$, %, &, \&, \%, \‘, \’, \(, \), \+, \-, \., \/, \:, \,, ?‘, {, }, \;, \{, \}, \<, \=, \>, \@, \[, \], \\, \^, ^, ^^, \~, ~, _, _ und \|.

Zeichen

!` ¡

System — Ligatur der Computer Modern Fonts.

Vergleiche — `\<`, `\?``.

"' ”

System — LaTeX2.09: Stiloption `german`, LaTeX 2_ε: *package* `babel`: Option `german`.

Wirkung — Erzeugt ein rechtes deutsches Anführungszeichen.

Beispiel — `\TeX\ spricht sich "‘tech"’.`

TeX spricht sich „tech“.

Vergleiche — `"‘`, `\glqq`.

"‘ „

System — LaTeX2.09: Stiloption `german`, LaTeX 2_ε: *package* `babel`: Option `german`.

Wirkung — Erzeugt ein linkes deutsches Anführungszeichen.

Beispiel — `Netscape spricht sich "‘mozilla"’.`

Netscape spricht sich „mozilla“.

Vergleiche — `"’`, `\grqq`.

"A Ä

System	LaTeX2.09: Stiloption `german`, LaTeX 2_ε: *package* `babel`: Option `german`.
Beschreibung	siehe `"a`.

"a ä

System	LaTeX2.09: Stiloption `german`, LaTeX 2_ε: *package* `babel`: Option `german`.
Wirkung	Erzeugt den deutschen Umlaut ä.
Beispiel	`F"ursten! L"ander! Blattl"ause!`
	Fürsten! Länder! Blattläuse!
Bemerkung	Alle nachfolgend aufgeführten deutschen Umlaute werden analog gebildet: Ä, Ö, Ü, ö, ü und ß.
Vergleiche	Akzente.

"ff ff

System	LaTeX2.09: Stiloption `german`, LaTeX 2_ε: *package* `babel`: Option `german`.
Wirkung	Erzeugt ff. Gleichzeitig gibt der Befehl eine mögliche Trennstelle vor, wobei ff zu ff-f getrennt wird.
Bemerkung	Alle nachfolgend aufgeführten Befehle verhalten sich analog.
Vergleiche	`"FF`, `"ll`, `"LL`, `"mm`, `"MM`, `"nn`, `"NN`, `"pp`, `"PP`, `"tt`, `"TT`.

"ll ll

System LaTeX2.09: Stiloption german, LaTeX 2_ε: *package* babel: Option german.

Wirkung siehe "ff.

"O Ö

System LaTeX2.09: Stiloption german, LaTeX 2_ε: *package* babel: Option german.

Beschreibung siehe "a.

"o ö

System LaTeX2.09: Stiloption german, LaTeX 2_ε: *package* babel: Option german.

Beschreibung siehe "a.

"s ß

System LaTeX2.09: Stiloption german, LaTeX 2_ε: *package* babel: Option german.

Wirkung Erzeugt ein scharfes S.

Beispiel `Es war einmal ein Ro"s, das nie fra"s \ldots`

Es war einmal ein Roß, das nie fraß …

"U Ü

System LATEX2.09: Stiloption `german`, LATEX 2ε: *package* `babel`: Option `german`.

Beschreibung siehe `"a`.

"u ü

System LATEX2.09: Stiloption `german`, LATEX 2ε: *package* `babel`: Option `german`.

Beschreibung siehe `"a`.

\␣

System TEX-Primitive, Plain-TEX, LATEX2.09, LATEX 2ε.

Wirkung Erzeugt ein spezielles Leerzeichen mit `\spacefactor1000`.

Beispiel `I.\ allg.\ ist das Generelle universell.`
I. allg. ist das Generelle universell.

Bemerkung Ein Leerzeichen erzeugt normalerweise einen Leerraum, der `\spacefactor1000` entspricht. Ein Leerzeichen hinter einem Satzzeichen erzeugt hingegen einen größeren Leerraum. Wie groß der im einzelnen ist, läßt sich der Definition des Befehls `\nonfrenchspacing` entnehmen.

Man kann dieses Verhalten unterdrücken, indem man statt eines gewöhnlichen Leerzeichens explizit \␣ hinter das Satzzeichen schreibt. Dieser Mechanismus läßt sich mit `\frenchspacing` auch ganz abschalten.

Man kann den Befehl \␣ auch verwenden, um ein Leerzeichen hinter einem Befehl einzufügen, denn alle gewöhnlichen Leerzeichen hinter einem Befehl werden ja bekannterweise absorbiert.

Achtung: Befehle, die nur aus dem *escape character* (\) und einem Zeichen bestehen, das nicht *category code* 11 hat, absorbieren

	nachfolgende Leerzeichen nicht! Ein Befehl dieser Art ist beispielsweise \#.
Vergleiche	\catcode, \frenchspacing, \nonfrenchspacing.

\!

System	Plain-TEX, LATEX2.09, LATEX 2ε; Mathemodus.
Wirkung	Rückt die Ausgabeposition ein kleines Stück (-3mu) nach links zurück.
Beispiel	$(((x^y)\!)\!)$ erzeugt $(((x^y)\!)\!)$
Definition	\def\!{\mskip-\thinmuskip}
Bemerkung	Der Befehl erreicht die beschriebene Wirkung, indem er einen negativen horizontalen Leerraum erzeugt.
Vergleiche	\,, \thinmuskip, \;, [L] \:.

\" ⟨⟨*Buchstabe*⟩⟩

System	Plain-TEX, LATEX2.09, LATEX 2ε.
Wirkung	Erzeugt einen Trema-Akzent.
Beispiel	M"ull erzeugt Müll
Definition	\def\"#1{{\accent"7F #1}}
Vergleiche	Akzente.

\#

System	Plain-TEX, LATEX2.09, LATEX 2ε.
Wirkung	Erzeugt aus dem aktuellen Zeichensatz das #-Zeichen oder das Zeichen, das sich an der entsprechenden Stelle im Zeichensatz befindet.
Definition	\chardef\#=‘\#

#

System Plain-TEX, LATEX2.09, LATEX 2ε.

Wirkung Dient als Parameterplatzhalter in Befehlsdefinitionen.

Definition `\catcode‘\#=6`

Beschreibung siehe `\def`.

Vergleiche `\catcode`, `\def`.

$

System Plain-TEX, LATEX2.09, LATEX 2ε.

Wirkung Aktiviert und deaktiviert den `\textstyle`-Mathemodus.

Beispiel `Schon Pythagoras sagte: "‘$a^2 + b^2 = c^2$"’.`

Schon Pythagoras sagte: „$a^2 + b^2 = c^2$“.

Definition `\catcode‘\$=3`

Beschreibung `$...$` eignet sich, um eine Formel in den laufenden Text einzubetten.

Vergleiche `$$`, {`math`}, [L] `\(`.

$$

System Plain-TEX, LATEX2.09, LATEX 2ε.

Wirkung Aktiviert und deaktiviert den `\displaystyle`-Mathemodus.

Beispiel `$$ \int_a^b f(x)\,dx = V $$`

$$\int_a^b f(x)\,dx = V$$

Definition `\catcode‘\$=3`

Beschreibung — In diesem Modus werden Formeln zentriert und deutlich vom Text abgesetzt.

Vergleiche — `$`, `\[`, [L] {`displaymath`}.

%

System — Plain-TEX, LATEX2.09, LATEX 2ε.

Wirkung — Kennzeichnet alles nachfolgende, einschließlich dem Zeilenende und den führenden Leerzeichen der nächsten Zeile als Kommentar.

Beispiel

```
Diese Zeile, ach wie d% Und ab da, oh wie wahr,
umm,\\ bricht an diese% ist alles blanker
          r Stelle um.% Kommentar.
```

Diese Zeile, ach wie dumm,
bricht an dieser Stelle um.

Definition — `\catcode'\%=14`

Bemerkung — TEX-Befehle im Quelltext können auf diese Weise nicht umbrochen werden!

Vergleiche — `\%`, `\catcode`, `\csname`.

&

System — Plain-TEX, LATEX2.09, LATEX 2ε.

Wirkung — Dient als Spaltentrenner in Tabellen.

Definition — `\catcode'\&=4`

Vergleiche — `\&`, `\catcode`, `\halign`, [L] {`tabular`}.

\& &

System: Plain-TEX, LATEX2.09, LATEX 2_ε.
Definition: `\chardef\&=‘\&`
Vergleiche: `&`.

\% %

System: Plain-TEX, LATEX2.09, LATEX 2_ε.
Definition: `\chardef\%=‘\%`
Vergleiche: `%`.

\‘ ⟨⟨*Buchstabe*⟩⟩

System: Plain-TEX, LATEX2.09, LATEX 2_ε.
Wirkung: Erzeugt einen Gravis-Akzent.
Definition: `\def\‘#1{{\accent18 #1}}`
Beispiel: `Die cr\‘eme de la cr\‘eme`
Die crème de la crème
Bemerkung: Innerhalb der `tabbing`-Umgebung ist der Gravis-Akzent über `\a‘` zu erreichen.
Vergleiche: `\a‘`, `\’`.

——— weitere Bedeutung ———

System: LATEX2.09, LATEX 2_ε: Umgebung `tabbing`.
Wirkung: Rückt den Text an den rechten Rand der Tabelle.
Bemerkung: Nach `\‘` dürfen nur noch Text und der `\\`-Befehl folgen.
Vergleiche: `\a‘`, [L] {`tabbing`}, Akzente.

\' 《*Buchstabe*》

System — Plain-TEX, LATEX2.09, LATEX 2_ε.

Wirkung — Erzeugt einen Akut-Akzent.

Beispiel — `de\'cor` erzeugt décor

Definition — `\def\'#1{{\accent18 #1}}`

Bemerkung — Innerhalb der `tabbing`-Umgebung ist der Akut-Akzent über `\a'` zu erreichen.

——— weitere Bedeutung ———

System — LATEX2.09, LATEX 2_ε: Umgebung `tabbing`.

Wirkung — Rückt den Text an den linken Rand der Spalte.

Vergleiche — `\a'`, [L] {`tabbing`}, Akzente.

\(

System — LATEX2.09, LATEX 2_ε.

Wirkung — Aktiviert den `\textstyle`-Mathemodus.

Beispiel — `F"ur geordnete K"orper gilt: \(1 > 0\).`

Für geordnete Körper gilt: $1 > 0$.

Beschreibung — `\(...\)` eignet sich zum Einfügen einer Formel in den laufenden Text.

Bemerkung — In LATEX ist die Kombination `\( ...\)` dem TEX-Dollar `$` vorzuziehen, da man mit Hilfe dieser LATEX-Befehle häufige Fehler wie vergessenes Zurückschalten aus dem Mathemodus besser lokalisieren kann.

Vergleiche — `$`, {`math`}, `\[`.

weitere Bedeutung

System LATEX2.09: Stiloption `ifthen`, LATEX 2ε: *package* `ifthen`.

Wirkung Dient innerhalb des ersten Arguments des `\ifthenelse`-Befehls als öffnende Klammer.

Vergleiche [L] `\ifthenelse`.

\)

System LATEX2.09, LATEX 2ε.

Wirkung Deaktiviert den `\textstyle`-Mathemodus.

Beschreibung siehe `\(`.

weitere Bedeutung

System LATEX2.09: Stiloption `ifthen`, LATEX 2ε: *package* `ifthen`.

Wirkung Dient innerhalb des ersten Arguments des `\ifthenelse`-Befehls als schließende Klammer.

Vergleiche [L] `\ifthenelse`.

\+

System LATEX2.09, LATEX 2ε: Umgebung `tabbing`.

Wirkung Rückt den linken Rand um eine Tabulatorstelle nach rechts ein.

Beschreibung siehe `{tabbing}`.

\-

System TEX-Primitive, Plain-TEX, LATEX2.09, LATEX 2ε.

Wirkung Gibt mögliche Trennstellen in einem Wort vor.

Beispiel `Mis\-sis\-sip\-pi`

Beschreibung	Git man Trennstellen mittels `\-` vor, kann TEX dieses Wort nur noch an der vorgegebenen Stelle trennen.
Vergleiche	`\discretionary`, `\hyphenation`.

——— weitere Bedeutung ———

System	LATEX2.09, LATEX 2ε: Umgebung `tabbing`.
Wirkung	Setzt den linken Rand um eine Tabulatorstelle nach links zurück.
Beschreibung	siehe `{tabbing}`.

\. ⟨⟨*Buchstabe*⟩⟩

System	Plain-TEX, LATEX2.09, LATEX 2ε.
Wirkung	Erzeugt einen Punkt-Akzent.
Beispiel	`\.I` liefert İ.
Definition	`\def\.#1{{\accent95 #1}}`
Vergleiche	Akzente.

\/

System: TEX-Primitive, Plain-TEX, LATEX2.09, LATEX 2ε.

Wirkung: Kursiv-Korrektur.

Beispiel:

```
Kursiv {\em oder nicht\/}? Da kann man schon
einmal {\em durch\/}ein\/ander kommen.
```

Kursiv *oder nicht*? Da kann man schon einmal *durch*einander kommen.

Beschreibung: Bei einem Übergang von einer geneigten zu einer aufrechtstehenden Schrift existiert das Problem, daß das letzte geneigte Wort zu nahe bei dem nachfolgenden aufrechtstehenden Wort erscheint. Dieser Befehl fügt einen geeigneten Leerraum ein.

Bemerkung: `\/` kann man auch präventiv einfügen: Ist kein Zusatzleerraum vonnöten, wird auch keiner eingefügt.

Vergleiche: `\it`, `\sl`, [L] `\em`, `\itshape`, `\textit`.

\:

System LaTeX2.09, LaTeX 2ε; Mathemodus.
Wirkung Mittelgroßer Zwischenraum.
Beispiel `$(((x^y)\:)\:)$`
$(((x^y)\:)\:)$
Definition `\let\:=\>`
Vergleiche `\,`, `\nonfrenchspacing`, `\!`, `\;`.

\,

System Plain-TeX, LaTeX2.09, LaTeX 2ε.
Wirkung Kleiner Zwischenraum.
Beispiel `$(((x^y)\,)\,)$`
$(((x^y)\,)\,)$
Definition `\def\,{\mskip\thinmuskip}`
Vergleiche `\!`, `\;`, [L] `\:`.

?` ¿

System Ligatur der Computer Modern Fonts.
Vergleiche `\>`, `\!``.

{

System Plain-TeX, LaTeX2.09, LaTeX 2ε.
Wirkung Öffnet eine neue Gruppe.

Beispiel	`Diese {\sl Gruppe \/} ist schief.`
	Diese *Gruppe* ist schief.
Definition	`\catcode'\{=1`
Beschreibung	Schließt man Befehle in geschweifte Klammern ein, oder definiert man dort neue Befehle, so gelten Wirkung und Definitionen nur innerhalb dieser Gruppe. Sobald die Gruppe geschlossen wird, wird der Zustand vor dem Öffnen der Gruppe restauriert. Ausnahmen bilden Befehle, deren Definitionen mittels `\global` global bekannt gemacht wurden.
Vergleiche	`\begingroup`, `\bgroup`, `\global`, [L] `\begin`.

}

System	Plain-TEX, LATEX2.09, LATEX 2_ε.
Wirkung	Schließt eine Gruppe.
Definition	`\catcode'\}=2`
Beschreibung	siehe `{`.

\;

System	Plain-TEX, LATEX2.09, LATEX 2_ε; Mathemodus.
Wirkung	Großer Zwischenraum.
Beispiel	`$(((x^y)\;)\;)$`
	$(((x^y)\;)\;)$
Definition	`\def\;{\mskip\thickmuskip}`
Vergleiche	`\!`, `\,`, `\:`. `\catcode`.

\{ {

System Plain-TEX, LATEX2.09, LATEX 2_ε.
Wirkung Dieser Befehl ist äquivalent zu `\lbrace`.
Definition `\let\{=\lbrace`
Vergleiche `{`, `\lbrace`.

\} }

System Plain-TEX, LATEX2.09, LATEX 2_ε.
Wirkung Dieser Befehl ist äquivalent zu `\rbrace`.
Definition `\let\}=\rbrace`
Vergleiche `}`, `\rbrace`.

\<

System LATEX2.09, LATEX 2_ε: Umgebung `tabbing`.
Wirkung Setzt den linken Rand für diese Zeile um eine Tabulatorstelle nach links zurück.
Beschreibung Dieser Befehl darf nur am Anfang einer Zeile stehen und hebt für die entsprechende Zeile die Wirkung des letzten \+ auf. In dieser Zeile wird eine Tabulatorstelle weiter links begonnen.
Vergleiche [L] {`tabbing`}.

\=

System Plain-TEX, LATEX2.09, LATEX 2_ε.
Wirkung Erzeugt einen Querstrich-Akzent.

Syntax \=《*Buchstabe*》

Beispiel `\=x` erzeugt x̄

Definition `\def\=#1{{\accent22 #1}}`

Bemerkung Innerhalb der `tabbing`-Umgebung ist der Querstrich-Akzent über `\a=` erreichbar.

Vergleiche `\a=`, `\bar`.

——— weitere Bedeutung ———

System LaTeX2.09, LaTeX 2_ε: Umgebung `tabbing`.

Wirkung Richtet eine neue Tabulatorstelle ein.

Vergleiche [L] {`tabbing`}, Akzente.

\>

System LaTeX2.09, LaTeX 2_ε: Umgebung `tabbing`.

Wirkung Springt zur nächsten Tabulatorstelle.

Bemerkung Wenn der Text hinter der aktuellen Tabulatorstelle über die Position der nächsten Tabulatorstelle hinausragt, kann ein Sprung zum nächsten Tabulator einen Sprung zurück in den bereits gesetzten Text bedeuten!

Vergleiche [L] {`tabbing`}.

\@

System LaTeX2.09, LaTeX 2_ε.

Wirkung Kennzeichnet explizit das Satzende.

Beispiel `Ein Satz mit X\@. War wohl nix.`
Ein Satz mit X. War wohl nix.

Definition `\def\@{\spacefactor\@m}`

Beschreibung Normalerweise wird bei Satzzeichen zusätzlicher Leerraum eingefügt. Eine Ausnahme bilden Satzzeichen hinter Großbuchstaben, da Sätze für gewöhnlich nicht mit Großbuchstaben enden. Tritt dieser Fall doch auf, kann man das Satzende kennzeichnen, indem man `\@` dem Satzzeichen voranstellt.

Vergleiche `\frenchspacing`, `\nonfrenchspacing`, `\spacefactor`.

\[

System LaTeX2.09, LaTeX 2ε.

Wirkung Aktiviert den *display math mode*.

Beispiel `\[P(\mu;k)=e^{-\mu}\frac{\mu^k}{k!}\]`

$$P(\mu; k) = e^{-\mu}\frac{\mu^k}{k!}$$

Beschreibung `\[...\]` erzeugt eine abgesetzte Formel. Diese Konstruktion ist identisch mit der `displaymath`-Umgebung.

Bemerkung In LaTeX ist die Kombination `\[...\]` dem Doppel-Dollar `$$` aus TeX vorzuziehen, da die LaTeX-Befehle häufige Fehler wie vergessenes Zurückschalten aus dem Mathemodus bemerken und gezielt beanstanden.

Vergleiche `$$`, [L] {`displaymath`}, `\(`.

\]

System LaTeX2.09, LaTeX 2ε.

Wirkung Deaktiviert den *display math mode*.

Beschreibung siehe `\[`.

* [⟨*Längenangabe*⟩]

System: LaTeX2.09, LaTeX 2_ε.

Wirkung: Beendet die aktuelle Zeile und fügt optional vertikalen Leerraum unter der Zeile ein.

Beispiel:

```
Dies ist die gro"se\\*[.7ex]
Zeilenumbruchdemonstrationszeile.
```

Dies ist die große

Zeilenumbruchdemonstrationszeile.

Beschreibung: Eine auf diese Art umbrochene Zeile wird mit Flatterrand gesetzt. Das *-Zeichen und die Längenangabe sind optional. Durch die Längenangabe kann zusätzlich vertikaler Leerraum eingefügt werden. Das *-Zeichen verhindert einen Seitenumbruch vor der nachfolgenden Zeile.

Vergleiche: {`samepage`}, [L] `\linebreak`, `\newline`.

\^ ⟪*Buchstabe*⟫

System: Plain-TeX, LaTeX2.09, LaTeX 2_ε.

Wirkung: Erzeugt einen Zirkumflex-Akzent.

Beispiel: `H\^otel` erzeugt Hôtel

Definition: `\def\^#1{{\accent94 #1}}`

Vergleiche: Akzente.

^

System: Plain-TeX, LaTeX2.09, LaTeX 2_ε; Mathemodus.

Wirkung: Stellt die nachfolgende Gruppe hoch.

Beispiel: `$x^y*x^2=x^{y+2}$`

$x^y * x^2 = x^{y+2}$

Definition: `\catcode'\^=7`

Bemerkung — Äquivalent zu ^ ist der Befehl `\sp`.

Vergleiche — _, `\sp`.

^^ ⟨*character code*⟩

System — TEX-Primitive, Plain-TEX, LATEX2.09, LATEX 2ε.

Wirkung — Berechnet aus dem angegebenen *character code* ein Zeichen und ersetzt die Befehlsequenz durch das berechnete Zeichen.

Beispiel — `^^5a` erzeugt Z, `^^a` liefert ! und aus `^^!` wird a.

Beschreibung — Folgen zwei Zeichen, die sich als zweistellige hexadezimale Zahl interpretieren lassen, wird das Zeichen mit dem entsprechenden *character code* ausgegeben.

Ein Zeichen, dessen *character code* zwischen 64 und 126 liegt — das sind hauptsächlich Buchstaben — wird in das Zeichen umgewandelt, das einen um 64 niedrigeren *character code* besitzt. Das sind die Zeichen, die normalerweise mit gedrückter CONTROL-Taste über die Buchstabentasten erreichbar sind.

Folgt ein Zeichen, dessen *character code* kleiner 64 ist, wird der Code um 64 erhöht und das entsprechende Zeichen ausgegeben.

Bemerkung — Dieser Ersetzungsmechanismus arbeitet auf der untersten Systemebene. Das heißt, schon beim Einlesen des Quelltextes findet die Ersetzung statt. Es macht daher keinen Unterschied, ob man ein bestimmtes Zeichen durch einen `^^`-Ausdruck beschreibt oder das Zeichen, sofern möglich, direkt eingibt.

Der Mechnismus läßt sich nicht nur durch `^^` aktivieren. Allgemein wird er durch zwei aufeinanderfolgende Zeichen mit *category code* 7 und identischem *character code* aktiviert.

Vergleiche — `\catcode`.

\~ ⟪*Buchstabe*⟫

System — Plain-TEX, LATEX2.09, LATEX 2ε.

Wirkung — Erzeugt einen Tilde-Akzent.

Beispiel	`\~N` liefert Ñ.
Definition	`\def\~#1{{\accent"7E #1}}`
Vergleiche	Akzente.

~

System	Plain-TEX, LATEX2.09, LATEX 2_ε.
Wirkung	Erzeugt ein Leerzeichen mit `\spacefactor1000` und verhindert zusätzlich einen Zeilenumbruch.
Beispiel	`Wir sind die 7~Zwerge\ldots` Wir sind die 7 Zwerge...
Definition	`\def~{\penalty\@M \ }`
Vergleiche	`\␣`, `\spacefactor`.

_   _

System	Plain-TEX, LATEX2.09, LATEX 2_ε.
Wirkung	Erzeugt ein horizontalen Unterstrich auf Höhe der Grundlinie, auch *Underscore* genannt.
Beispiel	`Wort\_verbindung.` Wort_verbindung.
Definition	`\def\_{\leavevmode \kern.06em%` `        \vbox{\hrule width.3em}}`

_

System	Plain-TEX, LATEX2.09, LATEX 2_ε; Mathemodus.
Wirkung	Stellt die nachfolgende Gruppe tief.

Beispiel	`$a_1*a_2=a_{12}$`
	$a_1 * a_2 = a_{12}$
Definition	`\catcode'\_=8`
Bemerkung	Äquivalent zu _ ist der Befehl `\sb`.
Vergleiche	`^`, `\sb`.

\| ‖

System	Plain-TeX, LaTeX2.09, LaTeX 2ε; Mathemodus.
Wirkung	Dieser Befehl ist äquivalent zu `\Vert`.
Definition	`\let|=\Vert`
Vergleiche	`\parallel`, `\Vert`.

Befehle A

\a ⟨*Akzent*⟩⟨*Buchstabe*⟩

System — LaTeX2.09, LaTeX 2ε.

Wirkung — Erzeugt den Gravis-, Akut- oder Querstrich-Akzent innerhalb der `tabbing`-Umgebung.

Beispiel — `\a‘e oder \a’e oder \a=d.`

è oder é oder d̄.

Beschreibung — Das Token *Akzent* darf eines der Zeichen ‘, ’ oder = sein.

Bemerkung — Innhalb der `tabbing`-Umgebung sind die gewöhnlichen Befehle für die drei genannten Akzente mit anderen Funktion belegt. Umgekehrt jedoch funktioniert der `\a`-Befehl auch außerhalb der `tabbing`-Umgebung.

Vergleiche — `\.`, `\’`, `\‘`, `\=`, [L] {`tabbing`}.

\aa å

System — Plain-TeX, LaTeX2.09, LaTeX 2ε.

Definition — `\def\aa{\accent23a}`

Vergleiche — Zeichen/fremdsprachige.

\AA Å

System — Plain-TeX, LaTeX2.09, LaTeX 2ε.

Definition —

```
\def\AA{\leavevmode\setbox0\hbox{h}\dimen@\ht0\advance%
\dimen@-1ex\rlap{\raise.67\dimen@\hbox{\char'27}}A}
```

Vergleiche — `\O`, Zeichen/fremdsprachige.

\above

System	TEX-Primitive, Plain-TEX, LATEX2.09, LATEX 2ε; Mathemodus.
Wirkung	Erzeugt einen Bruch mit variabler Bruchstrichdicke.
Syntax	⟨{⟩*Nenner* `\above` ⟪*Dicke*⟫ *Zähler*⟨}⟩
Beispiel	`${x+1}\above 2pt{y-2}$` erzeugt $\frac{x+1}{y-2}$
Vergleiche	`\abovewithdelims`, `\atop`, `\brace`, `\brack`, `\choose`, `\over`, [L] `\frac`.

\abovedisplayshortskip

System	TEX-Primitive, Plain-TEX, LATEX2.09, LATEX 2ε.
Wirkung	Gibt den Leerraum an, der oberhalb einer abgesetzten Formel eingefügt wird, falls die vorhergehende Zeile so kurz ist, daß sie nicht in die Formel hineinragt.
Syntax	Siehe Crashkurs: *elastische Längen*.
Beispiel	`\abovedisplayshortskip0pt plus 3pt`
Vergleiche	`\abovedisplayskip`, `\belowdisplayshortskip`.

\abovedisplayskip

System	TEX-Primitive, Plain-TEX, LATEX2.09, LATEX 2ε.
Wirkung	Gibt den Leerraum an, der standardmäßig oberhalb einer abgesetzten Formel eingefügt wird.
Syntax	Siehe Crashkurs: *elastische Längen*.
Beispiel	`\abovedisplayskip12pt plus 3pt minus 9pt`
Vergleiche	`\abovedisplayshortskip`, `\belowdisplayskip`.

\abovewithdelims

System — TEX-Primitive, Plain-TEX, LATEX2.09, LATEX 2ε.

Wirkung — Erzeugt einen Bruch, bei dem Bruchstrichdicke und Begrenzer vorgegeben werden können. Dieser Befehl ist nur im Mathemodus verfügbar.

Syntax — ⟨{ ⟩*Zähler* `\abovewithdelims` ⟪*Dicke*⟫⟪*Begrenzer*⟫⟪*Begr.*⟫ *Nenner* ⟨ }⟩

Beispiel — `$a\abovewithdelims[]2pt b$` erzeugt $\left[{a \above 2pt b}\right]$

Vergleiche — `\above`, `\atop`, `\atopwithdelims`, `\brace`, `\brack`, `\choose`, `\over`, `\overwithdelims`, [L] `\frac`.

{abstract}

System — LATEX2.09, LATEX 2ε.

Wirkung — Erstellt eine Zusammenfassung.

Beispiel —

```
\begin{abstract}
Auf Grund der Komplexit"at des Problems
l"a"st sich keine eindeutige Aussage treffen.
\end{abstract}
```

Zusammenfassung

Auf Grund der Komplexität des Problems läßt sich keine eindeutige Aussage treffen.

Beschreibung — Bei Dokumentstil bzw. Dokumentklasse `article` wird der Inhalt der `abstract`-Umgebung in der Schriftgröße `\small` ausgegeben und in eine `quotation`-Umgebung eingeschlossen (siehe Beispiel). Als Titel erscheint der durch `\abstractname` festgelegte Text. Bei `report` wird die Zusammenfassung auf eine eigene Seite ohne Seitennummer gesetzt. Für `book` ist diese Umgebung nicht verfügbar.

Bemerkung — Gibt man in der Präambel die Option `titlepage` an, so erscheint die Zusammenfassung — wie bei `report` — auch bei Dokumentstil bzw. Dokumentklasse `article` auf einer eigenen Seite.

Vergleiche — [L] `\abstractname`, `\appendix`.

\abstractname

System — LaTeX2.09, LaTeX 2_ε.

Wirkung — Legt den Text fest, der als Überschrift beim Aufruf der `\abstract`-Umgebung erscheint.

Beispiel — `\def\abstractname{Zusammenfassung}`

Vergleiche — [L] {`abstract`}.

\accent ⟨⟨*Nummer*⟩⟩

System — TeX-Primitive, Plain-TeX, LaTeX2.09, LaTeX 2_ε.

Wirkung — Erzeugt Akzente im Textmodus.

Beispiel — `H\accent127ugel` erzeugt Hügel

Bemerkung — Dem Befehl `\accent` muß der Code des Akzents und darauf der Buchstabe folgen, der mit dem Akzent versehen werden soll.

Vergleiche — `\mathaccent`, Akzente.

\active

System — Plain-TeX, LaTeX2.09, LaTeX 2_ε.

Wirkung — Hilfsbefehl zur Definition *aktiver Zeichen*.

Definition — `\chardef\active=13`

Beschreibung

Um ein Zeichen zu einem *aktiven Zeichen* zu machen, muß man ihm *category code* `13` zuweisen. Statt dessen kann man auch `\active` verwenden.

Vergleiche

`\catcode`.

\acute ⟪*Buchstabe*⟫

System

Plain-TEX, LATEX2.09, LATEX 2ε; Mathemodus.

Wirkung

Erzeugt eine Variable mit Akut-Akzent.

Beispiel

```
\[\acute f(x_0):=\lim_{x\rightarrow x_0}
\frac{f(x)-f(x_0)}{x-x_0}\]
```

$$\acute{f}(x_0) := \lim_{x\rightarrow x_0} \frac{f(x)-f(x_0)}{x-x_0}$$

Definition

```
\def\acute{\mathaccent"7013 }
```

Vergleiche

`\breve`, `\grave`, Akzente/mathematische.

\addcontentsline ⟨*Verzeichnis*⟩⟨*Typ*⟩⟨*Eintrag*⟩

System

LATEX2.09, LATEX 2ε.

Wirkung

Erweitert manuell eine Verzeichnisdatei um einen Eintrag.

Beispiel

```
\addcontentsline{toc}{subsection}
    {\protect\numberline{1.8}
    {Das Liebesleben der Blattlaus}}
```

1.8 Das Liebesleben der Blattlaus

Beschreibung

Als Verzeichnis kann `toc` (table of contents), `lof` (list of figures), `lot` (list of tables) oder ein eigenes Verzeichnis gewählt werden. Als Typ kann man `chapter`, `section`, ..., `subparagraph`, `figure` oder `table` wählen. Er legt fest, daß die eingefügte Zeile formatiert wird wie ein Eintrag, der von dem Befehl entsprechenden Typs erzeugt werden würde.

Der Eintrag kann prinzipiell beliebig gestaltet werden. Als Formatierungshilfe steht der Befehl `\numberline` zur Verfügung.

Bemerkung — Der Eintrag sollte mit `\protect` vor Zerbrechen geschützt werden.

Vergleiche — [L] `\addtocontents`, `\tableofcontents`.

\addpenalty ⟨*Strafpunkte*⟩

System — LaTeX2.09, LaTeX 2_ε.

Wirkung — Setzt ein *penalty*-Element auf die aktuelle vertikale *token*-Liste*. War das letzte Element ein *skip*, wird das *penalty*-Element effektiv vor diesen *skip* gesetzt.

Beispiel — `\addpenalty{100}`

Definition

```
\def\addpenalty#1{%
  \ifvmode
    \if@minipage
    \else
      \if@nobreak
      \else
        \ifdim\lastskip=\z@
          \penalty#1\relax
        \else
          \@tempskipb\lastskip
          \vskip -\lastskip
          \penalty#1%
          \vskip\@tempskipb
        \fi
      \fi
    \fi
  \else
    \@noitemerr
  \fi
```

Beschreibung — War das letzte Element auf der vertikalen Liste ein *skip*, annulliert `\addpenalty` diesen *skip* durch einen entsprechenden negativen *skip* (kein `\unskip`), fügt dann ein *penalty*-Element ein und erzeugt wieder einen entsprechenden positiven *skip*. In allen anderen Fällen setzt es einfach ein *penalty*-Element auf die Liste.

Befindet sich TeX nicht im *vertical mode*, erzeugt der Befehl eine Fehlermeldung. Innerhalb der `{minipage}`-Umgebung und an Stellen, an denen kein Seitenumbruch zulässig ist, z.B. in Gleitobjekten, ist der Befehl wirkungslos.

*In der Regel ist das die aktuelle Seite.

Bemerkung — Mehrere *penalty*-Elemente hintereinander bewirken, daß nur der niedrigste über den Umbruch entscheidet.

Vergleiche — `\addvspace`, `\penalty`.

\address ⟨*Adresse*⟩

System — LaTeX2.09: Dokumentstil `letter`, LaTeX 2$_\varepsilon$ Dokumentklasse `letter`.

Wirkung — Mit diesem Befehl wird in der `letter`-Umgebung die Anschrift des Absenders gesetzt.

Beispiel — `\address{Zwergenberg.7 \\ 47011 Siebenbergen}`

Definition — `\long\def\address#1{\def\fromaddress{#1}}`

Bemerkung — Mit dem `\\`-Befehl kann man die Adressangabe umbrechen.

Vergleiche — `\cosing`, `\signature`, [L] {`letter`}, `\opening`.

\addtocontents ⟨*Datei*⟩⟨*Text*⟩

System — LaTeX2.09, LaTeX 2$_\varepsilon$.

Wirkung — Fügt einen Text in eine Verzeichnisdatei ein.

Beispiel —

```
\addtocontents{toc}{\protect\underline
   {Dieser Text erscheint im Inhaltsverzeichnis}}
```

<u>Dieser Text erscheint im Inhaltsverzeichnis</u>

Beschreibung — Man kann prinzipiell eine beliebige Datei angeben. In der Regel wird man jedoch eines der üblichen Verzeichnisse wählen: `toc` (table of contents), `lof` (list of figures), `lot` (list of tables). Der Eintrag kann beliebig gestaltet werden. Das heißt, es muß nicht unbedingt ein Text sein; man kann zum Beispiel Leerraum einfügen. Das mit *Text* benannte zweite Argument darf eine beliebige Folge von Tokens sein.

Bemerkung — Man sollte den Eintrag mit `\protect` vor dem Zerbrechen schützen.

Vergleiche — [L] `\addcontentsline`, `\listoffigures`, `\listoftables`, `\tableofcontents`.

\addtocounter ⟨*Zähler*⟩⟨*Betrag*⟩

System — LaTeX2.09, LaTeX 2ε.

Wirkung — Erhöht bzw. erniedrigt den angegebenen LaTeX-Zähler um einen bestimmten Betrag.

Beispiel — `\addtocounter{page}{-2}`

Vergleiche — `\advance`, `\newcount`, [L] `\newcounter`, `\refstepcounter`, `\setcounter`, `\stepcounter`.

\addtolength ⟨*Länge*$_1$⟩⟨*Länge*$_2$⟩

System — LaTeX2.09, LaTeX 2ε.

Wirkung — Verändert vorzeichenbehaftete *Länge*$_1$ um *Länge*$_2$.

Beispiel — `\addtolength{\topmargin}{-.5\oddsidemargin}`

Bemerkung — *Länge*$_2$ kann ein Längenbefehl (evtl. mit vorangestelltem Faktor) oder eine Zahl mit einer Längeneinheit sein, *Länge*$_1$ dagegen muß ein Längenbefehl sein.

Definition — `\def\addtolength#1#2{\advance#1 #2\relax}`

Vergleiche — `\advance`, `\settolength`, [L] `\setlength`, `\settowidth`.

\addvspace ⟨*Länge*⟩

System — LaTeX2.09, LaTeX 2ε.

Wirkung — Fügt vertikalen Leerraum zwischen Absätzen ein.

Beispiel — `\addvspace{1ex}`

Bemerkung	Die Besonderheit dieses Befehls besteht darin, daß bei mehrfach Auftreten in Folge, insgesamt doch nur soviel Leerraum eingefügt wird, wie der Befehl mit dem größten Argument vorgibt. `\addspace` wirkt nur im *vertical-mode*. Befindet sich TEX nicht im *vertical mode*, erzeugt der Befehl eine Fehlermeldung. Innerhalb der `{minipage}`-Umgebung ist der Befehl wirkungslos.
Vergleiche	`\par`, `\vskip`, [L] `\vspace`.

\adjdemerits

System	TEX-Primitive, Plain-TEX, LATEX2.09, LATEX 2ε.
Wirkung	Addiert Zusatzkosten für den Fall, daß zwei Zeilen optisch nicht zusammenpassen.
Syntax	Siehe Crashkurs: *TEX-Zähler*.
Beispiel	Standard ist `\adjdemerits10000`
Bemerkung	Davon betroffen sind zwei aufeinanderfolgende Zeilen, von denen eine mit viel und die andere mit wenig Leerraum durchschossen ist. `\penalty` und `\badness` fließen in die Berechnung der Gesamtkosten quadratisch ein, Zusatzkosten (*demerits*) jedoch nur einfach. Deshalb zeigt sich nur eine Wirkung, wenn man den Wert um ein Vielfaches von 1000 verändert.
Vergleiche	`\badness`, `\doublehyphendemerits`, `\finalhyphendemerits`, `\penalty`.

\advance

System	TEX-Primitive, Plain-TEX, LATEX2.09, LATEX 2ε.
Wirkung	Allgemeiner TEX-Additionsbefehl.
Syntax	`\advance` ⟪⟨*Variable*$_1$⟩ **by**⟨*Faktor*⟩⟨*Variable*$_2$⟩⟫ `\advance` ⟪⟨*Variable*$_1$⟩ **by**⟨*Variable*$_2$⟩⟫ `\advance` ⟪⟨*Variable*$_1$⟩ **by**⟨*Wert*⟩⟫

Beispiel	`\advance\topmargin by .1\baselineskip`
	`\advance\brokenpenalty by 1000`
	`\advance\baselineskip -5pt`

Beschreibung	Als *Variable* sind TEX-Zähler, beliebige feste und elastische Längen zulässig. Variable_1 und Variable_2 sollten vom gleichen Typ sein. Das Wörtchen `by` und das Voranstellen eines Faktors vor Variable_2 sind optional. Das Argument *Wert* ist eine vorzeichenbehaftete Zahl, evtl. mit Einheit.
Bemerkung	`\advance` eignet sich nicht zur Veränderung eines LATEX-Zählers. Zu diesem Zweck existiert der Befehl `\addtocounter`.
Vergleiche	`\divide`, `\multiply`, [L] `\addtocounter`, `\addtolength`.

\AE Æ

System	Plain-TEX, LATEX2.09, LATEX 2ε.
Wirkung	Erzeugt die skandinavische Æ-Ligatur
Definition	`\chardef\AE="1D`
Vergleiche	`\O`, Sonderzeichen.

\ae æ

System	Plain-TEX, LATEX2.09, LATEX 2ε.
Wirkung	Erzeugt die skandinavische æ-Ligatur.
Definition	`\chardef\ae="1A`
Vergleiche	`\oe`, Sonderzeichen.

\afterassignment ⟨*token*⟩

System	TEX-Primitive, Plain-TEX, LATEX2.09, LATEX 2ε.
Wirkung	Das angegebene Token wird zwischengespeichert und erst nach der Abarbeitung der nächsten Zuweisung ausgeführt.

Bemerkung — Mit \afterassignment läßt sich stets nur ein Token zwischenspeichern. Folgen weitere \afterassignment-Befehle vor der Zuweisung, gehen alle außer das zuletzt gespeicherte Token verloren.

Beispiel

```
\newdimen\bmindent
\def\dobmindent{\advance\leftskip\bmindent
    \advance\rightskip\bmindent}
\def\bothmarginindent%
    {\afterassignment\dobmindent\bmindent}
\bothmarginindent=2cm x11perf xeyes xmodmap...
```

x11perf xeyes xmodmap xfd xmris
x3270 xfig xon xanim xfilemanager
xpaint xargs xfishtank xpmroot xauth

Vergleiche — \aftergroup, \def, \expandafter, \futurelet.

\aftergroup ⟨*token*⟩

System — TEX-Primitive, Plain-TEX, LATEX2.09, LATEX 2_ε.

Wirkung — Das angegebene Token wird zwischengespeichert und erst nach Schließen der derzeitigen Klammerebene ausgeführt.

Beispiel

```
{gnu is not \aftergroup n\aftergroup i\aftergroup xu}
```

gnu is not unix

Bemerkung — Im Gegensatz zu \afterassignment werden bei mehrfachem Aufruf von \aftergroup vor Verlassen der Klammerebene alle Tokens zwischengespeichert und nach dem Verlassen der Klammerebene in FIFO-Reihenfolge (*first in first out*) ausgeführt.

Vergleiche — \afterassignment, \def, \expandafter, \futurelet.

\aleph $\aleph$

System — Plain-TEX, LATEX2.09, LATEX 2_ε; Mathemodus.

Wirkung — Erzeugt ein hebräisches Aleph $\aleph$.

Definition — `\mathchardef\aleph="0240`

\allocationnumber

System — Plain-TEX, LATEX2.09, LATEX 2_ε.

Wirkung — Referiert das zuletzt vergebene Register.

Beispiel —
```
\newcount\ruebezahl
\the\allocationnumber
```
113

Definition —
```
\countdef\allocationumber=21
```

Beschreibung — Alloziert man mit Hilfe eines `\new...`-Befehls ein Register, referiert `\allocationnumber` die Nummer des zuletzt allozierten Registers.

Vergleiche — `\newbox`, `\newcount`, `\newdimen`, `\newfam`, `\newinsert`, `\newlanguage`, `\newmuskip`, `\newread`, `\newskip`, `\newtoks`, `\newwrite`, [L] `\newhelp`.

\allowbreak

System — Plain-TEX, LATEX2.09, LATEX 2_ε.

Wirkung — Markiert mit `\penalty0` eine Stelle, an der umbrochen werden darf.

Beispiel —
```
Eine Formel im laufenden Text, wie diese
F(G(x,y),F(H(y,z),\allowbreak R(x)))=R(x+1)
wird nicht automatisch umbrochen.
```

Definition —
```
\def\allowbreak{\penalty \z@}
```

Eine Formel im laufenden Text, wie diese F(G(x,y),F(H(y,z), R(x)))=R(x+1) wird nicht automatisch umbrochen.

Bemerkung — Dieser Befehl erlaubt es, Stellen vorzugeben, an denen TEX umbrechen darf. Sinnvollerweise wird der Befehl nur dort eingesetzt, wo TEX nicht selbst umbrechen kann. Betroffen davon sind in erster Linie Formeln im laufenden Text. Dort umbricht TEX von sich aus nur nach Relationen und binären Operatoren.

Vergleiche — `\break`, `\eject`, `\goodbreak`, `\nobreak`, `\penalty`, `\supereject`, [L] `\linebreak`, `\pagebreak`.

\alph ⟨*Zähler*⟩

System LaTeX2.09, LaTeX 2ε.

Wirkung Gibt den akuellen Wert eines LaTeX-Zählers als Kleinbuchstaben aus.

Beispiel
```
\newcounter{sieben}
\setcounter{sieben}{7}
Der siebte Buchstabe im Alphabet ist \alph{sieben}.
```
Der siebte Buchstabe im Alphabet ist g.

Definition
```
\def\alph#1{\@alph{\@nameuse{c@#1}}}
\def\@nameuse#1{\csname #1\endcsname}
\def\@alph#1{\ifcase#1\or a\or b\or c\or d\else
   \@ialph{#1}\fi}
\def\@ialph#1{\ifcase#1\or \or \or \or \or e\or f\or g\or
   h\or i\or j\or k\or l\or m\or n\or o\or p\or q\or r\or
   s\or t\or u\or v\or w\or x\or y\or z\else\@ctrerr\fi}
```

Bemerkung Man muß selbst darauf achten, daß der Zähler nicht den Wert 26 überschreitet.

Vergleiche `\the`, [L] `\Alph`, `\arabic`, `\fnsymbol`, `\roman`, `\Roman`.

\Alph ⟨*Zähler*⟩

System LaTeX2.09, LaTeX 2ε.

Wirkung Gibt den aktuellen Wert eines LaTeX-Zählers als Großbuchstaben aus.

Beispiel
```
\newcounter{elf}
\setcounter{elf}{11}
Der elfte Buchstabe im Alphabet ist \Alph{elf}.
```
Der elfte Buchstabe im Alphabet ist K.

Definition analog zu `\alph`.

Bemerkung Man muß selbst darauf achten, daß der Zähler nicht den Wert 26 überschreitet.

Vergleiche `\the`, [L] `\alph`, `\arabic`, `\fnsymbol`, `\roman`, `\Roman`.

\alpha α

System — Plain-TEX, LATEX2.09, LATEX 2_ε; Mathemodus.

Wirkung — Erzeugt das kleine griechische Alpha α.

Definition — `\mathchardef\alpha="010B`

Vergleiche — `\phi`, Griechische Buchstaben.

\amalg $\amalg$

System — Plain-TEX, LATEX2.09, LATEX 2_ε; Mathemodus; Binärer Operator.

Wirkung — Erzeugt den binären Operator $\amalg$.

Definition — `\mathchardef\amalg="2271`

Vergleiche — Binäre Operatoren.

\and

System — LATEX2.09, LATEX 2_ε.

Wirkung — Trennt die Autorenangaben im `\author`-Befehl.

Beispiel — `\author{S. Schwarz \and R. Potucek}`

Vergleiche — [L] `\author`, `\date`, `\maketitle`, `\thanks`, `\title`.

— weitere Bedeutung —

System — LATEX2.09: Stiloption `ifthen`, LATEX 2_ε: *package* `ifthen`.

Wirkung — Verknüpft zwei Bedingungen durch ein logisches UND.

Beispiel —

```
\newcount\x  \x=-1  \newcount\y  \y=1
\ifthenelse{\( \x > 0 \and \y > 0\)}{$x>0, y>0$}
{$x \le 0 \vee y \le0$}
```

$x \le 0 \vee y \le 0$

Vergleiche — `\not`, `\or`, [L] `\ifthenelse`, `\(`, `\)`.

\angle ∠

System Plain-TEX, LATEX2.09, LATEX 2ε; Mathemodus.

Definition
```
\def\angle{{\vbox{\ialign{$\m@th\scriptstyle##$\crcr
\not\mathrel{\mkern14mu}\crcr \noalign{\nointerlineskip}
\mkern2.5mu\leaders\hrule height.34pt\hfill
\mkern2.5mu\crcr}}}}
```

\appendix

System LATEX2.09, LATEX 2ε.

Wirkung Leitet den Anhang ein.

Beispiel
```
\appendix
\section{Gr"onlands Blattlausarten}
```

A Grönlands Blattlausarten

Beschreibung Der `appendix`-Befehl bewirkt bei Dokumentstil bzw. Dokumentklasse `book` und `report`, daß Kapitel von nun an mit Großbuchstaben numeriert werden. Bei `article` gilt Entsprechendes für den dort höchsten Gliederungsbefehl `\section`. Für die Bezeichnung der Kapitel ist dann `\appendixname` zuständig.

Vergleiche [L] {`abstract`}, `\appendixname`.

\appendixname

System LATEX2.09, LATEX 2ε

Wirkung Legt fest, wie die Kapitel im Anhang bezeichnet werden.

Beispiel
```
\def\appendixname{Anhang}
```

Bemerkung — Je nach sprachlicher Anpassung ist der Befehl mit Anhang, Appendix oder Ähnlichem vordefiniert.

Vergleiche — `\refname`, [L] `\appendix`.

\approx — ≈

System — Plain-TEX, LATEX2.09, LATEX 2$_\varepsilon$; Mathemodus; Binärer Operator.

Wirkung — Erzeugt den binären Operator $\approx$.

Vergleiche — Binäre Operatoren.

\arabic ⟨*Zähler*⟩

System — LATEX2.09, LATEX 2$_\varepsilon$.

Wirkung — Gibt den Wert eines LATEX-Zählers als arabische Zahl aus.

Beispiel — `Aller guten Seiten sind \arabic{page}.`

Aller guten Seiten sind 63.

```
\def\arabic#1{\@arabic{\@nameuse{c@#1}}}
\def\@arabic#1{\number #1}
\def\@nameuse#1{\csname #1\endcsname}
```

Vergleiche — `\the`, [L] `\alph`, `\Alph`, `\fnsymbol`, `\roman`, `\Roman`.

\arccos — arccos

System — Plain-TEX, LATEX2.09, LATEX 2$_\varepsilon$; Mathemodus.

Wirkung — Erzeugt den Funktionsnamen $arccos$.

Definition — `\def\arccos{\mathop{\rm arccos}\nolimits}`

Vergleiche — Funktionsnamen.

\arcsin

arcsin

System Plain-TEX, LATEX2.09, LATEX 2$_\varepsilon$; Mathemodus.

Wirkung Erzeugt den Funktionsnamen $\arcsin$.

Definition `\def\arcsin{\mathop{\rm arcsin}\nolimits}`

Vergleiche Funktionsnamen.

\arctan

arctan

System Plain-TEX, LATEX2.09, LATEX 2$_\varepsilon$; Mathemodus.

Wirkung Erzeugt den Funktionsnamen $\arctan$.

Definition `\def\arctan{\mathop{\rm arctan}\nolimits}`

Vergleiche Funktionsnamen.

\arg

arg

System Plain-TEX, LATEX2.09, LATEX 2$_\varepsilon$; Mathemodus; Großer Operator.

Wirkung Erzeugt den Funktionsnamen $\arg$.

Definition `\def\arg{\mathop{\rm arg}\nolimits}`

Vergleiche Funktionsnamen.

{array} [⟨*Position*⟩] ⟨*Spaltenformat*⟩

System LATEX2.09, LATEX 2$_\varepsilon$.

Wirkung Umgebung zur Erstellung von Feldern und Matrizen. Diese Umgebung ist nur im Mathemodus verfügbar.

Beispiel

```
\[\rightarrow\begin{array}[t]
  {|*{2}{|c}|r@{*}l|p{12mm}||}\hline\rm
  &\rm Konstante &\multicolumn{2}{c|}
  {\rm Betrag}&\rm Einheit\\\cline{2-5}
  \vrule height15pt width 0pt
  & e & 1,6022&10^{-19} & $C$\\
  & h & 6,6262&10^{-34} & $Js$\\
  & c & 2,9979&10^{8}&$ms^{-1}$\\
  \hline\end{array}\]
```

→

	Konstante	Betrag	Einheit
	e	$1,6022{*}10^{-19}$	C
	h	$6,6262{*}10^{-34}$	Js
	c	$2,9979{*}10^{8}$	ms^{-1}

Beschreibung

Die Positionierung der Formeln innerhalb der Spalten wird durch den Parameter *Spaltenformat* bestimmt. Er besteht aus einer Reihe von Zeichen und Buchstaben, wobei für jede Spalte ein Buchstabe vorhanden sein muß.

Zur Auswahl stehen:

`l` linksbündig

`c` zentriert

`r` rechtsbündig

`p`{*Breite*}erzeugt eine Spalte fester Breite. Der Inhalt dieser Spalte wird im *paragraph mode* bearbeitet und gegebenenfalls umbrochen. Einen Zeilenumbruch innerhalb der Spalte kann man mit `\newline` erzwingen. In allen anderen Fällen bestimmt der Inhalt der Spalte deren Breite.

Des weitern dürfen im *Spaltenformat*-Parameter noch folgende Ausdrücke auftreten:

|-Zeichen erzeugt eine vertikale Trennlinie.

`@`{*Text*} auch `@`-Ausdruck genannt, hebt den vorgegebenen Spaltenabstand auf und setzt statt dessen den angegebenen *Text* zwischen die Spalten. Der *Text*-Parameter muß nicht unbedingt Text enthalten. Genaugenommen darf es eine beliebige Anzahl von Tokens sein. Daraus folgt auch, daß das Argument leer sein darf.

∗{*Anzahl*}{*Sp.format*} wiederholt eine Spaltenformatvorgabe.

Mit dem optionalen Parameter *Position* wird entschieden, ob die Oberkante (`t`), die Unterkante (`b`) oder die Mitte des Feldes auf die laufende Zeile ausgerichtet wird (siehe Pfeil im Beispiel).

In der Tabelle selbst fungiert das &-Zeichen als Spaltentrenner.

`\\` beginnt eine neue Zeile.

`\vline` erzeugt in einer Zeile eine vertikale Trennlinie.

`\hline` zieht eine horizontale Trennlinie quer über die gesamte Breite der Tabelle.

`\noalign{\hrule height 1mm}` zieht eine 1 mm dicke horizontale Trennlinie quer über die gesamte Breite der Tabelle.

`\cline`{*u-v*} hat die gleiche Wirkung, jedoch erstreckt sich die Linie nur vom Anfang der Spalte *u* bis zum Ende der Spalte *v*. Eine Lücke in der Linie erreicht man durch `\cline`{*u-v*}`\cline`{*x-y*}.

`\multicolumn`{*Anz.n*}{*Format*}{*Text*} zieht die nächsten *n* Spalten zu einer zusammen, formatiert diese Spalte wie angegeben und setzt den angegebenen *Text*.

Vergleiche `\arrayrulesep`, `\bordermatrix`, `\halign`, `\matrix`, [L] `\arraycolsep`, `\arrayrulewidth`, `\arraystretch`, `\cline`, `\doublerulesep`, `\extracolsep`, `\hline`, `\multicolumn`, {`tabular`}, `\vline`.

\arraycolsep

System LaTeX2.09, LaTeX 2ε.

Wirkung Der Wert von `\arraycolsep` mal zwei legt den Abstand der Spalten innerhalb der `array`-Umgebung fest.

Syntax Siehe Crashkurs: *feste Längen*.

Beispiel `\arraycolsep 5pt`

Setzt den Spaltenabstand auf 10pt.

Definition `\newdimen\arraycolsep`

Vergleiche [L] {`array`}, `\arrayrulewidth`, `\arraystretch`, `\tabcolsep`.

\arrayrulewidth

System	LaTeX2.09, LaTeX 2_ε.
Wirkung	Legt die Dicke der Linien fest, welche durch `\hline`, `\cline` und `\vline` erzeugt werden.
Syntax	Siehe Crashkurs: *feste Längen*.
Beispiel	Standard: `\arrayrulewidth .4pt`
Definition	`\newdimen\arrayrulewidth`
Vergleiche	[L] {`array`}, `\arraycolsep`, `\arraystretch`, `\cline`, `\hline`, `\vline`.

\arraystretch

System	LaTeX2.09, LaTeX 2_ε.
Wirkung	Faktor, um den der Zeilenabstand innerhalb der `tabular`- und `array`-Umgebung gestreckt wird.
Beispiel	`\def\arraystretch{1.7}`
Bemerkung	Der Wert für `\arraystretch` kann nicht einfach zugewiesen werden. Der Befehl muß umdefiniert werden. Standardwert ist der Wert 1.
Vergleiche	[L] {`array`}, `\arraycolsep`, `\arrayrulewidth`, `\baselinestretch`.

\arrowvert

System	Plain-TeX, LaTeX2.09, LaTeX 2_ε; Mathemodus.
Wirkung	Dehnbarer Formelbegrenzer.
Beispiel	`$\big\arrowvert$` liefert $\big\arrowvert$
Definition	`\def\arrowvert{\delimiter"26A33C }`

Bemerkung — Vor \arrowvert muß ein Befehl stehen, der die Größe des Begrenzers vorgibt, denn das Symbol selbst besitzt keine eigene Ausdehnung.

Vergleiche — \Arrowvert, \big, \bracevert, \left, \right, \vert.

\Arrowvert

System — Plain-TEX, LATEX2.09, LATEX 2ε.

Wirkung — Dieser dehnbare Begrenzer ist nur in Verbindung mit \big, \left oder \right anwendbar und nur im Mathemodus verfügbar.

Beispiel — $\big\Arrowvert$ liefert ‖

Bemerkung — siehe \arrowvert.

Definition — \def\Arrowvert{\delimiter"26B33D }

Vergleiche — \arrowvert, \Arrowvert, \big, \left, \right.

\ast ∗

System — Plain-TEX, LATEX2.09, LATEX 2ε; Mathemodus; Binärer Operator.

Definition — \mathchardef\ast="2203

Vergleiche — Binäre Operatoren.

\asymp ≍

System — Plain-TEX, LATEX2.09, LATEX 2ε; Mathemodus; Relation.

Definition — \mathchardef\asymp="3210

\AtBeginDocument ⟨*tokens*⟩

System — LaTeX 2ε.

Wirkung — Speichert ein Makro und führt es zu Beginn des Dokumentes aus.

Beispiel — `\AtBeginDocument{\message{Anfang des Dokumentes}}`

Beschreibung — Man kann mehrere Makros auf diese Art und Weise speichern. Die Makros werden auf eine Liste gesetzt und direkt nach `\begin{document}` in FIFO-Reihenfolge ausgeführt. Das heißt, dasjenige Makro, das zuerst gespeichert wurde, wird auch zuerst ausgeführt.

Bemerkung — `\AtBeginDocument` darf nur in der Präambel, das heißt zwischen `\documentclass` und `\begin{document}` auftauchen.

Vergleiche — [L] `\AtEndDocument`, `\AtEndOfClass`, `\AtEndOfPackage`.

\AtEndDocument ⟨*tokens*⟩

System — LaTeX 2ε.

Wirkung — Speichert ein Makro und führt es am Ende des Dokumentes aus.

Beispiel — `\AtEndDocument{\message{Ende des Dokumentes}}`

Beschreibung — Man kann mehrere Makros auf diese Art und Weise speichern. Die Makros werden auf eine Liste gesetzt und direkt vor `\end{document}` in FIFO-Reihenfolge ausgeführt. Das heißt, dasjenige Makro, das zuerst gespeichert wurde, wird auch zuerst ausgeführt.

Vergleiche — [L] `\AtBeginDocument`, `\AtEndOfClass`, `\AtEndOfPackage`.

\AtEndOfClass ⟨*tokens*⟩

System — LaTeX 2ε.

Wirkung — Speichert ein Makro und führt es am Ende einer Dokumentklasse aus.

Beispiel — `\AtEndOfClass{\message{End of Class}}`

Beschreibung Man kann mehrere Makros auf diese Art und Weise speichern. Die Makros werden auf eine Liste gesetzt und direkt nach der `.cls`-Datei in FIFO-Reihenfolge ausgeführt. Das heißt, dasjenige Makro, das zuerst gespeichert wurde, wird auch zuerst ausgeführt.

Vergleiche [L] `\AtBeginDocument`, `\AtEndDocument`, `\AtEndOfPackage`.

\AtEndOfPackage ⟨*tokens*⟩

System LaTeX 2ε.

Wirkung Speichert ein Makro und führt es am Ende einer *package*-Datei aus.

Beispiel `\AtEndOfPackage{\message{End of Package}}`

Beschreibung Man kann mehrere Makros auf diese Art und Weise speichern. Die Makros werden auf eine Liste gesetzt und direkt nach der `.sty`-Datei in FIFO-Reihenfolge ausgeführt. Das heißt, dasjenige Makro, das zuerst gespeichert wurde, wird auch zuerst ausgeführt.

Vergleiche [L] `\AtBeginDocument`, `\AtEndDocument`, `\AtEndOfClass`.

\atop

System TeX-Primitive, Plain-TeX, LaTeX2.09, LaTeX 2ε; Mathemodus.

Wirkung Setzt zwei Ausdrücke übereinander.

Syntax ⟨`{`⟩*Nenner* `\atop` *Zähler*⟨`}`⟩

Beispiel `$x+1\atop x-1$` erzeugt ${x+1 \atop x-1}$.

Vergleiche `\above`, `\atopwithdelims`, `\brace`, `\brack`, `\choose`, `\over`, [L] `\frac`.

\atopwithdelims

System	TEX-Primitive, Plain-TEX, LATEX2.09, LATEX 2$_\varepsilon$; Mathemodus.
Wirkung	Setzt zwei Ausdrücke übereinander und umschließt den entstehenden Ausdruck mit den vorzugebenden Begrenzern.
Syntax	⟨{⟩*Nenner* `\atopwithdelims` ⟪*2 Begrenzer*⟫ *Zähler* ⟨}⟩
Beispiel	`$n \atopwithdelims() k$` erzeugt ${n \atopwithdelims() k}$
Vergleiche	`\above`, `\atop`, `\brace`, `\brack`, `\choose`, `\overwithdelims`, [L] `\frac`.

\author ⟨*Autor*⟩

System	LATEX2.09, LATEX 2$_\varepsilon$.
Wirkung	Erzeugt die Autorenangabe auf der mittels `\maketitle` generierten Titelseite.
Beispiel	`\author{S. Schwarz \and R. Pot\v cek}`
Bemerkung	Man kann mehrere Autoren angeben, indem man sie durch `\and` voneinander trennt.
Vergleiche	[L] `\and`, `\date`, `\maketitle`, `\thanks`, `\title`.

Befehle B

\b ⟨*Buchstabe*⟩

System — Plain-TEX, LATEX2.09, LATEX 2ε.

Wirkung — Erzeugt einen Buchstaben mit Unterstrich-Akzent.

Beispiel — `\b o` erzeugt o̱.

Definition —
```
\def\b#1{\oalign{#1\crcr\hidewidth\sh@ft{29}%
    \vbox to.2ex{\hbox{\char22}\vss}\hidewidth}}
```

Vergleiche — Akzente.

\backslash ∖

System — Plain-TEX, LATEX2.09, LATEX 2ε; Mathemodus.

Definition — `\def\backslash{\delimiter"26E30F }`

Vergleiche — [L] `\bslash`.

\badness

System — TEX3-Primitive, Plain-TEX, LATEX2.09, LATEX 2ε.

Wirkung — Enthält die *badness*-Bewertung der zuletzt erzeugten `\hbox` oder `\vbox`.

Beispiel — `\ifnum\badness>100000 "Uberf"ullte Box!!\fi`

Bemerkung — Bei einem Wert von 100000 war die letzte Box überfüllt. Ab welchem Wert TEX eine Box als überfüllt betrachtet, hängt von den Werten von `\hbadness` und `\vbadness` ab. Die Bewertung von Boxen hat keinerlei Einfluß auf das Layout. Übervolle oder untervolle Boxen verursachen allenfalls Warnungen, die den Benutzer auf typographische Mängel im Satzbild aufmerksam machen.

Vergleiche — `\adjdemerits`, `\doublehyphendemerits`, `\finalhyphendemerits`, `\hbadness`, `\penalty`, `\pretolerance`, `\tolerance`, `\vbadness`.

\bar ⟨⟨*Buchstabe*⟩⟩

System — Plain-TeX, LaTeX2.09, LaTeX 2ε; Mathemodus.

Wirkung — Erzeugt eine Variable mit Überstrich-Akzent.

Beispiel — `$A\cap\bar A=\emptyset$`

$A \cap \bar{A} = \emptyset$

Definition — `\def\bar{\mathaccent"7016 }`

Vergleiche — `\breve`, `\grave`, `\mathaccent`, Akzente/mathematische.

\baselineskip

System — TeX-Primitive, Plain-TeX, LaTeX2.09, LaTeX 2ε.

Wirkung — Dieser Längenbefehl legt im Text den Abstand von einer Grundlinie zur nächsten fest.

Syntax — Siehe Crashkurs: *elastische Längen.*

Beispiel — `\baselineskip12pt`

Vergleiche — `\normalbaselineskip`, [L] `\baselinestretch`.

\baselinestretch

System — LaTeX2.09, LaTeX 2ε.

Wirkung — Dieser Faktor, multipliziert mit `\baselineskip`, ergibt den realen Zeilenabstand.

Beispiel — `\def\baselinestretch{2}`

Bemerkung — Das angegebene Beispiel bewirkt doppelten Zeilenabstand. Der Standardwert von `\baselinestretch` ist 1.

Vergleiche — `\baselineskip`, `\baselineskip`, `\lineskip`, `\lineskiplimit`, [L] `\arraystretch`.

\batchmode

System — TEX-Primitive, Plain-TEX, LATEX2.09, LATEX 2ε.

Wirkung — Schaltet in den *batchmode*.

Beschreibung — Im *batchmode* werden alle Fehler, die beim Übersetzen eines Dokumentes auftreten, so weit wie möglich korrigiert und in der Log-Datei mitprotokolliert. TEX unterbricht den Übersetzungsvorgang nicht. Der *batchmode* wirkt so, als würde man beim Übersetzen jeden Fehler durch Drücken der RETURN-Taste quittieren. Der Befehl `\batchmode` unterscheidet sich von `\nonstopmode` dadurch, daß Fehlermeldungen nicht am Bildschirm, sondern nur in der Log-Datei protokolliert werden. Unüberwindbare Fehler wie das Fehlen einer `\input`-Datei stoppen TEX jedoch auch im `\batchmode`. Nach mehr als 100 Fehlern bricht TEX den Übersetzungsvorgang auf jeden Fall ab.

Bemerkung — Dadurch, daß TEX in diesem Modus versucht Fehler zu korrigieren, diese Korrekturen aber nur von oberflächlicher Natur sein können, treten nach Fehlern häufig Folgefehler auf.

Vergleiche — `\errorstopmode`, `\nonstopmode`, `\pausing`, `\scrollmode`.

\begin ⟨*Umgebung*⟩

System — LATEX2.09, LATEX 2ε.

Wirkung — Leitet eine Umgebung ein.

Beispiel

```
\begin{tiny}
 Ist das nicht winzig
\end{tiny}
```

Ist das nicht winzig?

Beschreibung — Eine Umgebung stellt bestimmte Eigenschaften für einen durch die Befehle `\begin`{*Umgebung*} und `\end`{*Umgebung*} abgegrenzten Bereich des Dokumentes zur Verfügung. Sämtliche Umgebungen mit Ausnahme von {`document`} müssen innerhalb der Grenzen von `\begin{document}` und `\end{document}` eröffnet und geschlossen werden.

Für jede Umgebung, die man eröffnet bzw. schließt, wird auch eine Gruppe eröffnet bzw. geschlossen. Einige Umgebungen wie z.B. {minipage} erlauben das Einschachteln weiterer Umgebungen.

Prinzipiell kann jeder Befehl als Umgebung angewandt werden. Dazu wird der Befehlsname ohne den führenden *backslash* (\) als Umgebungsname eingesetzt (siehe Beispiel). Ob dies im Einzelfall sinnvoll ist oder nicht, entscheidet man am besten mit gesundem Menschenverstand. Auf jeden Fall sind alle Befehle geeignet, deren visuelle Wirkung sich durch Umschließen mit geschweiften Klammern einschränken läßt.

Bemerkung — Für Umgebungen verwenden wir in diesem Buch folgende Kurzschreibweise: {**Umgebungsname**}.

Vergleiche — {, }, \begingroup, \bgroup, \egroup, \endgroup.

\begingroup

System — TEX-Primitive, Plain-TEX, LATEX2.09, LATEX 2_ε.

Wirkung — Eröffnet eine neue Gruppe.

Beispiel

```
\begingroup
\sc Big Caps
\endgroup
in Small Caps
```

BIG CAPS in Small Caps

Beschreibung — Mit \begingroup und \endgroup lassen sich, ähnlich wie mit { und }, Gruppen bilden. Im Gegensatz zu \bgroup und \egroup, die nur Kopien von { und } sind, sind \begingroup und \endgroup eigenständige Befehle. Man kann \begingroup nicht durch \bgroup oder { ersetzen und \endgroup nicht durch \egroup oder }. Eine mit \begingroup geöffnete Gruppe kann nur durch den Befehl \endgroup geschlossen werden.

Vergleiche — {, }, \bgroup, \egroup, [L] \begin, \end.

\belowdisplayshortskip

System	TEX-Primitive, Plain-TEX, LATEX2.09, LATEX 2ε.
Wirkung	Gibt den Leerraum an, der oberhalb einer abgesetzten Formel eingefügt wird, falls die vorhergehende Zeile so kurz ist, daß sie nicht in die Formel hineinragt.
Syntax	Siehe Crashkurs: *elastische Längen*.
Beispiel	`\belowdisplayshortskip0pt plus 3pt`
Vergleiche	`\abovedisplayshortskip`, `\belowdisplayskip`, [L] {`displaymath`}.

\belowdisplayskip

System	TEX-Primitive, Plain-TEX, LATEX2.09, LATEX 2ε.
Wirkung	Gibt den Leerraum an, der standardmäßig unterhalb einer abgesetzten Formel eingefügt wird.
Syntax	Siehe Crashkurs: *elastische Längen*.
Beispiel	`\belowdisplayskip12pt plus 3pt minus 9pt`
Vergleiche	[L] {`displaymath`}.

\beta β

System	Plain-TEX, LATEX2.09, LATEX 2ε; Mathemodus.
Wirkung	Erzeugt das keine griechische Beta β.
Definition	`\mathchardef\beta="010C`
Vergleiche	`\phi`, Griechische Buchstaben.

\bf

System	Plain-TEX, LATEX2.09, LATEX 2ε
Wirkung	Schaltet auf Fettschrift um..
Beispiel	`That's {\bf boldface}.` That's **boldface**.
Bemerkung	In LATEX 2ε werden die in TEX und LATEX üblichen zwei Zeichen langen Schriftschaltbefehle zwar noch unterstützt bzw. emuliert, sie bietet jedoch nicht die Flexibilität der entsprechenden LATEX 2ε-Kommandos.
Vergleiche	`\it`, `\rm`, `\sl`, `\tt`, [L] `\bfseries`, `\boldmath`, `\sc`, `\sf`, `\textbf`.

\bfdefault

System	LATEX 2ε.
Wirkung	Bestimmt die Schriftserie, die durch `\bfseries` und `\textbf` aktiviert wird.
Definition	`\newcommand\bfdefault{bx}`
Bemerkung	LATEX 2ε wählt standardmäßig für Fettschrift eine *bold-extended*-Schriftserie.
Vergleiche	`\DeclareFontSeries`, [L] `\bfseries`, `\itdefault`, `\mddefault`, `\rmdefault`, `\scdefault`, `\sfdefault`, `\sldefault`, `\textbf`, `\ttdefault`, `\updefault`.

\bffam

System	Plain-TEX.
Wirkung	Kennung der TEX-Schriftfamilie Boldface.

Beispiel
```
\font\mytextfont=cmbx10
\textfont\bffam=\mytextfont
$\fam\bffam a + b = c $
```
$\mathbf{a + b = c}$

Definition
```
\newfam\bffam \def\bf{\fam\bffam\tenbf}
\textfont\bffam=\tenbf \scriptfont\bffam=\sevenbf
\scriptscriptfont\bffam=\fivebf
```

Vergleiche `\newfam`, [T] `\fam`.

\bfseries

System LaTeX 2_ε.

Wirkung Schaltet in die Schriftserie für Fettschrift.

Beispiel
```
Das ist {\bfseries Fettschrift}.
```
Das ist **Fettschrift**.

Beschreibung `\bfseries` aktiviert die Schriftserie, die durch `\bfdefault` festgelegt ist. Das ist standardmäßig die *bold extended* Variante der aktuellen Schrift.

Vergleiche `\bf`, [L] `\bfdefault`, `\itshape`, `\mdseries`, `\rmfamily`, `\scshape`, `\sffamily`, `\slshape`, `\textbf`, `\ttfamily`, `\upshape`.

\bgroup

System Plain-TeX, LaTeX2.09, LaTeX 2_ε.

Wirkung Öffnet eine neue Gruppe.

Beispiel
```
Auch \bgroup\bf dick \egroup ist schick.
```
Auch **dick** ist schick.

Definition
```
\let\bgroup={ \let\egroup=}
```

Beschreibung — `\bgroup` ist eine Kopie der Bedeutung von `{`. Damit sind `\bgroup` und `{` in bezug auf die Gruppenbildung austauschbar. Eine Gruppe, die mit `\bgroup` eröffnet wurde, kann durch `}` geschlossen werden und sinngemäß auch umgekehrt.

Vergleiche — {, }, `\begingroup`, `\egroup`, `\endgroup`, [L] `\begin`, `\end`.

\bibindent

System — LaTeX2.09: Stiloption `openbib`, LaTeX 2ε *package* `openbib`.

Wirkung — Diese Länge legt fest, um welchen Betrag die der ersten Zeile nachfolgenden Zeilen eines Eintrages der `thebibliography`-Umgebung zusätzlich eingerückt werden, wenn die Bibliographie im `openbib`-Stil gesetzt wird.

Syntax — Siehe Crashkurs: *feste Längen*.

Beispiel — Standard: `\bibindent=1.5em`

Definition — `\newdimen\bibindent`

Beschreibung — Normalerweise werden alle Angaben zu einem `\bibitem` in einem Absatz gesetzt. Mit der Stiloption bzw. dem *package* `openbib` werden alle der ersten Zeile nachfolgenden Zeilen eines Blockes relativ zur ersten Zeile um `\bibindent` eingerückt.

Vergleiche — [L] `\thebibliography`.

\bibitem [⟨*Marke*⟩] ⟨*Referenzmarke*⟩

System — LaTeX2.09, LaTeX 2ε.

Wirkung — Erzeugt einen Eintrag im Literaturverzeichnis. Der Befehl ist nur innerhalb der `thebibliography`-Umgebung verfügbar.

Beispiel

```
\begin{thebibliography}{99}
\bibitem[Bla 96]{bla} Bloody Allan.
{\sl Was Sie schon immer "uber \TeX\ wissen
wollten, aber nie zu fragen wagten.}
{Dirty Tag Press, New York, 1996.
\end{thebibliography}
```

[Bla 96] Bloody Allan. *Was Sie schon immer über TEX wissen wollten, aber nie zu fragen wagten.* Dirty Tag Press, New York, 1996.

Beschreibung

Mit Hilfe der Referenzmarke und `\cite` kann man auf einen Eintrag im Literaturverzeichnis Bezug nehmen. Läßt man den optionalen Parameter *Marke* weg, wird der Verzeichniseintrag numeriert. Gibt man hingegen eine *Marke* an, erscheint diese *Marke* statt einer Nummer bei den Referenzen und im Literaturverzeichnis.

Vergleiche

{`thebibliography`}, [L] `\bibliography`, `\cite`, `\thebibliography`.

\bibliography ⟨*Datenbankdatei(en)*⟩

System

LATEX2.09, LATEX 2ε: Nur in Verbindung mit BIBTEX anwendbar.

Wirkung

Erstellt aus den Verweisen im Text mit Hilfe der angegebenen Literaturdatenbanken ein Literaturverzeichnis und gibt dieses aus.

Beispiel

`\bibliography{Kochrezepte,Quantenmechanik}`

Beschreibung

Eine Datei, die Literaturdaten enthält, hat die Endung `.bib`. Mehere Datenbankdateien werden durch Kommata voneinander getrennt. Im angegebenen Beispiel durchsucht LATEX die Dateien `Kochrezepte.bib` und `Quantenmechanik.bib` nach entsprechenden Einträgen.

Nach der Bearbeitung des Quelltextes durch LATEX muß BIBTEX und danach noch mindestens zweimal* LATEX auf die Jobdatei angesetzt werden. Nun sollte an entsprechender Stelle das Literaturverzeichnis vorzufinden sein.

*Genauer gesagt muß danach LATEX so oft aufgerufen werden, bis es keine Warnung der folgenden Art mehr ausgibt: `Label(s) may have changed. Rerun to get cross-references right.`

Bemerkung — Den Aufbau von Literaturdatenbanken findet man in der Dokumentation zu BIBTEX und in diverser einführender LATEX-Literatur.

Vergleiche — [L] `\bibitem`, `\bibliographystyle`, `\bibname`, `\newblock`, `\nocite`, `\nofiles`, `\thebibliography`.

\bibliographystyle ⟨*Stil*⟩

System — LATEX2.09, LATEX 2$_\varepsilon$: Nur in Verbindung mit BIBTEX anwendbar.

Wirkung — Stellt die Stilart ein, in der das mittels `\bibliography` erzeugte Literaturverzeichnis gesetzt wird.

Beispiel — `\bibliographystyle{plain}`

Beschreibung — Zur Verfügung stehen folgende Stilarten:

`plain` Die Einträge werden alphabetisch nach Autorennamen sortiert. Als Marke erscheint eine laufende Nummer in eckigen Klammern.

`unsrt` Die Einträge erscheinen in der Reihenfolge der Verweise im Text, ansonsten wie `plain`.

`alpha` Die Marke wird aus den Abkürzungen der Autorenamen und des Erscheinungsjahres gebildet, z.B. [kun82]. Sonst wie `plain`.

`abbrv` Einträge und Marken wie bei `plain`, jedoch erscheinen Vornamen, Monat und Journalnamen in abgekürzter Form.

Vergleiche — [L] `\bibliography`, `\thebibliography`.

\bibname

System — LATEX2.09, LATEX 2$_\varepsilon$.

Wirkung — Ist verantwortlich für die Bezeichnung des Literaturverzeichnisses, das `\bibliography` erzeugt.

Beispiel — `\def\bibname{Literaturverzeichnis}`

Bemerkung — Der Befehl ist standardmäßig mit dem Wort *Bibliography* vorbelegt. `german.sty` belegt ihn mit *Literaturverzeichnis.*

Vergleiche — `\refname`, [L] `\bibliography`.

\Big

System — Plain-TeX, LaTeX2.09, LaTeX 2_ε.

Wirkung — Vergrößert den folgenden Begrenzer auf 11.5 pt.

Definition

```
\def\Big#1{{\hbox{$\left#1%
\vbox to11.5\p@{}\right.\n@space$}}}
```

Beschreibung — Siehe `\big`.

\big

System — Plain-TeX, LaTeX2.09, LaTeX 2_ε.

Wirkung — Vergrößert den folgenden Begrenzer auf 8.5 pt.

Beispiel 1

```
\[\Bigg|\bigg|\Big|\big||0|
  \big|\Big|\bigg|\Bigg|\]
```

Beispiel 2

```
\[\Biggl\{\biggl\{\Bigl\{\bigl\{\{0
  \}\bigr\}\Bigr\}\biggr\}\Biggr\}\]
```

$$\Biggl\{\biggl\{\Bigl\{\bigl\{\{0\}\bigr\}\Bigr\}\biggr\}\Biggr\}$$

Definition

```
\def\big#1{{\hbox{$\left#1%
\vbox to8.5\p@{}\right.\n@space$}}}
```

Beschreibung

Außer `\big` existieren noch weitere *big*-Befehle, mit denen sich Begrenzer stufenweise vergrößern und geeignet ausrichten lassen. Es folgt eine Liste der Abstufungen:

`\big`	etwas größer als normal (8.5 pt)
`\Big`	etwa 1.4-mal so groß wie `\big` (11.5 pt)
`\bigg`	etwa 1.7-mal so groß wie `\big` (14.5 pt)
`\Bigg`	etwa 2.1-mal so groß wie `\big` (17.5 pt)

Wie man sieht, wird ein Begrenzer durch einen vorangestellten *big*-Befehl fest auf eine bestimmte skaliert, unabhängig von der aktuellen Schriftgröße.

Von allen aufgeführten Befehlen existieren Variationen mit den Endungen `l`, `m`, und `r` (siehe Beispiel 2). Während ein Begrenzer sonst wie ein normales Zeichen behandelt wird, richten die Befehle mit Endung `r` den Begrenzer wie eine rechte Klammer, die mit Endung `l` wie eine linke Klammer und die mit Endung `m` wie einen Vergleichsoperator (Relation) gegenüber den umgebenden Zeichen aus.

Bemerkung

Der Unterschied zwischen einem ausgerichteten und einem unausgerichteten Begrenzer ist direkt kaum erkennbar. Erst im optischen Gesamteindruck einer Formel wird die Wirkung deutlich.

\bigbreak

System

Plain-TeX, LaTeX2.09, LaTeX 2ε.

Wirkung

Beginnt einen neuen Absatz, markiert eine günstige Stelle (`\penalty-200`) zum Umbruch der Seite und fügt vertikalen Leerraum der Größe eines `\bigskip` ein.

Definition

```
\def\bigbreak{\par\ifdim\lastskip<\bigskipamount
  \removelastskip\penalty-200\bigskip\fi}
```

Vergleiche

`\bigskipamount`, `\break`, `\goodbreak`, `\medbreak`, `\nobreak`, `\penalty`, `\smallbreak`.

\bigcap $\bigcap$

System Plain-TeX, LaTeX2.09, LaTeX 2_ε; Mathemodus; Großer Operator.

Wirkung Erzeugt den großen Operator $\bigcap$.

Definition `\mathchardef\bigcap="1354`

Vergleiche große Operatoren.

\bigcirc 

System Plain-TeX, LaTeX2.09, LaTeX 2_ε; Mathemodus; Großer Operator.

Wirkung Erzeugt den großen Operator $\bigcirc$.

Definition `\mathchardef\bigcirc="220D`

Vergleiche `\circ`, große Operatoren.

\bigcup 

System Plain-TeX, LaTeX2.09, LaTeX 2_ε; Mathemodus; Großer Operator.

Wirkung Erzeugt den großen Operator $\bigcup$.

Definition `\mathchardef\bigcup="1353`

Vergleiche `\cup`, große Operatoren.

\bigg

System Plain-TeX, LaTeX2.09, LaTeX 2_ε.

Wirkung Vergrößert den folgenden Begrenzer auf 14.5 pt.

Definition

```
\def\bigg#1{{\hbox{$\left#1%
\vbox to14.5\p@{}\right.\n@space$}}}
```

Beschreibung	Siehe `\big`.

\Bigg

System	Plain-TeX, LaTeX2.09, LaTeX 2_ε.
Wirkung	Vergrößert den folgenden Begrenzer auf 17.5 pt.
Definition	`\def\Bigg#1{{\hbox{$\left#1%` `\vbox to17.5\p@{}\right.\n@space$}}}`
Beschreibung	Siehe `\big`.

\biggl

System	Plain-TeX, LaTeX2.09, LaTeX 2_ε.
Wirkung	Vergrößert den folgenden Begrenzer auf 14.5 pt und richtet ihn wie eine linke Klammer aus.
Definition	`\def\biggl{\mathopen\bigg}`
Beschreibung	Siehe `\big`.
Vergleiche	`\big`, `\mathopen`.

\Biggl

System	Plain-TeX, LaTeX2.09, LaTeX 2_ε.
Wirkung	Vergrößert den folgenden Begrenzer auf 17.5 pt und richtet ihn wie eine linke Klammer aus.
Definition	`\def\Biggl{\mathopen\Bigg}`
Beschreibung	Siehe `\big`.
Vergleiche	`\big`, `\mathopen`.

\biggm

System	Plain-TEX, LATEX2.09, LATEX 2ε.
Wirkung	Vergrößert den folgenden Begrenzer auf 14.5 pt und richtet ihn wie einen Vergleichsoperator (Relation) aus.
Definition	`\def\biggm{\mathrel\bigg}`
Beschreibung	Siehe `\big`.
Vergleiche	`\big`, `\mathrel`.

\Biggm

System	Plain-TEX, LATEX2.09, LATEX 2ε.
Wirkung	Vergrößert den folgenden Begrenzer auf 17.5 pt und richtet ihn wie einen Vergleichsoperator (Relation) aus.
Definition	`\def\Biggm{\mathrel\Bigg}`
Beschreibung	Siehe `\big`.
Vergleiche	`\big`, `\mathrel`.

\biggr

System	Plain-TEX, LATEX2.09, LATEX 2ε.
Wirkung	Vergrößert den folgenden Begrenzer auf 14.5 pt und richtet ihn wie eine rechte Klammer aus.
Definition	`\def\biggr{\mathclose\bigg}`
Beschreibung	Siehe `\big`.
Vergleiche	`\big`, `\mathrel`.

\Biggr

System Plain-TEX, LATEX2.09, LATEX 2_ε.

Wirkung Vergrößert den folgenden Begrenzer auf 17.5 pt und richtet ihn wie eine rechte Klammer aus.

Definition `\def\Biggr{\mathclose\Bigg}`

Beschreibung Siehe `\big`.

Vergleiche `\big`, `\mathrel`.

\bigl

System Plain-TEX, LATEX2.09, LATEX 2_ε.

Wirkung Vergrößert den folgenden Begrenzer auf 8.5 pt und richtet ihn wie eine linke Klammer aus.

Definition `\def\bigl{\mathopen\big}`

Beschreibung Siehe `\big`.

Vergleiche `\big`, `\mathopen`.

\Bigl

System Plain-TEX, LATEX2.09, LATEX 2_ε.

Wirkung Vergrößert den folgenden Begrenzer auf 11.5 pt und richtet ihn wie eine linke Klammer aus.

Definition `\def\Bigl{\mathopen\Big}`

Beschreibung Siehe `\big`.

Vergleiche `\big`, `\mathopen`.

\bigodot $\odot$

System	Plain-$\TeX$, $\LaTeX$2.09, $\LaTeX\,2_\varepsilon$; Mathemodus; Großer Operator.
Wirkung	Erzeugt den großen Operator $\bigodot$.
Definition	`\mathchardef\bigodot="134A`
Vergleiche	`\odot`.

\bigoplus 

System	Plain-$\TeX$, $\LaTeX$2.09, $\LaTeX\,2_\varepsilon$; Mathemodus; Großer Operator.
Wirkung	Erzeugt den großen Operator $\bigoplus$.
Definition	`\mathchardeflus="134C`
Vergleiche	`\oplus`.

\bigotimes 

System	Plain-$\TeX$, $\LaTeX$2.09, $\LaTeX\,2_\varepsilon$; Mathemodus; Großer Operator.
Wirkung	Erzeugt den großen Operator $\bigotimes$.
Definition	`\mathchardef\bigotimes="134E`
Vergleiche	`\otimes`.

\bigr

System	Plain-$\TeX$, $\LaTeX$2.09, $\LaTeX\,2_\varepsilon$.
Wirkung	Vergrößert den folgenden Begrenzer auf 8.5 pt und richtet ihn wie eine rechte Klammer aus.
Definition	`\def\bigr{\mathclose\big}`

Beschreibung — Siehe `\big`.
Vergleiche — `\big`, `\mathclose`.

\Bigr

System — Plain-TeX, LaTeX2.09, LaTeX 2ε.
Wirkung — Vergrößert den folgenden Begrenzer auf 11.5 pt und richtet ihn wie eine rechte Klammer aus.
Definition — `\def\Bigr{\mathclose\Big}`
Beschreibung — Siehe `\big`.
Vergleiche — `\big`, `\mathclose`.

\bigskip

System — Plain-TeX, LaTeX2.09, LaTeX 2ε.
Wirkung — Erzeugt einen großen vertikalen Leerraum (`12pt plus 4pt minus 4pt`).
Definition — `\def\bigskip{\vskip\bigskipamount}`
Bemerkung — Dieser Befehl arbeitet nur im *vertikal-mode*. Das heißt, er ist nur zwischen Absätzen wirksam.
Beispiel — So groß ist der Leerraum, den `\bigskip` erzeugt:

} 12 pt

Vergleiche — `\bigskipamount`, `\medskip`, `\smallskip`, `\vskip`, [L] `\vspace`.

\bigskipamount

System — Plain-TeX, LaTeX2.09, LaTeX 2ε.
Wirkung — Länge, die den Betrag von `\bigskip` und `\bigbreak` bestimmt.

Syntax — Siehe Crashkurs: *elastische Längen.*

Definition —
```
\newskip\bigskipamount
\bigskipamount=12pt plus 4pt minus 4pt
```

Vergleiche — `\bigbreak`, `\bigskip`.

\bigsqcup $\bigsqcup$

System — Plain-TeX, LaTeX2.09, LaTeX 2$_\varepsilon$; Mathemodus; Großer Operator.

Wirkung — Erzeugt den großen Operator $\bigsqcup$.

Definition — `\mathchardef\bigsqcup="1346`

Vergleiche — `\sqcap`, `\sqcup`.

\bigtriangledown

System — Plain-TeX, LaTeX2.09, LaTeX 2$_\varepsilon$; Mathemodus; Binärer Operator.

Wirkung — Erzeugt den binären Operator $\bigtriangledown$.

Definition — `\mathchardef\bigtriangledown="2235`

Vergleiche — `\bigtriangleup`, `\triangleleft`.

\bigtriangleup

System — Plain-TeX, LaTeX2.09, LaTeX 2$_\varepsilon$; Mathemodus; Binärer Operator.

Wirkung — Erzeugt den binären Operator $\bigtriangleup$.

Definition — `\mathchardef\bigtriangleup="2234`

Vergleiche — `\bigtriangledown`, `\triangleleft`, Binäre Operatoren.

\biguplus ⨄

System Plain-TEX, LATEX2.09, LATEX 2ε; Mathemodus; Großer Operator.
Wirkung Erzeugt den großen Operator ⨄.
Definition `\mathchardef\biguplus="1355`
Vergleiche `\oplus`.

\bigvee ⋁

System Plain-TEX, LATEX2.09, LATEX 2ε; Mathemodus; Großer Operator.
Wirkung Erzeugt den großen Operator ⋁.
Definition `\mathchardef\bigvee="1357`
Vergleiche `\vee`.

\bigwedge ⋀

System Plain-TEX, LATEX2.09, LATEX 2ε; Mathemodus; Großer Operator.
Wirkung Erzeugt den großen Operator ⋀.
Definition `\mathchardef\bigwedge="1356`
Vergleiche `\wedge`.

\binoppenalty

System TEX-Primitive, Plain-TEX, LATEX2.09, LATEX 2ε.
Wirkung Verteilt Strafpunkte für den Umbruch einer Formel im *textstyle* nach einem binären Operator.
Syntax Siehe Crashkurs: *TEX-Zähler*.
Beispiel Standard: `penalty700`.

Bemerkung	Binäre Operatoren sind z.B. $+$, $-$, $/$, $*$, mod, usw.
Vergleiche	`\brokenpenalty`, `\clubpenalty`, `\hyphenpenalty`, `\linepenalty`, `\penalty`, `\relpenalty`.

\blackandwhite ⟨*Dateiname*⟩

System	SLITEX: Dokumentstil `slides`, LATEX 2ε: Dokumentklasse `slides`.
Wirkung	Erstellt aus dem angegebenen *slide file* eine Schwarzweis-Folie.
Beispiel	`\blackandwhite{folie}`
Bemerkung	Der Befehl darf nur im *root file* stehen. Die angegebene Datei muß die Dateiendung `.tex` haben.
Vergleiche	[S] `\colors`, `\colorslides`, {`slide`}.

\bmod mod

System	Plain-TEX, LATEX2.09, LATEX 2ε; Mathemodus; Binärer Operator.
Wirkung	Erzeugt den binären Operator △.
Beispiel	`$23\bmod 7=2$` $23 \bmod 7 = 2$
Definition	`\def\bmod{\mskip-\medmuskip\mkern5mu` `\mathbin{\rm mod}\penalty900\mkern5mu\mskip-\medmuskip}`
Vergleiche	`\pmod`, Binäre Operatoren.

\boldmath

System	LATEX2.09, LATEX 2ε.
Wirkung	Bewirkt, daß Text im Mathemodus standardmäßig in Fettschrift gesetzt wird.
Beispiel	`\boldmath Kreisfl"ache $:=r^2\pi$.` Kreisfläche $:= \boldsymbol{r^2\pi}$.

Bemerkung — Der Befehl kann nur im Textmodus angewandt werden! In LaTeX 2ε sollte man `\mathversion` verwenden.

Vergleiche — `\bf`, [L] `\mathversion`.

\boolean ⟨*Variable*⟩

System — LaTeX 2ε: *package* `ifthen`.

Wirkung — Testet die angegebene boolsche Variable.

Beispiel

```
\newboolean{banane} \setboolean{banane}{true}
Banane \ifthenelse{\boolean{banane}{krumm}{gerade}}.
```

Banane krumm.

Bemerkung — Mit `\boolean` lassen sich auch boolsche Schalter testen, die mit dem TeX-Befehl `\newif` erzeugt wurden.

Vergleiche — `\newif`, `\setboolean`, [L] `\ifthenelse`, `\newboolean`.

\bordermatrix ⟨*Matrix*⟩

System — Plain-TeX, LaTeX2.09, LaTeX 2ε; Mathemodus.

Wirkung — Erzeugt eine in runde Klammern eingeschlossene Matrix. Die erste Zeile und die erste Spalte liegen außerhalb der Matrix.

Bemerkung

Beispiel

```
$\bordermatrix{&x_1&x_2\cr
    y_1~ &n_{11}&n_{12}\cr
    y_2~ &n_{21}&n_{22}\cr
}$
```

$$\bordermatrix{&x_1&x_2\cr y_1~ &n_{11}&n_{12}\cr y_2~ &n_{21}&n_{22}\cr}$$

Beschreibung — Der Befehl dient dazu, beschriftete Matrizen zu erzeugen. Das &-Zeichen dient als Spaltentrenner. Mit `\cr` werden die Zeilen der Matrix abgeschlossen.

Vergleiche — `\matrix`, `\pmatrix`, [L] `{array}`.

\bot ⊥

System Plain-TEX, LATEX2.09, LATEX 2ε; Mathemodus; Binärer Operator.
Wirkung Erzeugt den binären Operator ⊥.
Definition `\mathchardef\bot="023F`
Vergleiche `\top`, Binäre Operatoren.

\botfigrule

System LATEX2.09, LATEX 2ε.
Wirkung Ermöglicht, eine horizontale Linie zwischen dem Text der Seite und den Gleitobjekten unten auf der Seite zu ziehen.
Beispiel `\def\botfigrule{\kern-3pt\hrule width 2in \kern 2.6pt}`
Dieses Beispiel definiert `\botfigrule` so um, daß zwischen dem Text der Seite und den Gleitobjekten eine zwei Zoll (Inch) breite Trennlinie gezogen wird.
Bemerkung Standardmäßig ist das Makro `\botfigrule` leer. Die Trennlinie darf wie `\footnoterule` keine effektive vertikale Ausdehnung besitzen.
Vergleiche [L] `{figure}`, `{table}`, `\topfigrule`.

\botmark

System TEX-Primitive, Plain-TEX, LATEX2.09, LATEX 2ε.
Wirkung Gibt den Inhalt der Marke aus, die zuletzt auf dieser Seite mittels `\mark` gesetzt wurde.
Vergleiche `\firstmark`, `\mark`, `\splitbotmark`, `\topmark`, [L] `\markboth`, `\markright`.

\bottomfraction

System LaTeX2.09, LaTeX 2_ε.

Wirkung Legt fest, welcher Bruchteil einer Seite unten mit Gleitobjekten belegt werden darf.

Beispiel `\renewcommand{\bottomfraction}{.25}`

Vergleiche `bottomnumber`, `\bottomnumber`, [L] {`figure`}, {`table`}, `\topfraction`.

bottomnumber

System LaTeX2.09, LaTeX 2_ε.

Wirkung Dieser LaTeX-Zähler bestimmt, wieviele Gleitobjekte maximal unten auf einer Seite erscheinen dürfen.

Syntax Siehe Crashkurs: *LaTeX-Zähler*.

Beispiel `\setcounter{bottomnumber}{2}`

Definition `\newcount\c@bottomnumber`

Vergleiche `\topnumber`, `\totalnumber`, [L] `\bottomfraction`, {`figure`}, {`table`}.

\bowtie ⋈

System Plain-TeX, LaTeX2.09, LaTeX 2_ε; Mathemodus; Relation.

Wirkung Erzeugt die Relation $\bowtie$.

Definition

```
\def\bowtie{\mathrel\triangleright
    \joinrel\mathrel\triangleleft}
```

\box ⟨⟨*Box-Register*⟩⟩

System — TEX-Primitive, Plain-TEX, LATEX2.09, LATEX 2ε.

Wirkung — Gibt den Inhalt eines Box-Registers aus und löscht danach das Register.

Beispiel —

```
\newbox\beutel
\setbox\beutel=\hbox{{Bocksbeutel}
\box\beutel
```

Bocksbeutel

Als Parameter *Box-Register* kann man die Nummer eines Box-Registers oder einen durch `\newbox` zugewiesenen symbolischen Registernamen angeben.

Vergleiche — `\copy`, `\hbox`, `\lastbox`, `\newbox`, `\setbox`, `\unhbox`, `\vbox`, `\vsplit`, `\wd`, [L] `\newsavebox`.

\Box □

System — LATEX2.09, LATEX 2ε: *package* `latexsym`; Mathemodus.

Definition — `\mathchardef\Box"0A32`

Bemerkung — Der Befehl `\Box` wird vom NFSS in LATEX 2ε nicht mehr standardmäßig bereitgestellt. Abhilfe schafft das *package* `latexsym`.

Vergleiche — [L] `\Diamond`, `\Join`, `\leadsto`, `\lhd`, `\mho`, `\rhd`, `\sqsubset`, `\unlhd`, `\unrhd`.

\boxmaxdepth

System — TEX-Primitive, Plain-TEX, LATEX2.09, LATEX 2ε.

Wirkung — Diese Länge bestimmt die maximale Unterlänge, die eine `\vbox` haben darf.

Syntax — Siehe Crashkurs: *feste Längen*.

Beispiel — `Diese Zeile hat keine \boxmaxdepth0pt \vbox{\hbox{Unterl"angen}}.`

Diese Zeile hat keine Unterlängen.

Bemerkung — Diese Länge ist mit 16383,99999 pt vorbelegt. Das ist der größte Wert, den eine Länge annehmen kann.

Vergleiche — \maxdepth, \pagedepth, \splitmaxdepth, \vbox.

\brace

System — Plain-TEX, LATEX2.09, LATEX 2ε.

Wirkung — Setzt zwei Ausdrücke übereinander und schließt den so entstehenden neuen Ausdruck in geschweifte Klammern ein.

Beispiel — `$n \brace k$` erzeugt ${n \brace k}$.

Definition — `\def\brace{\atopwithdelims\{\}}`

Vergleiche — \atopwithdelims, \brack, \choose, \over, [L] \frac.

\braceld

System — Plain-TEX, LATEX2.09, LATEX 2ε; Mathemodus.

Wirkung — Teilstück aus dem die geschweiften Klammer, die \downbracefill und \upbracefill erzeugen, zusammengesetzt werden.

Definition — `\mathchardef\braceld="37A \mathchardef\bracerd="37B`

Vergleiche — \bracelu, \bracerd, \braceru, \downbracefill, [L] \upbracefill.

\bracelu

System — Plain-TEX, LATEX2.09, LATEX 2_ε; Mathemodus.

Wirkung — Teilstück aus dem die geschweiften Klammer, die `\downbracefill` und `\upbracefill` erzeugen, zusammengesetzt werden.

Definition — `\mathchardef\bracelu="37C \mathchardef\braceru="37D`

Vergleiche — `\braceld`, `\bracerd`, `\braceru`, `\downbracefill`, [L] `\upbracefill`.

\bracerd

System — Plain-TEX, LATEX2.09, LATEX 2_ε; Mathemodus.

Wirkung — Teilstück aus dem die geschweiften Klammer, die `\downbracefill` und `\upbracefill` erzeugen, zusammengesetzt werden.

Definition — `\mathchardef\bracerd="37B`

Vergleiche — `\braceld`, `\bracelu`, `\braceru`, `\downbracefill`, [L] `\upbracefill`.

\braceru

System — Plain-TEX, LATEX2.09, LATEX 2_ε; Mathemodus.

Wirkung — Teilstück aus dem die geschweiften Klammer, die `\downbracefill` und `\upbracefill` erzeugen, zusammengesetzt werden.

Definition — `\mathchardef\braceru="37D`

Vergleiche — `\braceld`, `\bracelu`, `\bracerd`, `\downbracefill`, [L] `\upbracefill`.

\bracevert

System Plain-TEX, LATEX2.09, LATEX 2_ε; Mathemodus.

Wirkung Erzeugt eine vertikale Linie als dehnbaren Begrenzer.

Beispiel `$\big\bracevert$` liefert $\big\bracevert$

Definition `\def\bracevert{\delimiter"77C33E }`

Bemerkung Es handelt sich um ein Mittelstück, mit dem Klammern gestreckt werden. Vor `\bracevert` muß ein Befehl stehen, der die Größe des Begrenzers vorgibt, denn `\bracevert` besitzt keine eigene Ausdehnung.

Vergleiche `\arrowvert`, `\vert`.

\brack

System Plain-TEX, LATEX2.09, LATEX 2_ε.

Wirkung Setzt zwei Ausdrücke übereinander und schließt diese in eckige Klammern ein.

Beispiel `$n \brack k$` erzeugt ${n \brack k}$

Definition `\def\brack{\atopwithdelims[]}`

Vergleiche `\atopwithdelims`, `\brace`, `\choose`, [L] `\frac`.

\break

System TEX-Primitive, Plain-TEX, LATEX2.09, LATEX 2_ε.

Wirkung Erzwingt einen Umbruch.

Beschreibung — Je nachdem, wo sich TEX bei der Bearbeitung der Seite gerade befindet, erzwingt `\break` mit (`\penalty-10000`) einen Zeilen- oder Seitenumbruch.

Definition — `\def\break{\penalty-\@M}`

Vergleiche — `\allowbreak`, `\bigbreak`, `\goodbreak`, `\penalty`, [L] `\linebreak`, `\pagebreak`.

\breve ⟨⟨*Buchstabe*⟩⟩

System — Plain-TEX, LATEX2.09, LATEX 2$_\varepsilon$; Mathemodus.

Wirkung — Erzeugt eine Variable mit Halbkreis-Akzent.

Definition — `\def\breve{\mathaccent"7015 }`

Beispiel — `$\breve x$` erzeugt $\breve{x}$.

Vergleiche — `\acute`, `\bar`, `\check`, `\ddot`, `\dot`, `\grave`, `\hat`, `\mathaccent`, `\tilde`, `\u`, `\vec`.

\brokenpenalty

System — TEX-Primitive, Plain-TEX, LATEX2.09, LATEX 2$_\varepsilon$.

Wirkung — Verteilt Strafpunkte für einen Seitenumbruch innerhalb eines getrennten Wortes.

Beispiel — Standard: `\brokenpenalty100`

Vergleiche — `\clubpenalty`, `\hyphenpenalty`, `\linepenalty`, `\penalty`, `\relpenalty`.

\buildrel

System — Plain-TEX, LATEX2.09, LATEX 2$_\varepsilon$; Mathemodus.

Syntax — `\buildrel` ⟨$Ausdruck_1$⟩ `\over` ⟨$Ausdruck_2$⟩

Wirkung: Erzeugt einen neuen Vergleichsoperator (Relation) aus $Ausdruck_1$ und $Ausdruck_2$, indem $Ausdruck_1$ über $Ausdruck_2$ gesetzt wird.

Definition:
```
\def\buildrel#1\over#2{\mathrel%
{\mathop{\kern\z@#2}\limits^{#1}}}
```

Beispiel:
```
$\buildrel I+II\over\Longrightarrow$
```
$\stackrel{I+II}{\Longrightarrow}$

Beschreibung: Auf den Befehl `\buildrel` muß der erste Ausdruck, dann `\over` und darauf der zweite Ausdruck folgen.

Vergleiche: [L] `\stackrel`.

\bullet •

System: Plain-TEX, LATEX2.09, LATEX 2_ε; Mathemodus; Binärer Operator.

Wirkung: Erzeugt den binären Operator $\bullet$.

Definition: `\mathchardef\bullet="220F`

Vergleiche: Binäre Operatoren.

\bye

System: Plain-TEX.

Wirkung: Beendet ein TEX-Dokument.

Definition: `\def\bye{\par\vfill\supereject\end}`

Beschreibung: Im Gegensatz zu `\end` füllt `\bye` den Rest der letzten Seite ordnungsgemäß mit Leerraum auf. Aus diesem Grund ist `\bye` dem Befehl `\end` vorzuziehen.

Bemerkung: Ein LATEX-Dokument muß mit `\end{document}` beendet werden.

Vergleiche: [L] `\end`.

Befehle C

\c ⟪*Buchstabe*⟫

System — Plain-TEX, LATEX2.09, LATEX 2_ε.

Wirkung — Erzeugt einen Buchstaben mit Cedille-Akzent.

Beispiel — Aus `ma\c con` wird maçon.

Definition —
```
\def\c#1{\setbox\z@\hbox{#1}\ifdim\ht\z@=1ex%
\accent24 #1\else{\ooalign{\unhbox\z@\crcr
\hidewidth\char24\hidewidth}}\fi}
```

Vergleiche — Akzente.

\cal

System — Plain-TEX, LATEX2.09, LATEX 2_ε; Mathemodus.

Wirkung — Bewirkt, daß TEX im Mathemodus für Großbuchstaben kalligraphische Schrift verwendet.

Beispiel — `$\cal KALLIGRAPHIE$`

$\mathcal{KALLIGRAPHIE}$

Vergleiche — [L] `\mathcal`.

\cap ∩

System — Plain-TEX, LATEX2.09, LATEX 2_ε; Mathemodus; Binärer Operator.

Wirkung — Erzeugt den binären Operator $\cap$.

Definition — `\mathchardef\cap="225C`

Vergleiche — `\bigcap`, Binäre Operatoren.

\caption [⟨*Kurztitel*⟩] ⟨*Beschriftung*⟩

System
LaTeX2.09, LaTeX 2ε.

Wirkung
Beschriftet und numeriert Tabellen und Abbildungen. Der Befehl ist nur innerhalb der Umgebungen `figure` und `table` anwendbar.

Beispiel

```
\begin{figure}[htb]
\vskip{1ex}
\caption{Schneelandschaft im Nebel\label{SiN}
\end{figure}
```

Abbildung 1: Schneelandschaft im Nebel

Beschreibung
Innerhalb der `figure`-Umgebung erzeugt der `\caption`-Befehl einen Bildtitel, bestehend aus der Bezeichnung *Abbildung*, gefolgt von einer fortlaufenden Nummer, einem Doppelpunkt und der Beschriftung. Die Bezeichnung läßt sich mit Hilfe von `\figurename` ändern. Als optionalen Parameter kann man einen *Kurztitel* angeben, der als Eintrag für das Abbildungsverzeichnis herangezogen wird. Im `book`-Stil und im `report`-Stil wird der fortlaufenden Nummer noch die aktuelle Kapitelnummer vorangestellt und der Abbildungszähler `figure` bei jedem neuen Kapitel zurückgesetzt.

Bei der `table`-Umgebung verhält es sich analog. Statt *Abbildung* steht an entsprechender Stelle das Wort *Tabelle*. Verantwortlich für die Bezeichnung ist der Befehl `\tablename`. Der Tabellenzähler trägt den Namen `table`.

Setzt man, wie im Beispiel, mittels `\label` innerhalb des Beschriftungstextes eine Referenzmarke, wird durch `\ref` der Verweis *Abbildung x.y* bzw. *Tabelle x.y* erzeugt.

Bemerkung
Mit `\caption` lassen sich auch mehrzeilige Beschreibungen generieren. Es empfiehlt sich jedoch, eine längere Beschreibung in das Gleitobjekt zu integrieren.

Vergleiche
[L] {`figure`}, {`table`}, `\figurename`, {`table`}, `\tablename`.

\cases ⟨*Fallunterscheidung*⟩

System — Plain-TEX, LATEX2.09, LATEX 2$_\varepsilon$; Mathemodus.

Wirkung — Erzeugt eine öffnende geschweifte Klammer, hinter der sich die Teilausdrücke einer Fallunterscheidung anordnen lassen.

Beispiel

```
$f(x)=\cases{-x^2 & f"ur $x<0$ \cr
             x^2 & f"ur $x\ge0$\cr}$
```

$$f(x) = \begin{cases} -x^2 & \text{für } x < 0 \\ x^2 & \text{für } x \geq 0 \end{cases}$$

Definition

```
\def\cases#1{\left\{\,\vcenter{\normalbaselines\m@th
    \ialign{$##\hfil$&\quad##\hfil\crcr#1\crcr}}\right.}
```

Beschreibung — Jede Zeile dieser *Fallunterscheidung* besteht aus zwei Spalten. Als Spaltentrenner dient das `&`-Zeichen. Zeilen schließt man mit `\cr` ab. Die erste Spalte wird im Mathemodus und die zweite Spalte im Textmodus gesetzt. Die Ausrichtung innerhalb der Spalten erfolgt linksbündig.

Vergleiche — `\underbrace`.

\catcode ⟨⟨*character code*⟩ =⟨*Kategorie*⟩⟩

System — TEX-Primitive, Plain-TEX, LATEX2.09, LATEX 2$_\varepsilon$.

Wirkung — Legt den *category code* eines Zeichens fest.

Beispiel 1

```
\catcode`\~=13
\def~{\penalty10000\ }
```

Beispiel 2

```
\catcode`\^^M=12
```

Beschreibung — Jedes Zeichen in TEX ist einer von 16 Kategorien zugeordnet. Mit `\catcode` kann man den *category code* eines Zeichens verändern. Es existieren folgende Kategorien:

0: Befehlskennung Dieses Zeichen wird auch als *escape character* bezeichnet. Jedes Zeichen und jede Gruppe von Buchstaben, denen man dieses Zeichen voranstellt, wird als Befehl interpretiert. Standard ist der Rückstrich (*backslash* \).

1: Gruppe eröffnen Dieses Zeichen ist mit { vorbelegt.

2: Gruppe schließen Dieses Zeichen ist mit } vorbelegt.

3: Mathemodusschalter Mit diesem Zeichen wird in den Mathemodus und vom Mathemodus zurück in den Textmodus geschaltet. Standard ist das `$`-Zeichen.

4: Tabulatorzeichen Dieses Zeichen wird von TEX als Spaltentrenner in Tabellen verwendet. Voreingestellt ist das `&`-Zeichen.

5: Zeilenende Standard ist *character code* 13 (`^^M`), der durch die RETURN-Taste erzeugt wird.

6: Parameterzeichen Dieses Zeichen dient in Makros als Platzhalter für Parameter. In TEX ist dies das `#`-Zeichen.

7: Exponent Im Mathemodus wird das Token oder die Gruppe, die diesem Zeichen folgt, hochgestellt. Standardmäßig hat `^` diesen `\catcode`. Eine Ausnahme bilden zwei identische Zeichen mit diesem *category code* hintereinander; in diesem Fall wird der Low-Level-Ersetzungsmechanismus aktiviert (vgl. `^^`).

8: Index Analog zu Code 7 (Exponent). Das Token oder die Gruppe, die diesem Zeichen folgt, wird tiefgestellt. Standardmäßig hat das Zeichen `_` diesen `\catcode`.

9: Ignorieren Ein Zeichen, das dieser Kategorie angehört, wird einfach überlesen.

10: Leerzeichen Vorbelegt durch *character code* 32. Dieser *character code* wird durch die Leertaste erzeugt.

11: Buchstabe Ein Zeichen mit `\catcode` 11 sieht TEX als einfachen Buchstaben. Standardmäßig sind dies alle großen und kleinen Buchstaben.

12: Sonstiges Ein Zeichen dieser Kategorie unterscheidet sich von einem Buchstaben nur darin, daß es im Gegensatz zu Buchstaben nicht in Befehlsnamen auftauchen darf.

13: Aktives Zeichen Einem aktiven Zeichen kann man mittels `\def` wie einem Befehl eine Wirkung zuweisen (vgl. Beispiel 1).

14: Kommentar Alles, was zwischen diesem Zeichen und dem Zeilenende steht, und alle führenden Leerzeichen der nachfolgenden Zeile werden als Kommentar betrachtet und somit ignoriert. Voreingestellt ist das Prozentzeichen (`%`).

15: Ungültig Diese Kategorie ist Zeichen vorbehalten, die nicht in der Eingabe auftauchen sollten. Ein Beispiel dafür ist das DELETE-Zeichen (`\^^`).

Bemerkung

Der *character code* eines Zeichens ist eine Nummer. Oft werden dafür folgende Schreibweisen verwendet: \`*Zeichen* oder `*Zeichen*. Dies wird intern als *character code* interpretiert. Zeichenersetzungen mittels ^^ sind außerdem immer erlaubt, denn dieser Mechanismus arbeitet auf der untersten Systemebene (vgl. Beispiel 2).

Ein Zeichen hat den *category code*, der ihm beim Einlesen zugeordnet wurde. Das ist vor allem bei Makros von Bedeutung, denn rückwirkend kann der *category code* eines Zeichens nicht mehr geändert werden.

Vergleiche

`\active`, `\endlinechar`, `\escapechar`, `\makeatletter`, `\makeatother`, `\newif`, Aktive Zeichen.

\cc ⟨*Namensliste*⟩

System

LaTeX2.09, LaTeX 2ε.

Wirkung

Erzeugt eine Verteilerliste. Dieser Befehl ist nur innerhalb der `letter`-Umgebung verfügbar.

Beispiel

```
\cc{Erwin Hinz\\Karl Kunz}
```

Verteiler: Erwin Hinz
Karl Kunz

Beschreibung

Die Namen in der Liste werden mit `\\` getrennt. Der `\cc`-Befehl kann verwendet werden, um die Namen der Personen aufzulisten, an die Kopien geschickt werden. Die Verteilerliste wird eingeleitet mit *cc* oder *Verteiler:*. Für die Bezeichnung der Liste ist `\ccname` verantwortlich.

Vergleiche

[L] `\ccname`, `\closing`, `\enclname`, `{letter}`, `\opening`.

\ccname

System

LaTeX2.09, LaTeX 2ε.

Wirkung

Legt den Text fest, der die mit `\cc` erzeugte Verteilerliste einleitet.

Beispiel

```
\def\ccname{Kopien an:}
```

Bemerkung — Der Befehl ist in `letter.sty` mit *cc* und in `german.sty` mit *Verteiler* vorbelegt.

Vergleiche — `\refname`, [L] `\cc`, `{letter}`.

\cdot

System — Plain-TEX, LATEX2.09, LATEX 2ε; Mathemodus; Binärer Operator.

Definition — `\mathchardef\cdot="2201`

Vergleiche — Binäre Operatoren.

\cdotp

System — Plain-TEX, LATEX2.09, LATEX 2ε; Mathemodus.

Wirkung — Erzeugt einen Punkt als Satzzeichen.

Definition — `\mathchardef\cdotp="6201`

Vergleiche — `\cdot`.

\cdots

System — Plain-TEX, LATEX2.09, LATEX 2ε; Mathemodus.

Definition — `\def\cdots{\mathinner{\cdotp\cdotp\cdotp}}`

Vergleiche — [L] `\ldots`, `\vdots`.

{center}

System — LATEX2.09, LATEX 2ε.

Wirkung — Diese Umgebung setzt den Text als Block leicht ab und zentriert ihn zeilenweise.

Beispiel

```
\begin{center}
\LaTeX\\Kein Buch "uber Gummi
\end{center}
```

LaTeX
Kein Buch über Gummi

Definition LaTeX

```
\def\center{\trivlist \centering\item[]}
\let\endcenter=\endtrivlist
```

Definition LaTeX 2ε

```
\def\center{\trivlist \centering\item\relax}
\let\endcenter=\endtrivlist
```

Beschreibung — Die einzelnen Zeilen werden mit `\\` voneinander getrennt. Die `center`-Umgebung greift intern auf den `\centering`-Befehl zurück.

Vergleiche — `\centerline`, [L] `\centering`, {`flushleft`}, {`flushright`}, `\raggedleft`.

\centering

System — LaTeX2.09, LaTeX 2ε.

Wirkung — Setzt Text zentriert.

Beispiel

```
{\centering \TeX\\Setzen wie Gutenberg\\}
```

TeX
Setzen wie Gutenberg

Bemerkung — Die einzelnen Zeilen werden mit `\\` voneinander getrennt.

Vergleiche — `\centerline`, [L] {`center`}, `\raggedleft`, `\raggedright`.

\centerline ⟨*Text*⟩

System — Plain-TeX, LaTeX2.09, LaTeX 2ε.

Wirkung — Zentriert eine Textzeile.

Beispiel `\centerline{\TeX\ \& Typographie}`

TeX & Typographie

Definition TeX `\def\centerline#1{\line{\hss#1\hss}}`

Definition LaTeX (2_ε) `\def\@@line{\hbox to\hsize}`
`\def\centerline#1{\@@line{\hss#1\hss}}`

Vergleiche `\leftline`, `\rightline`, [L] {center}, `\centering`, `\line`.

\chapter [⟨*Kurztitel*⟩] ⟨*Titel*⟩

System LaTeX2.09, LaTeX 2_ε.

Wirkung Beginnt ein neues Kapitel.

Beispiel `\chapter{Hilft \TeX\ im Haushalt?}`

Kapitel 1

Hilft TeX im Haushalt?*

Beschreibung Vor einem neuen Kapitel werden zuerst alle noch anstehenden Gleitobjekte ausgegege. Danach wird eine neue Seite begonnen. Auf dieser Seite erscheint oben das Wort Kapitel, gefolgt von der Kapitelnummer. Darunter folgt abgesetzt der Titel des Kapitels. In eckigen Klammern kann optional ein *Kurztitel* für das Inhaltsverzeichnis angegeben werden, anderenfalls wird der *Titel* dorthin übernommen.

Bemerkung Der `\chapter`-Befehl steht nicht in der Dokumentklasse bzw. dem Dokumentstil `article` zur Verfügung.

Vergleiche `chapter`, `\secnumdepth`, [L] `\chaptermark`, `\chaptername`, `\chapter*`, `\paragraph`, `\part`, `\section`, `\subparagraph`, `\subsection`, `\subsubsection`, `\thechapter`.

*Dieses Thema behalten wir uns für künftige Bücher vor.

chapter

System LaTeX2.09, LaTeX 2_ε.

Wirkung Dieser LaTeX-Zähler ist für die Numerierung der Kapitel zuständig.

Beispiel `\addtocounter{chapter}{1}`

Vergleiche `part`, `section`, [L] `\chapter`, `\thechapter`.

\chapter* ⟨*Titel*⟩

System LaTeX2.09, LaTeX 2_ε.

Wirkung Simuliert ein Kapitel.

Beschreibung Dieser Befehl unterscheidet sich kaum von `\chapter`. Einziger Unterschied ist, daß die Numerierung und die Bezeichnung als Kapitel unterbleiben und kein Eintrag ins Inhaltsverzeichnis erfolgt.

Vergleiche [L] `\chapter`, `\chapter`.

\chaptermark

System LaTeX2.09, LaTeX 2_ε.

Wirkung Dieses Makro wird mit jedem `\chapter`-Befehl ausgeführt.

Beispiel `\renewcommand{\chaptermark}[1]{\markright{#1}}`

Beschreibung `\chaptermark` besitzt einen Parameter. Dieser stellt den Titel des aktuellen Kapitels zur Verfügung. Standardmäßig ist das Makro leer.

Bemerkung	Verschiedene Seitenstilarten, z.B. `headings`, definieren den Befehl `\chaptermark` dahingehend um, daß der Befehl die Marken für die Gliederungsüberschriften setzt, die im Seitenkopf erscheinen.
Vergleiche	[L] `\chapter`, `\paragraphmark`, `\sectionmark`, `\subparagraphmark`, `\subsectionmark`, `\subsubsectionmark`.

\chaptername

System	LaTeX2.09, LaTeX 2_ε.
Wirkung	Legt die Bezeichnung von Kapiteln fest.
Beispiel	`\def\chaptername{Kapitel}`
Beschreibung	In `report.sty` und `book.sty` ist der Befehl mit *Chapter* vorbelegt. `german.sty` setzt ihn auf *Kapitel*.
Vergleiche	`\refname`, [L] `\chapter`.

\char ⟨⟨*character code*⟩⟩

System	TeX-Primitive, Plain-TeX, LaTeX2.09, LaTeX 2_ε.
Wirkung	Gibt ein Zeichen aus dem aktuellen Zeichensatz aus.
Beispiel	`$\cal\char84\char69\char88$` $\mathcal{TEX}$
Vergleiche	`\chardef`.

\chardef

System	TeX-Primitive, Plain-TeX, LaTeX2.09, LaTeX 2_ε.
Wirkung	Weist einem Zeichen einen Befehlsnamen zu.
Beispiel	`\chardef\ae=26`

Bemerkung — Optisch gesehen bewirken beide nachfolgenden Definitionen das Gleiche.

1. Defnition: `\chardef\ae=26`
2. Defnition: `\def\ae{\char26}`

Verwendet man die 1. Definition in einem sofort expandierenden Makro wie `\edef`, wird `\ae` dennoch nicht expandiert. `\chardef` verhindert die vorzeitige Expansion.

Vergleiche — `\char`.

\check ⟪*Buchstabe*⟫

System — Plain-TEX, LATEX2.09, LATEX 2_ε; Mathemodus.

Wirkung — Erzeugt eine Variable mit Häkchen-Akzent.

Definition — `\def\check{\mathaccent"7014 }`

Beispiel — Aus `$\check x$` wird $\check{x}$.

Vergleiche — `\breve`, `\grave`, Akzente, mathematische.

\chi χ

System — Plain-TEX, LATEX2.09, LATEX 2_ε; Mathemodus.

Definition — `\mathchardef\chi="011F`

\choose

System — Plain-TEX, LATEX2.09, LATEX 2_ε; Mathemodus.

Wirkung — Erzeugt einen Binomialkoeffizienten.

Syntax — ⟨`{`⟩*Nenner* `\choose` *Zähler*⟨`}`⟩

Beispiel — `$n\choose k` expandiert zu $\binom{n}{k}$.

Definition — `\def\choose{\atopwithdelims()}`

Vergleiche — `\above`, `\atopwithdelims`, `\brace`, `\brack`, [L] `\frac`.

\circ ∘

System — Plain-TeX, LaTeX2.09, LaTeX 2ε; Mathemodus; Binärer Operator.

Definition — `\mathchardef\circ="220E`

Vergleiche — `\bigcirc`.

\circle ⟨*Durchmesser*⟩

System — LaTeX2.09, LaTeX 2ε: Umgebung `picture`.

Wirkung — Erzeugt einen Kreis als Bildobjekt.

Beispiel

```
\unitlength1cm
\begin{picture}(1,1)
\put(0.5,0.5){\circle{1}}
\end{picture}
```

◯

Beschreibung — Es existieren nur Kreise mit diskreten Durchmessern. LaTeX wird deshalb einen Kreis abbilden, dessen Durchmesser dem angegebenen am nächsten kommt.

Vergleiche — [L] `\circle*`, {`picture`}.

\circle* ⟨*Duchmesser*⟩

System LaTeX2.09, LaTeX 2ε: Umgebung `picture`.

Wirkung Erzeugt einen gefüllten Kreis.

Beschreibung siehe `\circle`.

\cite [⟨*Text*⟩] ⟨*Liste der Referenzmarken*⟩

System LaTeX2.09, LaTeX 2ε.

Wirkung Erzeugt eine Referenz auf eine oder mehrere Literaturangaben.

Beispiel

```
\cite[Seite 51-63]{Bla93}.
\cite{Bla93,Blub94}.
```

[1, Seite 51-63]
[1, 2].

Beschreibung Mehrere Referenzmarken werden durch Kommata getrennt angegeben. Die Referenzmarken sind genau diejenigen, die als (nicht optionales) Argument an `\bibitem` übergeben wurden.

Zurück gibt `\cite` die automatisch generierte Nummer bzw. das optionale Argument des zugehörigen `\bibitem`-Eintrages. Dieses wird in eckige Klammern gesetzt.

Der *Text*, den man als optionales Argument übergeben kann, wird in die eckigen Klammern hinten eingefügt.

Vergleiche [L] `\bibitem`, `\thebibliography`.

\cleaders

System TeX-Primitive, Plain-TeX, LaTeX2.09, LaTeX 2ε.

Wirkung Wiederholt die Befehle `\hbox`, `\vbox`, `\hrule` oder `\vrule`.

Beispiel

```
\hbox{\cleaders\hbox{??'}\hskip75mm}
```

?¿

Beschreibung Hinter dem zu wiederholenden Befehl muß der Leerraum angegeben werden, der gefüllt werden soll. Das kann sowohl ein fester Leerraum, z.B. `\hskip`, als auch ein elastischer Leerraum wie `\hfill` sein. Die `\cleaders`-Struktur muß von einer Box eingeschlossen werden. Hierbei sind auch die LaTeX-Befehle `\mbox`, `\fbox`, u.ä. erlaubt. `\cleaders` bricht die Wiederholung vor der ersten Box ab, die die Grenzen überschreiten würde. Die erzeugte Reihe von Boxen wird zentriert.

Vergleiche `\leaders`, `\xleaders`.

\cleardoublepage

System LaTeX2.09, LaTeX 2_ε.

Wirkung Beginnt eine neue Seite. Davor werden jedoch, falls vorhanden, noch alle anstehenden Gleitobjekte auf dieser und den folgenden Seiten ausgegeben. Der Text wird auf der nächsten freien Seite mit ungerader Nummer fortgesetzt. Gegebenenfalls wird, um das zu erreichen, eine Leerseite generiert.

Vergleiche [L] `\clearpage`, `\newpage`.

\clearpage

System LaTeX2.09, LaTeX 2_ε.

Wirkung Beginnt eine neue Seite. Davor werden jedoch, falls vorhanden, alle noch ausstehenden Gleitobjekte auf dieser und den folgenden Seiten ausgegeben. Der Text wird auf der nächsten freien Seite fortgesetzt.

Vergleiche [L] `\cleardoublepage`, `\newpage`.

\cline ⟨$u-v$⟩

System — LaTeX2.09, LaTeX 2ε.

Wirkung — Innerhalb einer Tabelle zieht dieser Befehl eine horizontale Linie vom Anfang der Spalte u bis zum Ende der Spalte v. `\cline` ist nur in den Umgebungen `tabular` und `array` verfügbar.

Bemerkung — Eine Linie mit Unterbrechungen erzeugt man, indem man mehrere `\cline`-Befehle mit unterschiedlichen Spaltenangaben hintereinander reiht.

Beispiel — siehe `array`

Vergleiche — [L] {`array`}, `\hline`, {`tabular`}.

\closein ⟨⟨*Eingabekanal*⟩⟩

System — TeX-Primitive, Plain-TeX, LaTeX2.09, LaTeX 2ε.

Wirkung — Schließt eine Eingabedatei.

Beispiel —

```
\newread\meinkanal
\openin\meinkanal = meinedatei
\read\meinkanal to \datenzeile
\closein\meinkanal
```

Beschreibung — Als Parameter *Eingabekanal* ist entweder die Nummer (0–15) eines Datenkanals oder die durch `\newread` zugewiesene Kennung eines Datenkanals zulässig.

Bemerkung — Das Schließen eines nicht offenen oder falschen Datenkanals versucht keine Fehlermeldung.

Vergleiche — `\closeout`, `\ifeof`, `\newread`, `\openin`, `\read`.

\closeout ⟨⟨*Ausgabekanal*⟩⟩

System — TeX-Primitive, Plain-TeX, LaTeX2.09, LaTeX 2ε.

Wirkung — Schließt eine Ausgabedatei.

Beispiel

```
\newwrite\meinkanal
\openout\meinkanal = meinedatei
\write\meinkanal{Das ist ein Datensatz.}
\closeout\meinkanal
```

Beschreibung — Als Parameter *Ausgabekanal* ist entweder die Nummer (0–15) eines Datenkanals oder die durch `\newwrite` zugewiesene Kennung eines Datenkanals zulässig.

Bemerkung — Das Schließen eines nicht offenen oder falschen Datenkanals versucht keine Fehlermeldung.

Vergleiche — `\closein`, `\ifeof`, `\newwrite`, `\openout`.

\closing ⟨*Grußformel*⟩

System — LaTeX2.09, LaTeX 2ε.

Wirkung — Erzeugt eine Grußformel. Dieser Befehl ist nur innerhalb der `letter`-Umgebung verfügbar.

Beispiel — `\closing{Tsch"us.}`

Vergleiche — `letter`, `\ps`, [L] `\cc`, `\encl`, `\opening`.

\clubpenalty

System — TeX-Primitive, Plain-TeX, LaTeX2.09, LaTeX 2ε.

Wirkung — Verteilt Strafpunkte für den Fall, daß die erste Zeile eines Absatzes alleine am Ende einer Seite verbleibt.

Beispiel — Standard: `\clubpenalty150`

Vergleiche — `\penalty`.

\clubsuit ♣

System Plain-TEX, LATEX2.09, LATEX 2$_\varepsilon$; Mathemodus.

Definition `\mathchardef\clubsuit="027C`

Vergleiche `\diamondsuit`, `\heartsuit`, `\spadesuit`.

\colon :

System Plain-TEX, LATEX2.09, LATEX 2$_\varepsilon$; Mathemodus.

Definition `\mathchardef\colon="603A`

\colors *⟨Liste der Farben⟩*

System SLITEX: Dokumentstil `slides`, LATEX 2$_\varepsilon$: Dokumentklasse `slides`.

Wirkung In der Steuerdatei definiert der Befehl die für die Folien zulässigen Farben. In der Foliendatei selektiert der Befehl die in der Folie verwendeten Farben.

Beispiel `\colors{Weinrot,Grasgruen,Himmelblau}`

Beschreibung Wie im Beispiel zu sehen, werden die einzelnen Farben durch Kommata voneinander getrennt. Für jede in der Liste aufgeführte Farbe wird ein Farbschaltbefehl definiert, z.B. `\Weinrot`. Durch die Farbschaltbefehle kann man später dann bestimmen, welches Textstück auf welcher Folie erscheinen soll.

Bemerkung Die in der Foliendatei angegebene Farbliste darf nur Farben enthalten, die durch den `\colors`-Befehl der Steuerdatei definiert sind.

Vergleiche `{slides}`, `\blackandwhite`, `\colorslides`, `{slide}`.

\colorslides ⟨*Dateiname*⟩

System	SLiTEX: Dokumentstil `slides`, LaTeX 2_ε: Dokumentklasse `slides`.
Wirkung	Erstellt aus dem angegebenen *slide file* eine Farbfolie.
Beispiel	`\blackandwhite{folie}`
Bemerkung	Der Befehl darf nur im *root file* stehen. Die angegebene Datei muß die Dateiendung `.tex` haben.
Vergleiche	`{slides}`, `\blackandwhite`, `\colors`.

\columnsep

System	LaTeX2.09, LaTeX 2_ε.
Wirkung	Legt bei mehrspaltigem Satz den Abstand der Spalten fest.
Syntax	Siehe Crashkurs: *feste Längen*.
Beispiel	Standard: `\columnsep10pt`
Definition	`\newdimen\columnsep`
Vergleiche	[L] `\columnseprule`, `\twocolumn`.

\columnseprule

System	LaTeX2.09, LaTeX 2_ε.
Wirkung	Legt die Breite der vertikalen Linie zwischen den Spalten fest. Dieser Befehl ist nur bei mehrspaltigem Satz wirksam.
Syntax	Siehe Crashkurs: *feste Längen*.
Beispiel	Standard: `\columnseprule0pt`
Definition	`\newdimen\columnseprule`
Beschreibung	Gibt man einen Wert größer `0pt` an, wird zwischen den Spalten eine vertikale Trennlinie entsprechender Breite gezogen.
Vergleiche	[L] `\columnsep`, `\twocolumn`.

\columnwidth

System — LaTeX2.09, LaTeX 2ε.
Wirkung — Enthält bei mehrspaltigem Satz die aktuelle Spaltenbreite.
Bemerkung — Diese Länge ist nur zum Auslesen gedacht.
Vergleiche — [L] \twocolumn.

\cong $\cong$

System — Plain-TeX, LaTeX2.09, LaTeX 2ε; Mathemodus; Relation.
Definition — `\def\cong{\mathrel{\mathpalette\@vereq\sim}}`

\contentsname

System — LaTeX2.09, LaTeX 2ε.
Wirkung — Legt die Bezeichnung des Inhaltsverzeichnisses fest.
Beispiel — `\def\contentsname{Inhalt}`
Beschreibung — \contentsname wird beim Aufruf von \tableofcontents als Überschrift über das Inhaltsverzeichnis gesetzt.
Vergleiche — [L] \tableofcontents.

\coprod $\coprod$

System — Plain-TeX, LaTeX2.09, LaTeX 2ε; Mathemodus; Großer Operator.
Definition — `\mathchardef\coprod="1360`

\copy ⟨⟨*Box-Register*⟩⟩

System	TEX-Primitive, Plain-TEX, LATEX2.09, LATEX 2_ε
Wirkung	Gibt den Inhalt eines der 256 Box-Register aus.

Beispiel	`\newbox\beutel`
	`\setbox\beutel=\hbox{Boxbeutel}`
	`Bocksbeutel$\ne$\copy\beutel.`
	Bocksbeutel≠Boxbeutel

Beschreibung	Dem `\copy`-Befehl muß die Nummer eines Box-Registers oder eine durch `\newbox` zugewiesene Registerkennung folgen.
Vergleiche	`\box`, `\newbox`, `\setbox`.

\copyright ©

System	Plain-TEX, LATEX2.09, LATEX 2_ε.
Definition	`\def\copyright{{\ooalign{\hfil\raise.07ex%` `\hbox{c}\hfil\crcr\mathhexbox20D}}}`

\cos cos

System	Plain-TEX, LATEX2.09, LATEX 2_ε; Mathemodus.
Wirkung	Erzeugt den Funktionsnamen $\cos$.
Definition	`\def\cos{\mathop{\rm cos}\nolimits}`
Vergleiche	Funktionsnamen.

\cosh cosh

System Plain-TEX, LATEX2.09, LATEX 2_ε; Mathemodus.
Wirkung Erzeugt den Funktionsnamen $cosh$.
Definition `\def\cosh{\mathop{\rm cosh}\nolimits}`
Vergleiche Funktionsnamen.

\cot cot

System Plain-TEX, LATEX2.09, LATEX 2_ε; Mathemodus.
Wirkung Erzeugt den Funktionsnamen cot.
Definition `\def\cot{\mathop{\rm cot}\nolimits}`
Vergleiche Funktionsnamen.

\coth coth

System Plain-TEX, LATEX2.09, LATEX 2_ε; Mathemodus.
Wirkung Erzeugt den Funktionsnamen $coth$.
Definition `\def\coth{\mathop{\rm coth}\nolimits}`
Vergleiche Funktionsnamen.

\count ⟨⟨*Registernummer*⟩⟩

System TEX-Primitive, Plain-TEX, LATEX2.09, LATEX 2_ε.
Wirkung Erlaubt den direkten Zugriff auf eines der 256 TEX-Zählregister.
Syntax Siehe Crashkurs: *TEX-Zähler*.
Beispiel `Wir sind auf Seite \number\count0.`
Wir sind auf Seite 126.

Beschreibung	Wie dieses Beispiel zeigt, enthält `\count0` die Seitennummer. Es sollte jedoch in der Regel nicht direkt auf Register zugegriffen werden. Für die saubere Vergabe freier Zählregister steht in TeX `\newcount` und in LaTeX `\newcounter` zur Verfügung.
Vergleiche	`\dimen`, `\newcount`, [L] `\newcounter`.

\countdef ⟪⟨*Befehl*⟩ =⟨*Nummer*⟩⟫

System	TeX-Primitive, Plain-TeX, LaTeX2.09, LaTeX 2_ε.
Wirkung	Weist einem Zählregister einen Namen zu.

Beispiel	`\countdef\Seite=0`
	`Das ist jetzt Seite \number\Seite.`
	Das ist jetzt Seite 127.

Bemerkung	Dieser Befehl wird intern von `\newcount` aufgerufen und sollte im Normalfall nicht verwendet werden.
Vergleiche	`\newcount`.

\cr

System	TeX-Primitive, Plain-TeX, LaTeX2.09, LaTeX 2_ε.
Wirkung	Dieser Befehl wird bei verschiedenen TeX-Befehlen benötigt, die Tabellen erzeugen. Innerhalb der Tabelle dient er dazu, das Zeilenende zu kennzeichnen.
Beispiel	Siehe `\halign`, `\matrix`, `\cases`, etc.
Vergleiche	`\crcr`, `\endline`, `\everycr`.

\crcr

System	TeX-Primitive, Plain-TeX, LaTeX2.09, LaTeX 2_ε.
Wirkung	Ohne Wirkung, falls der vorhergehende Befehl `\cr` oder `\noalign` war. Sonst identisch mit `\cr`.

Beschreibung
Manche Befehle erwarten, daß ihre Argumente mit `\cr` enden. `\crcr` kann man in so einem Fall als Fehlerbremse einsetzen. Hängt man an jedes Aurgument `\crcr` an, ist sichergestellt, daß jedes Argument mit genau einem `\cr` abgeschlossen ist.

Vergleiche
`\cr`, `\noalign`.

\csc

csc

System
Plain-TeX, LaTeX2.09, LaTeX 2ε; Mathemodus.

Wirkung
Erzeugt den Funktionsnamen *csc*.

Definition
```
\def\csc{\mathop{\rm csc}\nolimits}
```

Vergleiche
Funktionsnamen.

\csname

System
TeX-Primitive, Plain-TeX, LaTeX2.09, LaTeX 2ε.

Wirkung
Setzt die Tokens, die zwischen `\csname` und `\endcsname` eingeschlossen sind, zu einem Befehl zusammen und führt diesen aus.

Syntax
`\csname` ⟨⟨*Tokens*⟩⟩ `\endcsname`

Beispiel 1
```
\def\skip%
{\csname\ifhmode h\else v\fi skip \endcsname}
X\skip1cmX
```

X X

Der auf diese Weise definierte Befehl `\skip` erzeugt je nach dem Modus, in dem sich TeX gerade befindet, einen `\hskip` oder `\vskip`.

Beispiel 2
```
\csname dumdidumm\endcsname
\show\dumdidumm
```

```
> \dumdidumm=\relax.
l.2330 \show\dumdidumm
```

Beispiel 3
```
\expandafter
\def\csname Das ist ein Befehl!\endcsname{Jawohl!}
\csname Das ist ein Befehl!\endcsname
```

Jawohl!

Beschreibung
Befehle, die auf diese Art gebildet werden, dürfen beliebige Zeichen enthalten. Bevor der Befehl zusammengesetzt wird, werden sämtliche eingeschlossenen Befehle vollständig expandiert, bis nur noch nichtexpandierbare Tokens übrigbleiben. Bei diesen Tokens sollte es sich um Zeichen handeln.

Bemerkung
Konstruiert man mit Hilfe von `\csname ...\endcsname` ein Kommando, das noch nicht existiert, erhält man nicht den berühmten Fehler `Undefined control sequence.`, sondern TEX definiert den Befehl als `\relax`. Der Befehl hat aus diesem Grund auch nach dem Aufruf nicht mehr den Status `undefined`. Das `\expandafter` im dritten Beispiel ist notwendig, damit TEX den Befehl zusammensetzt, bevor `\def` auf ihn zugreift.

Vergleiche
`\def`, `\endcsname`, `\expandafter`, `\futurelet`.

\cup ∪

System
Plain-TEX, LATEX2.09, LATEX 2_ε; Mathemodus; Binärer Operator.

Definition
`\mathchardef\cup="225B`

Vergleiche
`\bigcup`.

\CurrentOption

System
LATEX 2_ε.

Wirkung
Referiert den Namen der unbekannten Option im Argument von `\DeclareOption*`.

Bemerkung
Dieser Befehl ist nicht eigenständig. Er kann ausschließlich im Argument des Befehls `\DeclareOption*` aufgerufen werden.

Vergleiche
[L] `\DeclareOption*`, `\OptionNotUsed`.

Befehle D

\d ⟨*Buchstabe*⟩

System — Plain-TEX, LATEX2.09, LATEX 2ε.
Wirkung — Erzeugt einen *Buchstaben* mit untergesetztem Punkt als Akzent.
Beispiel — `\d o` erzeugt ọ.
Definition — `\def\d#1{\oalign{#1\crcr\hidewidth\sh@ft{08}.\hidewidth}}`
Vergleiche — Akzente.

\dag †

System — Plain-TEX, LATEX2.09, LATEX 2ε; Mathemodus.
Definition — `\def\dag{\mathhexbox279}`
Vergleiche — `\dagger`, `\ddag`, `\ddagger`.

\dagger †

System — Plain-TEX, LATEX2.09, LATEX 2ε; Mathemodus; Binärer Operator.
Definition — `\mathchardef\dagger="2279`
Vergleiche — `\dag`, `\ddag`, `\ddagger`.

\dashbox ⟨*Strich*⟩ (*x_Dim* , *y_Dim*) [⟨*Pos*⟩] ⟨*Text*⟩

System — LATEX2.09, LATEX 2ε LATEX2.09, LATEX 2ε: Umgebung `picture`.
Wirkung — Erzeugt einen gestrichelten Rahmen, in den der angegebene *Text* gesetzt wird.

Beispiel

```
\begin{picture}
\put(0.0){\dashbox{0.2}(4,1)
    {gestrichelter Rahmen}}
\end{picture}
```

gestrichelter Rahmen

Beschreibung

Die Ausmaße des Rahmens werden durch *x_Dim* und *y_Dim* festgelegt. *Strich* gibt die Strichlänge der Einzelstriche an. Der Rahmen erscheint harmonisch, wenn die Strichlänge ein Vielfaches von *x_Dim* und *y_Dim* ist. Der optionale Parameter *Pos* bestimmt die Ausrichtung des *Textes* innerhalb des Rahmens. Es existieren `l` für linksbündig, `r` für rechtsbündig, `t` für die Ausrichtung an der Oberkante, `l` für die Ausrichtung an der Unterkante. Es darf auch sinnvoll kombiniert werden: z.B. `[br]`. Fehlt *Pos* oder legt man die Ausrichtung nicht eindeutig fest, wird auf allen unbestimmten Achsen zentriert. Alle Längenangaben erfolgen ohne Einheit, denn diese wird durch `\unitlength` festgelegt.

Vergleiche

`\picture`, [L] `\framebox`, `\makebox`, `\unitlength`.

\dashv ⊣

System

Plain-TEX, LATEX2.09, LATEX 2ε; Mathemodus; Relation.

Definition

`\mathchardef\dashv="3261`

Vergleiche

`\models`, `\perp`, `\vdash`.

\date ⟨*Datum*⟩

System

LATEX2.09, LATEX 2ε.

Wirkung

Setzt das Datum auf der durch `\maketitle` generierten Titelseite fest.

Beispiel

`\date{Montag, der 2.1.2001}`

Beschreibung — Wird `\date` nicht gesetzt, erscheint standardmäßig das aktuelle Datum.

Bemerkung — Mittels \\ kann man die Datumsangabe umbrechen.

\day

System — TEX-Primitive, Plain-TEX, LATEX2.09, LATEX 2ε.

Wirkung — Dieser TEX-Zähler enthält den aktuellen Tag.

Syntax — Siehe Crashkurs: *TEX-Zähler*.

Beispiel —

```
Heute ist der \number\day.
```

Heute ist der 13.

Vergleiche — `\month`, `\time`, `\year`.

\dblfigrule

System — LATEX2.09, LATEX 2ε.

Wirkung — Ermöglicht im Zweispaltensatz, eine horizontale Linie zwischen dem Text der Seite und den doppeltbreiten Gleitobjekten oben auf der Seite zu ziehen.

Beispiel —

```
\def\dblfigrule{\kern-3pt\hrule width 2in \kern 2.6pt}
```

Dieses Beispiel definiert `\dblfigrule` so um, daß zwischen dem Text der Seite und den Gleitobjekten eine Linie gezogen wird, wie sie zum Abtrennen der Fußnoten vom Text verwendet wird.

Beschreibung — Der Befehl verhält sich wie `\topfigrule`, nur daß `\dblfigrule` für doppeltbreite Gleitobjekte im Zweispaltensatz zuständig ist.

Bemerkung — Standardmäßig ist das Makro `\dblfigrule` leer. Die Trennlinie darf wie `\footnoterule` keine effektive vertikale Ausdehnung besitzen.

Vergleiche — `\footnoterule`, [L] `\botfigrule`, `\topfigrule`.

\dblfloatpagefraction

System — LaTeX2.09, LaTeX 2ε.

Wirkung — Legt fest, welcher Bruchteil einer Seite, auf der sich nur doppeltbreite Gleitobjekte befinden, mindestens von diesen belegt sein muß, bevor eine neue Seite begonnen wird. Dieser Befehl ist nur bei mehrspaltigem Satz wirksam.

Beispiel — `\renewcommand{\dblfloatpagefraction}{.7}`

Bemerkung — Hiermit läßt sich der Leerraum auf einer Seite einschränken, auf der sich nur Gleitobjekte doppelter Breite befinden.

Vergleiche — [L] `\dbltopfraction`, {`figure`}, `\floatpagefraction`, {`table`}.

\dblfloatsep

System — LaTeX2.09, LaTeX 2ε.

Wirkung — Diese elastische Länge legt den Abstand zwischen doppeltbreiten Gleitobjekten fest, welche oben oder unten auf der Seite erscheinen. Dieser Befehl ist nur bei mehrspaltigem Satz wirksam.

Syntax — Siehe Crashkurs: *elastische Längen*.

Beispiel — `\dblfloatsep12pt plus 2pt minus 2pt`

Definition — `\newskip\dblfloatsep`

Erscheinen beispielsweise zwei Gleitobjekte doppelter Breite mit Positionierungsparameter `t` (wie *top*) im oberen Teil einer Seite, so bestimmt `\dblfloatsep` deren Abstand.

Vergleiche — [L] `\dbltextfloatsep`, `\floatsep`, `\intextsep`.

\dbltextfloatsep

System — LaTeX2.09, LaTeX 2ε.

Wirkung — Diese elastische Länge legt den Abstand zwischen dem letzten doppeltbreiten Gleitobjekt oben auf der Seite und dem nachfolgenden Text fest. Und sie legt außerdem den Abstand zwischen der letzten Textzeile und dem ersten doppeltbreiten Gleitobjekt unten auf der Seiten fest. Dieser Befehl ist nur bei mehrspaltigem Satz wirksam.

Syntax — Siehe Crashkurs: *elastische Längen*.

Beispiel — `\dbltextfloatsep 20pt plus 2pt minus 4pt`

Definition — `\newskip\dbltextfloatsep`

Vergleiche — [L] `\dblfloatsep`, `\floatsep`, `\intextsep`, `\textfloatsep`.

\dbltopfraction

System — LaTeX2.09, LaTeX 2ε.

Wirkung — Legt fest, welcher Bruchteil der Seite oben mit doppeltbreiten Gleitobjekten belegt werden darf. Dieser Befehl ist nur bei mehrspaltigem Satz wirksam.

Beispiel — `\renewcommand{\dbltopfraction}{.7}`

Bemerkung — Auf einer Seite erscheinen oben die Gleitobjekte, bei denen zur Positionierung `t` (wie *top*) zugelassen wurde.

Vergleiche — `dbltopnumber`, [L] `\dblfloatpagefraction`, `{figure}`, `{table}`.

dbltopnumber

System — LaTeX2.09, LaTeX 2ε.

Wirkung — Dieser LaTeX-Zähler legt die maximale Anzahl doppeltbreiter Gleitobjekte fest, die oben auf einer Seite erscheinen dürfen. Dieser Befehl ist nur bei mehrspaltigem Satz wirksam.

Syntax — Siehe Crashkurs: *LaTeX-Zähler*.

Beispiel — `\setcounter{dbltopnumber}{2}`

Definition — `\newcount\c@dbltopnumber`

Das angegebene Beispiel veranlaßt LaTeX dazu, daß höchstens zwei doppeltbreite Gleitobjekte pro Seite oben ausgegeben werden.

Vergleiche — `\dbttopfraction`, [L] `{figure}`, `{table}`.

\ddag ‡

System Plain-TEX, LATEX2.09, LATEX 2ε; Mathemodus.

Definition `\def\ddag{\mathhexbox27A}`

Vergleiche `\dag`, `\dagger`, `\ddagger`.

\ddagger ‡

System Plain-TEX, LATEX2.09, LATEX 2ε; Mathemodus; Binärer Operator.

Definition `\mathchardef\ddagger="227A`

Vergleiche `\dag`, `\dagger`, `\ddag`.

\ddot

System Plain-TEX, LATEX2.09, LATEX 2ε; Mathemodus.

Wirkung Erzeugt Variable mit Doppelpunkt-Akzent.

Beispiel `$\ddot m + r\dot x + sx = 0$`

$\ddot m + r\dot x + sx = 0$

Definition `\def\ddot{\mathaccent"707F }`

Vergleiche `\dot`, Akzente, mathematische.

\ddots ⋱

System Plain-TEX, LATEX2.09, LATEX 2ε; Mathemodus.

Definition

```
\def\ddots{\mathinner{\mkern1mu\raise7\p@\vbox%
{\kern7\p@\hbox{.}} \mkern2mu\raise4\p@\hbox{.}%
\mkern2mu\raise\p@\hbox{.}\mkern1nu}}
```

Vergleiche `\cdots`, [L] `\ldots`, `\vdots`.

\deadcycles

System	TEX-Primitive, Plain-TEX, LATEX2.09, LATEX 2_ε.
Wirkung	TEX-Zähler, der die Aufrufe der internen Ausgaberoutine zwischen jedem `\shipout` zählt.
Syntax	Siehe Crashkurs: *TEX-Zähler*.
Beschreibung	`\deadcycles` wird mit jedem Aufruf der Ausgaberoutine `\output` um eins erhöht und bei jedem `\shipout` auf Null zurückgesetzt.
Bemerkung	Die Aufgabe dieses Zählers ist es, TEX vor Endlosschleifen in der Ausgaberoutine zu bewahren. TEX bricht ab, sobald der Zähler den Wert `\maxdeadcycles` erreicht hat.
Vergleiche	`\maxdeadcycles`, `\output`, `\shipout`.

\DeclareErrorFont ⟨*Codierschema*⟩⟨*Familie*⟩⟨*Serie*⟩⟨*Gestalt*⟩⟨*Größe*⟩

System	LATEX 2_ε.
Wirkung	Legt fest, welche Schrift gewählt werden soll, wenn im NFSS Probleme auftreten.
Beispiel	`\DeclareErrorFont{OT1}{cmr}{m}{n}{10}`
	Das Beispiel bewirkt, daß LATEX2e auf normale *Computer Modern Roman* Schrift in 10pt Größe nach altem Codierschema ausweicht, falls sämtliche Zuordnungsbemühungen scheitern.
Beschreibung	Die fünf Parameter von `\DeclareErrorFont` sind jene, mit denen man im NFSS eine Schrift exakt durch Codierschema, Schriftfamilie, Schriftserie, Schriftgestalt und Schriftgröße spezifiziert.
	Der Befehl darf nur in der Präambel oder in einem *package* verwendet werden.
Bemerkung	Der Grund für ein Scheitern kann z.B. eine beschädigte `fd`-Datei sein oder ein Syntaxfehler in einer `.fd`-Datei.
Vergleiche	[L] `\DeclareFixedFont`, `\DeclareFontEncoding`.

\DeclareFixedFont ⟨*Name*⟩⟨*Codierschema*⟩⟨*Familie*⟩⟨*Serie*⟩⟨*Gestalt*⟩⟨*Größe*⟩

System LaTeX 2ε.

Wirkung Vergibt einen Namen für eine exakt spezifizierte Schift.

Beispiel

```
\DeclareFixedFont{\MyFont}{OT1}{cmtt}{m}{it}{10}
{\MyFont Typerwriter italic \upshape und normal}
```

Typerwriter italic und normal

Beschreibung Das erste Argument ist der zu vergebende Befehlsname. Mit den restlichen fünf Parametern wird die Schrift gemäß NFSS genau spezifiziert.

Bemerkung Falls die entsprechenden Font-Definitionen vorhanden sind, kann man – wie im Beispiel zu sehen – aus der fest gewählten Schrift durch Ändern der Schriftfamilie, Schriftserie, Schriftgestalt oder Schriftgröße in ähnliche Schriften umschalten.

\DeclareFontEncoding ⟨*Codierschema*⟩⟨*Text-Code*⟩⟨*Mathe-Code*⟩

System LaTeX 2ε.

Wirkung Deklariert ein Codierschema.

Beispiel Im Paket `t1ot1.sty` sind die beiden wichtigsten Codierschemata definiert. Zum einen das noch gebräuchliche Codierungsschema von Donald Knuth, welches mit `OT1` (original TeX text encoding) benannt wurde und zum anderen das neue Schema `T1` (TeX text Cork encoding). Diese dürften sehr gute Beispiele liefern.

Die Schemata unterscheiden sich hauptsächlich darin, daß beim neuen Schema die Sonderzeichen von vielen Sprachen als eigene Zeichen angesprochen werden und nicht wie beim alten Schema umständlich durch Akzentierung gebildet werden müssen. Bei diesen Schemata ist das Argument *Text-Code* besonders umfangreich ausgefallen. Ein Grund dafür ist, daß beispielsweise alle Zeichen und Symbole, deren Platz in der Tabelle sich geändert hat, umdefiniert werden müssen (siehe Datei `t1ot1.sty`).

Beschreibung — Das erste Argument ist der Name des neuen Codierschemas. Der Name sollte möglichst nicht mit O, T oder M anfangen, denn diese Buchstaben sind für offizielle Codierschemata reserviert.

Mit dem zweiten Parameter wird Quellcode übergeben, der beim Umschalten durch `\fontencoding` in dieses Codierschema ausgeführt wird.

Der dritte Parameter *Mathe-Code* hat die gleiche Aufgabe wie der zweite, nur daß dieser Code dann ausgeführt wird, wenn die Schrift als Mathealphabet angesprochen wird.

Alle Leerzeichen innerhalb der Parameter *Text-Code* und *Mathe-Code* werden verschluckt. Werden dennoch explizit Leerzeichen benötigt, können diese durch `\space` erzeugt werden.

Bemerkung — Der Befehl darf nur in der Präambel oder in einem *package* verwendet werden.

Vergleiche — [L] `\DeclareFontEncodingDefaults`, `\encodingdefault`.

\DeclareFontEncodingDefaults ⟨*Text-Code*⟩⟨*Mathe-Code*⟩

System — LaTeX 2ε.

Wirkung — Legt Standardwerte für alle Codierschemata fest, welche nicht explizit durch `\DeclareFontEncoding` vereinbart wurden.

Beschreibung — Die Parameter *Text-Code* und *Mathe-Code* haben die gleiche Bedeutung wie bei `\DeclareFontEncoding`.

Bemerkung — Der Befehl darf nur in der Präambel oder in einem *package* verwendet werden.

Vergleiche — [L] `\DeclareFontEncoding`, `\encodingdefault`.

\DeclareFontFamily ⟨*Encoding*⟩⟨*Family*⟩⟨*Option*⟩

System — LaTeX 2ε.

Wirkung — Deklariert eine Schriftfamilie.

Beispiel

```
\DeclareFontFamily{OT1}{cmss}{}
\DeclareFontFamily{OT1}{cmtt}{\hyphenchar\font=-1}
\DeclareFontFamily{OML}{ccm}{\skewchar\font'177}
```

Beschreibung Die ersten beiden Parameter sind selbsterklärend. Der dritte Parameter *Option* ist in der Regel leer. Man kann damit für die Schriftfamilie spezielle Optionen vereinbaren. So legt das zweite Beispiel fest, daß in der `cmtt`-Familie keine Trennung erfolgen soll.

Bevor man eine neue Schriftfamilie einführt, muß das zu verwendende Codierschema durch `\DeclareFontEncoding` erklärt worden sein.

Nachdem man eine Schriftfamilie erklärt hat, kann man mit Hilfe von `\DeclareFontShape` die zur Familie gehörenden Schriften deklarieren.

Bemerkung Wird eine Schriftfamilie angefordert, die das NFSS nicht kennt, setzt es den Namen des Codierschemas x und der Schriftfamilie y zu einer Zeichenkette xy`.fd` zusammen und versucht, dieses *Font Definition File* zu laden. Beispielsweise gehört zum Codierschema `OT1` und zur Schriftfamilie `cmr` die Datei `OT1cmr.fd`.

Da `\DeclareFontFamily` dem NFSS eine Schriftfamilie bekannt macht, wird das NFSS später bei der Anforderung dieser Schriftfamilie nicht versuchen, die entsprechende `.fd`-Datei automatisch zu laden.

Vergleiche [L] `\DeclareFontEncoding`, `\DeclareFontShape`.

\DeclareFontShape ⟨*Codierschema*⟩⟨*Familie*⟩⟨*Serie*⟩⟨*Gestalt*⟩⟨*Liste*⟩⟨*Option*⟩

System LaTeX 2_ε.

Wirkung Deklariert zu einer Schriftfamilie gehörige Gruppen von Zeichensätzen.

Beispiel

```
\DeclareFontShape{OT1}{cmr}{m}{n}
{<5> <6> <7> <8> <9> <10> <12> gen * cmr
 <10.95> cmr10
 <14.4>  cmr12
 <17.28><20.74><24.88>cmr17}{}
```

```
\DeclareFontShape{OT1}{cmr}{bx}{ui}{<->ssub * cmr/m/u}
                    {/fontdimen2/font=1.2/fontdimen2/font}
```

Mit dem ersten Beispiel wird folgendes vereinbart: Wenn eine Schrift mit den Attributen Codierschema `OT1`, Schriftfamilie `cmr`, Schriftserie `m`, Schriftgestalt `n` selektiert wird, dann verwende, wenn diese Schrift in den Größen `5`, `6`, `7`, `8`, `9`, `10` oder `12` (`pt`) verlangt wird, den Zeichensatz `cmr`x , wobei x für die entsprechende Größe steht. Für die Größe 10.95pt nimm den Zeichensatz cmr10 skaliert auf 10.5pt. usw.

Beschreibung

Die ersten vier Parameter sind selbst erklärend. Mit dem fünften Parameter *Liste* legt man die Zuordnung der Zeichensätze fest. Die Liste besitzt folgende Syntax:

(Liste) := (Eintrag) (Eintrag) ... (Eintrag)
(Eintrag) := (Schriftgrößen) (Funktion) *Font*
(Schriftgrößen) := (Größe) (Größe) ... (Größe)
(Größe) := (<x> | <-x> | <x-> | <x-y> | <-> |)
(Funktion) :=[*Faktor*] | gen * | sub * | subf * |fixed * [x] |
s * [*Faktor*] | sgen * | ssub * | ssubf * | sfixed * [x]

Ersetzbare Ausdrücke stehen in runden Klammern, z.B. (Liste). Nichtersetzbare Ausdrücke sind in Typewriter geschrieben. Variabeln sind kursiv. Als Trennungssymbol für gleichberechtigte Alternativen dient das |-Symbol.

Variabeln

x, y Größe der Schrift in pt

Font Zeichensatz, z.B. cmss10

Schriftgrößen

<x> Schriftgröße x

<-x> Bereichsangabe: Alle Schriftgrößen kleiner x

<x-> Bereichsangabe: Alle Schriftgrößen größer gleich x

<x-y> Bereichsangabe: Alle Schriftgrößen, die größer gleich x, aber kleiner y sind

<-> Bereichsangabe: Alle Schriftgrößen

Funktionen

[*Faktor*] Diese Funktion wird *leere* Funktion genannt, da sie keinen Namen hat. Sie bewirkt, daß der nachfolgende Zeichensatz in die zuvor angegebenen Schriftgrößen skaliert wird. Der Faktor in eckigen Klammern ist optional. Ist er vorhanden, so werden alle Zeichensätze um diesen Faktor größer skaliert.
Bsp.: <10> [1.1] cmr10

gen * Die Namen der zu verwendenden Zeichensätze werden aus dem Parameter *Font* und den zuvor angegebenen Größen zusammengesetzt. Die Zeichensätze werden in ihrer natürlichen Größe geladen.
Bsp.: <8> cmr8 <10> cmr10 <12> cmr12 läßt sich so kürzer schreiben: <8> <10> <12> gen * cmr

sub * Die Schrift wird in den angegebenen Größen durch die Schrift *Font* in entsprechender Größe ersetzt. *Font* ist in diesem

Ausnahmefall kein Zeichensatz, sondern die NFSS Charakteristika einer bestimmten, bereits erklärten Schrift.
Bsp.: `<-> sub * cmr/m/u`

`fixed *` x für alle angegebenen Größen wird der Zeichensatz *Font* in seiner natürlichen Größe verwendet. Mit dem optionalen Parameter x kann man den Zeichensatz auch auf eine andere Größe skalieren. Die Angabe erfolgt in `pt`.
Bsp.: `<5-10> fixed * [8] cmr5`

Alle genannten Funktionen protokollieren ihre Tätigkeiten sowohl am Bildschirm als auch in der Logdatei. Die Bildschirmmeldungen können unterdrückt werden. Von allen Funktionen existieren sogenannte *silent* Varianten, die keine Protokollmeldungen am Bildschirm erzeugen. In der Logdatei hingegen wird weiterhin jede Tätigkeit mitprotokolliert. Fehlermeldungen werden weiterhin auch am Bildschirm ausgegeben.

Die *silent* Varianten der Funktionen heißen: `s`, `sgen`, `ssub`, `sfixed`.

Der letzte Parameter *Option* ist im allgemeinen leer, mit ihm kann man Font-Parameter abändern. Im zweiten Beispiel wurde so der Leerraum zwischen Worten (*interword space*) um den Faktor 1.2 vergrößert.

Vergleiche `\fontdimen`, [L] `\DeclareFontEncoding`, `\DeclareFontFamily`.

\DeclareFontSubstitution ⟨*Encoding*⟩⟨*Familie*⟩⟨*Serie*⟩⟨*Gestalt*⟩

System LaTeX 2ε.

Wirkung Legt für das angegebene Codierschema Standardwerte für Schriftersetzungen fest.

Beispiel

```
\DeclareFontSubstitution{OT1}{cmr}{m}{n}
{\ttfamily\bfseries\itshape bold italic typewriter}
```

bold italic typewriter

Der Text wird dennoch nicht fett gesetzt, da *bold italic typewriter* gewöhnlich nicht verfügbar ist.

Beschreibung — Wenn man eine Kombination aus Codierschema, Schriftfamilie, Schriftserie und Schriftgestalt selektiert, die das NFSS nicht kennt, wird es versuchen, die gewünschte Schrift durch eine ähnliche zu ersetzen. Dazu wird zuerst die Schriftgestalt auf den Standardwert zurückgesetzt. Wenn diese Kombination immer noch unbekannt ist, wird danach analog mit der Schriftserie und bei weiteren Problemen auch mit der Schriftfamilie verfahren.

Mit `\DeclareFontSubstitution` kann man diese Standardwerte festlegen, und zwar für jedes Codierschema eigene.

Bemerkung — Der Befehl darf nur in der Präambel oder in einem *package* verwendet werden.

Vergleiche — [L] `\DeclareErrorFont`, `\DeclareFontShape`.

\DeclareMathAlphabet ⟨*Name*⟩⟨*Encoding*⟩⟨*Familie*⟩⟨*Serie*⟩⟨*Gestalt*⟩

System — LaTeX 2ε.

Wirkung — Definiert einen *math alphabet identifier.*

Beispiel

```
\DeclareMathAlphabet{\mathttit}{OT1}{cmtt}{m}{it}
\[\int\mathttit{X}_a^b=V\]
```

$$\int \mathtt{X}_a^b = V$$

Beschreibung — `\DeclareMathAlphabet` definiert einen neuen Befehl, mit dem sich eine durch Codierschema, Schriftserie und Schriftgestalt festgelegte Schrift im Mathemodus ansprechen läßt.

Bemerkung — Der Befehl darf nur in der Präambel oder in einem *package* verwendet werden. Das zu verwendende Codierschema muß dem NFSS bekannt sein.

Vergleiche — [L] `\DeclareFontEncoding`, `\DeclareSymbolFont`, `\DeclareSymbolFontAlphabet`, `\mathbf`, `\mathcal`, `\mathit`, `\mathnormal`, `\mathrm`, `\mathsf`, `\mathtt`, `\mathversion`, `\SetMathAlphabet`.

\DeclareMathSizes ⟨*Textgröße*⟩⟨*Formelgröße*⟩⟨*Script*⟩⟨*Scriptscript*⟩

System: LaTeX 2_ε.

Wirkung: Legt die Größe von Formeln in Abhängigkeit zur Größe der umgebenden Schrift im Textmodus fest.

Beispiel:

```
\DeclareMathSizes{9}{9}{6}{5}
```

Das Beispiel bewirkt folgendes: Wenn im Textmodus 9pt-Schrift aktiv ist, werden Formeln im einfachen Mathemodus ebenfalls in 9pt-Größe gesetzt. Für Indizes wird dann 6pt-Schrift und für Doppelindizes 5pt-Schrift verwendet.

Beschreibung: Der Befehl gibt vor, in welche Größe Formeln zu setzen sind, wenn im Textmodus gerade eine Schriftgröße aktiv ist, wie sie der erste Parameter vorgibt. In diesem Fall bestimmt der zweite Parameter die Größe für Formeln im *text style* und *display style*. Der dritte bzw. vierte Parameter legt die Schriftgröße für Formeln im *script style* bzw. *scriptscript style* fest.

Die Parameter zwei bis vier dürfen leer sein, was bedeutet, daß Formeln in dieser Größe nicht geplant sind. Wird in so einem Fall dennoch in einen Mathemodus geschaltet, wird die Schriftgröße gewählt, die zuletzt im entsprechenden Modus aktiv war.

Bemerkung: Der Befehl darf nur in der Präambel oder in einem *package* verwendet werden.

\DeclareMathSymbol ⟨*Name*⟩⟨*Typ*⟩⟨*Font*⟩⟨*Position*⟩

System: LaTeX 2_ε.

Wirkung: Führt ein neues mathematisches Symbol ein.

Beispiel:

```
\DeclareSymbolFont{greek}{OML}{cmm}{m}{n}
\DeclareMathSymbol{a}{\mathalpha}{greek}{11}
\DeclareMathSymbol{b}{\mathalpha}{greek}{12}
\DeclareMathSymbol{\mygamma}{\mathalpha}{greek}{13}
\(ab\mygamma\)
```

$\alpha\beta\gamma$

Beschreibung

Der erste Parameter ist der Befehlsname, mit dem das Symbol angesprochen wird. Statt einem Befehlsnamen kann man auch ein einzelnes Zeichen angeben.

Der Parameter *Typ* legt den Symboltyp fest.

Erlaubt sind folgende Angaben:

Typ	Bedeutung
`\mathord`	Normales Zeichen
`\mathop`	Großer Operator
`\mathbin`	Binärer Operator
`\mathrel`	Relation
`\mathopen`	Öffnende Klammer
`\mathclose`	Schließende Klammer
`\mathpunct`	Satzzeichen
`\mathalpha`	Buchstabe

Der Typ ist verantwortlich für die Ausrichtung des Zeichens innerhalb einer Formel. *Font* ist der von `\DeclareSymbolFont` vergebene Name für eine Symbolschrift. Der letzte Parameter gibt die Position des Zeichens im Zeichensatz an.

Bemerkung

Der Befehl darf nur in der Präambel oder in einem *package* verwendet werden.

Vergleiche

`\mathbin`, `\mathchar`, `\mathclose`, `\mathop`, `\mathopen`, `\mathord`, `\mathpunct`, `\mathrel`, [L] `\DeclareSymbolFont`.

\DeclareMathVersion ⟨*Version*⟩

System

LaTeX 2ε.

Wirkung

Führt eine neue `\mathversion` ein.

Beispiel

`\DeclareMathVersion{SansSerif}`

Beschreibung

Standardmäßig existieren zwei Varianten für den Mathematiksatz, nämlich `bold` und `normal`. Eine neue Variante läßt sich mit `\DeclareMathVersion` einführen.

Alle bisher eingeführten Symbolschriften und Mathealphabete sind dann in dieser `\mathversion` verfügbar. So lange man jedoch nicht mit `\SetSymbolFont` bzw. `\SetMathAplhabet` dieser neuen Variante einen Sinn verleiht, zeigt sie auch keine besondere Wirkung.

Bemerkung — Der Befehl darf nur in der Präambel oder in einem *package* verwendet werden.

Vergleiche — `\DeclareMathAphabet`, `\SetMathAphabet`, [L] `\DeclareSymbolFont`, `\mathversion`, `\SetSymbolFont`.

\DeclareOption ⟨*Option*⟩⟨*Code*⟩

System — LaTeX 2_ε.

Wirkung — Definiert Quellcode, der ausgeführt wird, wenn die angegebene *Option* gesetzt wurde.

Beispiel —

```
\DeclareOption{a4paper}
{\setlength\paperheight {297mm}%
 \setlength\paperwidth  {210mm}}
```

Bemerkung — Der Befehl darf nur in der Präambel oder in einem *package* verwendet werden.

Vergleiche — `{documentclass}`, `\ExecuteOptions`, `\PassOptionToPackage`, [L] `\DeclareOption*`, `\OptionNotUsed`, `\PassOptionsToClass`, `\ProcessOptions`, `\ProcessOptions*`.

\DeclareOption* ⟨*Code*⟩

System — LaTeX 2_ε

Wirkung — Definiert Quellcode, der ausgeführt wird, wenn eine unbekannte *Option* gesetzt wurde. .

Beispiel —

```
\DeclareOption*{\PassOptionsToClass
    {\CurrentOption}{article}}
```

Im Beispiel werden alle unbekannten Optionen an die Dokumentklasse `article` weitergereicht*

Beschreibung — Im Argument von `\DeclareOption*` kann man durch den Befehl `\CurrentOption` den Namen der unbekannten Option abrufen.

*In der Hoffnung, daß dort etwas damit angefangen werden kann.

Bemerkung — Der Befehl darf nur in der Präambel oder in einem *package* verwendet werden.

Vergleiche — [L] `\DeclareOption`.

\DeclareSymbolFont ⟨*Name*⟩⟨*Codierschema*⟩⟨*Familie*⟩⟨*Serie*⟩⟨*Gestalt*⟩

System — LaTeX 2ε.

Wirkung — Meldet eine Symbolschrift an.

Beispiel — Siehe `\DeclareMathSymbol`.

Beschreibung — Der Parameter *Name* ist keine Befehlssequenz, sondern ein symbolischer Name ohne führenden *backslash* (\). Die Symbolschrift wird gemäß NFSS eindeutig durch Codierschema, Schriftfamilie, Schriftserie und Schriftgestalt festgelegt.

Bemerkung — Bevor man eine neue Symbolschrift anmeldet, muß dem NFSS das zu verwendende Codierschema bekannt sein.

Vergleiche — [L] `\DeclareFontEncoding`, `\DeclareMathAlphabet`, `\DeclareMathSymbol`, `\DeclareMathVersion`, `\DeclareSymbolFontAlphabet`, `\SetSymbolFont`, `\sym...`.

\DeclareSymbolFontAlphabet ⟨*math alphabet identifier*⟩⟨*Symbolschrift*⟩

System — LaTeX 2ε.

Wirkung — Meldet eine Symbolschrift als Mathealphabet an.

Beispiel — `\DeclareSymbolFontAlphabet{\mathgreek}{greek}`

Definition Symbolschrift `greek`: siehe `\DeclareMathSymbol`.

Beschreibung — Möchte man eine Symbolschrift, die man bereits angemeldet hat auch als Mathealphabet nutzen, so kann man sich die Arbeit sparen, diese mit `\DeclareMathAlphabet` noch einmal anzumelden. `\DeclareSymbolFontAlphabet` erlaubt es, die Schrift einfach zu übernehmen.

Der Parameter *Name* ist keine Befehlssequenz, sondern ein symbolischer Name ohne führenden *backslash* (\). Die Symbolschrift wird gemäß NFSS eindeutig durch Codierschema, Schriftfamilie, Schriftserie und Schriftgestalt festgelegt.

Vergleiche `\DeclareMathAphabet`, [L] `\DeclareMathAlphabet`, `\DeclareSymbolFont`.

\def

System: TEX-Primitive, Plain-TEX, LATEX2.09, LATEX 2ε.

Wirkung: Definiert einen neuen Befehl.

Syntax: `\def` ⟨*Befehl*⟩`{`*Ersetzungstext*`}`
`\def` ⟨*Befehl*⟩⟨*Parametermuster*⟩`{`*Ersetzungstext*`}`

Beispiel 1

```
\def\localitalic#1{{\it#1\/}}
\localitalic{Ein typisches Beispiel.}
```

Ein typisches Beispiel.

Beispiel 2

```
\def\a @ b ! c \ d & f {untypisch}
Das hier ist \a @ b ! c \ d & f .
```

Das hier ist untypisch.

Beispiel 3

```
\def\Bsp.{{\sc Beispiel\ }}
\def\das Makro#1#2{\csname#1#2\endcsname}
\catcode`ä=13\def ä{"a}
\def\Wiederhole #1 auf #2 Länge%
{\hbox to #2{\leaders\hbox{#1}\hfill}}
Ein \Bsp. ist \das Makro{Wieder}{hole}
bla auf 6cm Länge.
```

Ein BEISPIEL ist bla bla bla bla bla bla bla bla bla bla .

Beispiel 4

```
\def\eins#1#2{\def\zwei##1##2{##1#2#1##2}}
\eins{per}{sex}  \zwei{Recht}{ten}
```

Rechtsexperten

Beispiel 5

```
\def\!!sehr merkw"urdig#{da"s sowas geht?}
\!!sehr merkw"urdig{}
```

daß sowas geht?

Beispiel 6

```
\def\ul#1#{\underline{#1}}
$\ul{abc}$
$\ul xyz$
```

$\underline{abc}$

```
Runaway argument?
xyz
! Paragraph ended before \ul was complete.
<to be read again>
                   \par
l.1573

?
```

Beschreibung

Dem Befehl `\def` folgt als Argument *Befehl* der Name des Befehls oder das aktive Zeichen (siehe `catcode`), dem der *Ersetzungstext* zugewiesen werden soll. Darauf folgt optional ein *Parametermuster*.

Als *Parametermuster* ist eine beliebige Sequenz aus Zeichen erlaubt, die von Parametern (Parameterzeichen (`#`) mit nachfolgender Nummer) unterbrochen sein kann. Am Ende des *Parametermusters* darf ein Parameterzeichen ohne Nummer stehen.

Wichtig: Jedes Zeichen im *Parametermuster* ist signifikant. Das heißt, jedes Zeichen im *Parametermuster*, das zu keinem Parameter gehört, dient als Argumentbegrenzer und wird als solcher auch später bei der Anwendung des neudefinierten Befehls gefordert. Zudem wird aber noch gefordert, daß der `\catcode` jedes signifikaten Zeichens mit dem `\catcode` übereinstimmt, den das entsprechende Zeichen im *Parametermuster* zum Zeitpunkt der Befehlsdefinition hatte. Mehr zur `\catcode`-Philosophie steht bei `\newif`.

Fehlt das Argument *Parametermuster* oder enthält das *Parametermuster* keine Parameter, dann hat der zu definierende *Befehl* keine Parameter.

Ein Parameter heißt unbegrenzt, wenn ihm direkt Nachstehendes folgt: (a) ein weiterer Parameter, oder (b) das Parameterzeichen, das am Ende des *Parametermusters* stehen darf, oder (c) die öffnende geschweifte Klammer des *Ersetzungstextes*.

Anderenfalls nennt man den Parameter begrenzt, was bedeutet, daß dem Parameter irgendein anderes Zeichen folgt.

Alle unbegrenzten Parameter erwarten ihre Argumente als Standard-Argumente* (siehe Beispiel 3, Befehl: `das Makro`).

Alle begrenzten Parameter erwarten ihre Argumente begrenzt durch die signifikanten Zeichen.

---

*Siehe Legende: Allgemeine Syntaxnotation.

Parameter müssen konsequent von #1 beginnend aufsteigend durchnumeriert werden. Parameternummern größer als #9 sind unzulässig.

Im *Parametermuster* dürfen keine geschweiften Klammern (Zeichen mit \catcode 1 oder 2) auftauchen.

Der *Ersetzungstext* darf aus beliebigen Tokens bestehen. Außerdem dürfen dort alle im *Parametermuster* aufgeführeten Parameter auftauchen. Enthält der *Ersetzungstext* allerdings einen Absatz, muß der *Befehl* als \long definiert werden.

Bei der Ausführung des mit \def definierten *Befehls*, wird der *Befehl* selbst durch seinen *Ersetzungstext* ersetzt; an Stelle der Parameter werden im *Ersetzungstext* die entsprechenden Argumente eingefügt. Die geschweiften Klammern um den *Ersetzungstext* werden dabei entfernt.

Aus diesem Grund muß bei Befehlen, deren *Ersetzungstext* nur lokal wirken soll, der *Ersetzungstext* zweimal geklammert werden (siehe Beispiel 1).

Möchte man \def-Befehle mit Parametern schachteln, muß man den zur inneren Definition gehörigen Parametern, je nach Schachtelungstiefe, statt einem #-Zeichen zwei bzw. mehrere #-Zeichen voranstellen (siehe Beispiel 4). Die Anzahl der voranzustellenden Parameterzeichen verdoppelt sich dabei pro Schachtelungsebene. Parametern der dritten Schachtelungsebene sind demnach schon vier #-Zeichen voranzustellen (z.B. ####1).

Der Grund dafür ist folgender: Wenn TEX eine Befehlsdefinition übersetzt, ersetzt es jeden Parameter durch ein sogenanntes *parameter token*. Trifft es auf aufeinanderfolgende Parameterzeichen, werden je zwei zusammengefaßt und durch eines ersetzt.

Ein Sonderfall ist ein Parameterzeichen (#) am Ende des *Parametermusters*. In so einem Fall fordert TEX bei der Befehlsanwendung am Ende des *Parametermusters* eine öffnende geschweifte Klammer als Argumentbegrenzer (siehe Beispiel 5). Zudem wertet es die geschweifte Klammer ganz normal aus, das heißt es wird eine Gruppe geöffnet. Diese Gruppe sollte man also später auch wieder schließen. Was hier wenig sinnvoll anmutet, hat dennoch Anwendungsmöglichkeiten: Beispiel 6 definiert eine Variante von \underline, die expizit ihr Argument in Klammern fordert.

Fehlt die geforderte öffnende Klammer, quittiert TEX den Übersetzungsvorgang mit dem Fehler „Paragraph ended before ... was complete." und nicht wie üblich mit dem Fehler „Runaway argument.".

Bemerkung	Die Wirkung von `\def`-Befehlen erstreckt sich immer lokal auf die aktuelle Klammerebene. Will man eine Definition global bekannt machen, dann muß man dem `\def`-Befehl ein `\global` voranstellen. `\def` prüft nicht, ob mit der Definition ein bereits vorhandener Befehl überdefiniert wird.
Vergleiche	`\afterassignment`, `\aftergroup`, `\edef`, `\expandafter`, `\futurelet`, `\gdef`, `\globaldefs`, `\let`, `\long`, `\outer`, `\xdef`, [L] `\newcommand`, `\newenvironment`, `\providecommand`.

\defaulthyphenchar

System	TEX-Primitive, Plain-TEX, LATEX2.09, LATEX 2ε.
Syntax	Siehe Crashkurs: *TEX-Zähler*.
Wirkung	Gibt den *character code* des Zeichens an, das standardmäßig als Trennungssymbol verwendet wird.
Beispiel	Standard: `\defaulthyphenchar=45` Das ist der *character code* des Trennstrichs (-).
Bemerkung	Wird ein negativer Wert übergeben, trennt TEX überhaupt nicht.
Vergleiche	`\hyphenchar`.

\defaultskewchar

System	TEX-Primitive, Plain-TEX, LATEX2.09, LATEX 2ε.
Wirkung	Enthält den *character code* des Zeichens, nach dessen Überlänge alle Akzente standartmäßig ausgerichtet werden.
Syntax	Siehe Crashkurs: *TEX-Zähler*.
Beispiel	Standard: `\defaultskewchar=-1`
Beschreibung	Wenn TEX das *font metric file* (`tfm`) eines Zeichensatzes einliest, setzt es den `\skewchar` des Zeichensatzes auf den Wert von `\defaultskrewchar`.

Bemerkung: Wird ein Wert kleiner 0 übergeben, nimmt TEX kein Zeichen als Standard. Diese Einstellung ist in der Regel die beste.

Vergleiche: `\skew`, `\skewchar`.

\deg — deg

System: Plain-TEX, LATEX2.09, LATEX 2_ε; Mathemodus.

Wirkung: Erzeugt den Funktionsnamen *deg*.

Definition: `\def\deg{\mathop{\rm deg}\nolimits}`

Vergleiche: Funktionsnamen.

\delcode ⟪⟨*character code*⟩ =⟨*delimiter code*⟩⟫

System: TEX-Primitive, Plain-TEX, LATEX2.09, LATEX 2_ε.

Wirkung: Legt fest, wie sich ein Zeichen als Begrenzer verhält.

Beispiel: `\delcode‘\(="028300`

Beschreibung: Ein *delimiter code* besteht aus 6 hexadezimalen Ziffern `"uvvxyy`. Die ersten drei Ziffern `uvv` legen die große Variante (`\displaystyle`) des Begrenzers, die letzten drei Ziffern eine kleine Variante (`\textstyle`) fest. Eine solche Variante wird eindeutig bestimmt durch eine Ziffer für die Schriftfamilie, gefolgt von zwei Ziffern für die Position des Zeichens im Zeichensatz. Die Schriftfamilie ist jene, die durch `\fam` festgelegt ist. Übliche Werte sind 0 und 2 für `u` und 3 für `x`.

Vergleiche: `\delimiter`, `\mathchar`, `\mathcode`, `\newfam`.

\delimiter ⟪*Nummer*⟫

System: TEX-Primitive, Plain-TEX, LATEX2.09, LATEX 2_ε.

Wirkung: Konstruiert einen Begrenzer.

Beispiel: `\def\updownarrow{\delimiter"326C33F }`

Beschreibung

Ein Begrenzer wird eindeutig durch 7 hexadezimale Ziffern `"tuvvxyy`. Die Ziffern `uvvxyy` haben die gleiche Bedeutung wie bei `\delcode`. `t` legt zusätzlich den Typ des Zeichens fest. Zur Auswahl stehen folgende Typen:

Typ	Bedeutung
0	Normales Zeichen
1	Großer Operator
2	Binärer Operator
3	Relation
4	Öffnende Klammer
5	Schließende Klammer
6	Satzzeichen

Für `t` kann auch der Wert `7` eingesetzt werden. In diesem Fall wird der aktuelle Wert von `\fam` verwendet, um den Zeichensatz zu selektieren. Diesen Typ haben z.B. alle normalen Buchstaben, damit jeweils der aktuelle Zeichensatz verwendet wird.

Vergleiche

`\delcode`, `\delimiter`, `\delimiterfactor`, `\mathchar`, `\mathcode`, `\mathop`, `\newfam`, [L] `\DeclareMathSymbol`.

\delimiterfactor

System

TEX-Primitive, Plain-TEX, LATEX2.09, LATEX 2_ε.

Wirkung

Legt die Mindesthöhe eines Begrenzers (in pro mille) im Verhältnis zur zugehörigen Formel fest.

Syntax

Siehe Crashkurs: *TEX-Zähler*.

Beispiel

Standard: `\delimiterfactor901`

Vergleiche

`\delimiter`, `\delimitershortfall`.

\delimitershortfall

System

TEX-Primitive, Plain-TEX, LATEX2.09, LATEX 2_ε.

Wirkung

Gibt den maximalen Betrag an, um den ein Begrenzer kleiner sein darf als die zugehörige Formel.

Beispiel

Standard: `\delimitershortfall5pt`

Beschreibung — Ein Begrenzer muß im Hinblick auf seine Mindesthöhe die Bedingung von `\delimitershortfall` und `\delimiterfactor` erfüllen.

Vergleiche — `\delimiterfactor`.

\delta δ

System — Plain-TEX, LATEX2.09, LATEX 2_ε; Mathemodus.

Wirkung — Erzeugt den griechischen Buchstaben δ.

Definition — `\mathchardef\delta="010E`

Vergleiche — `\Delta`, `\nabla`, `\nu`, `\phi`, Griechische Buchstaben.

\Delta Δ

System — Plain-TEX, LATEX2.09, LATEX 2_ε; Mathemodus.

Wirkung — Erzeugt den griechischen Buchstaben Δ.

Definition — `\mathchardef\Delta="7001`

Vergleiche — `\delta`, `\phi`, Griechische Buchstaben.

\depth

System — LATEX 2_ε.

Wirkung — Referiert innerhalb aller Befehle in LATEX 2_ε, die Boxen erzeugen, die Unterlänge der Box.

Beispiel

```
Mit Unterl"ange  und ohne
\raisebox{\depth}{\mbox{Unterl"ange}}
```

Mit Unterlänge und ohne Unterlänge

Vergleiche — `\dp`, [L] `\height`, {minipage}, `\raisebox`, `\width`.

{description}

System — LaTeX2.09, LaTeX 2_ε.

Wirkung — Erzeugt eine Liste, bei der die Marken fett gesetzt werden und der Text unter den zugehörigen Marken eingerückt wird.

Beispiel

```
\begin{description}
\item[Blattk"afer ] Kleiner, rundlicher...
\item[Blattlaus ] Sehr kleines, sch"adliches...
\end{description}
```

Blattkäfer Kleiner, rundlicher und metallisch glänzender Käfer, der sich besonders von Blättern ernährt.

Blattlaus Sehr kleines, schädliches Insekt, das meist in großer Zahl Pflanzen befällt.

Definition LaTeX

```
\def\description{\list{}{\labelwidth\z@
\itemindent-\leftmargin\let\makelabel\descriptionlabel}}
```

Definition LaTeX 2_ε

```
\newenvironment{description}
        {\list{}{\labelwidth\z@ \itemindent-\leftmargin
                \let\makelabel\descriptionlabel}}
        {\endlist}
```

Vergleiche — [T] `\item`, [L] `\descriptionlabel`, {`enumerate`}, {`itemize`}, {`list`}.

\descriptionlabel

System — LaTeX2.09, LaTeX 2_ε.

Wirkung — Bestimmt das Aussehen der Listen-Marken in der Umgebung `description`.

Beispiel

```
\renewcommand\descriptionlabel[1]
   {\hspace\labelsep($#1$)\ }
\begin{description}
\item[\alpha] Alderaan
\item[\beta] Dantooine
\end{description}
```

(α) Alderaan

(β) Dantooine

Definition LaTeX

```
\def\descriptionlabel#1{\hspace\labelsep \bf #1}
```

Definition LaTeX 2ε `\newcommand\descriptionlabel[1]%`
`{\hspace\labelsep \bfseries #1}`

Vergleiche [L] {description}.

\det

det

System Plain-TeX, LaTeX2.09, LaTeX 2ε; Mathemodus.

Wirkung Erzeugt den Funktionsnamen *det*.

Definition `\def\det{\mathop{\rm det}}`

Vergleiche Funktionsnamen.

\diamond

System Plain-TeX, LaTeX2.09, LaTeX 2ε; Mathemodus.

Definition `\mathchardef\diamond="2205`

Vergleiche \diamondsuit, [L] \Diamond.

\Diamond

◇

System LaTeX2.09, LaTeX 2ε: *package* latexsym; Mathemodus.

Bemerkung Der Befehl \Box wird vom NFSS in LaTeX 2ε nicht mehr standardmäßig bereitgestellt. Abhilfe schafft das *package* latexsym.

Definition `\mathchardef\Diamond"0A33`

Vergleiche \diamond, [L] \Box, \Join, \leadsto, \lhd, Symbole in LaTeX.

\diamondsuit 

System Plain-TeX, LaTeX2.09, LaTeX 2_ε; Mathemodus.
Definition `\mathchardef\diamondsuit="027D`
Vergleiche `\clubsuit`, `\diamond`, `\heartsuit`, `\spadesuit`.

\dim dim

System Plain-TeX, LaTeX2.09, LaTeX 2_ε; Mathemodus.
Wirkung Erzeugt den Funktionsnamen *dim*.
Definition `\def\dim{\mathop{\rm dim}\nolimits}`
Vergleiche Funktionsnamen.

\dimen

System TeX-Primitive, Plain-TeX, LaTeX2.09, LaTeX 2_ε.
Wirkung Erlaubt den Zugriff auf eines der 256 *dimen*-Register.
Beispiel
```
\newdimen\Radius
\Radius=dimen0
```
Beschreibung Dem Befehl muß eine Zahl zwischen 0 und 255 folgen. Die *dimen*-Register 0 bis 9 und 255 können temporär genutzt werden.
Bemerkung Es sollte jedoch im allgemeinen nicht direkt auf Register zugegriffen werden. Zur sauberen Vergabe freier *dimen*-Register existiert der Befehl `\newdimen`.
Vergleiche `\count`, `\dimendef`, `\muskip`, `\newdimen`, `\skip`, `\toks`.

\dimendef ⟪ =⟨*Nummer*⟩ ⟫

System — TEX-Primitive, Plain-TEX, LATEX2.09, LATEX 2ε.

Wirkung — Weist einem *dimen*-Register einen Namen zu.

Beispiel — `\dimendef\dimnull=0`

Das Beispiel bewirkt, daß von nun an durch `\dimnull` das *dimen*-Register 0 angesprochen wird.

Bemerkung — Im Gegensatz zu `\newdimen` wird hier einem *Namen* eine vom Benutzer vorzugebende Registernummer zugewiesen, ohne daß eine Prüfung stattfindet, ob dieses Register bereits belegt ist. Da diese Zuweisungen der Gruppenstruktur unterliegen, kann man sie bedenkenlos innerhalb einer Gruppe für alle Register verwenden. Will man allerdings Makros für vielseitige Anwendungen schreiben, empfiehlt es sich, den Befehl `\newdimen` zu verwenden.

Vergleiche — `\dimen`, `\newdimen`, `\toksdef`.

\discretionary ⟨*vor*⟩⟨*hinter*⟩⟨*nicht*⟩

System — TEX-Primitive, Plain-TEX, LATEX2.09, LATEX 2ε.

Wirkung — Kennzeichnet eine mögliche Trennstelle in einem Wort.

Beispiel — `ba\discretionary{k-}{k}{ck}en...`

backen backen backen backen backen backen backen backen bakken backen backen backen backen backen backen backen

Beschreibung — Als Parameter übergibt man den Text, der *vor* und *hinter* der Trennstelle erscheinen soll, falls getrennt wird, und den Text, der eingesetzt werden soll, falls *nicht* getrennt wird. Gibt man in einem Wort Trennstellen vor, so trennt TEX— falls nötig — nur an einer dieser Stellen.

Vergleiche — `\-`.

\displayindent

System — TEX-Primitive, Plain-TEX, LATEX2.09, LATEX 2_ε.

Wirkung — Referiert die Einrücktiefe abgesetzter Formeln.

Syntax — Siehe Crashkurs: *feste Längen*.

Bemerkung — Diese interne Länge ist nur zum Auslesen gedacht.

Vergleiche — `$$`, `\displaywidth`.

\displaylimits

System — TEX-Primitive, Plain-TEX, LATEX2.09, LATEX 2_ε.

Wirkung — Veranlaßt TEX, die Grenzen (Indizes und Exponenten) von großen Operatoren *standardmäßig* anzuordnen.

Beschreibung — *Standardmäßig* ist, daß die Grenzen bei dem Integraloperator `\int` hinter dem Integralzeichen angeordnet werden. Bei allen anderen großen Operatoren werden die Grenzen im *textstyle* hinter und bei abgesetzten Formeln über und unter dem Operator angeordnet.

Beispiel

```
$$\sum_{i=1}^Ni^2\hskip3em\int_a^bx\,dx$$
$\sum_{i=1}^Ni^2\hskip3em\int_a^bx\,dx$
```

$$\sum_{i=1}^N i^2 \hskip3em \int_a^b x\,dx$$

$\sum_{i=1}^N i^2 \hskip3em \int_a^b x\,dx$

Bemerkung — Nicht standardmäßig sind die Satzvorgaben von `\limits` und `\nolimits`.

Vergleiche — `\limits`, `\nolimits`.

\displaylines ⟨*Formeln*⟩

System Plain-TEX, LATEX2.09, LATEX 2ε.

Wirkung Setzt Formeln untereinander, abgesetzt und zentriert. Dieser Befehl ist nur im *displaystyle* wirksam.

Beispiel
```
$$\displaylines{(a+b)^2=a^2+2ab+b^2\cr
               a^2-b^2=(a+b)(a-b)\cr}$$
```

$$(a+b)^2 = a^2 + 2ab + b^2$$
$$a^2 - b^2 = (a+b)(a-b)$$

Beschreibung Die einzelnen Zeilen werden mit `\cr` abgeschlossen.

```
\def\displaylines#1{\displ@y
\halign{\hbox to\displaywidth%
  {$\@lign\hfil\displaystyle##\hfil$}\crcr
    #1\crcr}}
```

Vergleiche `\jot`, [L] {array}, {eqnarray}.

{displaymath}

System LATEX2.09, LATEX 2ε.

Wirkung Diese Umgebung setzt Formeln im *displaystyle*.

Beispiel
```
\begin{displaymath}
x_{1/2}=\frac{-b\pm\sqrt{b^2-4ac}}{2a}
\end{displaymath}
```

$$x_{1/2} = \frac{-b \pm \sqrt{b^2 - 4ac}}{2a}$$

Definition
```
\def\displaymath{\[}
\def\enddisplaymath{\]\global\@ignoretrue}
```

Beschreibung Im *displaystyle* werden Formeln durch vertikalen Leerraum deutlich vom umgebenden Text abgesetzt und zentriert.

Bemerkung — Die Kombination `\[...\]` ist identisch mit der Umgebung `displaymath`. Der in TEX übliche Doppeldollar (`$$`) sollte in LATEX nicht verwendet werden, denn obgleich {`displaymath`} intern darauf zugreift, sind in den LATEX-Befehlen Kontrollmechanismen implementiert, die die Fehlererkennung erleichtern. Wer LATEX verwendet, sollte diesen Vorteil nutzen.

Vergleiche — `$$`, {`math`}, `\[...\]`, [L] {`equation`}.

\displaystyle

System — TEX-Primitive, Plain-TEX, LATEX2.09, LATEX 2ε; Mathemodus.

Wirkung — Erzwingt im Mathemodus das Setzen in der Standardschriftgröße *displaystyle*.

Beispiel —
```
$c={\displaystyle a \over \displaystyle b}$
\hskip2em $c={a \over b}$
```
$c = \frac{a}{b}$ $\qquad$ $c = {\textstyle\frac{a}{b}}$

Beschreibung — *displaystyle* entspricht der Standardschriftgröße abgesetzter Formeln. Ohne Vorgaben hängt die Schriftgröße eines Formelelementes von der Position innerhalb der Formel ab. Indizes werden beispielsweise sonst im `\scriptstyle` gesetzt.

Vergleiche — `\scriptscriptstyle`, `\scriptstyle`, `\textstyle`.

\displaywidowpenalty

System — TEX-Primitive, Plain-TEX, LATEX2.09, LATEX 2ε.

Syntax — Siehe Crashkurs: *TEX-Zähler.*

Wirkung — Verteilt Strafpunkte für den Fall, daß nach einem Seitenumbruch die neue Seite mit einer einzelnen Zeile, gefolgt von einer abgesetzten Formel, beginnt.

Beispiel — Standard: `\displaywidowpenalty50`.

Vergleiche — `\penalty`.

\displaywidth

System TEX-Primitive, Plain-TEX, LATEX2.09, LATEX 2_ε.

Syntax Siehe Crashkurs: *feste Längen*.

Wirkung Diese Länge gibt an, wie breit in der aktuellen Umgebung eine abgesetzte Formel maximal sein darf, damit sie noch sauber plaziert werden kann. Der Wert von `\displaywidth` ist von vielen Parametern abhängig, z.B. Seitenbreite und Einrückungen.

Bemerkung Diese interne Länge ist nur zum Auslesen gedacht.

Vergleiche `$$`, `\displayindent`.

\div $\div$

System Plain-TEX, LATEX2.09, LATEX 2_ε; Mathemodus; Binärer Operator.

Definition `\mathchardef\div="2204`

Vergleiche Binäre Operatoren.

\divide

System TEX-Primitive, Plain-TEX, LATEX2.09, LATEX 2_ε.

Wirkung Allgemeiner TEX-Divisionsbefehl.

Syntax Analog zu `\advance`.

Beispiel 1

```
\divide\baselineskip by 3
\divide\count0 -2
```

Beispiel 2

```
\baselineskip=.5\baselineskip
```

Bemerkung: Das Ergebnis wird stets abgerundet. Bei der Division einer elastischen Länge werden der Festteil und die elastischen Anteile getrennt behandelt. Eine Division läßt sich auch durch Voranstellen eines gebrochenen Faktors erreichen. Das Ergebnis ist jedoch bei der zuletzt genannten Methode eine feste Länge (`dimen`), der elastische Anteil geht dabei verloren.

Vergleiche: `\advance`, `\multiply`.

\do

System: Plain-TEX, LATEX2.09, LATEX 2_ε.

Wirkung: Diesen Hilfsbefehl verwendet `\dospecials`, um alle Spezialzeichen umzudefinieren.

Beispiel:

```
\def\do#1{\catcode'#1=12}
```

Das Beispiel bewirkt, daß nach Aufruf von `\dospecials` sämtliche Spezialzeichen ihre besondere Wirkung verlieren.

Vergleiche: `\catcode`, `\dospecials`.

{document}

System: LATEX2.09, LATEX 2_ε.

Wirkung: Diese Umgebung schließt den Rumpf jedes LATEX-Dokuments ein.

Beispiel:

```
\begin{document}
Es war einmal...
\end{document}
```

Vergleiche: [L] `\documentclass`, `\documentstyle`.

\documentclass [⟨*Klassenoption*⟩] ⟨*Dokumentklasse*⟩

System — LaTeX 2ε.

Wirkung — Leitet ein LaTeX 2ε-Dokument ein.

Beispiel

```
\documentclass[twocolumn,a4papar]{book}
\usepackage[german]{babel}
\begin{document}
Vor langer langer Zeit ...
\end{document}
```

Beschreibung — Mehrere Klassenoptionen gibt man durch Kommata getrennt an. In dem Bereich zwischen `\documentclass` und `\begin{document}`, der auch Vorspann oder Präambel genannt wird, dürfen keine Befehle auftauchen, die Ausgabe erzeugen. Initialisierungen in diesem Bereich wirken global.

Vergleiche — [L] {`document`}, `\documentstyle`, {`filecontents`}.

\documentstyle [⟨*Stiloptionen*⟩] ⟨*DocStil*⟩

System — LaTeX2.09, LaTeX 2ε.

Wirkung — Leitet ein LaTeX-Dokument ein.

Beispiel

```
\documentstyle[twocolumn,12pt]{book}
\topmargin1cm
\begin{document}
Es war einmal ...
\end{document}
```

Beschreibung — Mehrere Stiloptionen werden durch Kommata getrennt angegeben. In dem Bereich zwischen `\documentstyle` und `\begin{document}`, auch Vorspann oder Präambel genannt, dürfen keine Befehle auftauchen, die Ausgabe erzeugen. Initialisierungen in diesem Bereich wirken global.

Bemerkung — Ein LaTeX 2ε-Dokument sollte mit \documentclass beginnen. Fängt das Dokument dennoch mit \documentstyle an, wird das alte LaTeX2.09 emuliert. Auf diese Weise bleibt LaTeX 2ε abwärtskompatibel.

Vergleiche — [L] {document}, \documentclass.

\DoNotIndex *⟨Befehlsliste⟩*

System — LaTeX 2ε.

Wirkung — Unterdrückt die Generierung von Indizes für die in der Liste angegebenen Befehle.

Beispiel — `\DoNotIndex{\alpha,\beta,\gamma}`

Beschreibung — Die Einträge der Liste werden durch Kommata voneinander getrennt. Die Liste kann auch später noch erweitert werden, indem man mit weiteren \DoNotIndex-Kommandos weitere Befehle von Indexgenerierung ausschließt.

Bemerkung — Setzt man \DoNotIndex innerhalb einer Gruppe, wirkt der Befehl lokal.

Vergleiche — [L] \DisableCrossrefs, \EnableCrossrefs.

\dospecials

System — Plain-TeX, LaTeX2.09, LaTeX 2ε.

Wirkung — Wendet den Befehl \do auf alle Spezialzeichen an.

Definition —
```
\def\dospecials{\do\ \do\\\do\{\do\}\do\$\do\&%
  \do\#\do\^\do\_\do\%\do\~}
```

Bemerkung — Definiert man \do geeignet um, so kann man damit z.B. sämtliche Spezialzeichen deaktivieren.

Vergleiche — \do.

\dosupereject

System — Plain-TEX.

Wirkung — Erzwingt die sofortige Ausgabe aller noch gespeicherten Einfügungen (*insertions*).

Beschreibung — Sind keine Einfügungen gespeichert, bleibt der Befehl wirkungslos.

Definition

```
\def\dosupereject{\ifnum\insertpenalties>\z@
  \line{}\kern-\topskip\nobreak\vfill\supereject\fi}
```

Bemerkung — Folgende Befehle erzeugen Einfügungen: `\footins` (wird von `\footnote` aufgerufen), `\topinsert`, `\pageinsert`, `\midinsert`.

Vergleiche — `\newinsert`, `\supereject`.

\dot ⟪*Buchstabe*⟫

System — Plain-TEX, LATEX2.09, LATEX 2_ε; Mathemodus.

Wirkung — Erzeugt eine Variable mit Punkt-Akzent.

Beispiel — `$\ddot m + r\dot x + sx = 0$`

$\ddot m + r\dot x + sx = 0$

Definition — `\def\dot{\mathaccent"705F }`

Vergleiche — `\ddot`, Akzente/mathematische.

\doteq $\doteq$

System — Plain-TEX, LATEX2.09, LATEX 2_ε; Mathemodus; Relation.

Definition — `\def\doteq{\buildrel\textstyle.\over=}`

\dotfill

System	Plain-TEX, LATEX2.09, LATEX 2_ε.
Wirkung	Erzeugt einen elastischen Leerraum, der mit Punkten auf Grundlinienhöhe gefüllt wird.
Beispiel	`\makebox[\linewidth]{Name\dotfill Vorname\dotfill}` Name . . . . Vorname . . . .
Definition	`\def\dotfill{\cleaders\hbox{$\m@th` `\mkern1.5mu.\mkern1.5mu$}\hfill}`
Bemerkung	Die Ausdehnung erfolgt mit der *elastischen Stärke* eines `\hfill`.
Vergleiche	`\downbracefill`, `\hfil`, `\hrulefill`, `\hsize`, `\leftarrowfill`, `\rightarrowfill`, [L] `\upbracefill`.

\dots ...

System	Plain-TEX, LATEX2.09, LATEX 2_ε.
Wirkung	Erzeugt drei Punkte im Abstand von einem Leerzeichen auf der Grundlinie.

Beispiel	`\dots\ und wenn sie nicht gestorben`
	`sind, dann leben sie noch heute.`
	... und wenn sie nicht gestorben sind, dann leben sie noch heute.

Bemerkung	In LATEX sind die Befehle `\dots` und `\ldots` identisch. Die TEX-Definition von `\ldots` läßt sich in LATEX durch `\pldots` ansprechen.
Definition TEX	`\def\dots{\relax\ifmmode\ldots` `\else$\m@th\ldots\,$\fi}`
Definition LATEX (2_ε)	`\def\dots{\ldots}`
Vergleiche	`\cdots`, [L] `\ldots`, `\pldots`, `\vdots`.

\doublehyphendemerits

System — TEX-Primitive, Plain-TEX, LATEX2.09, LATEX 2_ε.

Wirkung — Addiert Zusatzkosten für den Fall, daß zwei aufeinanderfolgende Zeilen mit einem Trennstrich enden.

Beispiel — Standard: `\doublehyphendemerits10000`.

Bemerkung — Eine Zeile endet für gewöhnlich dann mit einem Trennstrich, wenn die Zeile innerhalb eines Wortes umbrochen wird.

`\penalty` und `\badness` fließen in die Berechnung der Gesamtkosten quadratisch ein, Zusatzkosten (*demerits*) jedoch nur einfach. Deshalb zeigt sich nur eine Wirkung, wenn man den Wert um ein Vielfaches von `1000` verändert.

Vergleiche — `\adjdemerits`, `\badness`, `\finalhyphendemerits`, `\penalty`.

\doublerulesep

System — LATEX2.09, LATEX 2_ε.

Wirkung — Legt den Abstand von Doppellinien in der `array`- und `tabular`-Umgebung fest.

Syntax — Siehe Crashkurs: *feste Längen*.

Beispiel — Standard: `\doublerulesep2pt`

Definition — `\newdimen\doublerulesep`

Vergleiche — [L] {`array`}, {`tabular`}.

\downarrow ↓

System — Plain-TEX, LATEX2.09, LATEX 2_ε; Mathemodus.

Definition — `\def\downarrow{\delimiter"3223379 }`

Vergleiche — `\Downarrow`, `\leftarrow`, `\rightarrow`, `\uparrow`, `\updownarrow`.

\Downarrow ⇓

System: Plain-TEX, LATEX2.09, LATEX 2ε; Mathemodus.

Definition: `\def\Downarrow{\delimiter"322B37F }`

Vergleiche: `\downarrow`, `\Leftarrow`, `\Rightarrow`, `\Uparrow`.

\downbracefill

System: Plain-TEX, LATEX2.09, LATEX 2ε

Wirkung: Füllt mit einer nach unten geöffneten geschweiften Klammer .

Beispiel: `\downbracefill`

Beschreibung: Die Ausdehnung erfolgt mit der *elastischen Stärke* eines `\hfill`. Die Definitionen des Befehls in LATEX2.09 und LATEX 2ε unterscheiden sich. Die Unterschiede entsprechen denen bei `\upbracefill`. Siehe dazu `\upbracefill`.

Definition LATEX 2ε:

```
\def\downbracefill{$\m@th \setbox\z@%
\hbox{$\braceld$}\braceld\leaders
\vrule height\ht\z@ depth\z@\hfill
\braceru\bracelu\leaders\vrule height\ht
\z@ depth\z@\hfill\bracerd$}
```

Vergleiche: `\dotfill`, `\downarrowfill`, `\hfill`, `\hrulefill`, `\overbrace`, `\rightarrowfill`, [L] `\upbracefill`.

\dp

System: TEX-Primitive, Plain-TEX, LATEX2.09, LATEX 2ε.

Wirkung: Referiert die Unterlänge eines Box-Registers.

Beispiel

```
\newbox\TeXbox\setbox\TeXbox=\hbox{\TeX}
So \lower\dp\TeXbox\hbox{tief} ist das
E von \TeX.
```

So $_{\text{tief}}$ ist das E von TEX.

Vergleiche `\ht`, `\newbox`, `\wd`.

\dq ″

System: LATEX2.09: Stiloption `german`, LATEX 2ε: *package* `babel`: Option `german`.

Wirkung: Erzeugt das Anführungszeichen -″-.

Vergleiche: `"`.

\dump

System: TEX-Primitive, Plain-TEX, LATEX2.09, LATEX 2ε.

Wirkung: Erstellt ein *format file.*

Beispiel

```
initex '&plain myplain \dump'
```

Dieses Beispiel zeigt, wie man unter Unix ein eigenes *format file* erstellt. Im Beispiel wird davon ausgegangen, daß sich in der Datei `myplain.tex` eine eigene Makrosammlung befindet, die auf Plain-TEX basiert. Erzeugt wird nun ein *format file* namens myplain.fmt, die zusätzlich zu allen Plain-TEX-Befehlen auch noch alle Befehle aus `myplain.tex` kennt. Man kann seine TEX-Dokumente mit diesem *format file* übersetzen, indem man TEX wie folgt startet:

```
virtex '&myplain' mein_dokument.tex
```

`virtex` ist die Variante des TEX-Programms, die kein *format file* automatisch lädt. Im Gegensatz z.B. zu `tex`, das zu Beginn automatisch `plain.fmt` lädt.

Beschreibung

`\dump` schreibt einen kompletten Speicherauszug des TEX-Speichers in eine Datei. Mit Hilfe von `virtex` kann das erzeugte *format file* geladen werden und so der Zustand, in dem sich TEX vor dem `\dump` befunden hat, rekonstruiert werden. Die *format*-Dateien, die Plain-TEX und LATEX bei jedem Auruf implizit laden, sind solche Speicherauszüge.

Bemerkung

Der `\dump`-Befehl darf nur in `initex` aufgerufen werden und er darf nicht innerhalb einer Gruppe stehen. Das beste ist, man beendet die einzubindende Makrodatei nicht und gibt den `\dump`-Befehl wie im Beispiel als Parameter in der Kommandozeile. Die Eingaben in der Kommandozeile können von Rechner-Plattform zu Rechner-Plattform differieren. Zum Beispiel muß man unter DOS den Ausdruck `'&plain'` nicht in einfache Anführungszeichen stellen („quoten") . Denn während eine Shell in Unix das `&`-Zeichen nicht-gequotet interpretieren würde, ist unter DOS das `&`-Zeichen ein normales Zeichen.

Befehle E

\edef

System: TEX-Primitive, Plain-TEX, LATEX2.09, LATEX 2_ε.

Wirkung: Definiert einen Befehl, wobei der Ersetzungstext schon bei der Zuweisung expandiert wird.

Syntax: siehe `\def`.

Beispiel:
```
\def\XX{Kiwi } \edef\YY{\XX}
\def\ZZ{\XX} \def\XX{Advokado }
\YY\ZZ
```
Kiwi Advokado

Beschreibung: Der Befehl verhält sich wie `\def` mit dem Unterschied, daß Befehle, die mit `\def` definiert wurden, erst in der Output-Routine expandiert werden. Bei `\edef` dagegen wird der Inhalt des Ersetzungstextes sofort expandiert.

Vergleiche: `\def`, `\gdef`, `\noexpand`, `\xdef`.

\egroup

System: TEX-Primitive, Plain-TEX, LATEX2.09, LATEX 2_ε.

Wirkung: Schließt eine *Gruppe*.

Beispiel:
```
Das ist \bgroup\tt typewriter\egroup.
```
Das ist `typewriter`.

Beschreibung: Siehe `\bgroup`.

Vergleiche: `{`, `}`, `\begingroup`, `\endgroup`.

\eject

System: Plain-TEX, LATEX2.09, LATEX 2_ε.

Wirkung: Erzwingt einen Seitenumbruch.

Definition:
```
\def\eject{\par\break}
```

Bemerkung — Stellt man dem Befehl `\eject` kein `\vfil` voran, wird TEX eine `Underfull \vbox` anmahnen, denn die aktuelle Seite ist in der Regel zu diesem Zeitpunkt noch nicht gefüllt.

Vergleiche — `\break`, `\filbreak`, `\goodbreak`, `\supereject`, [L] `\newpage`, `\pagebreak`.

\ell ℓ

System — Plain-TEX, LATEX2.09, LATEX 2_ε; Mathemodus.

Definition — `\mathchardef\ell="0160`

\else

System — TEX-Primitive, Plain-TEX, LATEX2.09, LATEX 2_ε.

Wirkung — Leitet den `\else`-Zweig in einer *if*-Konstruktion ein.

Beschreibung — siehe `\if`.

\em

System — LATEX2.09, LATEX 2_ε.

Wirkung — Hebt Text hervor.

Beispiel

```
Eine Hervorhebung {\em in einer \/{\em
Hervorhebung\/} ist kein Problem.}
```

Eine Hervorhebung *in einer* Hervorhebung *ist kein Problem.*

Beschreibung — Standardmäßig wird zur Hervorhebung in die Schriftgestalt Italic geschaltet. Nur wenn die aktuelle Schrift bereits geneigt ist, wird zurück in aufrechtstehende Schrift (*upshape*) gewechselt. Auf diese Weise kann man sicher sein, daß der hervorzuhebende Text auch wirklich hervorgehoben ist.

Vergleiche — `\emph`, `\underline`, [L] `\itshape`, `\upshape`.

\emergencystretch

System — TeX-Primitive, Plain-TeX, LaTeX2.09, LaTeX 2_ε.

Wirkung — Bestimmt den Leerraum, der innerhalb einer Zeile zusätzlich verteilt werden darf, wenn TeX einen Absatz nicht zufriedenstellend umbrechen kann.

Beispiel — `\emergencystretch=30pt`

Beschreibung — Abhängig von `\pretolerance` unternimmt TeX einen oder zwei Versuche, einen Absatz den Anforderungen von `\tolerance` entsprechend zu setzen. Scheitert TeX dabei, wird ein letzter Versuch unternommen, wobei nun zum Verteilen zusätzlich der Leerraum zur Verfügung steht, den `\emergencystretch` vorgibt. Bei `\emergencystretch0pt` wird kein weiterer Versuch gestartet.

Bemerkung — Vor allem im Zweispaltensatz tritt des öfteren das Problem auf, daß Text über das Zeilenende hinausragt, da TeX bei kurzen Zeilen wenige Möglichkeiten zum Umbrechen einer Zeile bleiben. Nicht selten wird diesem Problem durch Setzen von `\tolerance` auf `10000` begegnet*. Dies hat aber mitunter sehr seltsame Nebeneffekte. So kommt es vor, daß eine Zeile nur ein Wort enthält, die darauffolgende dafür optimal ausgefüllt ist. Der Grund dafür ist, daß bei schlechter Leerraumverteilung `\tolerance 10000` sehr schnell erreicht ist und, da der Wert nicht mehr steigerbar ist, andere Faktoren die Leerraumverteilung stärker beeinflussen. Der bessere Weg ist, den Wert von `\emergencystretch` zu erhöhen. TeX hat damit einen größeren, aber dennoch begrenzten Spielraum.

Vergleiche — `\pretolerance`, `\tolerance`, [L] `\sloppy`.

*Auch der LaTeX-Befehl `\sloppy` geht so vor.

\emph ⟨*Text*⟩

System LaTeX2.09, LaTeX 2_ε2e

Wirkung Hebt Text hervor.

Beispiel `Ist das nicht \emph{hervorhebend}?.`

Ist das nicht *hervorhebend*?

Beschreibung `\emph` hat die gleiche Wirkung wie `\em` mit dem kleinen Unterschied, daß man zum Abschluß keine *italic correction* vornehmen muß. Dies übernimmt `\emph` selber, da es den hervorzuhebenden Text als Argument geliefert bekommt.

Vergleiche [L] `\em`, `\textit`.

\empty

System Plain-TeX, LaTeX2.09, LaTeX 2_ε.

Wirkung Ist ein *dummy*-Befehl ohne Wirkung.

Definition `\def\empty{}`

\emptyset ∅

System Plain-TeX, LaTeX2.09, LaTeX 2_ε; Mathemodus.

Wirkung Erzeugt das Symbol *leere Menge*.

Definition `\mathchardef\emptyset="023B`

\encl ⟨*Anlagenliste*⟩

System — LaTeX2.09: Dokumentstil `letter`, LaTeX 2_ε Dokumentklasse `letter`.

Wirkung — Erzeugt innerhalb der `letter`-Umgebung eine Anlagenliste.

Beispiel — `\encl{Buchungsbeleg,\\Tickets.}`

Anlage(n): Buchungsbeleg
Tickets

Vergleiche — [L] `\enclname`, {`letter`}.

\enclname

System — LaTeX2.09: Dokumentstil `letter`, LaTeX 2_ε Dokumentklasse `letter`.

Wirkung — Ist verantwortlich für die Bezeichnung der Anlagenliste, die mit `\encl` erstellt wird.

Beispiel — `\def\enclname{Anlage(n):}`

Vergleiche — [L] `\encl`.

\encodingdefault

System — LaTeX 2_ε.

Wirkung — Legt das Codierschema für die Hauptschrift im Dokument fest.

Beispiel — `\renewcommand{\encodingdefault}{T1}`

Das Beispiel ändert das Codierschema der Hauptschrift auf *Cork Encoding* um.

Bemerkung — Standard ist das Codierschema `OT1`.

Vergleiche — [L] `\familydefault`, `\seriesdefault`, `\shapedefault`.

\end

System — Plain-TEX.

Wirkung — Beendet ein TEX-Dokument.

Beschreibung — Im Gegensatz zu `\bye` füllt `\end` den Rest der letzten Seite nicht mit Leerraum auf. Deshalb ist es in der Regel besser `\bye` statt `\end` zu verwenden.

Bemerkung — Ein LATEX-Dokument muß mit `\end{document}` beendet werden.

Vergleiche — `\bye`, [L] `\end`.

— weitere Bedeutung —

System — LATEX2.09, LATEX 2$_\varepsilon$.

Syntax — `\end`⟨*Umgebung*⟩

Wirkung — Schließt eine Umgebung.

Beschreibung — Siehe `\begin`.

Vergleiche — `\begingroup`, `\endgroup`.

\endcsname

System — TEX-Primitive, Plain-TEX, LATEX2.09, LATEX 2$_\varepsilon$.

Wirkung — Schließt den `\csname`-Befehl ab.

Beschreibung — Siehe `\csname`.

\endgraf

System — Plain-TEX, LATEX2.09, LATEX 2$_\varepsilon$.

Wirkung — Beendet den laufenden Absatz.

Definition — `\let\endgraf=\par`

Beschreibung	Dieser Befehl dient als Ersatzbefehl und hat die gleiche Wirkung wie `\par`. Er existiert, weil es manchmal nützlich sein kann, `\par` umzudefinieren. Siehe dazu `\long`.
Vergleiche	`\everypar`, `\long`, `\par`.

\endgroup

System	TeX-Primitive, Plain-TeX, LaTeX2.09, LaTeX 2ε.
Wirkung	Schließt eine mittels `\begingroup` geöffnete Gruppe.
Beschreibung	Siehe `\begingroup`.
Vergleiche	`{`, `}`, `\bgroup`, `\egroup`.

\endinput

System	TeX-Primitive, Plain-TeX, LaTeX2.09, LaTeX 2ε.
Wirkung	Stößt TeX während des Einlesens einer Quelldatei auf den Befehl `\endinput`, so verhält es sich, als würde die Datei nach dieser Zeile enden. Die Zeile selbst wird jedoch noch vollständig eingelesen.
Vergleiche	[L] `\include`, `\input`.

\endinsert

System	Plain-TeX.
Wirkung	Mit diesem Befehl werden die drei TeX-Kommandos `\topinsert`, `\midinsert` und `\pageinsert` abgeschlossen.
Beschreibung	Siehe bei den drei genannten Befehlen.

\endline

System	Plain-TeX, LaTeX2.09, LaTeX 2ε.
Wirkung	Ersetzt `\cr`.
Definition	`\let\endline=\cr`
Beschreibung	Dieser Befehl dient als Ersatzbefehl und hat die gleiche Wirkung wie `\cr`. Er existiert, weil es manchmal nützlich sein kann, `\cr` umzudefinieren.
Vergleiche	`\cr`, `\everycr`.

\endlinechar ⟪ =⟨*character code*⟩ ⟫

System	TeX-Primitive, Plain-TeX, LaTeX2.09, LaTeX 2ε.
Wirkung	Legt das Zeichen für *Ende der Eingabezeile* fest.
Beispiel	Standard: `\endlinechar='\^^M`
Beschreibung	Das Zeichen `^^M` hat den *character code* 13. Es wird durch die RETURN-Taste erzeugt. Bei einem negativen Wert wird kein Zeichen als Ende der Eingabezeile interpretiert.
Bemerkung	TeX unterscheidet zwischen logischem und physikalischem Zeilenende. Während `\endlinechar` das Ende einer Eingabezeile in der Eingabedatei kennzeichnet, wird ein Zeichen mit *category code* 5 als *Zeilenende* im Text interpretiert. `\endlinechar` muß also nicht zwangsläufig ein Zeichen mit *catcode* 5 sein und ein Zeichen für *Zeilenende* muß nicht unbedingt am Ende einer Eingabezeile stehen.
Vergleiche	`\catcode`, `\ignorespaces`, `\newlinechar`.

\enlargethispage ⟨*Länge*⟩

System	LaTeX 2ε.
Wirkung	Verlängert oder verkürzt die aktuelle Seite um die angegebene Länge.

Beispiel — `\enlargethispage{\baselineskip}`

Dieses Beispiel erweitert die aktuelle Seite um eine Zeile.

Beschreibung — Der Befehl `\enlargethispage` verändert nur den Parameter `\textheight` für die aktuelle Seite. Alle anderen Größen bleiben unverändert.

Bemerkung — Dieser Befehl sollte — wenn überhaupt — nur in der Endphase der Entwicklung eines Dokumentes eingesetzt werden. Durch das Eingreifen von Hand können auf diese Weise manchmal gröbere Unschönheiten vermieden werden.

Vergleiche — `\pagegoal`, [L] `\enlargethispage*`, `\textheight`.

\enlargethispage* ⟨*Länge*⟩

System — LaTeX 2$_\varepsilon$.

Wirkung — Verlängert oder verkürzt `\enlargethispage` die aktuelle Seite um die angegebene Länge. Zusätzlich schiebt es den auf der Seite enthaltenen Text in der Vertikalen soweit wie möglich zusammen.

Beispiel — `\enlargethispage*{\baselineskip}`

Beschreibung — Die Komprimierung besteht darin, daß sämtlicher elastischer Leerraum auf das Minimum reduziert wird.

Vergleiche — [L] `\enlargethispage`.

\enskip

System — Plain-TeX, LaTeX2.09, LaTeX 2$_\varepsilon$.

Wirkung — Fügt horizontalen Leerraum der Breite $0.5em$ ein.

Definition — `\def\enskip{\hskip.5em\relax}`

Vergleiche — `\enspace`, `\hskip`, `\qquad`, `\quad`, [L] `\hspace`.

\enspace

System: Plain-TEX, LATEX2.09, LATEX 2ε.

Wirkung: Fügt horizontalen Leerraum der Breite $0.5em$ ein und verbietet einen Umbruch an dieser Stelle.

Definition: `\def\enspace{\kern.5em }`

Vergleiche: `\enskip`, `\kern`, [L] `\hspace`.

\ensuremath ⟨*Formel*⟩

System: LATEX 2ε.

Wirkung: Setzt eine Formel im Mathemdous unabhängig von der Umgebung.

Beispiel:

```
\newcommand{\Pfeil}{\ensuremath{\rightarrow}}
Ob im Textmodus \Pfeil\ oder im Mathemodus
$\Pfeil$ ist egal.
```

Ob im Textmodus → oder im Mathemodus → ist egal.

Definition:

```
\def\ensuremath{\protect\p@ensuremath}
\def\p@ensuremath#1{\ifmmode#1\else$#1$\fi}
```

Beschreibung: `\ensuremath` setzt die angegebene *Formel* im Mathemodus. Die Besonderheit des Befehls ist, daß er selbständig prüft, ob sich TEX gerade im Text- oder im Mathemodus befindet, dann bei Bedarf in den Mathemodus wechselt, die Formel setzt und schließlich den ursprünglichen Modus wieder restauriert. Mit Hilfe von `\ensuremath` ist es leicht möglich, Befehle zu kreieren, die sowohl im Mathemodus als auch im Textmodus funktionieren.

Vergleiche: {`math`}.

{enumerate}

System: LATEX2.09, LATEX 2ε.

Wirkung: Erzeugt eine numerierte Liste.

Beispiel

```
\begin{enumerate}
   \item Erste Schachtelungsebene
   \begin{enumerate}
      \item Zweite Schachtelungsebene
      ⋮
   \end{enumerate}
\end{enumerate}
```

1.Erste Schachtelungsebene
   (a)Zweite Schachtelungsebene
      i.Dritte Schachtelungsebene
         A.Vierte Schachtelungsebene

Beschreibung

Wie das Beispiel zeigt, läßt sich diese Umgebung vier Ebenen tief schachteln, wobei jede Ebene auf eine andere Art und Weise numeriert wird und die relative Einrückungstiefe von Ebene zu Ebene abnimmt. Es ist möglich, eine Marke selbst vorzugeben. Der `\item`-Befehl besitzt dafür einen optionalen Parameter. Die standardmäßige Numerierung läßt sich verändern. Verantwortlich dafür sind die LaTeX-Zähler `enumi` bis `enumvi`. Für die Art der Numerierung sind die Befehle `\theenumi` bis `\theenumiv` zuständig und für die Formatierung die Befehle `\labelenumi` bis `\labelenumiv`.

Bemerkung

Es ist erlaubt, andere Umgebungen innerhalb einer `enumerate`-Umgebung aufzurufen.

Vergleiche

`enumi`, [T] `\item`, [L] {`description`}, {`itemize`}, `\labelenumi`, {`list`}, `\theenumi`.

enumi

System

LaTeX2.09, LaTeX 2ε.

Wirkung

Dieser LaTeX-Zähler zählt die Einträge in der ersten Schachtelungsebene der `enumerate`-Umgebung.

Syntax

Siehe Crashkurs: *LaTeX-Zähler*.

Vergleiche

[L] {`enumerate`}, `\labelenumi`, `\theenumi`.

enumii

System	LaTeX2.09, LaTeX 2$_\varepsilon$.
Wirkung	Dieser LaTeX-Zähler zählt die Einträge in der zweiten Schachtelungsebene der `enumerate`-Umgebung.
Syntax	Siehe Crashkurs: *LaTeX-Zähler*.
Vergleiche	[L] `{enumerate}`, `\labelenumii`, `\theenumii`.

enumiii

System	LaTeX2.09, LaTeX 2$_\varepsilon$.
Wirkung	Dieser LaTeX-Zähler zählt die Einträge in der dritten Schachtelungsebene der `enumerate`-Umgebung.
Syntax	Siehe Crashkurs: *LaTeX-Zähler*.
Vergleiche	[L] `{enumerate}`, `\labelenumiii`, `\theenumiii`.

enumiv

System	LaTeX2.09, LaTeX 2$_\varepsilon$.
Wirkung	Dieser LaTeX-Zähler zählt die Einträge in der vierten Schachtelungsebene der `enumerate`-Umgebung.
Syntax	Siehe Crashkurs: *LaTeX-Zähler*.
Vergleiche	[L] `{enumerate}`, `\labelenumiv`, `\theenumiv`.

\epsilon ϵ

System: Plain-TEX, LATEX2.09, LATEX 2$_\varepsilon$; Mathemodus.

Definition: `\mathchardef\epsilon="010F`

Vergleiche: Griechische Buchstaben.

\eqalign ⟨*Formelblock*⟩

System: Plain-TEX.

Wirkung: Setzt und formatiert einen Formelblock.

Beispiel:
```
$$\eqalign{a + b &= c\cr
              d &= e + f\cr}$$
```

$$\eqalign{a + b &= c\cr d &= e + f\cr}$$

Definition:
```
\def\eqalign#1{\null\,\vcenter{\openup\jot\m@th
  \ialign{\strut\hfil$\displaystyle{##}$&$\displaystyle%
  {{}##}$\hfil\crcr#1\crcr}}\,}
```

Beschreibung: Als Parameter werden `\eqalign` die zu formatierenden Formelzeilen übergeben. Alle Zeilen müssen mit `\cr` abgeschlossen werden. In jeder Zeile muß sich außerdem ein `&`-Zeichen befinden. Die Zeilen werden so ausgerichtet, daß die mit `&` gekennzeichneten Stellen alle auf einer Höhe liegen.

Bemerkung: In LATEX existiert dieser Befehl nicht. Dafür steht `\eqnarray` zur Verfügung.

Vergleiche: `\eqnarray`, `\jot`, `\noalign`, [T] `\eqalignno`, `\leqalignno`, [L] {`array`}.

\eqalignno ⟨*Formelblock*⟩

System: Plain-TEX.

Wirkung: Geeignet zum Ausrichten und Numerieren von Formelblöcken.

Beispiel

```
$$\eqalignno{a + b &= c &(1)\cr
             d &= e + f &(2)\cr}$$
```

$$a + b = c \qquad (1)$$
$$d = e + f \qquad (2)$$

Definition

```
\def\eqalignno#1{\displ@y \tabskip\centering
  \halign to\displaywidth{\hfil$\@lign\displaystyle{##}$%
    \tabskip\z@skip &$\@lign\displaystyle{{}##}$\hfil
    \tabskip\centering &\llap{$\@lign##$}\tabskip\z@skip
    \crcr #1\crcr}}
```

Beschreibung

Als Parameter werden die zu formatierenden Formelzeilen übergeben. Alle Zeilen müssen mit `\cr` abgeschlossen werden. In jeder Zeile müssen sich außerdem zwei `&`-Zeichen befinden. Die Zeilen werden so ausgerichtet, daß die mit dem ersten `&` gekennzeichneten Stellen alle auf einer Höhe liegen. Der Text zwischen dem zweiten `&`-Zeichen und `\cr` wird als Markierung bündig an den rechten Seitenrand gesetzt.

Bemerkung

In LaTeX existiert dieser Befehl nicht. Dafür steht `\eqnarray` zur Verfügung.

Vergleiche

`\eqnarray`, `\eqno`, [T] `\eqalign`, `\leqalignno`, [L] {`array`}.

{eqnarray}

System

LaTeX2.09, LaTeX 2_ε.

Wirkung

Umgebung zur Erstellung von Formelblöcken und Gleichungssystemen.

Beispiel

```
\begin{eqnarray}
2x_1 - x_2  &=& 9\\
-x_1 + 6x_2  &=&1
\end{eqnarray}
```

$$2x_1 - x_2 \;=\; 9 \qquad (0.1)$$
$$-x_1 + 6x_2 \;=\; 1 \qquad (0.2)$$

Beschreibung

Jede Formel besteht aus drei Spalten. Die erste Spalte wird rechtsbündig, die zweite zentriert und die dritte linksbündig ausgerichtet. Als Spaltentrenner fungiert das `&`-Zeichen. Alle Zeilen mit Ausnahme der letzten werden durch \\ beendet. Jede Formel erhält eine Nummer. Soll die Numerierung für eine bestimmte Zeile unterbleiben, ist direkt vor \\ der entsprechenden Zeile der Befehl `\nonumber` zu stellen.

Mit `\lefteqn{`*Formel*`}` kann man eine Formel linksbündig setzen und die übrigen Formeln gegenüber dieser einrücken (siehe `\lefteqn`).

Zusätzliche Leerzeichen zwischen `\lefteqn{...}` und \\ vergrößern die Einrücktiefe.

Im Gegensatz zu {`array`} werden die Formelzeilen in der `eqnarray`-Umgebung als eigenständige abgesetzte Formeln behandelt.

Vergleiche

`\array`, `\displaylines`, `equation`, `\jot`, [T] `\eqalign`, [L] {`equation`}, `\lefteqn`.

{eqnarray*}

System

LaTeX2.09, LaTeX 2ε.

Wirkung

Simuliert die `eqnarray`-Umgebung.

Beschreibung

Diese Umgebung unterscheidet sich von `eqnarray` nur darin, daß die Formeln nicht numeriert werden.

Beispiel

siehe `\lefteqn`.

Vergleiche

`\eqnarray`, [L] `\lefteqn`.

\eqno

System

TeX-Primitive, Plain-TeX, LaTeX2.09, LaTeX 2ε.

Wirkung

Erzeugt eine rechtsbündige Formelmarke in einer mittels `$$` abgesetzten Formel.

Beispiel `$$ a^2 + b^2 = c^2 \eqno (1) $$`

$$a^2 + b^2 = c^2 \qquad (1)$$

Beschreibung Nach `\eqno` darf nur noch die Formelmarke und `$$` folgen.

Vergleiche `\eqnalignno`, `\leqno`, [L] `{eqnarray}`, `{equation}`.

\equal ⟨*Ausdruck*$_1$⟩⟨*Ausdruck*$_2$⟩

System LATEX2.09: Stiloption `ifthen`, LATEX 2ε: *package* `ifthen`.

Wirkung Testet zwei Ausdrücke auf Gleichheit.

Beispiel

```
\def\XX{abc}\def\YY{abc}
\ifthenelse{\equal{\XX}{\YY}}{wahr}{falsch}
```

falsch

Beschreibung Beide Ausdrücke werden vor dem Vergleich vollständig expandiert. `\equal` liefert genau dann eine wahre Aussage, wenn beide resultierenden Token-Listen gleich sind.

Vergleiche `\ifx`, [L] `\ifthenelse`.

{equation}

System LATEX2.09, LATEX 2ε.

Wirkung Erzeugt eine abgesetzte numerierte Formel.

Beispiel `\begin{equation} \ddot x+4\pi^2\sin x=0 \end{equation}`

$$\ddot x + 4\pi^2 \sin x = 0 \qquad (0.3)$$

Beschreibung Die Formelnumerierung wird von `\theequation` erzeugt. In den Dokumentstilarten `book` und `report` setzt sich diese standardmäßig aus der Kapitelnummer und der laufenden Nummer der Gleichung zusammen. Zu Beginn jedes neuen Kapitels wird der LATEX-Zähler `equation` auf Null zurückgesetzt. Im `article`-Stil wird nur der Inhalt dieses Zählers ausgegeben, da keine Kapitel existieren.

Vergleiche `equation`, [L] `{array}`, `{displaymath}`, `{eqnarray}`, `\lefteqn`, `\theequation`.

equation

System LaTeX2.09, LaTeX 2_ε.

Wirkung Dieser LaTeX-Zähler enthält die Nummer der Gleichung, die zuletzt generiert wurde.

Syntax Siehe Crashkurs: *LaTeX-Zähler*.

Definition analog zu `enumi`.

Beschreibung Der `equation`-Zähler wird jeweils direkt vor der Ausgabe einer Formel durch die Umgebungen `eqnarray` oder `equation` um eins erhöht.

Vergleiche [L] {`eqnarray`}, {`equation`}.

\equiv ≡

System Plain-TeX, LaTeX2.09, LaTeX 2_ε; Mathemodus; Relation.

Definition `\mathchardef\equiv="3211`

\errhelp ⟨*Hilfetext*⟩

System TeX-Primitive, Plain-TeX, LaTeX2.09, LaTeX 2_ε.

Wirkung Dieser Text wird angezeigt, wenn nach einer `\errmessage` der Benutzer interaktiv nach weiterer Hilfe verlangt.

Beispiel siehe `\errmessage`.

Beschreibung Der Befehl `\errhelp` muß noch vor `\errmessage` gesetzt werden, damit die Zusatzhilfe verfügbar ist. Die Zusatzhilfe kann man, nachdem TeX dem Übersetzungsvorgang abgebrochen hat, mit der Taste `h` anfordern.

Bemerkung Man kann im *Hilfetext* mittels `^^J` umbrechen.

Vergleiche `\errmessage`.

\errmessage ⟨*Fehlermeldung*⟩

System — TEX-Primitive, Plain-TEX, LATEX2.09, LATEX 2ε.

Wirkung — Bricht den Übersetzungsvorgang ab und gibt eine Fehlermeldung aus.

Beispiel

```
\errhelp{See other fruits,^^Je.g. Kiwi.}
\errmessage{\string\Banane\space
 must be defined!^^JJust do it}
```

```
! \Banane must be defined!
Just do it..
l.1676 must be defined!^^JJust do it.}

? h
See other fruits,
e.g. Kiwi.
?
```

Bemerkung — Man kann innerhalb der *Fehlermeldung* mittels `^^J` umbrechen.

Vergleiche — `\errhelp`.

\errorcontextlines

System — TEX3-Primitive, Plain-TEX, LATEX2.09, LATEX 2ε.

Wirkung — Gibt an, bis zu welcher Schachtelungstiefe Quellcodezeilen angezeigt werden, um einen Fehler zu lokalisieren.

Syntax — Siehe Crashkurs: *TEX-Zähler*.

Beispiel — Standard: `\errorcontextlines=5`

Beschreibung — Tritt ein Fehler beim Übersetzungsvorgang auf, wird die Zeile ausgegeben, in der der Fehler aufgetreten ist. Wurde der Fehler durch ein Makro verursacht, wird zusätzlich die Zeile in der Makrodefinition ausgegeben, die für den Fehler verantwortlich war. Das kann rekursiv so weiter gehen, bis zu der Ebene, die durch den Wert von `\errorcontextlines` festgelegt ist. Ein Wert kleiner oder gleich Null bewirkt, daß nur die Fehlermeldung generiert wird.

Vergleiche — `\errmessage`.

\errorstopmode

System	TEX-Primitive, Plain-TEX, LATEX2.09, LATEX 2_ε.
Wirkung	Stoppt bei einem Fehler den Übersetzungsvorgang und fragt interaktiv, was zu tun ist.
Beschreibung	Diese Einstellung ist Standard.
Vergleiche	`\batchmode`, `\nonstopmode`, `\scrollmode`.

\escapechar 《 =⟨*character code*⟩ 》

System	TEX-Primitive, Plain-TEX, LATEX2.09, LATEX 2_ε.
Wirkung	Legt fest, welches Zeichen für die Befehlskennung (*escape character*) verwendet werden soll, wenn man den Namen eines Befehls ausgeben läßt.

Beispiel	`\escapechar=‘\?`
	`\string\underline`
	?underline

Beschreibung	Voreingestellt ist der *backslash*. Gibt man einen negativen Wert an, so wird die Befehlskennung ignoriert. Unter Vergleiche ist die Liste aller Befehle zu finden, die zur Ausgabe von Befehlsnamen die Vorgabe von `\escapechar` verwenden.
Bemerkung	`\escapechar` hat nur Wirkung auf die Ausgabe von Befehlsnamen. Der *escape character* selbst läßt sich nur mit `\catcode` ändern.
Vergleiche	`\errmessage`, `\meaning`, `\message`, `\newlinechar`, `\show`, `\showthe`, `\string`, `\write`.

\eta η

System: Plain-TEX, LATEX2.09, LATEX 2_ε; Mathemodus.

Definition: `\mathchardef\eta="0111`

\evensidemargin

System: LATEX2.09, LATEX 2_ε.

Wirkung: Legt den linken Rand auf geradzahligen Seiten bei doppelseitigem Druck fest.

Beispiel: `\evensidemargin3cm`

Vergleiche: `\hoffset`, `\voffset`, [L] `\documentstyle`, `\oddsidemargin`, `\topmargin`.

\everycr ⟨*Makro*⟩

System: TEX-Primitive, Plain-TEX, LATEX2.09, LATEX 2_ε.

Wirkung: Definiert ein Makro, daß nach jedem `\cr` ausgeführt wird.

Beispiel:

```
\everycr
{\noalign{\smallskip\hrule\smallskip}}
\halign{#\qquad&Telefon: #\cr
L.\ Tropmal& 4711\cr
E.\ Htung  & 0815\cr
M.\ Kanips & 1704\cr}
```

L. Tropmal	Telefon: 4711
E. Htung	Telefon: 0815
M. Kanips	Telefon: 1704

Beschreibung `\everycr` ist nicht vorbelegt. Im allgemeinen macht es nur Sinn, einen `\noalign`-Befehl dort unterzubringen, denn andere Befehle veranlassen TEX dazu, eine neue Zeile oder Spalte zu beginnen. Darauf jedoch erwartet TEX wieder ein `\cr` und generiert es selbst, weil es fehlt. Dadurch wird wiederum `\everycr` aufgerufen, usw. — TEX gerät in eine Endlosschleife.

Vergleiche `\cr`, `\halign`.

\everydisplay ⟨*Makro*⟩

System TEX-Primitive, Plain-TEX, LATEX2.09, LATEX 2ε.

Wirkung Definiert ein Makro, das zu Beginn jeder Formel im *displaystyle* ausgeführt wird.

Beispiel

```
\everydisplay{\mbox{Formel: }}
$$\int e^x\,dx=e^x+C$$
```

$$\text{Formel: } \int e^x\,dx = e^x + C$$

Bemerkung `\everydisplay` ist nicht vorbelegt.

Vergleiche `$$`.

\everyhbox ⟨*Makro*⟩

System TEX-Primitive, Plain-TEX, LATEX2.09, LATEX 2ε.

Wirkung Definiert ein Makro, das in jeder `\hbox` ausgeführt wird.

Beispiel

```
\everyhbox{\bf}
Ab jetzt ist jede \hbox{hbox} fett!
```

Ab jetzt ist jede **hbox** fett!

Bemerkung `\everyhbox` ist nicht vorbelegt.

Vergleiche `\everyvbox`.

\everyjob ⟨*Makro*⟩

System — TEX-Primitive, Plain-TEX, LATEX2.09, LATEX 2ε.

Wirkung — Definiert ein Makro, das zu Beginn jedes TEX-Durchlaufes ausgeführt wird.

Beispiel —
```
\everyjob
{\typeout{LaTeX Version 2.09 <25 March 1992>}}
```

Beschreibung — So wie im Beispiel oder ähnlich ist dieses Makro in LATEX belegt. Dieser Befehl ist nur für jemanden interessant, der ein eigenes *format file* erstellen möchte. Einen gewöhnlichen TEX-Durchlauf kann man mit diesem Befehl nicht beeinflussen.

Vergleiche — `\dump`.

\everymath ⟨*Makro*⟩

System — TEX-Primitive, Plain-TEX, LATEX2.09, LATEX 2ε.

Wirkung — Definiert ein Makro, das zu Beginn jeder Formel im *textstyle* ausgeführt wird.

Beispiel —
```
\everymath{\Longrightarrow}
$\int\cos x\,dx=\sin x+C $
```
$\Longrightarrow \int\cos x\,dx=\sin x+C$

Bemerkung — Der Befehl ist nicht vorbelegt.

\everypar ⟨*Makro*⟩

Wirkung — Definiert ein Makro, das zu Beginn jedes Absatzes ausgeführt wird.

Beispiel —
```
font\lcal=cmsy10 scaled 1440
\def\bcap#1{{\lcal#1}}\everypar{\bcap}
\par Von nun an beginnen Abs"atze mit
kalligraphischen Buchstaben.
```
$\mathcal{V}$on nun an beginnen Absätze mit kalligraphischen Buchstaben.

Beschreibung

Der *Makrotext* ist nicht vorbesetzt. Es gibt aber in LaTeX einige Umgebungen* und Befehle, die `\everypar` verwenden und nach getaner Arbeit wieder leeren. Um mit diesen nicht in Konflikt zu kommen, gibt es zwei Möglichkeiten:

Entweder verwendet man `\everypar` nur lokal innerhalb einer Gruppe, oder man definiert einen Befehl, der `\everypar` aufruft, derart, daß er sich vor kritischen Situationen selbst schützt. Informationen hierzu finden sich in der Quelldatei `latex.tex` unter den Stichworten `\everypar`, `\@minipage` und `\@nobreak`.

\everyvbox ⟨*Macrotext*⟩

System: TeX-Primitive, Plain-TeX, LaTeX2.09, LaTeX 2ε.

Wirkung: Definiert ein Makro, daß in jeder `\vbox` ausgeführt wird.

Beispiel:

```
\everyvbox{$\heartsuit$}
\vbox{Jede vbox jetzt mit Herz.}
```

♡ Jede vbox jetzt mit Herz.

Bemerkung: `\everyvbox` ist nicht vorbelegt.

Vergleiche: `\everyhbox`.

\ExecuteOptions ⟨*Optionen*⟩

Wirkung: Führt den zu den aufgeführten Optionen gehörigen Quellcode aus.

Beispiel:

```
\ExecuteOptions{a4paper,twoside}
```

Beschreibung: Die Optionen werden durch Kommata voneinander getrennt. Damit die Optionen ausgeführt werden können, müssen sie zuvor mit `\DeclareOption` vereinbart worden sein.

---

*Es sind hauptsächlich Umgebungen, die Listen erzeugen und `{minipage}`, die sich `\everypar` bedienen.

Bemerkung — `\ExecuteOptions` kann nur vor `\ProcessOptions` verwendet werden, denn `\ProcessOptions` gibt zum Schluß den Speicher frei, der von den `\DeclareOption`-Befehlen in Anspruch genommen wurde.

Vergleiche — `\ProcessOption`, [L] `\DeclareOption`.

\exhyphenpenalty

System — TEX-Primitive, Plain-TEX, LATEX2.09, LATEX 2ε.

Wirkung — Verteilt Strafpunkte für den Umbruch nach einem Bindestrich.

Syntax — Siehe Crashkurs: *TEX-Zähler*.

Beispiel — Standard: `\exhyphenpenalty50`

Beschreibung — Der Befehl verteilt Strafpunkte für einen Umbruch nach dem Zeichen, das als `\hyphenchar` angegeben wurde. Das ist standardmäßig das Minuszeichen. TEX erlaubt grundsätzlich den Umbruch hinter einem Trennzeichen, bestraft ihn jedoch mit `\penalty50`. Ausgenommen davon sind Trennstriche, die TEX beim Trennen von Worten erzeugt. Diese werden durch `\hyphenpenalty` bewertet.

Vergleiche — `\discretionary`, `\hyphenchar`, `\hyphenpenalty`, `\penalty`.

\exists $\exists$

System — Plain-TEX, LATEX2.09, LATEX 2ε; Mathemodus.

Wirkung — Erzeugt den Existenzquantor.

Definition — `\mathchardef\exists="0239`

\exp
exp

System: Plain-TEX, LATEX2.09, LATEX 2ε; Mathemodus.

Wirkung: Erzeugt den Funktionsnamen *exp*.

Definition:
```
\def\exp{\mathop{\rm exp}\nolimits}
```

Vergleiche: Funktionsnamen.

\expandafter ⟨*Token*$_1$⟩⟨*Token*$_2$⟩

System: TEX-Primitive, Plain-TEX, LATEX2.09, LATEX 2ε.

Wirkung: Expandiert den übernächsten Befehl um eine Stufe.

Beispiel:
```
\def\aa{\accent23a}
{\tt\string\aa} und
{\tt\expandafter\string\aa}
```
\aa und \accent23a

Beschreibung: Der Befehl liest die folgenden beiden Tokens ein, expandiert das zweite Token um eine Stufe und ersetzt es durch die Token-Liste, die durch die Expansion entsteht. Als nächstes führt TEX $Token_1$ aus und danach die aus $Token_2$ entstandene Token-Liste.

Bemerkung: Wichtig ist: $Token_2$ wird nicht vollständig, sondern jeweils nur um eine Stufe expandiert. Das heißt, es wird durch seine Definition ersetzt. Ein Beispiel für eine notwendige Anwendung von `expandafter` ist Beispiel 3 in der Beschreibung des Befehls `\csname`.

Vergleiche: `\afterassignment`, `\aftergroup`, `\csname`, `\def`, `\futurelet`, `\futurlet`, `\noexpand`, `\the`.

\extracolsep ⟨*Breite*⟩

System — LaTeX2.09, LaTeX 2_ε.

Wirkung — Fügt zusätzlichen Leerraum linksbündig in alle nachfolgenden Spalten ein. Dieser Befehl kann nur innerhalb des `@`-Ausdrucks im Parameter *Spaltenformat*, der `array`- und `tabular`-Umgebung verwendet werden.

Beispiel

```
\begin{tabular}{lc@{\extracolsep{3mm}}cr}
  ⋮
\end{tabular}
```

Definition

```
\def\extracolsep#1{\tabskip #1\relax}
```

Beschreibung — Der Leerraum, den `\extracolsep` festlegt, wird auch dann in den nachfolgenden Spalten eingefügt, wenn man diese mit einem `@`-Ausdruck zusammenzieht.

Vergleiche — `\array`, `\tabular`.

Befehle F

\fam

System TEX-Primitive, Plain-TEX.

Wirkung Spricht die aktuelle TEX-Schriftfamilie an.

Syntax Siehe Crashkurs: *TEX-Zähler*.

Beispiel

```
\fam=\bffam
\textfont\fam=\tensf
${\fam3 x}$
```

Das erste Beispiel schaltet in die *Boldface*-Schriftfamilie. Das zweite ändert den `\textfont` der aktuellen Schriftfamilie auf *Sans Serif* in 10pt-Größe. Das dritte holt den Buchstaben x explizit aus der Schiftfamilie 3.

Beschreibung Der Parameter *Familie* ist der symbolische Name einer TEX-Schriftfamilie, so wie er durch `\newfam` vergeben wird, oder die Nummer einer Schriftfamilie (0 – 15). Das =-Zeichen in der Zuweisung ist optional. Ohne Parameter referiert `\fam` die aktuelle Schriftfamilie.

Bemerkung Eine TEX-Schriftfamilie legt die Auswahl der Zeichensätze für die verschiedenen Mathemodi fest. Eine Familie besteht aus drei Zeichensätzen, diese werden durch `\textfont`, `\scriptfont`, `\scriptscriptfont` festgelegt (siehe `\newfam`).

Vergleiche `\font`, `\mathchar`, `\mathcode`, `\newfam`, `\scfam`, `\scriptfont`, `\scriptscriptfont`, `\textfont`, `\ttfam`, [T] `\bffam`, `\itfam`.

\familydefault

System LATEX 2_ε.

Wirkung Legt die Schriftfamilie für die Hauptschrift im Dokument fest.

Beispiel

```
\renewcommand{\familydefaults}{\sfdefault}
```

Das Beispiel setzt die Schriftfamilie der Hauptschrift auf *Sans Serif*.

Bemerkung — Standard ist die Schriftfamilie `\rmdefaults`.

Vergleiche — [L] `\encodingdefault`, `\fontfamily`, `\rmdefault`, `\scdefault`, `\seriesdefault`, `\sfdefault`, `\shapedefault`, `\sldefault`, `\ttdefault`, `\updefault`.

\fbox ⟨*Text*⟩

System — LaTeX2.09, LaTeX 2ε.

Wirkung — Umrahmt den angegebenen Text.

Beispiel — `So sieht eine \fbox{fbox} aus.`

So sieht eine fbox aus.

Beschreibung — Der Text wird in eine `\hbox` gesetzt. Um die `\hbox` wird im Abstand `\fboxsep` ein Rahmen mit Liniendicke `\fboxrule` gezogen. Der Inhalt einer `\fbox` wird im *restricted horizontal mode* bearbeitet, das heißt, der Text in der Box wird nicht umbrochen.

Bemerkung — Einen ganzen Textblock kann man umrahmen, indem man ihn in eine `\parbox` oder `minipage`-Umgebung setzt und danach mit `\fbox` umrahmt.

Vergleiche — `\hbox`, [L] `\fboxrule`, `\fboxsep`, `\frame`, `\framebox`, `\parbox`.

\fboxrule

System — LaTeX2.09, LaTeX 2ε.

Wirkung — Legt die Strichdicke des Rahmens fest, der durch `\fbox` und `\framebox` erzeugt wird.

Syntax — Siehe Crashkurs: *feste Längen*.

Beispiel — Standard: `\fboxrule.4pt`

Definition — `\newdimen\fboxrule`

Vergleiche — [L] `\fbox`, `\fboxsep`, `\framebox`.

\fboxsep

System	LaTeX2.09, LaTeX 2ε.
Wirkung	Legt den Abstand zwischen dem Inhalt einer `\fbox` oder `\framebox` und dem umgebenden Rahmen fest.
Syntax	Siehe Crashkurs: *feste Längen*.
Beispiel	Standard: `\fboxsep3pt`
Definition	`\newdimen\fboxsep`
Vergleiche	[L] `\fbox`, `\fboxrule`, `\framebox`.

\fi

System	TeX-Primitive, Plain-TeX, LaTeX2.09, LaTeX 2ε.
Wirkung	Schließt alle *if*-Befehle ab.
Vergleiche	`\if`.

{figure} [⟨*Position*⟩]

System	LaTeX2.09, LaTeX 2ε.
Wirkung	Stellt eine Gleitobjekt-Umgebung für Abbildungen zur Verfügung.
Beispiel	

```
\begin{figure}[htb]\unitlength1mm
\begin{picture}(75,5)
\put(37.5,2.5){\oval(75,5)}
\end{picture}\caption{Die ovale Leere}
\end{figure}
```

Abbildung 2: Die ovale Leere

Beschreibung

Der optionale Parameter *Position* legt fest, wo das Gleitobjekt plaziert werden soll. Es gibt folgende Möglichkeiten:

`h` An Ort und Stelle.

`t` Ganz oben auf der Seite. Wenn dies nicht möglich ist, wird das Gleitobjekt zu Beginn der nächsten Seite ausgegeben.

`b` Ganz unten auf der Seite. Wenn dies nicht möglich ist, wird das Gleitobjekt unten auf der nächsten Seite ausgegeben.

`p` Auf einer Extraseite, die nur Gleitobjekte enthält. Dort erscheinen auch alle Gleitojekte, die nicht dort plaziert werden können, wo sie erscheinen sollen.

Es kann auch eine Kombination aus diesen Optionen angegeben werden, z.B. `[htb]`. Diese werden dann nach der Reihe abgearbeitet. Auf jeden Fall werden Gleitobjekte nur dort ausgegeben, wo es durch *Position* legitimiert ist. Die Ausgabe der Gleitobjekte erfolgt stets in FIFO-Reihenfolge, das heißt in der Reihenfolge, in der die Objekte in der Eingabedatei auftauchen.

Ohne optionalen Parameter wird `tbp` als Standard genommen. Im Zweispaltensatz erstreckt sich ein `figure`-Gleitobjekt nur über eine Spalte. Die Positionierung erfolgt relativ zu den Spalten. Um im Zweispaltensatz eine ähnliche Wirkung wie im Einspaltensatz zu erzielen, muß auf `{figure*}` zurückgegriffen werden.

Mit Hilfe des Befehls `\caption` kann man eine Abbildung numerieren und beschriften.

Vom Prinzip her ist diese Umgebung nicht notwendigerweise auf Bilder festgelegt. Man könnte zum Beispiel auch ein Gedicht als Textblock zu einem Gleitobjekt machen. Man müßte dann den Beschriftungstext, den `\caption` erzeugt, abändern, denn Bildunterschiften werden alle mit dem Wort *Abbildung* eingeleitet. Die Änderung des Textes wäre mit Hilfe von `\figurename` möglich. Gegebenenfalls wäre dann auch eine Änderung der Bezeichnung des Abbildungsverzeichnisses vonnöten.

Vergleiche

`bottomnumber`, `figure`, `topnumber`, `totalnumber`, [L] `\botfigrule`, `\bottomfraction`, `\caption`, `\figurename`, `{figure*}`, `\floatpagefraction`, `\floatsep`, `\intextsep`, `{table}`, `\textfloatsep`, `\textfraction`, `\topfraction`.

{figure*} ⟨*Position*⟩

System — LaTeX2.09, LaTeX 2_ε.

Wirkung — Stellt eine Gleitobjekt-Umgebung für doppeltbreite Abbildungen zur Verfügung. Dieser Befehl ist nur bei mehrspaltigem Satz wirksam.

Beschreibung — Der Unterschied zwischen `\figure` und dieser Umgebung ist, daß dieser Befehl im Zweispaltensatz ein Gleitobjekt erzeugt, das sich über beide Spalten erstreckt. Die Optionen `h` und `b` sind als Positionsangabe bei `\figure*` nicht erlaubt.

Vergleiche — `dbltopnumber`, `totalnumber`, [L] `\dblfloatpagefraction`, `\dblfloatsep`, `\dbltextfloatsep`, `\dbltopfraction`, {`figure`}.

figure

System — LaTeX2.09, LaTeX 2_ε.

Wirkung — Dieser LaTeX-Zähler zählt die Abbildungen.

Syntax — Siehe Crashkurs: *LaTeX-Zähler*.

Beispiel — `\setcounter{figure}{5}`

Definition — `\newcounter{figure}`

Beschreibung — Bei den Dokumentstilarten bzw. Dokumentklassen `article` und `report` ist dieser Zähler vom Zähler `chapter` abhängig, das heißt, `figure` wird zu Beginn jedes Kapitels auf 0 zurückgesetzt.

Vergleiche — [L] {`figure`}, `\thefigure`.

\figurename

System — LaTeX2.09, LaTeX 2_ε.

Wirkung — Legt die Bezeichnung für Abbildungen fest.

Beispiel `\renewcommand{\figurename}{Abbildung}`

Vergleiche [L] {figure}.

\filbreak

System Plain-TEX, LATEX2.09, LATEX 2ε.

Wirkung Beginnt einen neuen Absatz und markiert eine günstige Stelle (`\penalty-200`) zum Seitenumbruch.

Definition `\def\filbreak{\par\vfil\penalty-200\vfilneg}`

Bemerkung Bei einem Seitenumbruch durch `\filbreak` findet kein Ausgleich des unteren Randes statt.

Vergleiche `\eject`, `\goodbreak`, [L] `\newpage`.

{filecontents} ⟨*Datei*⟩

System LATEX 2ε.

Wirkung Prüft, ob die Datei vorhanden ist und erzeugt diese gegebenenfalls.

Beispiel

```
\begin{filecontents}{shapepar.sty}
...Quellcode...
\end{filecontents}{shapepar.sty}
```

Beschreibung Ist die angegebene Datei vorhanden, gibt LATEX bekannt, daß die Datei bereits existiert. Anderenfalls legt es eine Datei mit entsprechendem Namen an und schreibt den von der Umgebung eingeschlossenen Quelltext unverändert in diese Datei. Der Vorgang wird protokolliert.

Die Umgebung `filecontents` kann nur **vor** dem Befehl `\documentclass` verwendet werden.

Bemerkung Diese Umgebung ist sehr nützlich, wenn man ein Dokument versenden möchte, das selten benötigte Makropakete verwendet. Besitzt der Empfänger das Paket nicht, wird es damit erzeugt.

Vergleiche [L] `\listfiles`.

\filedate ⟨*Datum*⟩

System — LaTeX 2ε.

Wirkung — Enthält das Datum des letzten Code-Updates einer Quelldatei.

Beispiel — `\def\filedate{93/12/06}`

Beschreibung — Dieses Makro kann in einer Quelldatei an beliebigen Stellen als Referenz auf das Erstellungsdatum des Quellcodes verwendet werden (siehe z.B. Datei `latex.dtx`).

Vergleiche — [L] `\changes`, `\filename`, `\fileversion`.

\fill

System — LaTeX2.09, LaTeX 2ε.

Wirkung — Ist eine elastische Länge, die von 0 pt ausgehend beliebig wächst.

Beispiel — `Anfang\hskip\fill Ende`

Anfang Ende

Definition — `\newskip\fill \fill = 0pt plus 1fill`

Bemerkung — `\fill` dehnt sich mit der Stärke eines `\hfill` aus.

Vergleiche — `\hfil`, `\vfil`, [L] `\stretch`.

\finalhyphendemerits

System — TeX-Primitive, Plain-TeX, LaTeX2.09, LaTeX 2ε.

Wirkung — Addiert Zusatzkosten für den Fall, daß die vorletzte Zeile eines Absatzes mit einem Trennstrich endet.

Syntax — Siehe Crashkurs: *TeX-Zähler*.

Beispiel — Standard: `\finalhyphendemerits10000`

Bemerkung	`\penalty` und `\badness` fließen in die Berechnung der Gesamtkosten quadratisch ein, Zusatzkosten (*demerits*) jedoch nur einfach. Deshalb zeigt sich nur eine Wirkung, wenn man den Wert um ein Vielfaches von `1000` verändert.
Vergleiche	`\adjdemerits`, `\badness`, `\doublehyphendemerits`, `\penalty`.

\firstmark

System	TEX-Primitive, Plain-TEX, LATEX2.09, LATEX 2ε.
Wirkung	Gibt den Inhalt der ersten Marke aus, die auf dieser Seite durch `\mark` gesetzt wurde.
Beispiel	Siehe `\mark`.
Vergleiche	`\botmark`, `\mark`, `\topmark`, [L] `\rightmark`.

\fivebf

System	Plain-TEX.
Wirkung	Selektiert den Zeichensatz `cmbx5`. Das ist *Computer Modern Bold Extended* in 5-pt-Größe.
Definition	`\font\fivebf=cmbx5`

\fivei

System	Plain-TEX.
Wirkung	Selektiert den Zeichensatz `cmmi5`. Das ist *Computer Modern Math Italic* in 5-pt-Größe.
Definition	`\font\fivei=cmmi5`

\fiverm

System: Plain-TEX.

Wirkung: Selektiert den Zeichensatz `cmr5`. Das ist *Computer Modern Roman* in 5-pt-Größe.

Definition: `\font\fiverm=cmr5`

\fivesy

System: Plain-TEX.

Wirkung: Selektiert den Zeichensatz `cmmi5`. Das ist *Computer Modern Math Symbols* in 5-pt-Größe.

Definition: `\font\fivesy=cmsy5`

\flat ♭

System: Plain-TEX, LATEX2.09, LATEX 2$_\varepsilon$.

Vergleiche: `\natural`, `\sharp`.

\floatingpenalty

System: TEX-Primitive, Plain-TEX, LATEX2.09, LATEX 2$_\varepsilon$.

Wirkung: Verteilt Zusatzstrafpunkte für den Fall, daß einer zerteilten Einfügung (*insertion*) weitere Einfügungen der gleichen Klasse folgen.

Syntax: Siehe Crashkurs: *TEX-Zähler*.

Beispiel: Standard `\floatingpenalty0`

Beschreibung: Plain-TeX setzt `\floatingpenalty` in Fußnoten auf 20000. Das bewirkt, daß nach Zerteilen der ersten Fußnote kein Versuch unternommen wird, weitere Fußnoten auf der aktuellen Seite zu plazieren.

Bemerkung: `\floatingpenalty` wird auf den Wert von `\insertpenalties` addiert.

Vergleiche: `\insertpenalties`, `\penalty`.

\floatpagefraction

System: LaTeX2.09, LaTeX 2ε.

Wirkung: Legt fest, welcher Bruchteil einer Seite, auf der sich nur Gleitobjekte befinden, mindestens von diesen belegt sein muß, bevor eine neue Seite begonnen wird.

Beispiel: `\renewcommand{\floatpagefraction}{.7}`

Vergleiche: [L] `\dblfloatpagefraction`, {`figure`}, {`table`}, `\textfraction`, `\topfraction`.

\floatsep

System: LaTeX2.09, LaTeX 2ε.

Wirkung: Legt den vertikalen Abstand zwischen Gleitobjekten fest, die oben oder unten auf der Seite erscheinen.

Syntax: Siehe Crashkurs: *elastische Längen.*

Beispiel: `\floatsep 12pt plus 2pt minus 4pt`

Definition: `\newskip\floatsep`

Vergleiche: [L] `\dblfloatsep`, {`figure`}, `\intextsep`, {`table`}, `\textfloatsep`.

\flq <

System LaTeX2.09: Stiloption `german`, LaTeX 2$_\varepsilon$: *package* `babel`: Option `german`.

Wirkung Erzeugt ein einfaches linkes französisches Anführungszeichen.

Beispiel Siehe `\flqq`.

Vergleiche `\flqq`, `\frq`, `\glq`.

\flqq «

System LaTeX2.09: Stiloption `german`, LaTeX 2$_\varepsilon$: *package* `babel`: Option `german`.

Wirkung Erzeugt ein linkes *guillemet* (französisches Anführungszeichen).

Beispiel

```
Sie sagte zu ihm: \frqq La"s uns ins Theater gehen,
es kommt \frq Die Entf"uhrung aus dem Serail\flq\flqq.
```

Sie sagte zu ihm : »Laß uns ins Theater gehen, es kommt ›Die Entführung aus dem Serail‹«.

Bemerkung In deutschsprachiger Literatur, vor allem in Romanen, werden oft *guillemets* als Anführungszeichen verwendet. Diese werden dabei vertauscht, das heißt, zur Einführung der wörtlichen Rede steht » und zum Abschluss «.

Vergleiche `\frq`, `\frqq`, `\glq`.

\flushbottom

System LaTeX2.09, LaTeX 2$_\varepsilon$.

Wirkung Bewirkt, daß die Absätze einer Seite soweit auseinandergezogen werden, daß die unterste Zeile bei allen Seiten auf gleicher Höhe liegt.

Bemerkung — Diese Einstellung ist Standard im Dokumentstil `book` und bei der Option `twoside`.

Vergleiche — `\raggedbottom`.

{flushleft}

System — LaTeX2.09, LaTeX 2_ε.

Wirkung — Setzt Text linksbündig.

Beispiel

```
\begin{flushleft}
Im Anfang schuf Gott...
\end{flushleft}
```

Im Anfang schuf Gott den Himmel und die Erde. Die Erde war aber wüst und öde, und Finsternis lag auf der Urflut, und der Geist Gottes schwebte über den Wassern...

Definition LaTeX — `\def\flushleft{\trivlist \raggedright\item\relax}`

Definition LaTeX 2_ε — `\def\flushleft{\trivlist \raggedright\item[]}`

Vergleiche — `{raggedright}`, [L] `\raggedright`.

{flushright}

System — LaTeX2.09, LaTeX 2_ε.

Wirkung — Setzt den Text rechtsbündig.

Beispiel

```
\begin{flushright}
Diese beiden Zeilen\\ sind rechtsb"undig.
\end{flushright}
```

Diese beiden Zeilen
sind rechtsbündig.

Definition — analog zu `\flushright`.

Vergleiche — [L] `{flushleft}`, `\raggedleft`.

\fmtname

System: Plain-TEX, LATEX2.09, LATEX 2_ε.

Wirkung: Gibt den Namen des aktuellen *fmt*-Files aus.

Beispiel:
```
Dieses Buch wurde mit \fmtname,
Version: \fmtversion erstellt.
```
Dieses Buch wurde mit LaTeX2e, Version: 1996/06/01 erstellt.

Vergleiche: `\fmtversion`.

\fmtversion

System: Plain-TEX, LATEX2.09, LATEX 2_ε.

Wirkung: Gibt die Versionsbezeichnung des aktuellen *fmt*-Files aus.

Beispiel: siehe `\fmtname`.

Vergleiche: `\fmtname`.

\fnsymbol ⟨*Zähler*⟩

System: LATEX2.09, LATEX 2_ε; Mathemodus.

Wirkung: Gibt den aktuellen Wert des angegebenen LATEX-Zählers als Fußnotensymbol aus.

Beispiel:
```
\newcounter{mycount} \setcounter{mycount}{5}
5 entspricht $\fnsymbol{mycount}$
```
5 entspricht ¶

Definition:
```
\def\fnsymbol#1{\@fnsymbol{\@nameuse{c@#1}}}
\def\@fnsymbol#1{\ifcase#1\or *\or \dagger\or \ddagger\or
\mathchar "278\or \mathchar "27B\or \|\or **\or \dagger
\dagger\or \ddagger\ddagger \else\@ctrerr\fi\relax}
\def\@nameuse#1{\csname #1\endcsname}
```

Beschreibung: Es existieren folgende neun Fußnotensymbole: *, †, ‡, §, ¶, ‖, **, †† und ‡‡.

Bemerkung Der Anwender muß selbst darauf achten, daß der Wert des Zählers zwischen 1 und 9 liegt.

Vergleiche [L] `\alph`, `\Alph`, `\arabic`, `\roman`, `\Roman`.

\folio

System Plain-TeX.

Wirkung Gibt die aktuelle Seitennummer aus.

Definition

```
\def\folio{\ifnum\pageno<\z@
\romannumeral-\pageno \else\number\pageno \fi}
```

Beschreibung Ist der Wert von `\pageno` negativ, wird eine römische Zahl ausgegeben, sonst ist die Seitennummer eine arabische Zahl.

Bemerkung Dieser Befehl existiert in LaTeX nicht.

Vergleiche [T] `\pageno`, [L] `\pagenumbering`, `\pagestyle`.

\font

System TeX-Primitive, Plain-TeX, LaTeX2.09, LaTeX 2$_\varepsilon$.

Wirkung Ohne Argument läßt sich durch `\font` der gerade aktive Zeichensatz ansprechen, sonst lädt der Befehl einen Zeichensatz in einer bestimmten Größe und definiert einen Befehl, mit dem sich der Zeichensatz ansprechen läßt.

Syntax `\font`

`\font` ⟪⟨*Befehl*⟩ = ⟨*Schrift*⟩⟫

`\font` ⟪⟨*Befehl*⟩ = ⟨*Schrift*⟩ `at` ⟨*Größe*⟩⟫

`\font` ⟪⟨*Befehl*⟩ = ⟨*Schrift*⟩ `scaled` ⟨*Faktor* × *1000*⟩⟫

Beispiel

```
\font\mysfA=cmr5 at 16pt \font\mysfB=cmr10 scaled 1000
\mysfA Hallo \mysfB Hallo
```

Hallo Hallo

Beschreibung

Dem Befehl \font folgt der zuzuweisende Befehlsname und darauf der Name des Zeichensatzes. Das =-Zeichen dazwischen ist optional. Dahinter kommt das *Wörtchen* scaled bzw. at gefolgt von einem *Vergrößerungsfaktor* bzw. einer *Größenangabe.*

Möchte man einen Zeichensatz in der Größe haben, in der er entworfen wurde, kann man sich den Anhang hinter dem Schriftnamen sparen. Der *Faktor* hinter scaled ist eine ganze Zahl. Diese Zahl, dividiert durch 1000, bestimmt den Vergrößerungsfaktor.

Alternativ kann mit \font ohne Parameter der gerade aktive Zeichensatz angesprochen werden (siehe z.B. \fontname).

Vergleiche

\fontdimen, \fontname, \magstep, [L] \newfont.

\fontdimen

Wirkung

Spricht eines der sieben \fontdimen-Register an.

Syntax

\fontdimen ⟪*Registernummer*⟫

\fontdimen ⟪⟨*Registernummer*⟩⟨*Font*⟩⟫

\fontdimen ⟪⟨*Registernummer*⟩⟨*Font*⟩ =⟨*Wert*⟩⟫

Beispiel

```
\fontdimen2\font=1.5\fontdimen2\font
```

Dieses Beispiel vergrößert den Leerraum zwischen Worten im momentan aktiven Zeichensatz um den Faktor 1.5.

Beschreibung

Der Parameter *Registernummer* spezifiziert die Nummer eines \fontdimen-Registers. *Font* ist der Befehlsname eines Zeichensatzes, wie er durch \font festgelegt wird.

Folgen keine weiteren Parameter, referiert der Befehl den Inhalt des angegebenen \fontdimen-Registers aus dem angegebenen Zeichensatz. Fehlt der Parameter *Font*, wird der aktuelle Zeichensatz verwendet.

Möchte man ein \fontdimen-Register des aktuellen Zeichensatzes ändern, darf man, wie bei Syntax zu sehen, das *Font*-Argument nicht weglassen, um den aktuellen Zeichensatz anzusprechen. Den gewünschten Effekt erreicht man nur, indem man an dieser Stelle \font, das heißt den aktuellen Zeichensatz explizit einsetzt.

Der zuzuweisende *Wert* ist je nach Bedarf mit oder ohne Einheit anzugeben.

Zu jedem geladenen Zeichensatz existieren sieben `\fontdimen`-Register. Nachfolgend sind die Funktionen der `\fontdimen`-Register aufgeführt.

1 Neigung der Schrift; exakt: Abweichung in `pt` pro `pt`; wird für die Positionierung von Akzenten benötigt.

2 *interword space*: Legt den Leerraum zwischen Worten fest. Der Leerraum wird nach folgender Formel berechnet: `fontdimen2 + fontdimen3 − fontdimen4`. Ist `\spaceskip` ungleich Null, wird `\spaceskip` als *interword space* verwendet.

3 Legt fest, wie weit ein *interword space* gestreckt werden darf.

4 Legt fest, wie weit ein *interword space* gestaucht werden darf.

5 x-Höhe: Legt die Größe der Einheit `ex` fest; entspricht normalerweise der Höhe des Buchstaben x.

6 Legt die Größe der Einheit `em` fest; entspricht normalerweise der Breite des Buchstaben M.

7 Zusatzleerraum, der am Ende eines Satzes eingefügt wird; exakt: Dieser Leerraum wird immer dann eingefügt, wenn `\spacefactor` größer gleich 2000 ist. Das ist z.B. bei den Zeichen `.`, `!`, `?` und `:` der Fall. Mit `\xspaceskip` kann dieser Wert überschrieben werden.

Vergleiche `\font`, `\sfcode`, `\spacefactor`, `\spaceskip`, `\xspaceskip`.

\fontencoding ⟨*Codierschema*⟩

System LaTeX 2ε.

Wirkung Selektiert ein Codierschema.

Beispiel

```
\fontencoding{OT1}\fontfamily{cmss}\fontseries{bx}
\fontshape{n}\fontsize{12}{12}\selectfont
computer modern sans serif bold extended
```

computer modern sans serif bold extended

Beschreibung `\fontencoding` selektiert das Codierschema, aktivieren kann man es mit `\selectfont`.

Vergleiche [L] `\encodingdefault`, `\fontfamily`, `\fontseries`, `\fontshape`, `\fontsize`, `\selectfont`.

\fontfamily ⟨*Schriftfamilie*⟩

System: LaTeX 2ε.

Wirkung: Selektiert eine Schriftfamilie.

Beispiel: Siehe `\fontencoding`.

Beschreibung: Der Befehl `\fontfamily` selektiert die Schriftfamilie, aktivieren kann man sie mit `\selectfont`.

Vergleiche: [L] `\familydefault`, `\fontencoding`, `\fontseries`, `\fontshape`, `\fontsize`.

\fontname ⟨*Schriftbefehl*⟩

System: TeX-Primitive, Plain-TeX, LaTeX2.09, LaTeX 2ε.

Wirkung: Gibt den Namen des Zeichensatzes aus, der durch den angegebenen Befehl angesprochen wird.

Beispiel: `\fontname\font`

pplr7t

Beschreibung: Der Befehl `\fontname` nimmt als Argument alle Befehle, die durch `\font` eingeführt wurden.

Vergleiche: `\font`, [L] `\newfont`.

\fontseries ⟨*Schriftserie*⟩

System: LaTeX 2ε.

Wirkung: Selektiert eine Schriftserie.

Beispiel: Siehe `\fontencoding`.

Beschreibung — Sobald die Schriftserie gewählt ist, kann sie mit `\selectfont` aktiviert werden.

Vergleiche — `\defaultseries`, [L] `\fontencoding`, `\fontfamily`, `\fontshape`, `\fontsize`.

\fontshape ⟨*Schriftgestalt*⟩

System — LaTeX 2_ε.

Wirkung — Selektiert eine Schriftgestalt.

Beispiel

```
So schaltet man {\fontshape{it}\selectfont
manuell\/} auf \textit{italic} um.
```

So schaltet man *manuell* auf *italic* um.

Beschreibung — Sobald die Schriftgestalt gewählt ist, kann man sie mit `\selectfont` aktivieren.

Vergleiche — [L] `\fontencoding`, `\fontfamily`, `\fontseries`, `\fontsize`.

\fontsize ⟨*Schriftgröße*⟩⟨*Zeilenabstand*⟩

System — LaTeX 2_ε.

Wirkung — Selektiert eine Schriftgröße und stellt den Zeilenabstand ein.

Beispiel

```
\fontsize{5}{20}\selectfont
Kleine Schrift\\ riesiger Zeilenabstand
```

Kleine Schrift

riesiger Zeilenabstand

Beschreibung — Sowohl Schriftgröße als auch Zeilenabstand können mit oder ohne Einheit angegeben werden. Fehlt die Einheit, wird angenommen, daß die Angabe in *points* (`pt`) erfolgt.

Sobald die Schriftgröße und der Zeilenabstand gewählt sind, kann man diese mit `\selectfont` aktivieren.

Vergleiche — `\baselineskip`, [L] `\fontencoding`, `\fontfamily`, `\fontseries`, `\fontshape`, `\selectfont`.

\footheight

System	LATEX2.09, LATEX 2ε.
Wirkung	Legt die Höhe der Fußzeile fest.
Syntax	Siehe Crashkurs: *feste Längen*.
Beispiel	`\footheight6mm`
Definition	`\newdimen\footheight`
Vergleiche	[L] `\footskip`, `\headheight`, `\textheight`.

\footins

System	Plain-TEX, LATEX2.09, LATEX 2ε.
Wirkung	Bezeichnet das interne *insertion*-Register, das für die Fußnotenerzeugung zuständig ist.

Definition	`\newinsert\footins`
	`\skip\footins=\bigskipamount`
	`\count\footins=1000`
	`\dimen\footins=8in`

Beschreibung	Das *skip*-Register `\footins` bestimmt den Zusatzleerraum, der direkt überhalb der `\footnoterule`-Linie eingefügt wird, wenn Fußnoten vorhanden sind. Der Zähler `\footins` legt den Vergrößerungsfaktor × 1000 für Fußnoten fest, und das *dimen*-Register gleichen Namens enthält den Leerraum pro Seite, der maximal von Fußnoten eingenommen werden darf.
Vergleiche	`\newinsert`, [T] `\footnote`, `\pageinsert`, `\topinsert`.

\footline

System	Plain-TEX.
Wirkung	Dieses *token*-Register wird als Fußzeile auf jeder Seite ausgegeben.
Definition	`\newtoks\footline \footline={\hss\tenrm\folio\hss}`

Bemerkung — In LaTeX sind dafür die internen Befehle `\@oddfoot` und `\@evenfoot` zuständig.

Vergleiche — [T] `\headline`, `\makefootline`, [L] `\pagestyle`.

\footnote

System — LaTeX2.09, LaTeX 2ε.

Syntax — `\footnote [`⟨*Zahl*⟩`]` ⟨*Fußnotentext*⟩

Wirkung — Erzeugt eine Fußnote.

Beispiel —
```
Es war einmal ein kleiner Hobbit\footnote
[4711]{Fabelwesen aus \em Der Herr der Ringe}.
```
Es war einmal ein kleiner Hobbit[4711].

Beschreibung — Mit dem optionalen Parameter *Zahl* kann eine positive ganze Zahl als Fußnotenmarkierung angegeben werden. Ohne diese wird fortlaufend numeriert. Bei jedem neuen Kapitel wird der Zähler `footnote` auf `1` zurückgesetzt. `\footnote` darf nur im sogenannten *paragraph mode* verwendet werden. Damit scheiden z.B. Fußnoten mit `\footnote` im Mathemodus und innerhalb von `\mbox` aus. An solchen Stellen muß man auf `\footnotemark` ausweichen.

Fußnoten, die man innerhalb der `minipage`-Umgebung setzt, erzeugen den Fußnotentext am Fuße der `minipage`. Die Numerierung erfolgt dort standardmäßig in Kleinbuchstaben. Der Fußnotenzähler für *minipages* heißt `mpfootnote`, er ist unabhängig vom globalen Fußnotenzähler `footnote`.

Das Schachteln von `minipages` kann zu Problemen bei der Zuordnung der `minipage`-Fußnoten führen.

Vergleiche — `\footins`, `footnote`, `\footnoterule`, `mpfootnote`, [T] `\vfootnote`, [L] `\footnotemark`, `\footnotesep`, `\footnotetext`, {`minipage`}, `\thefootnote`, `\thempfootnote`.

——— weitere Bedeutung ———

System — Plain-TeX.

Syntax — `\footnote`⟨*Marke*⟩⟨*Fußnotentext*⟩

Wirkung — Erzeugt eine Fußnote.

[4711] Fabelwesen aus *Der Herr der Ringe.*

Beispiel

```
Fu"snoten sind oft unn"otig\footnote{\dag}
{So, wie diese hier}.
```

Fußnoten sind oft unnötig[†].

Vergleiche `\footins`, `\footnoterule`, [T] `\vfootnote`, [L] `\footnotesep`, `\footnotetext`, {`minipage`}.

footnote

System LaTeX2.09, LaTeX 2_ε.

Wirkung Dieser LaTeX-Zähler ist für die Numerierung der Fußnoten zuständig.

Beispiel

```
\setcounter{footnote}{1}
```

Vergleiche `mpfootnote`, [T] `\footnote`.

\footnotemark [⟨*Nummer*⟩]

System LaTeX2.09, LaTeX 2_ε.

Wirkung Erzeugt eine Fußnotenmarkierung.

Beispiel

```
\fbox{\TeX\ -- Eine Fehlermeldung kommt
selten allein\footnotemark}
\footnotetext{Urspr"unglicher Titel des Buches}
```

TeX – Eine Fehlermeldung kommt selten allein[**]

Beschreibung `\footnotemark` kann im Gegensatz zu `\footnote` in allen Modi gesetzt werden. Der optionale Parameter *Nummer* dient dem gleichen Zweck wie bei `\footnote`. Gibt man keine *Nummer* an, erhöht `\footnotemark` den Fußnotenzähler selbständig. Den Text zur Markierung setzt man nach dem Verlassen der kritischen Umgebung mit `\footnotetext`.

Vergleiche [T] `\footnote`, [L] `\footnotetext`.

[†] So wie diese hier.

[**] Ursprünglicher Titel des Buches

\footnoterule

System — Plain-TEX, LATEX2.09, LATEX 2_ε.

Wirkung — Erzeugt die vertikale Trennlinie, die den Textrumpf von den Fußnoten trennt.

Definition —
```
\def\footnoterule{\kern-3\p@%
\hrule width 2truein\kern 2.6\p@}
```

Bemerkung — Der Inhalt des `\footnoterule`-Makros ist beliebig. Jedoch ist darauf zu achten, daß das Makro den vertikalen Raum, den es einnimmt, durch einen negativen `\kern` wieder freigibt. Es darf effektiv keinen vertikalen Raum einnehmen.

Vergleiche — [T] `\footnote`, [L] `\footnotesep`.

\footnotesep

System — LATEX2.09, LATEX 2_ε.

Syntax — Siehe Crashkurs: *feste Längen*.

Wirkung — Legt den vertikalen Leerraum fest, der vor jeder Fußnote eingefügt wird.

Beispiel — `\footnotesep6.65pt`

Definition — `\newdimen\footnotesep`

Beschreibung — Diese Länge bestimmt den Abstand der Fußnoten zueinander.

Vergleiche — `\footnoterule`, [T] `\footnote`.

\footnotesize

System — LATEX2.09, LATEX 2_ε.

Wirkung — Schaltet in eine Schriftgröße, die kleiner ist als `\small`, aber größer als `\scriptsize`.

Beispiel — `\small X \footnotesize X \scriptsize X`

X X X

Bemerkung	In dieser Schriftgröße werden Fußnoten ausgegeben.
Vergleiche	[L] `\scriptsize`, `\small`, Schriftgrößen.

\footnotetext [⟨*Nummer*⟩] ⟨*Fußnotentext*⟩

System LaTeX2.09, LaTeX 2ε.

Wirkung Erzeugt zu einer Fußnotenmarkierung durch `\footnotemark` den zugehörigen *Fußnotentext*.

Beispiel

```
\framebox[10cm]{Es war einmal\footnotemark{} ein
tolles Betriebssystem namens D.O.S\footnotemark}
\addtocounter{footnote}{-1}\footnotetext{So fangen
alle M"archen an.}\stepcounter{footnote}\footnotetext
{\sc {\bf D}er {\bf O}ffensichtliche {\bf S}chwindel.}
```

Es war einmal* ein tolles Betriebssystem namens D.O.S**

Beschreibung `\footnotetext` ist genauso wie der Befehl `\footnote` nur im *paragraph mode* anwendbar. Der optionale Parameter *Nummer* wird genau dann angegeben, wenn dies auch bei `\footnotemark` geschehen ist. Setzt man mehrere `\footnotemark`-Befehle ohne nachfolgendes `\footnotetext`, muß der Fußnotenzähler von Hand angepaßt werden (siehe Beispiel).

Vergleiche [T] `\footnote`, [L] `\footnotemark`.

\footskip

System	LaTeX2.09, LaTeX 2ε.
Wirkung	Bestimmt den Abstand der Fußzeile zum Seitenrumpf.
Syntax	Siehe Crashkurs: *feste Längen*.
Beispiel	`\footskip 30pt`
Definition	`\newdimen\footskip`

*So fangen alle Märchen an.

**DER OFFENSICHTLICHE SCHWINDEL.

Beschreibung	Dieser Abstand wird von der Unterkante der Fußzeile zur Unterkante des Seitenrumpfes gemessen.
Vergleiche	`\topskip`, [L] `\footheight`.

\forall ∀

System	Plain-TeX, LaTeX2.09, LaTeX 2_ε; Mathemodus.
Wirkung	Erzeugt den Allquantor.
Definition	`\mathchardef\forall="0238`

\frac ⟨*Zähler*⟩⟨*Nenner*⟩

System	LaTeX2.09, LaTeX 2_ε; Mathemodus.
Wirkung	Erzeugt einen Bruch.
Beispiel	`\[Quotient:=\frac{Z"ahler}{Nenner}\]`

$$Quotient := \frac{Z\ddot{a}hler}{Nenner}$$

Definition LaTeX	`\def\frac#1#2{{#1\over #2}}`
Definition LaTeX 2_ε	`\def\frac#1#2{{\begingroup#1\endgroup\over#2}}`
Vergleiche	`\above`, `\atop`, `\over`.

\frame ⟨*Box*⟩

System	LaTeX2.09, LaTeX 2_ε.
Wirkung	Mit diesem Befehl lassen sich im normalen Text alle Boxen und innerhalb der `picture`-Umgebung sämtliche Bildobjekte umrahmen.
Beispiel	`\frame{\mbox{\TeX}}`

TeX

Bemerkung: Wie man sieht, liegt der Rahmen direkt an den Seiten der Box an.

Vergleiche: `\hbox`, `\vbox`, [L] `\fbox`, `\framebox`, `\parbox`, {`picture`}.

\framebox

System: LaTeX2.09, LaTeX 2$_\varepsilon$.

Syntax: `\framebox [`⟨*Breite*⟩`] [`⟨*Ausrichtung*⟩`]` ⟨*Text*⟩

Wirkung: Setzt den angegebenen Text in einen umrahmten Kasten.

Beispiel:

```
\framebox[3.5cm][l]{linksb"undig}
\framebox[3.5cm][s]{g e s p e r r t}
```

linksbündig
g e s p e r r t

Beschreibung: Eine `\framebox` wird konstruiert, indem der angegebene Text in eine `\hbox` der angegebenen Breite plaziert und danach umrahmt wird. Da eine `\hbox` nicht umbrochen werden kann, wird der Inhalt einer `\framebox` ebenfalls nicht umbrochen.

Der optionale Parameter *Ausrichtung* bestimmt, ob der Text linksbündig (`l`), rechtsbündig (`r`) oder zentriert gesetzt wird. Der zweite optionale Parameter ist vom ersten optionalen Parameter abhängig. Das heißt, gibt man eine *Ausrichtung* an, muß unbedingt auch die *Breite* der Box angegeben werden.

In LaTeX 2$_\varepsilon$ existiert noch eine weitere Möglichkeit. Mit `s` als Parameter versucht LaTeX die Leerräume zwischen den Worten derart zu strecken, daß der Text die Box ausfüllt.

Ebenfalls LaTeX 2$_\varepsilon$-spezifisch ist der Befehl `\width`, mit dem die Breite der `\framebox` abgefragt und beeinflußt werden kann (siehe `\width`).

Die Liniendicke des Rahmens wird durch `\fboxrule` bestimmt. Den Abstand des Rahmens zum Text legt `\fboxsep` fest.

Ohne einen der optionalen Parameter verhält sich `\framebox` wie der Befehl `\fbox`.

Vergleiche: `\hbox`, [L] `\fbox`, `\fboxrule`, `\fboxsep`, `\frame`, `\makebox`, `\parbox`, `\raisebox`, `\width`.

——— weitere Bedeutung ———

System: LaTeX2.09, LaTeX 2$_\varepsilon$: Umgebung `picture`.

Syntax — `\framebox (x,y) [⟨Ausrichtung⟩] ⟨Text⟩`

Wirkung — Erzeugt einen Rahmen als Bildobjekt, in den der angegebene Text gesetzt wird. Dieser Befehl ist nur innerhalb der `picture`-Umgebung verfügbar.

Beispiel

```
\unitlength1cm
\begin{picture}(3,1)
\put(0,0)\framebox(3,1)[br]{\tiny\TeX}
\end{picture}
```

TEX

Beschreibung — Mit x und y werden die horizontalen und vertikalen Dimensionen des Rahmens festgelegt. Die Angaben erfolgen ohne Einheit, denn innerhalb der `picture`-Umgebung wird alles in `\unitlength` gemessen. Der Text wird gemäß des Parameters *Ausrichtung* im Rahmen ausgerichtet. Erlaubt sind `l` linksbündig, `r` rechtsbündig, `t` bündig mit dem oberen Rand, `b` bündig mit dem unteren Rand und sinnvolle Kombinationen aus den gerade beschriebenen Optionen. Ohne Angabe der Ausrichtung wird der Text zentriert.

Vergleiche — [L] `\dashbox`, `\frame`, `\mbox`, {`picture`}.

\frenchspacing

System — Plain-TEX, LATEX2.09, LATEX 2_ε.

Wirkung — Bewirkt, daß generell hinter Satzzeichen kein zusätzlicher Leerraum eingefügt wird.

Definition

```
\def\frenchspacing%
{\sfcode`\.\@m \sfcode`\?\@m \sfcode`\!\@m
\sfcode`\:\@m \sfcode`\;\@m \sfcode`\,\@m}
```

Beschreibung — Standardmäßig* wird für ein Leerzeichen hinter einem Satzzeichen ein geringfügig größerer Leerraum erzeugt als für ein Leerzeichen zwischen zwei Worten.

Bemerkung — Solange `\frenchspacing` wirksam ist, ist der `\@`-Befehl nutzlos.

Vergleiche — `\nonfrenchspacing`, [L] `\@`.

*Entspricht `\nonfrenchspacing`.

\frown ⌢

System Plain-TEX, LATEX2.09, LATEX 2ε; Mathemodus; Relation.
Definition `\mathchardef\frown="315F`
Vergleiche `\smile`.

\frq >

System LATEX2.09: Stiloption `german`, LATEX 2ε: *package* `babel`: Option `german`.
Wirkung Erzeugt ein einfaches rechtes französisches Anführungszeichen.
Beispiel Siehe `\flqq`
Vergleiche `\flq`, `\frqq`, `\glq`.

\flqq «

System LATEX2.09: Stiloption `german`, LATEX 2ε: *package* `babel`: Option `german`.
Wirkung Erzeugt ein rechtes *guillemet* (französisches Anführungszeichen).
Beispiel Siehe `\flqq`.
Vergleiche `\flqq`, `\frq`, `\glq`, ».

\fullref ⟨*Indexmarke*⟩

System LATEX 2ε: *package* `varioref`.
Wirkung Erzeugt einen Querverweis auf eine Seite.

Beispiel
```
\label{fullref:test}
Siehe\fullref{fullref:test}
```
Siehe auf Seite 229.

Beschreibung
Der Text „auf Seite“ wird durch `\reftextfaraway` festgelegt. Er kann geändert werden.

Vergleiche
[L] `\reftextfaraway`.

\fussy

System
LaTeX2.09, LaTeX 2_ε.

Wirkung
Schaltet auf standardmäßige Zeilenformatierung zurück.

Definition
```
\def\fussy{\tolerance 200 \hfuzz .1\p@ \vfuzz .1\p@}
```

Beschreibung
Standardmäßig achtet TeX darauf, daß die Abstände der Worte ein gewisses *ästhetisches* Maß (`\tolerance200`) nicht überschreiten. Bei kurzen Zeilen, z.B. im Zweispaltensatz, kann das zur Folge haben, daß eine Zeile, die nicht an geeigneter Stelle umbrochen werden kann, über den Rand hinausragt.

Vergleiche
`\emergencystretch`, [L] `\sloppy`.

\futurelet ⟨*Befehl*⟩⟨*Token1*⟩⟨*Token2*⟩

System
TeX-Primitive, Plain-TeX, LaTeX2.09, LaTeX 2_ε.

Wirkung
Weist dem folgenden *Befehl* den Inhalt von *Token2* zu und fährt danach mit der Ausführung bei *Token1* fort.

Beispiel
```
\def\sagbf{\futurelet\check\routine}
\def\routine{\ifx\check\bf ({\tt boldface}) \fi}
Das ist {\sagbf\bf Fettschrift} und
{\sagbf\em das hier\/} nicht.
```
Das ist (`boldface`) **Fettschrift** und *das hier* nicht.

Beschreibung
Die Zuweisung selbst erfolgt durch ein `\let`. Dieser Befehl ermöglicht es, ein Token auszuwerten, noch bevor es mit der Ausführung selbst an der Reihe ist. Ein weiterer Vorteil besteht darin, daß das Token nicht absorbiert wird, wie das der Fall wäre, wenn man es als Parameter eines Befehls einlesen würde.

Bemerkung

Wenn *Token2* ein Zeichen ist, so ist nach der Ausführung von `\futurelet` der *category code* des Zeichens festgelegt. Daran kann auch *Token1* nichts mehr ändern.

Vergleiche

`\afterassignment`, `\aftergroup`, `\catcode`, `\csname`, `\def`, `\expandafter`, `\let`.

Befehle G

\gamma γ

System Plain-TEX, LATEX2.09, LATEX 2_ε; Mathemodus.
Wirkung Erzeugt ein kleines griechisches Gamma γ.
Definition `\mathchardef\gamma="010D`
Vergleiche `\phi`, Griechische Buchstaben.

\Gamma Γ

System Plain-TEX, LATEX2.09, LATEX 2_ε; Mathemodus.
Wirkung Erzeugt ein großes griechisches Gamma Γ.
Definition `\mathchardef\Gamma="7000`
Vergleiche `\phi`, Griechische Buchstaben.

\gcd $\gcd$

System Plain-TEX, LATEX2.09, LATEX 2_ε; Mathemodus.
Wirkung Erzeugt den Funktionsnamen *gcd*.
Definition `\def\gcd{\mathop{\rm gcd}}`
Vergleiche Funktionsnamen.

\gdef

System TEX-Primitive, Plain-TEX, LATEX2.09, LATEX 2_ε.
Wirkung Definiert einen Befehl global.
Syntax Siehe `\def`.

Beschreibung — Wirkungsweise und Syntax sind identisch mit `\global\def`. Ein auf diese Weise definierter Befehl ist global bekannt.

Vergleiche — `\def`, `\edef`, `\global`, `\globaldefs`, `\outer`, `\xdef`.

\ge $\geq$

System — Plain-TEX, LATEX2.09, LATEX 2_ε; Mathemodus; Relation.

Definition — `\let\ge=\geq`

Beschreibung — `\ge` ist identisch mit `\geq`.

\geq $\geq$

System — Plain-TEX, LATEX2.09, LATEX 2_ε; Mathemodus; Relation.

Definition — `\mathchardef\geq="3215`

Beschreibung — `\geq` ist identisch mit `\ge`.

\gets 

System — Plain-TEX, LATEX2.09, LATEX 2_ε; Mathemodus; Relation.

Definition — `\let\gets=\leftarrow`

Beschreibung — `\gets` ist identisch mit `\leftarrow`.

\gg 

System — Plain-TEX, LATEX2.09, LATEX 2_ε; Mathemodus; Relation.

Definition — `\mathchardef\gg="321D`

Vergleiche — `\ll`.

\global ⟪*Definition oder Zuweisung*⟫

System	TEX-Primitive, Plain-TEX, LATEX2.09, LATEX 2$_\varepsilon$.
Wirkung	Verleiht der folgenden Definition oder Zuweisung globale Gültigkeit.

Beispiel	`{\global\def\xyz{\underline{global}}}`
	`\xyz`
	global

Beschreibung	Standardmäßig ist eine Definition oder Zuweisung nur innerhalb der umschließenden Klammerstruktur (Gruppe) bekannt. Durch `\global` wird diese Restriktion für den direkt nachfolgenden Befehl aufgehoben.
Vergleiche	`\futurelet`, `\gdef`, `\globaldefs`, `\let`, `\xdef`.

\globaldefs

System	TEX-Primitive, Plain-TEX, LATEX2.09, LATEX 2$_\varepsilon$.
Wirkung	Kontrolliert den Status von Definitionen und Zuweisungen.
Syntax	Siehe Crashkurs: *TEX-Zähler*.
Beispiel	Standard: `\globaldefs=0`
Beschreibung	Bei `\globaldefs=0` ist eine Definition genau dann global bekannt, wenn ihr explizit der Befehl `\global` vorangestellt wird (Standard). Für einen positiven Wert erfolgen alle zukünftigen Definitionen und Zuweisungen global. Setzt man `\globaldefs` auf einen negativen Wert, werden sämtliche zukünftigen Definitionen und Zuweisungen lokal behandelt; selbst dann, wenn `\global` vorangestellt wurde.
Vergleiche	`\def`, `\gdef`, `\global`.

\glossary ⟨*Eintrag*⟩

System — LaTeX2.09, LaTeX 2_ε.

Wirkung — Erzeugt einen Eintrag ins *Stichwortverzeichnis*. Nur in Verbindung mit `\makeglossary` wirksam.

Beispiel — `\glossary{Blattlaus}`

Beschreibung — Der Eintrag erfolgt, indem ähnlich wie bei `\index` eine Zeile mit der Syntax `\glossaryentry`{*Eintrag*}{*Seitennummer*} in die Datei *jobname*`.glo` geschrieben wird. Zur direkten Weiterverarbeitung dieser Datei stehen jedoch keine Befehle zur Verfügung.

Vergleiche — `\glossaryentry`, [L] `\index`.

GlossaryColumns

System — LaTeX 2_ε: *package* `doc`.

Syntax — Siehe Crashkurs: *LaTeX-Zähler*.

Wirkung — Dieser LaTeX-Zähler legt die Anzahl der Spalten fest, in die die *change history* gesetzt wird.

Beispiel — Standard: `\setcounter{GlossaryColumns}{2}`

Definition — `\newcount\c@GlossaryColumns`

Beschreibung — Standardmäßig wird die *change history* zweispaltig gesetzt.

Vergleiche — [L] `\changes`, `\GlossaryParms`, `\GlossaryPrologue`, `\PrintChanges`, `\RecordChanges`.

\glq

System — LaTeX2.09: Stiloption `german`, LaTeX 2_ε: *package* `babel`: Option `german`.

Wirkung — Erzeugt ein halbes linkes deutsches Anführungszeichen.

Beispiel Siehe `\glqq`.

Vergleiche `\flq`, `\glqq`, `\grq`.

\glqq „

System LaTeX2.09: Stiloption `german`, LaTeX 2$_\varepsilon$: *package* `babel`: Option `german`.

Wirkung Erzeugt ein linkes deutsches Anführungszeichen.

Beispiel

```
Er sagte zu ihr: \glqq La"s uns ins Kino gehen,
es kommt \glq Prosperos B"ucher\grq\grqq.
```

Er sagte zu ihr: „Laß uns ins Kino gehen, es kommt ‚Prosperos Bücher'".

Vergleiche `` "` ``, `\flq`, `\grq`, `\grqq`.

\goodbreak

System Plain-TeX, LaTeX2.09, LaTeX 2$_\varepsilon$.

Wirkung Beginnt einen neuen Absatz und markiert eine geeignete Stelle zum Seitenumbruch.

Definition `\def\goodbreak{\par\penalty-500 }`

Vergleiche `\allowbreak`, `\break`, `\eject`, `\filbreak`, `\nobreak`, [L] `\pagebreak`.

\grave ⟨⟨*Buchstabe*⟩⟩

System Plain-TeX, LaTeX2.09, LaTeX 2$_\varepsilon$; Mathemodus.

Wirkung Erzeugt eine Variable mit Gravis-Akzent.

Beispiel	`$\grave x$` erzeugt $\grave{x}$.
Definition	`\def\grave{\mathaccent"7012 }`
Vergleiche	`\acute`, `\bar`, `\breve`, `\check`, `\ddot`, `\hat`.

\grq

System	LaTeX2.09: Stiloption `german`, LaTeX 2_ε: *package* `babel`: Option `german`.
Wirkung	Erzeugt ein halbes rechtes deutsches Anführungszeichen.
Beispiel	Siehe `\glqq`.
Vergleiche	`\frq`, `\glq`, `\grqq`.

\grqq

System	LaTeX2.09: Stiloption `german`, LaTeX 2_ε: *package* `babel`: Option `german`.
Wirkung	Erzeugt ein rechtes deutsches Anführungszeichen.
Beispiel	Siehe `\glqq`.
Vergleiche	`"'`, `\frqq`, `\glqq`, `\grq`.

Befehle H

\H ⟪*Buchstabe*⟫

System: Plain-TeX, LaTeX2.09, LaTeX 2_ε.

Wirkung: Erzeugt den ungarischen Doppelakutakzent.

Beispiel: `\H o` erzeugt ő.

Definition: `\def\H#1{{\accent"7D #1}}`

Vergleiche: Akzente.

\halign

System: TeX-Primitive, Plain-TeX, LaTeX2.09, LaTeX 2_ε.

Wirkung: Erzeugt eine Tabelle, bei der sich die Elemente horizontal innerhalb der Spalten ausrichten lassen.

Syntax:

`\halign`⟪ `{` ⟨*Tabelle*⟩ `}` ⟫

`\halign`⟪ `to` ⟨*Breite*⟩ `{` ⟨*Tabelle*⟩ `}` ⟫

`\halign`⟪ `spread` ⟨*Breite*⟩ `{` ⟨*Tabelle*⟩ `}` ⟫

Beispiel:

```
\halign to 5cm{\strut\vrule#\tabskip0pt plus 1fil&
\hfil#\hfil& \vrule#& \hfil#\hfil&
\tabskip=0pt\vrule#\cr  \noalign{\hrule}
&\multispan3 \hfil Tabelle\hfil &\cr
\noalign{\hrule}\noalign{\vskip1pt}\noalign{\hrule}
& Stadt && Land &\cr   \noalign{\hrule}
& Tokio && Japan &\cr   \noalign{\hrule}}
```

Tabelle	
Stadt	Land
Tokio	Japan

Beschreibung: Sowohl in der Musterzeile als auch in der sich anschließenden Tabelle dient das `&`-Zeichen als Spaltentrenner. Alle Zeilen einschließlich der Musterzeile werden durch `\cr` abgeschlossen. An den Stellen, an denen in der Musterzeile das Platzhaltersymbol `#` steht, werden später die Spalteneinträge eingefügt. Jeder Befehl, der in einer Spalte der Musterzeile auftritt, beeinflußt die Ausrichtung aller Einträge der entsprechenden Spalte der Tabelle.

Bemerkung — Die Syntax-Varianten mit `to` und `spread` verhalten sich analog zu den entsprechenden Varianten von `\hbox` (siehe `\hbox`).

Vergleiche — `\everycr`, `\hidewidth`, `\hrule`, `\ialign`, `\multispan`, `\noalign`, `\offinterlineskip`, `\omit`, `\quad`, `\strut`, `\tabskip`, `\valign`, `\vrule`, [L] {`array`}, {`tabular`}.

\hang

System — Plain-TeX, LaTeX2.09, LaTeX 2_ε.

Wirkung — Bewirkt, daß sämtliche Zeilen des Absatzes um den Wert `\parindent` eingerückt werden.

Beispiel —

```
\parindent1cm\hang
Verdaust wars, und glasse Wieben\\...
```

Verdaust wars, und glasse Wieben
Rotterten gorkicht im Gemank;
Gar elump war der Pluckerwank,
Und die gabben Schweisel frieben.*

Definition — `\def\hang{\hangindent\parindent}`

Vergleiche — `\hangafter`, `\hangindent`, `\parindent`.

\hangafter

System — TeX-Primitive, Plain-TeX, LaTeX2.09, LaTeX 2_ε.

Wirkung — Bestimmt, welche Zeilen eines Absatzes eingerückt werden.

Syntax — Siehe Crashkurs: *TeX-Zähler*.

Beispiel —

```
\hangindent5cm\hangafter-2 \TeX\ \TeX\ ...
```

TeX TeX TeX TeX TeX TeX TeX TeX
TeX TeX TeX TeX TeX TeX TeX TeX
TeX TeX TeX TeX TeX TeX TeX TeX TeX TeX TeX TeX TeX

Standard: `\hangafter=1`

*Der Zipferlake, aus Alice hinter den Spiegeln, Lewis Caroll.

Beschreibung	Weist man `\hangafter` eine Zahl n größer gleich Null zu, werden die ersten n Zeilen nicht eingerückt, dafür jedoch alle darauffolgenden. Ist n negativ, werden die nur die ersten $-n$ Zeilen um die Länge `\hangindent` eingerückt.
Bemerkung	Nach jedem Absatz setzt TEX diesen Wert auf 1 zurück.
Vergleiche	`\hang`, `\hangindent`, `\par`, `\parindent`, `\parshape`.

\hangindent

System	TEX-Primitive, Plain-TEX, LATEX2.09, LATEX 2_ε.
Wirkung	Bestimmt den Abstand, um den `\hangafter` die Zeilen eines Absatzes einrückt.
Syntax	Siehe Crashkurs: *feste Längen*.
Beispiel	siehe `\hangafter` Standard: `\hangindent0pt`
Beschreibung	Ist die hinter `\hangindent` angegebene Länge positiv, werden die durch `\hangafter` bestimmten Zeilen von links eingerückt. Ist der Wert negativ, erfolgt die Einrückung von rechts.
Vergleiche	`\hangafter`, `\par`, `\parindent`, `\parshape`.

\hat ⟨⟨*Buchstabe*⟩⟩

System	Plain-TEX, LATEX2.09, LATEX 2_ε; Mathemodus.
Wirkung	Erzeugt eine Variable mit Zirkumflex-Akzent.
Beispiel	`$\hat x$` liefert $\hat{x}$.
Definition	`\def\hat{\mathaccent"705E }`
Vergleiche	`\breve`, `\grave`, `\tilde`, `\widehat`, Akzente, mathematische.

\hbadness

System — TEX-Primitive, Plain-TEX, LATEX2.09, LATEX 2_ε.

Wirkung — Legt *badness*-Wert fest, oberhalb dessen TEX eine Warnung wegen einer untervollen `\hbox` ausgibt.

Beispiel — Standard: `\hbadness=1000`

Beschreibung — Bei einem Wert größer gleich `10000` wird generell keine übervolle und untervolle `\hbox` reklamiert.

Vergleiche — `\badness`, `\hfuzz`, `\penalty`, `\vbadness`.

\hbar $\hbar$

System — Plain-TEX, LATEX2.09, LATEX 2_ε; Mathemodus.

Definition — `\def\hbar{{\mathchar'26\mkern-9muh}}`

\hbox

System — TEX-Primitive, Plain-TEX, LATEX2.09, LATEX 2_ε.

Wirkung — Erzeugt einen unsichtbaren Kasten, dessen Inhalt horizontal angeordnet wird.

Syntax — `\hbox` ⟪ `{` ⟨*Tokens*⟩ `}` ⟫

`\hbox` ⟪ `to` ⟨*Breite*⟩ `{` ⟨*Tokens*⟩ `}` ⟫

`\hbox` ⟪ `spread` ⟨*Breite*⟩ `{` ⟨*Tokens*⟩ `}` ⟫

Beispiel

```
Es gibt die \hbox{\em nat"urliche\/},
die \hbox to 15mm {\em feste\hss} und die
\hbox spread  2mm{\em gedehnte\hss}{\tt hbox}
```

Es gibt die *natürliche*, die *feste* und die *gedehnte* `hbox`.

Beschreibung

Der Inhalt einer `\hbox` wird im *restricted horizontal mode* bearbeitet, das heißt, es findet kein Zeilenumbruch statt. Normalerweise wird die Größe einer `\hbox` durch ihren Inhalt bestimmt. Mit `\hbox to` kann man die Breite des Kastens jedoch auch explizit festlegen. Mit der Form `\hbox spread` wird der Kasten um die angegebene *Breite* breiter bzw. schmaler als normal. Bei den beiden zuletzt genannten Varianten muß der Benutzer selbst dafür Sorge tragen, daß die `\hbox` ordnungsgemäß gefüllt wird (siehe Beispiel).

Bemerkung

Ist beim Aufruf von `\hbox` gerade der *vertikal mode* aktiv, wird dieser Modus nicht verlassen. Stellt man jedoch den Befehl `\leavevmode` voran, wechselt TeX vor der Ausgabe der `\hbox` in den *horizontal mode.*

Vergleiche

`\box`, `\leavevmode`, `\vbox`, [L] `\fbox`, `\framebox`, `\mbox`, `\parbox`.

\headheight

System — LaTeX2.09, LaTeX 2ε.

Wirkung — Legt die Höhe der Kopfzeile fest.

Syntax — Siehe Crashkurs: *feste Längen.*

Beispiel — Standard: `\headheight12pt`

Definition — `\newdimen\headheight`

Vergleiche — [L] `\footheight`, `\headsep`, `\textheight`, `\topmargin`.

\headline

System — Plain-TeX.

Wirkung — Dieses Token-Register wird als Kopfzeile auf jeder Seite ausgegeben.

Definition — `\newtoks\headline \headline={\hfil}`

Bemerkung — Standardmäßig ist die Kopfzeile in TEX leer. In LATEX sind für die Kopfzeile die LATEX-internen Befehle `\@oddhead` und `\@evenhead` zuständig.

Vergleiche — [T] `\footline`, [L] `\pagestyle`.

\headsep

System — LATEX2.09, LATEX 2$_\varepsilon$.

Wirkung — Legt den Abstand der Kopfzeile zum Seitenrumpf fest.

Syntax — Siehe Crashkurs: *feste Längen*.

Beispiel — `\headsep 25pt`

Definition — `\newdimen\headsep`

Vergleiche — `\topskip`, [L] `\headheight`, `\topmargin`.

\headtoname

System — LATEX2.09, LATEX 2$_\varepsilon$.

Wirkung — Enthält den Text, der im Dokumentstil bzw. in der Dokumentklasse `letter` mit `\pagestyle{headings}` in den Seitenkopf vor `\toname` gesetzt wird.

Beispiel — `\renewcommand{\headtoname}{An}`

Beschreibung — In Briefen wird bei Seitenstil `headings` in den Seitenkopf `\headtoname` gefolgt von `\toname` gesetzt. Standardmäßig produziert `\headtoname` das Wort „To".

Vergleiche — [L] {`letter`}, `\toname`.

\heartsuit ♡

System — Plain-TeX, LaTeX2.09, LaTeX 2ε; Mathemodus.

Definition — `\mathchardef\heartsuit="027E`

Vergleiche — `\clubsuit`, `\diamondsuit`, `\spadesuit`.

\height

System — LaTeX 2ε.

Wirkung — Referiert innerhalb aller Boxen erzeugenden Befehle in LaTeX 2ε die Höhe der Box.

Beispiel — `Die \raisebox{-\height}{\mbox{tiefe}} Box.`

Die tiefe Box.

Vergleiche — `\ht`, [L] `\depth`, `{minipage}`, `\parbox`, `\raisebox`, `\width`.

\hfil

System — TeX-Primitive, Plain-TeX, LaTeX2.09, LaTeX 2ε.

Wirkung — Erzeugt einen elastischen horizontalen Leerraum (erster Stufe), der von `0pt` aus beliebig wachsen, aber nicht schrumpfen kann.

```
\def\linebox#1{\leavevmode\hbox to \linewidth{#1}}
\linebox{$|$\hfil X \hfil$|$}
\linebox{$|$\hfil\hfil X \hfil$|$}
\linebox{$|$\hfil\hfil X \hfill$|$}
```

| X |

| X |

|X |

Beschreibung `\hfil` entspricht `\hskip 0pt plus 1fil`. Wie das Beispiel zeigt, besitzen zwei `\hfil` die doppelte Expansionskraft eines `\hfil`. Die Stufe einer elastischen Länge ist nur dann von Bedeutung, wenn diese mit einer elastischen Länge höherer Stufe konkurrieren muß. In diesem Fall wird (werden) die Länge(n) niedrigerer Stufe, von der Länge höherer Stufe völlig verdrängt (siehe Beispiel).

Bemerkung Folgende Frage wird von neuen LaTeX-Anwendern so oft gestellt, daß sie einer besonderen Erwähnung wert ist: Man möchte ein Objekt speziell ausrichten, z.B. eine Tabelle zentrieren.

Nicht selten herrscht die Unsitte, die letzte Zeile vor dem Objekt mit `\\` abzuschließen. Das Objekt selbst versucht man dann mit `\hfil`...*Objekt*...`\hfil` oder ähnlichem auszurichten.

Die Frage ist nun: Warum funktioniert das nicht?

Vorweg sei gesagt: In der Regel sind solche Aktionen unnötig, denn für die am häufigsten benötigten Ausrichtungen existieren Befehle, die das erledigen.

Der Grund dafür, daß das oben gegebene Beispiel nicht funktioniert ist, daß der `\\`-Befehl der vorangehenden Zeile das linke `\hfil` der auszurichtenden Zeile absorbiert.

Wenn überhaupt auf diese Weise, dann sollte die auszurichtende Zeile komplett in eine `\hbox to \linewidth` eingeschlossen werden.

Des weiteren ist zu beachten, daß man innerhalb von Umgebungen, die Einrückungen vornehmen, nach `\par` oder `\\` dem `\hbox`-Befehl ein `\leavevmode` voranstellt, denn `\hbox` selbst bringt TeX nicht in den *horizontal mode* zurück. Eine Lösung ist ein eigenes Makro wie `\linebox`, das diese Arbeit erledigt.

Wenn es nicht unbedingt `\hfil` sein muß, sondern auch ein Kommando mit höherer elastischer Stärke den Zweck erfüllt, dann genügt `\makebox[\linewidth]`. Bei `\hfil` funktioniert das Ausrichten nicht, weil `\makebox` standardmäßig den Inhalt mit der elastischen Stärke eines `\hfil` zentriert. `\leavevmode` kann man sich zum Glück in diesem Fall sparen, da `\makebox` den *vertical mode* von selbst verläßt.

Vergleiche `\hfill`, `\hfilneg`, `\hss`, `\vfil`, [L] `\fill`, `\line`, `\linewidth`, `\stretch`.

\hfill

System	TEX-Primitive, Plain-TEX, LATEX2.09, LATEX 2ε.
Wirkung	Erzeugt einen elastischen horizontalen Leerraum (zweiter Stufe), der von `0pt` aus beliebig wachsen, aber nicht schrumpfen kann.
Bemerkung	`\hfill` entspricht `\hskip 0pt plus 1fill`.
Beispiel	`\makebox[\linewidth]{$|$\hfill X$|$}` `\makebox[\linewidth]{$|$\hfill X \hfill$|$}`

```
|                                                    X|
|                         X                           |
```

Beschreibung	Siehe `\hfil`.
Vergleiche	`\hfil`, `\vfill`, `\vss`, [L] `\fill`, `\line`, `\linewidth`, `\stretch`.

\hfilneg

System	TEX-Primitive, Plain-TEX, LATEX2.09, LATEX 2ε.
Wirkung	Neutralisiert ein vorangestelltes oder nachgestelltes `\hfil`.
Beispiel	`\frame{\hbox to 10cm{\hfil\hfil\hfilneg X \hfil}}`

```
[                         X                           ]
```

Bemerkung	`\hfilneg` entspricht `\hskip 0pt minus 1fil`. Steht der Befehl alleine oder nur mit seinesgleichen in der Zeile, so wirkt er wie `\hfil`.
Vergleiche	`\hfil`, `\vfilneg`.

\hfuzz

System	TEX-Primitive, Plain-TEX, LATEX2.09, LATEX 2ε.
Wirkung	Legt fest, um wieviel der Inhalt einer `\hbox` deren Ausmaße überschreiten darf, bevor eine Warnung wegen einer übervollen `\hbox` erfolgt.
Beispiel	Standard: `\hfuzz.1pt`

Bemerkung — Der `\sloppy`-Befehl setzt z.B. `\hfuzz.5pt`.

Vergleiche — `\hbadness`, `\vfuzz`.

\hglue *⟨⟨elastische Länge⟩⟩*

System — Plain-TEX, LATEX2.09, LATEX 2ε.

Wirkung — Erzeugt horizontalen Leerraum.

Beispiel — `\hglue 3cm plus 1cm minus 1cm`

Definition
```
\def\hglue{\afterassignment\hgl@\skip@=}
\def\hgl@{\leavevmode \count@\spacefactor \vrule width\z@
  \nobreak\hskip\skip@ \spacefactor\count@}
```

Beschreibung — Wie das Beispiel zeigt, darf der Leerraum elastisch sein.

Bei einem *skip*-Befehl ist ein Umbruch innerhalb des Leerraums möglich, den der Befehl erzeugt. Allerdings dann bei einem Umbruch der Leeraum nach der Umbruchstelle absorbiert.

Im Gegensatz dazu wird ein Leerraum, der durch einen *glue*-Befehl entsteht, nie umbrochen. Paßt er nicht mehr auf die laufende Zeile oder Seite, erscheint er auf der nächsten.

Vergleiche — `\hskip`, `\vglue`, [L] `\hspace`.

\hideskip

System — Plain-TEX, LATEX2.09, LATEX 2ε.

Wirkung — Diese elastische Länge wird von `\hidewidth` verwendet.

Syntax — Siehe Crashkurs: *elastische Längen*.

Beispiel — Standard: `\hideskip=-1000pt plus 1fill`

Definition — `\newskip\hideskip`

Vergleiche — `\hidewidth`.

\hidewidth

System: Plain-TeX, LaTeX2.09, LaTeX 2_ε.

Wirkung: Verhindert, daß ein bestimmter Eintrag einer Tabelle in die automatische Berechnung der Spaltenbreite mit einbezogen wird.

Beispiel:
```
\begin{tabular}{ll}
ABCDEFG & ABC\\
ABC & \hidewidth ABCDEFG\\
\end{tabular}
```

ABCDEFG   ABC
ABC   ABCDEFG

Definition:
```
\def\hidewidth{\hskip\hideskip}
```

Beschreibung: Im Zweifelsfalle ragt ein überlanger Eintrag links aus seiner Spalte.

Bemerkung: Dieser Befehl funktioniert in TeX und LaTeX in allen Befehlen, die Tabellen erzeugen.

Vergleiche: \halign, [L] {tabular}.

\hline

System: LaTeX2.09, LaTeX 2_ε.

Wirkung: Zieht eine horizontale Trennlinie innerhalb einer Tabelle. Dieser Befehl ist nur in der array- und der tabular-Umgebung verfügbar.

Beispiel:
```
\begin{tabular}{|c|c|c|c|c|c|c|c|c|c|}
\hline
1 & 2 & 3 & 4 & 5 & 6 & 7 & 8 & 9 & 10\\
\hline\hline
  &   &   &   &   &   &   &   &   &   \\
\hline
\end{tabular}
```

1	2	3	4	5	6	7	8	9	10

Beschreibung — `\hline` darf nur vor dem ersten Tabelleneintrag oder direkt hinter einem `\\` stehen. Zwei direkt aufeinanderfolgende `\hline`-Befehle haben eine besondere Wirkung. Es entsteht eine Doppellinie mit Linienabstand `\doublerulesep`. Die Randlinien, sofern vorhanden, werden im Bereich der Doppellinie unterbrochen (siehe Beispiel).

Vergleiche — [L] {`array`}, `\cline`, `\doublerulesep`, {`tabular`}.

\hoffset

System — TeX-Primitive, Plain-TeX, LaTeX2.09, LaTeX 2ε.

Wirkung — Legt eine Position auf dem Blatt Papier fest, zu welcher die gesamte Seite horizontal verschoben wird.

Beispiel — Standard: `\hoffset0pt`

Beschreibung — Interessanterweise orientiert sich `\hoffset` seinerseits an einer Position, die ein Inch vom linken Blattrand entfernt liegt. Das heißt: Möchte man erreichen, daß am *physikalischen* linken Blattrand zu drucken begonnen wird, muß man `\hoffset=-1in` setzen. Leider können das die wenigsten Drucker.

Vergleiche — `\leftskip`, `\voffset`, [L] `\oddsidemargin`.

\holdinginserts

System — TeX3-Primitive, Plain-TeX, LaTeX2.09, LaTeX 2ε.

Syntax — Siehe Crashkurs: *TeX-Zähler*.

Wirkung — Ein Wert ungleich 0 verhindert, daß TeX den Versuch unternimmt, die noch gespeicherten Einfügungen (*insertions*) in den zugehörigen *box*-Registern abzulegen.

Beispiel — `\holdinginserts=-1`

Bemerkung — Dieser Mechanismus ist vor allem nützlich, wenn die Seite noch nicht ausgegeben werden soll, weil man weitere Berechnungen anstellen möchte.

Vergleiche — `\insert`, `\insertpenalties`, `\newinsert`.

\hom hom

System Plain-TEX, LATEX2.09, LATEX 2_ε; Mathemodus.

Wirkung Erzeugt den Funktionsnamen *hom*.

Definition `\def\hom{\mathop{\rm hom}\nolimits}`

Vergleiche Funktionsnamen.

\hookleftarrow 

System Plain-TEX, LATEX2.09, LATEX 2_ε; Mathemodus; Relation.

Definition `\def\hookleftarrow{\leftarrow\joinrel\rhook}`

Vergleiche `\hookrightarrow`.

\hookrightarrow 

System Plain-TEX, LATEX2.09, LATEX 2_ε; Mathemodus; Relation.

Definition `\def\hookrightarrow{\lhook\joinrel\rightarrow}`

Vergleiche `\hookleftarrow`.

\hphantom {*Tokens*}

System Plain-TEX, LATEX2.09, LATEX 2_ε.

Wirkung Fügt horizontal soviel Leerraum ein, wie die angegebenen Tokens belegen würden.

Beispiel

```
Das Phantom des Textes.\\
Das \hphantom{Phantom} des Textes.
```

Das Phantom des Textes.
Das   des Textes.

Vergleiche `\phantom`, `\vphantom`.

\hrule

System TEX-Primitive, Plain-TEX, LATEX2.09, LATEX 2ε.

Wirkung Zieht eine waagerechte Linie. Dieser Befehl arbeitet nur im *vertical mode*.

Beispiel

```
\hrule width 7cm height 1pt depth 1mm
```

Beschreibung Im *horizontal mode* angewandt, erzeugt `\hrule` zuerst einen Absatz, um in den *vertical mode* zu gelangen. Optional kann man mit `width` die Breite, mit `height` die Höhe und mit `depth` die Unterlänge der Linie festlegen. Ohne einen dieser Parameter wird eine Linie mit Höhe 0.4 pt über die gesamte Breite der umgebenden Box gezogen.

Vergleiche `\hfil`, `\hrulefill`, `\vrule`, [L] `\rule`.

\hrulefill

System TEX-Primitive, Plain-TEX, LATEX2.09, LATEX 2ε.

Wirkung Zieht eine waagerechte Linie. Dieser Befehl ist nicht im *vertical mode* anwendbar.

Beispiel

```
Anfang\hrulefill Ende
```

Anfang__________________________________Ende

Definition

```
\def\hrulefill{\leaders\hrule\hfill}
```

Bemerkung	Eine Linie bestimmter Länge läßt sich durch die Einbettung des Befehls in eine `\hbox` fester Größe erreichen. `\hrulefill` ist eine elastische Länge zweiter Stufe (siehe `\hfil`).
Vergleiche	`\dotfill`, `\downbracefill`, `\hrule`, `\leaders`, `\overbracefill`, `\rightarrowfill`.

\hsize

System	TEX-Primitive, Plain-TEX, LATEX2.09, LATEX 2ε.
Wirkung	Setzt in Plain-TEX die Zeilenlänge fest.
Beispiel	`\vbox{\hsize 2cm Jetzt wird es wirklich eng.}`
Beschreibung	Der Wert von `\hsize` ist nur jeweils für die direkt umschließende `\vbox` bzw. `\vtop` gültig. Setzt man `\hsize` global, legt es die Zeilenlänge im Dokument fest. Einige Befehle, z.B. `\centerline` oder `\hrule`, verwenden `\hsize` implizit.
Bemerkung	In LATEX legt `\textwidth` die Seitenbreite und `\linewidth` die aktuelle Zeilenlänge fest. Da LATEX `\hsize` zu internen Zwecken oft verändert, empfiehlt es sich, `\hsize` in LATEX — wenn überhaupt — nur lokal innerhalb einer `\vbox` zu setzen.
Vergleiche	`\leftskip`, `\rightskip`, `\vsize`, [L] `\parbox`, `\textwidth`.

\hskip ⟨⟨*elastische Länge*⟩⟩

System	TEX-Primitive, Plain-TEX, LATEX2.09, LATEX 2ε.
Wirkung	Erzeugt horizontalen Leerraum.
Beispiel	`\hskip 3cm plus 1cm minus 1cm`

Beschreibung — Alle *skip*-Befehle haben eine Gemeinsamkeit. TEX erlaubt einen Umbruch innerhalb des Leerraums, den diese Befehle erzeugen. Der Leerraum, der nach einem Umbruch noch aussteht, wird ignoriert und nicht, wie man vielleicht vermuten könnte, hinter der Umbruchstelle eingefügt. Möchte man erreichen, daß innerhalb des Leerraums nicht umbrochen werden kann, muß man einen *glue*-Befehl verwenden.

Vergleiche — `\hglue`, `\lastskip`, `\vskip`, [L] `\hspace`, `\hspace*`.

\hspace {*Breite*}

System — LATEX2.09, LATEX 2_ε.

Wirkung — Erzeugt horizontalen Leerraum.

Beispiel — `\hspace{3cm plus 1cm minus 1cm}`

Definition LATEX

```
\def\hspace{\protect\phspace}
\def\phspace{\@ifstar{\@hspacer}{\@hspace}}
\def\@hspace#1{\leavevmode\hskip #1\relax}
\def\@hspacer#1{\leavevmode\vrule \@width\z@\nobreak
                \hskip #1\hskip \z@skip}
```

Definition LATEX 2_ε

```
\def\hspace{\protect\phspace}
\def\phspace{\@ifstar{\@hspacer}{\@hspace}}
\def\@hspace#1{\hskip #1\relax}
\def\@hspacer#1{\vrule \@width\z@\nobreak
                \hskip #1\hskip \z@skip}
```

Bemerkung — `\hspace` verhält sich wie ein *skip*-Befehl (siehe `\hskip`).

Vergleiche — `\hglue`, `\hskip`, [L] `\hspace`, `\vspace`.

\hspace* {*Breite*}

System — LATEX2.09, LATEX 2_ε.

Wirkung — Erzeugt horizontalen Leerraum.

Beispiel — `\hspace*{3cm plus 1cm minus 1cm}`

Definition — siehe `\hspace`.

Bemerkung	`\hspace*` verhält sich wie ein *glue*-Befehl (siehe `\hglue`).
Vergleiche	`\hglue`, `\hskip`, [L] `\hspace*`, `\vspace`.

\hss

System	TEX-Primitive, Plain-TEX, LATEX2.09, LATEX 2_ε.
Wirkung	Erzeugt einen horizontalen elastischen Leerraum, der beliebig wachsen und beliebig schrumpfen kann.
Bemerkung	`\hss` ist eine elastische Länge erster Stufe (siehe `\hfil`). Der Befehl entspricht `\hskip 0pt plus 1fil minus 1fil`. Eine `\hbox`, die diesen Befehl enthält, leidet garantiert nicht an Über- oder Unterfüllung.
Vergleiche	`\hfil`, `\vss`.

\ht

System: TEX-Primitive, Plain-TEX, LATEX2.09, LATEX 2_ε.

Wirkung: Referiert die Höhe eines Box-Registers.

Beispiel:

```
\newbox\meine\setbox\meine=\hbox{ANDERE}
Wo \copy\meine\raise\ht\meine\hbox
{aufh"oren, f"angt \TeX\ erst an!}
```

Wo ANDERE aufhören, fängt TEX erst an!

Vergleiche: `\dp`, `\newbox`, `\wd`.

\huge

System	LATEX2.09, LATEX 2_ε.
Wirkung	Schaltet in eine Schriftgröße, die kleiner als `\Huge` ist, aber größer als `\LARGE`.

Beispiel	`\LARGE riesengro"s \Huge riesig \Huge gigantisch`
	riesengroß riesig gigantisch
Vergleiche	[L] `\Huge`, `\large`, `\Large`, `\LARGE`, `\normalsize`, Schriftgrößen.

\Huge

System	LaTeX2.09, LaTeX 2ε
Wirkung	Schaltet in die größte standardmäßig verfügbare Schriftgröße.
Beispiel	`\huge riesig \Huge gigantisch.`
	Riesig Gigantisch
Vergleiche	`\font`, [L] `\huge`, `\newfont`, Schriftgrößen.

\hyphenation {⟨*Wort*$_1$ *Wort*$_2$ ... *Wort*$_n$⟩}

System	TeX-Primitive, Plain-TeX, LaTeX2.09, LaTeX 2ε.
Wirkung	Nimmt Wörter in die Trennliste für Ausnahmen auf.
Beispiel	`\language=1` `\hyphenation{Heli-ko-pter}`
Beschreibung	Das Argument von `\hyphenation` besteht aus einer Liste von Wörtern, in denen die Trennstellen durch „-“-Zeichen markiert sind. Die Wörter werden voneinander durch Leerzeichen abgetrennt.
Bemerkung	Für jede Sprache existiert eine eigene Trennliste für Ausnahmen. Der aktuelle Wert von `\language` bestimmt, in welche Liste die angegebenen Wörter aufgenommen werden.
Vergleiche	`\language`, `\pattern`.

\hyphenchar ⟪⟨*Font*⟩ =⟨*character code*⟩⟫

System — TEX-Primitive, Plain-TEX, LATEX2.09, LATEX 2_ε.

Wirkung — Legt ein Zeichensatz-spezifisches Trennsymbol fest.

Beispiel — `\hyphenchar\font ='\+`

Das Beispiel bewirkt, daß im aktuellen Zeichensatz das +-Zeichen als Trennsymbol verwendet wird.

Beschreibung — Ist der angegebene *character code* negativ, wird für den angegebenen Zeichensatz der Trennmechanismus deaktiviert. Als Folge wird überhaupt nicht mehr getrennt.

Vergleiche — `\defaulthyphenchar`, `\font`.

\hyphenpenalty

System — TEX-Primitive, Plain-TEX, LATEX2.09, LATEX 2_ε.

Wirkung — Verteilt Strafpunkte für den Fall, daß bei einem Zeilenumbruch ein Wort getrennt wird.

Syntax — Siehe Crashkurs: *TEX-Zähler*.

Beispiel — Standard: `\hyphenpenalty50`.

Vergleiche — `\discretionary`, `\exhyphenpenalty`, `\hyphenchar`, `\penalty`.

Befehle I

\i 1

System Plain-TEX, LATEX2.09, LATEX 2ε.

Definition `\chardef\i="10`

Vergleiche `\imath`, `\j`, `\vec`.

\ialign

System Plain-TEX, LATEX2.09, LATEX 2ε.

Wirkung Erzeugt ein mit `\everycr{}` und `\tabskip0pt` vorinitialisiertes `\halign`.

Syntax Analog `halign`.

Definition `\def\ialign{\everycr{}\tabskip\z@skip\halign}`

Beschreibung `\ialign` ist ein Hilfsmakro, das zur Definition einiger Plain-TEX-Befehle, z.B. `\eqalign` oder `\overbrace`, verwendet wird.

Vergleiche `\halign`.

\if ⟪⟨*Token*$_1$⟩⟨*Token*$_2$⟩⟨*Token-Liste*$_1$⟩ `\else` ⟨*Token-Liste*$_2$⟩ `\fi`⟫

System TEX-Primitive, Plain-TEX, LATEX2.09, LATEX 2ε.

Wirkung Testet, ob die *charcacter codes* zweier Zeichen übereinstimmen.

Beispiel 1

```
\def\TEST{UUJa\else Nein\fi}
\if\TEST
```

Ja

Beispiel 2

```
\if UVJa\else Nein\fi
```

Nein

Beschreibung — `\if` liest alles bis zum zugehörigen `\fi` als unexpandierbares Token-Argument*, das heißt, es wird rekursiv das erste nachfolgende Token und, falls nötig, auch noch das zweite Token solange expandiert, bis die entstehende Token-Liste von zwei unexpandierbaren Tokens angeführt wird. Diese werden zum Test herangezogen.

Verläuft der Test positiv, wird Token-Liste$_1$ abgearbeitet. Anderenfalls wird mit Token-Liste$_2$, das heißt dem Teil zwischen `\else` und `\fi` fortgefahren. Der `\else`-Teil ist optional. Als Abschluß muß ein `\fi` folgen.

Befehl-Tokens wird *character code* 256 zugeordnet. Das hat zur Folge, daß ein Vergleich zwischen einem Zeichen und einem Primitiv-Befehl stets negativ verläuft. Es bedeutet aber auch, daß `\if` alle Tokens, die Primitiv-Befehle repräsentieren, untereinander als äquivalent betrachtet.

Vergleiche — `\ifcat`, `\ifx`, Abfragen.

\ifcase ⟪⟨*Zahl*⟩⟨*Tokens*⟩ `\or` ⟨*Tokens*⟩ `\or` ... `\else` ⟨*Tokens*⟩ `\fi` ⟫

System — TEX-Primitive, Plain-TEX, LATEX2.09, LATEX 2$_\varepsilon$

Wirkung — Führt eine Fallunterscheidung durch.

Beispiel

```
\def\SagZahl#1{\ifcase#1 null\or eins%
\or zwei\or drei\else viele\fi}
Aller guten Dinge sind \SagZahl 3..
```

Aller guten Dinge sind drei.

Beschreibung — Dem Befehlsnamen folgt als Parameter eine Zahl oder die Kennung eines *count*-Registers. Ist der Wert `0`, wird der direkt folgende Teil abgearbeitet; bei `1` der Teil hinter dem ersten `\or`; bei `2` der Teil hinter dem zweiten `\or` usw. Bei Werten, für die kein spezieller Zweig existiert, wird der Teil hinter dem `\else` abgearbeitet. Die `\or`-Abschnitte und der `\else`-Teil sind optional. Die Konstruktion muß mit einem `\fi` abgeschlossen werden.

Vergleiche — `\if`, `\ifx`.

*Siehe ⟪ ... ⟫ in der Legende.

\ifcat ⟪⟨*Token*$_1$⟩⟨*Token*$_2$⟩⟨*Token-Liste*$_1$⟩ `\else` ⟨*Token-Liste*$_2$⟩ `\fi` ⟫

System: TEX-Primitive, Plain-TEX, LATEX2.09, LATEX 2ε.

Wirkung: Testet, ob die *category codes* zweier Zeichen übereinstimmen.

Beispiel:

```
A und B haben \ifcat AB\else nicht\fi
den gleichen \textit{category code}.
```

A und B haben den gleichen *category code*.

Beschreibung: `\ifcat` liest alles bis zum zugehörigen `\fi` als unexpandierbares Token-Argument*, das heißt, es wird rekursiv das erste nachfolgende Token und, falls nötig, auch noch das zweite Token solange expandiert, bis die entstehende Token-Liste von zwei unexpandierbaren Tokens angeführt wird. Diese werden zum Test herangezogen.

Verläuft der Test positiv, wird Token$_1$-Liste abgearbeitet. Anderenfalls wird mit dem Teil zwischen `\else` und `\fi` fortgefahren. Der `\else`-Teil ist optional. Als Abschluß muß ein `\fi` folgen.

Einem Befehl-Token wird *category code* 16 zugeordnet. Da ein Zeichen nur einen *category code* zwischen 0 und 15 haben kann, hat somit kein Zeichen den `\catcode` eines Befehls. Dagegen sind für `\ifcat` alle Befehl-Tokens äquivalent.

Vergleiche: `\catcode`, `\if`, `\ifx`.

\ifdim ⟪⟨*Länge*$_1$⟩⟨*Relation*⟩⟨*Länge*$_2$⟩⟨*Tokens*⟩ `\else` ⟨*Tokens*⟩ `\fi` ⟫

System: TEX-Primitive, Plain-TEX, LATEX2.09, LATEX 2ε.

Wirkung: Vergleicht zwei feste Längen.

Beispiel:

```
Der linke Rand und der rechte Rand
\ifdim\oddsidemargin=\evensidemargin
sind gleich\else unterscheiden sich\fi.
```

Der linke Rand und der rechte Rand sind gleich.

*Siehe ⟪ ... ⟫ in der Legende.

Beschreibung — Dem Befehlsnamen folgen als Parameter zwei feste Längen. Als feste Länge gilt eine Zahl mit Längeneinheit, ein *dimen*-Register oder eine durch `\newdimen` erzeugte Länge.

Beide Längen werden durch eine der Relationen <, = oder > in Verhältnis zueinander gesetzt. Ist die daraus entstehende Aussage wahr, wird mit dem Teil vor, anderenfalls mit dem Teil hinter `\else` fortgefahren. Der `\else`-Teil ist optional. Zum Abschluß muß ein `\fi` folgen.

Bemerkung — Der LaTeX-Befehl `\newlength` erzeugt keine festen Längen.

Vergleiche — `\if`, `\ifnum`, `\newdimen`.

\ifeof ⟪⟨*Datenkanal*⟩⟨*Tokens*⟩ `\else` ⟨*Tokens*⟩ `\fi`⟫

System — TeX-Primitive, Plain-TeX, LaTeX2.09, LaTeX 2$_\varepsilon$.

Wirkung — Prüft, ob eine Datei existiert oder falls sie existiert, ob beim Einlesen der Datei das Dateiende erreicht wurde.

Beispiel

```
\newread\meinkanal
\openin\meinkanal = mydatei
\ifeof\meinkanal Datei mydatei.tex existiert nicht!\fi
```

Beschreibung — Dem Befehlsnamen folgt als Parameter die Nummer oder die Kennung eines Datenkanals. Der Test verläuft positiv, wenn der Kanal nicht geöffnet ist oder wenn das Ende der Datei erreicht ist oder wenn die entsprechende Datei nicht existiert. In diesen Fällen wird mit dem Teil vor, anderenfalls mit dem Teil hinter `\else` fortgefahren. Der `\else`-Teil ist optional. Zum Abschluß muß ein `\fi` folgen.

Vergleiche — `\newread`, `\openin`, `\read`, [L] `\IfFileExists`.

\iff $\Longleftrightarrow$

System — Plain-TeX, LaTeX2.09, LaTeX 2$_\varepsilon$; Mathemodus; Relation.

Definition — `\def\iff{\;\Longleftrightarrow\;}`

Vergleiche — `\Longleftrightarrow`.

\iffalse ⟪⟨*Tokens*⟩ \else ⟨*Tokens*⟩ \fi ⟫

System — TEX-Primitive, Plain-TEX, LATEX2.09, LATEX 2ε.

Wirkung — Ist ein unechter Test, denn er verläuft immer negativ.

Beispiel —
```
\let\Schalter=\iffalse
Immer \Schalter wahr\else falsch\fi!
```
Immer falsch!

Beschreibung — Der `\else`-Teil ist optional. Existiert er nicht, wird sofort hinter `\fi` fortgefahren.

Bemerkung — Mit Hilfe dieses Befehls kann man gezielt Quellcode ausführen oder überspringen.

Vergleiche — `\iftrue`, `\ifx`, `\newif`.

\IfFileExists ⟨*Dateiname*⟩⟨*then-Teil*⟩⟨*else-Teil*⟩

System — LATEX 2ε.

Wirkung — Führt den Quellcode im *then*-Teil aus, falls die angegebene Datei existiert, andernfalls wird der *else*-Teil ausgeführt.

Beispiel —
```
\IfFileExists{MyFile.tex}
{\typeout{myfile.tex exitiert, Alles ok.}}
{\errmessage{myfile.tex fehlt, wird aber benoetigt!}}
```

Vergleiche — `\ifeof`, [L] `\InputIfFileExists`.

\ifhbox ⟪⟨*Box-Register*⟩⟨*Tokens*⟩ \else ⟨*Tokens*⟩ \fi ⟫

System — TEX-Primitive, Plain-TEX, LATEX2.09, LATEX 2ε.

Wirkung — Prüft, ob ein bestimmtes Box-Register eine `\hbox` enthält.

Beispiel —
```
\newbox\Register \setbox\Register=\hbox{}
Dieses \verb?\Register? enth"alt \ifhbox\Register
eine \else keine\fi \verb?\hbox?.
```
Dieses `\Register` enthält eine `\hbox`.

Beschreibung — Als Parameter *Box-Register* ist die Nummer oder die Kennung eines Box-Registers zulässig. Der `\else`-Teil ist optional. Zum Abschluß muß `\fi` folgen.

Vergleiche — `\ifvbox`, `\ifvoid`, `\ifx`, `\newbox`.

\ifhmode ⟪⟨*Tokens*⟩ `\else` ⟨*Tokens*⟩ `\fi` ⟫

System — TEX-Primitive, Plain-TEX, LATEX2.09, LATEX 2ε.

Wirkung — Testet, ob sich TEX im *horizontal mode* befindet.

Beispiel — `\fbox{\ifhmode\sf horizontal mode\fi}`

horizontal mode

Beschreibung — Der Test verläuft positiv, falls sich TEX im *horizontal mode* oder im *restricted horizontal mode* befindet. Der `\else`-Zweig ist optional. Zum Abschluß muß ein `\fi` folgen.

Vergleiche — `\ifinner`, `\ifmmode`, `\ifvmode`, `\ifx`.

\ifinner ⟪⟨*Tokens*⟩ `\else` ⟨*Tokens*⟩ `\fi` ⟫

System — TEX-Primitive, Plain-TEX, LATEX2.09, LATEX 2ε.

Wirkung — Testet, ob sich TEX im *internal mode* befindet.

Beispiel — `\fbox{\ifinner {\sf internal mode}\fi}`

internal mode

Beschreibung — Der Test verläuft genau dann positiv, wenn sich TEX im *restricted horizontal mode* oder im *internal vertical mode* oder im einfachen *math mode* (nicht *display math mode*) befindet. Der `\else`-Zweig ist optional. Zum Abschluß muß `\fi` folgen.

Vergleiche — `\ifhmode`, `\ifmmode`, `\ifvmode`, `\ifx`.

\ifmmode 《⟨*Tokens*⟩ `\else` ⟨*Tokens*⟩ `\fi` 》

System — TEX-Primitive, Plain-TEX, LATEX2.09, LATEX 2ε

Wirkung — Testet, ob sich TEX im Mathemodus befindet. .

Beispiel —

```
\ifmmode Mathemodus\else Textmodus\fi
```

Textmodus

Beschreibung — Der Test verläuft positiv, falls TEX sich im *math mode* oder im *display math mode* befindet. Der `\else`-Zweig ist optional. Zum Abschluß muß `\fi` folgen.

Vergleiche — `\ifhmode`, `\ifinner`, `\ifvmode`, `\ifx`.

\ifnum 《⟨$Zahl_1$⟩⟨*Relation*⟩⟨$Zahl_2$⟩⟨*Tokens*⟩ `\else` ⟨*Tokens*⟩ `\fi` 》

System — TEX-Primitive, Plain-TEX, LATEX2.09, LATEX 2ε.

Wirkung — Vergleicht zwei Zahlen.

Beispiel —

```
Die aktuelle Seitennummer
ist \ifnum\pageno>99
gr"o"ser 99\else kleiner 100\fi.
```

Die aktuelle Seitennummer ist größer 99.

Beschreibung — Dem Befehlsnamen folgen als Parameter zwei Zahlen. Diese können direkt angegeben oder indirekt über ein *count*-Register spezifiziert werden. Die Zahlen werden durch eine der Relationen <, = oder > in Verhältnis zueinander gesetzt. Ist die daraus entstehende Aussage wahr, wird mit dem Teil vor, anderenfalls mit dem Teil hinter `\else` fortgefahren. Der `\else`-Zweig ist optional. Zum Abschluß muß `\fi` folgen.

Bemerkung — Es ist auch möglich, Längen mit `\ifnum` zu testen. So kann man z.B. den Wert von `\leftmargin` mit `\badness` vergleichen. Dieses Beispiel ist zugegebenermaßen nicht sinnvoll, es zeigt aber die Möglichkeiten des Befehls.

Längen werden intern in ganzen Einheiten von *scaled points* gemessen. Gibt man eine Länge an, so wird diese in eine Zahl (Anzahl der *scaled points*) umgewandelt und diese Zahl zum Test herangezogen. Einzige syntaktische Voraussetzung für den Vergleich mit einer Länge ist, daß die Länge in einem Register vorliegt.

Vergleiche `\ifdim`, `\ifodd`, `\ifx`.

\ifodd ⟪⟨*Tokens*⟩ \else ⟨*Tokens*⟩ \fi⟫

System: TEX-Primitive, Plain-TEX, LATEX2.09, LATEX 2_ε.

Wirkung: Testet, ob eine Zahl ungerade ist.

Beispiel:
```
Die Zahl 77 ist \ifodd 77 ungerade\else gerade\fi.
```
Die Zahl 77 ist ungerade.

Beschreibung: Die *Zahl* kann direkt in Ziffern angegeben werden (siehe Beispiel) oder in einem *count*-Register vorliegen.

Bemerkung: Auch die Angabe einer Länge ist möglich. Die Länge muß in einem Register vorliegen. Die Auswertung erfolgt wie bei `\ifnum` beschrieben.

Vergleiche: `\ifnum`, `\ifx`.

\ifthenelse ⟨*Ausdruck*⟩⟨*then-Teil*⟩⟨*else-Teil*⟩

System: LATEX2.09: Stiloption `ifthen`, LATEX 2_ε: *package* `ifthen`.

Wirkung: Wertet den angegebenen Ausdruck aus. Falls die Aussage wahr ist, wird der Quellcode im ersten Argument, sonst der im zweiten ausgeführt.

Beispiel:
```
\newcommand{\Test}[6]{\ifthenelse{%
\( \equal{#1}{#2} \and \equal{#3}{#4} \) \or #5<#6}%
{{\textbf{wahr}}{{\textbf{falsch}}}
```
`\Test{abc}{abc}{xyz}{xyz}{3}{7}` liefert **wahr**

`\Test{abc}{efg}{hij}{klm}{2}{5}` liefert **wahr**

`\Test{abc}{abc}{xyz}{xyz}{99}{0}` liefert **wahr**

`\Test{abc}{efg}{hij}{klm}{99}{0}` liefert **falsch**

Beschreibung — Der Ausdruck darf aus mehreren Bedingungen bestehen. Bedingungen können durch die logischen Verknüpfungen `\and` (und), `\or` (oder) und `\not` (nicht) verknüpft und mit den Befehlen `\(` und `\)` geklammert werden.

Zulässige Bedingungen sind: `\equal`, `\boolean`, `\lengthtest`, `\isodd` und Zahlenvergleiche mit den Relationen =, < und >.

Vergleiche — [L] `\boolean`, `\equal`, `\isodd`, `\lengthtest`, `\value`, `\whiledo`.

\ifvbox 《⟨*Box-Register*⟩ `\else` ⟨*Tokens*⟩ `\fi` 》

System — TEX-Primitive, Plain-TEX, LATEX2.09, LATEX 2ε.

Wirkung — Prüft, ob ein bestimmtes Box-Register eine `\vbox` enthält.

Beispiel

```
\newbox\Register \setbox\Register=\vbox{}
Dieses \verb?\Register? enth"alt \ifvbox\Register
eine \else keine\fi \verb?\vbox?.
```

Dieses `\Register` enthält eine `\vbox`.

Beschreibung — Dem Befehlsnamen folgt als Parameter die Nummer oder Kennung eines Box-Registers. Der `\else`-Teil ist optional. Zum Abschluß muß `\fi` folgen.

Vergleiche — `\ifhbox`, `\ifvoid`, `\ifx`.

\ifvmode 《⟨*Tokens*⟩ `\else` ⟨*Tokens*⟩ `\fi` 》

System — TEX-Primitive, Plain-TEX, LATEX2.09, LATEX 2ε.

Wirkung — Prüft, ob sich TEX im *vertical mode* befindet.

Beispiel

```
\vbox{\ifvmode\sf vertical mode\fi}
```

vertical mode

Beschreibung — Der Test verläuft positiv, falls TEX gerade im *vertical mode* oder *internal vertical mode* ist. Das `\else` ist optional. Zum Abschluß muß ein `\fi` folgen.

Vergleiche — `\ifhmode`, `\ifinner`, `\ifmmode`, `\ifx`.

\ifvoid ⟪⟨*Box-Register*⟩⟨*Tokens*⟩ `\else` ⟨*Tokens*⟩ `\fi` ⟫

System TEX-Primitive, Plain-TEX, LATEX2.09, LATEX 2ε.

Wirkung Prüft, ob ein bestimmtes Box-Register leer ist.

Beispiel
```
\newbox\Register \setbox\Register=\hbox{}
Dieses \verb?\Register? ist \ifvoid\Register
leer\else voll\fi.
```
Dieses `\Register` ist voll.

Beschreibung Dem Befehlsnamen folgt als Parameter die Nummer oder Kennung eines *box*-Registers. Der `\else`-Teil ist optional. Zum Abschluß muß `\fi` folgen.

Vergleiche `\ifhbox`, `\ifvbox`, `\ifx`.

\ifx ⟨*Token*$_1$⟩⟨*Token*$_2$⟩⟪⟨*Token-Liste*$_1$⟩ `\else` ⟨*Token-Liste*$_2$⟩ `\fi` ⟫

Wirkung Testet, ob zwei Tokens übereinstimmen.

Beispiel
```
\def\aaa{123456}\def\bbb{123456}
Die Makros \ifx\aaa\bbb sind gleich\else
unterschiedlich sich\fi.
```
Die Makros sind gleich.

Beschreibung Dem Befehl folgen als Parameter Token$_1$ und Token$_2$. Diese zwei Tokens werden genau dann als gleich betrachtet, wenn eine der folgenden Bedingungen zutrifft:

1. Beide Tokens sind expandierbar: Dann müssen ihr Ersetzungstext* und ihr Status übereinstimmen. Dieser kann *long*, *inner*, *outer* oder *undefined* sein.

2. Beide Tokens sind Zeichen: Dann müssen sie identisch sein.

Nur in diesen beiden Fällen wird mit Token-Liste$_1$, anderenfalls mit dem Teil hinter `\else` fortgefahren.

Der `\else`-Teil ist optional. Zum Abschluß muß `\fi` folgen.

Vergleiche `\if`, Abfragen.

*Token-Liste, bei der Expansion um eine Stufe entsteht.

\ignorespaces

System — TeX-Primitive, Plain-TeX, LaTeX2.09, LaTeX 2ε.

Wirkung — TeX liest solange Tokens ein und ignoriert diese, bis es auf eines stößt, das nicht zu einem Leerzeichen expandiert.

Beispiel

```
\def\space{ }
Leer\ignorespaces \space\space zeichen
```

Leerzeichen

Beschreibung — Dieser Befehl wird bevorzugt innerhalb von Makros verwendet, um zu verhindern, daß durch eine unglückliche Definition unbeabsichtigt Leerzeichen erzeugt werden.

Bemerkung — Die Befehle \␣ und ~ expandieren nicht zu einfachen Leerzeichen.

Vergleiche — \␣, ~.

\Im $\Im$

System — Plain-TeX, LaTeX2.09, LaTeX 2ε; Mathemodus.

Definition — `\mathchardef\Im="023D`

\imath $\imath$

System — Plain-TeX, LaTeX2.09, LaTeX 2ε; Mathemodus.

Definition — `\mathchardef\imath="017B`

Vergleiche — `\i`, `\jmath`, `\vec`.

\immediate

System: TEX-Primitive, Plain-TEX, LATEX2.09, LATEX 2_ε.

Wirkung: Bewirkt, daß der folgende Schreibzugriff durch `\write`, `\openout` oder `\closeout` sofort ausgeführt wird.

Beispiel:
```
\immediate\write17{Diese Meldung
erscheint auf dem Bildschirm.}
```

Beschreibung: Normalerweise werden die drei genannten Befehle zwischengespeichert und erst ausgeführt, wenn die Seite ausgegeben wird, sprich, bei der *output*-Routine. `\immediate` bewirkt, daß der Befehl sofort nach dem Einlesen ausgeführt wird.

\in $\in$

System: Plain-TEX, LATEX2.09, LATEX 2_ε; Mathemodus.

Definition:
```
\mathchardef\in="3232
```

\include ⟨*Dateiname*⟩

System: LATEX2.09, LATEX 2_ε.

Wirkung: Bindet eine Datei in das Dokument ein.

Beispiel:
...Präambel...
```
\includeonly{Datei1,Datei2,Datei4}
\begin{document}
\include{Datei1}
\include{Datei2}
\include{Datei3}
\include{Datei4}
```

Bindet die Dateien `Datei1.tex`, `Datei2.tex` und `Datei4.tex` ein. `Datei3.tex` wird ausgelassen, aber die Daten aus `Datei3.aux` werden berücksichtigt.

Beschreibung

LaTeX bietet die Möglichkeit, ein langes Dokument in kleinere Teile zu zerlegen. Im Gegensatz zu `\input`, das die Datei einbindet, bietet `\include` mehr Komfort, aber auch mehr potentielle Fehlerquellen.

Der `\include`-Befehl legt für jede Eingabedatei eine eigene Hilfsdatei mit Endung `.aux` an. Ist der Name der Eingabedatei bei `\includeonly` in der Präambel aufgeführt, wird die Datei wie eine `\input`-Datei eingebunden. Ist der Dateiname dort nicht aufgeführt, wird der `\include`-Befehl übergangen. Jedoch werden, wenn man nachfolgend weitere Dateien einbindet, die Daten aus der `.aux-Datei` der ausgelassenen Datei, z.B. Seitennummern und Referenzen, verwendet.

Beispiel: Trägt die letzte Seite der ausgelassenen Datei die Nummer 54, beginnt die nachfolgende Datei mit Seite 55.

Diese Daten sind natürlich nur korrekt, wenn sich zwischenzeitlich nichts an den Dateien geändert hat, die vor der ausgelassenen Datei eingebunden werden.

Zu beachten ist, daß jede mit `\include` eingebundene Datei automatisch auf einer eigenen Seite beginnt. Als Endung der Eingabedateien wird automatisch die Endung `.tex` ergänzt.

Bemerkung

Der `\include`-Befehl darf nicht in der Präambel stehen. Eine `\include`-Datei darf selbst keine `\include`-Befehle enthalten.

Vergleiche

[L] `\input`.

\includeonly ⟨*Datei1, Datei2, ...*⟩

System

LaTeX2.09, LaTeX 2_ε.

Wirkung

Bestimmt, welche von den Dateien, die man mit `\include` in das Dokument einbindet, neu übersetzt werden.

Beispiel

siehe `\include`.

Beschreibung

Werden als Argument mehrere Dateinamen übergeben, sind diese durch Kommata voneinander zu trennen. Alle `\include`-Dateien, die man an dieser Stelle angibt, werden neu übersetzt, die übrigen nicht. Fehlt `\includeonly` in der Präambel, werden alle Dateien eingebunden und übersetzt.

Bemerkung — `\includeonly` darf nur in der Präambel stehen.

Vergleiche — [L] `\include`.

\indent

System — TEX-Primitive, Plain-TEX, LATEX2.09, LATEX 2_ε.

Wirkung — Rückt die erste Zeile des folgenden Absatzes ein.

Beispiel

```
\parindent 1cm
\indent Ein neuer Absatz
```

Ein neuer Absatz

Beschreibung — Die Weite der Einrückung wird durch `\parindent` bestimmt. Mehrere `\indent`-Befehle hintereinander bewirken eine mehrfache Einrückung.

Vergleiche — `\noindent`, `\parindent`.

\index ⟨*Indexmarke*⟩

System — LATEX2.09, LATEX 2_ε.

Wirkung — Setzt eine Indexmarke.

Beispiele

```
\index{Nachtschattengew"achse}
\index{Besteck!L"offel!Tee-}
\index{Ueberfall@"Uberfall}
\index{Waldaffen|(}
\index{Teel"offel|see{Besteck}}
\index{Gnomiker|uu}
```

Beschreibung — Die Indexmarke wird in Verbindung mit `\makeindex` zur Erstellung des Indexverzeichnisses herangezogen. Sollten Sie das Utillity *MakeIndex* verwenden, können Sie mittels Steuerzeichen noch diverse andere nützliche Funktionen in Anspruch nehmen:

`!` Das Ausrufezeichen erlaubt es, wie in einem Beispiel zu sehen, Untereinträge und Unteruntereinträge anzugeben.

`@` Man kann eine *Sortiermarke* getrennt durch einen Klammeraffen vor die eigentliche Indexmarke stellen. Dieser Eintrag wird im Indexverzeichnis unabhängig von der Indexmarke unter der Buchstabenkombination der Sortiermarke eingeordnet.

| Der Längsstrich leitet Befehle ein, die sofort ausgeführt werden sollen. Befehle, denen wie gewöhnlich der *backslash* (\) voransteht, werden erst ausgeführt, wenn das Indexverzeichnis ausgegeben wird. |-Befehle werden stets am Ende der *Indexmarke* eingefügt. Vordefiniert sind folgende Befehle:

`|(` Zu diesem Befehl gibt es ein Pendant, nämlich `|)`. Taucht im Text z.B. eine *Indexmarke* `\index{Waldaffen|(}` auf und ein paar Seiten weiter hinten die gleiche *Indexmarke* mit dem entsprechenden Pendant, erscheint im Indexverzeichnis der Eintrag: Waldaffen, 78-83.

`|see` Dieser Befehl erlaubt es, eine Indexmarke mit einem Textverweis zu versehen. Das gegebene Beispiel hätte folgende Wirkung: Teelöffel, *siehe* Besteck.

Auch die Definition eigener Befehle ist möglich. So bewirkt z.B. `|uu`, definiert durch `\newcommand{\uu}[1]{{\it#1\/}}`, daß die Seitennummern im Indexverzeichnis kursiv gesetzt werden.

Vergleiche [L] `\indexname`, `\makeindex`, `\printindex`.

\indexname

System LaTeX2.09, LaTeX 2_ε.

Wirkung Legt den Titel fest, der über das Indexverzeichnis gesetzt wird.

Beispiel `\def\indexname{Index}`

Vergleiche [L] `\index`, `\makeindex`, `\printindex`.

\indexspace

System LaTeX2.09, LaTeX 2_ε.

Wirkung Erzeugt einen verikalen Abstand zwischen zwei Einträgen der `theindex`-Umgebung.

Beispiel `\def\indexspace{\par \vskip 10\pt plus 5pt minus 3pt \relax}`

Vergleiche [L] {`theindex`}.

\inf

inf

System Plain-TeX, LaTeX2.09, LaTeX 2ε; Mathemodus.

Wirkung Erzeugt den Funktionsnamen inf.

Definition `\def\inf{\mathop{\rm inf}}`

Vergleiche Funktionsnamen.

\infty

∞

System Plain-TeX, LaTeX2.09, LaTeX 2ε; Mathemodus.

Wirkung Erzeugt das mathematische Symbol für *unendlich*.

Definition `\mathchardef\infty="0231`

\input

System TeX-Primitive, Plain-TeX, LaTeX2.09, LaTeX 2ε.

Syntax `\input` ⟪*Dateiname*⟫

Wirkung Bindet eine Datei in das Dokument ein.

Beispiel `\input myfile`

Beschreibung Dieser Befehl lädt die angegebene Datei und fügt diese an Ort und Stelle in das laufende Dokument ein. Dateinamen, die auf `.tex` enden, können ohne diese Endung angegeben werden. Eine mit `\input` eingelesene Datei darf selbst weitere `\input`-Befehle enthalten.

Vergleiche `\endinput`, `\inputlineno`, `\read`, [L] `\InputIfFileExists`.

weitere Bedeutung

System	LaTeX2.09, LaTeX 2ε.
Syntax	`\input{` ⟪*Dateiname*⟫ `}`
Wirkung	Die Wirkung ist identisch mit der des Primitiv-Befehls.
Beispiel	`\input{myfile}`
Bemerkung	Die Syntax des Primitiv-Befehls ist auch in LaTeX zulässig.
Vergleiche	[L] `\IfFileExists`, `\include`, `\InputIfFileExists`.

\InputIfFileExists ⟨*Datei*⟩⟨*then-Teil*⟩⟨*else-Teil*⟩

System	LaTeX 2ε.
Wirkung	Falls die angegebene Datei existiert, wird der Quellcode *then*-Teil ausgeführt und danach die Datei mit `\input` geladen, andernfalls wird der *else*-Teil ausgeführt.

Beispiel	`\InputIfFileExists{myfile.tex}%`
	`{\typeout{Lade myDatei.tex!}}`
	`{\errmessage{myfile.tex fehlt!}}`

Vergleiche	[L] `\IfFileExists`, `\input`.

\inputlineno

System	TeX3-Primitive, Plain-TeX, LaTeX2.09, LaTeX 2ε.
Wirkung	Beim Einlesen einer Eingabedatei enthält dieses Register die Nummer der aktuellen Eingabezeile.
Vergleiche	`\read`.

\insert ⟪⟨*Insert-Register*⟩ { ⟨*vertikales Material*⟩ } ⟫

System	TeX-Primitive, Plain-TeX, LaTeX2.09, LaTeX 2ε.
Wirkung	Veranlaßt eine Einfügung *insertion*.

Beispiel

```
\insert\footins{\hbox{*Die unplanm"a"sige
 Fu"snote (siehe \texttt{\string\insert}).}}
```

Beschreibung

Der Parameter *Insert-Register* ist die Kennung des Box-Registers, in dem die Einfügung später angeliefert werden soll. Der saubere Weg einer Registerzuteilung führt über `\newinsert`.

Der Parameter *vertikales Material* ist eine Token-Liste, die später im *iternal vertical mode* bearbeitet wird.

Vergleiche

`\floatingpenalty`, `\footins`, `\holdinginserts`, `\insertpenalties`, `\newinsert`, [T] `\midinsert`, `\pageinsert`, `\topinsert`.

\insertpenalties

System

TEX-Primitive, Plain-TEX, LATEX2.09, LATEX 2ε.

Syntax

Siehe Crashkurs: *TEX-Zähler.*

Beispiel

```
\insertpenalties=0
```

Wirkung

Legt die Strafpunkte für das Zerteilen von Einfügungen (*insertions*) fest. Innerhalb der `\output`-Routine enthält das Register die Anzahl der noch gespeicherten Einfügungen.

Vergleiche

`\floatingpenalty`, `\holdinginserts`, `\newinsert`, `\penalty`.

\int $\int$

System

Plain-TEX, LATEX2.09, LATEX 2ε; Mathemodus.

Beispiel

```
$$\int_a^b x\,dx$$
\centerline{$\int_a^b x\,dx$}
```

$$\int_a^b x\,dx$$

$\int_a^b x\,dx$

Definition

```
\def\int{\intop\nolimits}
```

*Die unplanmäßige Fußnote (siehe `\insert`).

Bemerkung	Die Grenzen erscheinen bei `\int` stets hinter dem Integralzeichen, unabhängig davon, ob im *math mode* oder *display math mode.*
Vergleiche	`\intop`, `\smallint`.

\interdisplaylinepenalty

System	Plain-TEX, LATEX2.09, LATEX 2ε.
Wirkung	Dieser TEX-Zähler verteilt Strafpunkte für den Fall, daß eine Seite innerhalb eines Formelblockes umbrochen wird.
Syntax	Siehe Crashkurs: *TEX-Zähler.*
Beispiel	Standard: `\interdisplaylinepenalty=100`
Definition	`\newcount\interdisplaylinepenalty`
Bemerkung	Der Wert dieses Zählers wird bei `\displaylines` und der Umgebung `eqnarray` berücksichtigt. Der Befehl `\samepage` setzt `\interdisplaylinepenalty=10000`.
Vergleiche	`\penalty`.

\interfootnotelinepenalty

System	Plain-TEX, LATEX2.09, LATEX 2ε.
Wirkung	Dieser TEX-Zähler verteilt Strafpunkte für den Fall, daß ein Seitenumbruch innerhalb eines Absatzes einer Fußnote stattfindet.
Syntax	Siehe Crashkurs: *TEX-Zähler.*
Beispiel	Standard: `\interfootnotelinepenalty=100`
Definition	`\newcount\interfootnotelinepenalty`
Beschreibung	TEX und LATEX initialisieren `\interlinepenalty` beim Erstellen der Fußnoten mit dem Wert von `\interfootnotelinepenalty`.
Bemerkung	`\samepage` setzt `\interfootnotelinepenalty=10000`.
Vergleiche	`\interlinepenalty`, `\penalty`.

\interlinepenalty

System	TEX-Primitive, Plain-TEX, LATEX2.09, LATEX 2$_\varepsilon$.
Wirkung	Verteilt Strafpunkte für den Fall, daß eine Seite innerhalb eines Absatzes umbrochen wird.
Syntax	Siehe Crashkurs: *TEX-Zähler*.
Beispiel	Standard: `\interlinepenalty0`
Vergleiche	`\clubpenalty`, `\interfootnotelinepenalty`, `\penalty`, `\widowpenalty`.

\intextsep

System	LATEX2.09, LATEX 2$_\varepsilon$.
Wirkung	Diese elastische Länge legt den vertikalen Abstand zwischen einem Gleitobjekt, das mitten im Text erscheint, und dem umgebenden Text fest.
Syntax	Siehe Crashkurs: *elastische Längen*.
Beispiel	`\intextsep 12pt plus 2pt minus 4pt`
Definition	`\newskip\intextsep`
Beschreibung	Es erscheinen die Gleitobjekte mitten im Text, bei denen als Positionierungsparameter `h` angegeben wurde.
Vergleiche	[L] `\dblfloatsep`, `{figure}`, `\intextsep`, `{table}`, `\textfloatsep`.

\intop ∫

System	Plain-TEX, LATEX2.09, LATEX 2$_\varepsilon$; Mathemodus.
Beispiel	`$$\intop_a^b x\,dx$$`

$$\intop_a^b x\,dx$$

Definition	`\mathchardef\intop="1352`

Beschreibung — Im einfachen *math mode* erscheinen die Grenzen hinter dem Integralzeichen. Im *display math mode* werden sie über und unter das Integralzeichen gesetzt.

Vergleiche — \int, \smallint.

\invisible

System — SLITEX: Dokumentstil slides, LATEX 2ε: Dokumentklasse slides.

Wirkung — Schaltet innerhalb der overlay-Umgebung in die Pseudofarbe unsichtbar.

Beispiel

```
\begin{overlay}{invisible}
Das {\visible Phantom} der Folie
\end{overlay}
```

Beschreibung — Für unsichtbaren Text wird Leerraum entsprechender Größe ausgespart.

Vergleiche — [S] {overlay}, \visible.

\iota — ι

System — Plain-TEX, LATEX2.09, LATEX 2ε; Mathemodus.

Definition

```
\mathchardef\iota="0113
```

\isodd ⟨*Zahl*⟩

System — LATEX 2ε: *package* ifthen.

Wirkung — Testet, ob die angegebene Zahl ungerade ist.

Beispiel

```
Die Nummer dieser Seite ist\ifthenelse{%
\isodd{\value{page}}}{ungerade}{gerade}.
```

Die Nummer dieser Seite ist gerade.

Bemerkung — Die als Argument übergebene *Zahl* muß als Zeichenkette vorliegen. Das heißt, alle Befehle, die Zahlen ausgeben, sind als Argument erlaubt.

Vergleiche — [L] `\boolean`, `\equal`, `\ifthenelse`, `\lengthtest`, `\whiledo`.

\it

System — Plain-TEX, LATEX2.09, LATEX 2ε.

Wirkung — Schaltet in Kursivschrift.

Beispiel — `{Kursiv ist \it schief\/.}`

Kursiv ist *schief*.

Bemerkung — In LATEX 2ε werden die in TEX und LATEX üblichen zwei Zeichen langen Schriftschaltbefehle zwar noch unterstützt bzw. emuliert, sie bieten jedoch nicht die Flexibilität der entsprechenden LATEX 2ε Kommandos.

Vergleiche — `\it`, `\rm`, `\sl`, `\tt`, [L] `\itshape`, `\sc`, `\sf`, `\textit`.

\itdefault

System — LATEX 2ε.

Wirkung — Bestimmt die Schriftgestalt, die durch `\itshape` und `\textit` aktiviert wird.

Beispiel — Standard: `\def\itdefault{it}`.

Vergleiche — [L] `\bfdefault`, `\DeclareFontShape`, `\itshape`, `\mddefault`, `\rmdefault`, `\scdefault`, `\sfdefault`, `\sldefault`, `\textit`, `\ttdefault`, `\updefault`.

\item

System — LATEX2.09, LATEX 2ε.

Wirkung — Erzeugt einen Listeneintrag innerhalb einer Listenumgebung.

Syntax `\item [`⟨*Marke*⟩`]`

Beispiel

```
\begin{itemize}
\item[$\Box$~] Eine besondere Markierung.
\end{itemize}
```

□ Eine besondere Markierung.

Beschreibung Die Marke ist optional. Ohne sie wird eine umgebungsspezifische Marke erzeugt.

Die wichtigsten Listenumgebungen sind unter Vergleiche aufgeführt.

Bemerkung Eine Ausnahme bildet {`trivlist`}. Diese Umgebung benötigt den sonst *optionalen* Parameter unbedingt!

Vergleiche [L] {`description`}, {`enumerate`}, {`itemize`}, {`list`}, {`trivlist`}.

——— weitere Bedeutung ———

System LaTeX2.09, LaTeX 2_ε: Umgebung `theindex`.

Wirkung Erzeugt einen Haupteintrag innerhalb der `theindex`-Umgebung.

Syntax `\item`⟨*Marke*⟩

Vergleiche [L] {`theindex`}.

——— weitere Bedeutung ———

System Plain-TeX.

Wirkung Erzeugt eine Marke mit eingerücktem Absatz.

Syntax `\item`⟨*Marke*⟩

Definition `\def\item{\par\hang\textindent}`

Beispiel

```
\parindent5mm
\item{1.} Je allgemeiner das Thema ...
\item{2.} Je spezieller das Thema ...
```

1. Je allgemeiner das Thema einer Vorlesung gehalten ist, desto weniger wirst du dabei lernen.
2. Je spezieller das Thema, desto weniger kannst du es später anwenden.

Bemerkung Die Weite der Einrückung wird durch `\parindent` festgelegt.

Vergleiche [T] `\itemitem`.

\itemindent

System LaTeX2.09, LaTeX 2ε.

Wirkung Legt in der `list`-Umgebung den Leerraum fest, um den die `\item`-Marke und die erste Zeile nach rechts eingerückt werden.

Syntax Siehe Crashkurs: *feste Längen.*

Beispiel Standard: `\itemindent0pt`

Definition `\newdimen\itemindent`

Beschreibung Die Einrückung durch `\itemindent` erfolgt nur in der Zeile, in der sich die Marke befindet.

Vergleiche [L] `\labelsep`, `\labelwidth`, `\leftmargin`, `{list}`, `\listparindent`.

\itemitem ⟨*Marke*⟩

System Plain-TeX.

Wirkung Erzeugt eine eingerückte Untermarke.

Beispiel

```
\item{1.} Blumen
\itemitem{a)} L"owenzahn
\itemitem{b)} Maigl"ockchen
```

1. Blumen
   a) Löwenzahn
   b) Maiglöckchen

Definition `\def\itemitem{\par\indent\hangindent2\parindent\textindent}`

Vergleiche [T] `\item`.

{itemize}

System LaTeX2.09, LaTeX 2ε.

Wirkung Erzeugt eine Liste, bei der die Einträge markiert und eingerückt werden.

Beispiel

```
\begin{itemize}
  \item Musik
  \begin{itemize}
    \item Kassik
    \begin{itemize}
      \item Gabriel Faure
      \begin{itemize}
        \item Pavanne, Op.50
      \end{itemize}
    \end{itemize}
  \end{itemize}
\end{itemize}
```

•Musik
  –Kassik
    ∗Gabriel Faure
      ·Pavanne, Op.50

Beschreibung

Die itemize-Umgebung läßt sich vier Ebenen tief schachteln, wobei für jede Ebene eine andere Markierungsart verwendet wird. Man kann eine Marke auch direkt vorgeben, indem man sie in den optionalen Parameter des \item-Befehls einträgt, z.B. \item[+]. {itemize} läßt sich problemlos mit anderen Listen-Umgebungen schachteln.

Für die standardmäßigen Markierungen sind die LaTeX-Zähler itemi bis itemvi und die Befehle \labelitemi bis \labelitemiv verantwortlich.

Vergleiche

itemi, [T] \item, [L] {description}, {enumerate}, \labelitemi, {list}.

\itemsep

System

LaTeX2.09, LaTeX 2ε.

Wirkung

Legt für die list-Umgebung den vertikalen Leerraum fest, der zusätzlich zum natürlichen Absatz-Leerraum eingefügt wird, wenn ein neuer Eintrag folgt.

Syntax

Siehe Crashkurs: *elastische Längen.*

Beispiel

```
\itemsep 4pt plus 2pt minus 1pt
```

Definition

```
\newskip\itemsep
```

Beschreibung	Der Abstand zwischen der letzten Zeile des vorangehenden Eintrages und der ersten Zeile des nächsten Eintrages ist damit genau `\parsep` + `\itemsep`.
Vergleiche	`\parskip`, [L] {`list`}, `\parsep`, `\topsep`.

\itfam

System	Plain-TEX.
Wirkung	Kennung der TEX-Schriftfamilie Italic.
Beispiel	Analog zu `\bffam`.
Definition	`\newfam\itfam \def\it{\fam\itfam\tenit}` `\textfont\itfam=\tenit`
Vergleiche	`\bf`, `\newfam`, [T] `\fam`.

\itshape

System	LATEX 2_ε.
Wirkung	Aktiviert die Schriftgestalt Kursivschrift.
Beispiel	`Das ist {\itshape italic}.` Das ist *italic*.
Beschreibung	`\itshape` aktiviert die Schriftgestalt, die durch `\itdefault` festgelegt ist.
Bemerkung	Beim Zurückschalten in eine aufrechtstehende Schrift sollte die Kursivkorrektur (*italic correction*) nicht vergessen werden.
Vergleiche	`\it`, `\/`, [L] `\itdefault`, `\itshape`, `\mdseries`, `\rmfamily`, `\scshape`, `\sffamily`, `\slshape`, `\textit`, `\ttfamily`, `\upshape`.

Befehle J

\j ı

System: Plain-TEX, LATEX2.09, LATEX 2ε.
Definition: `\chardef\j="11`
Vergleiche: `\i`, `\jmath`, `\vec`.

\jmath ȷ

System: Plain-TEX, LATEX2.09, LATEX 2ε; Mathemodus.
Definition: `\mathchardef\jmath="017C`
Vergleiche: `\imath`, `\j`, `\vec`.

\jobname

System: TEX-Primitive, Plain-TEX, LATEX2.09, LATEX 2ε.
Wirkung: Liefert den Namen des Dokumentes, das gerade bearbeitet wird. Die Erweiterung `.tex` wird abgeschnitten.
Beispiel: `Dieses Dokument hei"st {\tt\jobname.tex}.`
Dieses Dokument heißt `txrefman.tex`.
Bemerkung: TEX verwendet diesen Befehl, um die Dateinamen für diverse Hilfsdateien wie z.B. `.aux` oder `.log` zusammenzusetzen.

\Join ⋈

System: LATEX2.09, LATEX 2ε: *package* `latexsym`; Mathemodus.
Definition: `\mathchardef\Join"3A31`

Bemerkung — Der Befehl `\Join` wird vom NFSS in LaTeX 2ε nicht mehr standardmäßig bereitgestellt. Abhilfe schafft das *package* `latexsym`.

Vergleiche — [L] `\Box`, `\Diamond`, `\leadsto`, `\lhd`, `\mho`, `\rhd`, `\sqsubset`, `\sqsupset`, `\unlhd`, `\unrhd`.

\joinrel

Wirkung — Setzt aus mehreren Zeichen eine Relation zusammen.

Beispiel —
```
\def\longleftrightarrow
{\leftarrow\joinrel\rightarrow}
```

Definition — `\def\joinrel{\mathrel{\mkern-3mu}}`

Beschreibung — Die Relation kann aus beliebigen Zeichen, Symbolen und Befehlen zusammengesetzt werden.

Vergleiche — `\buidrel`, `\mathrel`, [L] `\stackrel`.

\jot

System — Plain-TeX, LaTeX2.09, LaTeX 2ε.

Wirkung — Legt eine Länge fest, um die der Zeilenabstand innerhalb der Umgebung `eqnarray` und `eqnarray*` und innerhalb der TeX-Befehle `\eqalign` und `\displaylines` vergrößert wird.

Syntax — Siehe Crashkurs: *feste Längen*.

Beispiel — Standard: `\jot=3pt`.

Definition — `\newdimen\jot`

Vergleiche — `\displaylines`, [T] `\eqalign`, [L] {`eqnarray`}, {`eqnarray*`}.

Befehle K

\kappa κ

System Plain-TEX, LATEX2.09, LATEX 2ε; Mathemodus.
Wirkung Erzeugt den keinen griechischen Buchstaben Kappa κ.
Vergleiche Griechische Buchstaben.

\ker ker

System Plain-TEX, LATEX2.09, LATEX 2ε; Mathemodus.
Wirkung Erzeugt den Funktionsnamen ker.
Definition `\def\ker{\mathop{\rm ker}\nolimits}`
Vergleiche Funktionsnamen.

\kern ⟨⟨*feste Länge*⟩⟩

System TEX-Primitive, Plain-TEX, LATEX2.09, LATEX 2ε.

Wirkung Bewirkt eine Verschiebung der Ausgabeposition. Leerraum, der dadurch entsteht, kann nicht umbrochen werden.

Beispiel

```
\def\TeX{T\kern-.1667em
\lower.5ex\hbox{E}\kern-.125emX}
```

Beschreibung Die Interpretation eines `\kern` hängt vom gewählten Modus ab. Im *horizontal mode* verschiebt `\kern` die Ausgabeposition in der Horizontalen. Entsprechend verursacht `\kern` im *vertikal mode* eine Vertikalverschiebung.

Ein positiver Wert verursacht eine Rechts- bzw. Abwärtsverschiebung, ein negativer Wert dementsprechend eine Links- bzw. Aufwärtsverschiebung. Entsteht durch die Verschiebung Leerraum, wird dort auf keinen Fall umbrochen. `\kern` akzeptiert als Argument eine Zahl mit Einheit oder ein *Dimen*-Register, aber keine elastische Länge.

Der Befehl funktioniert sowohl im Text- als auch im Mathemodus. Die Einheit *math units* (`mu`) kann man allerdings nur in Verbindung mit `\mkern` verwenden.

Vergleiche
`\lastkern`, `\lower`, `\mkern`, `\moveleft`, `\moveright`, `\raise`, `\unkern`.

\kill

System
LaTeX2.09, LaTeX 2_ε.

Wirkung
Kennzeichnet eine Zeile als Musterzeile. Dieser Befehl ist nur innerhalb der `tabbing`-Umgebung verfügbar.

Beispiel

```
\begin{tabbing}
\hskip1cm\=\+\kill\\
So r"uckt man die erste Zeile ein.\\
\end{tabbing}
```

So rückt man die erste Zeile ein.

Beschreibung
In einer Musterzeile darf alles stehen, was in jeder anderen Zeile innerhalb der `tabbing`-Umgebung auch erlaubt ist. Einziger Unterschied ist, daß der Inhalt der Musterzeile nicht gesetzt wird. Es werden jedoch alle Tabulatoreinstellungen so registriert, als wäre die Zeile ausgegeben worden.

Vergleiche
[L] {`tabbing`}.

Befehle L

\l ł

System Plain-TEX, LATEX2.09, LATEX 2ε.

Wirkung Erzeugt ein kleines polnisches ł.

Definition `\def\l{\char32l}`

Vergleiche \L.

\L Ł

System Plain-TEX, LATEX2.09, LATEX 2ε.

Wirkung Erzeugt ein großes polnisches Ł.

Definition
```
\def\L{\leavevmode\setbox0\hbox{L}%
      \hbox to\wd0{\hss\char32L}}?
```

Vergleiche \l.

\label ⟨*Referenzmarke*⟩

System LATEX2.09, LATEX 2ε.

Wirkung Setzt eine Referenzmarke, mit Hilfe derer man auf bestimmte Stellen im Text Bezug nehmen kann.

Beispiel
```
Rezepte:
\begin{enumerate}
\item Heidelbeertorte
\item Ingwerpl"atzchen
\item Kirschtaler
\item Mohnkuchen\label{moku}
\end{enumerate}
Zur Zubereitung des Mohnkuchens, der auf Seite
\pageref{moku} unter \ref{moku}.\ aufgef"uhrt ist,
ben"otigt man folgende Zutaten: \ldots
```

Rezepte:

1.Heidelbeertorte

2.Ingwerplätzchen
3.Kirschtaler
4.Mohnkuchen

Zur Zubereitung des Mohnkuchens, der auf Seite 297 unter 4. aufgeführt ist, benötigt man folgende Zutaten: ...

Beschreibung

Setzt man einen `\label` im freien Text, liefert `\ref` die Nummer des aktuellen Abschnitts. Es existieren aber auch einige Umgebungen, die selbst Objekte numerieren. Wird ein `\label` innerhalb so einer Umgebung gesetzt, liefert `\ref` die Nummer des entsprechenden Objekts (siehe Beispiel).

Folgende Umgebungen numerieren selbst Objekte: `equation`, `eqnarray`, `enumerate`, `figure`, `table` und sämtliche Umgebungen, die mit Hilfe von {`newtheorem`} definiert wurden.

Vergleiche

[L] `\pageref`, `\ref`.

\labelenumi

System

LaTeX2.09, LaTeX 2_ε.

Wirkung

Legt die Art und Weise fest, mit der die Einträge der ersten Schachtelungsebene der `enumerate`-Umgebung numeriert werden.

Beispiel

```
\def\labelenumi{(\roman{enumi})~~}
\begin{enumerate}
\item $(a+b)+c = a+(b+c)$ \hfill(Assoziativit"at)
\item $a+b = b+a$ \hfill(Kommutativit"at)
\item Kommutativit"at: $a+b = b+a$
\end{enumerate}
```

(i) $(a+b)+c=a+(b+c)$ (Assoziativität)
(ii) $a+b=b+a$ (Kommutativität)

Definition

```
\def\labelenumi{\theenumi.}
```

Vergleiche

`enumi`, [L] {`enumerate`}, `\labelenumii`, `\labelenumiii`, `\labelenumiv`, `\labelitemi`.

\labelenumii

System LATEX2.09, $\LaTeX\,2_\varepsilon$.

Wirkung Legt die Art und Weise fest, mit der die Einträge der zweiten Schachtelungsebene der `enumerate`-Umgebung numeriert werden.

Beispiel Siehe `\labelenumi`.

Definition `\def\labelenumii{(\theenumii)}`

Vergleiche [L] {`enumerate`}, `\labelenumi`.

\labelenumiii

System LATEX2.09, $\LaTeX\,2_\varepsilon$.

Wirkung Legt die Art und Weise fest, mit der die Einträge der dritten Schachtelungsebene der `enumerate`-Umgebung numeriert werden.

Beispiel Siehe `\labelenumi`.

Definition `\def\labelenumiii{\theenumiii.}`

Vergleiche [L] {`enumerate`}, `\labelenumi`.

\labelenumiv

System LATEX2.09, $\LaTeX\,2_\varepsilon$.

Wirkung Legt die Art und Weise fest, mit dem die Einträge der vierten Schachtelungsebene der `enumerate`-Umgebung numeriert werden.

Beispiel Siehe `\labelenumi`.

Definition `\def\labelenumiv{\theenumiv.}`

Vergleiche [L] {`enumerate`}, `\labelenumi`.

\labelitemi

System LaTeX2.09, LaTeX 2_ε.

Wirkung Legt die Art und Weise fest, mit der die Einträge der ersten Schachtelungsebene der itemize-Umgebung markiert werden.

Beispiel

```
\renewcommand{\labelitemi}{$\circ$~}
Einkaufsliste:
\begin{itemize}
\item 10 Br"otchen
\item 1 Liter Milch
\end{itemize}
```

Einkaufsliste:

∘ 10 Brötchen

∘ 1 Liter Milch

Definition `\def\labelitemi{$\m@th\bullet$}`

Vergleiche itemi, [L] {itemize}, \labelenumi, \labelitemii, \labelitemiii, \labelitemiv.

\labelitemii

System LaTeX2.09, LaTeX 2_ε.

Wirkung Legt die Art und Weise fest, mit der die Einträge der zweiten Schachtelungsebene der itemize-Umgebung markiert werden.

Beispiel Siehe \labelitemi.

Definition `\def\labelitemii{\bf --}`

Vergleiche [L] {itemize}, \labelitemi.

\labelitemiii

System — LaTeX2.09, LaTeX 2_ε.

Wirkung — Legt die Art und Weise fest, mit der die Einträge der dritten Schachtelungsebene der `itemize`-Umgebung markiert werden.

Beispiel — Siehe `\labelitemi`.

Definition — `\def\labelitemiii{$\m@th\ast$}`

Vergleiche — [L] {`itemize`}, `\labelitemi`.

\labelitemiv

System — LaTeX2.09, LaTeX 2_ε.

Wirkung — Legt die Art und Weise fest, mit der die Einträge der vierten Schachtelungsebene der `itemize`-Umgebung markiert werden.

Beispiel — Siehe `\labelitemi`.

Definition — `\def\labelitemiv{$\m@th\cdot$}`

Vergleiche — [L] {`itemize`}, `\labelitemi`.

\labelsep

System — LaTeX2.09, LaTeX 2_ε.

Wirkung — Legt innerhalb der `list`-Umgebung fest, wie weit die `\item`-Marke vom Eintrag abgesetzt wird.

Syntax — Siehe Crashkurs: *feste Längen*.

Beispiel — Standard: `\labelsep.5em`.

Definition — `\newdimen\labelsep`

Beschreibung — Erhöht man `\labelsep`, wird die `\item`-Marke weiter nach links gerückt. Die Einrücktiefe der Einträge bleibt davon unbeeinflußt.

Bemerkung	Die Einrücktiefe der Einträge wird durch `\leftmargin` bestimmt.
Vergleiche	[L] `\itemindent`, `\labelwidth`, `\leftmargin`, {`list`}.

\labelwidth

System	LaTeX2.09, LaTeX 2ε.
Wirkung	Legt in der `list`-Umgebung die Breite der Listenmarken fest.
Syntax	Siehe Crashkurs: *feste Längen*.
Beispiel	Siehe {`list`}.
Definition	`\newdimen\linewidth`
Beschreibung	Ist der Markierungstext im optionalen Argument von `\item` schmaler als `\labelwidth`, dann wird die Marke rechtsbündig in eine Box der Breite `\labelwidth` gesetzt. Ist die Marke jedoch breiter als `\labelwidth`, erhält die Box ihre natürlichen Maße. Da die Zeile hinter der Marke stets um `\labelsep` abgesetzt wird, ist die erste Zeile des Eintrages dadurch auch weiter als gewöhnlich eingerückt.
Vergleiche	[L] `\itemindent`, `\labelsep`, `\leftmargin`, {`list`}.

\lambda λ

System	Plain-TeX, LaTeX2.09, LaTeX 2ε; Mathemodus.
Wirkung	Erzeugt den kleinen griechischen Buchstaben Lambda λ.
Definition	`\mathchardef\lambda="0115`
Vergleiche	Griechische Buchstaben.

\Lambda Λ

System Plain-TEX, LATEX2.09, LATEX 2ε; Mathemodus.
Wirkung Erzeugt den großen griechischen Buchstaben Lambda Λ.
Vergleiche `\phi`, Griechische Buchstaben.

\land $\wedge$

System Plain-TEX, LATEX2.09, LATEX 2ε; Mathemodus; Binärer Operator.
Wirkung `\land` ist äquivalent zu `\wedge`.
Definition `\let\land=\wedge`
Vergleiche `\wedge`.

\langle $\langle$

System Plain-TEX, LATEX2.09, LATEX 2ε; Mathemodus.
Definition `\def\langle{\delimiter"426830A }`
Vergleiche `\lbrace`, `\lceil`, `\lfloor`, `\rangle`.

\language

System TEX3-Primitive, Plain-TEX, LATEX2.09, LATEX 2ε.
Wirkung Wechselt die Sprache.
Syntax Siehe Crashkurs: *TEX-Zähler*.

Beispiel

```
\language=0
ridiculous ridiculous ...
```

ridiculous ridiculous ridiculous ridiculous ridiculous ridiculous ridiculous ridiculous ridiculous ridiculous ridiculous ridiculous ridiculous ridiculous ridiculous ridiculous

Beschreibung

Zulässig sind Nummern zwischen 0 und 255 oder die durch `\newlanguage` angeforderte Kennung einer Sprache. Für welche Sprachen Trenntabellen vorhanden sind, hängt von dem verwendeten *format file* ab. Gibt man eine ungültige Zahl an, werden Worte generell nicht getrennt.

Vergleiche

`\hyphenation`, `\pattern`, `\setlanguage`.

\large

System

LaTeX2.09, LaTeX 2_ε.

Wirkung

Schaltet in eine Schriftgröße, die kleiner ist als `\Large`, aber größer als `\normalsize`.

Beispiel

```
\normalsize normal \large gro"s \Large sehr gro"s
```

normal groß sehr groß

Vergleiche

[L] `\Large`, `\normalsize`.

\Large

System

LaTeX2.09, LaTeX 2_ε.

Wirkung

Schaltet in eine Schriftgröße, die kleiner ist als `\LARGE`, aber größer als `\large`.

Beispiel

```
\large gro"s \Large sehr gro"s \LARGE riesengro"s
```

groß sehr groß riesengroß

Vergleiche

[L] `\large`, `\LARGE`.

\LARGE

System — LaTeX2.09, LaTeX 2_ε.

Wirkung — Schaltet in eine Schriftgröße, die kleiner ist als `\huge`, aber größer als `\Large`.

Beispiel — `\Large sehr gro"s \LARGE riesengro"s \huge riesig`

sehr groß riesengroß riesig

Vergleiche — [L] `\huge`, `\Large`, Schriftgrößen.

\lastbox

System — TeX-Primitive, Plain-TeX, LaTeX2.09, LaTeX 2_ε.

Wirkung — Referiert und entfernt die direkt vorangegangene Box aus einer lokalen Liste.

Beispiel —

```
\vbox{Der letzte Absatz \ldots\par wird
verschluckt.\par{\setbox0\lastbox}}
```

Der letzte Absatz ...

Beschreibung — `\lastbox` kann wie ein Box-Register verwendet werden. Bei einer Zuweisung wird automatisch die letzte Box von der Ausgabeliste entfernt. War der vorangegangene Listeneintrag keine Box, verhält sich `\lastbox` wie ein leeres Box-Register. Auf Elemente der *main vertical list* kann `\lastbox` nicht angewandt werden. Aus diesem Grund ist `\lastbox` im *external vertical mode* stets leer.

Vergleiche — `\hbox`, `\unhbox`, `\unvbox`, `\vbox`.

\lastkern

System — TeX-Primitive, Plain-TeX, LaTeX2.09, LaTeX 2_ε.

Wirkung — Liefert die Ausmaße eines direkt vorangegangenen `\kern`.

Beispiel `abc\kern-5cm\kern-\lastkern def`

abcdef

Bemerkung Ist das letzte Element in der Ausgabeliste kein `\kern`, dann entspricht `\lastkern` der Länge `0pt`. Das angegebene Beispiel macht den letzten `\kern` rückgängig. Sauberer ist jedoch in diesem Fall ein `\unkern`.

Vergleiche `\kern`, `\lastbox`, `\lastskip`, `\unkern`.

\lastskip

System TEX-Primitive, Plain-TEX, LATEX2.09, LATEX 2ε.

Wirkung Liefert die Ausmaße eines direkt vorangegangenen *skip*-Befehls.

Beispiel `abc\hskip-5cm\hskip-\lastskip def`

abcdef

Bemerkung Ist der letzte Eintrag in der Ausgabeliste kein *skip*, dann entspricht `\lastskip` der Länge `0pt`. Das angegebene Beispiel macht den letzten *skip*-Befehl rückgängig. Sauberer ist jedoch in diesem Fall ein `\unskip`.

Vergleiche `\hskip`, `\lastbox`, `\lastkern`, `\removelastskip`, `\unskip`.

\LaTeX LATEX

System LATEX2.09, LATEX 2ε.

Wirkung Erzeugt das LATEX-Logo

Vergleiche `\TeX`, [L] `\LaTeXe`, `\SLiTeX`.

\LaTeXe — LaTeX 2ε

System LaTeX 2ε.
Wirkung Erzeugt das LaTeX 2ε-Logo
Vergleiche `\TeX`, [L] `\LaTeX`.

\lbrace — {

System Plain-TeX, LaTeX2.09, LaTeX 2ε; Mathemodus.
Wirkung `\lbrace` ist äquivalent zu `\{`.
Definition `\def\lbrace{\delimiter"4266308 }`
Vergleiche `\lbrack`, `\lceil`, `\rbrace`.

\lbrack — [

System Plain-TeX, LaTeX2.09, LaTeX 2ε; Mathemodus.
Bemerkung `\lbrack` ist äquivalent zu `[`.
Vergleiche `\lbrace`, `\lceil`, `\rbrack`.

\lccode

System TeX-Primitive, Plain-TeX, LaTeX2.09, LaTeX 2ε.
Wirkung Legt zu einem gegebenen Zeichen x fest, welches Zeichen durch `\lowercase{`x`}` angesprochen wird.

Beispiel `\lccode`W=`m \lowercase{WILD}`
mild

Vergleiche `\lowercase`, `\uccode`, `\uppercase`.

\lceil ⌈

System Plain-TEX, LATEX2.09, LATEX 2$_\varepsilon$; Mathemodus.

Definition `\def\lceil{\delimiter"4264306 }`

Vergleiche `\lbrace`, `\lfloor`, `\lgroup`, `\rceil`.

\ldotp .

System Plain-TEX, LATEX2.09, LATEX 2$_\varepsilon$; Mathemodus.

Wirkung Erzeugt einen Punkt als Satzzeichen.

Definition `\mathchardef\ldotp="613A`

Vergleiche [L] `\ldots`.

\ldots ...

System Plain-TEX, LATEX2.09, LATEX 2$_\varepsilon$.

Wirkung Erzeugt drei Punkte auf Höhe der Grundlinie.

Definition `\def\ldots{\mathinner{\ldotp\ldotp\ldotp}}`

——— weitere Bedeutung ———

System LATEX2.09, LATEX 2$_\varepsilon$; Mathemodus.

Wirkung Die Wirkung ist mit der des TEX-Befehls identisch.

Definition

```
\def\@ldots{\mathinner{\ldotp\ldotp\ldotp}}
\def\ldots{\protect\pldots}
\def\pldots{\relax\ifmmode\@ldots\else
    \mbox{$\m@th\@ldots\,$}\fi}
```

Bemerkung — In LaTeX ist `\ldots` dahingehend umdefiniert, daß der Befehl auch im Textmodus funktioniert.

Vergleiche — `\dots`, [L] `\pldots`.

\le ≤

System — Plain-TeX, LaTeX2.09, LaTeX 2_ε; Mathemodus; Relation.

Wirkung — `\le` ist äquivalent zu `\leq`.

Definition — `\let\le=\leq`

Vergleiche — `\geq`, `\leq`.

\leaders ⟪⟨*Rule oder Box*⟩⟨*Breite*⟩⟫

System — TeX-Primitive, Plain-TeX, LaTeX2.09, LaTeX 2_ε.

Wirkung — Wiederholt die Befehle `\hbox`, `\vbox`, `\hrule` `\vrule` mit Rücksicht auf `\leaders`-Befehle in den vorangegangenen Zeilen.

Beispiel

```
\newbox\dotbox
\setbox\dotbox=\hbox to 1em{\hfil.\hfil}
\def\dotleaders{\leaders\copy\dotbox\hfil}
\leavevmode
\hbox to \linewidth{So\dotleaders verschieden}
\hbox to \linewidth{und doch \dotleaders gleich.}
```

So . . . . verschieden
und doch . . . . gleich.

Beschreibung — Hinter dem zu wiederholenden Befehl muß der Leerraum angegeben werden, der gefüllt werden soll. Das kann sowohl ein fester als auch ein elastischer Leerraum sein.

Die `\leaders`-Struktur muß von einer Box eingeschlossen werden. Hierbei sind auch die LaTeX-Befehle `\mbox`, `\fbox` u.ä. erlaubt. `\leaders` richtet die Objekte absolut an den Rändern der Box aus, die den Text umgibt, und nicht am Text. Deshalb erscheinen die wiederholten Objekte in verschiedenen Zeilen auf gleicher Höhe.

Vergleiche — `\cleaders`, `\hrulefill`, `\xleaders`.

\leadsto ⤳

System — LaTeX2.09, LaTeX 2ε: *package* `latexsym`; Mathemodus.

Definition — `\mathchardef\leadsto"3A3B`

Bemerkung — Der Befehl `\Box` wird vom NFSS in LaTeX 2ε nicht mehr standardmäßig bereitgestellt. Abhilfe schafft das *package* `latexsym`.

Vergleiche — [L] `\Box`, `\Diamond`, `\Join`, `\lhd`, `\mhc`, `\rhd`, `\sqsubset`, `\sqsupset`, `\unlhd`, `\unrhd`.

\leavevmode

System — Plain-TeX, LaTeX2.09, LaTeX 2ε.

Wirkung — Schaltet in den *horizontal mode*.

Definition — `\def\leavevmode{\unhbox\voidb@x}`

Beschreibung — Im *vertical mode* bewirkt `\leavevmode`, daß in den *horizontal mode* gewechselt und ein neuer Absatz begonnen wird. Die jedoch sonst übliche Absatzeinrückung unterbleibt in diesem Fall. Im *horizontal mode* bleibt der Befehl wirkungslos.

\left ⟨⟨*Begrenzer*⟩⟩

System — TeX-Primitive, Plain-TeX, LaTeX2.09, LaTeX 2ε; Mathemodus.

Wirkung — Leitet eine Unterformel ein.

Beispiel —

```
$({A^1_2\over B^1_2}) \quad
 \left|{A^1_2\over B^1_2}\right| \quad
 \left\{{X \atop Y}\right. $
```

$(\frac{A^1_2}{B^1_2}) \quad \left|\frac{A^1_2}{B^1_2}\right| \quad \left\{{X \atop Y}\right.$

Beschreibung — Der Beginn einer Unterformel macht sich dadurch bemerkbar, daß eine neue Gruppe begonnen wird und die Größe des folgenden Begrenzers der Größe der Unterformel angepaßt wird. Die Unterformel wird mit `\right` abgeschlossen. Auf `\right` muß ein Begrenzer folgen. Dieser wird auch der Größe der Unterformel angepaßt. Die Begrenzer für die Unterformel können beliebig gewählt werden. Möchte man, daß auf einer Seite kein Begrenzer erscheint, so gibt man als Begrenzer einen Punkt vor (siehe Beispiel).

Vergleiche — `\big`, `\right`.

\leftarrow ←

System — Plain-TEX, LATEX2.09, LATEX 2_ε; Mathemodus; Relation.

Definition — `\mathchardef\leftarrow="3220`

Vergleiche — `\gets`, `\Leftarrow`, `\longleftarrow`, `\rightarrow`.

\Leftarrow 

System — Plain-TEX, LATEX2.09, LATEX 2_ε; Mathemodus; Relation.

Definition — `\mathchardef\Leftarrow="3228`

Vergleiche — `\Downarrow`, `\leftarrow`, `\Longleftarrow`, `\Rightarrow`.

\leftarrowfill

System — Plain-TEX, LATEX2.09, LATEX 2_ε.

Wirkung — Füllt die umgebende Box mit einem langen Linkspfeil.

Beispiel
```
Anfang \leftarrowfill\ Ende
```
Anfang $\longleftarrow$ Ende

Definition
```
\def\leftarrowfill{$\m@th\mathord\leftarrow\mkern-6mu%
  \cleaders\hbox{$\mkern-2mu\mathord-\mkern-2mu$}\hfill
  \mkern-6mu\mathord-$}
```

Vergleiche `\dotfill`, `\leftarrow`, `\rightarrowfill`, [L] `\upbracefill`, Pfeile.

\lefteqn ⟨*Formel*⟩

System LaTeX2.09, LaTeX 2ε.

Wirkung Bewirkt innerhalb der `equation`-Umgebung, daß die nachfolgenden Formeln gegenüber der angegebenen Formel eingerückt werden.

Beispiel
```
\begin{eqnarray*}
\lefteqn{\mbox{Formel} :=}\hskip2em\\
&&  a+b+c+\\
&&  e+f+g \\
\end{eqnarray*}
```

$$\begin{aligned}&\text{Formel} :=\\ &\qquad a+b+c+\\ &\qquad e+f+g\end{aligned}$$

Definition
```
\def\lefteqn#1{\hbox to\z@{$\displaystyle #1$\hss}}
```

Beschreibung Die nachfolgenden Formelzeilen werden mit `&&` eingeleitet. Der Leerraum zwischen \\lefteqn und \\ bestimmt die Einrücktiefe der nachfolgenden Formeln.

Vergleiche [L] {`eqnarray`}.

\leftharpoondown ↽

System Plain-TEX, LATEX2.09, LATEX 2ε; Mathemodus; Relation.

Definition `\mathchardef\leftharpoondown="3129`

Vergleiche `\leftharpoonup`.

\leftharpoonup ↼

System Plain-TEX, LATEX2.09, LATEX 2ε; Mathemodus; Relation.

Definition `\mathchardef\leftharpoonup="3128`

Vergleiche `\leftharpoondown`.

\lefthyphenmin

System TEX3-Primitive, Plain-TEX, LATEX2.09, LATEX 2ε.

Wirkung Legt die Anzahl der Zeichen fest, die beim Trennen eines Wortes mindestens in der alten Zeile verbleiben müssen.

Syntax Siehe Crashkurs: *TEX-Zähler*.

Beispiel Standard: `\lefthyphenmin=2`

Vergleiche `\righthyphenmin`.

\leftline ⟨*text*⟩

System Plain-TEX, LATEX2.09, LATEX 2ε.

Wirkung Setzt eine Zeile linksbündig.

Beispiel `\leftline{Diese Zeile ist linksb"undig}`

Diese Zeile ist linksbündig

Definition TeX `\def\leftline#1{\line{#1\hss}}`

Definition LaTeX (2_ε)

```
\def\@@line{\hbox to\hsize}
\def\leftline#1{\@@line{#1\hss}}
```

Vergleiche `\centerline`, `\rightline`.

\leftmargin

System LaTeX2.09, LaTeX 2_ε.

Wirkung Legt für die `list`-Umgebung fest, wie weit das innere der Umgebung gegenüber dem Text außerhalb der Umgebung eingerückt wird.

Syntax Siehe Crashkurs: *feste Längen.*

Beispiel siehe {`list`}.

Bemerkung `\leftmargin` wird je nach Schachtelungstiefe mit `\leftmargini`, `\leftmarginii` bis `\leftmarginvi` vorinitialisiert.

Der Wert von `\leftmargin` darf nicht negativ sein.

Vergleiche [L] `\itemindent`, `\labelsep`, `\labelwidth`, `\leftmargini`.

\leftmargini

System LaTeX2.09, LaTeX 2_ε.

Wirkung Mit dieser festen Länge wird `\leftmargin` in der `list`-Umgebung vorinitialisiert.

Syntax Siehe Crashkurs: *feste Längen.*

Beispiel `\leftmargini 25pt`

Beschreibung Einige Umgebungen sind intern durch eine `list`-Umgebung definiert. Man nennt diese Umgebungen Listenumgebungen. Da diese Umgebungen `list` verwenden, ist die Linkseinrückung von Listenumgebungen, ebenfalls von dieser Länge abhängig.

Folgende Umgebungen sind Listenumgebungen:

`description`, `enumerate`, `itemize`, `quotation`, `quote` und `verse`.

Bemerkung

Listenumgebungen können geschachtelt werden. Aus diesem Grund existieren noch fünf weitere `leftmargin`-Befehle, nämlich `leftmarginii`, `leftmarginiii`, `leftmarginiv`, `leftmarginv` und `leftmarginvi`. Schachtelt man Listenumgebungen, das heißt, eröffnet man innerhalb einer Listenumgebung eine neue Listenumgebung, wird dort `\leftmargin` mit `\leftmarginii` statt mit `\leftmargini` initialisiert. Die restlichen vier Befehle existieren analog für tiefere Schachtelungsebenen. Die aktuelle Einrücktiefe ergibt sich somit aus der Summe der Werte der `\leftmargin`x-Befehle, wobei für x alle römischen Zahlen von `i` bis zur aktuellen Schachtelungstiefe einzusetzen sind, beispielsweise `i` bis `iv`.

Vergleiche

[L] `\leftmargin`, {`list`}.

\leftmarginii

System

LaTeX2.09, LaTeX 2ε.

Wirkung

Siehe `\leftmargini`.

\leftmarginiii

System

LaTeX2.09, LaTeX 2ε.

Wirkung

Siehe `\leftmargini`.

\leftmarginiv

System

LaTeX2.09, LaTeX 2ε.

Wirkung

Siehe `\leftmargini`.

\leftmarginv

System LaTeX2.09, LaTeX 2_ε.
Wirkung Siehe `\leftmarginv`.

\leftmarginvi

System LaTeX2.09, LaTeX 2_ε.
Wirkung Siehe `\leftmargini`.

\leftmark

System LaTeX2.09, LaTeX 2_ε.
Wirkung Referiert das erste Argument des letzten auf dieser Seite gesetzten `\markboth`-Befehls.
Beispiel
```
\markboth{Kohlrabi}{Schnittlauch}
\leftmark
```
Kohlrabi

Vergleiche [L] `\markboth`, `\markright`, `\rightmark`.

\leftrightarrow $\leftrightarrow$

System Plain-TeX, LaTeX2.09, LaTeX 2_ε; Mathemodus; Relation.
Vergleiche `\Leftrightarrow`, `\longleftrightarrow`.

\Leftrightarrow ⇔

System Plain-TEX, LATEX2.09, LATEX 2ε; Mathemodus; Relation.

Vergleiche \leftrightarrow, \Longleftrightarrow.

\leftskip

System TEX-Primitive, Plain-TEX, LATEX2.09, LATEX 2ε.

Wirkung Bewirkt eine Linkseinrückung.

Beispiel

```
{\advance\leftskip6cm\par Der Text dieses Absatzes
ist sechs Zentimeter nach links einger"uckt.\par}
```

Der Text dieses Absatzes ist sechs Zentimeter nach links eingerückt.

Beschreibung `\leftskip` ist ein horizontaler Leerraum, der zu Beginn jeder Zeile eines Absatzes links eingefügt wird. Dies bewirkt effektiv eine Verkürzung der Zeilenbreite um `\leftskip`. Für LATEX-Anwender sei an dieser Stelle angemerkt, daß auch `\item`-Marken in Listenumgebungen von dieser Einrückung betroffen werden.

`\leftskip` sollte nur lokal und relativ verändert werden, das heißt, `\leftskip` möglichst nur innerhalb einer Gruppe verwenden und nur einen gewissen Betrag addieren oder subtrahieren. Nicht ratsam sind globale Zuweisungen und Zuweisungen von Absolutbeträgen.

Ein globale Zuweisung kann in Plain-TEX dann sinnvoll sein, wenn man die Seitenränder im laufenden Dokument global ändern möchte.

Vergleiche \hangindent, \rightskip, [L] \oddsidemargin.

\lengthtest ⟨*Test*⟩

System	LaTeX 2ε: *package* `ifthen`.
Wirkung	Führt einen Längenvergleich durch.

Beispiel	`\newlength{\xyz}\setlength{\xyz}{7cm}`
	`\ifthenelse{\lengthtest{\xyz < 5cm}}%`
	`{xyz kleiner 5cm}{xyz gr"o"ser gleich 5cm}`
	xyz größer gleich 5cm

Beschreibung	Zum Vergleich kann jede Länge herangezogen werden, die durch `\newlenght` definiert wurde. Aber auch eine explizite Längenangabe ist erlaubt. Als Relationen stehen <, =, und > zur Verfügung.
Vergleiche	[L] `\ifthenelse`.

\leq $\leq$

System	Plain-TeX, LaTeX2.09, LaTeX 2ε; Mathemodus; Relation.
Bemerkung	`\le` ist äquivalent zu `\leq`.
Vergleiche	`\geq`, `\le`.

\leqalignno ⟨*Formelblock*⟩

System	Plain-TeX.
Wirkung	Geeignet zum Ausrichten und Numerieren von Formelblöcken.
Beispiel	see below

```
$$\leqalignno{a + b &= c &(1)\cr
              d &= e + f &(2)\cr}$$
```

(1) $a + b = c$

(2) $d = e + f$

Beschreibung — Als Argument werden die Formelzeilen übergeben. Alle Zeilen müssen mit `\cr` abgeschlossen werden. In jeder Zeile müssen sich außerdem zwei `&`-Zeichen befinden. Die Zeilen werden so ausgerichtet, daß die mit dem ersten `&` gekennzeichneten Stellen alle auf einer Höhe liegen. Der Text zwischen dem zweiten `&`-Zeichen und `\cr` wird als Markierung bündig an den linken Seitenrand gesetzt.

Bemerkung — In LaTeX existiert dieser Befehl nicht. Dafür steht `\eqnarray` zur Verfügung.

Vergleiche — `\eqnarray`, `\leqno`, [T] `\eqalign`, `\eqalignno`.

\leqno

System — TeX-Primitive, Plain-TeX, LaTeX2.09, LaTeX 2ε.

Wirkung — Erzeugt eine linksbündige Formelmarke in einer mittels `$$` abgesetzten Formel.

Beispiel —

```
$$ a^2 + b^2 = c^2 \leqno (1) $$
```

(1) $$a^2 + b^2 = c^2$$

Beschreibung — Nach `\leqno` darf nur noch die Formelmarke und `$$` folgen.

Vergleiche — `\eqno`, `\leqnalign`, [L] `{eqnarray}`, `{equation}`.

\let ⟨*Befehlsname*⟩ = ⟨*Token*⟩

System — TeX-Primitive, Plain-TeX, LaTeX2.09, LaTeX 2ε.

Wirkung — Definiert einen neuen Befehl, indem er einem Befehlsnamen die Bedeutung eines Token zuweist.

Beispiel —

```
\let\endgraf=\par      \let\endline=\cr
\let\bgroup={          \let\egroup=}
\let\sp=^              \let\sb=_
\let\lnot=\neg         \let\land=\wedge
```

Beschreibung — Das ist =-Zeichen in der Syntax darf man auch weglassen. Ist das zugewiesene Token expandierbar, hat der neu definierte Befehl den gleichen Ersetzungstext wie das *Token*.

Bemerkung — Weist man mittels `\let` einem Befehl die Bedeutung eines Token zu und definiert danach das entsprechende Token um, bleibt die ursprüngliche Bedeutung des Token in Form des neuen Befehls erhalten.

Vergleiche — `\csname`, `\def`, `\expandafter`, `\futurelet`.

{**letter**} ⟨*Empfänger*⟩

System — LaTeX2.09: Dokumentstil `letter`, LaTeX 2$_\varepsilon$ Dokumentklasse `letter`.

Wirkung — Erstellt einen Brief.

Beispiel

```
\documentstyle[german]{letter}
\signature{Karl Hinz}
\address{Radgasse 4\\08150 Feldberg}
\begin{document}
\begin{letter}{Kurt Kunz\\Spenglergasse 1\\47011 Wiesenfeld}
\opening{Betr: Analyse der Heuablagerungen}

Sehr geehrter Herr Hinz,

wie vereinbart, sende ich Ihnen . . .

\closing{Mit freundlichen Gr"u"sen}
\encl{Analyse, Fotos}
\end{letter}
\end{document}
```

Beschreibung — Der `letter`-Umgebung wird mit dem Parameter *Empfänger* die vollständige Adresse des Empfängers übergeben. Zeilenumbrüche innerhalb der Adresse sind mit Hilfe des `\\`-Befehls möglich. Die eigene Anschrift gibt man mit Hilfe von `\adress` und `\signature` außerhalb der `letter`-Umgebung an. Zwischen zwei Briefen kann man die Anschrift, das heißt `\address` und `\signature` ändern.

Ein Brief beginnt mit einer Anrede und endet mit einer Grußformel. Die Anrede wird mit Hilfe von `\opening` generiert, die Grußformel durch den Befehl `\closing`. Statt einer Grußformel kann man, wie im Beispiel zu sehen, auch den Betreff dort unterbringen.

Bemerkung	Ein Dokument kann mehrere Briefe umfassen. Das bedeutet, mehrere `letter`-Umgebungen hintereinander in einem Dokument sind erlaubt.
Vergleiche	`\signature`, `\telephone`, [L] `\address`, `\cc`, `\closing`, `\encl`, `\makelabels`, `\opening`, `\today`.

\lfloor $\lfloor$

System	Plain-TeX, LaTeX2.09, LaTeX 2_ε; Mathemodus.
Vergleiche	`\lbrace`, `\lceil`, `\lgroup`.

\lg $\lg$

System	Plain-TeX, LaTeX2.09, LaTeX 2_ε; Mathemodus.
Wirkung	Erzeugt den Funktionsnamen lg.
Vergleiche	Funktionsnamen.

\lgroup $\lgroup$

System	Plain-TeX, LaTeX2.09, LaTeX 2_ε; Mathemodus.
Vergleiche	`\lbrace`, `\lceil`, `\lfloor`.

\lhd $\lhd$

System	LaTeX2.09, LaTeX 2_ε: *package* `latexsym`; Mathemodus.
Bemerkung	Der Befehl `\Box` wird vom NFSS in LaTeX 2_ε nicht mehr standardmäßig bereitgestellt. Abhilfe schafft das *package* `latexsym`.
Vergleiche	[L] `\Box`, `\Diamond`, `\Join`, `\leadsto`, `\mho`, `\rhd`, `\sqsubset`, `\sqsupset`, `\unlhd`, `\unrhd`.

\lhook

System Plain-TEX, LATEX2.09, LATEX 2ε; Mathemodus.
Vergleiche `\hookrightarrow`, [L] `\rhook`.

\lim

lim

System Plain-TEX, LATEX2.09, LATEX 2ε; Mathemodus.
Wirkung Erzeugt den Funktionsnamen lim.
Vergleiche Funktionsnamen.

\liminf

lim inf

System Plain-TEX, LATEX2.09, LATEX 2ε; Mathemodus.
Wirkung Erzeugt den Funktionsnamen lim inf.
Vergleiche Funktionsnamen.

\limits

System TEX-Primitive, Plain-TEX, LATEX2.09, LATEX 2ε.
Wirkung Bewirkt, daß die Grenzen über und unter dem Operator angeordnet werden.

Beispiel

```
$$\sum\limits_{i=1}^Ni^2\hskip3em%
\int\limits_a^bx\,dx$$
\makebox[\linewidth]{
$\sum\limits_{i=1}^Ni^2\hskip3em%
\int\limits_a^bx\,dx$}
```

$$\sum\limits_{i=1}^N i^2 \hskip3em \int\limits_a^b x\,dx$$

$\sum\limits_{i=1}^N i^2 \hskip3em \int\limits_a^b x\,dx$

Bemerkung `\limits` muß direkt hinter den Operator gestellt werden.

Vergleiche `\displaylimits`, `\nolimits`.

\limsup

$\limsup$

System Plain-TEX, LATEX2.09, LATEX 2ε; Mathemodus.

Wirkung Erzeugt den Funktionsnamen lim sup.

Vergleiche Funktionsnamen.

\line

System Plain-TEX, LATEX2.09, LATEX 2ε.

Wirkung Erzeugt eine `\hbox` über die Breite der Zeile.

Syntax `\line` ⟨*Text*⟩

Beispiel `\line{Eine Zeile ohne Umbruch\hss}`

Eine Zeile ohne Umbruch

Definition `\def\line{\hbox to\hsize}`

Bemerkung Für die ordnungsgemäße Füllung der `\hbox` muß selbst gesorgt werden.

Vergleiche `\centerline`, `\leftline`, `\rightline`.

weitere Bedeutung

System: LaTeX2.09, LaTeX 2ε.

Wirkung: Erzeugt eine Linie als Bildobjekt. Dieser Befehl ist nur innerhalb der picture-Umgebung verfügbar.

Syntax: `\line (x,y) ⟨Länge⟩`

Beispiel: siehe {picture}.

Beschreibung: Die Parameter x und y legen die Steigung der Geraden fest.

Bemerkung: Die Wirkung des TeX-`\line`-Befehls kann in LaTeX durch den geschützten Befehl `\@@line` erzielt werden.

Vergleiche: [L] {picture}, `\vector`.

\linebreak [⟨*Stufe*⟩]

System: LaTeX2.09, LaTeX 2ε.

Wirkung: Begünstigt einen Zeilenumbruch.

Beschreibung: Der optionale Parameter *Stufe* kann die Werte 0, 1, 2, 3 und 4 annehmen. Je höher die gewählte Stufe, desto dringlicher ist die Empfehlung für den Zeilenumbruch. Stufe 4 erzwingt den Zeilenumbruch. Ohne optionalen Parameter wird standardmäßig Stufe 4 angenommen.

Bemerkung: Im Gegensatz zu `\newline` sorgt `\pagebreak` für einen Randausgleich in der umbrochenen Zeile.

Vergleiche: `\allowbreak`, [L] `\newline`, `\nolinebreak`, `\pagebreak`.

\linepenalty

System: TeX-Primitive, Plain-TeX, LaTeX2.09, LaTeX 2ε.

Wirkung: Verteilt Strafpunkte für einen Zeilenumbruch.

Syntax: Siehe Crashkurs: *TeX-Zähler*.

Beispiel: Standard: `\linepenalty10`.

Bemerkung — Je höher man diesen Wert setzt, desto stärker bemüht sich TEX, die Zeilenzahl innerhalb eines Absatzes möglichst klein zu halten. Als Folge werden natürlich andere Prioritäten in den Hintergrund gedrängt.

Vergleiche — `\looseness`, `\penalty`.

\lineskip

System — TEX-Primitive, Plain-TEX, LATEX2.09, LATEX 2_ε.

Wirkung — Fügt vertikalen Leerraum zwischen zwei Boxen ein, deren vertikaler Abstand `\lineskiplimit` unterschreitet.

Syntax — Siehe Crashkurs: *elastische Längen.*

Beispiel — Standard: `lineskip=1pt`.

Vergleiche — `\lineskiplimit`.

\lineskiplimit

System — TEX-Primitive, Plain-TEX, LATEX2.09, LATEX 2_ε.

Wirkung — Legt den vertikalen Mindestabstand zwischen zwei Boxen fest.

Syntax — Siehe Crashkurs: *feste Längen.*

Beispiel — Standard: `lineskiplimit=0pt`.

Beschreibung — Wird `\lineskiplimit` unterschritten, fügt TEX zwischen den Boxen `\lineskip` als vertikalen Leerraum ein.

Vergleiche — `\lineskip`, `\normallineskiplimit`.

\linethickness ⟨*Breite*⟩

System — LATEX2.09, LATEX 2_ε.

Wirkung — Legt die Strichdicke von vertikalen und horizontalen Linien innerhalb der `picture`-Umgebung fest.

Beispiel

```
\unitlength1mm
\linethickness{1mm}
\begin{picture}(10,10)
\put(2,2){\framebox(4,4){}}
\end{picture}
```

Bemerkung — Nicht betroffen von `\linethickness` sind schiefe Linien, Kreise und die abgerundeten Ecken eines `\oval`.

\linewidth

System — LaTeX2.09, LaTeX 2_ε.

Wirkung — Referiert die aktuelle Zeilenbreite.

Syntax — Siehe Crashkurs: *feste Längen*.

Beispiel — `\leavevmode\hbox to \linewidth{\dotfill}`

. . . .

Definition — `\newdimen\linewidth`

Beschreibung — Der Befehl liefert die zur Zeit effektiv für Text zur Verfügung stehende Zeilenbreite. Das heißt, es werden bei der Berechnung von `\linewidth` auch alle Einrückungen berücksichtigt, die durch Umgebungen bedingt sind.

Bemerkung — Diese Länge ist nur zum Auslesen gedacht.

Vergleiche — `\hsize`, [L] `\columnwidth`.

{list} ⟨*Standardmarke*⟩⟨*Initialisierung*⟩

System — LaTeX2.09, LaTeX 2_ε.

Wirkung — Erzeugt eine Liste.

Beispiel 1

```
\newcounter{itemcount}
\begin{list}{(\roman{itemcount})\hfill}
{\leftmargin1cm\labelwidth6mm\labelsep4mm
\usecounter{itemcount}}
\item D"oner
```

```
\item Pizza
\item Gyros
\end{list}
```

(i) Döner
(ii) Pizza
(iii) Gyros

Beispiel 2 Siehe `\makelabel`.

Beschreibung Der Parameter *Standardmarke* gibt an, wie die Listeneinträge gekennzeichnet werden sollen, wenn bei `\item` der optionale Parameter fehlt. Mit dem zweiten Parameter kann die Liste beliebig konfiguriert werden.

Vergleiche `\parskip`, `\trivlist`, [L] `\itemindent`, `\itemsep`, `\labelsep`, `\labelwidth`, `\leftmargin`, `\listparindent`, `\makelabel`, `\parsep`, `\partopsep`, `\topsep`, `\usecounter`.

\listfigurename

System LaTeX2.09, LaTeX 2_ε.

Wirkung Legt die Bezeichnung für das Abbildungsverzeichnis fest.

Beispiel `\def\listfigurename{Abbildungen}`

Vergleiche [L] `{figure}`, `\listoffigures`.

\listfiles

System LaTeX 2_ε.

Wirkung Gibt eine Liste (fast) aller Dateien aus, die in das Dokument eingebunden werden.

Beschreibung

Die Liste wird am Ende des Übersetzungsvorgangs ausgegeben. Genau gesagt, schiebt der Befehl, sobald er auftaucht, seinen Quellcode auf die `\AtEndDocument`-Token-Liste.

Nicht berücksichtigt werden Dateien, die durch den internen Befehl `\@@input` eingelesen werden. Dieser Befehl entspricht dem ursprünglichen `\input`-Befehl von TeX. Davon betroffen sind z.B. die `.cfg`-Dateien.

Vergleiche

[L] `{filecontents}`.

\listoffigures

System

LaTeX2.09, LaTeX 2ε.

Wirkung

Erzeugt ein Abbildungsverzeichnis.

Beispiel

```
\listoffigures
```

Abbildungsverzeichnis

Beschreibung

Als Einträge werden die Abbildungsbeschriftungen verwendet, die man mit `\caption` an den Abbildungen anbringt. Ein Eintrag besteht aus drei Teilen: der Abbildungsnummer, dem Abbildungstitel und der Seitennummer. Für den Titel des Abbildungsverzeichnisses ist `\listfigurename` verantwortlich. Ansonsten verhält sich der Befehl wie `\tableofcontents`.

Bemerkung

Die Einträge werden in einer Hilfsdatei mit der Endung `.lof` abgelegt.

Vergleiche

[L] `\addcontentsline`, `\addtocontents`, `\caption`, `{figure}`, `\listfigurename`, `\tableofcontents`.

\listoftables

System — LaTeX2.09, LaTeX 2_ε.

Wirkung — Erzeugt ein Tabellenverzeichnis.

Beispiel — Analog `\listoffigures`.

Beschreibung — Als Einträge werden die Tabellenbeschriftungen verwendet, die `\caption` erzeugt. Die Einträge werden in einer Datei mit der Endung `.lot` abgelegt. Sie entsprechen den Einträgen der `.lof`-Datei von `\listoffigures`. Für den Titel des Tabellenverzeichnisses ist `\listtablename` verantwortlich. Ansonsten verhält sich der Befehl wie `\tableofcontents`.

Vergleiche — [L] `\addcontentsline`, `\addtocontents`, `\caption`, `\listtablename`, `{table}`, `\tableofcontents`.

\listparindent

System — LaTeX2.09, LaTeX 2_ε.

Wirkung — Diese feste Länge legt die Einrückung der ersten Zeile eines Absatzes innerhalb der `list`-Umgebung fest.

Syntax — Siehe Crashkurs: *feste Längen*.

Beispiel — Standard: `\listparindent0pt`

Definition — `\newdimen\listparindent`

Beschreibung — Die Einrückung wird erreicht, indem innerhalb der Liste `\parindent` gleich `\listparindent` gesetzt wird.

Vergleiche — `\parindent`, [L] `{list}`.

\listtablename

System — LaTeX2.09, LaTeX 2_ε.

Wirkung — Legt die Bezeichnung für das Tabellenverzeichnis fest.

Beispiel `\def\listtablename{Tabellen}`
Vergleiche [L] `\listoftables`.

\ll ≪

System Plain-TEX, LATEX2.09, LATEX 2ε; Mathemodus; Relation.
Definition `\mathchardef\ll="321C`
Vergleiche `\gg`.

\llap ⟨*Tokens*⟩

System Plain-TEX, LATEX2.09, LATEX 2ε.
Wirkung Gibt das Argument rechtsbündig zur aktuellen Ausgabeposition aus.
Beispiel `abc\llap{///}def`
a̸b̸c̸def
Definition `\def\llap#1{\hbox to\z@{\hss#1}}`
Vergleiche `\rlap`.

\lmoustache

System Plain-TEX, LATEX2.09, LATEX 2ε; Mathemodus; Relation.
Beispiel `$\Big\lmoustache$` liefert ⎰
Definition `\def\lmoustache{\delimiter"437A340 }`
Bemerkung `\lmoustache` besitzt keine feste Größe. Deshalb muß diese durch einen Befehl wie `\big` oder `\left` vorgegeben werden.
Vergleiche `\big`, `\left`, `\rmoustache`.

\ln — ln

System — Plain-TEX, LATEX2.09, LATEX 2_ε; Mathemodus.

Wirkung — Erzeugt den Funktionsnamen ln.

Definition — `\def\ln{\mathop{\rm ln}\nolimits}`

Vergleiche — Funktionsnamen.

\lnot — ¬

System — Plain-TEX, LATEX2.09, LATEX 2_ε; Mathemodus.

Wirkung — `\lnot` ist äquivalent zu `\neg`.

Definition — `\let\lnot=\neg`

\load ⟨*Schriftgröße*⟩⟨*Schriftart*⟩

System — LATEX2.09; Mathemodus.

Wirkung — Lädt im Mathemodus den Zeichensatz für die angegebene Schriftart in der angegebenen Schriftgröße nach.

Beispiel

```
\load{\textfont}{\sf}
$\footnotesize{\sf Formel} a^2+b^2=c^2$
```

Beschreibung — Dieser Befehl wird nur in dem Fall benötigt, daß LATEX im Mathemodus einen nachladbaren Zeichensatz nicht nachladen kann. In diesem Fall erscheint eine Fehlermeldung der folgenden Art:

```
! \textfont         ... is undefined (character ...).
! \scriptfont       ... is undefined (character ...).
! \scriptscriptfont ... is undefined (character ...).
```

Man kann sich dieser Fehlermeldung nur entledigen, indem man den von LATEX benötigten Zeichensatz vor der Stelle lädt, an der der Fehler auftaucht.

Das Beispiel oben setzt voraus, daß LATEX den Zeichensatz für `\textfont` in der Größe `\footnotesize` in Sans Serif (`\sf`) nicht laden konnte.

Bemerkung

Ein mittels `\load` geladener Zeichensatz wird für alle drei Matheschriftgrößen (`\texfont`, `\scriptfont` und `\scriptscriptfont`) verwendet.

Vergleiche

[L] `\newfont`.

\LoadClass [⟨*Optionen*⟩] ⟨*Dokumentklasse*⟩ [⟨*Datum*⟩]

System

LaTeX 2ε.

Wirkung

Lädt eine Dokumentklasse nach.

Beispiel

`\LoadClass{article}[12pt,twoside]`

Beschreibung

Der Parameter *Optionen* ist eine durch Kommata getrennte Liste von Optionen, die der Dokumentklasse bekannt gemacht werden sollen.

`\LoadClass` arbeitet wie `\RequirePackage`, das heißt: Wurde die Klasse bis jetzt noch nicht geladen, dann wird sie jetzt geladen. Wurde sie bereits zuvor mit gewissen Optionen geladen, erscheint eine Fehlermeldung, wenn sie jetzt mit Optionen geladen wird, die vorher nicht verwendet wurden.

Im Gegensatz zu `\RequirePackage` sind die globalen Optionen der Dokumentklasse unbekannt, solange sie nicht in der Liste der Optionen aufgeführt sind, oder aber durch den Befehl `\PassOptionsToClass` explizit bekannt gemacht wurden.

Mit dem optionalen Parameter *Datum* kann gefordert werden, daß die Version der zu ladenden Dokumentklasse nicht älter sein darf als das angegebene Datum.

Bemerkung

`\LoadClass` kann nur in Klassen-Dateien (`.cls`) verwendet werden. In jeder Dokumentklasse darf höchstens ein `\LoadClass`-Befehl stehen.

Vergleiche

`\PassOptionToClass`, [L] `\OptionNotUsed`, `\ProvidesClass`, `\RequirePackage`.

\log

log

System: Plain-TEX, LATEX2.09, LATEX 2_ε; Mathemodus.

Wirkung: Erzeugt den Funktionsnamen log.

Definition: `\def\log{\mathop{\rm log}\nolimits}`

Vergleiche: Funktionsnamen.

\long

System: TEX-Primitive, Plain-TEX, LATEX2.09, LATEX 2_ε.

Wirkung: Erlaubt Befehle zu definieren, die ganze Absätze als Parameter akzeptieren.

Beispiel:

```
\long\def\Schief#1{{\it#1\/}}
\Schief{Ein Absatz\par im Argument.}
```

Ein Absatz

im Argument.

Beschreibung: Zieht sich das Argument eines Befehls über mehrere Absätze hin, bricht TEX vorsichtshalber den Übersetzungsvorgang mit der Fehlermeldung `runaway arguments` ab. Denn oft hat man in so einem Fall einfach nur eine Klammer vergessen.

Durch das Voranstellen von `\long` vor die Befehlsdefinition dürfen alle Parameter des neudefinierten Befehls auch Absätze enthalten.

`\long` darf als Präfix vor folgenden Befehlen stehen: `\def`, `\edef`, `\gdef` und `\xdef`.

Bemerkung: Der Mechanismus, der TEX bei einem Absatz in einem Argument abbrechen läßt, spricht nur auf das Zeichen für Zeilenumbruch (`^^M`) und den Befehl `\par` an, nicht aber auf Synonyme wie `\endgraf`. Der Befehl `\endgraph` beispielsweise verursacht keinen Abbruch!

Vergleiche: `\def`, `\endgraf`, `\par`.

\longleftarrow $\longleftarrow$

System Plain-TEX, LATEX2.09, LATEX 2_ε; Mathemodus; Relation.
Definition `\def\longleftarrow{\leftarrow\joinrel\relbar}`
Vergleiche `\leftarrow`, `\Longleftarrow`, `\longrightarrow`.

\Longleftarrow $\Longleftarrow$

System Plain-TEX, LATEX2.09, LATEX 2_ε; Mathemodus; Relation.
Definition `\def\Longleftarrow{\Leftarrow\joinrel\Relbar}`
Vergleiche `\Leftarrow`, `\longleftarrow`, `\Longrightarrow`.

\longleftrightarrow 

System Plain-TEX, LATEX2.09, LATEX 2_ε; Mathemodus; Relation.
Definition `\def\longleftrightarrow{\leftarrow\joinrel\rightarrow}`
Vergleiche `\leftrightarrow`, `\Longleftrightarrow`.

\Longleftrightarrow 

System Plain-TEX, LATEX2.09, LATEX 2_ε; Mathemodus; Relation.
Definition `\def\Longleftrightarrow{\Leftarrow\joinrel\Rightarrow}`
Vergleiche `\Leftrightarrow`, `\longleftrightarrow`.

\longmapsto ⟼

System: Plain-TeX, LaTeX2.09, LaTeX 2_ε; Mathemodus; Relation.

Definition: `\def\longmapsto{\mapstochar\longrightarrow}`

Vergleiche: `\mapsto`.

\longrightarrow 

System: Plain-TeX, LaTeX2.09, LaTeX 2_ε; Mathemodus; Relation.

Definition: `\def\longrightarrow{\relbar\joinrel\rightarrow}`

Vergleiche: `\longleftarrow`, `\Longrightarrow`, `\rightarrow`.

\Longrightarrow 

System: Plain-TeX, LaTeX2.09, LaTeX 2_ε; Mathemodus; Relation.

Definition: `\def\Longrightarrow{\Relbar\joinrel\Rightarrow}`

Vergleiche: `\Longleftarrow`, `\longrightarrow`, `\Rightarrow`.

\loop ⟨*Tokens*⟩⟨*Bedingung*⟩ `\repeat`

System: Plain-TeX, LaTeX2.09, LaTeX 2_ε.

Wirkung: Erzeugt eine Schleife mit Abbruchbedingung.

Beispiel

```
\newcount\x \x=0
\newcount\y \y=0
\loop
%  \y=0  % unnoetig (siehe Beschreibung)
   {\loop
       \the\x\the\y\
       \advance\y by 1
   \ifnum\y<10
   \repeat}
   \advance\x by 1
\ifnum\x<6
\repeat
```

00 01 02 03 04 05 06 07 08 09 10 11 12 13 14 15 16 17 18 19 20 21 22 23 24 25 26 27 28 29 30 31 32 33 34 35 36 37 38 39 40 41 42 43 44 45 46 47 48 49 50 51 52 53 54 55 56 57 58 59

Definition

```
\def\loop#1\repeat{\def\body{#1}\iterate}
\def\iterate{\body \let\next\iterate
\else\let\next\relax\fi \next}
\let\repeat=\fi
```

Beschreibung Als Bedingung sind alle *if*-Befehle zulässig. Man kann Schleifen schachteln, dabei ist jedoch zu beachten, daß jede Schleife mit Gruppenklammern umschlossen ist, sonst funktioniert es nicht. Wie man im Beispiel sieht, wird durch die Klammerung auch das Zurücksetzen des inneren Schleifenzähler überflüssig (siehe `\y=0` im Beispiel). Dieser wird nämlich automatisch beim Verlassen der Klammerebene zurückgesetzt.

Vergleiche `\ifx`.

\looseness

System TEX-Primitive, Plain-TEX, LATEX2.09, LATEX 2_ε.

Wirkung Dieses Register legt fest, um wieviele Zeilen der aktuelle Absatz gestreckt werden soll.

Syntax Siehe Crashkurs: *TEX-Zähler*.

Beispiel — `\looseness1 Dieser Absatz...`

Dieser Absatz wurde gerade soweit gestreckt, daß er nun eine Zeile mehr belegt, als er belegen würde, wäre er nicht gestreckt worden.

Jetzt ohne `\looseness`:

Dieser Absatz wurde gerade soweit gestreckt, daß er nun eine Zeile mehr belegt, als er belegen würde, wäre er nicht gestreckt worden.

Beschreibung — Bei Angabe eines negativen Wertes versucht TEX den Absatz in entprechend weniger Zeilen unterzubringen. `\looseness` wird nach jedem Absatz auf `0` zurückgesetzt.

\lor $\vee$

System — Plain-TEX, LATEX2.09, LATEX 2ε; Mathemodus; Binärer Operator.

Wirkung — `\lor` ist äquivalent zu `\vee`.

Definition — `\let\lor=\vee`

Vergleiche — `\vee`.

\lower ⟪⟨*Länge*⟩⟨*Box*⟩⟫

System — TEX-Primitive, Plain-TEX, LATEX2.09, LATEX 2ε.

Wirkung — Setzt die nachfolgende `\hbox` tiefer.

Beispiel — `-- \raise1mm\hbox{1}\hbox{2}\lower1mm\hbox{3} --`

– $^{1}2_{3}$ –

Bemerkung — Die Unterlänge einer auf diese Weise tiefer gesetzten `\hbox` vergrößert sich um den Betrag von `\lower`.

Vergleiche — `\kern`, `\moveleft`, `\moveright`, `\raise`.

\lowercase 《 { ⟨*Tokens*⟩ } 》

System — TeX-Primitive, Plain-TeX, LaTeX2.09, LaTeX 2_ε.

Wirkung — Konvertiert einen Text in Kleinbuchstaben.

Beispiel —
```
\lowercase{\centerline{GrO"SuNDklEinScHReIbuNg}}
```
großundkleinschreibung

Bemerkung — Falls ein Befehl im Argument von `\lowercase` auftaucht, so bleibt dieser von der Umwandlung unberührt. Nach der Umwandlung werden sämtliche Tokens des umgewandelten Argumentes der Reihe nach ausgeführt.

Vergleiche — `\lccode`, `\uppercase`.

\lq

System — Plain-TeX, LaTeX2.09, LaTeX 2_ε.

Definition — `\def\lq{'}`

Vergleiche — `\rq`.

{lrbox} ⟨*Boxname*⟩

System — LaTeX 2_ε.

Wirkung — Speichert den Inhalt der Umgebung in die angegebene Box.

Beispiel —
```
\newsavebox{\mysavebox}
\begin{lrbox}{\mysavebox}
\begin{minipage}[t]{5cm}
Auf diese Weise pa"st doch mehr
als nur eine Textzeile in die Box.
\end{minipage}
\end{lrbox}
\usebox{\mysavebox}
```

Auf diese Weise paßt doch mehr
als nur eine Textzeile in die Box.

Beschreibung — Der Parameter *Boxname* ist der Name eines mittels `\newsavebox` allozierten Box-Registers. Der Inhalt der Umgebung ist beliebig, er wird aber nicht umbrochen, da er in eine `\hbox` im *restricted horizontal mode* gesetzt wird. Die Box läßt sich ansprechen wie eine gewöhnliche `\savebox`.

Bemerkung — Die Umgebung `lrbox` arbeitet prinzipiell genau wie der Befehl `\sbox`, nur daß es eben eine Umgebung ist.

Vergleiche — [L] `\newsavebox`, `\savebox`, `\sbox`, `\usebox`.

Befehle M

\mag

System TEX-Primitive, Plain-TEX, LATEX2.09, LATEX 2ε.

Wirkung Legt einen globalen Vergrößerungsfaktor für das Dokument fest.

Syntax Siehe Crashkurs: *TEX-Zähler*.

Beschreibung Der reelle Vergrößerungsfaktor berechnet sich nach normaler TEX-Konvention aus dem angegebenen Faktor geteilt durch 1000.

Der durch `\mag` angegebene Vergrößerungsfaktor wird in die *jobname*.`dvi`-Datei geschrieben und durch den entsprechenden Gerätetreiber umgesetzt. D.h. die *jobname*.`dvi`-Datei unterscheidet sich nur durch eine einzige Zahl von der gleichen Datei die mit einem anderem `mag`-Faktor umgesetzt wurde. Dabei werden alle im Dokument vorliegenden Längen *durch den Druckertreiber* mit diesem Faktor skaliert.

In folgender Hinsicht ist Vorsicht geboten:

1. Eine Skalierung des Dokuments bewirkt naturgemäß eine Veränderung der globalen Parameter wie Seitenbreite etc.
2. Die Skalierung bewirkt, daß der Gerätetreiber die Zeichensätze in entsprechend veränderten Punktgrößen verwendet, diese unterscheiden sich aber in ihrem Aussehen, das heißt ein Ausdruck bei zweifacher Vergrößerung (`\mag=2000`) würde nach photographischer Verkleinerung deutlich anders aussehen, als ein normaler Ausdruck.
3. Die Verwendung des Schlüsselwortes `true` führt zu einer Umrechnung einer mit `true` versehenen Länge, so daß nach Anwendung von `\mag` *mit dem Wert den* `\mag` *während des TEX-laufes hatte* die gewünschte Länge erreicht wird.
   Da manche Gerätetreiber die Änderung von `\mag` bei der Ausgabe zulassen, ändern sich damit auch die mit `true` versehenen Längen, das heißt die relativen Längen werden erhalten, die absoluten Längen ändern sich dagegen (auch die mit `true` angegebenen.

Vergleiche [T] `\magnification`.

\magnification

System: Plain-TeX.

Wirkung: Legt einen globalen Vergrößerungfaktor für das Dokument fest. Die physikalischen Ausmaße der Seite werden dabei beschränkt.

Syntax: Siehe Crashkurs: *TeX-Zähler*.

Definition:
```
\def\magnification{\afterassignment\m@g\count@}
\def\m@g{\mag\count@
  \hsize6.5truein\vsize8.9truein\dimen\footins8truein}
```

Beispiel: Standard: `\magnification1000`

Beschreibung: Wie man der Definition entnehmen kann, greift `\magnification` auf `\mag` zurück. Im Unterschied zu `\mag` werden aber die Seitenausmaße auf 6.5 x 8.9 in und die maximale Fußnotenhöhe auf 8 in festgelegt, was den plain-TeX Standardeinstellungen entspricht.

Bemerkung: `\magnification` kann nicht ausgelesen werden.

Vergleiche: `\mag`, `\magstep`.

\magstep ⟨*Nummer zwischen 0 und 5*⟩

System: Plain-TeX, LaTeX2.09, LaTeX 2ε.

Wirkung: Stellt sechs vordefinierte Vergrößerungsstufen zur Verfügung.

Beispiel: Standard: `\magnification\magstep0`

Definition:
```
\def\magstep#1{\ifcase#1 \@m\or 1200\or 1440\or
                  1728\or 2074\or 2488\fi\relax}
```

Beschreibung: Die Stufen n stehen mit dem reellen Vergrößerungsfaktor durch folgende Gleichung in Verbindung: $Faktor = 1.2^n$

Vergleiche: `\mag`, `\magstephalf`, [T] `\magnification`.

\magstephalf

System	Plain-TEX, LATEX2.09, LATEX 2ε.
Wirkung	Entspricht Vergrößerungsfaktor $\sqrt{1.2}$
Definition	`\def\magstephalf{1095}`
Vergleiche	`\magstep`, [T] `\magnification`.

\makeatletter

System	Plain-TEX, LATEX2.09, LATEX 2ε.
Wirkung	Dieser Schalter macht den Klammeraffen @, auch *at* genannt, zu einem Zeichen, das in Befehlsnamen auftauchen darf.
Definition	`\def\makeatletter{\catcode'\@=11\relax}`
Beschreibung	Standardmäßig ist der Klammeraffe ein Zeichen, daß im Text aber nicht in Befehlsnamen auftauchen darf. Fast alle Namen interner Befehle enthalten jedoch ein @-Zeichen. Durch diesen Schalter kann man auf diese Befehle auch zugreifen.
Vergleiche	`\catcode`, `\makeatother`.

\makeatother

System	Plain-TEX, LATEX2.09, LATEX 2ε.
Wirkung	Macht die Wirkung von `\makeatletter` rückgängig.
Definition	`\def\makeatother{\catcode'\@=12\relax}`
Vergleiche	`\catcode`, `\makeatletter`.

\makebox [⟨*Breite*⟩] [⟨*Ausrichtung*⟩] ⟨*Text*⟩

System: LaTeX2.09, LaTeX 2ε.

Wirkung: Erzeugt eine unsichtbare Box, in die der angegebene Text gesetzt wird.

Beispiel:

```
Diese Box ist \makebox[3cm][r]{rechtsb"undig}.    \\
Diese Box ist \makebox[3cm]{zentriert}.           \\
Diese Box ist \makebox[3cm][l]{linksb"undig}.     \\
Diese Box ist \makebox[3cm][s]{g e s p e r r t}.
```

Diese Box ist   rechtsbündig.
Diese Box ist   zentriert   .
Diese Box ist linksbündig   .
Diese Box ist g   e   s   p   e   r   r   t.

Beschreibung: Mit dem optionalen Parameter *Breite* kann man die Breite des Kastens vorgeben. Anderenfalls erhält die Box die Ausdehnung des Textes, den sie enthält. In LaTeX 2ε läßt sich die Breite der Box zusätzlich durch den Befehl `\width` beeinflussen (siehe `\width`).

Der zweite optionale Parameter bestimmt die Ausrichtung des Textes, falls die durch *Breite* festgelegten Ausmaße die natürlichen Maße der Box überschreiten. Dieser Parameter ist vom ersten optionalen Parameter abhängig. Das heißt, gibt man eine Ausrichtung an, so muß unbedingt auch die Breite der Box angegeben werden.

Erlaubte Angaben zur *Ausrichtung* sind: `l` (linksbündig) und `r` (rechtsbündig). In LaTeX 2ε existiert noch eine weitere Möglichkeit, nämlich `s` (sperren). Siehe dazu auch `\framebox`. Gibt man keine Ausrichtung an, wird der Text zentriert.

Bemerkung: Eine `\makebox` wird nie umbrochen, da `\makebox` intern auf den Befehl `\hbox` zurückgreift, und der Inhalt einer `\hbox` stets im *restricted horizontal mode* bearbeitet wird.

Vergleiche: [L] `\dashbox`, `\framebox`, `\mbox`, `\savebox`, `\width`.

\makefootline

System Plain-TEX.

Wirkung Dieser Befehl ist für die Generierung der Fußzeile zuständig.

Definition
```
\def\makefootline{\baselineskip24\p@
                  \line{\the\footline}}
```

Bemerkung Die Formatierung der Fußzeile sollte möglichst nur mit Hilfe von `\footline` geändert werden.

Vergleiche [T] `\footline`, `\makeheadline`.

\makeglossary

System LATEX2.09, LATEX 2_ε.

Wirkung Erzeugt eine Rohdatei mit Endung `.glo` zur Erstellung eines ein Stichwortverzeichnisses.

Beschreibung Als Einträge dienen die Indizes, die man mit `\glossary` setzt.

Vergleiche [L] `\glossary`, `\makeindex`.

\makeheadline

System Plain-TEX.

Wirkung Dieser Befehl ist für die Generierung der Kopfzeile zuständig.

Definition
```
\def\makeheadline{\vbox to\z@{\vskip-22.5\p@
  \line{\vbox to8.5\p@{}\the\headline}\vss}
  \nointerlineskip}
```

Bemerkung Die Formatierung der Kopfzeile sollte möglichst nur durch `\headline` geändert werden.

Vergleiche [T] `\headline`, `\makefootline`.

\makeindex

System — LaTeX2.09, LaTeX 2_ε.

Wirkung — Erzeugt eine Rohdatei mit Endung `.idx` zur Erstellung eines Stichwortverzeichnisses.

Beschreibung — Als Einträge dienen die Indizes, die man mit `\index` setzt. Taucht im Dokument an keiner Stelle `\makeindex` auf, bleiben alle Indizes wirkungslos.

Aus der `.idx`-Datei kann man mit Hilfe des Programms *MakeIndex* ein sortiertes Indexverzeichnis erstellen lassen. Dieses trägt die Endung `.ind`. Gibt man die Stiloption `makeidx` an, erscheint an der Stelle, an der der Befehl `\printindex` auftaucht, später das fertige Verzeichnis.

Das beschriebene Verfahren impliziert, daß mehrere TeX-Durchläufe nötig sind, bis das richtige Verzeichnis an der gewünschten Stelle erscheint.

Vergleiche — [L] `\index`, `\printindex`.

\makelabel

System — LaTeX2.09, LaTeX 2_ε.

Wirkung — Erzeugt die Eintragsmarken in der *list*-Umgebung.

Beispiel

```
\newcommand{\mylabel}[1]{\textsf{#1}\hfill}
\newenvironment{arglist}[1]{\begin{list}{}%
{\parsep.6ex\itemsep0pt\parskip0pt\topsep.8ex
 \labelsep0pt\settowidth{\leftmargin}{#1}
 \labelwidth\leftmargin\let\makelabel\mylabel}}
{\end{list}}

\begin{arglist}{So weit so gut}
\item[Beschreibung] Bei dieser Umgebung entspricht
  die Einr"ucktiefe der Marken dem Raum, den das
  Argument einnimmt.
\item[Fazit] Nicht alle Marken sind so tief, wie
  sie einr"ucken\footnote{Alte Bauernweisheit.}.
\end{arglist}
```

Beschreibung Bei dieser Umgebung entspricht die Einrücktiefe der Marken dem Raum, den das Argument einnimmt.

Fazit Nicht alle Marken sind so tief, wie sie einrücken*.

Vergleiche [L] {list}.

\makelabels

System LaTeX2.09: Dokumentstil `letter`, LaTeX 2_ε Dokumentklasse `letter`.

Wirkung Erzeugt einen Adressaufkleber.

Bemerkung `\makelabels` darf nur in der Präambel stehen.

Vergleiche [L] {letter}.

\maketitle

System LaTeX2.09, LaTeX 2_ε.

Wirkung Erzeugt eine Titelseite.

Beispiel

```
\author{E. Kraut \and H. R"uben}
\title{Chaos im Alltag}
\maketitel
```

Chaos im Alltag

E. Kraut H. Rüben

13. November 1996

*Alte Bauernweisheit.

Beschreibung — Die Titelseite wird nicht numeriert. Bevor man `\maketitle` aufruft, sollte man mit Hilfe von `\author` und `\title` Autor(en) und Titel des Dokumentes festlegen.

In der Dokumentklasse bzw. Dokumentstil `article` wird der Titel nicht auf eine eigene Seite gestellt. Wer dies wünscht, muß die Option `titlepage` angeben.

Vergleiche — [L] `\and`, `\author`, `\thanks`, `\title`, {`titlepage`}.

\mapsto $\mapsto$

System — Plain-TEX, LATEX2.09, LATEX 2ε; Mathemodus; Relation.

Definition — `\def\mapsto{\mapstochar\rightarrow}`

Vergleiche — `\mapstochar`, `\rightarrow`.

\mapstochar $\mapstochar$

System — Plain-TEX, LATEX2.09, LATEX 2ε; Mathemodus.

Wirkung — Hilfszeichen zur Konstruktion von `\mapsto`.

Definition — `\mathchardef\mapstochar="3237`

Vergleiche — `\mapsto`.

\marginpar [⟨*linker Randtext*⟩] ⟨*rechter Randtext*⟩

System — LATEX2.09, LATEX 2ε.

Wirkung — Erzeugt eine Randnotiz.

Beispiel — `\marginpar[$\rightarrow$]{$\leftarrow$}`

Beschreibung — Standardmäßig erscheint der Randtext bei einseitigem Drucksatz auf der rechten Seite, bei doppelseitigem Satz am äußeren Rand und bei zweispaltigem Satz am näherliegenden Rand.

Gibt man den optionalen Parameter *linker Randtext* an, erscheint, wenn es sich um eine Seite mit gerade Nummer handelt, statt dessen der *linke Randtext* auf der gegenüberliegenden Seite. Bei einseitig-einspaltigem Satz ist dies gerade die linke Seite.

Bemerkung — Zeilenumbrüche innerhalb der Randnotiz sind erlaubt. Ist `\marginpar` der erste Befehl im Absatz, sollte man den Befehl `\mbox{}` voranstellen, denn `\marginpar` selbst beginnt keinen neuen Absatz. Die Folge: Die Randnotiz erscheint nicht auf der richtigen Höhe.

Vergleiche — [L] `\marginparpush`, `\marginparsep`, `\marginparwidth`, `\reversemarginpar`.

\marginparpush

System — LaTeX2.09, LaTeX 2_ε.

Wirkung — Diese Länge legt den vertikalen Minimalabstand zwischen zwei Randnotizen fest.

Syntax — Siehe Crashkurs: *feste Längen.*

Beispiel — `\marginparpush5pt`

Definition — `\newdimen\marginparpush`

Vergleiche — [L] `\marginpar`.

\marginparsep

System — LaTeX2.09, LaTeX 2_ε.

Wirkung — Diese Länge legt den Abstand zwischen der Randnotiz und dem Rand des Textrumpfes fest.

Syntax — Siehe Crashkurs: *feste Längen.*

Beispiel	`\marginparsep9pt`
Definition	`\newdimen\marginparsep`
Vergleiche	[L] `\marginpar`.

\marginparwidth

System	LaTeX2.09, LaTeX 2_ε.
Wirkung	Diese Länge legt die Breite der Spalte für Randnotizen fest.
Syntax	Siehe Crashkurs: *feste Längen*.
Beispiel	`\marginparwidth5mm`
Definition	`\newdimen\marginparwidth`
Vergleiche	[L] `\marginpar`.

\mark ⟨*Textmarke*⟩

System: TeX-Primitive, Plain-TeX, LaTeX2.09, LaTeX 2_ε.

Wirkung: Setzt eine Marke im Text.

Beispiel:

```
\mark{{\bf erste Marke\/}}
\mark{{\bf letzte Marke\/}}
Das ist die \firstmark\ und das die
\botmark\ auf dieser Seite.
```

Das ist die **erste Marke** und das die **letzte Marke** auf dieser Seite.

Beschreibung: Als Gegenstücke zu `\mark` existieren die Befehle `\firstmark`, `\botmark` und `\topmark`, mit denen man die erste bzw. letzte Marke auf der aktuellen Seite oder die letzte Marke auf der vorangegangenen Seite abrufen kann.

Bemerkung: `\mark` arbeitet nicht mit den `\LaTeX`-Befehlen `\markright` und `\markboth` zusammen, denn diese beiden Kommandos greifen intern selbst auf `\mark` zurück.

Vergleiche: `\botmark`, `\firstmark`, `\topmark`, [L] `\markright`.

\markboth ⟨*rechter Kopf*⟩⟨*linker Kopf*⟩

System — LaTeX2.09, LaTeX 2$_\varepsilon$: *pagestyle* `myheadings`, `myheadings`.

Wirkung — Setzt den rechten und linken Seitenkopf.

Beschreibung — Bei den Seitenstilarten `headings` und `myheadings` werden standardmäßig Kopfzeilen erzeugt. `headings` definiert `\markboth` bzw. `\markright` so, daß folgende Gliederüberschriften im Kopf erscheinen:

Druck	Kopf	Dokument-stil/klasse	
		`book, report`	`article`
einseitig	rechts	`\chapter`	`\section`
doppelseitig	links	`\chapter`	`\section`
	rechts	`\section`	`\subsection`

Bei `myheadings` kann man den Inhalt der Seitenköpfe selbst bestimmen. Auch bei `headings` ist das prinzipiell möglich, doch die Wirkung beschränkt sich stets auf die aktuelle Seite.

Bei einseitigem Satz hat der zweite Parameter von `\markboth` keine Wirkung. Der Befehl verhält sich in diesem Fall wie `\markright`.

Vergleiche — `\leftright`, [L] `\leftmark`, `\markright`.

\markright ⟨*rechter Seitenkopf*⟩

System — LaTeX2.09, LaTeX 2$_\varepsilon$.

Wirkung — Setzt den rechten Seitenkopf.

Beschreibung — Siehe `\markboth`.

Bemerkung — Bei doppelseitigem Drucksatz setzt bzw. verändert `\markright` nur den Kopf der rechten Seiten. Bei einseitigem Satz hingegen bestimmt `\markright` das Aussehen aller Seitenköpfe.

Vergleiche — [L] `\leftmark`, `\markboth`, `\rightmark`.

\mathaccent ⟪*Akzentcode*⟫

System: TEX-Primitive, Plain-TEX, LATEX2.09, LATEX 2ε.

Wirkung: Erzeugt einen mathematischen Akzent.

Beispiel: `\def\ddot{\mathaccent"707F } $\ddot x + \cos x = 0$`

$\ddot{x} + \cos x = 0$

Beschreibung: Der Befehl erwartet einen vierstelligen hexadezimalen Zahlencode. Dieser Zahlencode ist der gleiche, den auch `\mathchar` verwendet. Ein genaue Beschreibung findet sich bei `\mathcar`.

Vergleiche: `\mathchar`, Akzente/mathematische.

\mathalpha

System: LATEX 2ε.

Wirkung: siehe `\DeclareMathSymbol`.

Definition: `\let\mathalpha\relax`

\mathbf ⟨*Text*⟩

System: LATEX 2ε; Mathemodus.

Wirkung: Setzt den angegebenen Text fett.

Beispiel: `$\int f(x) dx = \mathbf{V_f}$`

$\int f(x) dx = \mathbf{V_f}$

Bemerkung: `\mathbf` ist ein vordefinierter *math alphabet identifier* (siehe `\DeclareMathAlphabet`).

Vergleiche: [L] `\DeclareMathAlphabet`, `\mathcal`, `\mathnormal`, `\mathrm`, `\mathtt`.

\mathbin ⟨⟨*Zeichen*⟩⟩

System — TEX-Primitive, Plain-TEX, LATEX2.09, LATEX 2$_\varepsilon$; Mathemodus.

Wirkung — Formatiert das nachfolgende Zeichen wie einen binären Operator.

Beispiel — `$a + b = c \hskip2em a \mathbin \varphi b = c$`

$a + b = c \hskip2em a \mathbin \varphi b = c$

Vergleiche — `\mathclose`, `\mathinner`, `\mathop`, `\mathopen`, `\mathord`, `\mathpunct`, `\mathrel`.

\mathcal ⟨*Text*⟩

System — LATEX 2$_\varepsilon$; Mathemodus.

Wirkung — Setzt den angegebenen Text in kalligraphischer Schrift.

Beispiel — `$\mathcal{V} = \sum_{i=1}^n x_i $`

$\mathcal{V} = \sum_{i=1}^n x_i$

Bemerkung — `\mathcal` ist ein vordefinierter *math alphabet identifier* (siehe `\DeclareMathAlphabet`).

Vergleiche — `\cal`, [L] `\DeclareMathAlphabet`, `\mathbf`, `\mathcal`, `\mathcal`, `\mathit`, `\mathnormal`, `\mathrm`, `\mathsf`, `\mathtt`.

\mathchar ⟨*Code*⟩$_z$

System — TEX-Primitive, Plain-TEX, LATEX2.09, LATEX 2$_\varepsilon$; Mathemodus.

Wirkung — Erzeugt ein mathematisches Zeichen.

Beispiel —

```
\def\ma{\mathchar"0041 }
\DeclareMathAlphabet{\sfmath}{OT1}{cmss}{m}{n}
$$ \sfmath A \ne \ma . $$
```

$$\mathsf{A} \ne \mathrm{A}.$$

Beschreibung

`\mathchar` erwartet eine Codeangabe der Art *c f hh* (falls diese hexadezimal angegeben wird ("). Dabei haben die Buchstaben folgende Bedeutung:

c: Gibt die *Klasse* des Zeichens an. Damit wird TEX mitgeteilt, wie das Zeichen zu behandeln ist:

0 Normale Zeichen. Zeichen, die aus einer festgelegten Schriftfamilie stammen, aber als gewöhnliche Zeichen behandelt werden (vgl. 7).

1 Große Operatoren. Zeichen, die als Operator vor einer Formel stehen können. Außerdem werden Exponenten und Indizes in Abhängigkeit von `\limits` gesetzt.

2 Binäre Operatoren. Zeichen, die normalerweise zwischen zwei anderen Zeichen oder Formelteilen eingesetzt werden.

3 Relationen.

4 Öffnende Klammern. Solche Zeichen dienen unter anderem als *Begrenzer* für Formelteile (Vgl. `\delimiter`).

5 Schließende Klammern (s. 4).

6 Satzzeichen.

7 Variable Zeichen. Diese werden wie *Klasse* 0 als normale Zeichen gesetzt. Wird allerdings innerhalb der mathematischen Gruppe `\fam` auf einen Wert zwischen 0 und 15 geändert, wird die Angabe der Schriftfamilie (s. unten) durch die entsprechenden Register

`\textfont\fam` `\scriptfont\fam` `\scriptscriptfont\fam`

ersetzt, so daß sich die Schriftart oder gar das Zeichen ändern kann.

f: Gibt die Schriftfamilie des Zeichens an. Der Wert gibt dabei eine der 16 Schriftfamilien (vgl. `\fam`) an, d.h. das Zeichen wird mit den Zeichensätzen

`\textfont\fam` `\scriptfont\fam` `\scriptscriptfont\fam`

dargestellt (je nach Darstellungsart und Größe).

hh: Gibt den *Charaktercode* des Zeichens, d.h. dessen Position im jeweiligen Zeichensatz, an.

Die Bedeutung der einzelnen Angaben ist identisch mit denen, die bei `\delimiter`, `\delcode`, `\mathchardef` und `\radical` angegeben werden müssen.

Bemerkung

Bei der Verwendung des Befehls wie im Beispiel sollte man darauf achten, in der Definition entweder ein Leerzeichen oder ein `\relax` nach der Zahl zu schreiben, sonst könnten nachfolgende Zahlen bei der Verwendung des Makros mitgelesen werden, was sicher nicht den gewünschten Effekt hätte.

Vergleiche

`\delcode`, `\delimiter`, `\mathaccent`, `\mathchardef`, `\mathcode`, `\mathhexbox`, `\radical`, [T] `\fam`.

\mathchardef ⟨*Befehlsname*⟩\ = ⟨*Code*⟩z

System

TEX-Primitive, Plain-TEX, LATEX2.09, LATEX 2ε.

Wirkung

Definiert *Befehlsname* als mathematisches Zeichen.

Beispiel

```
\mathchardef\ma="0041
\DeclareMathAlphabet{\sfmath}{OT1}{cmss}{m}{n}
$$ \sfmath A \ne \ma $$
```

$$\mathsf{A} \neq \mathrm{A}$$

Beschreibung

Code hat genau die gleiche Syntax und Bedeutung wie bei `\mathchar` (s.o.). Im Gegensatz zu `\mathchar` wird das Zeichen hier aber erst durch den Aufruf des so definierten *Befehlsnamens* dargestellt.

Vergleiche

`\mathchar`.

\mathchoice {*display*}{*text*}{*script*}{*scriptscript*}

System

TEX-Primitive, Plain-TEX, LATEX2.09, LATEX 2ε; Mathemodus.

Wirkung

Setzt eine Formel. Die Formel kann für jeden der vier internen Mathemodi speziell angepaßt werden.

Beispiel

```
\def\Formel{\mathchoice{a}{b}{c}{d}}
$\Formel                \displaystyle\Formel
 \scriptstyle\Formel  \scriptscriptstyle\Formel $
```

ba_{c_d}

Beschreibung: Mit den vier Parametern kann die Formel explizit für alle internen Mathemodi angegeben werden. Welche Formel schließlich gewählt wird, hängt vom aktiven Modus ab.

Vergleiche: `\mathpalette`, `\nonscript`.

\mathclose ⟨*Formelteil*⟩

System: TeX-Primitive, Plain-TeX, LaTeX2.09, LaTeX 2_ε; Mathemodus.

Wirkung: Formatiert das nachfolgende Zeichen oder den entsprechenden Formelteil wie eine schließende Klammer.

Beispiel: Siehe `\mathopen`.

Vergleiche: `\mathbin`, `\mathinner`, `\mathop`, `\mathopen`, `\mathord`, `\mathpunct`, `\mathrel`, [L] `\DeclareMathSymbol`.

\mathcode ⟨*Zeichen*⟩$_z$ = ⟨*Code*⟩$_z$

System: TeX-Primitive, Plain-TeX, LaTeX2.09, LaTeX 2_ε.

Wirkung: Ordnet einem Zeichen eine mathematische Satzfunktion und Darstellung zu.

Beispiel:

```
\mathcode'a="010B \mathcode'b="010C \mathcode'c="010D
\centerline{abc$\ne abc$}
```

abc $\ne \alpha\beta\gamma$

```
{ \catcode'A=13 \gdefA{B} }
\centerline{  A$=A$ \mathcode'A="8000 \quad A$\ne A$
}{
```

A$= A$ A$\ne B$

Beschreibung

Dem *Zeichen* in der Eingabe wird ein Ausgabezeichen im mathematischen Modus zugeordnet, der sich durchaus von der durch `\catcode` definierten Ausgabe unterscheiden kann. *Zeichen* muß dabei eine Wertangabe zwischen 0 und 255 sein (`'A` $\equiv$ `65` $\equiv$ `"41` $\equiv$ `'81`).

Code kommt die gleiche Bedeutung zu wie bei `\matchar` (*cfhh*), wobei allerdings zusätzlich der Wert `"8000` erlaubt ist. Hat ein Zeichen den `\mathcode "8000`, wird das *Eingabezeichen* mit `\catcode` 13 versehen und dessen Bedeutung als aktives Zeichen ausgeführt (s. Beispiel).

Vergleiche

`\catcode`, `\delcode`, `\delimiter`, `\mathchar`, [T] `\fam`.

\mathgroup

System

LaTeX 2_ε.

Wirkung

Dieser interne LaTeX 2_ε-Befehl schaltet auf eine andere Schriftfamilie im mathematischen Formelsatz um. Er entspricht in seiner Wirkung genau dem `\fam`-Befehl.

Definition

```
\let\mathgroup\fam
```

Vergleiche

[T] `\fam`, [L] `\sym....`

\mathhexbox ⟨*Zahl*⟩⟨*Zahl*⟩⟨*Zahl*⟩

System

Plain-TeX, LaTeX2.09, LaTeX 2_ε.

Wirkung

Gibt ein mathematisches Zeichen im Textsatz aus.

Definition

```
\def\m@th{\mathsurround=0pt}
\def\mathhexbox#1#2#3{\leavevmode
  \hbox{$\m@th \mathchar"#1#2#3$}}
```

Beispiel

```
\def\dag{\mathhexbox279}
```

Beschreibung — Dieser Befehl dient dazu, die Zeichen „†", „‡", „¶", „§" und „©" im Textsatz zugänglich zu machen. Es wird auf jeden Fall der *horizontale* Modus eingestellt, eine mathematische Gruppe ohne zusätzlichen Leerraum eröffnet und darin ein Zeichen mit einem 3-stelligen *mathcode,* d.h. ein gewöhnliches Zeichen, erzeugt.

Vergleiche — `\copyright`, `\dag`, `\ddag`, `\mathchar`, `\P`, `\S`.

\mathindent

System — LaTeX2.09, LaTeX 2ε.

Wirkung — Definiert in Verbindung mit der *Stiloption* `fleqn` die linke Einrückung von hervorgehobenen Formeln.

Beispiel

```
\documentstyle[fleqn]{article}...
\begin{document}...
  \mathindent0pt \[ a^2 + b^2 = c^2 \]
  \mathindent30pt \[ a^2 + b^2 = c^2 \]...
\end{document}
```

$a^2 + b^2 = c^2$

$$a^2 + b^2 = c^2$$

Beispiel — Standard: `\mathindent=\leftmargini`

Definition — `\newdimen\mathindent`

Beschreibung — `\mathindent` ist eine *feste* Länge, die nur definiert ist, wenn die Option `\fleqn` angegeben wurde. `\mathindent` wird auf den Wert von `\parindent` initialisiert.

Vergleiche — `{equation*}`, `{math}`, `\[`, `\]`, [L] `{displaymath}`, `{eqnarray}`, `{eqnarray*}`, `{equation}`.

\mathinner ⟨*Parameter*⟩

System — TeX-Primitive, Plain-TeX, LaTeX2.09, LaTeX 2ε.

Wirkung — Formatiert den nachfolgenden *Parameter* wie eine Unterformel.

Beispiel

```
$ \mathrel{:}\mathinner{x}\mathrel{:} $
$ \mathord{:}\mathinner{x}\mathord{:} $
```

$$\mathrel{:}\mathinner{x}\mathrel{:}$$

$$\mathord{:}\mathinner{x}\mathord{:}$$

Abbildung 3: Beispiel für `\mathinner`

<table>
<tr><th>vor nach</th><th>ord</th><th>op</th><th>bin</th><th>rel</th><th>open</th><th>close</th><th>punct</th><th>inner</th></tr>
<tr><td>ord</td><td>-</td><td>| |</td><td>[| |]</td><td>[| |]</td><td>-</td><td>-</td><td>-</td><td>[| |]</td></tr>
<tr><td>op</td><td>| |</td><td>| |</td><td>-</td><td>[| |]</td><td>-</td><td>-</td><td>-</td><td>[| |]</td></tr>
<tr><td>bin</td><td>[| |]</td><td>[| |]</td><td>-</td><td>-</td><td>[| |]</td><td>-</td><td>-</td><td>| |</td></tr>
<tr><td>rel</td><td>[| |]</td><td>[| |]</td><td>-</td><td>-</td><td>[| |]</td><td>-</td><td>-</td><td>[| |]</td></tr>
<tr><td>open</td><td>-</td><td>-</td><td>-</td><td>-</td><td>-</td><td>-</td><td>-</td><td>-</td></tr>
<tr><td>close</td><td>-</td><td>| |</td><td>[| |]</td><td>[| |]</td><td>-</td><td>-</td><td>-</td><td>[| |]</td></tr>
<tr><td>punct</td><td>[| |]</td><td>[| |]</td><td>[| |]</td><td>[| |]</td><td>[| |]</td><td>[| |]</td><td>[| |]</td><td>[| |]</td></tr>
<tr><td>inner</td><td>[| |]</td><td>| |</td><td>[| |]</td><td>[| |]</td><td>[| |]</td><td>-</td><td>[| |]</td><td>[| |]</td></tr>
</table>

Bemerkung Um die trotz der Hinweise eher undurchsichtigen Formatierungsbefehle für den mathematischen Formelsatz etwas besser handhabbar zu machen, sei hier noch die Tabelle der je nach Zeichenkombination eingefügten Abstände angeführt (dabei stehen die Abstände für `\thinmuskip`, `\medmuskip` und `\thickmuskip` in aufsteigender Reihenfolge):

Vergleiche `\mathbin`, `\mathclose`, `\mathop`, `\mathopen`, `\mathord`, `\mathpunct`, `\mathrel`.

\mathit ⟨*Text*⟩

System LaTeX 2ε; Mathemodus.

Wirkung Setzt den angegebenen Text in *kursiver* Schrift im Textmodus.

Beispiel

```
\DeclareMathAlphabet{\sfmath}{OT1}{cmss}{m}{n}
$\sfmath A = \mathit{rgh}(C)$
```

$\mathsf{A} = \mathit{rgh}(C)$

Bemerkung `\mathit` ist ein vordefinierter *math alphabet identifier* (siehe `\DeclareMathAlphabet`).

Vergleiche [L] `\DeclareMathAlphabet`, `\mathbf`, `\mathcal`, `\mathcal`, `\mathnormal`, `\mathrm`, `\mathsf`, `\mathtt`, `\SetMathAlphabet`.

\mathnormal {*Text*}

System — LaTeX 2ε; Mathemodus.

Wirkung — Setzt den angegebenen Text in der Standardschrift des mathematischen Formelsatzes im Textmodus.

Beispiel — `$A = \mathnormal{lla}(h)$`

$A = \mathnormal{lla}(h)$

Bemerkung — `\mathnormal` ist ein vordefinierter *math alphabet identifier* (siehe `\DeclareMathAlphabet`).

Vergleiche — [L] `\DeclareMathAlphabet`, `\mathbf`, `\mathcal`, `\mathcal`, `\mathit`, `\mathrm`, `\mathsf`, `\mathtt`, `\SetMathAlphabet`.

\mathop ⟨*Zeichen*⟩

System — TeX-Primitive, Plain-TeX, LaTeX2.09, LaTeX 2ε; Mathemodus.

Wirkung — Formatiert das nachfolgende Zeichen wie einen großen Operator.

Beispiel — `$\sum x \hskip2em \mathop\chi x $`

$\sum x \hskip2em \mathop\chi x$

Vergleiche — `\mathbin`, `\mathclose`, `\mathinner`, `\mathopen`, `\mathord`, `\mathpunct`, `\mathrel`.

\mathopen ⟨*Zeichen*⟩

System — TeX-Primitive, Plain-TeX, LaTeX2.09, LaTeX 2ε; Mathemodus.

Wirkung — Formatiert das nachfolgende Zeichen wie eine öffnende Klammer.

Beispiel `$\mathopen:x\mathclose:\hskip2em :x:$`

$\mathopen{:}x\mathclose{:}\hskip2em :x:$

Vergleiche \mathbin, \mathclose, \mathinner, \mathop, \mathord, \mathpunct, \mathrel, [L] \DeclareMathSymbol.

\mathord ⟨*Zeichen*⟩

System TEX-Primitive, Plain-TEX, LATEX2.09, LATEX 2ε; Mathemodus.

Wirkung Formatiert das nachfolgende Zeichen wie einen normalen Buchstaben.

Beispiel `$ a + \mathord ( = c \hskip2em a + ( = c$`

$a + \mathord{(} = c \hskip2em a + (= c$

Vergleiche \mathbin, \mathclose, \mathinner, \mathop, \mathopen, \mathpunct, \mathrel, [L] \DeclareMathSymbol.

\mathpalette ⟨*Formelteil*⟩⟨*Formelteil*⟩

System Plain-TEX, LATEX2.09, LATEX 2ε.

Wirkung Hilfsbefehl zur Definition einiger mathematischer Makros.

Definition

```
\def\mathpalette#1#2{\mathchoice %
    {#1\displaystyle{#2}}%
    {#1\textstyle{#2}}%
    {#1\scriptstyle{#2}}%
    {#1\scriptscriptstyle{#2}}}
```

Beschreibung \mathpalette wurde für folgende Makros verwendet:

\rightleftharpoons, \root, \smash, \phantom, \cong und \notin.

Vergleiche \mathchoice.

\mathpunct ⟨*Zeichen*⟩

System: TeX-Primitive, Plain-TeX, LaTeX2.09, LaTeX 2ε; Mathemodus.

Wirkung: Formatiert das nachfolgende Zeichen wie ein Satzzeichen.

Beispiel:
```
$ a,b \hskip2em a\mathpunct| b \hskip2em a|b $
```
$a, b \qquad a\mathpunct| b \qquad a|b$

Vergleiche: `\mathbin`, `\mathclose`, `\mathinner`, `\mathop`, `\mathopen`, `\mathord`, `\mathrel`, [L] `\DeclareMathSymbol`.

\mathrel ⟨*Zeichen*⟩

System: TeX-Primitive, Plain-TeX, LaTeX2.09, LaTeX 2ε; Mathemodus.

Wirkung: Formatiert das nachfolgende Zeichen wie eine Relation.

Beispiel:
```
$a = b \hskip2em a @ b \hskip2em a \mathrel@ b$
```
$a = b \qquad a@b \qquad a \mathrel{@} b$

Vergleiche: `\joinrel`, `\mathbin`, `\mathclose`, `\mathinner`, `\mathop`, `\mathopen`, `\mathord`, `\mathpunct`, [L] `\DeclareMathSymbol`.

\mathrm ⟨*Text*⟩

System: LaTeX 2ε; Mathemodus.

Wirkung: Setzt den angegebenen Text innerhalb einer mathematischen Umgebung im Textmodus und in der Schriftart *Roman*.

Beispiel:
```
$B = \mathrm{lub}(A)$
```
$B = \mathrm{lub}(A)$

Bemerkung: `\mathrm` ist ein vordefinierter *math alphabet identifier* (siehe dazu `\DeclareMathAlphabet`).

Vergleiche: [L] `\DeclareMathAlphabet`, `\mathbf`, `\mathcal`, `\mathcal`, `\mathit`, `\mathnormal`, `\mathsf`, `\mathtt`, `\SetMathAlphabet`.

\mathsf ⟨*Text*⟩

System: LaTeX 2ε; Mathemodus.

Wirkung: Setzt den angegebenen Text in *Sans Serif* im Textmodus.

Beispiel:
```
$B = \mathsf{la}(H)$-
```
$B = \mathsf{la}(H)$

Bemerkung: `\mathsf` ist ein vordefinierter *math alphabet identifier* (siehe `\DeclareMathAlphabet`).

Vergleiche: [L] `\DeclareMathAlphabet`, `\mathbf`, `\mathcal`, `\mathcal`, `\mathit`, `\mathnormal`, `\mathrm`, `\mathsf`, `\mathtt`, `\SetMathAlphabet`.

\mathstrut

System: Plain-TeX, LaTeX2.09, LaTeX 2ε.

Wirkung: Erzeugt einen Mindestzeilenabstand für den Mathematiksatz.

Beispiel:
```
\sqrt{a}=\sqrt{b} \qquad \ne \qquad
\sqrt{\mathstrut a} = \sqrt{\mathstrut b}
```
$$\sqrt{a}=\sqrt{b} \qquad \ne \qquad \sqrt{\mathstrut a} = \sqrt{\mathstrut b}$$

Beschreibung: Es wird eine leere Box erzeugt, die in Ober- und Unterlänge mit der runden Klammer übereinstimmt.

Definition:
```
\def\mathstrut{\vphantom(}
```

Vergleiche: `\strut`, `\vphantom`.

\mathsurround

System: TeX-Primitive, Plain-TeX, LaTeX2.09, LaTeX 2ε.

Wirkung: Diese *feste* Länge gibt den zusätzlichen Leerraum vor und nach einer Formel im *textstyle* an.

Beispiel
```
... \mathsurround0pt \vrule$a$\vrule. \\
... \mathsurround10pt \vrule$a$\vrule.
```
Mathsurround 0pt: |a|.
Mathsurround 10pt: | a |.

Beschreibung
Der Befehl kann innerhalb einer mathematischen Umgebung lokal oder außerhalb derselben verwendet werden, wo er bis zur nächsten umgebenden Klammerstruktur gültig bleibt.

Vergleiche
`$` , `$$` , `{math}`, `\[`, `\]`, [L] `{displaymath}`, `{eqnarray}`, `{equation}`.

\mathtt ⟨*Text*⟩

System
LaTeX 2ε; Mathemodus.

Wirkung
Setzt den angegebenen Text in *Typewriter* im Textmodus.

Beispiel
```
$B = \mathtt{it}(te)$
```
$B = \mathtt{it}(te)$

Bemerkung
`\mathtt` ist ein vordefinierter *math alphabet identifier* (siehe `\DeclareMathAlphabet`).

Vergleiche
[L] `\DeclareMathAlphabet`, `\mathbf`, `\mathcal`, `\mathcal`, `\mathit`, `\mathnormal`, `\mathrm`, `\mathsf`, `\SetMathAlphabet`.

\mathversion ⟨*Version*⟩

System
LaTeX 2ε.

Wirkung
Stellt eine zuvor mit `\DeclareMathVersion` definierte Darstellungsart (*Version*) für mathematische Formeln ein.

Beispiel
```
\mathversion{normal} ...
\mathversion{bold} ...
```

$$\sum_{i=1}^{n} j_i = \frac{n(n+1)}{2} \quad \text{für} \quad j_{n+1} = j_n + 1$$

$$\boldsymbol{\sum_{i=1}^{n} j_i = \frac{n(n+1)}{2} \quad \textbf{für} \quad j_{n+1} = j_n + 1}$$

Beschreibung — Der Befehl `\mathversion` erlaubt es gleichzeitig alle im Formelsatz verwendeten Zeichensätze einzustellen. Dazu müssen mittels `\DeclareMathVersion` ein neuer Darstellungstyp und anschließend mittels `\SetMathAlphabet` und `\SetSymbolFont` die gewünschten Zeichensätze für den Darstellungstyp eingestellt werden. Anschließend kann mittels `\nathversion` die jeweils gewünschte Darstellungsart gewählt werden.

Vergleiche — `\unboldmath`, [L] `\boldmath`, `\DeclareMathAlphabet`, `\DeclareMathVersion`, `\SetMathAlphabet`.

\matrix

System — Plain-TEX, LATEX2.09, LATEX 2ε; Mathemodus.

Wirkung — Erzeugt eine Matrix.

Beispiel — `\matrix{1&2\cr3&4&5\cr6& &8&9\cr}`

$$\matrix{1&2\cr3&4&5\cr6& &8&9\cr}$$

```
\def\matrix#1{\null\,\vcenter{\normalbaselines\m@th
    \ialign{\hfil$##$\hfil&&\quad\hfil$##$\hfil\crcr
      \mathstrut\crcr\noalign{\kern-\baselineskip}
      #1\crcr\mathstrut\crcr
      \noalign{\kern-\baselineskip}}}\,}
```

Beschreibung — Es wird eine Matrix mit mindestens einer Spalte erzeugt, deren Spalten durch `&` getrennt werden. Jede Zeile muß mit `\cr` abgeschlossen werden. Da der Befehl auf `\halign` zurückgreift, können die dort beschriebenen Befehle `\multispan`, `\span` und `\omit` auch entsprechend verwendet werden.

Vergleiche — `\bordermatrix`, `\halign`, `\multispan`, `\noalign`, `\omit`, `\pmatrix`, `\span`, `\valign`, [L] `{array}`, `{tabular}`.

\max

max

System — Plain-TEX, LATEX2.09, LATEX 2_ε; Mathemodus; Großer Operator.
Definition außer LATEX 2_ε — `\def\max{\mathop{\rm max}}`
Definition LATEX 2_ε — `\def\max{\mathop{\operator@font max}}`
Vergleiche — [L] `\min`.

\maxdeadcycles

System — TEX-Primitive, Plain-TEX, LATEX2.09, LATEX 2_ε.
Wirkung — Gibt die maximale Anzahl von `\output`-Aufrufen an, die TEX ohne darauffolgendes `\shipout` akzeptiert.
Definition — `\maxdeadcycles25`
Beschreibung — Um Endlosschleifen zu verhindern oder Fehler in der `\output`-Routine zu entdecken, zählt TEX für jeden Aufruf von `\output` den Zähler `\deadcycles` hoch. Mit jedem Aufruf von `\shipout` wird selbiger auf 0 zurückgesetzt. Erreicht `\deadcycles` den angegebenen Wert, wird eine Fehlermeldung ausgegeben:

```
! Output loop---26 consecutive dead cycles.
```

TEX führt dann außer der Reihe ein `\shipout` aus.
Vergleiche — `\deadcycles`, `\output`, `\shipout`.

\maxdepth

System — TEX-Primitive, Plain-TEX, LATEX2.09, LATEX 2_ε.
Wirkung — Gibt die maximale Unterlänge der Seite an.
Definition — `\maxdepth4pt`

Beschreibung — Die *feste* Länge `\maxdepth` gibt die maximale Unterlänge an, die die gesamte Seite (die `\vbox`, die alles Material auf der Ausgabeseite enthält) haben darf. Hat die Seite eine größere Unterlänge, wird der Bezugspunkt der *Box* so verschoben, daß die Unterlänge `\maxdepth` beträgt.

Vergleiche — `\boxmaxdepth`, `\pagedepth`, `\splitmaxdepth`.

\maxdimen

System — TEX-Primitive, Plain-TEX, LATEX2.09, LATEX 2ε.

Wirkung — Gibt die maximale *feste* Länge an, die TEX verarbeiten kann.

Definition — `\maxdimen16383.99999pt`

\mbox ⟨*text*⟩

System — LATEX2.09, LATEX 2ε.

Wirkung — Erzeugt eine (unsichtbare) *Box*, in die der angegebene Text gesetzt wird.

Definition — `\def\mbox#1{\leavevmode\hbox{#1}}`

Beschreibung — `\mbox` verhält sich wie der Befehl `\makebox` ohne optionale Parameter.

Bemerkung — Der Inhalt von `\mbox` wird im *restricted horizontal mode* gesetzt. Das heißt, der Inhalt einer `\mbox` wird nie umbrochen. Außerdem wird vor einer `\mbox` ein `\leavevmode` ausgeführt.

Vergleiche — [L] `\framebox`, `\makebox`.

\mddefault

System — LATEX 2ε.

Wirkung — Bestimmt die Schriftserie, die durch `\mdseries` und `\textmd` aktiviert wird.

Beispiel Standard: `\def\mddefault{m}`

Definition `\newcommand\mddefault{m}`

Beschreibung Im Gegensatz zu LaTeX2.09 ist NFSS nicht mehr von fest vordefinierten Schriftarten abhängig. Im NFSS werden alle verwendbaren Schriftarten mittels `\DeclareFontShape` mit tatsächlichen vorhandenen Zeichensätzen verknüpft.

Um die Anpassung möglichst einfach zu gestalten, wurden diese Deklarationen in Dateien mit dem *Extender* `.fd` untergebracht, die innerhalb der Datei `lfonts.ltx` eingebunden und so bei der Formatgenerierung zur Verfügung gestellt werden.

Das in der Definition von `\mddefault` auftretende `m` steht dabei für den in `\DeclareFontShape` angegebenen 3. Parameter. Dieser ist zwar willkürlich wählbar, aber bei den vordefinierten Schriftarten findet man praktisch immer `m` für normale Schriften, meistens `b`, für *boldface* und manchmal `bx`, `c` und `sbc` für ausgefallenere Definitionen.

Vergleiche [L] `\bfdefault`, `\itdefault`, `\mdseries`, `\rmdefault`, `\scdefault`, `\sfdefault`, `\sldefault`, `\textmd`, `\ttdefault`, `\updefault`.

\mdseries

System LaTeX 2_ε.

Wirkung Schaltet in die Schriftserie für Normalschrift.

Beispiel `{\bfseries Das ist {\mdseries normal}}`

Das ist normal

Beschreibung `\mdseries` aktiviert die Schriftserie, die durch `\mddefault` festgelegt ist.

Vergleiche [L] `\bfseries`, `\itshape`, `\mddefault`, `\rmfamily`, `\scshape`, `\seriesdefault`, `\sffamily`, `\slshape`, `\textmd`, `\ttfamily`, `\upshape`.

\meaning ⟨*Token*⟩

System: TEX-Primitive, Plain-TEX, LATEX2.09, LATEX 2ε.

Wirkung: Gibt die *Bedeutung* des nachfolgenden *Tokens* an.

Beispiel:
```
\def\test#1{#1: Hello World}
\verb!\test! ist: `{\tt\meaning\test}'.
```
`\test` ist: '`macro:#1->#1:  Hello World`'.

Beschreibung: Die Ausgabe von `\meaning` entspricht genau dem Befehl `\show`, d.h. insbesondere, es wird nur um eine Stufe expandiert. Hierbei erhalten alle Ausgabezeichen den `\catcode` 12, so daß sie als Text verarbeitet werden können.

Vergleiche: `\escapechar`, `\message`, `\show`.

\medbreak

System: Plain-TEX, LATEX2.09, LATEX 2ε.

Wirkung: Beginnt einen neuen Absatz, markiert eine günstige Stelle (`\penalty-100`) zum Umbruch der Seite und fügt vertikalen Leerraum der Größe eines `\medskip` ein.

Bemerkung: Der Absatz wird auf jeden Fall erzeugt, der Leerraum und die `\penalty` aber nur, falls vorher kein größerer Leerraum als ein `\medskip` stand.

Definition:
```
\def\medbreak{\par\ifdim\lastskip<\medskipamount
  \removelastskip\penalty-100\medskip\fi}
```

Vergleiche: `\bigbreak`, `\break`, `\goodbreak`, `\medskipamount`, `\nobreak`, `\penalty`, `\smallbreak`.

\medmuskip

System: TEX-Primitive, Plain-TEX, LATEX2.09, LATEX 2ε.

Wirkung: Definiert die Größe eines mittleren Leerraumes im mathematischen Modus.

Beispiel	Standard: `\medmuskip=4mu plus2mu minus4mu`
Beschreibung	Die Größe von `\medmuskip` wirkt sich auf die Größe von `\>` aus und hat gegenüber `\quad` den Vorteil, daß sie von der jeweiligen Schriftart abhängt, weil `18mu` = `1em`.
Vergleiche	`\>`, `\thickmuskip`, `\thinmuskip`.

\medskip

System	Plain-TeX, LaTeX2.09, LaTeX 2ε.
Wirkung	Erzeugt einen mittleren vertikalen Leerraum (`6pt plus 2pt minus 2pt`).
Bemerkung	Dieser Befehl arbeitet nur im *vertikal-mode*. Das heißt, er ist nur zwischen Absätzen wirksam. Wie bei allen *skip*-Befehlen, wird der Leerraum nur bis zur nächsten Umbruchstelle erzeugt.
Definition außer LaTeX	`\def\medskip{\vskip\medskipamount}`
Definition LaTeX	`\def\medskip{\vspace\medskipamount}`
Vergleiche	`\bigskip`, `\medskipamount`, `\smallskip`, `\vskip`, [L] `\vspace`.

\medskipamount

System	Plain-TeX, LaTeX2.09, LaTeX 2ε.
Wirkung	Definiert die Größe eines mittleren Leerraumes.
Beispiel	Standard: `\medskipamount=6pt plus2pt minus2pt`
Definition	`\newskip\medskipamount`
Beschreibung	Diese Länge wird von allen Befehlen verwendet, die kleine vertikale Zwischenräume erzeugen.
Vergleiche	`\medbreak`, `\medskip`.

\message {*Text*}

System: TEX-Primitive, Plain-TEX, LATEX2.09, LATEX 2$_\varepsilon$.

Wirkung: Stellt den angegebenen *Text* auf dem Bildschirm dar.

Beispiel:
```
\message{Is there anybody out there ... ?}
\read16to\hello
```

```
... Is there anybody out there ... ?}

\hello=
```

Beschreibung: Der Unterschied zwischen `\message` und `\immediate\write16` besteht darin, daß `\write` eine neue Zeile anfängt, wohingegen `\message` direkt im Anschluß an den letzten Text schreibt.

Vergleiche: `\escapechar`, `\meaning`, `\write`.

\mho ℧

System: LATEX2.09, LATEX 2$_\varepsilon$: *package* `latexsym`; Mathemodus; Relation.

Bemerkung: Der Befehl `\Box` wird vom NFSS in LATEX 2$_\varepsilon$ nicht mehr standardmäßig bereitgestellt. Abhilfe schafft das *package* `latexsym`.

Definition LATEX2.09 und SLITEX: `\mathchardef\mho"0A30`

\mid |

System: LATEX2.09, LATEX 2$_\varepsilon$; Mathemodus; Relation.

Definition: `\mathchardef\mid="326A`

\midinsert ⟨*vertikales Material*⟩ \endinsert

System
: Plain-TeX.

Wirkung
: Erstellt eine Einfügung (*insertion*) an der momentanen Textstelle falls möglich. Anderenfalls wird der Befehl in ein `\topinsert` umgewandelt und der Text sobald wie möglich am oberen Seitenrand ausgegeben.

Beispiel

```
\midinsert
  \vskip5cm
  "Uber diesem Text k"onnte ein 5 cm hohes Bild
  eingef"ugt werden.
\endinsert
```

Vergleiche
: `\insert`, `\newinsert`, [T] `\pageinsert`, `\topinsert`.

\min min

System
: LaTeX2.09, LaTeX 2_ε; Mathemodus; Großer Operator.

Definition außer LaTeX 2_ε
: `\def\min{\mathop{\rm min}}`

Definition LaTeX 2_ε
: `\def\min{\mathop{\operator@font min}}`

{minipage} [⟨*Pos*⟩] ⟨*Breite*⟩

System
: LaTeX2.09, LaTeX 2_ε.

Wirkung
: Erzeugt eine *Box* der angegebenen *Breite*, in welcher der innerhalb der Umgebung stehende Text normal umbrochen wird.

Beispiel

Innerhalb einer `{minipage}`-Umgebung werden Fußnoten[a] am unteren Rand der Umgebung statt am unteren Rand der Seite gesetzt. Auch werden diese Fußnoten anders dargestellt. Will man eine nach außen verweisende Fußnote verwenden, muß man `\footnotemark` verwenden und außerhalb der Umgebung den dazugehörigen `\footnotetext` setzen. (Der Text in dieser `{minipage}` wurde künstlich verkleinert, normalerweise wird in der gleichen Größe wie im umgebenden Text gesetzt).

[a] Dies ist eine typische Fußnote.

Beschreibung	Zusätzlich zu `\parbox` können in {`minipage`} auch alle Listenbefehle und Fußnoten erzeugt werden. Der optionale Parameter *Pos* gibt die vertikale Ausrichtung an der einschließenden Zeile an. Er kann die Werte `b` (Ausrichtung an der Unterkante der {`minipage`}) oder `t` (Ausrichtung an der Oberkante) annehmen. Fehlt der Parameter, wird die Box mittig ausgerichtet.
Bemerkung	Die von LaTeX 2_ε zur Verfügung gestellten Befehle `\height`, `\width`, `\depth` und `\totalheight` können auch hier im Breitenargument verwendet werden.
Vergleiche	{`mpfootnote`}, [T] `\footnote`, [L] `\depth`, `\footnotemark`, `\footnotetext`, `\height`, `\parbox`, `\totalheight`, `\width`.

\mit

System	In `plain.tex` und `lfonts.tex` definiert.
Wirkung	Schaltet auf *math italic* Schrift um.
Beispiel	`{{\it Affe} {\mit Affe.}}`
	Affe Affe.
Beschreibung	Wie bei allen anderen Schriftartbefehlen in LaTeX2.09 muß zuerst die Schriftgröße umgestellt werden, weil LaTeX sonst die Schriftart auf `\rm` umstellt.
Vergleiche	`\bf`, `\it`, `\sl`, `\tt`, [L] `\sc`, `\sf`.

\mkern

System	TeX-Primitive, Plain-TeX, LaTeX2.09, LaTeX 2_ε.
Wirkung	Bewirkt eine Verschiebung der Ausgabeposition im mathematischen Modus.
Beschreibung	Der Befehl ist analog zu `\kern`, kann aber nur im mathematischen Modus und in Verbindung mit der Längeneinheit `mu` verwendet werden.
Vergleiche	`\kern`, `\mskip`.

\models ⊨

System Plain-TEX, LATEX2.09, LATEX 2ε; Mathemodus; Relation.

Definition `\def\models{\mathrel|\joinrel=}`

\month

System TEX-Primitive, Plain-TEX, LATEX2.09, LATEX 2ε.

Wirkung Internes Register, das den momentanen Monat enthält.

Beispiel `Sie sehen uns im \the\month. Monat.`

Sie sehen uns im 11. Monat.

Beschreibung Je nach Implementation wird diese Variable am Anfang eines TEX-Durchlaufes aus der Systemuhr initialisiert. (Im Extremfall, wo ein TEX-Lauf über eine Monatswende ginge, würde also der alte Monat angenommen).

Vergleiche `\day`, `\time`, `\year`, [L] `\today`.

\moveleft ⟨*Länge*⟩$_d$⟨*Box*⟩$_b$

System TEX-Primitive, Plain-TEX, LATEX2.09, LATEX 2ε.

Wirkung Verschiebt eine *Box* im vertikalen Modus um *Länge* nach links, ohne daß die umfassende *Box* in ihren Ausmaßen verändert wird.

Beispiel

```
\def\aa{\hbox to 21mm{ABCDEFGH}}
\hbox{\vrule\vbox{\aa %
     \moveleft1em\aa\aa}\vrule}
```

|ABCDEFGH |
A|BCDEFGH |
|ABCDEFGH |

Beschreibung

Innerhalb einer vertikalen *Box* (die gesamte Seite ist ebenfalls eine solche) werden die Bezugspunkte der darin befindlichen *Boxen* (linke Ränder) untereinander gesetzt. Da mit `\moveleft` der linke Rand der umfassenden *Box* überschritten wird, deren Bezugspunkt aber bereits festgelegt ist und damit unverändert bleibt, hat `\moveleft` effektiv keine Auswirkungen auf die Größe der umfassenden *Box*. Links stehender Text wird evtl. überschrieben.

Vergleiche

`\kern`, `\lower`, `\moveright`, `\raise`.

\moveright ⟨*Länge*⟩$_d$⟨*Box*⟩$_b$

System

TEX-Primitive, Plain-TEX, LATEX2.09, LATEX 2$_\varepsilon$.

Wirkung

Verschiebt eine *Box* im vertikalen Modus um *Länge* nach rechts, wobei die umfassende *Box* in ihren Ausmaßen verändert wird.

Beispiel

```
\def\aa{\hbox to 21mm{ABCDEFGH}}
\hbox{\vrule\vbox{\aa %
     \moveright1em\aa\aa}\vrule}
```

ABCDEFGH
  ABCDEFGH
ABCDEFGH

Beschreibung

Innerhalb einer vertikalen *Box* (die gesamte Seite ist ebenfalls eine solche) werden die Bezugspunkte der darin befindlichen *Boxen* (linke Ränder) untereinander gesetzt. Da im Gegensatz zu `\moveleft` mit `\moveright` die innere *Box* nicht über den bereits festgelegten Bezugspunkt der äußeren *Box* verschoben wird, kann sich der rechte Rand der umfassenden *Box* und damit deren Größe anpassen. So hat `\moveright` in erster Näherung die Wirkung von

`\hbox{\hskip`*Länge Box*`}`

und der rechts stehende Text wird nicht überschrieben.

Vergleiche

`\kern`, `\lower`, `\moveleft`, `\raise`.

\mp ∓

System	Plain-TeX, LaTeX2.09, LaTeX 2ε; Mathemodus; Binärer Operator.
Definition	`\mathchardef\mp="2207`
Vergleiche	`\pm`.

mpfootnote

System	LaTeX2.09, LaTeX 2ε.
Wirkung	Dieser LaTeX-Zähler ist für die Numerierung der Fußnoten in {`minipage`} zuständig.
Beispiel	`\setcounter{footnote}{1}`
Vergleiche	`footnote` , [T] `\footnote`.

\mscount

System	Plain-TeX, LaTeX2.09, LaTeX 2ε.
Wirkung	Interner plain-TeX-Zähler für die Ausführung von `\multispan`.
Definition	`\newcount\mscount`
Beschreibung	`\mscount` wird von `\multispan` als Zähler verwendet, um die Befehlssequenz `\span\omit` so oft auszuführen, wie im Argument von `\multispan` angegeben.
Vergleiche	`\multispan`.

\mskip ⟨*Länge*⟩$_s$

System — TEX-Primitive, Plain-TEX, LATEX2.09, LATEX 2$_\varepsilon$; Mathemodus.

Wirkung — Fügt die angegebene *elastische Länge* im mathematischen Formelsatz ein.

Beispiel

```
$$
  OO\mskip-24mu o\,o \qquad % Augen nach rechts
  OO\mskip-26mu o\,o        % Augen nach links
$$
```

$$OO\mskip-24mu o\,o \qquad OO\mskip-26mu o\,o$$

Beschreibung — Der Befehl ist im wesentlichen analog zu `\hskip` bzw. `\vskip`. Im Gegensatz zu `\hskip`, das auch in Formeln auftreten darf, darf `\mskip` nur im Formelsatz verwendet werden. Außerdem muß `\mskip` mit den Einheiten `mu` angegeben werden, wogegen `\skip` nicht in diesen Einheiten angegeben werden darf.

Vergleiche — `\hskip`, `\mkern`, `\muskip`, `\muskipdef`, `\skip`, `\vskip`.

\mu μ

System — Plain-TEX, LATEX2.09, LATEX 2$_\varepsilon$; Mathemodus.

Definition — `\mathchardef\mu="0116`

Vergleiche — `\phi`.

\multicolumn ⟨*Zahl*⟩⟨*Format*⟩⟨*Text*⟩

System — LATEX2.09, LATEX 2$_\varepsilon$.

Wirkung — Faßt mehrere Spalten einer {`array`}- oder {`tabular`}-Umgebung zu einer einzigen breiten Spalte zusammen.

Beispiel — Vgl. {`array`}.

Beschreibung

Zahl gibt die Anzahl der zusammenzufassenden Spalten an. Mit *Format* wird angegeben, wie die Spalte zu formatieren ist. Dabei muß *Format* einen der Buchstaben `l`, `c` oder `r` enthalten {`tabular`}, {`array`}) und kann daneben beliebig viele `@` und `|` enthalten. Diese Angabe ersetzt die Formatvorgaben *aller zusammengefaßten Spalten.*

Vergleiche

[L] {`array`}, {`tabular`}.

\multiply ⟨*Register*⟩ by ⟨*Zahl*⟩$_z$

System

TEX-Primitive, Plain-TEX, LATEX2.09, LATEX 2ε.

Wirkung

Multipliziert den Inhalt eines *Registers* mit einer ganzen *Zahl*.

Beispiel

```
\newskip\myskip \myskip2em plus1em minus1em
\newcount\mycount \mycount2
\multiply\myskip by\mycount
```

Beschreibung

Der Befehl verändert direkt den Wert des angegebenen *Registers* und ersetzt so auf angenehme Weise eine Schreibweise der Art:

```
\myskip=2\myskip
```

und erlaubt es, mit einem anderen Register zu multiplizieren.

Als Nachteil dieser Schreibweise ist die Tatsache zu sehen, daß man nur mit ganzen Zahlen multiplizieren kann, wogegen man in der langen Schreibweise mit Fließkommazahlen multiplizieren kann:

```
\myskip=3.1415\myskip
```

Vergleiche

`\advance`, `\count`, `\dimen`, `\divide`, `\muskip`, `\skip`.

\multiput (⟨x_0⟩, ⟨y_0⟩)(⟨Δx⟩, ⟨Δy⟩)⟨*Anzahl*⟩⟨*Bildobjekte*⟩

System

LATEX2.09, LATEX 2ε.

Wirkung

Plaziert *Anzahl Bildobjekte* innerhalb einer graphischen Umgebung {`picture`}).

Beispiel

```
\unitlength1mm
\begin{picture}(80,30)
% vertikale Linien
  \linethickness{.075mm}
    \multiput(0,0)( 1,0){81}{\line(0,1){30}}
  \linethickness{.150mm}
    \multiput(0,0)( 5,0){17}{\line(0,1){30}}
  \linethickness{.250mm}
    \multiput(0,0)(10,0){ 9}{\line(0,1){30}}
% horizontale Linien
  \linethickness{.075mm}
    \multiput(0,0)(0, 1){31}{\line(1,0){80}}
  \linethickness{.150mm}
    \multiput(0,0)(0, 5){ 7}{\line(1,0){80}}
  \linethickness{.250mm}
    \multiput(0,0)(0,10){ 4}{\line(1,0){80}}
\end{picture}
```

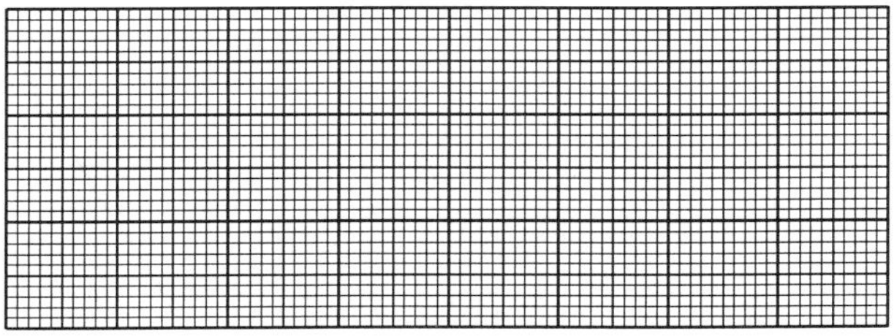

Beschreibung: Es werden *Anzahl* Bildobjekte erzeugt. Das erste wird an den Koordinaten (x_0, y_0) `{picture}`, `\put`) ausgegeben, alle weiteren werden an den Koordinaten $(x_0 + n \cdot \Delta x, y_0 + n \cdot \Delta y)$ positioniert.

Vergleiche: [L] `{picture}`, `\put`.

\multispan ⟨*Anzahl*⟩

System: Plain-TEX, LATEX2.09, LATEX 2_ε.

Wirkung: Überspannt mehrere Einträge einer TEX-Liste.

Beispiel

```
\halign{&\quad\hfil#\hfil\quad\cr
\multispan4\hfil Tabelle \hfil\cr
1 & 2 & 3 & 4 \cr
1 &
\multispan2\hfil Mitte \hfil
 & 4 \cr
1 & 2 & 3 & 4 \cr}
```

Tabelle			
1	2	3	4
1	Mitte		4
1	2	3	4

Definition

```
\def\multispan#1{\omit \mscount#1\relax
  \loop\ifnum\mscount>\@ne \sp@n\repeat}
```

Beschreibung: `\multispan` führt die Befehlsfolge `\omit\span` *Anzahl* mal aus. Im Anschluß daran wird noch ein `\omit` angefügt (vgl. `\mscount`).

Vergleiche: `\halign`, `\matrix`, `\mscount`, `\omit`, `\span`, `\valign`.

\muskip ⟨*Register*⟩$_z$

System: TEX-Primitive, Plain-TEX, LATEX2.09, LATEX 2$_\varepsilon$.

Wirkung: Referiert eines der 255 *muskip*-Register von TEX.

Beispiel

```
\newmuskip\mymu
\mymu=14mu plus .15mu minus 2.69mu
```

Beschreibung: TEX hat 255 Register für elastische Längen zur Verwendung im mathematischen Formelsatz. Diese können entweder via `\muskip` direkt angesprochen oder über `\newmuskip` mit eigenen Namen versehen werden, so daß der Name dann die Analogie von `\muskip`*Zahl* darstellt. Im Gegensatz zu allen anderen Längen enthalten die *muskip*-Register relative Längen, die von dem jeweilig verwendeten Zeichensatz abhängen und in Einheiten von `mu` angegeben werden (18 `mu` = 1 `em`).

Vergleiche: `\dimen`, `\mskip`, `\multiply`, `\muskipdef`, `\newmuskip`, `\skew`.

\muskipdef ⟨*Name*⟩$_\backslash$ = ⟨*Register*⟩$_z$

System — TeX-Primitive, Plain-TeX, LaTeX2.09, LaTeX 2$_\varepsilon$.

Wirkung — Weist einem *muskip*-Register einen *Namen* zu.

Beispiel —
```
\muskipdef\xix=19
\xix=19.19mu
```

Beschreibung — Im Gegensatz zu `\newmuskip` wird hier einem *Namen* eine vom Benutzer vorzugebende Registernummer zugewiesen, ohne daß eine Prüfung stattfindet, ob dieses Register bereits belegt ist. Da diese Zuweisungen der Gruppenstruktur unterliegen (vgl. Legende, `\global`), kann man sie bedenkenlos innerhalb einer Gruppe für alle Register verwenden. Will man allerdings Makros für vielseitige Anwendungen schreiben, empfiehlt es sich, den analogen Befehl `\newmuskip` zu verwenden.

Vergleiche — `\mskip`, `\muskip`, `\newmuskip`.

Befehle N

\nabla ∇

System Plain-TeX, LaTeX2.09, LaTeX 2ε; Mathemodus.

Definition `\mathchardef\nabla="272`

Vergleiche `\delta`.

\narrower

System Plain-TeX.

Wirkung Erzeugt einen schmaleren Absatz.

Beispiel

```
\leavevmode\noindent
Wird nach der ... \par
    {\narrower
    dann wird die ...
        {\narrower Auch ... \par}
    nur mu"s ... die Gruppe ... \par}
sonst hat \verb?\narrower? keine Auswirkungen. ...
```

Wird nach der ersten Zeile ein Absatz gemacht und `\narrower` aufgerufen,

> dann wird die folgende Zeile eingerückt um die Länge `\parindent`
>
> > Auch ein wiederholter Aufruf führt zu dem erwünschten Ergebnis,
>
> nur muß man darauf achten, den Absatz zu beenden, bevor man die umgebende Gruppe beendet,

sonst hat `\narrower` keine Auswirkungen. Außerdem muß man in kurzen Listen `\noindent` angeben, um die Einrückung der ersten Zeile eines Absatzes zu unterdrücken.

Definition

```
\def\narrower{\advance\leftskip\parindent
  \advance\rightskip\parindent}
```

Beschreibung — Die Einrückung wird erzeugt, indem `\leftskip` und `\rightskip` um die Länge `\parindent` erhöht werden. Damit ist die Auswirkung von `\narrower` durch die umgebende Gruppe beschränkt. Da für die Breite des Absatzes die am Ende des Absatzes gültigen Werte von `\leftskip` bzw. `\rightskip` verbindlich sind, muß man den Absatz beenden bevor man die `\narrower` umschließende Gruppe beendet, da der Befehl sonst keine Auswirkungen zeigt. Aus diesem Grund wird der Befehl im Normalfall auch in LaTeX-Listen versagen.

Vergleiche — `\leftskip`, `\rightskip`, [L] {`list`}.

\natural ♮

System — Plain-TeX, LaTeX2.09, LaTeX 2_ε; Mathemodus.

Definition — `\mathchardef\natural="015C`

Vergleiche — `\flat`, `\sharp`.

\ne $\neq$

System — Plain-TeX, LaTeX2.09, LaTeX 2_ε; Mathemodus; Relation.

Definition — `\def\neq{\not=} \let\ne=\neq`

Vergleiche — `\neq`, `\not`.

\nearrow 

System — Plain-TeX, LaTeX2.09, LaTeX 2_ε; Mathemodus; Relation.

Definition — `\mathchardef\nearrow="3225`

Vergleiche — `\downarrow`, `\leftarrow`, `\nwarrow`, `\rightarrow`, `\searrow`, `\swarrow`, `\uparrow`.

\NeedsTeXFormat ⟨*Name*⟩ [⟨*Erstellungsinformationen*⟩]

System LaTeX 2_ε.

Wirkung Legt fest, mit welchem TeX-Format die Datei bearbeitet werden soll.

Beispiel `\NeedsTeXFormat{LaTeX2e}[1994/01/01 Final release]`

Beschreibung *Name* gibt den internen Namen des TeX-Formates an, mit dem die Eingabedatei bearbeitet werden soll. Dieser wird durch die Formatdatei in einem Makro namens `\fmtname` gespeichert. `\NeedsTexFormat` prüft zunächst, ob `\fmtname` und *Name* übereinstimmen. Ist dies nicht der Fall, gibt LaTeX 2_ε eine Fehlermeldung aus, bzw. was häufiger sein dürfte, das geladene TeX-Format bringt eine Fehlermeldung, daß die angegebene Befehlssequenz unbekannt sei.

Stimmt der Formatname, wird der optionale Parameter *Erstellungsinformationen* mit `\fmtversion` verglichen. Wird ein optionaler Parameter angegeben, muß dieser mit einer Datumsangabe der Form `[YYYY/MM/DD]` beginnen, die mit `\fmtversion` verglichen werden kann. Ein zusätzlicher Hinweistext für den Benutzer kann angehängt werden, wird aber nicht zum Vergleich herangezogen.

Sind alle Voraussetzungen für einen Vergleich gegeben, überprüft LaTeX 2_ε, ob das Erstellungsdatum der Formatdatei jünger ist als das in *Erstellungsinformationen* angegebene Datum. Ist dies nicht der Fall, wird eine Warnmeldung ausgegeben, aber der TeX-Lauf fortgesetzt.

Vergleiche `\fmtname`, `\fmtversion`, [L] `\RequirePackage`, `\usepackage`.

\neg ¬

System Plain-TeX, LaTeX2.09, LaTeX 2_ε; Mathemodus.

Definition `\mathchardef\neg="023A \let\lnot=\neg`

Vergleiche `\lnot`.

\negthinspace

System: Plain-TEX, LATEX2.09, LATEX 2_ε.

Wirkung: Erzeugt einen kleinen negativen Leerraum.

Beispiel:
```
\let\!\negthinspace
o o \!o \!\!o \!\!\!o \!\!\!\!o \!\!\!\!\!\!o
```

o oo∞

Definition: `\def\negthinspace{\kern-.16667em }`

Beschreibung: Der erzeugte Leerraum kann von TEX nicht entfernt werden. Er kann wahlweise horizontal oder vertikal sein (je nach momentanem Modus), ist aber von seiner Natur her horizontal gedacht, da er 1/6 `em`, d.h. 1/6 der *Breite* eines „M" im aktuellen Zeichensatz darstellt.

Vergleiche: `\kern`, `\qquad`, `\quad`, `\thinspace`.

\neq $\neq$

System: Plain-TEX, LATEX2.09, LATEX 2_ε; Mathemodus; Relation.

Definition: `\def\neq{\not=} \let\ne=\neq`

Vergleiche: `\ne`, `\not`.

\newboolean ⟨*Name*⟩

System: LATEX 2_ε: *package* `ifthen`.

Wirkung: Stellt eine neue boolsche Variable für `\ifthenelse` zur Verfügung.

Beispiel

```
\newboolean{boule}
\setboolean{boule}{true}
\ifthenelse{\boolean{boule}}{
    Getroffen!}{Leider daneben\ldots}
```

Getroffen!

Definition

```
\def\newboolean#1{%
   \csname newif\expandafter\endcsname
   \csname if#1\endcsname}
```

Vergleiche: \setboolean, \not, \or, [L] \and, \boolean, \ifthenelse, \whiledo, \(, \).

\newblock

System: LATEX2.09: LATEX; bei BIBTEX mitgelieferte .sty-Dateien.

Wirkung: Trennt verschiedene Einträge einer Literaturliste voneinander.

Beispiel: Das folgende Beispiel wurde mit dem chicago.sty erzeugt und mit BIBTEX (mit \bibliographystyle {chicago}) in die Datei *jobname*.bbl geschrieben:

```
\bibitem[\protect\citeauthoryear
{Aamport}{Aamport}{1986a}]{article-full}
Aamport, L.~A. (1986a, July).
\newblock The gnats and gnus ...
\newblock {\em \mbox{G-Animal's} ...
\newblock This is a full ARTICL ...
```

Definition: Außerhalb der {thebibliography}-Umgebung:

```
\newcommand\newblock{}
```

Innerhalb von {thebibliography} mit der Stiloption openbib:

```
\renewcommand\newblock{\par}
```

Innerhalb von {thebibliography} ohne openbib:

```
\renewcommand\newblock{\hskip .11em \@plus.33em
    \@minus.07em}%
```

Beschreibung

Die genaue Auswirkung des `\newblock`-Befehls hängt von der momentanen Art der Literaturliste ab. Die meisten Darstellungsformen verzichten allerdings auf die Benutzung dieses Makros, indem sie folgende LaTeX-Standarddefinition übernehmen:

```
\def\newblock{}
```

Vergleiche

`{thebibliography}`, [L] `\bibliography`, `\bibliographystyle`.

\newbox ⟨⟨*Befehlsname*⟩\ ⟩

System

Plain-TeX, LaTeX2.09, LaTeX 2ε.

Wirkung

Weist dem angegebenen *Befehlsnamen* das nächste nicht belegte *Boxregister* zu.

Beispiel

```
\newbox\hass
\setbox\hass=\hbox{Hau Ruck! }
\leavevmode
\copy\hass\copy\hass\box\hass
```

Hau Ruck! Hau Ruck! Hau Ruck!

Beschreibung

Nach `\setbox` steht in *Befehlsname* die Nummer des entsprechenden *Boxregisters*, so daß *Befehlsname* dann stellvertretend für die Nummer in den entsprechenden *Box*-Befehlen verwendet werden kann.

Vergleiche

`\box`, `\copy`, `\newcount`, `\newdimen`, `\newmuskip`, `\newskip`, `\newtoks`, `\setbox`, `\unhbox`, `\unhcopy`, `\unvbox`, `\unvcopy`, [L] `\newsavebox`.

\newcommand ⟨⟨*Name*⟩\ ⟩ [⟨*Argumentzahl*⟩] ⟨*Definition*⟩

System

LaTeX2.09.

Wirkung

Definiert einen neuen Befehlsnamen.

Beispiel

```
\newcommand{\ihn}[1]{Man sollte ihn #1! }
\ihn{erschlagen} \ihn{in "Ol sieden}
\ihn{zum Menschen erziehen}
\ihn{mit R"uckgrat versehen}
```

Man sollte ihn erschlagen! Man sollte ihn in Öl sieden! Man sollte ihn zum Menschen erziehen! Man sollte ihn mit Rückgrat versehen! *

Beschreibung

Der *Befehlsname* muß mit *Rückstrich* angegeben werden, wie bei `\def` auch. Der optionale Parameter *Zahl* gibt die Anzahl der Argumente an, die der Befehl erwartet und die dann im *Definitions*-Teil wie bei `\def` mit `#1-#9` angesprochen werden können. Die *Definition* erfolgt exakt wie bei `\def`. Wird versucht, einen bereits definierten Befehl neu zu definieren, führt dies zu einer Fehlermeldung (vgl. `\renewcommand`).

Bemerkung

Da `\newcommand` vor der Definition überprüft, ob der Befehl bereits definiert wurde, ist es nützlich, diesen Befehl für einfache Makrodefinitionen zu verwenden. Da aber keine speziellen Effekte erzielt werden können (vgl. `\def`, `\edef`), ist seine Verwendung nicht immer sinnvoll oder möglich. Es empfiehlt sich also ein Aufruf von `\newcommand` mit einer leeren Definition, nur um den Namen auf Originalität zu testen. Anschließend kann man dann mit `\def` etc. die gewünschte Definition angeben.

——— weitere Bedeutung ———

System

LaTeX 2_ε.

Wirkung

Definiert einen neuen Befehlsnamen.

Syntax

`\newcommand`⟨⟨*Bef.-name*⟩\ ⟩ `[`⟨*Zahl*⟩`]` ⟨*Definition*⟩
`\newcommand`⟨⟨*Bef.-name*⟩\ ⟩ *[*⟨*Zahl*⟩*]* `[`⟨*Standard*⟩`]` ⟨*Definition*⟩

Beispiel

```
\newcommand{\ihn}[1][, bis er cross ist]{
    Man sollte ihn in "Ol sieden#1! }
\ihn
\ihn[, bis er schwarz wird]
\ihn[, da"s ihm h"oren und sehen vergeht]
```

Man sollte ihn in Öl sieden, bis er cross ist! Man sollte ihn in Öl sieden, bis er schwarz wird! Man sollte ihn in Öl sieden, daß ihm hören und sehen vergeht!

*Stimmt, das klingt makaber, aber im Zusammenhang mit den letzten drei Beispielen kann man sich ein genaues Bild der Person machen, die mich hier verfolgt hat!

Beschreibung
Die Definition funktioniert wie in LaTeX2.09 auch. Wird jedoch ein zweiter optionaler Parameter angegeben, geht LaTeX 2_ε davon aus, daß der erste Parameter des neu definierten Befehls optional sein soll und setzt den im zweiten optionalen Parameter von `\newcommand` angegebenen *Standard* für den Fall ein, daß der optionale Parameter im Befehlsaufruf dann fehlt.

Bemerkung
Noch mehr als in LaTeX2.09 gilt hier, daß man mit `\newcommand` keine komplexen Definitionen in Angriff nehmen sollte, weil die Effekte schnell nicht mehr überschaubar werden. Es empfiehlt sich also ein Aufruf von `\newcommand` mit einer leeren Definition, nur um den Namen auf Originalität zu testen. Anschließend kann man dann mit `\def` etc. die gewünschte Definition angeben.

Vergleiche
`\def`, [L] `\newenvironment`, `\providecommand`, `\renewcommand`, `\renewenvironment`.

\newcount ⟨⟨*Befehlsname*⟩\ ⟩

System
Plain-TeX, LaTeX2.09, LaTeX 2_ε.

Wirkung
Weist dem angegebenen *Befehlsnamen* das nächste nicht belegte *Zählerregister* zu.

Beispiel
```
\newcount\hammer \hammer=13
\def\schlag{\ifnum\hammer>0
  \advance\hammer-1
  \def\next{Kling! \schlag}
\else\let\next\relax \fi
\next}
\schlag
```

Kling! Kling! Kling! Kling! Kling! Kling! Kling! Kling! Kling! Kling! Kling! Kling! Kling!

Beschreibung
Nach dem `\newcount` steht in *Befehlsname* die Befehlssequenz `\count`*Nummer*, so daß *Befehlsname* gleichbedeutend mit dem Befehl `\count` verwendet werden kann.

Vergleiche
`\count`, `\countdef`, `\ifnum`, `\newbox`, `\newdimen`, `\newinsert`, `\newmuskip`, `\newskip`, `\newtoks`, `\number`, `\romannumeral`.

\newcounter ⟨*Name*⟩ [⟨*Name2*⟩]

System — LaTeX2.09, LaTeX 2_ε.

Wirkung — Definiert einen LaTeX-Zähler.

Beispiel — Dieses Beispiel entspricht in groben Zügen der Art, wie Abschnitte in LaTeX numeriert werden:

```
\newcounter{section}
\newcounter[section]{subsection}
\def\section#1{\arabic{section} #1}
\def\subsection#1{\arabic
        {section}.\arabic{subsection} #1}
```

Beispiel — Oder etwas komplizierter:

```
\newcounter{zip}
\newcounter{zoosh}[zip]
\def\pp{\expandafter\ifnum\value{zip}
  <10 \stepcounter{zip} : \let\next\qq
  \else : \let\next\relax \fi
  \next}
\def\qq{\expandafter\ifnum\value{zip}
  >\thezoosh \stepcounter{zoosh} . \let\next\qq
  \else \let\next\pp \fi
  \next}
\pp
```

: . : . . : . . . : . . . . : . . . . . : . . . . . . : . . . . . .
. . : . . . . : . . . . : . . . . :

Beschreibung — `\newcounter` stellt einen Zähler zur Verfügung, der durch Angabe des optionalen Parameters auch innerhalb eines anderen LaTeX-Zählers geschachtelt werden kann, d.h. der Zähler wird mit jeder Änderung von *Name2* auf 0 zurückgesetzt. Der neu entstandene Zähler wird auf 0 initialisiert, und es wird ein Befehl `\the`*Name* erzeugt, der es erlaubt, auf den Zähler analog zu `\the\count` zuzugreifen.

Bemerkung — LaTeX-Zähler werden ohne *Rückstrich* angegeben. LaTeX verwendet für seine Zähler intern den Befehlsnamen `\c@`*Name*.

Vergleiche — `\count`, [L] `\addtocounter`, `\alph`, `\Alph`, `\arabic`, `\fnsymbol`, `\newcounter`, `\refstepcounter`, `\roman`, `\Roman`, `\setcounter`, `\stepcounter`, `\usecounter`, `\value`.

\newdimen ⟨⟨*Befehlsname*⟩\ ⟩

System — Plain-TeX, LaTeX2.09, LaTeX 2_ε.

Wirkung — Weist dem angegebenen *Befehlsnamen* das nächste nicht belegte *Längenregister* zu.

Beispiel

```
\newdimen\aligner
\newbox\base
\setbox\base=\hbox{: Haupteintrag :}
\aligner=\wd\base
\vbox{\box\base{} \hbox to \aligner
{:\hss Untereintrag\hss :}}
```

: Haupteintrag :
: Untereintrag :

Beschreibung — Nach `\newdimen` steht in *Befehlsname* die Befehlssequenz `\dimen` *Nummer*, so daß *Befehlsname* gleichbedeutend mit dem Befehl `\dimen` verwendet werden kann.

Vergleiche — `\dimen`, `\dimendef`, `\ifnum`, `\newbox`, `\newdimen`, `\newinsert`, `\newmuskip`, `\newskip`, `\newtoks`, `\number`, `\romannumeral`.

\newenvironment ⟨*Name*⟩ [⟨*Argumentzahl*⟩] ⟨*Anfang*⟩⟨*Ende*⟩

System — LaTeX2.09, LaTeX 2_ε.

Wirkung — Definiert eine neue Umgebung.

Beispiel

```
\newenvironment{emphase}[1]{\begin{trivlist}%
\item[] {\bf #1} \\ }{\end{trivlist}}
```

```
\begin{emphase}{Dieser Absatz ist abgesetzt}
  Will man eine ...
\end{emphase}
```

Dieser Absatz ist abgesetzt
Will man eine ganz einfache vertikale Einrückung erzeugen, ohne sich um den vertikalen Abstand zum Text kümmern zu müssen, kann man eine neue Umgebung definieren, die eine {`trivlist`} mit einem leeren `\item[]` Befehl erzeugt und damit alle notwendigen Einrückungen dokumentkonform ausführt.

Beschreibung

LaTeX überprüft zunächst, ob bereits eine Umgebung *Name* existiert und gibt in diesem Fall eine Fehlermeldung aus. Anschließend wird eine Umgebung *Name* definiert, die mit `\begin{`*Name*`}` aufgerufen wird und so viele Parameter erwartet, wie *Zahl* angibt, falls das optionale Argument vorhanden ist. In *Anfang* kann man alle Definitionen angeben, die vor dem Ausführen des zwischen `\begin{`*Name*`}` und `\end{`*Name*`}` stehenden Textes abgearbeitet werden sollen. In *Ende* kann man dann alle Definitionen angeben, die sich daran anschließen sollen. Dabei setzt LaTeX vor *Anfang* und nach *Ende* Gruppenklammern und testet, ob die Klammerstruktur und die Verschachtelung von Umgebungen korrekt ist.

——— weitere Bedeutung ———

System

LaTeX 2_ε.

Wirkung

Definiert eine neue Umgebung.

Syntax

`\newenvironment`⟨*Befehlsname*⟩\ `[`⟨*Zahl*⟩`]` ⟨*Anfang*⟩⟨*Ende*⟩
`\newenvironment`⟨*Befehlsname*⟩\ *[* ⟨*Zahl*⟩ *]*
 `[`⟨*Standard*⟩`]` ⟨*Anfang*⟩⟨*Ende*⟩

Beispiel

```
\newenvironment{fantasy}[1][Ufer]{\begin{trivlist}%
\item[] {\bf #1} \\ }{\end{trivlist}}

\begin{fantasy}
  Sie stehen am ...
\end{fantasy}
```

Ufer
Sie stehen am Anfang einer langen Straße, deren Ende Sie zwischen den Bäumen kaum mehr zu erkennen vermögen. Vor Ihnen neigt sich der Weg sanft abwärts, um sich im Sand zwischen sanften Wellen zu verlieren.

Beschreibung

In $\LaTeX 2_\varepsilon$ kann man zusätzlich zu der bei $\LaTeX$ angegebenen Syntax noch ein weiteres optionales Argument angeben, durch welches $\LaTeX 2_\varepsilon$ mitgeteilt wird, daß der erste Parameter der definierten Umgebung optional ist. Fehlt dieser erste Parameter dann beim Aufruf, wird er durch *Standard* ersetzt.

Vergleiche

`\def`, [L] `\newcommand`, `\renewcommand`, `\renewenvironment`.

\newfam ⟨⟨*Befehlsname*⟩$_\backslash$⟩

System

Plain-TEX, LATEX2.09, $\LaTeX 2_\varepsilon$.

Wirkung

Weist dem angegebenen *Befehlsnamen* die nächste nicht belegte Schriftfamilie zu.

Beispiel

```
\newfam\myfam
\textfont\myfam\myfonti
\scriptfont\myfam\myfontii
\scriptscriptfont\myfam\myfontiii
$$ \fam\myfam ... $$
\myfonti
```

Beschreibung

TEX hat 16 Schriftfamilien mit den Registern `\textfont`, `\scriptfont` und `\scriptscriptfont`, von denen die ersten 7 normalerweise belegt sind. Weitere Familien können, wie im Beispiel gezeigt, belegt und durch eine Angabe von `\fam` innerhalb der mathematischen Gruppe verwendet werden.

Die Angabe von `\fam` muß innerhalb der mathematischen Umgebung erfolgen, weil zu Beginn jeder mathematischen Gruppe `\fam=1` gesetzt wird. Es gilt zu beachten, daß `\fam` sich nur auf den mathematischen Formelsatz bezieht. Will man den entsprechenden Zeichensatz im Text verwenden, muß man ihn explizit angeben (s. Beispiel).

Bemerkung

Alle Zeichen im mathematischen Formelsatz besitzen eine Angabe über die Schriftfamilie, aus der sie entnommen werden sollen, und wie sie gesetzt werden sollen. Ist bei der Satzart ein Wert von 7 angegeben, handelt es sich um ein Zeichen ohne besondere Satzfunktion (wie Klasse 0), aber mit variabler Schriftfamilie, d.h. es wird in der aktuellen Schriftfamilie gesetzt, falls `\fam`<0, oder in der durch `\fam` angegebenen, falls `\fam`≥ 0.

Vergleiche

[T] `\fam`, [L] `\mathbf`, `\mathcal`, `\mathit`, `\mathrm`, `\mathsf`, `\mathtt`.

\newfont ⟨⟨*Befehlsname*⟩$_\backslash$⟩⟨⟨*Zeichensatzdefinition*⟩$_f$⟩

System — LaTeX2.09, LaTeX 2$_\varepsilon$.

Wirkung — Lädt einen bestimmten Zeichensatz.

Beispiel —
```
\newfont{\myfont}{cmr10 scaled 1440}
{\myfont Text}.
```

Definition LaTeX 2$_\varepsilon$ —
```
\def\newfont#1#2{\@ifdefinable#1{\global
                            \font#1=#2\relax}}
```

Definition LaTeX2.09 und SLITeX —
```
\def\newfont#1#2{\@ifdefinable #1{\font
                               #1=#2\relax}}
```

Beschreibung — Der Befehl überprüft, ob *Befehlsname* bereits definiert ist, und gibt in diesem Fall eine Fehlermeldung aus. Ansonsten ist der Befehl identisch mit:

`\font`*Befehlsname* = *Zeichensatzdefinition*

Vergleiche — `\font`, `\load`.

\newhelp ⟨⟨*Befehlsname*⟩$_\backslash$⟩⟨*Text*⟩

System — LaTeX2.09, LaTeX 2$_\varepsilon$.

Wirkung — Definiert einen Hilfetext.

Beispiel —
```
\newhelp\myhelp { Sie
  sehen hier das Beispiel einer
  Hilfe!^^J Die zweite Zeile}

 \errhelp\myhelp
 \errmessage{Dies ist ein Fehler}
```

```
\myhelp=\toks13

! Dies ist ein Fehler.
l.8 \errmessage{Dies ist ein Fehler}

? h
 Sie sehen hier das Beispiel einer Hilfe!
 Die zweite Zeile
!
```

Definition

```
\outer\def\newhelp#1#2{\newtoks#1#1
   \expandafter{\csname#2\endcsname}}
```

Beschreibung

Die genaue Definition unterscheidet sich je nach geladenen *Packages*, das Wesentliche bleibt jedoch gleich: Einem *Tokenregister* wird ein *Text* zugewiesen, der später dem TEX-Register `\errhelp` zugewiesen werden kann. Man beachte die Angabe von `^^J` als Zeilenende.

Vergleiche

`\errhelp`, `\errmessage`.

\newif ⟨\if *name*⟩

System

Plain-TEX, LATEX2.09, LATEX 2_ε.

Wirkung

Definiert einen neuen `\if...`-Befehl.

Beispiel

```
\newif\iflast
\def\loop{\iflast \let\next\endloop \else
  \let\next\doloop \fi \next }
\def\doloop{\typein[Weiter (J/N)?]{\Antwort}
  \if J\Antwort\relax \lastfalse \else
  \lasttrue \fi \loop }
```

Definition

```
\outer\def\newif#1{\count@\escapechar \escapechar\m@ne
  \expandafter\expandafter\expandafter
   \edef\@if#1{true}{\let\noexpand#1=\noexpand\iftrue}%
  \expandafter\expandafter\expandafter
   \edef\@if#1{false}{\let\noexpand#1=\noexpand\iffalse}%
  \@if#1{false}\escapechar\count@} % the condition
                                   % starts out false
\def\@if#1#2{\csname\expandafter\if@\string#1#2\endcsname}
{\uccode`1=`i \uccode`2=`f \uppercase{\gdef\if@12{}}}
% `if' is required
```

Beschreibung

Die komplexe Struktur dieses Makros beruht auf der Notwendigkeit, auf den Namen eines Makros als Text zuzugreifen, um die Schalter zu definieren.

Zeilen *2, 3* bzw. *4, 5* definieren die beiden Schalter. Dazu wird der angegebene Name in der Form `\if`*name* (`#1`) von `\@if` (*8*) zu `\if@if`*name*`true` (bzw. `false`) umgesetzt, welches dann vor der Definition (*3, 5*) mittels `\if@` zu `\`*name*`true` umgesetzt wird.

Die Tricks dabei sind folgende:

- Der `\string` Befehl in (*8*) erzeugt keinen *Backslash*, weil `\escapechar` in (*1*) auf -1 gesetzt wurde.
- Der `\if@`-Befehl funktioniert, weil die Zeichen `1` und `2` einen `\catcode` von 12 haben und somit als andere Zeichen nicht mehr als Teil des Befehlsnamens, sondern als notwendige Zeichen in der Eingabe (vgl. `\def`) angesehen werden, die aber wegen der `\uppercase`-Konstruktion den Buchstaben `i` und `f` entsprechen.
- Der `\edef`-Befehl (*2,4*) bekommt einen legalen Befehlsnamen, weil die Expansion von „`\if@if`" zu „" innerhalb von `\csname` stattfindet.

Der eigentliche Abfragebefehl wird durch den Aufruf der Schalter erzeugt. Daher der Aufruf von `\`*name*`false` in (*6*).

Vergleiche

`\iftrue`, `\if`, `\iffalse`.

\newifG ⟨`\`*ifG name*⟩

System

SLITEX: Dokumentstil `slides`, LATEX 2_ε: Dokumentklasse `slides`.

Wirkung

Definiert *global* einen neuen `\ifG...`-Befehl und erzeugt Schalter mit ?`\G` am Anfang. Entspricht ansonsten genau dem `\newif`-Befehl.

Beispiel

```
\newifG\ifGplot
```

Definition

```
\outer\def\newifG#1{\count@\escapechar \escapechar\m@ne
  \expandafter\expandafter\expandafter
   \edef\@ifG#1{true}{
        \global\let\noexpand#1\noexpand\iftrue}%
  \expandafter\expandafter\expandafter
   \edef\@ifG#1{falsa}{
        \global\let\noexpand#1\noexpand\iffalse}%
  \@ifG#1{false}\escapechar\count@} % the condition
                                    % starts out false
\def\@ifG#1#2{\csname\expandafter\ifG@\string#1#2\endcsname}
```

```
{\uccode'1='i \uccode'2='f \uccode'3='G
    \uppercase{\gdef\ifG@123{G}}}
 % 'ifG' is required
```

Vergleiche \newif.

\newinsert ⟨⟨*Befehlsname*⟩\ ⟩

System Plain-TEX, LATEX2.09, LATEX 2ε.

Wirkung Weist dem angegebenen *Befehlsnamen* das nächste nicht belegte *Einfügungsregister* zu.

Beispiel

```
\newinsert\myins
\skip\myins=10pt  % 10pt abgesetzt
\count\myins=1000 % Faktor 1
\dimen\myins=1in  % Maximal 1 Zoll
\insert{\vbox{\noindent Text}}
```

Beschreibung TEX verfügt über 255 *Einfügungsregister* (*Insert-Register*), in denen Einfügungen auf der Seite gespeichert und für die automatische Einfügung auf der Seite festgehalten werden können. Den Registern kann man nur Inhalt anfügen (vgl. `\insert`), diesen aber nicht direkt auslesen. Neben dem eigentlichen Einfügungstext gibt es noch weitere Informationen, die der Seitenumbruchalgorithmus benötigt. Diese werden in den Registern `\dimen`, `\skip`, `\count` und `\box` der gleichen Nummer gespeichert und sind damit dem Benutzer zugänglich.

`\dimen` gibt die maximale vertikale Ausdehnung an, die für Einfügungen dieser Art auf der Seite zur Verfügung steht.

`\count` gibt einen Multiplikationsfaktor an, mit dem die Gesamthöhe der Einfügung die Gesamthöhe der Seite beeinflußt.

(Eine zweispaltig gesetzte Einfügung würde die Seite nur halb so stark vergrößern wie eine einspaltige). Ein Wert von 1000 entspricht dem Faktor 1.

`\skip` gibt eine zusätzliche Länge an, welche die Einfügung auf der Seite beansprucht (Abstand zum Text etc.).

`\box` Im Gegensatz zu den anderen drei Registern ist diese *Box* im Normalfall leer. Hat TEX eine Einfügung erstellt, erscheint das entsprechende Material in dieser

Box und muß von der \output-Routine auf der Ausgabeseite plaziert werden.

Vergleiche — \footins, \holdinginserts, \insert, \insertpenalties, \newcount, \newdimen, \newmuskip, \newskip, \newtoks, [T] \midinsert, \pageinsert, \topinsert, [L] {figure}, {table}.

\newlabel ⟨*Name*⟩{{*Zählerwert*}{*Seite*}}

System — LaTeX2.09, LaTeX 2$_\varepsilon$.

Wirkung — Hilfsmakro zur Definition von Querverweisen.

Beispiel

```
\newlabel{hologlyx}{{10.24}{123}}
Das Hologlyx ist auf Seite \pageref{hologlyx}.
```

Das Hologlyx ist auf Seite 123.

Definition

```
\def\newlabel#1#2{\@ifundefined{r@#1}{}{
  \global\@multiplelabelstrue
  \@warning{Label '#1' multiply defined}}\global
  \@namedef{r@#1}{#2}}
```

Beschreibung — \newlabel wird von \label in die *jobname*.aux-Datei geschrieben. Beim Einlesen der *jobname*.aux-Datei wird dann der Befehl ausgeführt. Er wirkt im wesentlichen wie ein \label, wobei geprüft wird, ob die Referenz doppelt definiert wurde. *Name* ist der Name der Verweismarke. Er darf alle Zeichen außer „{", „}" und „\" enthalten. *Zählerwert* ist der Wert des aktuellen Zählers, auf den mittels \ref verwiesen wird, *Seite* ist die Seitenzahl, auf der die Verweismarke beim letzten LaTeX-Lauf stand und die mit \pageref adressiert wird.

Am Ende eines Dokumentes wird \newlabel umdefiniert zu:

```
\def\newlabel{\@testdef r}%
```

womit LaTeX überprüfen kann, ob sich Verweismarken geändert haben.

Vergleiche — [L] \label, \pageref, \ref.

\newlanguage ⟨⟨*Befehlsname*⟩\ ⟩

System — TEX3-Primitive-Befehl; TEX-Primitive; LATEX2.09; LATEX 2ε.

Wirkung — Weist dem angegebenen *Befehlsnamen* das nächste nicht belegte Trenntabellenregister zu.

Beispiel — `\newlanguage\kisuaheli`

Beschreibung — Mit `\newlanguage` kann einer Trenntabelle ein symbolischer Name zugewiesen werden, der dann zur Sprachumschaltung mittels `\language` bzw. `\setlanguage` verwendet werden kann. Da die Definition von Trenntabellen mittels `\patterns` nur in IniTEX möglich ist, macht auch die Verwendung von `\newlanguage` nur zur Formatgenerierung in IniTEX Sinn.

\newlength ⟨⟨*Name*⟩\ ⟩

System — LATEX2.09, LATEX 2ε.

Wirkung — Definiert eine neue *feste* Länge.

Beispiel — `\newlength{\mylength}`

Definition — `\def\newlength#1{\@ifdefinable#1{\newskip#1}}`

Beschreibung — `\newlength` testet, ob *Name* bereits definiert ist, und gibt in diesem Fall eine Fehlermeldung aus. Ansonsten ist der Befehl identisch mit `\newskip`.

Vergleiche — `\newskip`, [L] `\setlength`, `\settodepth`, `\settoheight`, `\settowidth`.

\newline

System — LATEX2.09, LATEX 2ε.

Wirkung — Beendet die laufende Zeile.

Beispiel

```
Innerhalb eines Absatzes
angewendet, \newline
funktioniert das wunderbar.
```

Innerhalb eines Absatzes angewendet,
funktioniert das wunderbar.

Definition

```
\def\newline{\ifvmode \@nolnerr \else
  \unskip\nobreak\hfil
  \penalty -\@M\fi}
```

Beschreibung
Der Befehl darf nur innerhalb von Absätzen verwendet werden. Dann beendet er die laufende Zeile mit einem `\hfil`, wodurch ein Flatterrand entsteht.

Vergleiche
`\\`, [L] `\linebreak`, `\pagebreak`.

\newlinechar

System
TEX-Primitive, Plain-TEX, LATEX2.09, LATEX 2ε.

Wirkung
Definiert das Zeilenende-Zeichen für Ein-/Ausgabebefehle.

Beispiel

```
\newlinechar=-1
\showthe\newlinechar
```

```
> -1.
... \showthe\newlinechar

!
```

```
\newlinechar65
\immediate\write16{Hello A World}
```

```
Hello
 World
```

```
\read16to\test
\show\test
\newlinechar-1
\show\test
```

```
\testA=alles A paletti
> \test=macro:
->alles
 paletti .
... \show\test

? > \test=macro:
->alles A palettiA.
... \show\test

?
```

Beschreibung

Der Befehl `\newlinechar` definiert das Zeichen, das TEX als Zeilenende in Ein- und Ausgabeoperationen interpretiert – im Gegensatz zu `\endlinechar`, welches das Ende einer Eingabezeile in der Eingabedatei bestimmt. Dies ist insbesondere interessant für die Ein- und Ausgabe mehrzeiliger Texte wie im Beispiel. Hier wird im Ausgabetext *Hello World* ein Zeilenumbruch erzeugt, indem man den Buchstaben „A" (ASCII 65) zum Zeilenendezeichen umdefiniert, bzw. im Eingabetext das A (als aktuelles Zeilenendezeichen) am Ende angefügt wird.

Vergleiche

`\endlinechar`, `\escapechar`, `\read`, `\write`.

\newmuskip ⟨⟨*Befehlsname*⟩␣⟩

System

Plain-TEX, LATEX2.09, LATEX 2ε.

Wirkung

Weist dem angegebenen Befehlsnamen das nächste nicht belegte *muskip* Register zu.

Beispiel

```
\newmuskip\mathskip
\mathskip3mu plus1fil
```

Beschreibung

Nach `\newmuskip` steht in *Befehlsname* die Befehlssequenz `\muskip`*Nummer*, so daß *Befehlsname* gleichbedeutend mit dem Befehl `\muskip` verwendet werden kann.

Vergleiche

`\muskip`, `\muskipdef`, `\newbox`, `\newcount`, `\newdimen`, `\newskip`.

\newpage

System LaTeX2.09, LaTeX 2ε.

Wirkung Beendet die laufende Seite.

Definition `\def\newpage{\par\vfil\penalty -\@M}`

Beschreibung Die laufende Seite bzw. die laufende Spalte im Mehrspaltensatz wird mit elastischem Leerraum aufgefüllt und umbrochen. Der Befehl entspricht im wesentlichen dem plain-TeX Befehl `\eject`.

Vergleiche `\eject`, `\filbreak`, [L] `\cleardoublepage`, `\clearpage`, `\samepage`.

\newread ⟨⟨*Befehlsname*⟩⟩

System Plain-TeX, LaTeX2.09, LaTeX 2ε.

Wirkung Weist dem angegebenen Befehlsnamen die nächste nicht belegte Dateinummer (zum Lesen) zu.

Beispiel

```
\newread\myfile
\openin\myfile=myfil.tex
\read\myfile to\myinp
\closein\myfile
```

Beschreibung Nach `\newread` enthält *Befehlsname* die Dateinummer, die im Zusammenhang mit `\openin`, `\openout` und `read` verwendet werden kann.

Vergleiche `\closein`, `\ifeof`, `\openin`, `\openout`, `\read`.

\newsavebox ⟨⟨*Befehlsname*⟩⟩

System LaTeX2.09, LaTeX 2ε.

Wirkung Definiert eine neue *Box*.

Beispiel `\newsavebox\mysavebox`

Definition `\def\newsavebox#1{\@ifdefinable{#1}{\newbox#1}}`

Beschreibung — `\newsavebox` testet, ob *Befehlsname* bereits definiert ist, und gibt in diesem Fall eine Fehlermeldung aus. Ansonsten ist der Befehl identisch mit `\newbox`.

Vergleiche — `\box`, `\newbox`, [L] `\savebox`, `\sbox`, `\usebox`.

\newskip ⟨⟨*Befehlsname*⟩⟩

System — Plain-TEX, LATEX2.09, LATEX 2_{ε}.

Wirkung — Weist dem angegebenen *Befehlsnamen* das nächste nicht belegte *Längenregister* für *elastische* Längen (*Skipregister*) zu.

Beispiel

```
\newskip\abstand
\abstand=12pt minus .2fil
```

Beschreibung — Nach `\newskip` steht in *Befehlsname* die Sequenz `\skip`*Nummer*, so daß *Befehlsname* gleichbedeutend mit dem Befehl `\skip` verwendet werden kann.

Vergleiche — `\newmuskip`, `\skip`, `\skipdef`, `\unskip`, [L] `\hspace`, `\vspace`.

\newtheorem ⟨*Name*⟩ [⟨*Zähler*⟩] ⟨*Text*⟩

System — LATEX2.09, LATEX 2_{ε}.

Wirkung — Definiert eine neue Umgebung *Name* zur Darstellung von *mathematischen Sätzen* etc.

Beispiel

```
\newtheorem{annahme}{Annahme}
\newtheorem{folgerung}[annahme]{Folgerung}
\newtheorem{satz}{Satz}
\begin{annahme} ... \end{annahme}
\begin{annahme} ... \end{annahme}
\begin{folgerung} ... \end{folgerung}
\begin{satz}[H"ort ...] ... \end{satz}
```

Annahme 1 *Alle Lügner sind Anwälte.*

Annahme 2 *Manche Politiker sind Lügner.*

Folgerung 3 *Manche Politiker sind Anwälte.*

Satz 1 (Hört! Hört!) *Es gehört sich nicht, Politiker Anwälte zu nennen.*

Beschreibung

`\newtheorem` erstellt eine neue Umgebung *Name* mit einem optionalen Parameter *Opt.-Text* und einen zugehörigen Zähler (vgl. `\newcounter`), mit dem die Umgebung numeriert wird. Das optionale Argument *Zähler* im Aufruf von `\newtheorem` gibt an, daß die Umgebung mit dem angegebenen Zähler statt des eigenen numeriert werden soll. Das Argument *Text* ist die Überschrift, die mit dem angegebenen Zähler am Anfang jedes Aufrufs erscheint.

Wie man im Beispiel sehen kann, hat die erzeugte Umgebung einen optionalen Parameter *Opt.-Text*, der in runden Klammern hinter dem Zähler ausgegeben wird (vgl. `\begin{satz}` im Beispiel).

Vergleiche

[L] `\newcounter`, `\newenvironment`.

\newtoks ⟨⟨*Befehlsname*⟩\ ⟩

System

Plain-TeX, LaTeX2.09, LaTeX 2_ε.

Wirkung

Weist dem angegebenen *Befehlsnamen* das nächste nicht belegte *Tokenregister* zu.

Beispiel

```
\newtoks\tokstext
\tokstext={Zeichen; Gutschein; Spielmarke}
\the\tokstext.
```

Zeichen; Gutschein; Spielmarke.

Beschreibung

Nach `\newtoks` steht in *Befehlsname* die Sequenz `\toks`*Nummer*, so daß *Befehlsname* gleichbedeutend mit dem Befehl `\toks` verwendet werden kann.

Vergleiche

`\newcount`, `\newdimen`, `\newinsert`, `\newmuskip`, `\newskip`, `\the`, `\toks`.

\newumlaut ⟨*Zeichen*⟩

System LaTeX2.09: Stiloption `german`, LaTeX 2ε: *package* `babel`: Option `german`.

Wirkung Setzt die Punkte „¨“ für Umlaute etwas niedriger als normal über *Zeichen* und verändert die Bedeutung von `\"`, so daß vor und nach dem Akzent umbrochen werden kann.

Beispiel Hier ein normales ä und ein ä mit niedrigeren Punkten.

```
\def\umlauthigh{\def\"##1{{\accent127 ##1}}}
\def\umlautlow{\def\"{\protect\newumlaut}}

\expandafter\ifx\csname U@D\endcsname\relax
  \csname newdimen\endcsname\U@D
\fi
\def\newumlaut#1{\leavevmode\allowhyphens{\U@D 1ex%
 %      compute new ex value
 {\setbox\z@\hbox{\char127}\dimen@-.45ex\advance\dimen@\ht\z@
 %      don't change, if new-ex <= old-ex
 \ifdim 1ex<\dimen@ \fontdimen5\font\dimen@ \fi}%
 %      because \fontdimen changes are global, restore ex
 \accent127\fontdimen5\font\U@D #1}\allowhyphens}
```

Beschreibung Der Befehl `\newumlaut` wird durch `\"` aufgerufen, falls vorher `\umlautlow` angegeben wurde. Neben dem Herabsetzen der Umlautpunkte erlaubt dieser Befehl auch noch das Trennen des auf den Umlaut folgenden Wortfragmentes.

Vergleiche `\allowhyphens`, `\noboundary`, `\umlauthigh`, `\umlautlow`.

\newwrite ⟨⟨*Befehlsname*⟩\ ⟩

System Plain-TeX, LaTeX2.09, LaTeX 2ε.

Wirkung Weist dem angegebenen Befehlsnamen die nächste nicht belegte Dateinummer (zum Schreiben) zu.

Beispiel

```
\newwrite\myfile
\openout\myfile=myfil.tex
\write\myfile{Text}
\closeout\myfile
```

Beschreibung — Nach `\newwrite` enthält *Befehlsname* die Dateinummer, die im Zusammenhang mit `\openin`, `\openout` und `\read` verwendet werden kann.

Vergleiche — `\closeout`, `\immediate`, `\openout`, `\write`.

\next

System — Plain-TEX, LATEX2.09, LATEX 2$_\varepsilon$.

Wirkung — Hilfsmakro für TEX-Befehle.

Beschreibung — `\next` wird im allgemeinen in Schleifenkonstruktionen der Art

```
\def\FallC{\if ... \let\next\FallA
  \else \let\next\FallB \fi \next}
```

verwendet, in denen man nachfolgende Parameter nicht verlieren will oder `\FallA` bzw. `\FallB` nicht innerhalb der Abfrage expandieren möchte. Aus diesem Grund sollte man `\next` nicht in eigenen Befehlen verwenden, da sonst unübersehbare Nebeneffekte auftreten können.

\ni $\ni$

System — Plain-TEX, LATEX2.09, LATEX 2$_\varepsilon$; Mathemodus; Relation.

Definition — `\mathchardef\ni="3233 \let\owns=\ni`

Vergleiche — `\in`, `\owns`.

\noalign {*Text*}

System — TEX-Primitive, Plain-TEX, LATEX2.09, LATEX 2$_\varepsilon$.

Wirkung — Fügt *Text* zwischen zwei Tabellenzeilen ein.

Beispiel

```
\halign{&\quad\hfil#\hfil\quad\cr
1/1 & 1/2 & 1/3 \cr
\noalign{\hrule}
2/1 & 2/2 & 2/3 \cr
131 & 3/2 & 3/3 \cr}
```

1/1	1/2	1/3
2/1	2/2	2/3
131	3/2	3/3

Beschreibung: Innerhalb einer vertikalen Tabelle (alle außer `\valign`) darf `\noalign` nur im *vertikalen* Modus aufgerufen werden, d.h. direkt vor einer neuen Zeile bzw. nach einem `\cr`. Der *Text* muß in diesem Fall *vertikales* Material sein und wird in den Zeilenzwischenräumen eingefügt, ohne sich an den einzelnen Tabellenspalten auszurichten (s. Beispiel: die `\hrule` nimmt die Breite der gesamten Tabelle an). In `\valign` tauschen *vertikales* und *horizontales* Material die Stelle, so daß *Text horizontales* Material sein muß, welches zwischen den Spalten eingefügt wird und sich an der Tabellenhöhe ausrichtet.

Vergleiche: `\crcr`, `\halign`, `\matrix`, `\valign`, [T] `\eqalign`.

\nobreak

System: Plain-TeX, LaTeX2.09, LaTeX 2_ε.

Wirkung: Unterdrückt einen Zeilen- oder Seitenumbruch an dieser Stelle.

Definition: `\def\nobreak{\penalty \@M}`

Beschreibung: Mit `\nobreak` wird ein Umbruch verhindert, indem eine sehr große *Penalty* (10 000) verteilt wird und der Umbruch TeX damit „vermiest“ wird.

Vergleiche: `\allowbreak`, `\bigbreak`, `\goodbreak`, `\medbreak`, `\penalty`, [L] `\nolinebreak`, `\nopagebreak`, `\pagebreak`.

\nocite ⟨*Namensliste*⟩

System — LaTeX2.09, LaTeX 2ε.

Wirkung — Bewirkt, daß die angegebene Literatur in das Literaturverzeichnis aufgenommen wird, ohne allerdings einen Literaturverweis an der Stelle des Auftretens zu erzeugen.

Beispiel —

```
\verb?\newcommand? erzeugt einen neuen Befehl,
\nocite{Lamport} der in \LaTeXe\ mit optionalen
Parametern versehen werden kann \cite{\Companion}.
```

`\newcommand` erzeugt einen neuen Befehl, der in LaTeX 2ε mit optionalen Parametern versehen werden kann [GMS94].

Definition LaTeX2.09 —

```
\def\nocite#1{\@bsphack
  \if@filesw
    \immediate\write\@auxout{\string\citation{#1}}\fi
  \@esphack}
```

Beschreibung — Die angegebene *Namensliste* kann eine beliebige Anzahl von durch Kommata getrennten Einträgen enthalten.

In LaTeX 2ε wird für jeden Eintrag in der *Namensliste* ein einzelner `\citation`-Eintrag in *jobname*`.aux` erzeugt. In LaTeX2.09 werden die Einträge erst von BIBTeX getrennt.

Aus den `\citation`-Einträgen in *jobname*`.aux` muß dann mittels BIBTeX eine Literaturliste erzeugt werden, wobei BIBTeX die Literaturangaben zu den Referenzen aus einer entsprechenden Literaturdatenbank extrahiert und in das Literaturverzeichnis *jobname*`.bbl` einfügt.

Vergleiche — `\bibcite`, `\bibdata`, `\bibstyle`, `\citation`, `{thebibliography}`, [L] `\bibliography`, `\cite`, `\thebibliography`.

\nocorr

System — LaTeX 2ε.

Wirkung — Unterdrückt die Einfügung eines zusätzlichen Leerraumes nach einem `\text..`-Befehl.

Definition — `\def\nocorr{\kern\z@}`

Beschreibung

Im professionellen Textsatz wird beim Übergang von einer geneigten zu einer ungeneigten Schrift ein kleiner zusätzlicher Leerraum eingefügt, im angelsächsischen als *italic correction* bezeichnet.

Der zusätzliche Leerraum, der von den `\text..`-Befehlen automatisch eingefügt wird, (vgl. `\spacefactor`) kann, z.B. vor Satzzeichen (vgl.`\nocorrlist`), durch `\nocorr` explizit unterdrückt werden.

Bemerkung

Da sich der Wert von `\spacefactor`, d.h. die Größe des eingefügten Leerraumes, auf das nächste *Zeichen* in der Eingabe bezieht, kann man

```
\textsl{Text\nocorr\nobreak}
```

mit dem gewünschten Effekt schreiben, das Satzzeichen näher an den geneigten Text heranzusetzen. Die Schreibweise

```
\textsl{Text\nobreak\nocorr}
```

führt allerdings nicht unbedingt zum gewünschten Ergebnis, da nach dieser Folge *vor* dem folgenden (Satz-)Zeichen umbrochen werden kann.

Vergleiche

`\spacefactor`, [L] `\nocorrlist`.

\nocorrlist

System

LaTeX 2_ε.

Wirkung

Definiert eine Liste von Zeichen, nach denen am Ende eines geneigten Texteinschubes (vgl. `\text..`) kein zusätzlicher Leerraum eingefügt werden soll.

Definition

```
\def\nocorrlist{.,;:}
```

Beschreibung

Die Befehle `\text..` stellen einen kurzen Text, normalerweise eine Einfügung oder Hervorhebung, in einer anderen Schrift dar und kümmern sich darum, daß anschließend ein typographisch korrekter Leerraum entsteht. D.h. im Anschluß an geneigte Texte wird ein kleiner Leerraum, die sog. *italic correction*, eingefügt. Da aber konventionellerweise vor *kleinen* Satzzeichen kein zusätzlicher Leerraum eingefügt wird, definiert LaTeX 2_ε eine Liste von Zeichen, vor denen kein Leerraum eingefügt wird. Will man in einem Einzelfall einen zusätzlichen Leerraum unterdrücken, steht dazu der Befehl `\nocorr` zur Verfügung.

Bemerkung — Man sollte die am häufigsten benutzten Zeichen zuerst schreiben, da dies die Abarbeitung ein wenig beschleunigt.

Vergleiche — `\/`, `\sfcode`, `\spacefactor`, [L] `\nocorr`, `\textit`, `\textmd`, `\textrm`, `\textsc`, `\textsf`, `\textsl`, `\texttt`, `\textup`.

\noexpand

System — TEX-Primitive, Plain-TEX, LATEX2.09, LATEX 2$_\varepsilon$.

Wirkung — Unterdrückt die Expansion des folgenden *Tokens*.

Beispiel —

```
\write16{String: \noexpand\string}
```

```
String: \string
```

```
\def\aa{Text 1:}
\edef\bb{\aa\noexpand\aa}
\show\bb
```

```
> \bb=macro:
->Text 1:\aa .
... \show\bb

?
```

Beschreibung — Unterdrückt die Expansion des nachfolgenden *Tokens*. Tritt `\noexpand` in der Ausgabe auf, werden die entsprechenden *Token* verschluckt. Tritt `\noexpand` in einem Ausgabetext von `\write` auf, verhält es sich ähnlich wie `\string`. Wird `\noexpand` schließlich in einer Definition mittels `\edef` bzw. `\xdef` angewendet, bewirkt es, daß das folgende *Token* unexpandiert in der Makrodefinition verbleibt (das `\noexpand` verschwindet dabei, weil es ja expandiert wird).

Vergleiche — `\edef`, `\expandafter`, `\string`, `\xdef`.

\nofiles

System: LaTeX2.09, LaTeX 2$_\varepsilon$.

Wirkung: Unterdrückt die Erstellung aller LaTeX-Ausgabedateien. Dieser Befehl darf nur in der *Präambel* stehen.

Definition:

```
\def\nofiles{\@fileswfalse \typeout
   {No auxiliary output files.}\typeout{}}
```

Beschreibung: Wird in der *Präambel* eines LaTeX-Dokumentes der Befehl `\nofiles` angegeben, werden alle LaTeX-eigenen Ausgabedateien unterdrückt, auch wenn die entsprechenden Befehle für deren Ausgabe aktiviert sind. Die von TeX erzeugten *jobname*.`log`- und *jobname*.`dvi`-Dateien werden dadurch nicht beeinflußt.

Vergleiche: [L] `\bibliography`, `\glossary`, `\include`, `\listoffigures`, `\listoftables`, `\tableofcontents`.

\noindent

System: TeX-Primitive, Plain-TeX, LaTeX2.09, LaTeX 2$_\varepsilon$.

Wirkung: Unterdrückt die Einrückung der ersten Zeile eines neuen Absatzes.

Beispiel:

Ohne `\noindent` ist die erste Zeile eines Absatzes eingerückt, alle weiteren Zeilen jedoch wieder normal.

Mit `\noindent` am Anfang des Absatzes wird die Einrückung der ersten Zeile unterdrückt.

Beschreibung: `\noident` muß am Anfang eines neuen Absatzes stehen, um eine Wirkung zu zeigen. Tritt `\noindent` im *vertikalen* Modus auf, z.B. in einer `\vbox`, schaltet TeX im Anschluß an den Befehl in den *horizontalen* Modus um.

Vergleiche: `\indent`, `\parindent`.

\nointerlineskip

System — Plain-TeX, LaTeX2.09, LaTeX 2_ε.

Wirkung — Unterdrückt einmalig den vertikalen Mindestabstand zwischen zwei *Boxen*.

Definition — `\def\nointerlineskip{\prevdepth-1000\p@}`

Beschreibung — Der Befehl darf nur im vertikalen Modus, d.h. nicht im Text, verwendet werden.

Vergleiche — `\baselineskip`, `\lineskip`, `\lineskiplimit`, `\openup`, [L] `\fontsize`.

\nolimits

System — TeX-Primitive, Plain-TeX, LaTeX2.09, LaTeX 2_ε.

Wirkung — Stellt die seitliche Darstellung von Exponenten und Indizes bei dem folgenden *gr.Operator* ein.

Syntax — ⟨*gr.Operator*⟩␣ `\nolimits` ⟨*Exponent/Index*⟩

Beispiel —

```
\quad \sum\limits_{i=0}^\infty x_i
\quad \sum\nolimits_{i=0}^\infty x_i
```

$$\text{limits:}\quad \sum\limits_{i=0}^\infty x_i \qquad \text{nolimits:}\quad \sum\nolimits_{i=0}^\infty x_i$$

Beschreibung — Der Befehl `\nolimits` kann nur im Zusammenhang mit einem *gr.Operator* verwendet werden. Stehen mehrere `\limits`- und `\nolimits`-Befehle hintereinander, gilt der letzte.

Vergleiche — `\displaylimits`, `\limits`, `\oint`, `\ointop`.

\nolinebreak [⟨*Zahl*⟩]

System: LaTeX2.09, LaTeX 2_ε.

Wirkung: Unterdrückt einen Zeilenumbruch.

Definition: `\def\nolinebreak{\@ifnextchar[{\@nolnbk}{\@nolnbk[4]}}`

Beschreibung: Wird kein optionaler Parameter *Zahl* angegeben, wird der Zeilenumbruch auf jeden Fall unterdrückt (entspricht *Zahl* = 4). Wird ein optionaler Parameter angegeben, beeinflußt er den `\penalty`-Wert, der an der Stelle eingesetzt werden soll. Dieser ist von der jeweiligen Dokumentart abhängig, wird jedoch normalerweise mit 0 (0), 51 (1), 101 (2), 301 (3) und 10 000 (4) besetzt. Der Befehl entspricht weitgehend `\linebreak`, bei dem allerdings negative `\penalty`-Werte vergeben werden.

Vergleiche: `\nobreak`, `\penalty`, [L] `\linebreak`, `\nopagebreak`, `\pagebreak`.

\nonfrenchspacing

System: Plain-TeX, LaTeX2.09, LaTeX 2_ε.

Wirkung: Hebt die Wirkung von `\frenchspacing` auf.

Beispiel:
`\frenchspacing` : Ich? Nein! Das: "Idiot, Du;" mag ich nicht.
`\nonfrenchspacing`: Ich? Nein! Das: "Idiot, Du;" mag ich nicht.

Beschreibung: Der Befehl `\frenchspacing` ordnet allen Satzzeichen einen `\sfcode` von 1 000 zu, damit die Leerzeichen innerhalb einer nicht proportionalen Schrift alle gleich breit sind. Der Befehl `\nonfrenchspacing` stellt den normalen Zustand wieder her, in dem manche Leerzeichen nach Satzzeichen größer sind.

Definition:

```
\def\nonfrenchspacing{\sfcode'\.3000%
\sfcode'\?3000\sfcode'\!3000%
\sfcode'\:2000\sfcode'\;1500%
\sfcode'\,1250 }
```

Vergleiche: `\frenchspacing`, `\sfcode`, `\spacefactor`.

\nonscript ⟨*Skipbefehl*⟩\

System — TEX-Primitive, Plain-TEX, LATEX2.09, LATEX 2_ε.

Wirkung — Führt den nachstehenden *Skipbefehl* nicht aus, wenn er sich im `\scriptstyle` oder `scriptscriptstyle` befindet.

Beispiel

```
\def\aaa{{\vert\;\vert}}
\def\ooo{{\vert\nonscript\;\vert}}
$$\aaa_\aaa\quad\ooo_\ooo\$$
```

$$\aaa_\aaa\quad\ooo_\ooo$$

Beschreibung — Dieser Befehl ist nützlich, wenn man einfache Symbole definieren will, so daß `\mathchoice` nicht notwendig ist.

Vergleiche — `\mathchoice`, `\muskip`.

\nonstopmode

System — TEX-Primitive, Plain-TEX, LATEX2.09, LATEX 2_ε.

Wirkung — Stellt den `\nonstopmode` ein.

Beschreibung — In diesem Zustand protokolliert TEX zwar alle Meldungen auf dem Bildschirm mit, nimmt aber für alle Fehlerquittierungen `<Return>` an, übersetzt also auch über einen Text mit leichten Fehlern *non-stop*. Falls durch den Text Eingaben erforderlich werden (vgl. `\read`), wird im Gegensatz zum verwandten `\scrollmode` der TEX-Lauf mit `\emergencystop` abgebrochen. Auch kann TEX in diesem Modus (je nach Implementation und Betriebssystem) auch nicht mehr mit `^C` abgebrochen werden.

Bemerkung — Durch Eingabe von `r` bei einer Fehlermeldung kann man auf `\nonstopmode` umschalten.

Vergleiche — `\batchmode`, `\errorstopmode`, `\pausing`, `\scrollmode`.

\nonumber

System LaTeX2.09, LaTeX 2_ε.

Wirkung Unterdrückt die Numerierung einer Zeile innerhalb der {eqnarray}-Umgebung.

Definition `\def\nonumber{\global\@eqnswfalse}`

Vergleiche [L] {eqnarray}.

\nopagebreak [⟨*Zahl*⟩]

System LaTeX2.09, LaTeX 2_ε.

Wirkung Unterdrückt einen Seitenumbruch.

Beschreibung Der Befehl funktioniert wie `\pagebreak`, d.h. es ist eine Bewertung des Umbruchs an dieser Stelle möglich, jedoch sind die eingefügten `\penalty`-Werte die negativen von `\pagebreak` (s. dort.) Für die Bewertung stehen die Zahlen 0-4 zur Verfügung, dabei erlaubt 0 einen Umbruch, wogegen 4 ihn praktisch immer verhindert. Wird kein optionaler Parameter angegeben, wird der Wert 4 angenommen und ein Umbruch verhindert.

Vergleiche `\nobreak`, [L] `\nolinebreak`, `\pagebreak`, `\samepage`.

\nopagenumbers

System Plain-TeX.

Wirkung Unterdrückt die Ausgabe von Seitennummern.

Definition `\def\nopagenumbers{\footline{\hfil}} % blank footline`

Beschreibung: Da es keinen Befehl zur Wiederherstellung der Seitennumerierung gibt, sollte man den Inhalt von `\footline` vorher speichern, falls man später die Seitennumerierung wieder einschalten möchte, oder den gesamten Text, der ohne Seitennummern erscheinen soll, in eine *Gruppe* setzen.

Vergleiche: [T] `\folio`, `\footline`.

\normalbaselines

System: Plain-TEX, LATEX2.09, LATEX 2_ε.

Wirkung: Stellt einen Standardwert für den Zeilenabstand ein.

Definition:

```
\def\normalbaselines{\lineskip\normallineskip
  \baselineskip\normalbaselineskip
  \lineskiplimit\normallineskiplimit}
```

Vergleiche: `\baselineskip`, `\lineskip`, `\lineskiplimit`, `\normalbaselineskip`, `\normallineskip`, `\normallineskiplimit`.

\normalbaselineskip

System: Plain-TEX, LATEX2.09, LATEX 2_ε.

Wirkung: `\normalbaselineskip` ist der Standardabstand, welcher durch `\normalbaselines` für den Zeilenabstand eingesetzt wird.

Beispiel: Standard: `\normalbaselineskip12pt`

Definition: `\newskip\normalbaselineskip`

Vergleiche: `\baselineskip`, `\normalbaselines`.

\normalbottom

System — Plain-TEX.

Wirkung — Erzwingt eine konstante Seitenhöhe.

Definition —
```
\def\normalbottom{\topskip 10\p@
  \r@ggedbottomfalse} % undoes \raggedbottom
```

Beschreibung — Nach `\normalbottom` werden alle Seiten auf die gleiche Länge gebracht, indem der gesamte elastische Leerraum (z.B. Zeilenabstände) auf der Seite gedehnt wird. Da dies i. allg. ein sehr unruhiges Schriftbild erzeugt, sollte dieser Befehl nur mit Vorsicht verwendet werden.

Bemerkung — Man beachte die Veränderung von `\topskip`. Diese macht zwar selten einen Unterschied, kann aber lästig werden, falls man `\topskip` aus irgendeinem Grund geändert haben sollte.

Vergleiche — `\raggedbottom`.

\normalfont

System — LATEX 2_ε.

Wirkung — Schaltet auf den Dokument-Standardzeichensatz um.

Vergleiche — [L] `\bfseries`, `\familydefault`, `\rmfamily`, `\seriesdefault`, `\shapedefault`, `\textbf`, `\textit`, `\textmd`, `\textnormal`, `\textsc`, `\textsf`, `\textsl`, `\texttt`, `\textup`, `\upshape`.

\normallineskip

System — Plain-TEX, LATEX2.09, LATEX 2_ε.

Wirkung — `\normallineskip` ist der Standardabstand, welcher durch `\normalbaselines` als Abstand zwischen zwei engstehenden Zeilen oder allgemein *Boxen* gesetzt wird.

Beispiel	Standard: `\normallineskip1pt`
Definition	`\newskip\normallineskip`
Vergleiche	`\lineskip`, `\normalbaselines`.

\normallineskiplimit

System	Plain-TEX, LATEX2.09, LATEX 2ε.
Wirkung	`\normallineskiplimit` ist der Standardabstand, welcher durch `\normalbaselines` für den Mindestabstand zwischen zwei Zeilen oder allgemein *Boxen* gesetzt wird.
Beispiel	Standard: `\newskip\normallineskiplimit`
Definition	`\normalbaselineskiplimit0pt`
Vergleiche	`\baselineskip`, `\lineskiplimit`, `\normalbaselines`.

\normalmarginpar

System	LATEX2.09, LATEX 2ε.
Wirkung	Stellt die normale Darstellung von Randnotizen wieder her, falls diese zuvor mittels `\reversemarginpar` verändert wurde.
Beschreibung	Beschreibung s. `\reversemarginpar`.
Vergleiche	[L] `\marginparpush`, `\marginparsep`, `\marginparwidth`, `\reversemarginpar`.

\normalsize

System	LATEX2.09, LATEX 2ε.
Wirkung	Stellt die Schriftgröße auf *normal* um.

Beispiel	`\small Dieser Text {\normalsize ist nicht gro"s}`
	`nicht wahr.`
	Dieser Text ist nicht groß nicht wahr.

Beschreibung — Wie bei allen Schriftgrößenkommandos in LaTeX2.09 muß man die Größe zuerst ändern, weil bei jeder Größenveränderung die Schriftart auf `\rm` zurückgesetzt wird.

Vergleiche — [L] `\footnotesize`, `\huge`, `\Huge`, `\large`, `\Large`, `\LARGE`, `\scriptsize`, `\small`, `\tiny`.

\not $\quad /$

System — Plain-TeX, LaTeX2.09, LaTeX 2_ε; Mathemodus; Relation.

Beispiel

	o	$\in$	Zeichen
$/$	$/$	$/$	`\not`
$/$	$\not o$	$\notin$	Überlagerung

Definition — `\mathchardef\not="3236`

Beschreibung — `\not` ist ein normales Symbol, das sich allerdings durch die Abwesenheit von Breite auszeichnet, wodurch das Zeichen rechts außerhalb des Kästchens zu stehen kommt, wo sich das zu überlappende Zeichen befindet.

Durch die Kombination `\not`-*Zeichen* wird ein durchgestrichenes Zeichen erzeugt, welches als mathematische Relation gesetzt wird.

Vergleiche — `\ne`, `\neq`, [L] `\and`, `\newboolean`.

\not

System — LaTeX 2_ε: *package* `ifthen`.

Wirkung — Negiert einen boolschen Ausdruck innerhalb von `\ifthenelse`.

Beispiel

```
\ifthenelse{\not\boolean{mmode}}{Math mode.
  }{Text mode.}
```

Math mode.

Vergleiche — [L] `\and`, `\ifthenelse`, `\newboolean`.

{note}

System — SLITEX: Dokumentstil `slides`, LATEX 2$_\varepsilon$: Dokumentklasse `slides`.

Wirkung — Erstellt eine Notizseite zu Foliendateien.

Beispiel

```
\begin{note}
  Die Hexe hat einen Spitzhut mit
  herabh"angendem Band. Auf dem Tisch
  sitzt eine (igitt) bla"srosa Spinne.
\end{note}
```

Beschreibung — Die {`note`}-Umgebung erzeugt eine eigene Seite, auf der beliebige Notizen vermerkt werden können. Wird eine {`note`}-Umgebung im Anschluß an eine {`slide`}-Umgebung benutzt, wird die Ausgabeseite mit der Foliennummer und einer Nummer für die Notiz markiert.

Vergleiche — `note` , `\blackandwhite`, `\colors`, `\colorslides`, {`note`}, `\onlynotes`, {`overlay`}, {`slide`}, `\visible`.

note

System — LATEX2.09, LATEX 2$_\varepsilon$.

Wirkung — Dieser LATEX-Zähler ist für die Numerierung von Kommentarseiten in SLITEX zuständig.

Beispiel — Standard: `\setcounter{note}{0}`

Definition — `\countdef\c@note=2`

Vergleiche — [S] {`note`}, `\thenote`.

\notin $\notin$

System — Plain-TEX, LATEX2.09, LATEX 2$_\varepsilon$; Mathemodus; Relation.

Definition — `\def\notin{\mathrel{\m@th\mathpalette\c@ncel\in}}`

Beschreibung — Im Gegensatz zu \not\in wird hier der Schrägstrich weiter links gesetzt.

Vergleiche — \in.

\notrace

System — LaTeX 2ε.

Wirkung — Schaltet die Protokollierung von Debugging-Informationen in LaTeX 2ε aus.

Definition — `\def \notrace {\let \tr@ce \@gobble}`

Beschreibung — Die mit \tracefloats eingestellte Protokollierung der Ausgaben von \tracefloatvals wird wieder ausgeschaltet.

Vergleiche — [L] \tracefloats, \tracefloatvals.

\nu ν

System — Plain-TeX, LaTeX2.09, LaTeX 2ε; Mathemodus.

Definition — `\mathchardef\nu="0117`

Vergleiche — \delta, \phi.

\null

System — Plain-TeX, LaTeX2.09, LaTeX 2ε.

Wirkung — Erzeugt eine leere \hbox.

Definition — `\def\null{\hbox{}}`

Vergleiche — \hbox.

\nulldelimiterspace

System — TEX-Primitive, Plain-TEX, LATEX2.09, LATEX 2ε.

Wirkung — Internes TEX-Register, das die Breite eines leeren *Begrenzers* angibt.

Definition — `\nulldelimiterspace1.2pt`

Beschreibung — Ein leerer *Begrenzer* dient im mathematischen Formelsatz dazu, einseitige Klammern zu erzeugen und trotzdem die durch mathematische *Begrenzer* erzeugte Klammerstruktur zu erhalten. Ein leerer *Begrenzer* wird durch `\left.` oder `\right.` erzeugt.

Vergleiche — `\delcode`, `\delimiter`, `\left`, `\right`.

\nullfont

System — TEX-Primitive, Plain-TEX, LATEX2.09, LATEX 2ε.

Wirkung — Interner Name für einen leeren Zeichensatz.

Beschreibung — Immer wenn ein Zeichensatz nicht vorgefunden wird, substituiert TEX `\nullfont`, einen per Definitionem leeren Zeichensatz. Mit `\tracinglostchars` werden dann alle folgenden Zeichen als nicht vorhanden ausgegeben.

Vergleiche — `\font`, `\tracinglostchars`.

\number ⟨*Zähler*⟩

System — TEX-Primitive, Plain-TEX, LATEX2.09, LATEX 2ε.

Wirkung — Gibt eine Zahl oder den Wert eines Zählers aus.

Beispiel

```
\newcount\mycount
\mycount1234
Mein Z"ahler hat den Wert
\number\mycount, nicht
\number3214.
```

Mein Zähler hat den Wert 1234, nicht 3214.

Vergleiche `\romannumeral`, `\the`, [L] `\value`.

\numberline ⟨*Zahlen*⟩

System LaTeX2.09, LaTeX 2_ε.

Wirkung Dient dazu, mit Hilfe von `\addcontentsline` eine *numerierte* Gliederungsüberschrift in eine Datei zu schreiben.

Beispiel

```
\addcontentsline{toc}{figure}%
{\protect\numberline{\thefigure} Beispiel}
```

Würde folgendes erzeugen:

jobname.toc:

```
...
\contentsline{figure}{\numberline{1.7} Beispiel}{25}
...
```

`\tableofcontents`:

`\@dottedtocline` {*Zählertiefe*} {*Einrückung*} {*Zahlenbreite*} `{\numberline{1.7} Beispiel}{25}`

Definition `\def\numberline#1{\hbox to\@tempdima{#1\hfil}}`

Beschreibung `\numberline` erzeugt eine Box der Standardbreite für Gliederungsnummern in Inhaltsverzeichnissen, in welche die *Zahlen* gesetzt werden.

Vergleiche [L] `\addcontentsline`, `\addtocontents`, `\tableofcontents`.

\nwarrow ↖

System	Plain-TeX, LaTeX2.09, LaTeX 2_ε; Mathemodus; Relation.
Definition	`\mathchardef\nwarrow="322D`
Vergleiche	`\downarrow`, `\leftarrow`, `\nearrow`, `\rightarrow`, `\searrow`, `\swarrow`, `\uparrow`.

Befehle O

\o ø

System Plain-TEX, LATEX2.09, LATEX 2ε; Mathemodus.
Wirkung Erzeugt ein skandinavisches kleines ø.
Definition `\chardef\o="1C`
Vergleiche \aa, \AA, \ae, \AE, \O, \oe, \OE.

\O Ø

System Plain-TEX, LATEX2.09, LATEX 2ε.
Wirkung Erzeugt ein skandinavisches großes Ø.
Definition `\chardef\O="1F`
Vergleiche \aa, \AA, \ae, \AE, \o, \oe, \OE.

\oalign

System Plain-TEX, LATEX2.09, LATEX 2ε.
Wirkung Dieses Hilfsmakro wird von TEX verwendet, um Akzente unter Buchstaben zu setzen.
Beispiel `\oalign{a\cr$\frown$}` erzeugt „a⁀".
`\oalign{a\cr$\frown$\cr$\frown$}` erzeugt „a⁀⁀".
Definition
```
\def\oalign#1{\leavevmode\vtop{\baselineskip\z@skip
  \lineskip.25ex%
  \ialign{##\crcr#1\crcr}}} % put chars over
                            % each other
```
Beschreibung Dieses Makro greift auf `\ialign` zurück, um beliebig viele Einträge senkrecht übereinanderzustapeln, wobei das fertige Konstrukt an der Unterkante der obersten Zeile ausgerichtet wird.
Vergleiche \cr, \crcr, \halign, \omit, \ooalign.

\obeycr

System LaTeX2.09, LaTeX 2_ε.

Wirkung Zwingt TeX dazu, sich an die Zeilenumbrüche im Text zu halten.

Beispiel

```
\obeycr
Wenn die zweite Zeile \ldots
     folgt der ersten Zeile \ldots
\restorecr
```

Wenn die zweite Zeile ...
folgt der ersten Zeile ...

Definition

```
\catcode'\^^M=13 \gdef\obeycr{\catcode'\^^M=13
  \def^^M{\\}\@gobblecr}%
```

Beschreibung Im Gegensatz zu `\obeylines` wird hier für das Zeilenende in der Eingabe „\\“ eingesetzt, so daß die genaue Auswirkung leicht zu beeinflussen ist. Außerdem kann man mit `\restorecr` in den normalen Textsatzmodus zurückkehren.

Vergleiche `\obeylines`, `\obeyspaces`, `\space`, [L] `\restorecr`.

\obeylines

System Plain-TeX, LaTeX2.09, LaTeX 2_ε.

Wirkung Zwingt TeX dazu, sich an die Zeilenumbrüche im Text zu halten.

Beispiel

```
{\obeylines
\ldots\ aber die erste Zeile
  folgt der zweiten Zeile \ldots
  Wie m"ussen sie dann stehen?}
```

... aber die erste Zeile

folgt der zweiten Zeile ...

Wie müssen sie dann stehen?

Definition

```
\gdef\obeylines{\catcode'\^^M\active \let^^M\par}%
```

Beschreibung — Bei `\obeylines` wird für jede neue Zeile ein `\par` eingefügt. Damit wird im wesentlichen der gleiche Effekt erzielt wie mit `\obeycr`, nur daß hier standardisierte Änderungen wie eine Vergrößerung des Zeilenabstandes schwieriger zu handhaben sind. Außerdem muß man den Befehl `\obeylines` in eine Klammerstruktur einbinden, weil es keinen Aufhebungsbefehl gibt.

Vergleiche — `\obeyspaces`, [L] `\obeycr`.

\obeyspaces

System — Plain-TEX, LATEX2.09, LATEX 2_ε.

Wirkung — Zwingt TEX, *jedes* Leerzeichen der Eingabe als expliziten Leerraum zu setzen.

Beispiel

```
{\obeyspaces\obeylines
 Wenn  \TeX      gezwungen wird,             kann
es auch widerliche     {\it Leer} - R"aume erzeugen}.
```

Wenn TEX   gezwungen wird,   kann
es auch widerliche   *Leer* - Räume erzeugen.

Definition — `\def\obeyspaces{\catcode`\ \active}`

Vergleiche — `\obeylines`, `\space`, [L] `\obeycr`.

\oddsidemargin

System — LATEX2.09, LATEX 2_ε.

Wirkung — Längenangabe, die (auf ungeraden Seiten) den Abstand zwischen Text und linkem Rand angibt.

Beispiel — `\oddsidemargin2.5cm`

Definition — `\newdimen\oddsidemargin`

Beschreibung Diese Längenangabe legt den Abstand des linken Textrandes vom linken Rand der Seite (\hoffset) fest. Dabei hängt die genaue Auswirkung von der twoside-Stiloption ab. Ist twoside gesetzt, dann gilt der Wert von \oddsidemargin nur für Seiten mit ungerader Seitenzahl, ansonsten jedoch für *alle* Seiten!

Vergleiche \hoffset, \leftskip, [L] \evensidemargin, \textwidth, \twocolumn.

\odot ⊙

System Plain-TeX, LaTeX2.09, LaTeX 2ε; Mathemodus; Binärer Operator.

Definition \mathchardef\odot="220C

Vergleiche \bigodot, \ominus, \oplus, \oslash, \otimes.

\oe œ

System Plain-TeX, LaTeX2.09, LaTeX 2ε.

Wirkung Erzeugt ein skandinavisches kleines œ.

Definition \chardef\oe="1B

Vergleiche \aa, \AA, \ae, \AE, \o, \O, \OE.

\OE Œ

System Plain-TeX, LaTeX2.09, LaTeX 2ε.

Wirkung Erzeugt ein skandinavisches großes Œ.

Definition \chardef\OE="1E

Vergleiche \aa, \AA, \ae, \AE, \o, \O, \oe.

\of

System Plain-TEX, LATEX2.09, LATEX 2_ε.

Wirkung Hierbei handelt es sich nicht um einen Befehl, sondern um eine notwendige Zeichenkette im Befehl `\root` (siehe dort).

Vergleiche `\root`.

\offinterlineskip

System Plain-TEX, LATEX2.09, LATEX 2_ε.

Wirkung Unterdrückt allen Zeilenzwischenraum.

Beispiel

```
\parbox[t]{.45\linewidth}{Normaler Zeilenab ...
\parbox[t]{.45\linewidth}{\offinterlineskip ...
```

Normaler Zeilenabstand, die Zeilen berühren sich nicht.

Kein Zeilenabstand mehr, die Zeilen berühren sich jetzt.

Definition

```
\def\offinterlineskip{\baselineskip-1000\p@
  \lineskip\z@ \lineskiplimit\maxdimen}
```

Beschreibung Durch `\offinterlineskip` wird der Zeilenzwischenraum auf 0 pt gesetzt. Damit werden die Zeilenboxen direkt aneinandergesetzt. Dies bedeutet für andere Boxen nicht immer eine Veränderung, da TEX `\prevdepth` auf -1000 pt setzt, falls die letzte *Box* eine Linie war, wodurch der Zeilenzwischenraum in diesem Fall automatisch unterdrückt wird.

Vergleiche `\baselineskip`, `\lineskip`, `\lineskiplimit`, `\normalbaselines`, `\normalbaselineskip`, `\normallineskip`, `\normallineskiplimit`, `\prevdepth`.

\ogonek ⟨*Buchstabe*⟩

System In `umlaut.tex` definiert.

Wirkung Erzeugt einen *Buchstaben* mit Ogonek-Akzent.

Beispiel — ǫ wird erzeugt durch `\ogonek o`.

Definition —
```
\def\ogonek#1{\setbox0=\hbox{'}\ooalign{%
\hidewidth\lower\ht0\copy0\hidewidth\crcr#1\crcr}}
```

Vergleiche — Akzente/im Text.

\oint $\oint$

System — Plain-TEX, LATEX2.09, LATEX 2ε; Großer Operator.

Wirkung — Erzeugt den großen Operator $\oint$ mit seitlich dargestellten Begrenzern.

Beispiel — `$$\oint_0^\infty f(x)=0$$`

$$\oint_0^\infty f(x)=0$$

Definition — `\mathchardef\ointop="1348 \def\oint{\ointop\nolimits}`

Vergleiche — `\displaylimits`, `\limits`, `\nolimits`, `\ointop`, Akzente/im Text.

\ointop $\oint$

System — Plain-TEX, LATEX2.09, LATEX 2ε; Mathemodus; Großer Operator.

Wirkung — Erzeugt den großen Operator $\oint$ mit normal (oben und unten) dargestellten Begrenzern.

Beispiel — `$$\ointop_0^\infty f(x)=0$$`

$$\oint\limits_0^\infty f(x)=0$$

Definition — `\mathchardef\ointop="1348 \def\oint{\ointop\nolimits}`

Vergleiche — `\displaylimits`, `\limits`, `\nolimits`, `\oint`.

\oldstyle

System — Plain-TEX.

Wirkung — Stellt die Zifferndarstellung auf *oldstyle* um.

Beispiel — `\def\ol{1360}`

`\ol\`	1360
`{\oldstyle\ol\ $\ol$} \ol}`	1360 1360 1360
`$\oldstyle\ol$ \ol\ $\ol$`	1360 1360 1360

Definition — `\def\mit{\fam\@ne} \def\oldstyle{\fam\@ne\teni}`

Beschreibung — Die Wirkung von `\oldstyle` bezieht sich nur auf die lokale Gruppe. Will man innerhalb einer Formel `\oldstyle` setzen, so muß dies jedesmal innerhalb der Klammerstruktur geschehen.

Bemerkung — Derweil dieser Befehl in LaTeX2.09 nicht mehr vorhanden war, ist er in LaTeX 2_ε durch den Befehl `\oldstylenums` ersetzt worden.

Vergleiche — `\everymath`, `\scriptfont`, `\scriptscriptfont`, `\textfont`, [T] `\fam`, [L] `\oldstylenums`.

\oldstylenums ⟨*Zahlenfolge*⟩

System — LaTeX 2_ε.

Wirkung — Stellt die angegebene *Zahlenfolge* in *oldstyle* dar.

Beispiel — `\oldstylenums{1948} ... \oldstylenums{1984}.`

1948 schrieb George Orwell sein berühmtes Buch 1984.

```
\def\oldstylenums#1{%
   \begingroup
    \spaceskip\fontdimen\tw@\font
    \usefont{OML}{cmm}{\f@series}{it}%
    \mathgroup\symletters #1%
   \endgroup
}
```

Beschreibung	Leerzeichen sind innerhalb der *Zahlenfolge* erlaubt, bei anderen Zeichen sind die Ergebnisse nicht vorhersagbar.
Vergleiche	[T] `\oldstyle`.

\omega ω

System	Plain-TEX, LATEX2.09, LATEX 2ε; Mathemodus.
Definition	`\mathchardef\omega="0121`
Vergleiche	`\Omega`, `\phi`.

\Omega Ω

System	Plain-TEX, LATEX2.09, LATEX 2ε; Mathemodus.
Definition	`\mathchardef\Omega="700A`
Vergleiche	`\omega`, `\phi`.

\ominus $\ominus$

System	Plain-TEX, LATEX2.09, LATEX 2ε; Mathemodus; Binärer Operator.
Definition	`\mathchardef\ominus="2209`
Vergleiche	`\odot`, `\oplus`, `\oslash`, `\otimes`.

\omit

System	TEX-Primitive, Plain-TEX, LATEX2.09, LATEX 2ε.
Wirkung	Unterdrückt die Verwendung der Musterzeile innerhalb einer Spalte von `\halign`.

Beispiel

```
\def\o{\hphantom{-}o\hphantom{-}}
\tabskip1em
\halign{&-#-\cr
x&       x& x\cr
x&\omit\o& x\cr
x&       x& x\cr}
```

-x-	-x-	-x-
-x-	o	-x-
-x-	-x-	-x-

Beschreibung — Innerhalb der Spalte, in der das `\omit` auftritt, werden die Definitionen der Musterzeile ignoriert. Es wird also nur der Text des Eintrages in eine *Box* der Spaltenbreite eingesetzt.

Vergleiche — `\halign`, `\ialign`, `\matrix`, `\multispan`, `\oalign`, `\span`, `\valign`.

\onecolumn

System — LATEX2.09, LATEX 2_ε.

Definition

```
\def\onecolumn{\clearpage\global\columnwidth\textwidth
     \global\hsize\columnwidth \global\linewidth\columnwidth
     \global\@twocolumnfalse \@floatplacement}
```

Beschreibung — Stellt den Einspaltensatz ein bzw. kehrt vom Mehrspaltensatz zum Einspaltensatz zurück. Dabei wird die aktuelle Seite mit einem `\clearpage` beendet, und alle Gleitobjekte werden ausgegeben. Der Einspaltensatz beginnt dann auf der folgenden Seite. Dabei wird die Spaltenbreite `\columnwidth` auf die Textbreite `\textwidth` eingestellt.

Vergleiche — [L] `\columnwidth`, `\textwidth`, `\twocolumn`.

\onlynotes ⟨*Aufzählung*⟩

System — SLITEX: Dokumentstil `slides`, LATEX 2_ε: Dokumentklasse `slides`.

Wirkung — Erzeugt nur die in *Aufzählung* angegebenen *Kommentarseiten*.

Beschreibung — Die Einträge in *Aufzählung* beziehen sich auf den Folienzähler, der bei jeder {`slide`}-Umgebung hochgezählt wird. *Aufzählung* darf dabei eine beliebige Anzahl von Einträgen, durch Kommata getrennt, der Form

Erste Seitennummer – Letzte Seitennummer oder
Erste Seitennummer

enthalten. Alle nicht aufgeführten Seiten werden unterdrückt. Eine Angabe von `\onlynotes` ohne `\onlyslides` führt dazu, daß überhaupt keine Foliendateien erstellt werden.

Vergleiche — [S] {`note`}, `\onlyslides`.

\onlyslides ⟨*Aufzählung*⟩

System — SLITEX: Dokumentstil `slides`, LATEX 2ε: Dokumentklasse `slides`.

Wirkung — Erzeugt nur die in *Aufzählung* angegebenen *Folien*.

Beschreibung — Die Einträge in *Aufzählung* beziehen sich auf einen Folienzähler, der bei jeder {`slide`}-Umgebung hochgezählt wird. *Aufzählung* darf dabei eine beliebige Anzahl von Einträgen, durch Kommata getrennt, der Form

Erste Seitennummer – Letzte Seitennummer oder
Erste Seitennummer

enthalten. Alle nicht aufgeführten Seiten werden unterdrückt. Eine Angabe von `\onlyslides` ohne `\onlynotes` führt dazu, daß nur die zu den Foliendateien gehörigen Notizen erstellt werden.

Vergleiche — [S] `\onlynotes`, {`overlay`}, {`slide`}.

\ooalign

System — Plain-TEX, LATEX2.09, LATEX 2ε.

Wirkung — Dieses Hilfsmakro wird von TEX verwendet, um den *cedille*-Akzent und das „©"-Symbol zu erzeugen.

Beispiel — `\ooalign{$\smile$\cr$\frown$}` erzeugt „$\asymp$".

Definition — `\def\ooalign{\lineskiplimit-\maxdimen \oalign}`

Beschreibung — Dieses Makro greift auf `\ialign` zurück, um beliebig viele Einträge direkt aufeinander zu setzen, d.h. alle angegebenen und durch `\cr` getrennten Einträge werden an der Stelle von `\ooalign` auf der Grundlinie übereinandergeschrieben.

Vergleiche — `\cr`, `\crcr`, `\halign`, `\oalign`.

\openin

System — TEX-Primitive, Plain-TEX, LATEX2.09, LATEX 2$_\varepsilon$.

Wirkung — Eröffnet eine von 16 Dateien zum Lesen.

Beispiel —

```
\openin 1 = ./eu/nuchs  bzw.  MS\DOOF
\openout 1 = ./u/nix          MF\DOS
```

Beschreibung — Der Befehl `\openin` eröffnet eine Datei (`0 ... 15`) zum *Lesen*. Dabei ist zu beachten, daß dem *Dateinamen* je nach TEX-Implementation noch ein „`.tex`" angehängt wird, falls kein *Extender* explizit angegeben wurde. So würde also im Beispiel eventuell die Datei `./eu/nuchs.tex` gelesen.

Wenn die Datei nicht gefunden werden konnte oder gar nicht existiert, dann verhält sich TEX, als ob das Dateiende bereits erreicht worden wäre. So kann man mit `\ifeof` also feststellen, ob die Datei existiert.

Bemerkung — Man kann ein und dieselbe *Dateinummer* für *je* eine Eingabe- und eine Ausgabedatei verwenden. Im obigen Beispiel würde also für alle `\read`-Befehle auf Datei `1` die Datei `./eu/nuchs` verwendet, für alle `\write`-Befehle jedoch die Datei `./u/nix`. Aber Vorsicht: Je nach Implementation und Betriebssystem ist es meist *nicht* möglich, *dieselbe Datei* zum *Lesen und Schreiben* gleichzeitig zu öffnen.

Vergleiche — `\closein`, `\closeout`, `\ifeof`, `\immediate`, `\newread`, `\openout`, `\read`, `\write`, [L] `\input`.

\opening ⟨*Anrede*⟩

System LaTeX, LaTeX 2_ε: Im `letter`-Stil definiert.

Wirkung Beginnt einen Brief mit *Anrede* und erzeugt den Briefkopf.

```
\def\opening#1{\ifx\@empty\fromaddress
  \thispagestyle{firstpage}%
    {\raggedleft\@date\par}%
  \else  % home address
    \thispagestyle{empty}%
    {\raggedleft\begin{tabular}{l}\ignorespaces
      \fromaddress \\*[2\parskip]%
      \@date \end{tabular}\par}%
  \fi
  \vspace{2\parskip}%
  {\raggedright \toname \\ \toaddress \par}%
  \vspace{2\parskip}%
  #1\par\nobreak}
```

Beschreibung Obwohl der Befehl `\opening` heißt, ist seine wichtigere Aufgabe, den gesamten Briefkopf zu erzeugen. *Dieser Befehl muß angegeben werden, selbst wenn* Anrede *leer bleibt.*

Vergleiche [L] `\address`, `\cc`, `\closing`, `\encl`, `{letter}`, `\toaddress`, `\toname`.

\openout

System TeX-Primitive, Plain-TeX, LaTeX2.09, LaTeX 2_ε.

Wirkung Eröffnet eine von 16 Dateien zum Schreiben.

Beispiel `\openin 1 = ./eu/nuchs` bzw. `MS\DOOF`
`\openout 1 = ./u/nix` `MF\DOS`

Beschreibung

Der Befehl verhält sich analog zu `\openin`, mit folgenden Besonderheiten:

1. Eine nicht existierende Datei wird neu angelegt und eine bereits bestehende Datei beim Eröffnen geleert.

2. Der Befehl wird erst während der `\output`-Routine aufgerufen. Will man eine Datei sofort eröffnen, dann muß man dem Befehl ein `\immediate` voranstellen.

Vergleiche

`\closein`, `\closeout`, `\ifeof`, `\immediate`, `\newread`, `\newwrite`, `\openin`, `\read`, `\write`, [L] `\input`.

\openup ⟨*Länge*⟩$_d$

System

Plain-TEX, LATEX2.09, LATEX 2$_\varepsilon$.

Wirkung

Vergrößert den Zeilenabstand um die angegebene *feste* Länge.

Beispiel

In dieser Box ist der Zeilenabstand normal	In dieser Box ist der Zeilenabstand um 5pt größer

Definition

```
\def\openup{\afterassignment\@penup\dimen@=}
\def\@penup{\advance\lineskip\dimen@
  \advance\baselineskip\dimen@
  \advance\lineskiplimit\dimen@}
```

Beschreibung

Der Zeilenabstand wird um die angegebene *Länge* erhöht, indem `\lineskip`, `\lineskiplimit` und `\baselineskip` um *Länge* erhöht werden. Dieser Befehl wird hauptsächlich innerhalb von mehrzeiligen Formeln und für Tabellen verwendet.

Vergleiche

`\baselineskip`, `\lineskip`, `\lineskiplimit`, `\nointerlineskip`.

\oplus ⊕

System Plain-TEX, LATEX2.09, LATEX 2ε; Mathemodus; Binärer Operator.

Definition `\mathchardef\oplus="2208`

Vergleiche `\bigoplus`, `\biguplus`, `\odot`, `\ominus`, `\oslash`, `\otimes`.

\OptionNotUsed

System LATEX 2ε.

Wirkung Informiert LATEX 2ε, daß eine Option eines *Package* nicht verwendet wurde.

```
\def\OptionNotUsed{%
  \ifx\@currext\@clsextension
    \xdef\@unusedoptionlist{%
      \ifx\@unusedoptionlist\@empty\else
        \@unusedoptionlist,\fi
      \CurrentOption}%
  \fi}

...

\def\document{\endgroup
  \ifx\@unusedoptionlist\@empty\else
    \@@warning{Unused global option(s):^^J^^J%
            \@spaces[\@unusedoptionlist]^^J}%
  \fi
  ... }
```

Beschreibung LATEX 2ε gibt alle globalen Stiloptionen und die in `\usepackage` angegebenen Optionen an das *Package* weiter. Um LATEX 2ε mitteilen zu können, daß die Option von dem *Package* nicht verwendet wurde, kann das *Package* `\OptionNotUsed` aufrufen. Anderenfalls wird der Fehler stillschweigend übergangen oder höchstens mit einer Warnung quittiert. Dieser Befehl eignet sich für die Verwendung mit `\DeclareOption*`.

Vergleiche `\ExecuteOptions`, `\LoadClass`, [L] `\AtBeginDocument`, `\AtEndOfPackage`, `\CurrentOption`, `\DeclareOption`, `\DeclareOption*`, `\IfFileExists`, `\InputIfFileExists`, `\NeedsTeXFormat`, `\PassOptionsToClass`,

`\PassOptionsToPackage`, `\ProcessOptions`, `\ProvidesClass`, `\ProvidesPackage`, `\RequirePackage`, `\usepackage`.

\or

System — TEX-Primitive, Plain-TEX, LATEX2.09, LATEX 2$_\varepsilon$.

Wirkung — Hierbei handelt es sich nicht um einen Befehl, sondern um eine notwendige Zeichenkette im Befehl `\ifcase` (siehe dort).

Vergleiche — `\ifcase`, [L] `\and`, `\newboolean`.

\or

System — LATEX 2$_\varepsilon$: *package* `ifthen`.

Wirkung — Stellt eine logische *oder*-Verknüpfung für `\ifthenelse` zur Verfügung.

Beispiel

```
\ifthenelse{\boolean{hmode}\or\boolean{vmode}}{
  Not Mathmode.}{Math mode.}
```

Not Mathmode.

——— weitere Bedeutung ———

System — Plain-TEX, LATEX2.09, LATEX 2$_\varepsilon$.

Notwendige Zeichenkette im Befehl `\ifcase` (siehe dort).

Vergleiche — [L] `\and`, `\ifthenelse`, `\newboolean`.

\originalTeX

System — LATEX2.09: Stiloption `german`, LATEX 2$_\varepsilon$: *package* `babel`: Option `german`.

Wirkung — Stellt die ursprünglichen Zustände der zugrundeliegenden TEX-Version wieder her.

Beispiel

```
"'Hello World -- "s "'
\originalTeX
 "'Hello World"'
```

„Hello World – ß "

„Hello World "

Definition

```
\def\originalTeX{\mdqoff \let"\dq \umlauthigh
   \let"s\original@three
```

Beschreibung — Im Normalfall wird die Behandlung der Anführungsstriche zurückgesetzt, die Sprache auf Englisch zurückgesetzt, etc.

\oslash

System — Plain-TEX, LATEX2.09, LATEX 2ε; Mathemodus; Binärer Operator.

Definition — `\mathchardef\oslash="220B`

Vergleiche — `\odot`, `\ominus`, `\oplus`, `\otimes`.

\otimes

System — Plain-TEX, LATEX2.09, LATEX 2ε; Mathemodus; Binärer Operator.

Definition — `\mathchardef\otimes="220A`

Vergleiche — `\bigotimes`, `\odot`, `\ominus`, `\oplus`, `\oslash`.

\outer

System — TEX-Primitive, Plain-TEX, LATEX2.09, LATEX 2ε.

Wirkung — Verbietet die Benutzung eines Makros in anderen Makros oder als Parameter.

Beschreibung

Der Befehl `\outer` kann den Befehlen `\def`, `\edef`, `\gdef` und `\xdef` vorangestellt werden. In diesem Fall bewirkt er, daß die so definierten Makros im wesentlichen nur bei der eigentlichen Abarbeitung von Text verwendet werden dürfen. Wird ein mit `\outer` definiertes Makro als Parameter verwendet oder innerhalb einer anderen Makrodefinition gefunden, führt dies zu einer Fehlermeldung:

```
Forbidden control sequence found ...
```

Vergleiche

`\def`, `\edef`, `\gdef`, `\xdef`.

\output

System

TEX-Primitive, Plain-TEX, LATEX2.09, LATEX 2_ε.

Wirkung

Enthält die momentane Routine zur Ausgabe einer Seite.

Beispiel

1. `\output={}`
2. `\output={\shipout \box255   }`
3. `\output={\plainoutput }`
4. `\output=\expandafter{\the\output`
   `\message{ Sejte fuer Sejte Qualitaejt }}`

```
This is TeX, Version 3.1 (format=LATEXG 93.11.1)
1 NOV 1993 16:08
**&latexg OUTPUT.TEX
(OUTPUT.TEX

[1] Sejte fuer Sejte Qualitaejt ) [2] Sejte fuer
Sejte Qualitaejt
```

Beschreibung

Dieses interne *Token*-Register von TEX enthält eine Befehlsfolge, die immer dann aufgerufen wird, wenn die mittels `\vsize` angegebene Seitenlänge erreicht worden ist. Dabei setzt TEX eine zusätzliche Klammerstruktur „{" „}" um diese Sequenz, um Fehler besser beheben zu können. Die Fälle 1 und 2 sind im wesentlichen gleichwertig: TEX gibt `\box255` (in der sich nach dem Seitenumbruch der fertig gesetzte Teil der Seite in einer `\vbox` befindet) mittels der eigentlichen Ausgaberoutine `\shipout` aus. Fall 3 ist die Voreinstellung von plain-TEX. Fall 4 zeigt eine Beispielroutine, die bei der Ausgabe jeder Seite (unter Erhalt der ursprünglichen Definition von `\output`) zusätzlich eine Meldung ausgibt.

Bemerkung

Man kann mittels `\output` viele zusätzliche Effekte erreichen, die weder in plain-TeX noch in LaTeX vorgesehen sind. Dazu ist es wichtig, sich einige Konzepte klar zu machen:

1.) Wie kann man TeX dazu bringen, eine Seite, die es bereits umbrochen hat und nun mittels `\output` ausgeben will, anders zu setzen?

Da TeX die fertig umbrochene Seite beim Aufruf von `\output` in eine `\vbox` in `\box255` gespeichert hat, kann man die gesamte umbrochene Seite wieder in den Text einfügen, indem man die *Box* mittels `\unvbox` wieder in den Text einfügt:

```
\def\output{ ... \unvbox255}
```

2.) Wenn TeX immer vorausläuft, um die Seiten zu umbrechen, aber eine Seite erst dann ausgeben will, wenn es den bestmöglichen Umbruchpunkt gefunden hat, wo erscheinen dann Befehle und Texte, die innerhalb der `\output`-Routine stehen?

Diese Frage ist schwieriger zu beantworten. Am einfachsten stellt man sich vor, daß TeX sich den gesamten Text angesehen hat und ihn mit Vorbehalt schon gesetzt hat. Allerdings kann man die meisten Befehle, die innerhalb der `\output`-Routine aufgerufen werden, als an der Umbruchstelle befindlich ansehen. Dies gilt insbesondere für Fall 1.

3.) Was ist mit dem Text, den TeX schon gelesen hat, der aber noch nicht ausgegeben worden ist, d.h. sich entweder nach einem Seitenumbruch oder mitten auf einer Seite in der *vertikalen* Liste befindet?

Diese Überlegung ist wichtig, da man diesen Text *unbedingt entfernen muß*, bevor man die `\output`-Routine für besondere Zwecke verwenden kann, die eine Einfügung innerhalb der laufenden Seite erzeugen sollen, dazu allerdings die `\output`-Routine ändern sollen (z.B. eine Art von {`minipage`}-Umgebung, etc.).

Da die *vertikale* Liste, in der sich das Material befindet, nicht direkt zugänglich ist, muß man TeX dahingehend überlisten, daß es dieses Material ausgibt. Dazu ersetzt man die `\output`-Routine durch eine eigene, *erhöht* `\vsize`, je nach Art des gesetzten Materials, auf mindestens das Doppelte des ursprünglichen Wertes und erzwingt eine Seitenausgabe mittels `\par\penalty-10000` und sichert die ausgegebene Box, die jetzt die gesamte *vertikale* Liste enthalten sollte. Anschließend kann man seine Trickroutine einsetzen und hinterher alle Daten in der richtigen Reihenfolge auf die Seite bringen.

Allerdings sollte man sich hier immer überlegen, ob die gewünschten Effekte nicht auch einfacher zu erreichen sind (vgl. `\splitbox`*), da solche Makros meist unübersichtliche Folgen haben und selten mit ähnlichen Makros anderer Leute zusammenarbeiten dürften.*

4.) Warum fügt TEX innerhalb des `\output`-Tokenregisters noch eine zusätzliche Klammerstruktur ein?

Unter normalen Umständen hat dies keine weitere Bedeutung. Will man allerdings eigene `\output`-Routinen schreiben, heißt das, man kann alle Register (außer `\box255` natürlich) verwenden, weil man sich innerhalb einer Gruppe befindet. Andererseits muß man Daten, die aus der `\output`-Routine heraus verändert werden *sollen*, `\global` ändern.

Vergleiche `\deadcycles`, `\globaldefs`, `\maxdeadcycles`, `\outputpenalty`, `\shipout`, `\vsplit`, [T] `\plainoutput`.

\outputpenalty

System TEX-Primitive, Plain-TEX, LATEX2.09, LATEX 2_ε.

Wirkung Enthält die letzte `\penalty` auf der gerade umbrochenen Seite.

Beispiel

```
\output=\expandafter{\the\output
\showthe\outputpenalty}
```

```
) [9]
> -10001.
<output> ... }
              \showthe \outputpenalty
 ...
```

Beschreibung Wenn `\output` aufgerufen wird, enthält `\outputpenalty` entweder den Wert 0 oder den Wert der letzten auf der gerade umbrochenen Seite befindlichen `\penalty`-Anweisung. Dies kann auf zweierlei Weise ausgenutzt werden:

1. Man kann über den Wert von `\outputpenalty` eine besondere Behandlung einer Seite in der `\output`-Routine erwirken, indem man den Wert als Funktionsnummer verwendet.

2. Man kann TEX zwingen, eine Seite neu zu bewerten, indem man in Abhängigkeit von `\outputpenalty` die Seitenlänge `\vsize` (o.ä.) ändert und TEX die gesamte *vertikale Liste* inklusive der `\penalty`-Anweisung zurückgibt:

Beispiel

```
\output={
 \ifnum\outputpenalty ...       Sonderbehandlung?
   \unvbox\box255               Vertikale Liste zurückschreiben
   \penalty\outputpenalty       Penalty zurückschreiben
 \else
   \shipout\box255              Normale Ausgabe ...
 ... \fi}
```

Vergleiche `\output`, `\penalty`.

\oval (*⟨Breite⟩* , *⟨Höhe⟩*) [*⟨Ausschnitt⟩*]

System LaTeX2.09, LaTeX 2_ε.

Wirkung Erzeugt ein „Oval“ oder einen Ausschnitt desselben als Bildobjekt. Dieser Befehl ist nur innerhalb der `picture`-Umgebung verfügbar.

Beispiel

```
\unitlength 0.07\linewidth
\begin{picture}(10,4)
  \put( 0,0.0){\circle*{0.1}}
  \put( 0,0.0){\oval(2,2)[tr]}
  \put(10,0.0){\oval(2,2)[tl]}
  \put( 0,4.0){\oval(2,2)[br]}
  \put(10,4.0){\oval(2,2)[bl]}
  \put( 5,1.8){\oval(6,3)[b]}
  \put( 5,2.2){\oval(6,3)[t]}
  \put( 4,2.0){\oval(6,3)[l]}
  \put( 6,2.0){\oval(6,3)[r]}
\end{picture}
```

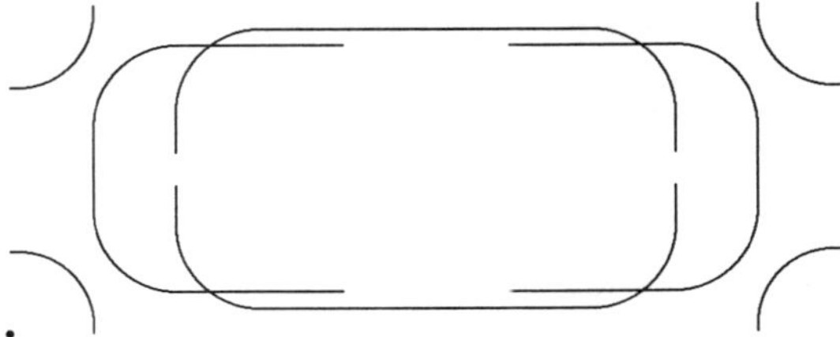

Beschreibung

`\oval` erzeugt ein abgerundetes Rechteck der Ausmaße (*Breite,Höhe*), wobei diese die Gesamtausmaße angeben, auch wenn nur ein Teil gezeichnet werden soll!

Der optionale Parameter *Ausschnitt* darf die Buchstaben `t` (*top*), `b` (*bottom*), `l` (*left*) und `r` (*right*) in beliebiger Reihenfolge enthalten (s. Beispiel), wodurch einzelne 90-° bzw. 180-° Abschnitte erzeugt werden. Der Bezugspunkt für die Positionierung ist dabei der Mittelpunkt der Figur.

Da diese Grafiken über Zeichensätze erzeugt werden, verfügt LaTeX nur über einen gewissen Satz von Kreisdurchmessern. So kann es geschehen, daß nicht immer genau die angegebene Größe verwendet wird. Vor allem bei großen Grafiken werden die Größenabstufungen zunehmend größer.

Vergleiche

[L] `{picture}`, `\put`.

\over

System

TeX-Primitive, Plain-TeX, LaTeX2.09, LaTeX 2_ε; Mathemodus.

Wirkung

Erzeugt einen Bruch.

Syntax

⟨`{` ⟩*oben* `\over` *unten* ⟨ `}`⟩

Beispiel

```
1 \over {1 \over 1 + {1\over x}} +1
```

$$\frac{1}{\frac{1}{1+\frac{1}{x}}+1}$$

Beschreibung

Es wird ein Bruch erzeugt, wobei alles, was vor dem Befehl (bis zur nächsten Klammerstruktur) steht, über dem Bruchstrich, alles folgende darunter gesetzt wird (s. Beispiel). Als Klammerstruktur gelten dabei sowohl geschweifte Klammern als auch alle Symbole, die mit `\left` oder `\right` zu sog. *Begrenzern* erklärt wurden, bzw. von vornherein mittels `\delcode` als solche definiert wurden.

Vergleiche

`\above`, `\abovewithdelims`, `\atop`, `\atopwithdelims`, `\delcode`, `\delimiter`, `\left`, `\overwithdelims`, `\right`.

\overbrace ⟨*Formel*⟩

System — Plain-TEX, LATEX2.09, LATEX 2$_\varepsilon$; Mathemodus; Großer Operator.

Wirkung — Erzeugt eine geschweifte Klammer über einer mathematischen Formel.

Beispiel
```
\displaystyle
 ... \overbrace{ ... ax^3}^{Kubisch}
\overbrace{ ... ax^2}^{Quadrat.}
```

$$\overbrace{\sum_{i=0}^{\infty}\sum_{i=0}^{\infty} ax_i^3}^{Kubisch}\overbrace{\sum_{i=0}^{\infty} ax^2}^{Quadrat.}$$

```
\textstyle
 ... \overbrace{ ... ax^3}^{Kubisch}
\overbrace{ ... ax^2}^{Quadrat.}
```

$\textstyle \sum_{i=0}^{\infty}\overbrace{\sum_{i=0}^{\infty} ax^3}^{Kubisch}\overbrace{\sum_{i=0}^{\infty} ax^2}^{Quadrat.}$

Bemerkung — Es gilt zu beachten, daß die überklammerte Formel im `\displaystyle` gesetzt wird, auch wenn man eine in den Text eingebundene Formel setzt. Allerdings sollte das im Normalfall nicht viel ausmachen, da eine Formel mit Überklammerung so groß ist, daß man sie wahrscheinlich ohnehin nicht im Text stehen habe möchte.

```
\def\overbrace#1{\mathop{\vbox{\m@th\ialign{##\crcr
      \noalign{\kern3\p@}
      \downbracefill\crcr\noalign{\kern3\p@\nointerlineskip}
      $\hfil\displaystyle{#1}\hfil$\crcr}}}\limits}
```

Vergleiche — `\downbracefill`, `\overleftarrow`, `\overline`, `\overrightarrow`, `\underbrace`, [L] `\upbracefill`.

\overfullrule

System — TEX-Primitive, Plain-TEX, LATEX2.09, LATEX 2ε.

Wirkung — Gibt die Breite der von TEX erzeugten Fehlermarkierung an.

Beispiel

```
\overfullrule10pt \hfuzz0pt
(a) Dieser Text sollte auf keinen Fall passen!
Deshalb stellt \TeX\eine 10pt breite
Box am Rand der wirklichen Breite dar! Folgetext
\overfullrule-10pt \hfuzz0pt
(b) Dieser Text sollte auf keinen Fall passen!
Deshalb stellt \TeX\eine -10pt breite
Box am Rand der wirklichen Breite dar! Folgetext
\overfullrule10pt \hfuzz2cm
(c) Dieser Text sollte auf keinen Fall passen!
Aber das ist \TeX\gerade ganz egal
weil es weniger als 2cm zu viel sind Folgetext
```

Beschreibung — Wenn der Inhalt einer `\hbox` größer ist als die Breite der umgebenden *Box* zuzüglich des Wertes von `\hfuzz`, dann markiert TEX diese Box in der Ausgabe mit einem am Rand der wirklichen Boxbreite befindlichen vertikalen Balken der Breite `\overfullrule` (a). Ist `\overfullrule` dabei kleiner oder gleich `0pt` (c), wird kein Balken dargestellt.

Vergleiche — `\hbadness`, `\hfuzz`, `\vbadness`.

{overlay} ⟨*Farbliste*⟩

System — SLITEX: Dokumentstil `slides`, LATEX 2ε: Dokumentklasse `slides`.

Wirkung — Erstellt eine Überlagerungsfolie.

Beispiel

```
\begin{overlay}{giftgruen,blassrosa}
 \invisible Hexe: \giftgruen Pfui \blassrosa Spinne!
\end{overlay}
```

Beschreibung
Mit diesem Befehl kann man zu einer Hauptfolie (vgl. {`slide`}) weitere Folien zum Auflegen erzeugen. Genau wie bei {`slide`} ist die Farbliste willkürlich, man muß nur darauf achten, die entsprechenden Farben mit `\colors` bei SLITEX anzumelden, bevor man `\colorslides` bzw. `\blackandwhite` verwendet. Die {`overlay`}-Umgebung erzeugt nur in Verbindung mit einem der Befehle `\blackandwhite` bzw. `\colorslides` einen Ausgabetext, ansonsten wird der Text überlesen.

Vergleiche
`overlay`, `\blackandwhite`, `\colors`, `\colorslides`, `\invisible`, {`note`}, `\onlyslides`, {`slide`}, `\visible`.

overlay

System
LaTeX2.09, LaTeX 2ε.

Wirkung
Dieser LaTeX-Zähler ist für die Numerierung von Überlagerungsfolien in SLITEX zuständig.

Beispiel
`\setcounter{overlay}{1}`

Beispiel
Standard: `\c@overlay=0`.

Definition
`\countdef\c@overlay=1`

Vergleiche
[S] {`overlay`}, `\theoverlay`.

\overleftarrow ⟨*Formel*⟩

System
Plain-TEX, LaTeX2.09, LaTeX 2ε; Mathemodus.

Wirkung
Erzeugt einen nach links weisenden Pfeil über einer Formel.

Beispiel
`\overleftarrow{a+b+c+d}`

$$\overleftarrow{a+b+c+d}$$

```
\def\overleftarrow#1{\vbox{\m@th\ialign{##\crcr
      \leftarrowfill\crcr\noalign{\kern-\p@\nointerlineskip}
      $\hfil\displaystyle{#1}\hfil$\crcr}}}
```

Vergleiche
`\overbrace`, `\overline`, `\overrightarrow`, `\underbrace`, `\underline`.

\overline ⟨*Formel*⟩

System	TEX-Primitive, Plain-TEX, LATEX2.09, LATEX 2ε; Mathemodus.
Wirkung	Erzeugt einen Balken über einer Formel.
Beispiel	`\overline{A} \cdot \overline{B} = \overline{A+B}`

$$\overline{A} \cdot \overline{B} = \overline{A+B}$$

Vergleiche	`\overbrace`, `\overleftarrow`, `\overrightarrow`, `\underbrace`, `\underline`.

\overrightarrow ⟨*Formel*⟩

System	Plain-TEX, LATEX2.09, LATEX 2ε; Mathemodus.
Wirkung	Erzeugt einen nach rechts weisenden Pfeil über einer Formel.
Beispiel	`\overrightarrow{a+b+c+d}`

$$\overrightarrow{d+c+b+a}$$

```
\def\overrightarrow#1{\vbox{\m@th\ialign{##\crcr
      \rightarrowfill\crcr\noalign{\kern-\p@
      \nointerlineskip}
      $\hfil\displaystyle{#1}\hfil$\crcr}}}
```

Vergleiche	`\overbrace`, `\overleftarrow`, `\overline`, `\underbrace`, `\underline`.

\overwithdelims

System	TEX-Primitive, Plain-TEX, LATEX2.09, LATEX 2ε; Mathemodus.
Wirkung	Erzeugt einen Bruch mit umgebenden *Klammern*.
Syntax	⟨`{`⟩*oben* `\overwithdelims` ⟨*Klammer*⟩$_{()}$⟨*Klammer*⟩$_{()}$ *unten* ⟨`}`⟩

Beispiel `(x-1)(x+2)\overwithdelims//(x+1)(x-2)`

$$\Big/\frac{(x-1)(x+2)}{(x+1)(x-2)}\Big/$$

Bemerkung Es gilt zu beachten, daß die beiden anzugebenden Klammern TEX als sog. *Delimiter* bekannt sein müssen. Theoretisch könnte man alle Zeichen zu *Klammern* erklären, aber im Normalfall sollte man mit den definierten auskommen.

Vergleiche `\above`, `\abovewithdelims`, `\atop`, `\atopwithdelims`, `\delcode`, `\delimiter`, `\left`, `\over`, `\right`, `\vert`, `\Vert`.

\owns ∋

System Plain-TEX, LATEX2.09, LATEX 2_ε; Mathemodus; Relation.

Definition `\let\owns=\ni`

Vergleiche `\ni`.

Befehle P

\P ¶

System: Plain-TEX, LATEX2.09, LATEX 2ε; Mathemodus.

Wirkung: Setzt ein gefülltes Paragraphenzeichen.

Beispiel:
```
\TeX\ ist eine h"ohere Programmiersprache,\P \\
es verbindet die Praxistauglichkeit von {\sc Pascal} \P \\
mit der Eindeutigkeit menschlicher Sprache \P \\
\ldots\ \P \\
```

TEX ist eine höhere Programmiersprache,¶
es verbindet die Praxistauglichkeit von PASCAL ¶
mit der Eindeutigkeit menschlicher Sprache ¶
... ¶

Definition:
```
\def\P{\mathhexbox27B}
```

page

System: LATEX2.09, LATEX 2ε.

Wirkung: Dieser LATEX-Zähler ist für die Seitennumerierung zuständig.

Beispiel:
```
\setcounter{page}{-5} % 5 S. Vorspann
```

Definition:
```
\countdef\c@page=0
```

Vergleiche: [L] \thepage.

\pagebody

System: Plain-TEX.

Wirkung: Hilfsmakro für \plainoutput, welches eine \vbox der Seitenhöhe \vsize erzeugt und mit dem von TEX erstellten Seiteninhalt füllt.

Definition:
```
\def\pagebody{\vbox to\vsize
  {\boxmaxdepth\maxdepth \pagecontents}}
```

Vergleiche: [T] \pagecontents, \plainoutput.

\pagebreak [⟨*Zahl*⟩]

System — LaTeX2.09, LaTeX 2_ε.

Wirkung — Gibt eine Stelle an, an der ein Seitenumbruch günstig wäre.

Beispiel — `\pagebreak`

Beschreibung — Mit `\pagebreak` kann man LaTeX mitteilen, für wie günstig man einen Seitenumbruch an der jeweiligen Stelle hält. Gibt man `\pagebreak` ohne Parameter an, wirkt dies wie `\pagebreak[4]`, d.h. ein Seitenumbruch wird erzwungen.

Um eine gute Stelle für TeX zu markieren, ersetzt LaTeX den `\pagebreak`-Befehl mit einer `\penalty`-Anweisung, die dann zu der momentanen Bewertung der Seite hinzukommt und so den Ausschlag geben kann. Dabei werden in Abhängigkeit von *Zahl* folgende `\penalty`-Werte eingesetzt:

Zahl	`\penalty`	Wert
0	`0`	0
1	`-\@lowpenalty`	-51
2	`-\@medpenalty`	-151
3	`-\@highpenalty`	-301
4	`-10000`	-1000

Die Werte der `\@...penalty`-Anweisungen werden durch die jeweils geladene Stiloption definiert (die angegebenen Werte gelten für die Standard-Stiloptionen `book`, `article` und `letter`).

Vergleiche — `\allowbreak`, `\allowbreak`, `\break`, `\eject`, `\eject`, `\goodbreak`, `\goodbreak`, `\nobreak`, `\penalty`, [L] `\linebreak`, `\newline`, `\newline`, `\nolinebreak`, `\nolinebreak`, `\nopagebreak`, `\samepage`, `\samepage`.

\pagecontents

System — Plain-TeX.

Wirkung — Hilfsmakro für `\plainoutput`, das die fertige Ausgabeseite inklusive aller Einfügungen und Fußnoten enthält.

Definition

```
\def\pagecontents{\ifvoid\topins\else\unvbox\topins\fi
  \dimen@=\dp\@cclv \unvbox\@cclv % open up \box255
  \ifvoid\footins\else % footnote info is present
```

```
      \vskip\skip\footins
      \footnoterule
      \unvbox\footins\fi
    \ifr@ggedbottom \kern-\dimen@ \vfil \fi}
```

Vergleiche [T] `\pagebody`, `\plainoutput`.

\pagedepth

System: TEX-Primitive, Plain-TEX, LATEX2.09, LATEX 2_ε.

Wirkung: Enthält die momentane *Unterlänge* der vertikalen Liste (Seite), an der TEX arbeitet.

Beispiel: `\showthe\pagedepth`

```
> 0.0pt.
l.104 ...\showthe\pagedepth
```

Beschreibung: In der internen Variablen `\pagedepth` merkt sich TEX die Unterlänge der letzten Box in der vertikalen Liste für die aktuelle Seite. Diese Variable wird also bei jeder (endgültigen) Einfügung in die vertikale Liste (Absatz, mathematische Formel, etc.) geändert und enthält dann die Unterlänge der Einfügung.

`\pagedepth` darf dabei maximal den Wert von `\maxdepth` erreichen. Wird `\maxdepth` überschritten, dann wird wie bei `\boxmaxdepth` der Referenzpunkt der Box soweit nach unten verschoben, daß die Unterlänge gleich `\maxdepth` ist.

Vergleiche: `\boxmaxdepth`, `\maxdepth`.

\pagefilllstretch

System: TEX-Primitive, Plain-TEX, LATEX2.09, LATEX 2_ε.

Wirkung: Enthält die gesamte durch `filll` erzeugte Dehnbarkeit der momentanen vertikalen Liste.

Beispiel: `\showthe\pagefilllstretch`

```
> 0.0pt.
l.127 ...\showthe\pagefilllstretch
```

Beschreibung In `\pagefilllstretch` merkt sich TeX den auf der gesamten Seite zur Verfügung stehenden elastischen Leerraum, der in vielfachen von `filll` angegeben wurde (s. Erklärung). TeX verwendet diesen Wert zusammen mit einigen weiteren Parametern für feste und elastische Längen (s. Vergleiche) für den Seitenumbruch.

Erklärung TeX kennt vier Größenordnungen elastischer Längenangaben: normale Längeneinheiten und vielfache von `fil`, `fill` und `filll`.

Wenn TeX die gesamte Dehnbarkeit der Seite betrachtet, um die verbleibenden Leerräume gleichmäßig aufzufüllen, betrachtet es die von `fil..` abgeleiteten Größenordnungen als unendlich dehnbar und füllt alle entstehenden Leerräume durch Dehnung dieser unendlich dehnbaren Bereiche.

Beispiel

```
\hbox to \linewidth{
  \fboxsep1pt
  \vbox to 4cm{
    \hbox to .4\linewidth{\fbox{... 1a}}}
    \vskip3mm plus 10000pt
    \hbox to .4\linewidth{\fbox{... 2a}}}
    \vskip3mm plus 1fil
    \hbox to .4\linewidth{\fbox{... 3a}}}
    \vskip3mm plus 10000pt
    \hbox to .4\linewidth{\fbox{... 4a}}}
  } \hfill
  \vbox to 4cm{
    \hbox to .4\linewidth{\fbox{... 1b}}}
    \vskip3mm plus 10000fil
    \hbox to .4\linewidth{\fbox{... 2b}}}
    \vskip3mm plus 1fill
    \hbox to .4\linewidth{\fbox{... 3b}}}
    \vskip3mm plus 10000fil
    \hbox to .4\linewidth{\fbox{... 4b}}}
  }
}
```

Absatz 1a	Absatz 1b
Absatz 2a	Absatz 2b
Absatz 3a	Absatz 3b
Absatz 4a	Absatz 4b

Dabei gilt es zu beachten, daß TeX drei Größenordnungen von *UneJdlichkeit* unterscheidet, wobei `fill` alle konkurrierenden `fil`s und `\filll` alle konkurrierenden `fill`s zu 0pt reduziert.

Normale Zahl	zu `fil`	wie
`fil`	zu `fill`	bzw.
`fill`	zu `filll`	

So wird also im obigen Beispiel der erste Absatz vom zweiten exakt `3mm` getrennt, obwohl eine Dehnbarkeit von ca. 35 cm angegeben ist, weil der 'unendlichere' Leerraum den anderen verdrängt und sich Ende nur auf ca. 2 cm dehnt.

Vergleiche `\pagefillstretch`, `\pagefilstretch`, `\pagegoal`, `\pageshrink`, `\pagestretch`, `\pagetotal`.

\pagefillstretch

System TeX-Primitive, Plain-TeX, LaTeX2.09, LaTeX 2_ε.

Wirkung Enthält die gesamte durch `fill` erzeugte Dehnbarkeit der momentanen vertikalen Liste (s. `\pagefilllstretch`).

Beispiel `\showthe\pagefillstretch`

```
> 0.0pt.
l.127 ...\showthe\pagefillstretch
```

Vergleiche `\pagefilllstretch`.

\pagefilstretch

System — TEX-Primitive, Plain-TEX, LATEX2.09, LATEX 2_ε.

Wirkung — Enthält die gesamte durch `fil` erzeugte Dehnbarkeit der momentanen vertikalen Liste (s. `\pagefilllstretch`).

Beispiel — `\showthe\pagefilstretch`

```
> 0.0pt.
l.127 ...\showthe\pagefilstretch
```

Vergleiche — `\pagefilllstretch`.

\pagegoal

System — TEX-Primitive, Plain-TEX, LATEX2.09, LATEX 2_ε.

Wirkung — Enthält die Seitenhöhe, die TEX auf der aktuellen Seite zu erreichen versucht. Diese wird normalerweise `\vsize` entsprechen.

Beispiel — `\showthe\vsize`

```
> 540.6023pt.
l.213 ...\showthe\vsize
```

`\showthe\pagegoal`

```
> 540.6023pt.
l.214 ...\showthe\pagegoal
```

Beschreibung — TEX hat zwei interne Größen, die die Länge einer Seite beeinflussen: `\vsize` und `\pagegoal`. Dabei ist `\vsize` die Länge, die der Benutzer für seine Seite angibt, und `\pagegoal` die Länge, die TEX zu erreichen versucht. Unter normalen Umständen sind deren Werte auch gleich. Allerdings kann man die gewünschte Seitenlänge mit `\vsize` nicht mehr beeinflussen, wenn TEX bereits an dieser Seite arbeitet. Wird innerhalb dieser Seite der Wert von `\vsize` geändert, tritt dies erst auf der *nächsten* Seite in Erscheinung. Damit TEX aber weiß, wie lang die aktuelle Seite werden soll (obwohl `\vsize` geändert wurde), setzt es mit dem *ersten Element* der neuen Seite den Wert von `\pagegoal` auf `\vsize`. Wird anschließend `\vsize` geändert, hat das offensichtlich keine Auswirkungen.

Bemerkung

Man kann `\pagegoal` auch ändern und TEX zwingen, eine andere Seitenlänge zu wählen, während es schon an einer Seite arbeitet, aber die Resultate können sehr seltsam sein. So setzt z.B. `\pagebody` in plain-TEX den Seiteninhalt in eine Box der Größe `\vsize`, so daß man zwar nur die durch `\pagegoal` angegebene Textmenge auf einer Seite bekommt, diese Textmenge aber auf die Länge von `\vsize` gedehnt wird.

Andererseits verwendet z.B. plain-TEX `\pagegoal` dazu, die momentane Seitenlänge um die Länge von Einfügungen (vgl. `\insert`) zu kürzen.

Vergleiche

`\pagefilllstretch`, `\pagefillstretch`, `\pagefilstretch`, `\pageshrink`, `\pagestretch`, `\pagetotal`, `\vsize`, `\vsize`.

\pageinsert ⟨*vertikales Material*⟩ `\endinsert`

System

Plain-TEX.

Wirkung

Erstellt eine Einfügung (Gleitobjekt), die eine ganze Seite in Anspruch nimmt.

Beispiel

```
\pageinsert
\vskip0.8\vsize
 Dieser Text w"urde am unteren F"unftel einer leeren
 Seite auftauchen, so da"s man ihn als Untertext zu
 irgendetwas von Hand Eingef"ugtem verwenden k"onnte.
\endinsert
```

Beschreibung

Das *vertikale Material* wird auf der nächsten freien Seite ausgegeben, wobei alle anderen Seitenparameter wie Kopf- und Fußzeilen beachtet werden.

Vergleiche

`\footins`, `\footins`, `\insert`, `\newinsert`, `\newinsert`, [T] `\midinsert`, `\topinsert`.

\pagename

System	LaTeX2.09: Stiloption `german`, LaTeX 2_ε: *package* `babel`: Option `german`.
Wirkung	Definiert für die jeweils eingestellte Sprache einen Seitennamen.
Definition	`\newcommand\pagename{Page}`
Vergleiche	`\refname`, `\refname`, `\USenglish`, [L] `\thepage`.

\pageno

System	Plain-TeX.
Wirkung	Dieser Zähler enthält die Seitennummer in plain-TeX. Diese kann mittels `\folio` ausgegeben werden.

Beispiel	`\pageno-48 Dies ist Seite \folio.`
	`\pageno48  Dies ist Seite \folio.`
	
	Dies ist Seite xlviii.
	Dies ist Seite 48.

Definition	`\countdef\pageno=0 \pageno=1 % first page is number 1`
Beschreibung	`\pageno` wird bei jeder Seite automatisch hochgezählt. Ist `\pageno` kleiner als 0, dann werden römische Zahlen ausgegeben, was der amerikanischen Konvention zur Numerierung von Vorspannseiten entspricht. Dabei sollte man mit `\pageno-1` beginnen, woraufhin TeX dann in negativer Richtung weiterzählt, um richtige Ergebnisse zu bekommen. Auf der ersten Seite des Dokumentes muß man dann `\pageno=1` angeben.
Vergleiche	[T] `\folio`.

\pagenumbering

System	LaTeX2.09, LaTeX 2_ε.
Wirkung	Gibt die Art der Seitennumerierung in LaTeX an.

Abbildung 4: Beispiel für \pagenumbering

Stil	0	1	2	3	4	5	6	7	8	9	Kommentar
arabic	0	1	2	3	4	5	6	7	8	9	Zahlen
roman		i	ii	iii	iv	v	vi	vii	viii	ix	kl. röm. Zahlen
Roman		I	II	III	IV	V	VI	VII	VIII	IX	gr. röm. Zahlen
alph		a	b	c	d	e	f	g	h	i	Kleinbuchstaben
Alph		A	B	C	D	E	F	G	H	I	Großbuchstaben
Ialph						e	f	g	h	i	alph ab 5
Ialph						E	F	G	H	I	Alph ab 5
fnsymbol		*	†	‡	§	¶	‖	**	††	‡‡	Fußnotenzeichen

Beispiel

```
\pagenumbering{roman}
```

Definition

```
\def\pagenumbering#1{\global\c@page \@ne
   \gdef\thepage{\csname @#1\endcsname
   \c@page}}
```

Beschreibung
LaTeX konvertiert den Parameter von \pagenumbering zu einem Kommando des Namens \@#1 (z.B.: roman wird zu \@roman). Dadurch stehen dem Benutzer die in der Abbildung gezeigten Spielarten der Seitennumerierung zur Verfügung.

Bemerkung
Die Befehle \ialph und \Ialph sind interne Befehle und stehen nur innerhalb von LaTeX2.09 zur Verfügung.

Vergleiche
[T] \folio, \folio, [L] \pageref, \pageref, \pagestyle.

\pageref ⟨*Name*⟩

System
LaTeX2.09, LaTeX 2ε.

Wirkung
Gibt die Seite aus, auf der sich das mit \label markierte Objekt befindet.

Beispiel

```
\label{Glyx}
...
Das Glyxohol hat sich auf Seite \pageref{Glyx}
versteckt!
```

Das Glyxohol hat sich auf Seite 553 versteckt! (bei \savebox).

Beschreibung
Der Name der Marke darf aus Buchstaben, Zahlen und Satzzeichen bestehen. Dabei wird Groß- und Kleinschreibung unterschieden. Bei der Verwendung von \pageref sollte beachtet

werden, daß die Darstellung der Marke von `\thepage` abhängt, welches wiederum von `\pagenumbering` gesetzt wird. Dabei gilt der Wert an der Stelle der Markierung mittels `\label`.

Vergleiche [L] `\label`, `\newlabel`, `\newlabel`, `\pagenumbering`, `\ref`, `\thepage`.

\pageshrink

System TEX-Primitive, Plain-TEX, LATEX2.09, LATEX 2ε.

Wirkung Enthält die gesamte (durch normalen Leerraum erzeugte) Schrumpfbarkeit der momentanen vertikalen Liste.

Beispiel `\showthe\pageshrink`

```
> 0.0pt.
l.364 ...\showthe\pageshrink
```

Beschreibung Im Gegensatz zur Dehnbarkeit hat TEX nur ein Register für die Schrumpfung, da auseinandergezogener Text zwar nicht schön aussieht, aber lesbar bleibt, wogegen TEX sich sehr stark sträubt, Boxen (d.h. Zeilen, Absätze, etc.) näher zusammenzuschieben, als ihre natürliche Größe dies erlaubt, da dann der Text übereinandergedruckt würde.

Vergleiche `\pagefilllstretch`.

\pagestretch

System TEX-Primitive, Plain-TEX, LATEX2.09, LATEX 2ε.

Wirkung Enthält die gesamte durch normalen Leerraum erzeugte Dehnbarkeit der momentanen vertikalen Liste.

Beispiel `\showthe\pagestretch`

```
> 2.0pt.
l.378 ...\showthe\pageshrink
```

Vergleiche `\pagefilllstretch`.

\pagestyle

System — LaTeX2.09, LaTeX 2_ε.

Wirkung — Wählt eine der Standardoptionen zur Seitengestaltung aus.

Beispiel — `\pagestyle{empty}`

Definition — `\def\pagestyle#1{\@nameuse{ps@#1}}`

Beschreibung — Es gibt dabei standardmäßig folgende LaTeX-Seitenformate:

`empty` — Leere Kopf- und Fußzeilen, keine Seitennumerierung.

`plain` — Leere Kopfzeile, die Fußzeile enthält die Seitennummer.

`headings` — Fußzeile enthält die Seitennummer, die Kopfzeile ist abhängig von Dokumentstil und Stiloption:

`book` und `report` setzen das letzte `\chapter`, `article` die letzte `\section` in die Kopfzeile.

Im *Mehrspaltensatz* wird der rechte Kopf durch `\section` (`book`, `report`) bzw. `\subsection` (`article`) ersetzt.

`myheadings` — Wie `headings`, mit dem Unterschied, daß `\markright` und `\markboth` in die Kopfzeile aufgenommen werden.

Für SLITeX gibt es folgende Seitenformate:

`headings` — Es werden Positionierungsmarken und die Seitennummer am unteren rechten Rand ausgegeben.

`plain` — Es werden nur die Seitennummern ausgegeben.

`empty` — Die Seite wird ohne besondere Markierungen ausgegeben.

Beschreibung — LaTeX definiert seine Stilarten über Befehle des Namens `\ps@`*Name*, so daß man nötigenfalls seine eigenen Seitenformate definieren könnte.

Vergleiche — [T] `\folio`, `\folio`, `\footline`, `\footline`, `\headline`, `\headline`, [L] `\markboth`, `\markright`, `\pagenumbering`, `\pagenumbering`, `\thispagestyle`.

\pagetotal

System — TEX-Primitive, Plain-TEX, LATEX2.09, LATEX 2ε.

Wirkung — Enthält die Gesamtlänge der momentan von TEX bearbeiteten vertikalen Liste.

Beispiel — `\showthe\vsize`

```
> 540.6023pt.
l.400 ...\showthe\vsize
```

`\showthe\pagetotal`

```
> 257.6233pt.
l.401 ...\showthe\pagetotal
```

Beschreibung — In `\pagetotal` merkt sich TEX die Höhe allen vertikalen Materials, das seit Beginn der neuen Seite in die vertikale Liste eingetragen wurde, d.h. unter anderem auch einzelne Zeilen. Sobald `\pagetotal` den Wert von `\pagegoal` überschreitet (oder TEX eine `\penalty` von `-10000` findet, oder die *Badness* der Seite `100000` erreicht), wird die Seite umbrochen und alles überschüssige Material seit dem bestmöglichen vorherigen Umbruchpunkt auf die folgende Seite weitergeleitet.

Vergleiche — `\pagegoal`.

\paperheight

System — LATEX 2ε.

Wirkung — Die *feste Länge Höhe* legt die Gesamthöhe der Seite fest.

Beispiel

```
% Din A5
\paperheight211mm
\paperwidth105mm
```

Definition — `\newdimen\paperheight`

Beschreibung — Durch `\paperheight` und `\paperwidth` werden die Ausmaße der gesamten Papier-Seite angegeben. Aus diesen leiten sich dann die meisten anderen Parameter her. Da allerdings die Initialisierung der Parameter innerhalb der Stilartdateien erfolgt und diese durch `\begin{document}` aufgerufen werden, bewirkt eine Veränderung in der Präambel *nicht* die gewünschte Veränderung aller abhängigen Parameter.

Vergleiche — `\hsize`, `\vsize`, [L] `\paperwidth`, `\textheight`, `\textwidth`, `\topmargin`, `\topmargin`.

\paperwidth

System — LaTeX 2ε.

Wirkung — Die *feste Länge Breite* legt die Gesamtbreite der Papier-Seite fest.

Beispiel

```
% Din A5
\paperheight211mm
\paperwidth105mm
```

Definition — `\newdimen\paperwidth`

Beschreibung — Siehe `\paperheight`.

Vergleiche — `\hsize`, `\vsize`, [L] `\paperheight`, `\textheight`, `\textwidth`.

\par

System — TeX-Primitive, Plain-TeX, LaTeX2.09, LaTeX 2ε.

Wirkung — Beendet einen Absatz.

Beispiel

```
Taucht \verb!\par! innerhalb eines Absatzes auf,
\par so entsteht ein Zeilenumbruch.
```

Taucht `\par` innerhalb eines Absatzes auf,
so entsteht ein Zeilenumbruch.

Beschreibung

Das Kommando `\par` wird implizit durch die Eingabe einer Leerzeile aufgerufen. `\par` beendet den laufenden Absatz, indem es den letzten horizontalen Leerraum nach dem Absatz entfernt und TEX durch Einfügen eines elastischen Leerraumes

```
\unskip \penalty10000 \hskip\parfillskip
```

daran hindert zu versuchen, die letzte Zeile rechtsbündig zu setzen und somit die Zeilenumbrüche innerhalb des Absatzes zu verschlechtern. Die `\penalty`-Anweisung verhindert, daß der angehängte horizontale Leerraum auf die nächste Zeile umbrochen wird. Anschließend beendet `\par` den *horizontalen* Satzmodus von TEX und kehrt in den *vertikalen* Satzmodus zurück.

Bemerkung

`\parfillskip` ist normalerweise eine *elastische* Länge (plain-TEX setzt sie auf `0pt plus 1em`) ohne eigene Ausdehnung. Will man das Absatzende anders gestalten, z.B. rechtsbündige letzte Zeilen erzeugen (`\parfillskip0pt`) oder immer mindestens ein Fünftel der letzten Zeile freihalten (`\parfillskip0.2\hsize plus 1fil`), kann man dies durch Setzen von `\parfillskip` erreichen.

Sollte dies nicht ausreichen, stellt TEX noch den Befehl `\everypar` zur Verfügung, der nach jedem Aufruf von `\par` (auch implizit!) ausgeführt wird.

Bemerkung

`\par` ist als `\outer` definiert.

Vergleiche

`\everypar`, `\hangafter`, `\hangafter`, `\hangindent`, `\hangindent`, `\parfillskip`, `\parindent`, `\parindent`, `\parskip`.

\paragraph [⟨*Kurztitel*⟩] ⟨*Titel*⟩

System

LATEX2.09, LATEX 2_ε.

Wirkung

Beginnt einen neuen *Absatz*, d.h. einen Absatz mit fettgedruckter, in den Text eingefügter Überschrift.

Beispiel

```
\paragraph{Bedrucken von Klopapier}\footnote{...} ist
eine nette Art, dem Einsitzer Denkanst"o"se zu geben.
```

Bedrucken von Klopapier[*] ist eine nette Art, dem Einsitzer Denkanstöße zu geben.

[*]Dieses Thema sparen wir uns für später auf.

Beschreibung — Der Befehl `\paragraph` erzeugt einen neuen Absatz mit der Überschrift *Titel*. Vor dem Absatz wird ein vertikaler Leerraum erzeugt. Wird ein optionaler *Kurztitel* angegeben, wird dieser statt des Gesamttitels im Inhaltsverzeichnis eingetragen.

Vergleiche — `secnumdepth` , [L] `\chapter`, `\paragraph*`, `\part`, `\section`, `\subparagraph`, `\subsection`, `\subsubsection`.

paragraph

System — LaTeX2.09, LaTeX 2ε.

Wirkung — Dieser LaTeX-Zähler ist für die Numerierung von Absätzen zuständig. `\paragraph*` wird natürlich nicht numeriert.

Beispiel

```
\addtocounter{paragraph}{1}
\paragraph*{\theparagraph\ Weiter}
```

Definition

```
\newcounter{paragraph}[subsubsection]
```

Vergleiche — `secnumdepth` , [L] `\paragraph`, `\theparagraph`.

\paragraph* ⟨*Titel*⟩

System — LaTeX2.09, LaTeX 2ε.

Wirkung — Simuliert einen neuen *Absatz*, d.h. einen Absatz mit fettgedruckter, in den Text eingefügter Überschrift.

Beispiel

```
\paragraph*{Beidseitiger Druck}\footnote{...} auf
Klopapier wird dadurch erschwert, da"s eine Rolle
endlos ist.
```

Beidseitiger Druck[*] auf Klopapier wird dadurch erschwert, daß eine Rolle endlos ist ...

Beschreibung — Der wesentliche Unterschied zu `\paragraph` ist, daß kein Eintrag im Inhaltsverzeichnis erstellt wird und der entsprechende Zähler nicht hochgezählt wird.

Vergleiche — [L] `\paragraph`.

[*] Die Erörterung dieses interessanten Themas kann leider erst in künftigen Büchern erfolgen.

\paragraphmark

System LaTeX2.09, LaTeX 2_ε.

Wirkung Definiert einen Befehl, der bei jedem `\paragraph` aufgerufen werden könnte.

Definition `\newcommand{\paragraphmark}[1]{}`

Beschreibung Der Befehl ist das konsequente Analogon von `\chaptermark`, wird jedoch bisher nirgends aufgerufen und ist außerdem leer, d.h. das angegebene Argument wird unterdrückt.

Vergleiche [L] `\chaptermark`.

\parallel ‖

System Plain-TeX, LaTeX2.09, LaTeX 2_ε; Mathemodus; Relation.

Definition `\mathchardef\parallel="326B`

\parbox [⟨*Position*⟩] {⟨*Breite*⟩$_d$}{⟨*Text*⟩}

System LaTeX2.09, LaTeX 2_ε.

Wirkung Erzeugt eine Box der angegebenen *Breite*, in welcher der *Text* als Fließtext gesetzt wird. Der optionale Parameter *Position* gibt die Ausrichtung im Verhältnis zum einrahmenden Text an.

Beispiel

```
\parbox[b]{0.3\linewidth}{ Wenn ... }
\parbox{   0.3\linewidth}{ man  ... }
\parbox[t]{0.3\linewidth}{ dann ... }
```

...und wenn man dieser Treppe folgt, d.h. von links nach rechts geht, dann ... und tiefer und tiefer, bis man schließlich auf der letzten Zeile wieder den Blick nach oben schweifen läßt, um den Rest des Textes verdauen zu können und sich zu fragen: Was soll das?

Beschreibung — Der optionale Parameter *Position* gibt an, nach welcher Zeile der Text ausgerichtet werden soll. Dabei bedeutet `b` Ausrichtung nach der untersten, `t` Ausrichtung nach der obersten Zeile. Wenn keine Angaben gemacht werden, wird die Mitte der Box zur Ausrichtung verwendet.

Der Text innerhalb der `\parbox` darf Absätze enthalten, aber Listen- und Fußnotenkommandos dürfen nicht verwendet werden.

Vergleiche — `\hbox`, `\hbox`, `\hsize`, `\hsize`, [L] {`minipage`}.

\parfillskip

System — TEX-Primitive, Plain-TEX, LATEX2.09, LATEX 2_{ε}.

Wirkung — Mit dieser elastischen Länge wird die letzte Zeile eines Absatzes versehen (vgl. `\par`).

Beispiel

```
F: \parbox[t]{.4\linewidth}{\parfillskip0pt plus 1fil
             Spieglein, Spieglein an der Wand, \\
             was ist das Sch"onste im ganzen Land?
             }
  \hfill
A: \parbox[t]{.4\linewidth}{\parfillskip0pt
             Das \TeXikon, \\
             das liegt auf der Hand!
             }
```

F: Spieglein, Spieglein an der Wand,
was ist das Schönste im ganzen Land?

A: Das TEXikon,
das liegt auf der Hand!

Hier sieht man, daß in der rechten Spalte die erste Zeile kürzer ist als die zweite, obwohl die erste ohne Qualitätseinbuße noch zwei weitere Worte hätte aufnehmen können.

Abbildung 5: Beispiel für `\parindent`

Furgeson	und	die	einheitliche	Feldtheorie
Am Anfang da war Aristoteles und ruhende Objekte neigten dazu weiter zu ruhen und bewegte Objekte neigten dazu zur Ruhe zu kommen und bald kamen alle Objekte zur Ruhe und Gott sah daß dies langweilig war.	Dann erschuf Gott Newton und ruhende Objekte neigten dazu weiter zu ruhen aber bewegte Objekte neigten dazu in Bewegung zu bleiben und Energie wurde erhalten und Bewegung wurde erhalten und Materie wurde erhalten und Gott sah daß dies sehr konservativ war.	Dann erschuf Gott Einstein und alles wurde relativ und schnelle Objekte wurden kurz und gerade Objekte wurden gekrümmt und Gott sah daß dies relativ allgemein war einiges aber speziell relativ war.	Dann erschuf Gott Bohr und da war das Prinzip und das Prinzip war das Quant und alle Objekte waren quantifiziert aber einige Objekte waren noch relativ und Gott sah daß dies verwirrend war.	Dann wollte Gott Furgeson erschaffen und Furgeson hätte vereinheitlicht und er hätte eine Theorie ins Feld geführt aber es war der siebte Tag und Gott ruhte und ruhende Objekte neigen dazu weiter zu ruhen …

Beschreibung — Wie bei allen anderen Absatzkommandos von TEX gilt, daß das letzte im Absatz sich durchsetzt, darum ist hier der `\parfillskip`-Befehl auch innerhalb der `\parbox`. Tja und eigentlich ist auch das Beispiel ein wenig gemogelt.

Vergleiche — `\par`.

\parindent

System — TEX-Primitive, Plain-TEX, LATEX2.09, LATEX 2ε.

Wirkung — Längenangabe, die die Einrückung am Anfang jedes neuen Absatzes angibt.

} s. Abb. 3

Vergleiche — `\hang`, `\hang`, `\hangafter`, `\hangafter`, `\hangindent`, `\hangindent`, `\indent`, `\indent`, `\noindent`, `\noindent`, `\par`, `\parfillskip`, `\parskip`, [L] `\listparindent`, `\listparindent`.

Abbildung 6: Beispiel für \parsep

Nelkenpfeffer *Pimenta dioica* auch Nelkenpfeffer genannt.
Nelkenpfeffer kommt ursprünglich aus Jamaica und wird heute hauptsächlich im amerikanischen Raum angebaut.
Er findet Verwendung in Backwaren und Fleisch oder in Verbindung mit gwöhnlichem Pfeffer.

Kardamon *Elettaria cardammomum* kommt aus Südindien und Sri Lanka, heute auch Guatemala.
Er findet hauptsächlich Verwendung in Back- und Süßwaren.

Koriander *Coriandrum sativum* wächst auf der ganzen Welt und wird vor allem von den Chinesen als Gewürz geschätzt.

Es findet sowohl Verwendung in Backwaren als auch (die Blätter) in grünen Salaten.

Kreuzkümmel *Cuminum cyminum*, nicht zu verwechseln mit dem gewöhnlichen Kümmel *Carum carri*, wird hauptsächlich in der indischen, griechischen, arabischen und türkischen Küche verwendet.

Er paßt gut zu Fisch.

\parsep

System LaTeX2.09, LaTeX 2ε.

Wirkung Längenangabe, die den vertikalen Abstand zwischen Absätzen einer Liste angibt, welche innerhalb eines `\item`-Eintrages entstehen.

Beispiel Siehe Abbildung 4.

Definition `\newskip\parsep`

Beschreibung Zwischen Absätzen *innerhalb* eines `\item` wird ein zusätzlicher Zeilenabstand von `\parsep` eingefügt. Man beachte, daß dieser Abstand zu dem Abstand zwischen einzelnen `\item`-Befehlen (`\itemsep`) *hinzukommt*!

Vergleiche [L] `{description}`, `{enumerate}`, `{itemize}`, `\itemsep`, `\itemsep`, `{list}`, `{quotation}`, `{quotation}`, `{trivlist}`, `{trivlist}`.

\parshape $\langle n \rangle_z \langle a_1 \rangle_d \langle b_1 \rangle_d \langle a_2 \rangle_d \langle b_2 \rangle_d \ldots \langle a_n \rangle_d \langle b_n \rangle_d$

System TeX-Primitive, Plain-TeX, LaTeX2.09, LaTeX 2ε.

Wirkung Formt einen Absatz von n Zeilen durch Angabe von linkem Rand a_1 und Zeilenlänge b_1 für jede der n Zeilen.

Beispiel

```
\newdimen\hdm \hdm4pt
\parshape 37
  9\hdm2\hdm 8\hdm4\hdm 8\hd ...
  8\hdm4\hdm 8\hdm4\hdm 8\hd ...
  8\hdm4\hdm 8\hdm4\hdm 8\hd ...
```

Abbildung 7: Beispiel für `\parshape`

Hat
der
alte
He-
xen-
mei-
ster
sich
doch
einmal
weg-
bege-
ben!
Und
nun
sollen
seine
Geister
auch
nach
mei-
nem
Willen leben;
seine Wort' und
Werke merkt' ich, und
den Brauch, und mit
Geistesstärke tu ich Wunder
auch. Walle! Walle manche
Strecke, daß zum Zwecke
Wasser fließe, und mit reichem,
vollem Schwalle zu dem Bade
sich ergieße.

Und
nun
komm
Du
al-
ter
Be-
sen!
Nimm
die
schlech-
ten
Lu-
pen-
hüllen;
Bist
schon
langen
Knecht
gewe-
sen;
Nun
erfülle meinen
Willen! Auf zwei
Beinen stehe, Oben sei ein
Kopf, Eile nun und gehe
Mit dem Wassertopf! Walle!
Walle manche Strecke, daß zum
Zwecke Wasser fließe, und mit
reichem, vollem Schwalle zu
dem Bade sich ergieße.

```
  8\hdm4\hdm 6\hdm8\hdm 4\hd ...
  1\hdm18\hdm 1\hdm18\hdm 1\ ...
  11\hdm13\hdm 16\hdm9\hdm
Hat der alte Hexenmeister sich
    doch einmal wegbegeben
 ...
```

Siehe Abbildung 5

Beschreibung

`\parshape` bestimmt für die nächsten n Zeilen den Abstand vom linken Rand und die Längen der Zeilen. Dabei erwartet `\parshape` zu jedem n ein Wertepaar von zwei statischen Längen (*dimen*). Wird der auf den Befehl folgende Absatz mit weniger als n Zeilen beendet, dann kehrt TeX im nächsten Absatz zum normalen Satzmodus zurück. Enthält der Absatz mehr als n Zeilen, dann setzt TeX alle weiteren Zeilen mit den Parametern der letzten Zeile.

Der Befehl `\parshape` wirkt auf den gesamten Absatz, in dem er sich befindet (auch rückwirkend bis zum Anfang des Absatzes). Die Wirkung einer `\parshape`-Anweisung kann innerhalb desselben Absatzes durch einen erneuten Aufruf mit $n = 0$ aufgehoben werden.

Bemerkung

Da LaTeX das `\parshape`-Kommando zur Erstellung seiner Listen-Umgebungen verwendet, kann es hier zu Schwierigkeiten kommen. Notfalls kann man aber eine Konstruktion des Typs:

`\newbox\mybox`	Neue Box anmelden.
`\setbox\mybox=\vbox{`	
`  \parshape n ab ab ...`	In dieser
`  Text ... }`	den Absatz setzen.
`\begin{ ... }`	Listenumgebung.
`  \box\mybox`	Absatz ausgeben.

anwenden, den Absatz in einer Box zwischenspeichern und anschließend einfügen.

Vergleiche
`\hangafter`, `\hangindent`, `\leftskip`, `\prevgraf`, `\prevgraf`, `\rightskip`.

\parskip

System
TEX-Primitive, Plain-TEX, LATEX2.09, LATEX 2$_\varepsilon$.

Wirkung
Diese *elastische* Länge gibt den Abstand an, den TEX zwischen Absätzen erzeugt.

Beispiel

```
\hbox to\linewidth{\vbox to5.2pt{
\hrule
\parskip0pt plus1pt % \TeX\ default
\hrule
\parskip3pt plus1pt % kleiner Abstand
\hrule}}
```

Beschreibung
Genaugenommen handelt es sich bei `\parskip` um die Länge, die TEX vor jedem Wechsel in den *horizontal mode* in eine nichtleere vertikale Liste einfügt, d.h. immer außer am Anfang einer neuen Seite.

Vergleiche
`\par`, `\parindent`, `\parindent`, [L] `\itemsep`, `\itemsep`, `{list}`, `{list}`, `{trivlist}`, `{trivlist}`.

\part [⟨*Kurztitel*⟩] ⟨*Titel*⟩

System
LATEX2.09, LATEX 2$_\varepsilon$.

Wirkung
Beginnt einen neuen Teilabschnitt in einer der Dokumentarten `book`, `article` oder `report`. Wie bei allen anderen Gliederungsbefehlen gibt *Titel* den Text der Überschrift an, wogegen der op-

tionale Parameter *Kurztitel* für das Setzen in einem Inhaltsverzeichnis Verwendung findet.

Beispiel `\part{Programmieren mit \TeX}`

Teil I

Programmieren mit TEX

Beschreibung Der Gliederungsbefehl `\part` steht zwar logisch über den Befehlen `\chapter` bzw. `\section`, beeinflußt aber nicht deren Numerierung! Ist also der letzte Teilabschnitt Teil 1, Kapitel 10 gewesen, dann wird in Teil 2 das erste Kapitel die Nummer 11 tragen. Zu Beginn eines jeden neuen Teils werden alle Gleitobjekte ausgegeben und eine neue ungeradzahlige Seite angefangen.

Das genaue Aussehen ist von der gewählten Stiloption abhängig.

Vergleiche `part` , `part` , [L] `\chapter`, `\paragraph`, `\partname`, `\part*`, `\section`.

part

System LATEX2.09, LATEX 2ε.

Wirkung Dieser LATEX-Zähler ist für die Numerierung von Teilabschnitten zuständig. Bei `\part*` wird natürlich nicht numeriert.

Beispiel
```
\addtocounter{part}{1}
\part*{\thepart\ \TeX nokratie}
```

Definition `\newcounter{part}`

Vergleiche `secnumdepth` , [L] `\part`, `\thepart`.

\part* ⟨*Titel*⟩

System — LaTeX2.09, LaTeX 2_ε.

Wirkung — Simuliert einen neuen Teil.

Beispiel — `\part*{Heimwerken mit \TeX ?}`

Teil II

Heimwerken mit TeX?

Beschreibung — Der Befehl `\part*` simuliert den `\part`-Befehl, d.h. er verhält sich wie `\part`, läßt aber den Zähler für neue Teilabschnitte unberührt und erzeugt keinen Eintrag in das Inhaltsverzeichnis. Deshalb ist auch der optionale Parameter entfallen.

Vergleiche — [L] `\part`.

\partial ∂

System — Plain-TeX, LaTeX2.09, LaTeX 2_ε; Mathemodus.

Definition — `\mathchardef\partial="0140`

\partname

System — LaTeX2.09, LaTeX 2_ε.

Wirkung — Gibt die Bezeichnung von Teilabschnitten an.

Beispiel — `\def\partname{Teil}`

Definition — `\newcommand\partname{Part}`

Beschreibung — Der Befehl wird in den jeweiligen Stiloptionen vorbesetzt. Je nach Umgebung kann er also mit *Part*, *Teil* oder beliebigen anderen Texten vorbesetzt sein.

Vergleiche — `\refname`, [L] `\part`, `\thepart`.

\partopsep

System — LaTeX2.09, LaTeX 2_ε.

Wirkung — Gibt einen zusätzlichen vertikalen Leerraum zwischen Listen und den einschließenden Absätzen an.

Beispiel — `\partopsep0.5em plus0.1em`

Definition — `\newskip\partopsep`

Beschreibung — Der Wert von `\partopsep` gibt eine elastische Länge an, divor dem ersten Listeneintrag eingefügt wird, falls mit der Liste ein neuer Absatz begonnen wird (d.h. TeX sich im *vertical mode* befindet).

Bemerkung — Vorsicht, die Beschreibung in der mir bekannten Version vom Lamport ist *falsch* angegeben und wird hoffentlich korrigiert werden.

Vergleiche — [L] {`list`}, {`trivlist`}.

\PassOptionsToClass ⟨*Optionen*⟩⟨*Stilart*⟩

System — LaTeX 2_ε.

Wirkung — Übergibt die angegebenen *Optionen* an die angegebene *Stilart*, falls diese im Anschluß mittels `\LoadClass` geladen wird.

Beispiel —

```
\PassOptionsToClass{nomargins,holepunch}{mya4,mya5}
\DeclareOption{mya4}{LoadClass{mya4}}
\DeclareOption{mya4r}{LoadClass{mya4r}}
\DeclareOption{mya5}{LoadClass{mya4}}
\DeclareOption{mya5r}{LoadClass{mya5r}}
```

Beschreibung

Für die Erstellung von übergeordneten Stilartdateien ist es möglich, mittels `\LoadClass` eine Standard-Stilartdatei in einer neudefinierten Stilartdatei einzulesen. Falls die übergeordnete Datei allerdings eigene Optionen hat, müssen diese abgefangen werden, bevor sie an die Standard-Stilart weitergeleitet werden. Mit `\PassOptionsToClass` können so (s. Beispiel) alle der übergeordneten Stilart unbekannten Optionen gesammelt und weitergeleitet werden.

Vergleiche

`\ExecuteOptions`, `\LoadClass`, [L] `\DeclareOption`, `\DeclareOption*`, `\OptionNotUsed`, `\PassOptionsToPackage`, `\ProcessOptions`.

\PassOptionsToPackage ⟨*Optionen*⟩⟨*Package*⟩

System

LaTeX2.09, LaTeX 2_ε.

Wirkung

Übergibt die angegebenen *Optionen* an die angegebenen *Packages*, falls diese später mittels `\usepackage` aufgerufen werden.

Beispiel

Siehe `\PassOptionsToClass`.

Beschreibung

Dieser Befehl ist interessant für die Implementation von übergeordneten Stilarten, die ihre Optionen nach Möglichkeit an *Packages* weitergeben. Wie bei `PassOptionsToClass` können so Optionen für ein *Package* gesammelt werden, das erst später aufgerufen wird.

Vergleiche

[L] `\OptionNotUsed`, `\PassOptionsToClass`, `\ProcessOptions`.

\patterns {*Trennmuster*}

System

TeX-Primitive, Plain-TeX, LaTeX2.09, LaTeX 2_ε. Nur in IniTeX zugelassen .

Wirkung

Veranlaßt IniTeX, *Trennmuster* in seine Trenntabelle einzufügen. Dabei wird die Trenntabelle für die gerade aktuelle Sprache besetzt.

Beispiel

```
\patterns{.ab5an .ab3ar
.abend5rot.
...
zy4sta
2z1z}
```

Beschreibung — Der Befehl `\patterns` veranlaßt IniTEX dazu, die folgenden Trennmuster in ein internes Format umzuwandeln. Dabei gilt es zu beachten, daß IniTEX immer eine vollständige Trenntabelle erwartet, d.h. man kann keine Trennmuster 'nachliefern'.

Das genaue Format kann man in [Knu91, Anhang H] nachlesen. Dem interessierten Leser sei nur soviel gesagt: Es handelt sich hierbei um ein System von Wortfragmenten, die aufgrund einer statistischen Analyse mit Trennqualitäten belegt wurden (Der Punkt in der Trenntabelle markiert eine Wortgrenze (vgl. `\noboundary`).

Vergleiche — `\noboundary`, `\discretionary`, `\hyphenation`, `\hyphenation`, `\language`, `\language`, `\righthyphenmin`, `\uchyph`, [L] `\-`.

\pausing

System — TEX-Primitive, Plain-TEX, LATEX2.09, LATEX 2_ε.

Wirkung — Läßt TEX nach jeder Zeile anhalten, die Zeile ausgeben und eine Bestätigung verlangen.

Beispiel — `\pausing=1`

```
\lang Wenn \verb?\bs pausing? gr"o"ser 0 gesetzt wird
und \TeX\ sich nicht im=>
\verb?\nonstopmode? oder \verb?\batchmode? befindet,
dann wird nach dem=>
```

Beschreibung — Wenn `\pausing` größer 0 gesetzt wird, und TEX sich nicht im `\nonstopmode` oder `\batchmode` befindet, dann wird nach dem Einlesen jeder Eingabezeile diese auf dem Bildschirm dargestellt. Wenn Sie dann irgendeinen nicht leeren Text angeben, wird die dargestellte Zeile vollständig durch diesen Text ersetzt, wobei allerdings die Eingabedatei unberührt bleibt.

Vergleiche — `\batchmode`, `\nonstopmode`, `\show`, `\tracingall`.

\pb

System
TEX-Primitive; LATEX2.09.

Wirkung
Erzeugt einen *Buchstaben* mit Unterstrich-Akzent.

Beispiel
o̲ wird erzeugt durch `\b o`.

Beschreibung
Dieser Befehl ist die zerbrechliche Grundform von `\b`. Er wurde bei der Definition von `\pb` automatisch erzeugt und ist hier nur aufgeführt, weil er versehentlich umdefiniert werden könnte.

Dieser Befehl sollte auf keinen Fall verwendet werden, da er als interner Befehl eventuell sein Verhalten ändern könnte (s. Einleitung) und auch nicht in allen LATEX-Versionen enthalten sein muß.

Vergleiche
`\b`.

\pbf

System
LATEX2.09, LATEX 2ε.

Wirkung
Stellt auf **Fettschrift** um.

Beschreibung
Dieser Befehl ist die zerbrechliche Grundform von `\bf`. Er wurde bei der Definition von `\pbf` automatisch erzeugt und ist hier nur aufgeführt, weil er versehentlich umdefiniert werden könnte.

Dieser Befehl sollte auf keinen Fall verwendet werden, da er als interner Befehl eventuell sein Verhalten ändern könnte (s. Einleitung) und auch nicht in allen LATEX-Versionen enthalten sein muß.

Vergleiche
`\bf`.

\pbfseries

System
LATEX 2ε.

Wirkung
Stellt die Schriftserie der aktuellen Schriftfamilie in LATEX 2ε auf **Fettschrift** um.

Beschreibung

Dieser Befehl ist die zerbrechliche Grundform von `\bfseries`. Er wurde bei der Definition von `\pbfseries` automatisch erzeugt und ist hier nur aufgeführt, weil er versehentlich umdefiniert werden könnte.

Dieser Befehl sollte auf keinen Fall verwendet werden, da er als interner Befehl eventuell sein Verhalten ändern könnte (s. Einleitung) und auch nicht in allen LaTeX-Versionen enthalten sein muß.

Vergleiche

`\bf`, [L] `\bfseries`, `\mdseries`, `\textbf`.

\pc

System

TeX-Primitive; LaTeX2.09.

Wirkung

Erzeugt einen Buchstaben mit Cedille-Akzent.

Beispiel

Aus `ma\pc con` wird maçon.

Beschreibung

Dieser Befehl ist die zerbrechliche Grundform von `\c`. Er wurde bei der Definition von `\pc` automatisch erzeugt und ist hier nur aufgeführt, weil er versehentlich umdefiniert werden könnte.

Dieser Befehl sollte auf keinen Fall verwendet werden, da er als interner Befehl eventuell sein Verhalten ändern könnte (s. Einleitung) und auch nicht in allen LaTeX-Versionen enthalten sein muß.

Vergleiche

`\c`.

\pcomma

System

LaTeX2.09, LaTeX 2$_\varepsilon$.

Beschreibung

Dieser Befehl ist die zerbrechliche Grundform von `\,`. Er wurde bei der Definition von `\pcomma` automatisch erzeugt und ist hier nur aufgeführt, weil er versehentlich umdefiniert werden könnte.

Dieser Befehl sollte auf keinen Fall verwendet werden, da er als interner Befehl eventuell sein Verhalten ändern könnte (s. Einleitung) und auch nicht in allen LaTeX-Versionen enthalten sein muß.

Vergleiche

`\,`.

\pcopyright 

System — LaTeX2.09, LaTeX 2_ε.

Wirkung — Erzeugt ein eingekringeltes *Copyright*-Zeichen.

Beschreibung — Dieser Befehl ist die zerbrechliche Grundform von `\copyright`. Er wurde bei der Definition von `\pcopyright` automatisch erzeugt und ist hier nur aufgeführt, weil er versehentlich umdefiniert werden könnte.

Dieser Befehl sollte auf keinen Fall verwendet werden, da er als interner Befehl eventuell sein Verhalten ändern könnte (s. Einleitung) und auch nicht in allen LaTeX-Versionen enthalten sein muß.

Vergleiche — `\copyright`.

\pd

System — TeX-Primitive; LaTeX2.09.

Wirkung — Erzeugt einen *Buchstaben* mit untergesetztem Punkt als Akzent.

Beispiel — ọ wird erzeugt durch `\d o`.

Beschreibung — Dieser Befehl ist die zerbrechliche Grundform von `\d`. Er wurde bei der Definition von `\pd` automatisch erzeugt und ist hier nur aufgeführt, weil er versehentlich umdefiniert werden könnte.

Dieser Befehl sollte auf keinen Fall verwendet werden, da er als interner Befehl eventuell sein Verhalten ändern könnte (s. Einleitung) und auch nicht in allen LaTeX-Versionen enthalten sein muß.

Vergleiche — `\d`.

\pdollar $

System — TeX-Primitive; LaTeX2.09.

Wirkung — Erzeugt das Dollar-Zeichen $.

Beschreibung — Dieser Befehl ist die zerbrechliche Grundform von `\$`. Er wurde bei der Definition von `\pdollar` automatisch erzeugt und ist hier nur aufgeführt, weil er versehentlich umdefiniert werden könnte.

Dieser Befehl sollte auf keinen Fall verwendet werden, da er als interner Befehl eventuell sein Verhalten ändern könnte (s. Einleitung) und auch nicht in allen LaTeX-Versionen enthalten sein muß.

Vergleiche — `\$`.

\pem

System — LaTeX2.09, LaTeX 2ε.

Wirkung — Stellt die Schriftart auf *hervorgehobene* Schrift um.

Beschreibung — Dieser Befehl ist die zerbrechliche Grundform von `\em`. Er wurde bei der Definition von `\pem` automatisch erzeugt und ist hier nur aufgeführt, weil er versehentlich umdefiniert werden könnte.

Dieser Befehl sollte auf keinen Fall verwendet werden, da er als interner Befehl eventuell sein Verhalten ändern könnte (s. Einleitung) und auch nicht in allen LaTeX-Versionen enthalten sein muß.

\pemph ⟨*Text*⟩

System — LaTeX 2ε.

Wirkung — Erzeugt hervorgehobenen *Text*.

Beschreibung — Dieser Befehl ist die zerbrechliche Grundform von `\emph`. Er wurde bei der Definition von `\pemph` automatisch erzeugt und ist hier nur aufgeführt, weil er versehentlich umdefiniert werden könnte.

Dieser Befehl sollte auf keinen Fall verwendet werden, da er als interner Befehl eventuell sein Verhalten ändern könnte (s. Einleitung) und auch nicht in allen LaTeX-Versionen enthalten sein muß.

Vergleiche — `\emph`, [L] `\em`.

\penalty ⟨*Wert*⟩$_z$

System — TEX-Primitive, Plain-TEX, LATEX2.09, LATEX 2_ε.

Wirkung — Gibt an, wie gut oder schlecht ein Umbruch an der markierten Stelle wäre. Ein Wert von -10000 erzwingt einen Umbruch, ein Wert von 10000 unterbindet einen Umbruch.

Beispiel

```
\def\break{\penalty-10000}
\def\nobreak{\penalty10000}
An dieser \penalty100 Stelle soll
nicht umbrochen werden.
```

Beschreibung — Der `\penalty`-Befehl bezieht sich wahlweise auf Seiten- oder Zeilenumbruch, je nachdem ob er im *vertical mode* oder im *horizontal mode* angetroffen wird.

Folgen zwei `\penalty`-Befehle aufeinander, dann nimmt die gesamte `\penalty` an dieser Stelle den niedrigeren Wert an. Damit erzwingt also die Kombination

```
\break\nobreak
```

auf jeden Fall einen Umbruch. Die Kombination

```
\break\break
```

führt zu zwei aufeinanderfolgenden Zeilenumbrüchen, aber nur zu *einem* Seitenumbruch, weil alle `\penalty`-Befehle, die vor dem ersten Element der Seite stehen, verworfen werden.

Erklärung — TEX hat vier verschiedene Arten von Werten, die zusammen bestimmen, an welchen Stellen umbrochen werden darf: Strafpunkte (*penalties*), Unansehnlichkeit (*badness*), die Gesamtkosten eines Zeilenumbruches (*demerits*) und den Preis eines Seitenumbruches (*cost*). Mit diesen, durch Benutzer und Text bestimmten, Werten ordnet TEX jeder möglichen Zeile, jedem Absatz und jeder Seite einen Preis zu und bricht anschließend so um, daß insgesamt die wenigsten Kosten entstehen. Dabei setzt sich der entstehende Wert für den Zeilenumbruch wie folgt zusammen:

$$d = \begin{cases} (l+b)^2 + p^2, \text{ für } 0 \leq p < 10000 \\ (l+b)^2 - p^2, \text{ für } -10000 \leq p < 0 \\ (l+b)^2, \text{ für } p \leq -10000 \end{cases}$$

Für den Seitenumbruch:

$$c = \begin{cases} p, \text{ für } b < \infty \text{ und } p \leq -10000 \text{ und } q < 10000 \\ b + p + q, \text{ für } b < 10000 \text{ und } -10000 < p < 10000 \text{ und } q < 10000 \\ 100000, \text{ für } b \geq 10000 \text{ und } -10000 < p < 10000 \text{ und } q < 10000 \\ \infty, \text{ für } (b = \infty \text{ oder } q \geq 10000) \text{ und } p < 10000 \end{cases}$$

Dabei bedeuten die Parameter:

c: Die Kosten eines Seitenumbruches, welche TeX zu minimieren sucht.

d: Die Gesamtkosten eines Zeilenumbruches, welche TeX zu minimieren sucht.

b: Die *badness* der letzten betrachteten Zeile bzw. Seite. Diese ergibt sich aus dem Verhältnis der Dehnung bzw. Stauchung und der Gesamtdehnbarkeit als ca.

$$100 \cdot \left(\frac{\text{Dehnung}}{\text{Dehnbarkeit}}\right)^3$$

l: Der Wert von `\linepenalty`, der *jeder* Zeile beigefügt wird und somit die Akribie beschreibt, mit der TeX den Zeilenumbruch betreibt.

p: Alle an einem gewählten Umbruchpunkt bedeutsamen *Penalties.*

q: Die Summe aller durch Einfügungen erzeugten *penalties* (vgl. `\insert`, `\insertpenalty`) bei einem Seitenumbruch.

Vergleiche

`\@beginparpenalty`, `\@clubpenalty`, `\@endparpenalty`, `\@floatpenalty`, `\@highpenalty`, `\@itempenalty`, `\@lowpenalty`, `\@medpenalty`, `\@secpenalty`, `\adjdemerits`, `\allowbreak`, `\badness`, `\bigbreak`, `\binoppenalty`, `\break`, `\brokenpenalty`, `\clubpenalty`, `\displaywidowpenalty`, `\doublehyphendemerits`, `\exhyphenpenalty`, `\finalhyphendemerits`, `\floatingpenalty`, `\hbadness`, `\hyphenpenalty`, `\insertpenalties`, `\interdisplaylinepenalty`, `\interfootnotelinepenalty`, `\interlinepenalty`, `\linepenalty`, `\medbreak`, `\nobreak`, `\outputpenalty`, `\penalty`, `\postdisplaypenalty`, `\predisplaypenalty`, `\pretolerance`, `\relpenalty`, `\supereject`, `\tolerance`, `\vbadness`, `\widowpenalty`, [L] `\addpenalty`, `\nolinebreak`, `\pagebreak`.

\perp $\perp$

System — Plain-TEX, LATEX2.09, LATEX 2ε; Mathemodus; Relation.

Definition — `\mathchardef\perp="323F`

\phantom ⟨*Box*⟩

System — Plain-TEX, LATEX2.09, LATEX 2ε.

Wirkung — Erzeugt eine leere Box der Ausmaße des Inhalts von *Box*.

Beispiel

```
Mein Hut der hat drei Ecken ... \\
Mein \phantom{Hut} der hat drei Ecken ... \\
Mein \phantom{Hut} der hat drei \phantom{Ecken} ...
```

Mein Hut der hat drei Ecken ...
Mein der hat drei Ecken ...
Mein der hat drei ...

Beschreibung — Es wird eine dem Satzmodus entsprechende leere *Box* erzeugt, deren Ausmaße (Oberlänge, Breite und Unterlänge) denen der angegebenen Daten entsprechen.

Vergleiche — `\hphantom`, `\smash`, `\vphantom`.

\phi ϕ

System — Plain-TEX, LATEX2.09, LATEX 2ε; Mathemodus.

Definition — `\mathchardef\phi="011E`

Vergleiche — `\alpha`, `\beta`, `\chi`, `\delta`, `\Delta`, `\epsilon`, `\eta`, `\gamma`, `\Gamma`, `\iota`, `\kappa`, `\lambda`, `\Lambda`, `\mu`, `\nu`, `\omega`, `\Omega`, `\phi`, `\Phi`, `\pi`, `\Pi`, `\psi`, `\Psi`, `\sigma`, `\Sigma`, `\tau`, `\theta`, `\Theta`, `\upsilon`, `\Upsilon`, `\varepsilon`, `\varphi`, `\varpi`, `\varrho`, `\varsigma`, `\vartheta`, `\xi`, `\Xi`, `\zeta`, [L] `\rho`.

\Phi Φ

System Plain-TEX, LaTeX2.09, LaTeX 2_ε; Mathemodus.

Definition `\mathchardef\Phi="7008`

\phspace ⟨⟨*Breite*⟩$_s$⟩

System LaTeX2.09, LaTeX 2_ε.

Wirkung Erzeugt einen horizontalen Leerraum.

Beschreibung Dieser Befehl ist die zerbrechliche Grundform von `\hspace`. Er wurde bei der Definition von `\phspace` automatisch erzeugt und ist hier nur aufgeführt, weil er versehentlich umdefiniert werden könnte.

Dieser Befehl sollte auf keinen Fall verwendet werden, da er als interner Befehl eventuell sein Verhalten ändern könnte (s. Einleitung) und auch nicht in allen LaTeX-Versionen enthalten sein muß.

Vergleiche [L] `\hspace`.

\pi π

System Plain-TEX, LaTeX2.09, LaTeX 2_ε; Mathemodus.

Definition `\mathchardef\pi="0119`

Vergleiche `\phi`.

\Pi Π

System: Plain-TEX, LATEX2.09, LATEX 2ε; Mathemodus.

Definition: `\mathchardef\Pi="7005`

Vergleiche: `\phi`, `\prod`.

{picture} (⟨*Breite*⟩ , ⟨*Höhe*⟩)(⟨x_0⟩ , ⟨y_0⟩)

System: LATEX2.09, LATEX 2ε; Mathemodus.

Syntax: `\begin{picture}` (⟨*Breite*⟩ , ⟨*Höhe*⟩)
`\begin{picture}` (⟨*Breite*⟩ , ⟨*Höhe*⟩)(⟨x_0⟩ , ⟨y_0⟩)

Wirkung: Beginnt eine Umgebung zur Erstellung einfacher Grafiken. Die Werte *Breite* und *Höhe* geben dabei die Ausmaße des Koordinatensystems an (s.u.) und müssen angegeben werden. Die Werte x_0 und y_0 sind optional und geben die Verschiebung des Koordinatenursprungs von der linken unteren Ecke an.

Beispiel:

```
\unitlength 0.05\linewidth
\begin{picture}(10,6)(-5,-3)
\put( 0, 0){\circle{0.2}}
\put( 1, 2){\circle{0.2} (1,2) }
\put( 1,-2){\circle{0.2} (1,-2) }
\put(-4, 2){\circle{0.2} (-4,2) }
\put(-4,-2){\circle{0.2} (-4,-2) }
\multiput(-5,-3)(1,0){11}{\line(0,1){6}}
\multiput(-5,-3)(0,1){ 7}{\line(1,0){10}}
\end{picture}
```

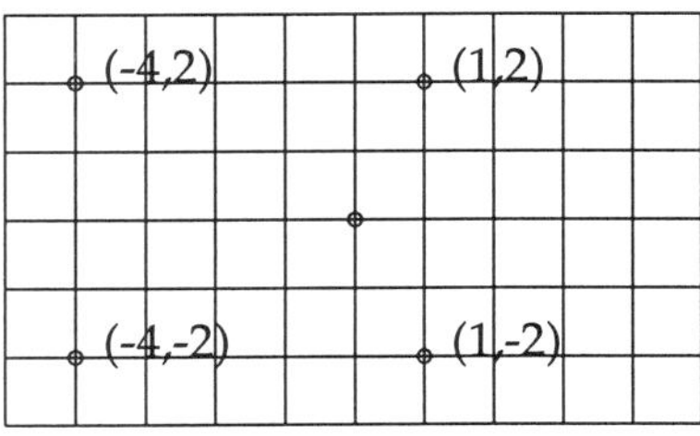

Beschreibung

Ausmaße: Die Werte *Höhe* und *Breite* geben die Gesamtausmaße des Bildes als Vielfaches von `\unitlength` an. Zugleich legen sie indirekt das Koordinatensystem für die `\put`- und `\multiput`-Befehle fest, deren Koordinatenangaben sich im Bereich von (`0`... *Breite*,`0`... *Höhe*) bzw. (-x_0... *Breite*,-y_0... *Höhe*) bewegen sollten. (Wenn sie es nicht tun, besteht die Gefahr, daß in den umgebenden Text hineingezeichnet wird).

Offset: Man kann {`picture`} mit den optionalen Parametern (x_0,y_0) aufrufen. Dies führt zu einer Verschiebung der Koordinaten der `\put`- und `\multiput`-Befehle, als ob man schreiben würde:

```
...picture}(11,11)      →    ...picture}(11,11)(x0,y0)
   \put(0,0){ ... }             \put(0-x0,0-y0){ ... }
                        →    ...picture}(11,11)(5,5)
                                \put(0-5,0-5){ ... }
```

Position: Um innerhalb der {`picture`}-Umgebung Bildobjekte zu positionieren, stehen die Befehle:

`\put(`x_0,y_0`)...`
`\multiput(`x_0,y_0`)...`

zur Verfügung. Die von diesen erwarteten Koordinaten sind Vielfache der Länge `\unitlength` und werden auf den Koordinatenursprung (im Normalfall die untere linke Ecke, s. Offset) des Bildes bezogen. Dabei findet insbesondere *keine* Prüfung statt, ob diese Werte sich innerhalb der Bildausmaße befinden.

Warnung

Für {`picture`} und ähnliche Befehle gilt folgende Warnung: Wenn eines der Zeichen, die in der Parameterübergabe fest erwartet werden, d.h. in diesem Fall „(“, „,“ bzw. „)“, mit einem anderen `\catcode` versehen wurden, dann erkennt TeX diese nicht als gleichwertig (s. `\def`) und beschwert sich über einen Parameterüberlauf:

```
Runaway argument?
11,11)(-6,-6) \put (0,0){\circle {0.1}}
    \multiput (-5,-5)(1,0){11}{\line \ ETC.
! Paragraph ended before \picture was complete.
<to be read again>
                   \par
l.1234

?
```

Vergleiche

[L] `\circle`, `\dashbox`, `\dashbox`, `\frame`, `\framebox`, `\framebox`, `\line`, `\linethickness`, `\makebox`, `\makebox`,

`\multiput`, `\newsavebox`, `\oval`, `\put`, `\savebox`, `\shortstack`, `\thicklines`, `\thinlines`, `\unitlength`, `\vector`.

\pit

System — LaTeX2.09, LaTeX 2$_\varepsilon$.

Wirkung — Stellt die Schriftart auf *kursive* Schrift um.

Beschreibung — Dieser Befehl ist die zerbrechliche Grundform von `\it`. Er wurde bei der Definition von `\pit` automatisch erzeugt und ist hier nur aufgeführt, weil er versehentlich umdefiniert werden könnte.

Dieser Befehl sollte auf keinen Fall verwendet werden, da er als interner Befehl eventuell sein Verhalten ändern könnte (s. Einleitung) und auch nicht in allen LaTeX-Versionen enthalten sein muß.

Vergleiche — `\it`.

\pitshape

System — LaTeX 2$_\varepsilon$.

Wirkung — Stellt die Schriftgestalt der aktuellen Schriftfamilie in LaTeX 2$_\varepsilon$ auf *kursiv* um.

Beschreibung — Dieser Befehl ist die zerbrechliche Grundform von `\itshape`. Er wurde bei der Definition von `\pitshape` automatisch erzeugt und ist hier nur aufgeführt, weil er versehentlich umdefiniert werden könnte.

Dieser Befehl sollte auf keinen Fall verwendet werden, da er als interner Befehl eventuell sein Verhalten ändern könnte (s. Einleitung) und auch nicht in allen LaTeX-Versionen enthalten sein muß.

Vergleiche — `\it`, [L] `\itshape`, `\scshape`, `\slshape`, `\upshape`.

\plainoutput

System
Plain-TEX.

Wirkung
Dies ist die Standard-Outputroutine von plain-TEX.

Beispiel
`\output={\plainoutput}` plain-TEX default.

```
\def\plainoutput{\shipout\vbox{\makeheadline
  \pagebody\makefootline}%
  \advancepageno
  \ifnum\outputpenalty>-\@MM \else\dosupereject\fi}
```

Beschreibung
plain-TEX initialisiert `\output` zu `\plainoutput`. Da es sich bei `\output` um ein *token*-Register handelt, könnte man `\plainoutput` umdefinieren und die eigene Routine ausführen lassen. Allerdings erscheint es da einfacher, `\output` umzudefinieren.

`\plainoutput` sorgt dafür, daß auf der auszugebenden Seite zusätzlich zum Text die laufenden Kopf- und Fußzeilen eingefügt werden.

Vergleiche
`\output`, [T] `\footline`, `\headline`, `\makefootline`, `\makeheadline`, `\pagebody`, `\pagecontents`.

\pLaTeXe LATEX 2ε

System
LATEX 2ε.

Wirkung
Erzeugt das LATEX 2ε-Logo.

Beschreibung
Dieser Befehl ist die zerbrechliche Grundform von `\LaTeXe`. Er wurde bei der Definition von `\pLaTeXe` automatisch erzeugt und ist hier nur aufgeführt, weil er versehentlich umdefiniert werden könnte.

Dieser Befehl sollte auf keinen Fall verwendet werden, da er als interner Befehl eventuell sein Verhalten ändern könnte (s. Einleitung) und auch nicht in allen LATEX-Versionen enthalten sein muß.

Vergleiche
`\TeX`, [L] `\LaTeX`, `\LaTeXe`.

\pldots …

System — TEX-Primitive; LATEX2.09.

Wirkung — Erzeugt Auslassungspunkte, sowohl im mathematischen Modus als auch im Text, wie folgt: *„Immer noch [...] kann man nicht sicher sein [...] !“*

Beschreibung — Dieser Befehl ist die zerbrechliche Grundform von `\ldots`. Er wurde bei der Definition von `\pldots` automatisch erzeugt und ist hier nur aufgeführt, weil er versehentlich umdefiniert werden könnte.

Dieser Befehl sollte auf keinen Fall verwendet werden, da er als interner Befehl eventuell sein Verhalten ändern könnte (s. Einleitung) und auch nicht in allen LATEX-Versionen enthalten sein muß.

Vergleiche — [L] `\ldots`.

\pm ±

System — Plain-TEX, LATEX2.09, LATEX 2$_\varepsilon$; Mathemodus; Binärer Operator.

Definition — `\mathchardef\pm="2206`

Vergleiche — `\mp`.

\pmatrix

System — Plain-TEX, LATEX2.09, LATEX 2$_\varepsilon$.

Wirkung — Erzeugt eine geklammerte Matrix (*parenthesized matrix*). Die Einträge werden im *textstyle* dargestellt.

Beispiel

```
\pmatrix{1\cr\0\cr\vdots\cr1}
\pmatrix{x_0\cr x_1\cr\vdots\cr x_n}=
\pmatrix{x_0\cr0\cr\vdots\cr0}
```

$$\begin{pmatrix}1\\0\\\vdots\\0\end{pmatrix}\begin{pmatrix}x_0\\x_1\\\vdots\\x_n\end{pmatrix}=\begin{pmatrix}x_0\\0\\\vdots\\0\end{pmatrix}$$

```
\pmatrix{
1      & 0      & \cdots & 0      \cr
0      & 0      & \cdots & 0      \cr
\vdots & \vdots & \ddots & \vdots \cr
0      & 0      & \cdots & 0      \cr}
```

$$\begin{pmatrix}1&0&\cdots&0\\0&0&\cdots&0\\\vdots&\vdots&\ddots&\vdots\\0&0&\cdots&0\end{pmatrix}$$

Definition `\def\pmatrix#1{\left(\matrix{#1}\right)}`

Beschreibung Die Einträge werden mittels „&" voneinander getrennt, einzelne Zeilen (auch die letzte!) mittels „\cr" abgeschlossen. Einzelne Einträge erzeugen außerdem eine implizite Klammerstruktur, so daß alle Änderungen wie Schriftart etc. nur auf den jeweiligen Eintrag beschränkt sind (vgl. aber `\globaldefs`).

Vergleiche `\bordermatrix`, `\matrix`.

\pmdseries

System LaTeX 2ε.

Wirkung Stellt die Schriftserie der aktuellen Schriftfamilie in LaTeX 2ε auf Normalschrift um.

Beschreibung — Dieser Befehl ist die zerbrechliche Grundform von `\mdseries`. Er wurde bei der Definition von `\pmdseries` automatisch erzeugt und ist hier nur aufgeführt, weil er versehentlich umdefiniert werden könnte.

Dieser Befehl sollte auf keinen Fall verwendet werden, da er als interner Befehl eventuell sein Verhalten ändern könnte (s. Einleitung) und auch nicht in allen LaTeX-Versionen enthalten sein muß.

Vergleiche — [L] `\bfseries`, `\mdseries`, `\textmd`.

\pmod ⟨*Variable*⟩

System — Plain-TeX, LaTeX2.09, LaTeX 2ε; Mathemodus.

Wirkung — Erzeugt eine geklammerte Modulo-Funktion im Mathemodus.

Beispiel —
```
\pmod{13}123=6
```
$(\mathrm{mod}\ 13)123 = 6$

Definition außer LaTeX 2ε —
```
\def\pmod#1{\allowbreak\mkern18mu({\rm mod}\,\,#1)}
```

Definition LaTeX 2ε —
```
\def\pmod#1{\allowbreak
  \mkern18mu({\operator@font mod}\,\,#1)}
```

Vergleiche — `\mod`.

\poptabs

System — LaTeX2.09, LaTeX 2ε.

Wirkung — Dieser Befehl der {`tabbing`}-Umgebung restauriert die letzten auf dem *Stack* befindlichen Tabulatorpositionen.

Beispiel — {`tabbing`}.

Beschreibung — Der Befehl beendet eine *Gruppe*. Er muß immer mit `\pushtabs` gepaart sein!

Vergleiche — `\\`, `\=`, `\>`, `\<`, `\+`, [L] `\a`, `\kill`, `\pushtabs`, {`tabbing`}, `\-`, `\'`, `` \` ``.

\postdisplaypenalty

System — TEX-Primitive, Plain-TEX, LATEX2.09, LATEX 2ε.

Wirkung — Gibt die Strafpunkte für einen Seitenumbruch nach einer *hervorgehobenen* Formel an.

Definition — `\postdisplaypenalty0`

Vergleiche — `\penalty`.

\pounds £

System — LATEX2.09, LATEX 2ε.

Wirkung — Erzeugt ein „£"-Zeichen, wobei es im Mathemodus als *öffnende Klammer* gesetzt wird.

Beispiel — `$$\pounds 10 \approx \hbox{\rm DM} 3.$$`

$$\pounds 10 \approx \mathrm{DM} 3.$$

Bemerkung — Da die Definition von `\pounds` über `\mathchar` geschieht, kann es zu Fehlermeldungen kommen, wenn direkt im Anschluß an ein `\pounds`-Kommando eine Zahl steht, da TEX diese als Teil der Bestimmungszahl des `\mathchar`-Kommandos ansieht. In diesem Fall muß man dem `\pounds`-Befehl noch ein `\relax` hintanstellen!

Warnung — `\pounds` ist nur im *kursiven* Zeichensatz definiert. Wird dieser durch *Roman* substituiert, entsteht „$".

\ppounds £

System — LATEX2.09, LATEX 2ε.

Wirkung — Erzeugt ein „£"-Zeichen, wobei es im Mathemodus als *öffnende Klammer* gesetzt wird.

Beschreibung — Dieser Befehl ist die zerbrechliche Grundform von `\pounds`. Er wurde bei der Definition von `\ppounds` automatisch erzeugt und ist hier nur aufgeführt, weil er versehentlich umdefiniert werden könnte.

Dieser Befehl sollte auf keinen Fall verwendet werden, da er als interner Befehl eventuell sein Verhalten ändern könnte (s. Einleitung) und auch nicht in allen LaTeX-Versionen enthalten sein muß.

Vergleiche — [L] `\pounds`.

\Pr — Pr

System — Plain-TeX, LaTeX2.09, LaTeX 2ε; Mathemodus; Großer Operator.

Definition außer LaTeX 2ε — `\def\Pr{\mathop{\rm Pr}}`

Definition LaTeX 2ε — `\def\Pr{\mathop{\operator@font Pr}}`

\prec — $\prec$

System — Plain-TeX, LaTeX2.09, LaTeX 2ε; Mathemodus; Relation.

Definition — `\mathchardef\prec="321E`

\preceq — $\preceq$

System — Plain-TeX, LaTeX2.09, LaTeX 2ε; Mathemodus; Relation.

Definition — `\mathchardef\preceq="3216`

\predisplaypenalty

System — TEX-Primitive, Plain-TEX, LATEX2.09, LATEX 2ε.

Wirkung — Gibt die Strafpunkte für einen Seitenumbruch vor einer *hervorgehobenen* Formel an.

Beispiel — Standard: `\predisplaypenalty10000`

Vergleiche — `\$$`, `\penalty`, `\predisplaysize`.

\predisplaysize

System — TEX-Primitive, Plain-TEX, LATEX2.09, LATEX 2ε.

Wirkung — Enthält die Länge der letzten Zeile vor einer *hervorgehobenen* Formel.

Beispiel — `\showthe\predisplaysize`

```
> 123.69167pt.
l.291 \showthe\predisplaysize

!
```

Beschreibung — Bevor TEX anfängt, eine *hervorgehobene* mathematische Formel zu setzen, speichert es die Länge der letzten darüberliegenden Zeile in `\predisplaysize`. Dabei unterscheidet TEX allerdings 3 Fälle:

1.) Es gibt keine vorhergehende Zeile, Linie oder `\hbox`, etwa weil zuvor eine andere *hervorgehobene* Formel oder ein `\noindent` stand. In diesem Fall setzt TEX den Wert `-\maxdimen` ein.

2.) Es gibt eine vorhergehende Zeile, aber sie erreicht (z.B. wegen einer nur endlichen Dehnbarkeit von `\parfillskip` etc.) nicht ihre natürliche Länge. In diesem Fall setzt TEX den Wert `+\maxdimen` ein.

3.) Es gibt eine vorhergehende Zeile, die ihre natürliche Länge erreicht hat. In diesem Fall verwendet TEX die Breite dieser Zeile (indem es vom Anfang der `\hbox` bis zum äußersten rechten Rand des *Inhaltes* mißt) und addiert hierzu die Zeileneinrückung und `2em` des momentanen Zeichensatzes.

Wenn die Formel fertig gesetzt ist, und TEX sie aus der *mathematischen* in die *vertikale* Liste überträgt, hängt deren Positionierung von `\predisplaysize` ab:

1.) Ist die vorhergehende Zeile kürzer gewesen als die zur zentrierten Ausgabe der Formel nötige Einrückung, dann wird vor und nach der Formel ein kürzerer vertikaler Abstand eingefügt, der durch `\abovedisplayshortskip` für den oberen und `\belowdisplayshortskip` für den unteren Abstand angegeben wird.

2.) Ist die vorhergehende Zeile länger als die nötige Einrückung, wird vor und nach der Formel der gewöhnliche vertikale Abstand eingefügt, welcher durch `\abovedisplayskip` bzw. `\belowdisplayskip` angegeben wird.

Bemerkung — Wie die meisten internen Register von TEX kann man auch dieses ändern, wenn man etwas an der Art ändern möchte, wie TEX Formeln setzt. Allerdings sei jedem, der dies vorhat, eine *genaue* Lektüre von [Knu91, Kapitel 19] ans Herz gelegt.

Vergleiche — `\abovedisplayshortskip`, `\abovedisplayskip`, `\belowdisplayshortskip`, `\belowdisplayskip`, `\displayindent`, `\displaywidth`, `\postdisplaypenalty`, `\predisplaypenalty`, `\prevgraf`.

\preloaded

System — Plain-TEX.

Wirkung — Trickmakro von plain-TEX. Im Normalfall `undefined`.

Beispiel — `\message{''\meaning\preloaded''}`

```
This is TeX, Version 3.1 (format=LATEXG 93.11.29)
29 NOV 1993 17:15
**&latexg MYFILE.TEX
(MYFILE.TEX
LaTeX Version 2.09 <9 Jan 1990>

''undefined''
```

Definition

```
\let\preloaded=\undefined % preloaded fonts
                          % must be declared anew later.
```

Beschreibung

Um bei der eigentlichen Programmausführung Zeit und zugleich Speicher zu sparen, definiert plain-TEX alle Zeichensätze, die der Benutzer brauchen könnte, aber wahrscheinlich nicht brauchen wird, als

```
\font\preloaded=cmr9
\font\preloaded=cmr8
\let\preloaded=\undefined
```

etc. Dies führt dazu, daß TEX zwar die *font metrics*, d.h. die Zeichensatzbeschreibungen im Speicher hat, sie aber nicht unter einem Namen (der ja Speicher kosten würde) verfügbar macht. Wenn der Benutzer jedoch in einer eigenen Zeichensatzdefinition eine bereits geladene (ob nun unter Namen ansprechbare oder nur via `\preloaded` bekannt gewordene) Schriftfamilie wie

```
\font\myfont=cmr8 scaled 2134
```

anspricht, dann braucht TEX die entsprechenden Zeichensatzbeschreibungen nicht mehr einzulesen und spart damit die Datei-Zugriffszeit.

Nachdem alle gewünschten Zeichensätze definiert und eingelesen sind, wird `\preloaded undefined` gemacht, damit sich keine Versionsunterschiede ergeben (`\preloaded` würde ja sonst einen von Version zu Version unterschiedlichen Zeichensatz angeben, je nachdem welcher Zeichensatz als letzter angemeldet wurde).

Vergleiche

`\font`.

\pretolerance

System

TEX-Primitive, Plain-TEX, LATEX2.09, LATEX 2_ε.

Wirkung

Gibt die maximale *Badness* an, die eine Zeile im ersten Umbruchversuch erreichen darf.

Beispiel

`\pretolerance100` default

Beschreibung

Um Zeit zu sparen, versucht TEX zunächst Zeilen ohne Worttrennung umzubrechen. Diesen Versuch betrachtet TEX dann als erfolgreich, wenn es einen Absatz formen kann, in dem die *Badness* keiner Zeile größer ist als `\pretolerance`. Setzt man als `\pretolerance` auf 10000, dann sind (fast) beliebige Zeilenumbrüche erlaubt, und TEX führt keine Worttrennungen mehr aus.

Erst wenn dieser Durchlauf nicht erfolgreich war, versucht TEX durch Einfügen zusätzlicher Umbruchstellen mittels Worttrennung einen guten Absatz zu erstellen. Im zweiten Durchlauf wird `\pretolerance` durch `\tolerance` ersetzt.

Vergleiche `\badness`, `\emergencystretch`, `\penalty`, `\tolerance`.

\prevdepth

System: TEX-Primitive, Plain-TEX, LATEX2.09, LATEX 2_ε.

Wirkung: Enthält die Unterlänge des letzten vorhergehenden *vertikalen* Materials.

Beispiel: `\showthe\prevdepth`

```
> 0.0pt.
l.425 \showthe\prevdepth

!
```

Beschreibung: `\prevdepth` enthält im Normalfall die Unterlänge der letzten vorhergehenden Box der aktuellen *vertikalen* Liste. Allerdings wird von TEX am Seitenanfang und nach einem Linienbefehl `\prevdepth` auf `-1000pt` gesetzt, was als Signal dient, daß anschließend kein Zeilenzwischenraum eingefügt werden soll.

Vergleiche: `\baselineskip`, `\lineskip`, `\lineskiplimit`.

\prevgraf

System: TEX-Primitive, Plain-TEX, LATEX2.09, LATEX 2_ε.

Wirkung: Enthält die Anzahl der bisher im Absatz gesetzten Zeilen. Dieser Wert wird allerdings erst dann besetzt, wenn ein Teil des Absatzes bereits fertig gesetzt ist, z.B. am Anfang einer *hervorgehobenen* Formel.

Beispiel: `\showthe\prevgraf`

```
> 0.
l.425 \showthe\prevgraf

!
```

Beschreibung

Der Wert `\prevgraf` beeinflußt 1.) die Gestaltung von Absätzen mit `\parshape`, oder 2.) `\hangindent` und `\hangafter`. 3.) hat `\prevgraf` Einfluß auf Absätze, die *hervorgehobene* Formeln enthalten.

In den ersten beiden Fällen kann man die Gestaltung eines Absatzes beeinflussen, indem man `\prevgraf` ändert, so daß TEX annimmt, sich in einer anderen Zeile zu befinden und somit andere Werte für Zeileneinrückung und Zeilenlänge verwendet.

Der dritte Fall ist insofern interessant, daß TEX von jeder *hervorgehobenen* Formel annimmt, daß sie nur 3 Zeilen enthält. Für die Formel werden dann die Werte der zweiten Zeile (von den 3 der Formel zugeordneten) verwendet. Dies kann zu Problemen führen, wenn die Formel zu hoch wird, weil dann zuviel Leerraum entstehen kann, oder wenn eine starke Einrückung zwischen erster und zweiter Zeile zu einer Überlappung von Formel und Text führt. In solchen Fällen kann man `\prevgraf` dementsprechend ändern.

Vergleiche

`\hangafter`, `\hangindent`, `\parshape`, `\predisplaysize`.

\prime ′

System

Plain-TEX, LATEX2.09, LATEX 2$_\varepsilon$; Mathemodus; Binärer Operator.

Wirkung

Erzeugt ein Ableitungszeichen im Mathemodus. Statt `\prime` kann man auch ' verwenden.

Definition

```
\mathchardef\prime="0230
```

\printindex

System

LATEX2.09, LATEX 2$_\varepsilon$.

Wirkung

Erzeugt ein Stichwortverzeichnis.

Definition

```
\newcommand\printindex{\@input{\jobname.ind}}%
```

Beschreibung

Voraussetzungen für die Funktion dieses Befehles sind:

- die Angabe von `makeidx` in der Optionsliste,
- die Angabe von `\makeindex` in der Präambel,
- die Erzeugung von Einträgen in das Inhaltsverzeichnis mittels `\index`, und schließlich
- der Aufruf von *MakeIndex* mit der von LaTeX erzeugten *jobname*.`idx`-Datei als Parameter.

Sind all diese Bedingungen gegeben, wird an der Stelle dieses Befehles ein Stichwortverzeichnis erzeugt, indem der Befehl die *jobname*.`ind`-Datei einliest. Das bedeutet, daß die *jobname*.`ind`-Datei ein beliebiger, nach LaTeX-Maßstäben formatierter Text sein kann – im Normalfall eine {`theindex`}-Umgebung.

Vergleiche

[L] `\index`, `\indexname`, `\makeindex`, {`theindex`}.

\prm

System

LaTeX2.09, LaTeX 2_ε.

Wirkung

Stellt die Schriftart auf normale Schrift um.

Beschreibung

Dieser Befehl ist die zerbrechliche Grundform von `\rm`. Er wurde bei der Definition von `\prm` automatisch erzeugt und ist hier nur aufgeführt, weil er versehentlich umdefiniert werden könnte.

Dieser Befehl sollte auf keinen Fall verwendet werden, da er als interner Befehl eventuell sein Verhalten ändern könnte (s. Einleitung) und auch nicht in allen LaTeX-Versionen enthalten sein muß.

Vergleiche

`\rm`.

\prmfamily

System

LaTeX 2_ε.

Wirkung

Stellt die aktuelle Schriftfamilie auf *Roman* ein.

Beschreibung — Genaugenommen wird die Schriftfamilie auf `\rmdefault` umgeschaltet, was im Normalfall *Roman* bzw. *Computer Modern Roman* ist.

Vergleiche — `\rm`, [L] `\rmdefault`, `\rmfamily`.

\ProcessOptions

System — LaTeX 2_ε.

Wirkung — Führt alle für eine *Dokumentklasse* oder ein *Package* angegebenen Optionen aus.

Beispiel —

```
\DeclareOptions{mya4}{ ... }
\DeclareOptions{mya4r}{ ... }
\DeclareOptions{mya5}{ ... }
\DeclareOptions{mya4r}{ ... }
\DeclareOptions*{\OptionNotUsed ... }
\ExecuteOptions{mya4}
\ProcessOptions
```

Beschreibung — Alle für eine *Dokumentklasse* oder ein *Package* angegebenen Optionen werden in der Reihenfolge ihrer Definition in der *Dokumentklassen*-Datei bzw. in der *Package*-Datei ausgeführt.

Bemerkung — Der Befehl beendet den Definitionsteil eines *Packages* und kehrt in die *Präambel* zurück, d.h. innerhalb jedes *Packages* muß ein `\ProcessOptions` stehen.

Vergleiche — `\ExecuteOptions`, [L] `\DeclareOption`, `\OptionNotUsed`, `\PassOptionsToClass`, `\PassOptionsToPackage`, `\ProcessOptions*`.

\ProcessOptions*

System — LaTeX 2_ε.

Wirkung — Führt alle für eine *Dokumentklasse* oder ein *Package* angegebenen Optionen aus.

Beispiel — Siehe `\ProcessOptions`.

Beschreibung — Alle für eine *Dokumentklasse* oder ein *Package* angegebenen Optionen werden in der Reihenfolge ihrer Angabe in der Optionsliste ausgeführt.

Vergleiche — `\ExecuteOptions`, [L] `\DeclareOption`, `\ProcessOptions`.

\proclaim ⟨*Titel*⟩ . ⟨*Aussage*⟩ \par

System — Plain-TEX, LATEX2.09, LATEX 2$_\varepsilon$.

Wirkung — `\proclaim` stellt eine sehr variable Methode zur Verfügung, hervorgehobene Sätze, Theoreme oder Definitionen zu setzen.

Beispiel — `\proclaim Satz 1. Die Welt ist flach!\par`

Satz 1. *Die Welt ist flach!*

Definition

```
\outer\def\proclaim #1. #2\par{\medbreak
  \noindent{\bf#1.\enspace}{\sl#2\par}%
  \ifdim\lastskip<\medskipamount
  \removelastskip\penalty55\medskip\fi}
```

Beschreibung — *Titel* Gibt eine Kurzüberschrift an, mit der der Text gesetzt werden soll. *Text* gibt dann die Aqssage wieder. Durch die Definition des `\proclaim`-Makros ist dem Benutzer außerdem freigestellt, wie er persönlich die Aussagen hervorgehoben haben möchte, er muß nur die Definition entsprechend ändern. Man beachte auch die Definition als `\outer`, die es verbietet, das Makro innerhalb eigener Makros zu verwenden.

\prod $\prod$

System — Plain-TEX, LATEX2.09, LATEX 2$_\varepsilon$; Mathemodus; Großer Operator.

Wirkung — Erzeugt den großen Produktoperator $\prod$.

Definition — `\mathchardef\prod="1351`

Vergleiche — `\int`, `\Pi`, `\sum`.

\propto ∝

System — Plain-TEX, LATEX2.09, LATEX 2ε; Mathemodus; Relation.

Wirkung — Erzeugt ein Proportionalitätszeichen, wie es in der angelsächsischen Literatur üblich ist.

Definition — `\mathchardef\propto="322F`

\protect

System — LATEX2.09, LATEX 2ε.

Wirkung — Schützt *zerbrechliche* Befehle in Parametern.

Beispiel — `\section{\protect "Ubergangsmoment}`

Definition — Dies sind einige Beispiele wie `\protect` definiert sein kann:

```
\def\protect##1{\string##1\space}%
\let\protect\noexpand
\let\protect\string
\let\protect\relax
\def\protect{\noexpand\protect\noexpand}
\def\protect{\noexpand\noexpand\noexpand}%
```

Beschreibung — In Befehlen mit optionalen Parametern oder allgemein *beweglichen* Argumenten könnten die Argumente zu früh expandiert werden und damit unerwünschte Effekte erzielen. Um dies zu verhindern, kann man allen potentiell expandierbaren Parametern ein `\protect` voranstellen.

\providecommand ⟨*Name*⟩ [⟨*Argumente*⟩] [⟨*Standard*⟩] ⟨*Definition*⟩

System — LATEX 2ε.

Wirkung — Definiert einen Befehl, falls dieser noch nicht bekannt ist.

Beispiel

```
\newcommand{\say}[1][Hello World: ]{\textbf{#1}}
\providecommand{\say}[1][At your command Sir: ]{%
     \textbf{#1}}
\say \\ \say[Sir? ]
```

Hello World!
Sir?

```
\providecommand{\say}[1][At your command Sir! ]{%
     \textbf{#1}}
\say \\ \say[Sir? ]
```

At your command Sir!
Sir?

Definition

```
\def\providecommand#1{%
  {\escapechar\m@ne\xdef\@gtempa{{\string#1}}}%
  \expandafter\@ifundefined\@gtempa
    {\def\@tempa{\newcommand#1}}%
    {\def\@tempa{\renewcommand\@tempa}}%
   \@tempa}%
```

Beschreibung

Der Befehl `\providecommand` ist analog zu `\newcommand`, mit dem Unterschied, daß der angegebene Befehl nur dann definiert wird, wenn er nicht bereits definiert ist. Ansonsten wird `\providecomand` ignoriert. Dies ist oft nützlich für *Packages*, die einen Standardbefehl brauchen, aber nicht wissen, ob dieser bereits mit einem anderen *Package* geladen wurde.

Vergleiche

`\def`, [L] `\newcommand`, `\renewcommand`.

\ProvidesClass {*Name*} [⟨*Erstellungsinformationen*⟩]

System

LaTeX 2_ε.

Wirkung

Definiert das Erstellungsdatum einer *Dokumentklasse.*

Beispiel

```
\NeedsTeXFormat{LaTeX2e}
\def\fileversion{v2.2c}
\def\filedate{93/12/19}
\def\docdate {93/12/09}
\ProvidesClass{slides}[\filedate
   \space Standard LaTeX2e class]
```

Beschreibung

Der *Name* der *Dokumentklasse* muß dem Namen entsprechen, der in `\documentstyle` angegeben worden ist. Die Angabe der optionalen *Erstellungsinformationen* erlaubt es LaTeX 2ε, bei einer Angabe von optionalen Parametern für `\documentclass`

`\documentclass{slides}[1993/12/24]`

zu überprüfen, ob die *Dokumentklasse* höchstens so alt ist wie das angegebene Datum. Im obigen Beispiel würde man so eine Fehlermeldung bekommen:

```
LaTeX Warning: You have requested version
    '1994/01/01' of document class article,
    but only version 1993/12/20 Standard
    LaTeX2e document class
    is available.
 on input line 1.
```

Vergleiche

`\@ifclasslater`, `\@ifclassloaded`, `\@ifclasswith`, `\LoadClass`, [L] `\documentclass`, `\listfiles`, `\NeedsTeXFormat`, `\OptionNotUsed`, `\ProvidesFile`, `\ProvidesPackage`.

\ProvidesFile {*Dateiname*} [⟨*Erstellungsinformationen*⟩]

System

LaTeX 2ε.

Beschreibung

Definiert das Erstellungsdatum einer Datei, deren Datum nicht durch `\ProvidesClass` oder `\ProvidesPackage` festgelegt wird.

Vergleiche

`\@ifpackagelater`, `\@ifpackageloaded`, `\@ifpackagewith`, [L] `\listfiles`, `\ProvidesClass`, `\ProvidesPackage`.

\ProvidesPackage {*Name*} [⟨*Erstellungsinformationen*⟩]

System

LaTeX 2ε.

Wirkung

Definiert das Erstellungsdatum einer *Package*.

Beispiel

```
\def\fileversion{v1.9d}
\def\filedate{1993/12/20}
\def\docdate {1993/12/15}
...
\NeedsTeXFormat{LaTeX2e}
\ProvidesPackage{doc}[\filedate
      \space\fileversion\space
      Standard LaTeX2e distribution]
```

Beschreibung — Analog `\ProvidesClass` muß der *Name* des *Packages* mit dem Namen in `\usepackage` übereinstimmen. Ansonsten gilt das bei `\ProvidesClass` Gesagte (s. dort).

Vergleiche — [L] `\listfiles`, `\NeedsTeXFormat`, `\OptionNotUsed`, `\ProvidesClass`, `\ProvidesFile`, `\usepackage`.

\ps@ *Name*

System — Wird je nach Bedeutung in `latex.tex` oder in den jeweiligen Stiloptionsdateien definiert .

Beschreibung — Bei dieser *Gruppe* von Befehlen handelt es sich um *interne* LaTeX-Definitionen, mit denen die Einstellungen für das Seitenformat getätigt werden.

Vergleiche — [L] `\pagestyle`, `\thispagestyle`.

\psc

System — LaTeX2.09, LaTeX 2_ε.

Wirkung — Stellt die Schriftart auf KAPITÄLCHEN-Schrift um.

Beschreibung — Dieser Befehl ist die zerbrechliche Grundform von `\sc`. Er wurde bei der Definition von `\psc` automatisch erzeugt und ist hier nur aufgeführt, weil er versehentlich umdefiniert werden könnte.

Dieser Befehl sollte auf keinen Fall verwendet werden, da er als interner Befehl eventuell sein Verhalten ändern könnte (s. Einleitung) und auch nicht in allen LaTeX-Versionen enthalten sein muß.

Vergleiche — [L] `\sc`.

\psf

System: LaTeX2.09, LaTeX 2ε.

Wirkung: Stellt die Schriftart auf Sans Serif-Schrift um.

Beschreibung: Dieser Befehl ist die zerbrechliche Grundform von `\sf`. Er wurde bei der Definition von `\psf` automatisch erzeugt und ist hier nur aufgeführt, weil er versehentlich umdefiniert werden könnte.

Dieser Befehl sollte auf keinen Fall verwendet werden, da er als interner Befehl eventuell sein Verhalten ändern könnte (s. Einleitung) und auch nicht in allen LaTeX-Versionen enthalten sein muß.

Vergleiche: [L] `\sf`.

\psi ψ

System: Plain-TeX, LaTeX2.09, LaTeX 2ε; Mathemodus.

Definition: `\mathchardef\psi="0120`

Vergleiche: `\phi`.

\Psi Ψ

System: Plain-TeX, LaTeX2.09, LaTeX 2ε; Mathemodus.

Definition: `\mathchardef\Psi="7009`

Vergleiche: `\phi`.

\psl

System: LaTeX2.09, LaTeX 2ε.

Wirkung: Stellt die Schriftart auf *geneigte* Schrift um.

Beschreibung
Dieser Befehl ist die zerbrechliche Grundform von `\sl`. Er wurde bei der Definition von `\psl` automatisch erzeugt und ist hier nur aufgeführt, weil er versehentlich umdefiniert werden könnte.

Dieser Befehl sollte auf keinen Fall verwendet werden, da er als interner Befehl eventuell sein Verhalten ändern könnte (s. Einleitung) und auch nicht in allen LaTeX-Versionen enthalten sein muß.

Vergleiche
`\sl`.

\pslshape

System
LaTeX 2ε.

Wirkung
Stellt die Schriftgestalt der aktuellen Schriftfamilie in LaTeX 2ε auf *geneigt* um.

Beschreibung
Dieser Befehl ist die zerbrechliche Grundform von `\slshape`. Er wurde bei der Definition von `\pslshape` automatisch erzeugt und ist hier nur aufgeführt, weil er versehentlich umdefiniert werden könnte.

Dieser Befehl sollte auf keinen Fall verwendet werden, da er als interner Befehl eventuell sein Verhalten ändern könnte (s. Einleitung) und auch nicht in allen LaTeX-Versionen enthalten sein muß.

Vergleiche
`\it`, [L] `\itshape`, `\scshape`, `\slshape`, `\upshape`.

\pt ⟨*Buchstabe*⟩

System
LaTeX2.09, LaTeX 2ε.

Wirkung
Erzeugt einen *„tie after"*-Akzent.

Beschreibung
Dieser Befehl ist die zerbrechliche Grundform von `\t`. Er wurde bei der Definition von `\pt` automatisch erzeugt und ist hier nur aufgeführt, weil er versehentlich umdefiniert werden könnte.

Dieser Befehl sollte auf keinen Fall verwendet werden, da er als interner Befehl eventuell sein Verhalten ändern könnte (s. Einleitung) und auch nicht in allen LaTeX-Versionen enthalten sein muß.

Vergleiche
`\t`.

\ptextbf ⟨*Text*⟩

System LaTeX 2ε.

Wirkung Stellt *Text* in **Fettschrift** dar.

Beschreibung Die Schriftserie der aktuellen Schriftfamilie wird auf *fett* umgestellt. Dieser Befehl ist die zerbrechliche Grundform von `\textbf`. Er wurde bei der Definition von `\ptextbf` automatisch erzeugt und ist hier nur aufgeführt, weil er versehentlich umdefiniert werden könnte.

Dieser Befehl sollte auf keinen Fall verwendet werden, da er als interner Befehl eventuell sein Verhalten ändern könnte (s. Einleitung) und auch nicht in allen LaTeX-Versionen enthalten sein muß.

Vergleiche `\bf`, [L] `\bfseries`, `\textbf`.

\ptextit ⟨*Text*⟩

System LaTeX 2ε.

Wirkung Stellt *Text* in *Kursivschrift* dar.

Beschreibung Die Schriftgestalt der aktuellen Schriftfamilie wird auf *kursiv* umgestellt. Dieser Befehl ist die zerbrechliche Grundform von `\textit`. Er wurde bei der Definition von `\ptextit` automatisch erzeugt und ist hier nur aufgeführt, weil er versehentlich umdefiniert werden könnte.

Dieser Befehl sollte auf keinen Fall verwendet werden, da er als interner Befehl eventuell sein Verhalten ändern könnte (s. Einleitung) und auch nicht in allen LaTeX-Versionen enthalten sein muß.

Vergleiche `\it`, [L] `\itshape`, `\textit`.

\ptextmd ⟨*Text*⟩

System LaTeX 2ε.

Wirkung Stellt *Text* in Normalschrift dar.

Beschreibung — Die Schriftserie der aktuellen Schriftfamilie wird auf *normal* umgestellt. Dieser Befehl ist die zerbrechliche Grundform von `\textmd`. Er wurde bei der Definition von `\ptextmd` automatisch erzeugt und ist hier nur aufgeführt, weil er versehentlich umdefiniert werden könnte.

Dieser Befehl sollte auf keinen Fall verwendet werden, da er als interner Befehl eventuell sein Verhalten ändern könnte (s. Einleitung) und auch nicht in allen LaTeX-Versionen enthalten sein muß.

Vergleiche — `\rm`, [L] `\mdseries`, `\textmd`.

\ptextnormal ⟨*Text*⟩

System — LaTeX 2ε.

Wirkung — Stellt *Text* in Standardschrift dar.

Beschreibung — Dieser Befehl ist die zerbrechliche Grundform von `\textnormal`. Er wurde bei der Definition von `\ptextnormal` automatisch erzeugt und ist hier nur aufgeführt, weil er versehentlich umdefiniert werden könnte.

Dieser Befehl sollte auf keinen Fall verwendet werden, da er als interner Befehl eventuell sein Verhalten ändern könnte (s. Einleitung) und auch nicht in allen LaTeX-Versionen enthalten sein muß.

Vergleiche — [L] `\textnormal`.

\ptextrm ⟨*Text*⟩

System — LaTeX 2ε.

Wirkung — Stellt *Text* in Roman-Schrift dar.

Beschreibung — Dieser Befehl ist die zerbrechliche Grundform von `\textrm`. Er wurde bei der Definition von `\ptextrm` automatisch erzeugt und ist hier nur aufgeführt, weil er versehentlich umdefiniert werden könnte.

Dieser Befehl sollte auf keinen Fall verwendet werden, da er als interner Befehl eventuell sein Verhalten ändern könnte (s. Einleitung) und auch nicht in allen LaTeX-Versionen enthalten sein muß.

Vergleiche — [L] `\textrm`.

\ptextsc ⟨*Text*⟩

System LaTeX 2ε.

Wirkung Stellt *Text* in KAPITÄLCHENSCHRIFT dar.

Beschreibung Dieser Befehl ist die zerbrechliche Grundform von `\textsc`. Er wurde bei der Definition von `\ptextsc` automatisch erzeugt und ist hier nur aufgeführt, weil er versehentlich umdefiniert werden könnte.

Dieser Befehl sollte auf keinen Fall verwendet werden, da er als interner Befehl eventuell sein Verhalten ändern könnte (s. Einleitung) und auch nicht in allen LaTeX-Versionen enthalten sein muß.

Vergleiche [L] `\textsc`.

\ptextsf ⟨*Text*⟩

System LaTeX 2ε.

Wirkung Stellt *Text* in serifenfreier Schrift dar.

Beschreibung Dieser Befehl ist die zerbrechliche Grundform von `\textsf`. Er wurde bei der Definition von `\ptextsf` automatisch erzeugt und ist hier nur aufgeführt, weil er versehentlich umdefiniert werden könnte.

Dieser Befehl sollte auf keinen Fall verwendet werden, da er als interner Befehl eventuell sein Verhalten ändern könnte (s. Einleitung) und auch nicht in allen LaTeX-Versionen enthalten sein muß.

Vergleiche [L] `\textsf`.

\ptextsl ⟨*Text*⟩

System LaTeX 2ε.

Wirkung Stellt *Text* in *geneigter Schrift* dar.

Beschreibung Dieser Befehl ist die zerbrechliche Grundform von `\textsl`. Er wurde bei der Definition von `\ptextsl` automatisch erzeugt und ist hier nur aufgeführt, weil er versehentlich umdefiniert werden könnte.

Dieser Befehl sollte auf keinen Fall verwendet werden, da er als interner Befehl eventuell sein Verhalten ändern könnte (s. Einleitung) und auch nicht in allen LaTeX-Versionen enthalten sein muß.

Vergleiche [L] `\textsl`.

\ptexttt ⟨*Text*⟩

System LaTeX 2ε.

Wirkung Stellt *Text* in `schreibmaschinenschrift` dar.

Beschreibung Dieser Befehl ist die zerbrechliche Grundform von `\texttt`. Er wurde bei der Definition von `\ptexttt` automatisch erzeugt und ist hier nur aufgeführt, weil er versehentlich umdefiniert werden könnte.

Dieser Befehl sollte auf keinen Fall verwendet werden, da er als interner Befehl eventuell sein Verhalten ändern könnte (s. Einleitung) und auch nicht in allen LaTeX-Versionen enthalten sein muß.

Vergleiche [L] `\texttt`.

\ptextup ⟨*Text*⟩

System LaTeX 2ε.

Wirkung Stellt *Text* in ungeneigter Schrift dar.

Beschreibung Dieser Befehl ist die zerbrechliche Grundform von `\textup`. Er wurde bei der Definition von `\ptextup` automatisch erzeugt und ist hier nur aufgeführt, weil er versehentlich umdefiniert werden könnte.

Dieser Befehl sollte auf keinen Fall verwendet werden, da er als interner Befehl eventuell sein Verhalten ändern könnte (s. Einleitung) und auch nicht in allen LaTeX-Versionen enthalten sein muß.

Vergleiche [L] `\textup`.

\ptt

System: LaTeX2.09, LaTeX 2_ε.

Wirkung: Stellt die Schriftart auf `Typewriter`-Schrift um.

Beschreibung: Dieser Befehl ist die zerbrechliche Grundform von `\tt`. Er wurde bei der Definition von `\ptt` automatisch erzeugt und ist hier nur aufgeführt, weil er versehentlich umdefiniert werden könnte.

Dieser Befehl sollte auf keinen Fall verwendet werden, da er als interner Befehl eventuell sein Verhalten ändern könnte (s. Einleitung) und auch nicht in allen LaTeX-Versionen enthalten sein muß.

Vergleiche: `\tt`.

\pttfamily

System: LaTeX 2_ε.

Wirkung: Stellt die aktuelle Schriftfamilie auf *Text Typewriter* ein.

Beschreibung: Dieser Befehl ist die zerbrechliche Grundform von `\ttfamily`. Er wurde bei der Definition von `\pttfamily` automatisch erzeugt und ist hier nur aufgeführt, weil er versehentlich umdefiniert werden könnte.

Dieser Befehl sollte auf keinen Fall verwendet werden, da er als interner Befehl eventuell sein Verhalten ändern könnte (s. Einleitung) und auch nicht in allen LaTeX-Versionen enthalten sein muß.

Vergleiche: [L] `\ttfamily`.

\pupshape

System: LaTeX 2_ε.

Wirkung: Stellt die Schriftgestalt der aktuellen Schriftfamilie in LaTeX 2_ε auf ungeneigt um.

Beschreibung — Dieser Befehl ist die zerbrechliche Grundform von `\upshape`. Er wurde bei der Definition von `\pupshape` automatisch erzeugt und ist hier nur aufgeführt, weil er versehentlich umdefiniert werden könnte.

Dieser Befehl sollte auf keinen Fall verwendet werden, da er als interner Befehl eventuell sein Verhalten ändern könnte (s. Einleitung) und auch nicht in allen LaTeX-Versionen enthalten sein muß.

Vergleiche — [L] `\upshape`.

\pushtabs

System — LaTeX2.09, LaTeX 2_ε.

Wirkung — Dieser Befehl der {`tabbing`}-Umgebung speichert alle momentan gesetzten Tabulatorpositionen auf einem *Stack* und erwartet eine neue Eingabemaske, als ob man eine neue {`tabbing`}-Umgebung beginnen würde.

Beispiel — Siehe {`tabbing`}.

Beschreibung — Die auf dem *Stack* liegenden Werte müssen mittels `\poptabs` wiederhergestellt werden. Die Befehle `\pushtabs` und `\poptabs` dürfen geschachtelt werden, müssen aber paarweise auftreten, weil sie eine neue *Gruppe* beginnen.

Vergleiche — `\\`, `\=`, `\>`, `\<`, `\+`, [L] `\a`, `\kill`, `\poptabs`, {`tabbing`}, `\-`, `\'`, `` \` ``.

\put (⟨*x*⟩ , ⟨*y*⟩) ⟨*Bildobjekte*⟩

System — LaTeX2.09, LaTeX 2_ε.

Wirkung — Setzt innerhalb der {`picture`}-Umgebung ein oder mehrere Bildobjekte an den Koordinaten x und y.

Abbildung 8: Beispiel für \put

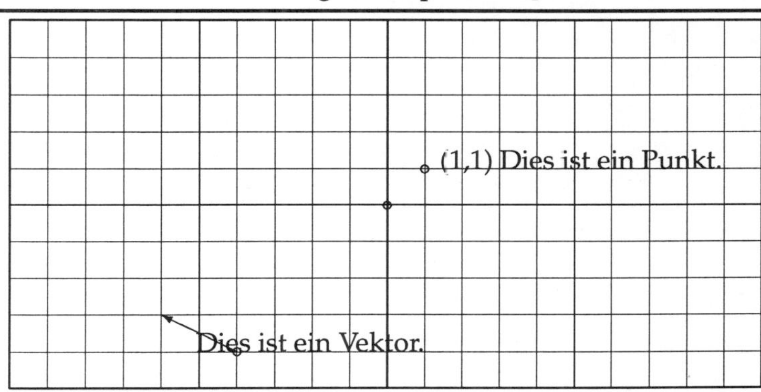

Beispiel

```
\unitlength 0.05\linewidth
\begin{picture}(20,10)(-15,-5)
  ...
\put(0,0){\circle{0.2}}
\put(1,1){\circle{0.2} (1,1) Dies ist ein Punkt.}
\put(-4,-4){\circle{0.2}}
\put(-4,-4){\vector(-2,1){2} Dies ist ein Vektor.}
\end{picture}
```

Siehe Abbildung 6.

Beschreibung

Das Vektorbeispiel zeigt, daß der Bezugspunkt des ersten Objektes als Bezugspunkt verwendet. Die Positionierung aller weiteren mitangegebenen Objekte kann nicht genau vorhergesagt werden, da sie von den vorhergehenden Objekten abhängt.

Vergleiche

[L] \multiput, \oval, {picture}.

Befehle Q

\qquad

System: Plain-TEX, LATEX2.09, LATEX 2ε; Mathemodus.

Wirkung: Erzeugt einen horizontalen Leerraum von `2em`. Dies entspricht in etwa den Ausmaßen von „MM“ im aktuellen Zeichensatz.

Definition: `\def\qquad{\hskip2em\relax}`

Vergleiche: `\enskip`, `\hskip`, `\negthinspace`, `\quad`, `\thinspace`.

\quad

System: Plain-TEX, LATEX2.09, LATEX 2ε.

Wirkung: Erzeugt einen horizontalen Leerraum von `1em`. Dies entspricht in etwa den Ausmaßen eines „M“ im aktuellen Zeichensatz.

Definition: `\def\quad{\hskip1em\relax}`

Vergleiche: `\enskip`, `\halign`, `\hskip`, `\negthinspace`, `\qquad`, `\thinspace`.

{quotation}

System: LATEX2.09, LATEX 2ε.

Wirkung: Innerhalb der `{quotation}`-Umgebung gesetzter Text wird beidseitig eingerückt. Absätze werden eingerückt und zwischen Absätzen ein geringer *elastischer* Leerraum eingefügt.

Beispiel:

```
\begin{quotation}
Einst war die {\sl Seltenheit\/} der B"ucher
den Fortschritten der Wissenschaft nachteilig,
...
\begin{flushright}
 ...
\end{flushright}
\end{quotation}
```

Einst war die *Seltenheit* der Bücher den Fortschritten der Wissenschaft nachteilig, jetzt ist es deren *Überzahl*, die verwirrt und eigenes Denken verhindert

C.J.Weber, Demokritos II, Kap. 26:
Fragmente meines Lebens
1802-1804 statt der Vorrede.

Definition

```
\newenvironment{quotation}
   {\list{}{\setlength\listparindent{1.5em}%
           \setlength\itemindent{\listparindent}%
           \setlength\rightmargin{\leftmargin}%
           \setlength\parsep{\z@ \@plus\p@}}%
    \item[]}
   {\endlist}
```

Beschreibung Bei der {`quotation`}-Umgebung werden folgende Längen verwendet:

1.) Absätze werden um `1.5em` eingerückt.
2.) Linker und rechter Rand werden um `\leftmargin` gegenüber der einschließenden Umgebung eingerückt.
3.) Zwischen Absätzen wird ein *elastischer* vertikaler Leerraum von `\parsep0pt plus 1pt` eingefügt.

Vergleiche [L] `\leftmargin`, {`list`}, `\parsep`, {`quote`}.

{quote}

System LaTeX2.09, LaTeX 2ε.

Wirkung Ähnlich der {`quotation`}-Umgebung wird ein eingerückter Text erzeugt. Im Gegensatz zu {`quotation`} wird jedoch kein zusätzlicher Abstand zwischen Absätzen eingefügt, und Absätze werden nicht eingerückt.

Definition

```
\newenvironment{quote}
   {\list{}{\setlength\rightmargin{\leftmargin}}%
    \item[]}
   {\endlist}
```

Vergleiche [L] {`quotation`}.

Befehle R

\radical ⟨*Nummer*⟩$_z$

System — TEX-Primitive, Plain-TEX, LATEX2.09, LATEX 2$_\varepsilon$; Mathemodus.

Wirkung — Definiert ein variables Wurzelzeichen.

Beispiel — `\def\sqrt{\radical"270370}`

Beschreibung — Mit diesem Befehl wird ein Wurzelzeichen variabler Größe erzeugt. Der Parameter *Nummer* setzt sich dabei (in der hexadezimalen Schreibweise) aus den Werten *f hh f hh* Zusammen. *f* ist dabei die Schriftfamilie der das Zeichen entnommen wird, *hh* ist die Zeichenposition. Das erste Zahlenpaar gibt die kleine Version an, das zweite die große.

Bemerkung — Da dieser Befehl sehr stark von der Beschaffenheit der zugrundeliegenden Zeichensätze abhängt, ist seine Benutzung eher nicht zu empfehlen.

Vergleiche — `\delimiter`, `\mathaccent`, `\mathchar`, `\root`, [T] `\sqrt`.

\raggedbottom

System — Plain-TEX, LATEX2.09, LATEX 2$_\varepsilon$.

Wirkung — Durch diesen Befehl wird eine wechselnde Seitenlänge zugelassen, womit eine übermäßige Dehnung des elastischen Leerraumes auf der Seite vermieden wird.

Definition LATEX

```
\def\raggedbottom{\def\@textbottom{\vskip
  \z@ \@plus.0001fil}
  \let\@texttop\relax}
```

Definition außer LATEX

```
\def\raggedbottom{\topskip 10\p@
  plus60\p@ \r@ggedbottomtrue}
```

Beschreibung — In plain-TEX wird `\topskip` auf `10pt plus 60pt` gesetzt (im Gegensatz zu `10pt` im Normalfall), was zuläßt, daß auch die erste Zeile auf der Seite nach unten rutscht. Der untere Rand der Seite wird mit `\vfil` auf die natürliche Größe der Box aufgefüllt.
Das Aufhebungskommando in plain-TEX lautet `\normalbottom`.

Bemerkung — Man beachte, daß die Kopf- und Fußzeilen – unabhängig von `\raggedbottom` – am gleichen Ort bleiben. Die Fußnoten hingegen sind direkt an den Text angefügt und rücken ggf. ebenfalls mit nach oben.

Vergleiche — `\vsize`, [T] `\normalbottom`, [L] `\flushbottom`.

\raggedleft

System — LaTeX2.09, LaTeX 2ε.

Wirkung — Erzeugt einen linken Flatterrand. Dieser Befehl wirkt ab der Definition bis zum Ende der umgebenden Gruppe!

Beispiel

```
\begingroup
\raggedleft
...
\raggedright
...
\raggedleft
...
\endgroup
```

... und der Hexenmeister fragte den Dämon nach der schwarzen Kugel der Geogenese, die zu besitzen er sich geschworen hatte.

Und so verriet der Dämon, unter dem Zwang von Mächten, denen sich selbst Götter kaum zu widersetzen wagten, das lange gehütete Geheimnis.

Kaum daß der Ort preisgegeben war jedoch ertönte ein dumpfes, spöttisches Lachen, das Zauberer wie Dämon gleichermaßen erstarren ließ ...

Definition

```
\def\raggedleft{\let\\\@centercr
  \rightskip\z@skip\leftskip\@flushglue
  \parindent\z@\parfillskip\z@skip}
```

Beschreibung — Der Befehl `\raggedleft` ist das Analogon der {`flushright`}-Umgebung. Die beiden wesentlichen Unterschiede bestehen darin, daß die Umgebungsform begrenzt ist, und daß sie mittels einer {`trivlist`} erzeugt wird. In beiden Fällen wird die Einrückung am Absatzanfang mittels `\parindent0pt` unterdrückt. Außerdem wird in beiden Fällen `\parfillskip0pt` gesetzt, d.h. der elastische Leerraum am Ende wird unterdrückt, um eine rechtsbündige Zeile zu erzeugen. Schließlich wird „\\“ noch umdefiniert, so daß „\\“ vom Aussehen her nur eine neue Zeile und nicht einen neuen Absatz erzeugt.

Vergleiche — [L] {`center`}, `\centering`, {`flushleft`}, {`flushright`}, `\raggedright`.

\raggedright

System — Plain-TEX.

Wirkung — Erzeugt einen rechten Flatterrand.

Definition —
```
\def\raggedright{\rightskip\z@ plus2em
    \spaceskip.3333em \xspaceskip.5em\relax}
```

Beschreibung — Dieser Befehl ist das Gegenstück zu dem `\raggedleft`-Befehl in LaTeX. Im Unterschied zu LaTeX ist jedoch die maximale Einrückung in TeX auf `2em` beschränkt. Außerdem werden die zeichensatzspezifischen Werte für die Breite von Leerräumen umdefiniert:

```
\spaceskip.3333em
\xspaceskip.5em
```

——————— weitere Bedeutung ———————

System — LaTeX2.09, LaTeX 2ε.

Wirkung — Dieser Befehl ist das Gegenstück zum `\raggedleft`-Befehl. Der Text wird dabei entsprechend linksbündig mit einem rechten Flatterrand gesetzt.

Definition —
```
\def\raggedright{\let\\\@centercr
    \@rightskip\@flushglue \rightskip\@rightskip
```

Beschreibung — In LaTeX gilt das gleiche wie für `\raggedleft`:

1.) `\raggedleft` ist das Analogon der {`flushright`}-Umgebung.

2.) Absatzeinrückungen werden durch `\parindent0pt` unterdrückt.

3.) „\\“ erzeugt keinen sichtbaren Absatz.

Vergleiche — `\ttraggedright`, [L] {`center`}, `\centering`, {`flushleft`}, {`flushright`}, `\raggedleft`.

\raise ⟨*dimen*⟩$_d$⟨*Box*⟩$_b$

System — TEX-Primitive, Plain-TEX, LaTeX2.09, LaTeX 2ε.

Wirkung — Verschiebt eine *Box* nach oben. Dieser Befehl darf nur im *horizontalen* Modus angewandt werden.

Beispiel

```
... Textes \raise.5ex\hbox{ ...
```

Innerhalb dieses Textes springt genau ein Wort nach oben.

Beschreibung

Innerhalb des *horizontalen* Modus kann eine *Box* um eine feste Länge nach oben verschoben werden, d.h. genaugenommen wird ihr Bezugspunkt um den angegebenen Wert nach unten verschoben. Dies erhöht außerdem die natürliche Höhe der umgebenden *Box*.

Vergleiche

`\kern`, `\lower`, `\moveleft`, `\moveright`, [L] `\raisebox`.

\raisebox ⟨*dimen*⟩ [⟨*Höhe*⟩] [⟨*Tiefe*⟩] ⟨*Text*⟩

System

LaTeX2.09, LaTeX 2_ε.

Wirkung

Setzt den angegebenen *Text* innerhalb einer `\hbox`, die anschließend um die Länge *dimen* nach oben verschoben wird (s.a. `\raise`). Die optionalen Parameter *Höhe* und *Tiefe* geben an, welche Ausmaße die durch die Operation erzeugte Box schlußendlich haben soll.

Beispiel

```
... \raisebox{.5ex}{...} ...
... \raisebox{.5ex}[0pt][0pt]{...} ...
```

Ohne Angabe von optionalen Parametern.

Mit Angabe von optionalen Parametern.

Beschreibung

Wie aus dem Beispiel zu sehen ist, kann man mit den optionalen Parametern auch Größen angeben, die unterhalb der natürlichen Ausmaße der verschobenen *Box* sind. Man kann nach Belieben einen oder beide optionalen Parameter angeben. Im ersten Fall wird nur die *Oberlänge*, im zweiten Fall *Oberlänge* und *Unterlänge* verändert. Werden keine optionalen Parameter angegeben, verhält sich der Befehl wie `\raise`.

Vergleiche

`\raise`, [L] `\depth`, `\height`, `\totalheight`, `\width`.

\rangle ⟩

System Plain-TEX, LATEX2.09, LATEX 2_ε; Mathemodus; Großer Operator.
Definition `\def\rangle{\delimiter"526930B }`

\rbrace }

System Plain-TEX, LATEX2.09, LATEX 2_ε; Mathemodus; Großer Operator.
Definition `\def\rbrace{\delimiter"5267309 } \let\}=\rbrace`

\rbrack]

System Plain-TEX, LATEX2.09, LATEX 2_ε; Mathemodus; Großer Operator.
Definition `\def\lbrack{[} \def\rbrack{]}`

\rceil ⌉

System Plain-TEX, LATEX2.09, LATEX 2_ε; Mathemodus; Großer Operator.
Definition `\def\rceil{\delimiter"5265307 }`

\Re ℜ

System Plain-TEX, LATEX2.09, LATEX 2_ε; Mathemodus; Binärer Operator.
Definition `\mathchardef\Re="023C`

\read ⟨*Stream*⟩$_z$ to ⟨*Makro*⟩$_\backslash$

System: TEX-Primitive, Plain-TEX, LATEX2.09, LATEX 2ε.

Wirkung: Liest Daten aus einer Eingabedatei und definiert *Makro* mit diesen Daten.

Beispiel:
```
\read 7 to \zeile
\read \dateiii to \zeileii
```

Beschreibung: Wenn der angegebenen Dateinummer *Stream* vorher keine Datei zugewiesen wurde (vgl. `\openin`) oder das Dateiende erreicht ist oder ein Wert außerhalb von `0`... `15` als Dateinummer Verwendung gefunden hat, dann wird von der Tastatur gelesen. Dabei gibt TEX für alle Werte von *Stream* > 0 den Namen der zu lesenden Variable an:

```
\zeile=
```

Befindet sich TEX zu diesem Zeitpunkt allerdings entweder im `\nonstopmode` oder im `\batchmode`, führt dies zu einem Programmabbruch.

Die angegebene Datei (die Tastatur wird hier auch als Datei angesehen) wird zeilenweise eingelesen (eine Zeile mit jedem `\read`-Befehl), wobei allerdings mittels „`{`" und „`}`" erzeugte Klammerstrukturen beachtet werden, was dazu führen kann, daß faktisch mehr als eine Zeile gelesen wird.

Das angegebene *Makro* ist anschließend so definiert, als hätte man TEX die Anweisung gegeben:

`\def\`*Makro*`{`*Zeile der Datei*`}`.

Bemerkung: Mit dem oben Gesagten gilt es, das folgende zu berücksichtigen:

1.) Eine nicht abgeschlossene Klammerstruktur kann zu einem Überlauf des Charakterspeichers führen, da TEX in diesem Fall evtl. versuchen könnte, eine ganze Datei einzulesen.

2.) Da TEX agiert, als sei ein `\def` aufgerufen worden, haben alle eingelesenen Zeichen bereits einen `\catcode` erhalten. Das bedeutet, daß man zwar die Expansion von Klammerstrukturen unterdrücken kann, indem man deren `\catcode` ändert, aber dann werden diese Klammern auch bei der späteren Expansion nicht mehr als Gruppenklammern erkannt. Das gleiche gilt für eine Redefinition des *Escapezeichens* „\".

Vergleiche — `\closein`, `\closeout`, `\ifeof`, `\inputlineno`, `\newlinechar`, `\newread`, `\openin`, `\openout`, `\write`, [L] `\input`, `\typein`, `\typeout`.

\ref ⟨*Marke*⟩

System — LaTeX2.09, LaTeX 2ε.

Wirkung — Gibt die Zahl eines mit `\label` gesetzten Zählers aus. Die Markierung kann auch erst nach der Referenz stehen.

Beispiel — `Das Glyxohol ist im Kapitel \ref{Glyx}.`

Das Glyxohol ist im Kapitel .

Beschreibung — Es wird je nach Umgebung der entsprechende Zähler referiert (vgl. `\label`).

Vergleiche — [L] `\label`, `\newlabel`, `\pageref`, `\refstepcounter`.

\refname

System — LaTeX2.09: Stiloption `german`, LaTeX 2ε: *package* `babel`: Option `german`.

Wirkung — Gibt die Überschrift der Referenzliste an.

Definition — `\newcommand\refname{References}`

Beschreibung — Standardmäßig auf `References` vorbelegt, wird dieses Makro in `german.sty` auf `Literatur` gesetzt.

Vergleiche — `\pagename`, `\USenglish`, [L] `\abstractname`, `\appendixname`, `\bibname`, `\ccname`, `\chaptername`, `\contentsname`, `\enclname`, `\figurename`, `\headtoname`, `\indexname`, `\listfigurename`, `\listtablename`, `\partname`, `\tablename`.

\refstepcounter ⟨*Zähler*⟩

System: LaTeX2.09, LaTeX 2ε.

Wirkung: Setzt den angegebenen Querverweiszähler *Zähler* hoch.

Beispiel:

```
\setcounter{paragraph}{22}
\setcounter{equation}{4}
\begin{equation} ax^2+bx+c=0 \label{e1} \end{equation}

\refstepcounter{equation}
\begin{equation} ax^2+bx+c=0 \label{e2} \end{equation}

\begin{equation}
   \refstepcounter{paragraph}
   ax^2+bx+c=0 \label{e3}
\end{equation}

Der Aufruf von {\tt\string\refstepcounter} f"uhrt zu
Gln.~\ref{e1} und \ref{e2} aber~\ref{e3}.
```

$$ax^2 + bx + c = 0 \tag{5}$$

$$ax^2 + bx + c = 0 \tag{7}$$

$$ax^2 + bx + c = 0 \tag{8}$$

Der Aufruf von `\refstepcounter` führt zu Gln. 5 und 7 aber 23.

Die Zahlen ergeben sich wie folgt: Zunächst wird der Zähler `equation` für die erste Gleichung verwendet und automatisch um 1 erhöht. Dann wird er explizit um 1 erhöht und für die zweite Gleichung verwendet. In der letzten Gleichung wird dann der korrekt erhöhte Zähler `\equation` für die Gleichung verwendet, für die Referenzierung mit `\ref` wird aber der erhöhte Wert des Zählers `paragraph` verwendet.

Beschreibung: Dieser Befehl hat die gleiche Wirkung wie der Befehl `\stepcounter`. Zusätzlich zu dessen Auswirkungen wird noch der aktuelle Zählerwert intern gespeichert, so daß bei einem darauffolgenden Aufruf von `\label` der aktuelle Wert des aktuellen Zählers zugewiesen wird, d.h. des Zählers, der innerhalb der momentanen Klammerstruktur als letzter mittels `\refstepcounter` verändert wurde (s. Beispiel).

Vergleiche: [L] `\addtocounter`, `\label`, `\newcounter`, `\ref`, `\setcounter`, `\stepcounter`, `\value`.

\reftextafter

System — $\LaTeX\,2_\varepsilon$: *package* `varioref`.

Wirkung — Gibt den Text an, mit dem `\vref` auf die folgende Seite verweist.

Definition —
```
\def\reftextafter {on the
   \reftextvario{following}{next} page}%
```

Bemerkung — Die uns vorliegende Version des VARIOREF-*Package* erkennt zwar die Standard-Sprachoptionen, setzt dafür aber keine korrekten Texte. Will man diese dennoch erhalten, muß man die entsprechenden Texte von Hand setzen.

Vergleiche — [L] `\reftextafter`, `\reftextbefore`, `\reftextcurrent`, `\reftextfaceafter`, `\reftextfacebefore`, `\reftextfaraway`, `\reftextvario`, `\vpageref`, `\vref`.

\reftextbefore

System — $\LaTeX\,2_\varepsilon$: *package* `varioref`.

Wirkung — Gibt den Text an, mit dem `\vref` auf die vorhergehende Seite verweist.

Definition —
```
\def\reftextbefore {on the
\reftextvario{preceding page}{page before}}%
```

Bemerkung — Die uns vorliegende Version des VARIOREF-*Package* erkennt zwar die Standard-Sprachoptionen, setzt dafür aber keine korrekten Texte. Will man diese dennoch erhalten, muß man die entsprechenden Texte von Hand setzen.

Vergleiche — [L] `\reftextafter`, `\reftextbefore`, `\reftextcurrent`, `\reftextfaceafter`, `\reftextfacebefore`, `\reftextfaraway`, `\reftextvario`, `\vpageref`, `\vref`.

\reftextcurrent

System
LaTeX 2ε: *package* varioref.

Wirkung
Gibt den Text an, mit dem \vref auf dieselbe Seite verweist.

Definition
```
\def\reftextcurrent {on \reftextvario{this}%
    {the current} page}%
```

Bemerkung
Die uns vorliegende Version des VARIOREF-*Package* erkennt zwar die Standard-Sprachoptionen, setzt dafür aber keine korrekten Texte. Will man diese dennoch erhalten, muß man die entsprechenden Texte von Hand setzen.

Vergleiche
[L] \reftextafter, \reftextbefore, \reftextcurrent, \reftextfaceafter, \reftextfacebefore, \reftextfaraway, \reftextvario, \vpageref, \vref.

\reftextfaceafter

System
LaTeX 2ε: *package* varioref.

Wirkung
Gibt den Text an, mit dem \vref auf die folgende Seite im Mehrspaltensatz verweist.

Definition
```
\def\reftextfaceafter
  {on the \reftextvario{facing}{next} page}%
```

Bemerkung
Die uns vorliegende Version des VARIOREF-*Package* erkennt zwar die Standard-Sprachoptionen, setzt dafür aber keine korrekten Texte. Will man diese dennoch erhalten, muß man die entsprechenden Texte von Hand setzen.

Vergleiche
[L] \reftextafter, \reftextbefore, \reftextcurrent, \reftextfaceafter, \reftextfacebefore, \reftextfaraway, \reftextvario, \vpageref, \vref.

\reftextfacebefore

System — $\LaTeX\,2_\varepsilon$: *package* `varioref`.

Wirkung — Gibt den Text an, mit dem `\vref` auf die vorhergehende Seite im Mehrspaltensatz verweist.

Definition

```
\def\reftextfacebefore {on the%
    \reftextvario{facing}{preceding} page}%
```

Bemerkung — Die uns vorliegende Version des VARIOREF-*Package* erkennt zwar die Standard-Sprachoptionen, setzt dafür aber keine korrekten Texte. Will man diese dennoch erhalten, muß man die entsprechenden Texte von Hand setzen.

Vergleiche — [L] `\reftextafter`, `\reftextbefore`, `\reftextcurrent`, `\reftextfaceafter`, `\reftextfacebefore`, `\reftextfaraway`, `\reftextvario`, `\vpageref`, `\vref`.

\reftextfaraway

System — $\LaTeX\,2_\varepsilon$: *package* `varioref`.

Wirkung — Gibt den Text an, mit dem `\vref` auf eine weiter entfernte Seite verweist.

Definition

```
\def\reftextfaraway#1{on page ~\pageref{#1}}
```

Beschreibung — Die uns vorliegende Version des VARIOREF-*Package* erkennt zwar die Standard-Sprachoptionen, setzt dafür aber keine korrekten Texte. Will man diese dennoch erhalten, muß man die entsprechenden Texte von Hand setzen.

Vergleiche — [L] `\fullref`, `\reftextafter`, `\reftextbefore`, `\reftextcurrent`, `\reftextfaceafter`, `\reftextfacebefore`, `\reftextfaraway`, `\reftextvario`, `\vpageref`, `\vref`.

\reftextvario ⟨*Text1*⟩⟨*Text2*⟩

System LaTeX 2ε: *package* `varioref`.

Wirkung Erlaubt die Angabe von zwei Texten, die in einem Querverweis wahlweise verwendet werden sollen.

Beispiel
```
\renewcommand{\reftextfaraway}[1]{\reftextvario
    {auf Seite~\ref#1}{von Seite~\ref#1}}
```

Definition
```
\def\reftextvario#1#2{\ifodd\c@vrcnt #1\else#2\fi}
```

Beschreibung `\reftextvario` wählt zufällig einen der angegebenen Texte aus, damit Querverweismarken nicht immer gleich aussehen.

Vergleiche [L] `\reftextafter`, `\reftextbefore`, `\reftextcurrent`, `\reftextfaceafter`, `\reftextfacebefore`, `\reftextfaraway`, `\reftextvario`, `\vpageref`, `\vref`.

\relax

System TeX-Primitive, Plain-TeX, LaTeX2.09, LaTeX 2ε.

Beschreibung Dieses TeX-Systemkommando tut *nichts*, d.h. seine Ersetzung ist leer. Die normale Verwendung ist in der Begrenzung von Text in `\if`-Abfragen und von Zahlenparametern in der Definition von Makros.

\relbar −

System Plain-TeX, LaTeX2.09, LaTeX 2ε; Mathemodus; Relation.

Definition
```
\def\relbar{\mathrel{\smash-}}
```

\Relbar

System — Plain-TeX, LaTeX2.09, LaTeX 2_ε; Mathemodus; Relation.

Definition — `\def\Relbar{\mathrel=}`

\relpenalty

System — TeX-Primitive, Plain-TeX, LaTeX2.09, LaTeX 2_ε.

Wirkung — Gibt die Anzahl der Strafpunkte an, die ein Umbruch innerhalb einer Formel und nach einer *Relation* erzeugt.

Beispiel — Standard: `\relpenalty=500`

Beschreibung — `\relpenalty` wirkt sich nur auf Formeln im *textstyle* aus, da TeX innerhalb von *hervorgehobenen* Formeln nicht umbrechen kann.

Vergleiche — `\binoppenalty`, `\brokenpenalty`, `\penalty`.

\removelastskip

System — Plain-TeX, LaTeX2.09, LaTeX 2_ε.

Wirkung — Entfernt den vorhergehenden Leerraum, falls vorhanden.

Beispiel

```
Dieses war der erste Streich \ldots \\
\bigskip\removelastskip
\ldots\ doch der zweite folgt sogleich \ldots \\
```

Dieses war der erste Streich ...
... doch der zweite folgt sogleich ...

Definition

```
\def\removelastskip{\ifdim
  \lastskip=\z@\else\vskip-\lastskip\fi}
```

Beschreibung — Genaugenommen wird der letzte Leerraum nicht entfernt, sondern durch einen negativen Leerraum gleicher Größe neutralisiert.

Vergleiche — \lastskip, \skip.

\renewcommand ⟨⟨*Name*⟩\\ ⟩ [⟨*Argumentzahl*⟩] ⟨*Definition*⟩

System — LaTeX2.09, LaTeX 2_ε.

Wirkung — Definiert ein Makro um und gibt eine Fehlermeldung aus, falls dieses vorher nicht definiert war.

Beispiel

```
\newcommand{\meintext}{Heureka} \meintext
\renewcommand{\meintext}{Heuschrecke} \meintext
```

Heureka Heuschrecke

Beschreibung — Mit Ausnahme der Abfrage, ob das Makro schon definiert war, entspricht der Befehl exakt dem \newcommand-Befehl (s. dort).

Vergleiche — [L] \newcommand, \newenvironment, \providecommand.

\renewenvironment ⟨*Name*⟩ [⟨*Argumentzahl*⟩] ⟨*Anfang*⟩⟨*Ende*⟩

System — LaTeX2.09, LaTeX 2_ε.

Wirkung — Definiert eine Umgebung neu und gibt eine Fehlermeldung aus, falls diese noch nicht definiert war (vgl. \renewcommand).

Vergleiche — [L] \newcommand, \newenvironment.

\repeat

System — Plain-TEX, LATEX2.09, LATEX 2ε.

Wirkung — Ende der `\loop` ... `\if` ... `\repeat`-Schleife.

Definition
```
\let\repeat=\fi % this makes
% \loop...\if...\repeat skippable
```

Vergleiche — `\loop`.

\RequirePackage [⟨*Optionen*⟩] ⟨*Name*⟩ [⟨*Erstellungsinformationen*⟩]

System — LATEX 2ε.

Wirkung — Lädt innerhalb einer *Dokumentklasse* ein *Package* nach, falls dieses nicht zuvor geladen wurde.

Beispiel — `\RequirePackage[fast]{life}{1994/12/22 Life in TeX}`

Beschreibung — Wird durch den Aufruf von `RequirePackage` ein *Package* geladen, werden diesem *Package* alle globalen Optionen, alle mittels `\PassOptionsToPackage` an dieses *Package* adressierten Optionen und alle innerhalb von `\RequirePackage` enthaltenen Optionen übergeben.

Bemerkung — Wird ein bereits geladenes *Package* ein weiteres Mal mit anderen Optionen aufgerufen, gibt LATEX 2ε eine Fehlermeldung aus:

```
LaTeX error.  See LaTeX manual for explanation.
              Type  H <return>  for immediate help.
! Option clash for package test3.
\@latexerr ...lines \m@ne \errmessage {#1}
                                          \endgroup
l.5 ...irePackage[opt2]{test3}[1992/02/01]

?
```

Vergleiche — `\LoadClass`, [L] `\NeedsTeXFormat`, `\OptionNotUsed`, `\usepackage`.

\restorecr

System LaTeX2.09, LaTeX 2ε.

Wirkung Stellt nach Aufruf von `\obeycr` den normalen Satzmodus wieder her.

Definition `\gdef\restorecr{\catcode‘\^^M=5 }} %} BRACE MATCHING`

Vergleiche [L] `\obeycr`.

\reversemarginpar

System LaTeX2.09, LaTeX 2ε.

Wirkung Mit diesem Befehl werden rechter und linker Text einer Randnotiz vertauscht, falls diese in `\marginpar` unterschiedlich angegeben wurden. Im Mehrspaltensatz zeigt `\reversemarginpar` keine Wirkung.

Beispiel

```
\global\marginparsep1em
\global\marginparwidth6em
\def\LM{... Dies ... linke ...}
\def\RM{... Dies ... rechte ...}
\marginpar[\LM]{\RM}

\reversemarginpar
\def\LM{... Jetzt ... linke ...}
\def\RM{... Jetzt ... rechte ...}
\marginpar[\LM]{\RM}
```

Beschreibung Normalerweise werden Randnotizen am Rand der Zeile ausgegeben, innerhalb derer sich der Aufruf befindet. Dabei dürfen sie nicht innerhalb von *Boxen* geschachtelt werden (vgl. `\marginpar`, `\valign`). Der Parameter `\marginparpush` kann allerdings Verschiebungen bewirken. Mit `\normalmarginpar` wird die normale Darstellung wiederhergestellt.

Vergleiche [L] `\marginpar`, `\marginparpush`, `\marginparsep`, `\marginparwidth`, `\normalmarginpar`.

\rfloor ⌋

System Plain-TEX, LATEX2.09, LATEX 2ε; Mathemodus; Großer Operator.

Definition `\def\rfloor{\delimiter"5263305 }`

\rgroup)

System Plain-TEX, LATEX2.09, LATEX 2ε; Mathemodus; Großer Operator.

Wirkung Erzeugt eine wachsende rechte Klammer; diese kann allerdings nur mit `\big`, `\left`, `\right` verwendet werden.

Definition `\def\rgroup{\delimiter"562933B }`

\rhd ⊳

System LATEX2.09, LATEX 2ε: *package* `latexsym`; Mathemodus; Binärer Operator.

Bemerkung Der Befehl `\rhd` wird vom NFSS in LATEX 2ε nicht mehr standardmäßig bereitgestellt. Abhilfe schafft das *package* `latexsym`.

Definition

```
\def\rhd{\mathbin{\hbox to .3em{}\hbox{\vrule
  \@width .065em \@height .55em
  \@depth .05em}\hbox to -.43em{}>}}
```

\rho ρ

System LATEX2.09, LATEX 2ε; Mathemodus.

Definition `\mathchardef\rho="011A`

\rhook

System LaTeX2.09, LaTeX 2_ε; Mathemodus; Relation.

Wirkung Erzeugt den Bogen von $\hookleftarrow$.

Definition `\mathchardef\rhook="312D`

\right ⟨*Klammer*⟩$_{()}$

System TeX-Primitive, Plain-TeX, LaTeX2.09, LaTeX 2_ε; Mathemodus.

Wirkung Schließt eine durch `\left` eröffnete Klammerstruktur im mathematischen Formelsatz mit *Klammer* als sichtbarem Begrenzer.

Beispiel

```
f(x)=\left\{
    x^2,\quad\hbox{\rm f"ur } x>0 \atop
    x^3,\quad\hbox{\rm f"ur } x\leq 0
\right.
```

$$f(x) = \left\{ {x^2,\quad\hbox{für } x>0 \atop x^3,\quad\hbox{für } x\leq 0} \right.$$

Beschreibung Die angegebene *Klammer* wird in ihrer Größe dem beinhalteten Material angepaßt und wirkt wie eine geschweifte Klammer zum Gruppieren von Kommandos. Will man nur *eine* sichtbare Klammer erzeugen, kann man die andere Klammer durch einen Punkt „." ersetzen, wodurch nur der Klammereffekt erwirkt, aber kein Zeichen gesetzt wird.

Vergleiche `\arrowvert`, `\Arrowvert`, `\big`, `\left`, `\nulldelimiterspace`, `\over`, `\overwithdelims`, `\vert`, `\Vert`.

\rightarrow →

System: Plain-TEX, LATEX2.09, LATEX 2ε; Mathemodus; Relation.

Definition: `\mathchardef\rightarrow="3221 \let\to=\rightarrow`

Vergleiche: `\downarrow`, `\leftarrow`, `\longrightarrow`, `\mapsto`, `\nearrow`, `\nwarrow`, `\to`.

\Rightarrow 

System: Plain-TEX, LATEX2.09, LATEX 2ε; Mathemodus; Relation.

Definition: `\mathchardef\Rightarrow="3229`

\rightarrowfill ⟶

System: Plain-TEX, LATEX2.09, LATEX 2ε.

Wirkung: Erzeugt einen rechten Pfeil mit elastischer Länge.

Definition:

```
\def\rightarrowfill{$\m@th\mathord-\mkern-6mu%
  \cleaders\hbox{$\mkern-2mu\mathord-\mkern-2mu$}\hfill
  \mkern-6mu\mathord\rightarrow$}
```

\rightharpoondown 

System: Plain-TEX, LATEX2.09, LATEX 2ε; Mathemodus; Relation.

Definition: `\mathchardef\rightharpoondown="312B`

\rightharpoonup ⇀

System Plain-TeX, LaTeX2.09, LaTeX 2_ε; Mathemodus; Relation.

Definition `\mathchardef\rightharpoonup="312A`

\righthyphenmin

System TeX-Primitive, Plain-TeX, LaTeX2.09, LaTeX 2_ε.

Wirkung Gibt an, wie viele Zeichen bei einem Zeilenumbruch mindestens auf die nächste Zeile überführt werden müssen.

Beispiel Standard: `\righthyphenmin=3`

Beschreibung Wenn TeX ein Wort zu trennen versucht und ein trennbares Textfragment erkannt hat, versucht es dennoch nicht, eine Trennung durchzuführen, solange die Länge des zu trennenden Textfragmentes (Wortes) nicht mindestens `\lefthyphenmin` plus `\righthyphenmin` oder 2 (je nachdem, was höher ist) Zeichen beträgt.

Vergleiche `\language`, `\lefthyphenmin`, `\patterns`.

\rightleftharpoons ⇌

System Plain-TeX, LaTeX2.09, LaTeX 2_ε; Mathemodus; Relation.

Definition `\def\rightleftharpoons{\mathrel{\mathpalette\rlh@{}}}`

\rightline ⟨*Text*⟩

System Plain-TeX, LaTeX2.09, LaTeX 2_ε.

Wirkung Erzeugt aus *Text* eine rechtsbündige Zeile.

Beispiel `\rightline{Rechts $\longrightarrow$}`

Rechts $\longrightarrow$

Definition (Diese Definition ist aus `plain.tex` übernommen, entspricht jedoch qualitativ der in LaTeX).

```
\def\rightline#1{\line{\hss#1}}
\def\line{\hbox to\hsize}
```

Beschreibung Aufgrund der Definition von `\line` ist Vorsicht geboten bei der Verwendung innerhalb von Umgebungen, die mittels `\leftskip`, `\rightskip` etc. die Zeilenbreite verändern, ohne `\hsize` zu berühren.

Vergleiche `\centerline`, `\leftline`, [L] `\line`.

\rightmargin ⟨*dimen*⟩$_d$

System LaTeX2.09, LaTeX 2_ε.

Wirkung Einrückung der rechten Seite einer Liste gegenüber dem einschließenden Text.

Beispiel Standard: `\rightmargin0pt`

Definition `\newdimen\rightmargin`

Beschreibung Diese *feste* Länge kontrolliert die rechte Einrückung in allen Listenumgebungen, obwohl sie im Normalfall nur zur Anpassung eigener Listen mittels {`list`} bzw. {`trivlist`} gedacht ist.

Vergleiche [L] {`list`}, {`trivlist`}.

\rightmark

System LaTeX2.09, LaTeX 2_ε.

Wirkung Referiert das Argument *rechter Kopf* des zuletzt auf der aktuellen Seite gesetzten `\markboth`-Befehls.

Beispiel `{\rightmark}` erzeugt ABBILDUNGSVERZEICHNIS.

Definition

```
\def\rightmark{\expandafter\@rightmark\firstmark{}{}}
\def\@rightmark#1#2{#2}
```

Beschreibung — Wie man am Beispiel erkennen kann ist, es sinnvoll den Befehl zu klammern, falls man ihn ausführt, da alle Zeichensatzveränderungen etc. übernommen werden.

Bemerkung — Die Funktionsweise des Befehls entspricht der des TEX-Befehls `\firstmark`.

Vergleiche — `\botmark`, `\firstmark`, [L] `\leftmark`, `\markboth`, `\markright`.

\rightskip

System — TEX-Primitive, Plain-TEX, LATEX2.09, LATEX 2ε.

Wirkung — Mit dieser *elastischen* Länge kann eine Einrückung der rechten Textseite erreicht werden.

Beispiel — Standard: `\rightskip=0pt`

Beschreibung — Der rechte Textrand wird um `\rightskip` eingerückt. Mit dieser *elastischen* Länge kann man also z.B. einen rechten Flatterrand erzeugen (s.a. `\raggedright`), indem man einen elastischen Anteil anfügt. Außerdem wird es hiermit möglich, ganze Absätze einzurücken, ohne die Textbreite zu kennen. Der Wert von `\rightskip` gilt für die gesamte umgebende Gruppe. Für das Setzen eines Absatzes wird allerdings immer nur der am Absatzende geltende Wert verwendet.

Vergleiche — `\leftskip`, `\parshape`, [T] `\narrower`.

\rlap ⟨*Text*⟩

System — Plain-TEX, LATEX2.09, LATEX 2ε.

Wirkung — Setzt den als Parameter angegebenen *Text* ab der Stelle des Auftretens nach rechts, ohne Platz zu kosten.

Beispiel —
```
So wurde \rlap{xxxxx}f"urher fr"uher korrigiert.
```
So wurde fürher früher korrigiert.

Definition —
```
\def\rlap#1{\hbox to\z@{#1\hss}}
```

Beschreibung Wie in der Definition zu erkennen ist, überlappt der Text nach rechts, weil er in einer *Box* der Breite `0pt` gesetzt wurde, und durch das `\hss` die Dehnung innerhalb der *Box* nach rechts geschieht.

Vergleiche `\llap`.

\rm

System In `plain.tex` und `lfonts.tex` definiert.

Wirkung Schaltet auf die Standardschrift um.

Beispiel `{\sl Innerhalb dieses Textes\/\ {\rm normal}.}`

Innerhalb dieses Textes normal.

Beschreibung Bei allen anderen Schriftartbefehlen in LaTeX2.09 muß zuerst die Schriftgröße umgestellt werden, weil LaTeX sonst die Schriftart auf `\rm` umstellt.

Vergleiche `\bf`, `\it`, `\sl`, `\tt`, [L] `\rmfamily`, `\sc`, `\scshape`, `\sf`, `\ttfamily`, `\upshape`.

\rmdefault

System LaTeX 2$_\varepsilon$.

Wirkung Enthält den Namen des *Zeichensatzes*, in dem die Schriftfamilie *Roman* dargestellt wird.

Definition

```
\newcommand{\rmdefault}{cmr}    LaTeX 2e
\def\rmdefault{lcmss}           SLiTeX
```

Vergleiche [L] `\bfdefault`, `\familydefault`, `\itdefault`, `\mddefault`, `\rmfamily`, `\seriesdefault`, `\sfdefault`, `\shapedefault`, `\ttdefault`, `\ttfamily`.

\rmfamily

System LaTeX 2_ε.

Wirkung Stellt die aktuelle Schriftfamilie auf *Roman* ein.

Beispiel
```
\sffamily\slshape Dieser Text ist in geneigtem Sans
Serif gesetzt. \rmfamily Jetzt kehren wir in geneigte
{\bfseries Roman} Schrift zur"uck.
```
*Dieser Text ist in geneigtem Sans Serif gesetzt. Jetzt kehren wir in geneigte **Roman** Schrift zurück.*

Beschreibung Genaugenommen wird die Schriftfamilie auf `\rmdefault` umgeschaltet, was im Normalfall *Computer Modern Roman* ist.

Vergleiche `\rm`, [L] `\bfseries`, `\itshape`, `\mdseries`, `\normalfont`, `\rmdefault`, `\textbf`, `\textit`, `\textmd`, `\textnormal`, `\textrm`, `\textsc`, `\textsf`, `\textsl`, `\texttt`, `\textup`.

\rmoustache $\rmoustache$

System Plain-TeX, LaTeX2.09, LaTeX 2_ε; Mathemodus; Großer Operator.

Wirkung Kann nur zusammen mit `\big`, `\left` oder `\right` verwendet werden.

Definition
```
\def\rmoustache{\delimiter"537B341 }
```

\roman ⟨*LaTeX-Zähler*⟩

System LaTeX2.09, LaTeX 2_ε.

Wirkung Gibt den angegebenen *Zähler* in kleinen römischen Zahlen aus.

Beispiel
```
Wir sind auf Seite \roman{page}.
```
Wir sind auf Seite dxlvii.

Definition
```
\def\roman#1{\@roman{\@nameuse{c@#1}}}
```

Beschreibung
Der Befehl ist das LaTeX-Analogon von `\romannumeral`. Allerdings dürfen hier nur LaTeX-Zähler *ohne Backslash* angegeben werden.

Vergleiche
`\romannumeral`, [L] `\alph`, `\Alph`, `\arabic`, `\fnsymbol`, `\newcounter`, `\setcounter`.

\Roman ⟨*LaTeX-Zähler*⟩

System
LaTeX2.09, LaTeX 2$_\varepsilon$.

Wirkung
Gibt den angegebenen *Zähler* in großen römischen Zahlen aus.

Beispiel
```
Wir sind auf Seite \Roman{page}.
```
Wir sind auf Seite DXLVIII.

Definition
```
\def\Roman#1{\@Roman{\@nameuse{c@#1}}}
```

Beschreibung
Der Befehl ist analog zu `\roman`, nur wird die erzeugte römische Zahl in Großbuchstaben umgewandelt.

Vergleiche
`\romannumeral`, `\uppercase`, [L] `\alph`, `\Alph`, `\arabic`, `\newcounter`, `\setcounter`.

\romannumeral ⟨*Nummer*⟩$_z$

System
TeX-Primitive, Plain-TeX, LaTeX2.09, LaTeX 2$_\varepsilon$.

Wirkung
Wandelt die angegebene Zahl in römische Kleinbuchstaben um.

Beispiel
```
\sc VerfaSZt A.D. \romannumeral\the\year.
Z"ahler 22 enth"alt \romannumeral\count22.
```
VERFASZT A.D. MCMXCVI. Zähler 22 enthält mcmlxviii.

Beschreibung
Vorsicht ist mit dem Zahlenende geboten, da TeX solange weiterliest, bis in der Expansion keine Zahl mehr steht, wobei allerdings Leerzeichen ignoriert werden. Allerdings dürfen die Parameter *nicht geklammert* sein, so daß es sich empfiehlt, Zahlen in Zweifelsfällen mit `\relax` abzuschließen.

\root ⟨*Potenz*⟩\of ⟨*Formel*⟩

System — Plain-TEX, LATEX2.09, LATEX 2_ε; Mathemodus.
Wirkung — Erzeugt ein Wurzelzeichen.
Beispiel — `\root3\of{x^2} = x^{2/3}`

$$\root 3 \of {x^2} = x^{2/3}$$

Vergleiche — `\radical`, `\rootbox`, [T] `\sqrt`.

\rootbox

System — Plain-TEX, LATEX2.09, LATEX 2_ε.
Wirkung — Hilfsmakro, das während des Setzens der Wurzel die *Potenz* der Wurzel enthält.
Definition — `\newbox\rootbox`
Vergleiche — `\root`.

\rq ’

System — Plain-TEX, LATEX2.09, LATEX 2_ε.
Wirkung — Erzeugt ein einfaches rechtes Anführungszeichen (*right quote*).
Definition — `\def\lq{‘} \def\rq{’}`
Vergleiche — `\lq`.

\rule [⟨*Voffset*⟩]⟨*Breite*⟩⟨*Höhe*⟩

System — LaTeX2.09, LaTeX 2$_\varepsilon$.

Wirkung — Erzeugt eine Linie bzw. eine gefüllte Box der Ausmaße *Breite* und *Höhe*, welche auf Wunsch um *Voffset* nach oben verschoben werden kann.

Beispiel

```
\rule[-3pt]{0.3\linewidth}{.4pt} \hfill
\rule[-3pt]{0.3\linewidth}{6.4pt} \hfill
\rule[3pt]{0.3\linewidth}{.4pt}
```

Beschreibung — Dieser Befehl hat in LaTeX die Funktion der TeX-Befehle `\hrule` und `\vrule` übernommen. Für die Definition eigener Makros sollte man in kritischen Fällen jedoch auf die TeX-Befehle zurückgreifen, da `\rule` immer eine `\hbox{\vrule}`-Kombination ausführt, wodurch evtl. unübersehbare Effekte entstehen können.

Vergleiche — `\hrule`, `\vrule`.

Befehle S

\S §

System | Plain-TEX, LATEX2.09, LATEX 2ε; Mathemodus.

Wirkung | Erzeugt das Paragraphenzeichen „§".

Definition | `\def\S{\mathhexbox278}%`

Vergleiche | `\mathhexbox`, `\P`.

\samepage

System | LATEX2.09, LATEX 2ε.

Wirkung | Unterbindet einen Seitenumbruch innerhalb von Absätzen, insbesondere auch an hervorgehobenen Formeln.

Beispiel

```
\begin{samepage}
  ...
\end{samepage}
```

Definition

```
\def\samepage{\interlinepenalty\@M
   \postdisplaypenalty\@M
   \interdisplaylinepenalty\@M
   \@beginparpenalty\@M
   \@endparpenalty\@M
   \@itempenalty\@M
   \@secpenalty\@M
   \interfootnotelinepenalty\@M}
```

Beschreibung | Der Befehl wirkt bis zu Ende der umgebenden Gruppe, kann allerdings gut als Umgebung (s. Beispiel) verwendet werden.

Vergleiche | [L] `\newpage`, `\nopagebreak`, `\pagebreak`.

\savebox ⟨⟨*Name*⟩\ ⟩ [⟨*Breite*⟩] [⟨*Position*⟩] ⟨*Text*⟩

System | LATEX2.09, LATEX 2ε.

Wirkung | Setzt *Text* analog dem Kommando `\makebox`, fügt diesen allerdings nicht in den Text ein, sondern speichert ihn unter *Name* ab (s.u.).

Beispiel

```
\newsavebox{\glyx}
\savebox{\glyx}[\linewidth]{\sl Glyxohol}
\smallskip
\rule{\linewidth}{.4pt}
\usebox{\glyx}\label{Glyx}\
\rule{\linewidth}{.4pt}
\smallskip
```

Glyxohol

Beschreibung

Text wird in einer `\hbox` gesetzt, wobei für diese entweder *Breite* oder, falls nicht angegeben, die natürliche Breite der *Box* verwendet wird. Falls eine *Breite* angegeben war, dann kann zusätzlich noch ein Ausrichtungsparameter *Position* angegeben werden (`[l]` oder `[r]`), der angibt, ob der Text links- oder rechtsbündig gesetzt werden soll. Standardmäßig wird er mittig gesetzt.

Der Parameter *Name* gibt den Namen an, unter dem die fertige *Box* gespeichert werden soll. Dieser *Name* muß zuvor mittels `\newsavebox` definiert worden sein. Mit `\usebox` kann die *Box* dann in den Text ausgegeben werden.

Vergleiche

[L] `\makebox`, `\mbox`, `\newsavebox`, {`picture`}, `\sbox`, `\usebox`.

\sb ⟨*Index*⟩

System

Plain-TEX, LATEX2.09, LATEX 2ε; Mathemodus.

Wirkung

Erzeugt eine untenstehende kleine Beistellzahl (*Index*). Entspricht genau dem „_"-Befehl.

Beispiel

```
$$ \int\sb0\sp\infty e\sp{-x\sb1\sp2}dx = N $$
```

$$\int_0^\infty e^{-x_1^2}dx = N$$

Definition

```
\let\sb=_
```

Vergleiche

`\^`, `\_`, `\sp`.

\sbox ⟨⟨*Name*⟩\ ⟩⟨*Text*⟩

System LaTeX2.09, LaTeX 2ε.

Definition `\def\sbox#1#2{\setbox#1\hbox{#2}}`

Beschreibung Dies ist eine Kurzform des `\savebox`-Befehls. Analog zu letzterem Befehl wird auch hier *Text* in eine *Box* gesetzt, die allerdings die natürliche Größe von *Text* hat und somit auch keine Ausrichtung erfordert. Anschließend wird diese Box unter *Name* gespeichert und kann mittels `\usebox` in den Text eingefügt werden. *Name* muß dabei zuvor mit `\newsavebox` erstellt worden sein.

Vergleiche [L] `{lrbox}`, `\mbox`, `\newsavebox`, `\savebox`, `\usebox`.

\sc

System LaTeX2.09, LaTeX 2ε.

Wirkung Schaltet auf Kapitälchenschrift um.

Beispiel `{\sc Pax vobIsCum.}`

PAX VOBISCUM.

Vergleiche `\bf`, `\it`, `\mit`, `\rm`, `\sl`, `\tt`, [L] `\sc`, `\sf`.

\scdefault

System LaTeX 2ε.

Wirkung Enthält den Namen des *Zeichensatzes*, in dem die Schriftgestalt *Smallcaps* dargestellt wird.

Definition `\newcommand{\scdefault}{sc}`

Vergleiche [L] `\bfdefault`, `\familydefault`, `\itdefault`, `\mddefault`, `\seriesdefault`, `\shapedefault`, `\sldefault`, `\updefault`.

\scriptfont ⟨*Nummer*⟩$_z$ = ⟨*Zeichensatz*⟩$_\backslash$

System — TEX-Primitive, Plain-TEX, LATEX2.09, LATEX 2ε.

Wirkung — Setzt den *Zeichensatz* für Indizes und Exponenten in der Schriftfamilie *Nummer* fest.

Beispiel

```
\font\mfi=cmr5 at 5pt
\font\mfii=cmti7 at 5pt
\font\mfiii=cmsl8 at 5pt
$\scriptfont1=\mfi   A_{ijk}=\spadesuit$
$\scriptfont1=\mfii  A_{ijk}=\spadesuit$
$\scriptfont1=\mfiii A_{ijk}=\spadesuit$
```

$A_{\mathrm{ijk}} = \spadesuit$ $A_{ijk} = \spadesuit$ $A_{ijk} = \spadesuit$

Beschreibung — TEX unterscheidet 16 verschiedene *Schriftfamilien* (vgl. `\fam`). Für jede dieser Familien sind drei Zeichensätze für den mathematischen Satz definiert:

`\textfont`	Für die Darstellung der normalen Zeichengröße.
`\scriptfont`	Für die Darstellung von Indizes und Exponenten der ersten Stufe (Normalfall) und Formelteilen im Satz von Brüchen.
`\scriptscriptfont`	Für die Darstellung von Indizes und Exponenten höherer Stufen (Indizes von Indizes etc.), Exponenten und Indizes von Formelteilen in Brüchen, etc.

mit denen man das Aussehen von Formeln variieren kann. So wäre es etwa denkbar, eine neue Schriftfamilie zu definieren, die für sehr große Formeln die Verhältnisse der Zeichensatzgrößen zueinander verändert.

Dabei gelten folgende Regeln:

1.) Änderungen der oben genannten Zeichensätze sind innerhalb der jeweiligen Gruppe lokal.

2.) Für den Satz einer Formel gelten immer die *am Ende* der Formel gültigen Einstellungen. Hätte man das obige Beispiel also innerhalb einer mathematischen Umgebung erzeugt, hätten sich die Indizes nicht unterschieden.

3.) Man beachte den wesentlichen Unterschied zwischen der Verwendung von `\fam` und der Veränderung der oben genannten Zeichensätze: Im ersteren Fall werden alle „gewöhnlichen Zeichen", d.h. solche mit einem Zeichentyp von 7 (vgl. `\mathchar`), in ihrem Aussehen beeinflußt. Im letzteren Fall werden alle aus der geänderten Schriftart gewählten Zeichen (inkl. der so definierten Sonderzeichen) beeinflußt.

Warnung

TeX betrachtet die Zeichensätze 2 und 3 auf jeden Fall als Symbolzeichensätze. Diese unterscheiden sich von normalen Zeichensätzen durch zusätzliche Zeichensatzparameter (vgl. `\fontdimen`). Findet TeX beim Setzen einer Formel einen Zeichensatz in den Gruppen 2 oder 3, der nicht ein *Symbol Font* bzw. *Extended Font* ist, d.h. nicht über die notwendige Anzahl von Parametern verfügt, gibt es eine Fehlermeldung aus:

```
! Math formula deleted: Insufficient symbol fonts!.
```

Es ist also nur mit geeigneten Zeichensätzen möglich, Symbole allgemein umzudefinieren.

Vergleiche

`\font`, `\mathchar`, `\scriptscriptfont`, `\textfont`, [T] `\fam`.

\scriptscriptfont ⟨*Nummer*⟩$_z$ = ⟨*Zeichensatz*⟩$_\backslash$

System

TeX-Primitive, Plain-TeX, LaTeX2.09, LaTeX 2$_\varepsilon$.

Wirkung

Setzt den *Zeichensatz* für Indizes und Exponenten zweiter Ordnung in der Schriftfamilie *Nummer* fest.

Vergleiche

`\scriptfont`, [T] `\fam`.

\scriptscriptstyle

System

TeX-Primitive, Plain-TeX, LaTeX2.09, LaTeX 2$_\varepsilon$.

Wirkung

Erzwingt den Satz einer Formel oder eines Formelteiles im *scriptscriptstyle*, d.h. in der gleichen Art wie Exponenten und Indizes höherer Ordnung gesetzt würden.

Beispiel

```
\def\sym{\left( ax^2 \over by+c \right)}
  \scriptscriptstyle\sym\scriptstyle
  \sym\textstyle\sym\displaystyle\sym
```

$$\scriptscriptstyle\left(ax^2 \over by+c \right) \scriptstyle\left(ax^2 \over by+c \right) \textstyle\left(ax^2 \over by+c \right) \displaystyle\left(ax^2 \over by+c \right)$$

Vergleiche `\displaystyle`, `\scriptstyle`, `\textstyle`.

\scriptsize

System LaTeX2.09, LaTeX 2ε.

Wirkung Stellt die Schriftgröße auf klein um.

Beispiel

```
Manchmal will man Text unbedingt
{\scriptsize klein} haben.
```

Manchmal will man Text unbedingt klein haben.

Bemerkung In LaTeX stellt `\scriptsize` (wie alle Schriftgrößenkommandos) den Zeichensatz auf `\rm` um, d.h. man muß immer zuerst die Größe und dann den Zeichensatz angeben.

In LaTeX 2ε hat sich dieses Problem durch NFSS erledigt, und es wird nur die Zeichensatzgröße verändert.

Vergleiche [L] `\footnotesize`, `\huge`, `\large`, `\Large`, `\LARGE`, `\normalsize`, `\small`, `\tiny`.

\scriptspace ⟨*Dimen*⟩$_d$

System TeX-Primitive, Plain-TeX, LaTeX2.09, LaTeX 2ε.

Wirkung Gibt den zusätzlichen horizontalen Leerraum an, den TeX nach dem Setzen eines Exponenten oder Indexes einfügt.

Definition `\scriptspace.5pt`

Beispiel

```
$ \displaystyle
  \Big\vert_\Box^\Box\Big\vert
  \Big\vert_\Box^\Box\Big\vert
$
$ \displaystyle\scriptspace5mm
  \Big\vert_\Box^\Box\Big\vert
  \Big\vert_\Box^\Box\Big\vert
$
```

$$\Big\vert_\Box^\Box\Big\vert\Big\vert_\Box^\Box\Big\vert$$

$$\Big\vert_\Box^\Box\quad\Big\vert\Big\vert_\Box^\Box\quad\Big\vert$$

\scriptstyle

System TEX-Primitive, Plain-TEX, LATEX2.09, LATEX 2ε.

Wirkung Erzwingt den Satz einer Formel oder eines Formelteiles im *scriptstyle*, d.h. in der gleichen Art wie Exponenten und Indizes erster Ordnung gesetzt würden.

Beispiel

```
\def\sym{\left( ax^2 \over by+c \right)}
  \scriptscriptstyle\sym\scriptstyle
  \sym\textstyle\sym\displaystyle\sym
```

$$\scriptscriptstyle\left(ax^2 \over by+c \right)\quad\scriptstyle\left(ax^2 \over by+c \right)\quad\textstyle\left(ax^2 \over by+c \right)\displaystyle\left(ax^2 \over by+c \right)$$

Vergleiche `\displaystyle`, `\scriptscriptstyle`, `\textstyle`.

\scfam

System LATEX2.09.

Wirkung Gibt die Nummer der Schriftfamilie *Smallcaps* an.

Vergleiche [T] `\fam`.

\scrollmode

System: TEX-Primitive, Plain-TEX, LATEX2.09, LATEX 2_ε.

Wirkung: Stellt den `\scrollmode` ein.

Beschreibung: In diesem Zustand protokolliert TEX zwar alle Meldungen auf dem Bildschirm mit, nimmt aber für alle Fehlerquittierungen `<Return>` an. Falls allerdings durch den Text Eingaben erforderlich werden (vgl. `\read`), wird eine Eingabe über das Terminal erwartet. Im Gegensatz zum verwandten `\nonstopmode` kann man hier außerdem noch mittels `^C` unterbrechen.

Bemerkung: Durch Eingabe von `s` bei einer Fehlermeldung kann man auf `\scrollmode` umschalten.

Vergleiche: `\batchmode`, `\errorstopmode`, `\nonstopmode`.

\scshape

System: LATEX 2_ε.

Wirkung: Stellt die Schriftgestalt der momentan selektierten Schriftfamilie auf *Small Caps* um.

Beispiel:

```
{\sffamily\itshape Jahreszahlen wie
{\scshape Mcmxciv}
will man oft in {\scshape Kapit"alchen}
setzen.}
```

Jahreszahlen wie MCMXCIV *will man oft in* KAPITÄLCHEN *setzen.*

Vergleiche: `\rm`, [L] `\bfseries`, `\itshape`, `\mdseries`, `\slshape`, `\upshape`.

\searrow ↘

System: Plain-TEX, LATEX2.09, LATEX 2_ε; Mathemodus; Relation.

Definition: `\mathchardef\searrow="3226`

Vergleiche: `\nearrow`, `\nwarrow`.

\sec — sec

System: Plain-TEX, LATEX2.09, LATEX 2ε; Mathemodus; Großer Operator.

Definition außer LATEX 2ε: `\def\sec{\mathop{\rm sec}\nolimits}`

Definition LATEX 2ε: `\def\sec{\mathop{\operator@font sec}\nolimits}`

\secdef ⟨*Kommando1*⟩⟨*Kommando2*⟩ * [⟨*Kurztitel*⟩] ⟨*Titel*⟩

System: LATEX 2ε.

Wirkung: Erlaubt die einfache Definition eigener Gliederungskommandos.

Beispiel:

```
\newcommand{\glbef}{\secdef\coma\comb}
\newcommand{\coma}[2][]{{\normalfont\bfseries #2}}
\newcommand{\comb}[1]{{\normalfont\slshape  #1}}
\glbef{\TeX piler}
```

TEXpiler

Beschreibung: `\secdef` ruft in Abhängigkeit von den nachfolgenden Parametern für den Gliederungsbefehl eines der beiden Kommandos *Kommando1* bzw. *Kommando2* auf:

`\glbef`[*Kurztitel*]{*Titel*}	*Kommando1* [*Kurztitel*]{*Titel*}
`\glbef*`{*Titel*}	*Kommando2* {*Titel*}
`\glbef`{*Titel*}	*Kommando1* [*Titel*]{*Titel*}

D.h. es wird geprüft, ob entweder ein Stern „*" oder eine eckige Klammer „[" folgt, und in Abhängigkeit davon wird *Kommando1* oder *Kommando2* aufgerufen.

Bemerkung: Man beachte dabei die eckigen Klammern, in denen der erste Parameter für *Kommando1* übergeben wird, quasi als immer vorhandener *optionaler* Parameter. Deshalb ist es nötig, in der Befehlsdefinition von *Kommando1* einen optionalen Parameter zu definieren, obwohl der Parameter immer übergeben wird.

secnumdepth

System — LaTeX2.09, LaTeX 2_ε.

Wirkung — Dieser LaTeX-Zähler ist für die Numerierung von Überschriften im Inhaltsverzeichnis zuständig.

Beispiel

```
\setcounter{secnumdepth}{2}
\tableofcontents
```

Beschreibung — In Abhängigkeit von diesem LaTeX-Zähler werden folgende Überschriften im Inhaltsverzeichnis numeriert:

`tocdepth` ≥	
-1	`\part`
0	`\chapter`
1	`\section`
2	`\subsection`
3	`\subsubsection`
4	`\paragraph`
5	`\subparagraph`

Dieser Zähler muß vor dem Aufruf von `\tableofcontents` verändert werden, da in der *jobname*.`toc`-Datei alle Überschriften angegeben sind und erst in `\tableofcontents` jene aussortiert werden, die nicht mehr dargestellt werden sollen.

Vergleiche — [L] `\chapter`, `\part`, `secnumdepth`, `\section`, `\subsection`, `\subsubsection`.

\section [⟨*Kurztitel*⟩] {*Text*}

System — LaTeX2.09, LaTeX 2_ε.

Wirkung — Erzeugt einen neuen Abschnitt mit der Überschrift *Text* und erhöht den entsprechenden Zähler.

Beispiel `\section{Wie schonend behandelt \TeX\ Disketten?}`

Wie schonend behandelt TeX Disketten?

Vergleiche section, [L] \chapter, \section*.

section

System LaTeX2.09, LaTeX 2ε.

Wirkung Dieser LaTeX-Zähler ist für die Numerierung von Abschnitten zuständig. `\section*` wird natürlich nicht numeriert.

Beispiel
```
\addtocounter{section}{1}
\section*{\thesection\ DEMOkratie}
```

Definition `\newcounter{section}[chapter]`

Vergleiche [L] \section, \thesection.

\section* ⟨*Text*⟩

System LaTeX2.09, LaTeX 2ε.

Wirkung Simuliert einen neuen Abschnitt mit der Überschrift *Text*. Dieser Abschnitt wird allerdings nicht in das Inhaltsverzeichnis übernommen und der Zähler auch nicht erhöht.

Beispiel `\section*{Bildschirmschoner in \TeX ?}`

Bildschirmschoner in TeX?

Vergleiche [L] \chapter, \section.

\sectionmark

System: LaTeX2.09, LaTeX 2_ε.

Wirkung: Definiert einen Befehl, der bei jedem `\section`-Befehl aufgerufen wird.

Definition:

```
\def\sectionmark##1{%
        \markright {\uppercase{\ifnum \c@secnumdepth >\z@
            \thesection. \ \fi
            ##1}}}}
```

Beschreibung: Der Befehl ist das konsequente Analogon von `\chaptermark`, wird jedoch nur in Abhängigkeit von der momentanen *Dokumentart* verwendet. Im Normalfall wird dann die Überschrift der `\section` als Parameter übergeben.

Vergleiche: [L] `\chaptermark`.

\seename

System: LaTeX 2_ε.

Wirkung: Setzt den Text für einen Querverweis im Inhaltsverzeichnis.

Definition: `\newcommand\seename{see}`

Vergleiche: `\USenglish`, [L] `\chaptername`.

\selectfont

System: LaTeX 2_ε.

Wirkung: Stellt auf einen neuen Zeichensatz um.

Beispiel:

```
\fontfamily{cmr} \fontshape{it}
\selectfont Kursiver Text.
```

Kursiver Text.

Beschreibung

Mit `\selectfont` wird der Zeichensatz eingestellt, der zuvor durch die Zeichensatzattribute

`\fontencoding`	`\fontfamily`
`\fontseries`	`\fontshape`
`\fontsize`	

definiert wurde. Steht dieser Zeichensatz nicht zur Verfügung, wird zuerst `\fontshape` auf `\shapedefault`, falls dies nicht hilft, `\fontseries` auf `\seriesdefault` und als letzter Versuch `\fontfamily` auf `\familydefault` gesetzt.

Vergleiche

[L] `\encodingdefault`, `\familydefault`, `\fontencoding`, `\fontfamily`, `\fontseries`, `\fontshape`, `\fontsize`, `\seriesdefault`, `\shapedefault`.

\selectlanguage ⟨*Sprache*⟩

System

LaTeX2.09: Stiloption `german`, LaTeX 2_ε: *package* `babel`: Option `german`.

Beschreibung

Setzt global eine Sprache für ein LaTeX2.09 Dokument. Mit diesem Befehl kann eine der in `german.tex` bzw. `german.sty` definierten Sprachen eingestellt werden. Dieser Befehl setzt allerdings neben der Sprache auch noch folgende globale Variablen:

`\abstractname`	`\alsoname`	`\appendixname`
`\bibname`	`\ccname`	`\chaptername`
`\contentsname`	`\enclname`	`\figurename`
`\headtoname`	`\indexname`	`\indexname`
`\listfigurename`	`\listtablename`	`\pagename`
`\partname`	`\prefacename`	`\refname`
`\seename`	`\tablename`	

Will man nur die Sprache (Trenntabelle) ändern, bieten sich dafür `\language` und `\setlanguage` an, wobei allerdings die Sprachnamen nicht mehr durch Makros standardisiert werden.

Vergleiche

`\language`, `\setlanguage`, `\USenglish`.

\seriesdefault

System LaTeX 2ε.

Wirkung Bestimmt die Standard-Schriftserie einer Schriftfamilie.

Definition `\newcommand{\seriesdefault}{m}`

Bemerkung Zu den verwendbaren Buchstaben wie `m` für normale Schriften, `b` für *boldface* und manchmal `bx`, `c` und `sbc` für ausgefallenere Formate. Siehe auch `\mddefault`.

Vergleiche [L] `\bfseries`, `\encodingdefault`, `\familydefault`, `\mdseries`, `\normalfont`, `\rmdefault`, `\scdefault`, `\selectfont`, `\seriesdefault`, `\sfdefault`, `\shapedefault`, `\sldefault`, `\textnormal`, `\ttdefault`, `\updefault`.

\setbox ⟨*Nummer*⟩$_z$ = ⟨*Box*⟩$_b$

System TeX-Primitive, Plain-TeX, LaTeX2.09, LaTeX 2ε.

Wirkung Speichert eine *Box* in einem *Boxregister*.

Beispiel

```
\newbox\memory
\setbox\memory=\hbox{Da war doch was \ldots}
\setbox0=\vbox{\hrule\smallskip\hbox{
     Gerahmt }\smallskip\hrule}
\hbox to \linewidth{
  \copy0\hfill\box\memory\hfill\box0}
```

Gerahmt Da war doch was ... Gerahmt

Beschreibung Die bei `\setbox` als Argument angegebene Box wird nicht direkt ausgegeben, sondern nur so formatiert, wie das sonst auch der Fall wäre, und im Register *Nummer* gespeichert. Anschließend kann mit diesem Register weitergearbeitet werden, als sei es die angegebene *Box*.

Vergleiche `\box`, `\copy`, `\dp`, `\ht`, `\newbox`, `\unhbox`, `\unvbox`, `\vsplit`, `\wd`, [L] `\usebox`.

\setcounter ⟨*LaTeX-Zähler*⟩⟨*Wert*⟩

System
LaTeX2.09, LaTeX 2ε.

Wirkung
Setzt den Wert eines LaTeX-Zählers auf *Wert*.

Beispiel

```
\newcounter{runner}
\setcounter{runner}{0}
\stepcounter{runner}
\verb!\runner! hat den Wert \arabic{runner}.
```

`\runner` hat den Wert 1.

Definition

```
\def\setcounter#1#2{\@ifundefined{c@#1}{\@nocnterr}%
{\global\csname c@#1\endcsname#2\relax}}
```

Beschreibung
Da LaTeX seine Zähler über eigene Kommandos verwaltet, werden die Zählernamen hier (s. Beispiel) ohne *Backslash* angegeben. Intern werden diese dann in TeX-Zähler des Namens `\c@`*Zähler* umgewandelt. Somit ergeben sich folgende Analogien:

`\newcounter`	`\newcount`
`\value`	`\count`
`\addtocounter`	`\advance`
`\stepcounter`	

Für die Befehle `\setcounter` und `\refstepcounter` gibt es keine TeX-Analoga, da einem Zähler direkt ein Wert zugewiesen werden kann wie

```
\count22=125
```

bzw. TeX keine allgemeine Referenzenverwaltung hat. Zu beachten ist außerdem noch die Besonderheit der abhängigen Zähler (vgl. `\newcounter`), die dazu führt, daß der abhängige Zähler durch Veränderung des übergeordneten Zählers auf 0 gesetzt wird.

Vergleiche
[L] `\addtocounter`, `\newcounter`, `\refstepcounter`, `\roman`, `\Roman`, `\stepcounter`, `\value`.

\setlanguage ⟨*Nummer*⟩$_z$

System: TEX3-Primitive, Plain-TEX, LATEX2.09, LATEX 2ε.

Beschreibung: Hiermit wird ein *whatsit*-Element, das TEX informiert, daß die folgenden Daten nach einer anderen Trenntabelle getrennt werden sollen, in die aktuelle Liste eingefügt. Dabei wird allerdings der Wert von `\language` nicht geändert, was bei unsachgemäßer Handhabung zu Problemen führen kann.

Vergleiche: `\language`, `\selectlanguage`.

\setlength ⟨⟨*Länge*⟩$_\backslash$⟩⟨⟨*Wert*⟩$_d$⟩

System: LATEX2.09, LATEX 2ε.

Wirkung: LATEX-Befehl für die Änderung einer *elastischen Länge.*

Beispiel:

```
\newlength{\dynn}
\setlength{\dynn}{qpt plus.1pt}
\addtolength{\dynn}{-.5pt minus .05pt}
\settowidth{\dynn}{Dick}
```

Definition:

```
\def\setlength#1#2{#1#2\relax}
```

Beschreibung: Im Gegensatz zur Verwaltung von Zählern werden hier direkt die TEX-Längenregister verwendet, d.h. die Namen der *Längen* müssen *mit Backslash* angegeben werden. Für die LATEX-Längenverwaltung gibt es folgende TEX-Analoga:

```
\addtolength      \advance
\newcount         \newcounter
\newlength        \newskip
\dp               \ht
\wd
```

Für `\setcounter` gibt es kein Analogon, da auch hier wieder der Wert direkt zugewiesen wird:

```
\skip123=22pt plus .5fil
```

Bei der Verwaltung von Längen kann man TEX- und LATEX-Befehle also völlig gleichwertig verwenden, mit der kleinen Einschränkung, daß der Befehl `\newlength` LaTeX-spezifisch prüft, ob noch ein Register frei ist.

Vergleiche `\skip`, [L] `\addtolength`, `\newlength`, `\settodepth`, `\settoheight`, `\settowidth`.

\SetMathAlphabet ⟨⟨*Name*⟩\ ⟩⟨*Version*⟩⟨*Coding*⟩⟨*Font*⟩⟨*Gewicht*⟩⟨*Neigung*⟩

System LaTeX 2_ε.

Wirkung Legt einen mathematischen Zeichensatz fest.

Beispiel `\SetMathAlphabet{\mathsf}{bold}{OT1}{cmss}{m}{n}`

Beschreibung Da die in LaTeX 2_ε sonst gebräuchlichen Zeichensatzkommandos innerhalb der mathematischen Umgebungen nicht verwendet werden können, kann man mit `\DeclareMathAlphabet` einen Befehl des Typs

`\mathsf{`*Formelteil*`}`

für alle Werte von `\mathversion` definieren. Damit aber die auf diese Weise definierten Formelteile sich auch den Auswirkungen von `\mathversion` anpassen, kann man mit Hilfe von `\SetMathAlphabet` das Verhalten von *Name* innerhalb verschiedener `\mathversion`-Umgebungen definieren, indem man für jede gewünschte `\mathversion` `\SetMathAlphabet` mit dem entsprechenden *Versions*-Namen aufruft.

Vergleiche [L] `\DeclareMathAlphabet`, `\mathbf`, `\mathcal`, `\mathit`, `\mathnormal`, `\mathrm`, `\mathsf`, `\mathtt`, `\mathversion`, `\SetSymbolFont`.

\setminus $\setminus$

System Plain-TeX, LaTeX2.09, LaTeX 2_ε; Mathemodus; Binärer Operator.

Wirkung Erzeugt ein Mengensubtraktionszeichen.

Beispiel $D_f = R^2 \setminus \{(0,0),(1,1)\}$.

Definition `\mathchardef\setminus="226E`

\SetSymbolFont ⟨⟨Name⟩\⟩⟨Version⟩⟨Codierung⟩⟨Font⟩⟨Gewicht⟩⟨Neigung⟩

System — LaTeX 2ε.

Wirkung — Definiert einen Zeichensatz, aus dem die mathematischen Symbole entnommen werden sollen, in Abhängigkeit von `\mathversion`.

Beispiel — `\SetSymblFont{AMSb}{bold}{msb}{m}{n}`

Beschreibung — Analog zu `\SetMathFont` wird hier ein *versions*-abhängiger Zeichensatz zum Symbol-Zeichensatz erklärt. Eine allgemeine Definition für alle Werte von `\mathversion` kann mit dem Befehl `\DeclareSymbolFont` erfolgen.

Vergleiche — [L] `\DeclareMathVersion`, `\DeclareSymbolFont`, `\SetMathAlphabet`.

\settabs

System — Plain-TeX.

Wirkung — Erstellt Tabulatorpositionen für einfache TeX-Tabellen.

Beispiel

```
\settabs 4 \columns
\+ Erste Spalte & Zweite Spalte &
   Dritte Spalte & Vierte Spalte \cr
\+ && Dritte Spalte \cr
\+ &&& Vierte Spalte \cr
\+ && Ziemlich lange dritte Spalte & Vierte Spalte \cr
```

Erste Spalte	Zweite Spalte	Dritte Spalte	Vierte Spalte
		Dritte Spalte	
			Vierte Spalte
		Ziemlich lange dritte Spalte	Vierte Spalte

```
$$\vbox{\settabs
\+ xxxxxxxxx      & Photonen& R"ontgen& Elektronen\cr
\+ Out {\tt\bs} In& Photonen& R"ontgen& ESMA \cr
\+ R"ontgen       &         & RFA     \cr
\+ Elektronen     & ESCA    & ESCA    \cr
\+                & Auger   \cr
}$$
```

Out \ In	Photonen	Röntgen	ESMA
Röntgen		RFA	
Elektronen	ESCA Auger	ESCA	

Beschreibung

Wie man im Beispiel sehen kann, gibt es zwei Formen des `\settabs`-Kommandos.

In der ersten Form wird die Zeile (`\hsize`) in *n* gleiche Teile aufgeteilt und am Anfang eines jeden Zeilenteiles eine Tabulatorposition gesetzt, die mittels `&` angesprungen werden kann (auch rückwärts, wenn ein Eintrag zu lang wird). Alle nicht definierten Tabulatorpositionen werden nach dem letzten Zeilenteil angefügt. (Das Tabulatorzeichen verhält sich wie ein *aktives* Zeichen, d.h. aller Leerraum bis zu Anfang des Eintrages wird ignoriert). Jede neue Zeile wird mit `\+` begonnen, und jede Zeile wird mit `\cr` abgeschlossen. Der Text wird normalerweise linksbündig gesetzt, kann aber mittels `\hfill` etc. auch anders ausgerichtet werden.

Für die zweite Form gilt im Prinzip das Gleiche wie oben, nur daß man hier eine Musterzeile vorgibt, anstatt eine Zeile gleichmäßig aufzuteilen. Diese erste Zeile wird als Muster genommen, aber selbst nicht gesetzt.

Für die Verwendung von `\settabs` gilt es zu beachten, daß dieser Befehl nur im *vertikalen* Modus verwendet werden kann. Zweitens werden einmal angegebene Tabulatoren bis zum Ende der Gruppe gespeichert, auch wenn man inzwischen wieder normalen Text geschrieben hat.

Vergleiche

`\cleartabs`, `\halign`, `\valign`, [T] `\tabalign`, `\tabs`, `\tabsdone`, `\tabsyet`.

\settodepth ⟨⟨*Länge*⟩\ ⟩⟨*Text*⟩

System

LaTeX2.09, LaTeX 2_ε.

Wirkung

Setzt die angegebene TeX-*Länge* (mit *Rückstrich*) auf die Unterlänge von *Text*.

Beispiel

```
\settodepth{\breit}{\bf Breite}
\showthe\breit
```

```
> 0.0pt.
l.515 \showthe\breit

!
```

Beschreibung — Der angegebene *Text* wird in einer `\hbox` gesetzt und anschließend deren Unterlänge der *Länge* zugewiesen.

Vergleiche — `\skip`, [L] `\addtolength`, `\newlength`, `\setlength`, `\settoheight`, `\settowidth`.

\settoheight ⟨⟨*Länge*⟩\ ⟩⟨*Text*⟩

System — LaTeX2.09, LaTeX 2ε.

Wirkung — Setzt die angegebene TeX-*Länge* (mit *Rückstrich*) auf die Oberlänge von *Text*.

Beispiel

```
\settoheight{\breit}{\bf Breite}
\showthe\breit
```

```
> 6.83331pt.
l.515 \showthe\breit

!
```

Beschreibung — Der angegebene *Text* wird in einer `\hbox` gesetzt und anschließend deren Oberlänge der *Länge* zugewiesen.

Vergleiche — `\skip`, [L] `\addtolength`, `\newlength`, `\setlength`, `\settodepth`, `\settowidth`.

\settowidth ⟨⟨*Länge*⟩\ ⟩⟨*Text*⟩

System — LaTeX2.09, LaTeX 2ε.

Wirkung — Setzt die angegebene TeX-*Länge* (mit *Rückstrich*) auf die Breite von *Text*.

Beispiel
```
\settowidth{\breit}{\bf Breite}
\showthe\breit
```

```
> 31.12486pt.
l.515 \showthe\breit

!
```

Beschreibung — Der angegebene *Text* wird in einer `\hbox` gesetzt und anschließend deren Breite der *Länge* zugewiesen.

Vergleiche — `\skip`, [L] `\addtolength`, `\newlength`, `\setlength`, `\settodepth`, `\settoheight`.

\sevenbf

System — Plain-TEX.

Wirkung — Selektiert den Zeichensatz `cmbx7 scaled 1000`.

Definition — `\font\sevenbf=cmbx7`

\seveni

System — Plain-TEX.

Wirkung — Selektiert den Zeichensatz `cmmi7 scaled 1000`.

Definition — `\font\seveni=cmmi7`

\sevenrm

System — Plain-TEX.

Wirkung — Selektiert den Zeichensatz `cmr7 scaled 1000`.

Definition — `\font\sevenrm=cmr7`

\sevensy

System Plain-TEX.
Wirkung Selektiert den Zeichensatz `cmsy7 scaled 1000`.
Definition `\font\sevensy=cmsy7`

\seventeenpt

System SLITEX: Dokumentstil `slides`, LATEX 2ε: Dokumentklasse `slides`.
Wirkung Schaltet auf 17 pt große Schrift um.

\sf

System LATEX2.09, LATEX 2ε.
Wirkung Stellt die Schriftart auf Sans-Serif-Schrift um.
Vergleiche `\bf`, `\it`, `\mit`, `\rm`, `\sl`, `\tt`, [L] `\sc`, `\sf`.

\sfcode ⟨*Zeichen*⟩$_z$ = ⟨*Zahl*⟩$_z$

System TEX-Primitive, Plain-TEX, LATEX2.09, LATEX 2ε.
Wirkung Ordnet einem *Zeichen* einen Abstandsfaktor zu, der zusammen mit `\spacefactor` die Dehnung oder Stauchung der Wortzwischenräume innerhalb von Absätzen beeinflußt.
Beispiel

```
\def\nonfrenchspacing{
    \sfcode`\.3000    \sfcode`\?3000
    \sfcode`\!3000    \sfcode`\:2000
    \sfcode`\;1500    \sfcode`\,1250
}
```

Beschreibung

IniTEX ordnet jedem Zeichen einen `\sfcode` von 1000 zu, allen Großbuchstaben einen Wert von 999 (vgl. `\spacefactor`) und einigen Sonderzeichen (w. Beispiel) besondere Werte, deren Auswirkungen bei `\spacefactor` beschrieben werden.

Nach jedem Buchstaben setzt TEX `\spacefactor` auf den Wert von `\sfcode` des letzten vorhergehenden Wortes und verwendet diesen `\spacefactor` für die Größe der Wortzwischenräume (s. `\spacefactor`).

Vergleiche

`\fontdimen`, `\nonfrenchspacing`, `\spacefactor`, `\spaceskip`, `\xspaceskip`, [L] `\nocorrlist`.

\sfdefault

System: LATEX 2ε.

Wirkung: Enthält den Namen des *Zeichensatzes*, in dem die Schriftfamilie *Sans Serif* dargestellt wird.

Definition:

`\newcommand{\sfdefault}{cmss}`	LATEX 2ε
`\def\rmdefault{lcmss}`	SLITEX

Vergleiche: [L] `\bfdefault`, `\familydefault`, `\itdefault`, `\mddefault`, `\rmdefault`, `\seriesdefault`, `\sf`, `\shapedefault`, `\ttdefault`.

\sffam

System: LATEX2.09.

Wirkung: Gibt die Nummer der Schriftfamilie *Sans Serif* an.

Vergleiche: `\mit`, [T] `\fam`.

\sffamily

System: LATEX 2ε.

Wirkung: Stellt die aktuelle Schriftfamilie auf *Sans Serif* ein.

Beispiel

```
\sffamily\slshape Dieser Text ist in geneigtem
Sans Serif gesetzt. \rmfamily Jetzt kehren wir
in geneigte {\bfseries Roman}-Schrift zur"uck.
```

*Dieser Text ist in geneigtem Sans Serif gesetzt. Jetzt kehren wir in geneigte **Roman**-Schrift zurück.*

Beschreibung — Genaugenommen wird die Schriftfamilie auf `\sfdefault` umgeschaltet, was im Normalfall *Computer Modern Sans Serif* ist.

Vergleiche — `\mit`, [L] `\sf`, `\sfdefault`.

\shapedefault

System — LaTeX 2ε.

Wirkung — Bestimmt die Standard-Schriftgestalt einer Schriftfamilie.

Definition — `\newcommand{\shapedefault}{\updefault}`

Beschreibung — Wird eine Zeichensatzkombination nicht gefunden, dann wird `\shapedefault` als Ersatz für die angegebene Schriftgestalt angenommen.

Vergleiche — [L] `\encodingdefault`, `\familydefault`, `\fontshape`, `\normalfont`, `\rmdefault`, `\scdefault`, `\selectfont`, `\seriesdefault`, `\sfdefault`, `\sldefault`, `\textnormal`, `\ttdefault`, `\updefault`.

\sharp $\sharp$

System — Plain-TeX, LaTeX2.09, LaTeX 2ε; Mathemodus.

Definition — `\mathchardef\sharp="015D`

Vergleiche — `\flat`, `\natural`.

\shipout ⟨*Box*⟩$_b$

System TEX-Primitive, Plain-TEX, LATEX2.09, LATEX 2ε.

Wirkung Gibt die angegebene *Box* in die *jobname*.dvi-Datei aus.

Beispiel

```
\newbox\pgbox
\setbox\pgbox=\hbox to \hsize{
    \hss
    \vbox to \vsize{
        \vss\hbox{Leere Seite}}\vss
    }
    \hss
}
\shipout\box\pgbox
```

Beschreibung Das Ausgabekonzept von TEX ist in zwei Ebenen aufgebaut, die im wesentlichen unabhängig voneinander verwendet werden.

Die obere Ebene beschäftigt sich mit dem Setzen und Umbrechen von Text und mit dem Aufbau und der Formatierung von Seiten. Diese Ebene wird von der \output-Routine repräsentiert, die immer aufgerufen wird, wenn TEX meint, einen guten Seitenumbruch in Abhängigkeit von \vsize gefunden zu haben.

Die zweite Ebene, repräsentiert von \shipout, ist nur für die eigentliche Ausgabe jedweden Materials in DVI-Dateien zuständig, und wird normalerweise via \output aufgerufen, kann aber jederzeit vom Benutzer aufgerufen werden. Der Punkt dabei ist allerdings, daß \output einen der wenigen periodisch auftretenden Zeitpunkte darstellt, an dem man eigene Routinen aufrufen kann, so daß die Verwendung der beiden Routinen \shipout und \output meist Hand in Hand geht.

Wie man im Beispiel sieht, kann mittels \shipout jedwede *Box* zu jedwedem Zeitpunkt ausgegeben werden. Wie bei \output beschrieben, kann man aber auch Material *nicht* ausgeben und es statt dessen wieder in die aktuelle Seite einfügen. Um eine Endlosschleife zu verhindern, hat TEX deshalb den Zähler \deadcycles für jeden \output-Aufruf, der mit jedem Aufruf von \shipout zurückgesetzt wird und den Wert \maxdeadcycles nicht überschreiten darf.

Vergleiche \deadcycles, \maxdeadcycles, \output.

\shortstack [⟨*Ausrichtung*⟩] ⟨*Text*⟩

System — LaTeX2.09, LaTeX 2_ε.

Wirkung — `\shortstack` ist ein Bildbefehl der {`picture`}-Umgebung, mit dem man vertikale Beschriftungen erzeugen kann.

Beispiel

```
\unitlength0.1\linewidth
\begin{picture}(10,3)
\put(2,0){\shortstack[r]{Text\\R ... }}
\put(5,0){\shortstack{Text\\Z\\e ... }}
\put(8,0){\shortstack[l]{Text\\L ... }}
\end{picture}
```

Text Text Text
R M L
e i i
c t n
h t k
t i s
. s . g

Beschreibung — Der optionale Parameter *Ausrichtung* gibt die Ausrichtung des Textes in Relation zur umfassenden *Box* an. Für *Ausrichtung* kann `[l]` (linksbündig), `[c]` (zentriert) oder `[r]` (rechtsbündig) stehen, wobei eine zentrierte Ausgabe Standard ist.

Text enthält die auszugebenden Zeilen, die untereinander mittels `\\` getrennt werden müssen.

Dieser Befehl eignet sich nur bedingt zur Ausgabe von senkrecht gestapelten *Texten*, weil LaTeX innerhalb des `\shortstack`-Makros die normalen Zeilenabstände unterdrückt.

Vergleiche — [L] {`picture`}.

\show ⟨*Tokenliste*⟩

System — TeX-Primitive, Plain-TeX, LaTeX2.09, LaTeX 2_ε.

Wirkung — `\show` gibt die Bedeutung der folgenden Tokenliste in die *jobname*.`log`-Datei aus.

Beispiel

```
\def\ms#1{\scrollmode\show#1\errorstopmode}
```

```
\ms a

> the letter a.
<argument> a

\ms #1->\scrollmode \show #1
                                    \errorstopmode
\ms a
```

Beschreibung

`\show` ist das allgemeinste der von TeX zur Verfügung gestellten Kommandos zur Ausgabe von Informationen bezüglich der *Tokenverarbeitung*.

`\show` gibt die Bedeutung des folgenden *Tokens*, d.h. des nächsten Befehlsnamens oder des nächsten Zeichens aus. Das entsprechende *Token* wird dabei als Parameter für `\show` verwendet und wird somit nicht weiter expandiert oder ausgeführt. Für den Parameter von `\show` gelten folgende Regeln:

1.) Alle folgenden Leerzeichen bis zum ersten *Token*, das nicht `\catcode` 10 hat, werden wie bei allen TeX-Befehlen ignoriert (*implizite Leerzeichen*).

2.) Zeichen mit `\catcode` 1, 2, 3, 4, 6, 7, 8, 11, 12 und 13 werden als *Token* behandelt, und entsprechende Informationen werden ausgegeben.

3.) Zeichen mit `\catcode` 0, 5, 9, 10 und 14 behalten ihre Bedeutung bei und unterlaufen damit die Erkennbarkeit durch `\show`.

Für die Fälle 2 und 3 ist es wichtig zu beachten, daß TeX grundsätzlich alle Zeichen gelesen hat, bevor sie als Parameter an `\show` weitergereicht werden. Dies betrifft insbesondere die Definition von Zeichen mittels „`^^`" und das Auftreten von `\show` innerhalb von Makrodefinitionen. Im ersteren Fall wird das „`^^`"-Zeichen auf jeden Fall zuerst expandiert, im letzteren Fall werden „#"-Zeichen expandiert und `\catcode`-s fixiert.

`\show` gibt folgende Informationen aus (s.a. Beispiel):

1.a) Wie bei einer Fehlermeldung wird rekursiv die Stelle jeder Zeile angezeigt, in der der Befehl stand, der `\show` aufgerufen hat. Damit kann man sehen, an welcher Stelle die Bedeutungsangabe durch `\show` gültig ist.

1.b) Handelt es sich bei dem *Token* um eine Parameterersetzung, wird der Parameter in der Form `<argument>` *Argument* angegeben, wobei von *Argument* entsprechend wieder der relevante Teil angegeben wird.

2.) Handelt es sich bei dem *Token* um eine Befehlszeichenkette, wird eine Informationszeile der Form

'> *Token* = *Bedeutung* .'
ausgegeben. Handelt es sich bei *Token* um einen TEX-Systembefehl, wird als *Bedeutung* nur der Name des Befehls wiederholt. Handelt es sich um ein Makro, wird bei *Bedeutung* angegeben:
'[\long][\outer]macro:
Maske->*Definition*',
wobei *Maske* den festen Text und die Parameterpositionen (vgl. \def) angibt, *Definition* den Wortlaut der Definition.

3.) Handelt es sich bei *Token* um ein Zeichen, wird eine besondere von \catcode abhängige Meldung ausgegeben:
1: begin-group character
2: end-group character
3: math shift character
4: alignment tab character
6: macro parameter character
7: superscript character
8: subscript character
11,12: the letter
gefolgt von dem Zeichen selbst.

Vergleiche — \escapechar, \meaning, \pausing, \showbox, \showboxbreadth, \showboxdepth, \showhyphens, \showlists, \showthe, \the, \tracingall, \tracingcommands, \tracinglostchars, \tracingmacros, \tracingonline, \tracingoutput, \tracingpages, \tracingparagraphs, \tracingrestores, \tracingstats, [L] \showoutput, \showoverfull, \tracefloatvals.

\showbox ⟨*Boxregisternummer*⟩$_z$

System — TEX-Primitive, Plain-TEX, LATEX2.09, LATEX 2$_\varepsilon$.

Wirkung — Zeigt Ausmaße und Inhalt des *Boxregisters* mit der angegebenen *Nummer* an.

Beispiel

```
\setbox22=\hbox to 20pt{\frame{ Ausgang }\hss}
\showbox22
```

```
> \box22=
\hbox(8.97775+0.0)x20.0, glue set - 20.88898fil
.\hbox(8.97775+0.0)x40.88898
..\glue -0.39998
..\vbox(8.97775+0.0)x41.68893
...\glue -0.39998
...\rule(0.39998+0.0)x*
...\hbox(6.83331+1.94444)x41.68893 []
...\rule(0.39998+0.0)x*
...\glue -0.19998
..\glue -0.39998
.\glue 0.0 plus 1.0fil minus 1.0fil
```

Beschreibung

`\showbox` gibt die Art und Ausmaße der im entsprechenden *Boxregister* befindlichen *Box* aus. Ist das angegebene Register leer, gibt TEX die *Box* als `void` an. Ansonsten wird für die *Box* eine Zeile ausgegeben, in der die Art der *Box* (`\vbox` bzw. `\hbox`) und deren Ausmaße in der Form

`(`*Oberlänge*`+`*Unterlänge*`)x`*Breite*

angegeben sind. Ist für eine *Box* eine feste Größe vorgegeben und wird durch *elastischen* Leerraum innerhalb der Box aufgefüllt, wird die durch TEX berechnete Länge desselben im Anschluß an die Ausmaße der Box angegeben:

`glue set` *Länge in*`pt`

Enthält die *Box* weiteres Material, wird dieses in Abhängigkeit von `\showboxbreadth` und `\showboxdepth` ausgegeben.

`\showboxdepth` gibt die maximale auszugebende Verschachtelungstiefe von *Boxen* an. Standardmäßig ist `\showboxdepth` mit 3 vorbelegt. Alle weiteren Verschachtelungen werden nur mit `[]` angezeigt, aber nicht mehr ausgegeben. Jede weitere Verschachtelungsebene wird mit einem zusätzlichen „`.`" eingerückt, so daß die Verschachtelungstiefe leicht abzulesen ist.

`\showboxbreadth` gibt die Anzahl der Elemente (*Boxen*, Zeichen, *feste* und *elastische* Leerräume und Linien) an, die innerhalb einer *Box* betrachtet werden. Im Normalfall ist `\showboxbreadth` mit 5 vorbelegt. Befinden sich mehr Elemente in der betrachteten Box, so wird dies mit „`etc.`" angezeigt und falls nötig in der darüberliegenden *Box* weitergearbeitet.

Vergleiche

`\show`, `\showboxbreadth`, `\showboxdepth`, `\tracingall`.

\showboxbreadth

System TEX-Primitive, Plain-TEX, LATEX2.09, LATEX 2ε.

Wirkung Legt die Anzahl der Elemente einer *Box* fest, die mittels `\showbox` ausgegeben werden. Standardmäßig mit 5 vorbelegt.

Beispiel `\showboxbreadth=10`

Vergleiche `\show`, `\showbox`, `\tracingall`.

\showboxdepth

System TEX-Primitive, Plain-TEX, LATEX2.09, LATEX 2ε.

Wirkung Legt die Tiefe der Verschachtelung fest, bis zu der *Boxen* mittels `\showbox` ausgegeben werden. Standardmäßig mit 3 vorbelegt.

Beispiel `\showboxdepth=10`

Vergleiche `\show`, `\showbox`, `\tracingall`.

\showhyphens ⟨*Text*⟩

System Plain-TEX, LATEX2.09, LATEX 2ε.

Wirkung Zeigt alle Trennstellen innerhalb des angegebenen *Textes* an.

Beispiel `\showhyphens{supercalifragilisticexpialigetisch}`*

```
Underfull \hbox (badness 10000) in paragraph at lines
886--886 [] []
\tenrm su-per-ca-lifra-gi-li-sti-c-ex-pia-li-ge-tisch
```

Definition

```
\def\showhyphens#1{\setbox0\vbox{\parfillskip
  0pt\hsize\maxdimen\tenrm
  \pretolerance-1\tolerance-1
  \hbadness0\showboxdepth0\ #1}
}
```

*Ja, in der deutschen Fassung heißt das wirklich so. Im Rahmen einer recht teuren Wette haben wir geklärt, daß es *nicht* supercalifragilist*isch*expialigetisch heißt!

Beschreibung — Der angegebene Text wird in einer `\hbox` größtmöglicher Breite gesetzt, wobei durch `\pretolerance-1` und `\tolerance-1` keine Trennstellen akzeptiert werden. Durch `\hbadness0` wird erreicht, daß TeX auf jeden Fall eine Warnung wegen einer *Underfull* `\hbox` und damit auch die gefundenen Trennstellen ausgibt.

Vergleiche — `\show`, `\tracingall`, `\uchyph`.

\showlists

System — TeX-Primitive, Plain-TeX, LaTeX2.09, LaTeX 2_ε.

Wirkung — Gibt alle an der Stelle des Aufrufes in Arbeit befindlichen Listen aus.

Beispiel

```
\tracingonline=1
\showboxdepth=1
\showboxbreadth=1

\hbox{
$
\vbox{
\noindent$$
x\showlists
$$}$}
```

Siehe Abbildung 7.

Beschreibung — In umgekehrter Reihenfolge werden die Listen ausgegeben, an denen TeX gerade arbeitet. Wird eine Liste abgeschlossen, wird sie also nicht mehr aufgeführt. Dabei gibt TeX jeweils die Zeilennummer aus, in der die jeweilige Liste begonnen wurde. Die dazwischengemischten Angaben, d.h. jene, die nicht mit `###` anfangen, werden von TeX immer erzeugt und würden mittels `\tracingonline` auch sichtbar werden.

Vergleiche — `\show`, `\tracingall`.

Abbildung 1: Beispiel für \showlists

```
**& plain test.tex
(test.tex

### display math mode entered at line 8
\mathord
.\fam1 x
### internal vertical mode entered at line 7
prevdepth ignored
### math mode entered at line 6
### restricted horizontal mode entered at line 5
\glue 3.33333 plus 1.66666 minus 1.11111
spacefactor 1000
### vertical mode entered at line 0
prevdepth ignored

! OK.
l.9 x\showlists
```

\showoutput

System
: LaTeX2.09, LaTeX 2_ε.

Wirkung
: LaTeX-Befehl zur Protokollierung der von TeX erzeugten Ausgabedaten.

Definition
: ```
\def\showoutput{\tracingonline1\tracingoutput1
    \showboxbreadth99999\showboxdepth99999
    \errorstopmode}
```

Beschreibung
: Wie man aus der Definition gut ersehen kann, protokolliert `\tracingoutput` den *gesamten* Inhalt jeder mittels `\shipout` ausgegebenen Seite auf dAm Bildschirm. Dabei ist insbesondere die Angabe von `\errorstopmode` zu beachten, die dazu führt, daß für die Ausgabe angehalten wird, auch wenn am Anfang, d.h genauer vor dem Aufruf von `\showoutput`, ein `\batchmode` o.ä. steht.

Bemerkung
: Dieser Befehl produziert sehr viel Ausgabetext, da für jeden Buchstaben und jede *Box* eine Zeile ausgegeben wird.

Vergleiche
: `\show`, `\tracingall`.
```

\showoverfull

System	LaTeX2.09, LaTeX 2ε.
Wirkung	Nicht ganz dem Namen entsprechend wird hiermit die Protokollierung aller Ausgaben auf den Bildschirm bewirkt.
Definition	`\def\showoverfull{\tracingonline=1}`
Vergleiche	`\show`, `\tracingall`, `\tracingonline`.

\showthe

System: TEX-Primitive, Plain-TEX, LaTeX2.09, LaTeX 2ε.

Wirkung: `\showthe` expandiert das folgende *Token* und gibt den Wert des ersten *Tokens* aus, falls dieses ein internes TEX-Register ist.

Beispiel:

```
\def\mt#1{\parindent20pt\indent Mail for #1 arrived}
\showthe\mt{Author}
```

```
(test.tex
> 20.0pt.
\mt #1->\parindent
                    20pt\indent Mail for #1 arrived
l.4 \showthe\mt{Author}
```

Beschreibung: Das erste auf `\showthe` folgende *Token* wird, falls möglich, expandiert. Ist das damit resultierende *Token* eine interne Variable von TEX, wird deren Wert ausgegeben. Ansonsten wird das nun erste *Token* expandiert, bis ein nicht weiter expandierbares *Token* gefunden wird. Ist dieses keine TEX-Variable, gibt TEX eine Fehlermeldung der folgenden Art aus:

```
! You can't use `\par' after \the.
```

Vergleiche: `\escapechar`, `\show`, `\the`, `\tracingall`, `\tracingonline`.

\sigma σ

System	Plain-TEX, LATEX2.09, LATEX 2ε; Mathemodus.
Definition	`\mathchardef\sigma="011B`

\Sigma Σ

System	Plain-TEX, LATEX2.09, LATEX 2ε; Mathemodus.
Definition	`\mathchardef\Sigma="7006`

\sim $\sim$

System	Plain-TEX, LATEX2.09, LATEX 2ε; Mathemodus; Relation.
Definition	`\mathchardef\sim="3218-`

\simeq $\simeq$

System	Plain-TEX, LATEX2.09, LATEX 2ε; Mathemodus; Relation.
Definition	`\mathchardef\simeq="3227`

\sin $\sin$

System	Plain-TEX, LATEX2.09, LATEX 2ε; Mathemodus; Großer Operator.
Definition außer LATEX 2ε	`\def\sin{\mathop{\rm sin}\nolimits}`
Definition LATEX 2ε	`\def\sin{\mathop{\operator@font sin}\nolimits}`

\sinh

sinh

System: Plain-TEX, LATEX2.09, LATEX 2ε; Mathemodus; Großer Operator.

Definition außer LATEX 2ε: `\def\sinh{\mathop{\rm sinh}\nolimits}`

Definition LATEX 2ε: `\def\sinh{\mathop{\operator@font sinh}\nolimits}`

\skew ⟨*Verschiebungsfaktor*⟩⟨*Akzentbefehl*⟩⟨*Zeichen*⟩

System: Plain-TEX, LATEX2.09, LATEX 2ε.

Wirkung: Erlaubt das optisch richtige Setzen von Doppelakzenten durch horizontale Verschiebung des oberen *Akzentbefehles* gegen das bereits mit einem Akzent versehene *Zeichen*.

Beispiel:

```
$$
\def\Ahat{{\hat A}}
\def\bv{\,\big\vert\,}
\def\Bv{\,\big\Vert\,}
\skew{-18}\hat\Ahat \bv
\skew{-12}\hat\Ahat \bv
\skew{-6}\hat\Ahat \Bv
\hat\Ahat \Bv
\skew6\hat\Ahat \bv
\skew{12}\hat\Ahat \bv
\skew{18}\hat\Ahat
$$
```

$$\skew{-18}\hat{\hat A} \,\big\vert\, \skew{-12}\hat{\hat A} \,\big\vert\, \skew{-6}\hat{\hat A} \,\big\Vert\, \hat{\hat A} \,\big\Vert\, \skew{6}\hat{\hat A} \,\big\vert\, \skew{12}\hat{\hat A} \,\big\vert\, \skew{18}\hat{\hat A}$$

Definition: `\def\skew#1#2#3{{#2{#3\mkern#1mu}\mkern-#1mu}{}}`

Beschreibung: Der Akzent wird um *Verschiebungsfaktor* `mu` verschoben. Da ein `mu` (*mathematical unit*, ca. 1/18 `em`) keine feste Größe ist, sondern von dem jeweiligen Zeichensatz abhängt, muß man den besten *Verschiebungsfaktor* von Hand ausprobieren. Allerdings haben sich Werte von 5-7 als recht gut erwiesen.

Bemerkung: Dieser Befehl wurde bei [Sch88] falsch beschrieben.

Vergleiche: `\defaultskewchar`, `\muskip`, `\skewchar`.

\skewchar ⟨*Zeichensatz*⟩\ = ⟨*Charakterkonstante*⟩$_z$

System — TEX-Primitive, Plain-TEX, LATEX2.09, LATEX 2$_\varepsilon$.

Wirkung — Bestimmt das Zeichen, nach dem Akzente im mathematischen Formelsatz positioniert werden sollen.

Beispiel — (Dieses Beispiel ist aus `plain.tex` entnommen. Die angegebenen Befehle existieren nur dort).

```
\skewchar\teni='177   \skewchar\seveni='177
\skewchar\fivei='177  \skewchar\tensy='60
\skewchar\sevensy='60 \skewchar\fivesy='60
```

Beschreibung — Mittels `\skewchar` wird das Bezugszeichen für die Positionierung der Akzentzeichen im Mathematiksatz in Abhängigkeit vom Zeichensatz bestimmt. *Zeichensatz* muß dabei der mittels `\font` bzw. `\newfont` definierte Makroname eines Zeichensatzes sein. Die *Charakterkonstante* muß der *numerische* Wert des Zeichencodes sein. Da man den Makro*namen* angeben muß, könnte man meinen, es könnte für den gleichen Zeichensatz, aber unter verschiedenen Namen auch verschiedene Werte von `\skewchar` geben. Dem ist nicht so, man kann für jeden reellen Zeichensatz nur einmal den `\skewchar` bestimmen.

Vergleiche — `\defaultskewchar`, `\skew`.

\skip ⟨*Registernummer*⟩$_z$

System — TEX-Primitive, Plain-TEX, LATEX2.09, LATEX 2$_\varepsilon$.

Wirkung — Referiert eines der 255 *skip*-Register von TEX.

Beispiel —

```
\skip3=14mm plus .15fil minus 2.69pt
\newskip\eskip \eskip2.7pt
\showthe\skip3
\showthe\eskip
```

```
**&plain test.tex
(test.tex
> 39.83385pt plus 0.15fil minus 2.69pt.
l.2 \showthe\skip3

> 76.82234pt.
l.6 \showthe\eskip-
```

Beschreibung

TEX hat 255 Register für elastische Längen. Diese können entweder via `\skip` direkt angesprochen oder über `\newskip` mit eigenen Namen versehen werden, so daß der Name dann die Analogie von `\skip` *Zahl* darstellt.

Vergleiche

`\dimen`, `\mskip`, `\newskip`, `\removelastskip`, `\skipdef`, `\tabskip`, `\vglue`, [L] `\setlength`, `\settodepth`, `\settoheight`, `\settowidth`.

\skipdef ⟨*Name*⟩$_\backslash$ = ⟨*Registernummer*⟩$_z$

System

TEX-Primitive, Plain-TEX, LATEX2.09, LATEX 2ε.

Wirkung

Weist einem *skip*-Register einen *Namen* zu.

Beispiel

```
\skipdef\xix=19
\xix=19.19pt
```

Beschreibung

Im Gegensatz zu `\newskip` wird hier einem *Namen* eine vom Benutzer vorzugebende Registernummer zugewiesen, ohne daß eine Prüfung stattfindet, ob dieses Register bereits belegt ist. Da diese Zuweisungen der Gruppenstruktur unterliegen, kann man sie bedenkenlos innerhalb einer Gruppe für alle Register verwenden. Will man allerdings Makros für vielseitige Anwendungen schreiben, empfiehlt es sich, den analogen Befehl `\newskip` zu verwenden.

Vergleiche

`\newskip`, `\skip`, `\toksdef`.

\sl

System

Plain-TEX, LATEX2.09, LATEX 2ε.

Wirkung

Schaltet auf *geneigte* Schrift um.

Vergleiche

`\bf`, `\it`, `\mit`, `\rm`, `\tt`, [L] `\sc`, `\sf`, `\slshape`.

\slash /

System — Plain-TEX, LATEX2.09, LATEX 2ε.

Wirkung — Erzeugt einen „/“, an dem getrennt werden darf.

Definition — `\def\slash{/\penalty\exhyphenpenalty}`

Beschreibung — Der `\slash` entspricht dem normalen *Schrägstrich*, erlaubt jedoch, falls er innerhalb eines Wortes auftritt, einen Umbruch, als stünde ein *Bindestrich*.

Vergleiche — `\exhyphenpenalty`, `\penalty`.

\sldefault

System — LATEX 2ε.

Wirkung — Enthält den Namen des *Zeichensatzes*, in dem die Schriftfamilie *Geneigt* dargestellt wird.

Definition — `\newcommand\sldefault{sl}`

Vergleiche — [L] `\bfdefault`, `\familydefault`, `\itdefault`, `\mddefault`, `\scdefault`, `\seriesdefault`, `\shapedefault`, `\updefault`.

{slide} ⟨*Farben*⟩

System — SLITEX: Dokumentstil `slides`, LATEX 2ε: Dokumentklasse `slides`.

Wirkung — Erstellt eine *Folie* in SLITEX.

Beispiel

```
\begin{slide}{nachtschwarz,giftgruen,blassrosa}
 \nachtschwarz Hexe:
       {\invisible Pfui Spinne!} \@\#+*!
\end{slide}
```

Beschreibung

Mit diesem Befehl wird eine Hauptfolie erzeugt (s.a. {`overlay`}). Diese wird mit einer Seitennummer versehen und alle *Überlagerungsfolien* werden mit dieser Seitennummer und einem Index versehen. Die Farbliste ist willkürlich, man muß nur darauf achten, die entsprechenden Farben mit `\colors` bei SLITEX anzumelden, bevor man `\colorslides` bzw. `\blackandwhite` verwendet.

Ein Ausgabetext wird von der {`slide`} aber nur in Verbindung mit einem der Befehle `\blackandwhite` oder `\colorslides` erzeugt. Ohne diese wird der Text überlesen.

Vergleiche

`slide` , `\blackandwhite`, `\colors`, `\colorslides`, {`note`}, `\onlyslides`, {`overlay`}, `\theslide`, `\visible`.

slide

System — LaTeX2.09, LaTeX 2_ε.

Wirkung — Dieser LaTeX-Zähler ist für die Numerierung von Hauptfolien in SLITEX zuständig.

Beispiel — `\setcounter{slide}{25}`

Definition — `\countdef\c@slide0`

Vergleiche — [S] {`slide`}, `\theslide`.

\SLiTeX — SLITEX

System — LaTeX 2_εSLITEX: Dokumentstil `slides`, LaTeX 2_ε: Dokumentklasse `slides`.

Wirkung — Erzeugt das SLITEX-Logo.

Definition

```
\def\SLiTeX{{\rm S\kern-.06em{\sc l\kern
  -.035emi}\kern-.06em T\kern
  -.1667em\lower.7ex\hbox{E}\kern-.125emX}}
```

Vergleiche — `\TeX`, [L] `\LaTeX`, `\LaTeXe`, `\Web`.

\sloppy

System: LaTeX2.09, LaTeX 2ε.

Wirkung: Beschleunigt die Übersetzung langer Texte, indem eine sorgfältige Gestaltung des rechten Randes unterdrückt wird.

Beispiel:

```
\hbox to \linewidth{
\parbox[t]{.45\linewidth}{
\small \TeX\ versucht ... }
\parbox[t]{.45\linewidth}{
\sloppy\small \TeX\ k"ummert ... }}
```

TeX versucht in jedem Einzelfall, einen möglichst guten Zeilenumbruch zu erzeugen, indem es die Zeilenlänge genauestens einhält und nach Möglichkeit wenig umbricht.

TeX kümmert sich im Einzelfall kaum um die Qualität eines Zeilenumbruches, da an jedweder beliebigen Position umbrochen werden darf. Auch zeigt TeX kein Interesse, die Zeilenlänge peinlich genau einzuhalten.

Definition LaTeX2.09:

```
\def\sloppy{\tolerance10000 \hfuzz.5pt \vfuzz.5pt}
```

Definition LaTeX 2ε:

```
\def\sloppy{\tolerance9999 \emergencystretch 3em
   \hfuzz.5pt \vfuzz.5pt}
```

Beschreibung: Der `\sloppy`-Befehl erlaubt TeX, sehr schlechte Zeilen zu akzeptieren. Allerdings werden hierdurch zugleich mehrfache Versuche unterbunden, einen Absatz möglichst gut zu setzen.

Mit `\fussy` kann man auf normalen Satz zurückstellen. Alternativ kann man auch die {`sloppypar`}-Umgebung verwenden.

Da die Qualität stark leidet, ist die Verwendung von `\sloppy` allerdings nur dann zu empfehlen, wenn man einen Text möglichst schnell ansehen will, z.B. weil man neue Makros austesten möchte, nicht aber, um den endgültigen Text zu setzen.

Braucht man aus irgendeinem Grund die durch `\sloppy` erreichbare Seitenaufweitung, kann man mittels `\emergencystretch` bessere Ergebnisse erreichen.

Vergleiche: `\emergencystretch`, [L] `\fussy`, {`sloppypar`}.

{sloppypar}

System — LaTeX2.09, LaTeX 2$_\varepsilon$.

Beschreibung — Entspricht einer Schreibweise von

`{\par\sloppy ... \par}`,

d.h. vor Beginn von `\sloppy` und nach dem Ende des von der Umgebung eingeschlossenen Textes wird ein neuer Absatz erzeugt, und `\sloppy` gilt nur innerhalb der {`sloppypar`}-Umgebung, d.h. es muß nicht aufgelöst werden.

Es gilt das für `\sloppy` Gesagte, nur mit der Einschränkung, daß diese Umgebung fast noch weniger Sinn macht, da man eine Beschleunigung des Satzes wohl selten nur in Teilbereichen eines Textes zu erreichen wünscht.

Vergleiche — [L] `\sloppy`.

\slshape

System — LaTeX 2$_\varepsilon$.

Wirkung — Stellt die Schriftgestalt der momentan selektierten Schriftfamilie auf *geneigt* um.

Beispiel — `Dieser Text ist {\slshape geneigt}.`
Dieser Text ist *geneigt*.

Vergleiche — `\sl`, [L] `\bfseries`, `\itshape`, `\mdseries`, `\scshape`, `\textsl`, `\upshape`.

\small

System — LaTeX2.09, LaTeX 2$_\varepsilon$.

Beschreibung — Stellt die Schriftgröße auf kleine Schrift um. Es gilt zu beachten, daß eine Änderung der Schriftgröße in LaTeX2.09 immer auf die Standardschrift, im Normalfall `\rm`, umschaltet.

Bemerkung — Der Befehl \small ist zwar in LaTeX definiert, die tatsächliche damit verbundene Schriftgröße wird jedoch von den *Stilarten* bestimmt.

Vergleiche — [L] \footnotesize, \huge, \Huge, \large, \Large, \LARGE, \normalsize, \scriptsize, \tiny.

\smallbreak

System — Plain-TeX, LaTeX2.09, LaTeX 2ε.

Wirkung — Erzeugt einen kleinen vertikalen Leerraum und markiert die Stelle als gut für einen Seitenumbruch.

Definition

```
\def\smallbreak{\par\ifdim\lastskip<\smallskipamount
  \removelastskip\penalty-50\smallskip\fi}
```

Beschreibung — \smallbreak ersetzt den vorhergehenden vertikalen Leerraum mit einem \smallskip, falls dieser kleiner war als \smallskipamount, und schließt eine negative \penalty an, um einen Seitenumbruch zu fördern.

Vergleiche — \bigbreak, \medbreak, \smallskipamount.

\smallint $\smallint$

System — Plain-TeX, LaTeX2.09, LaTeX 2ε; Mathemodus; Großer Operator.

Wirkung — Erzeugt ein Integralzeichen, das allerdings eine kleinere Symbolgröße hat als \int.

Definition

```
\mathchardef\smallint="1273
```

Vergleiche — \int, \intop.

\smallskip

System — Plain-TeX, LaTeX2.09, LaTeX 2ε.

Wirkung — Erzeugt einen kleinen vertikalen Leerraum.

Beispiel

```
\vbox{\hbox to .5\linewidth{\hss}
\hrule
\smallskip
\hrule}
```

Definition außer LaTeX `\def\smallskip{\vskip\smallskipamount}`

Definition LaTeX `\def\smallskip{\vspace\smallskipamount}`

Beschreibung: Es wird ein kleiner vertikaler *elastischer* Leerraum der Größe `\smallskipamount` erzeugt. Der Unterschied zwischen der TeX- und der LaTeX-Version besteht darin, daß TeX ein `\vskip` ausführt, welches am Anfang einer neuen Seite entfernt werden könnte, LaTeX hingegen ein `\vspace`, welches dagegen geschützt ist.

Vergleiche: `\bigskip`, `\medskip`, `\smallskipamount`, `\vskip`, [L] `\vspace`.

\smallskipamount

System: Plain-TeX, LaTeX2.09, LaTeX 2_ε.

Wirkung: Länge eines kleinen vertikalen Leerraumes.

Beispiel: Standard: `\smallskipamount=3pt plus 1pt minus 1pt`

Definition: `\newskip\smallskipamount`

Beschreibung: Diese Länge wird von allen Befehlen verwendet, die kleine vertikale Zwischenräume erzeugen.

Vergleiche: `\smallbreak`, `\smallskip`.

\smash ⟨*Text*⟩

System: Plain-TeX, LaTeX2.09, LaTeX 2_ε.

Wirkung: Erzeugt eine Box der Breite von *Text*, aber mit Ober- und Unterlänge null.

Beispiel
```
\mathop{\smash\circ\vphantom
\int}_0^\infty\approx 0$$
```

$$\mathop{\smash\circ\vphantom\int}_0^\infty\approx 0$$

Beschreibung — Der angegebene *Text* wird in einer `\hbox` und, falls es sich um eine mathematische Umgebung handelt, im *textstyle* gesetzt. Im Anschluß daran werden Ober- und Unterlänge auf 0 gesetzt, so daß der Bezugspunkt erhalten bleibt, Ober- und Unterlänge allerdings 0 werden.

Vergleiche — `\hphantom`, `\phantom`, `\strut`, `\vphantom`.

\smile $\smile$

System — Plain-TEX, LATEX2.09, LATEX 2ε; Mathemodus; Relation.

Definition — `\mathchardef\smile="315E`

Vergleiche — `\frown`.

\sp ⟨*Exponent*⟩

System — Plain-TEX, LATEX2.09, LATEX 2ε.

Wirkung — Erzeugt einen Exponenten im mathematischen Formelsatz.

Beispiel — `a\sp2+b\sp2=c\sp2`

$$a^2+b^2=c^2$$

Definition — `\let\sp=^ \let\sb=_`

Beschreibung — Der Befehl entspricht genau dem „^"-Zeichen.

Vergleiche — `\Hut`, `\sb`.

\space

System: Plain-TEX, LATEX2.09, LATEX 2ε.

Wirkung: Erzeugt ein Leerzeichen.

Definition: `\def\space{ }`

\spacefactor ⟨*Zahl*⟩$_z$

System: TEX-Primitive, Plain-TEX, LATEX2.09, LATEX 2ε.

Wirkung: Der `\spacefactor` bewirkt je nach Wert die Dehnung oder Stauchung von Wortzwischenräumen in Absätzen.

Beispiel:

```
\def\spa{\vrule height10pt \spacefactor1000{} }
\def\spb{\vrule height10pt \spacefactor5000{} }
\spa\spa\spa\spa\spa \\
\spb\spb\spb\spb\spb \\
```

|||||
| | | | |

Beschreibung: Ist der `\spacefactor` f ungleich 1000, wird die Dehnungskomponente mit $f/1000$ und die Stauchungskomponente mit $1000/f$ multipliziert. Ist der `\spacefactor` größer als 2000, wird zunächst zu dem normalen Leerraum (vgl. `\fontdimen` 2,3,4,7) noch der zusätzliche Leerraum addiert, bevor der Faktor zum Tragen kommt.

TEX setzt den `\spacefactor` am Anfang jeder *horizontalen Liste,* d.h. im Normalfall am Anfang von Absätzen auf `1000`. Die Ausnahme bilden solche *horizontalen Listen,* die mit `\valign` oder `\noalign` erzeugt wurden. Für diese wird der äußere Wert übernommen.

Anschließend kann der `\spacefactor` durch die Elemente der *horizontalen Liste* verändert werden. Hier können vier Fälle auftreten:

1.) *Boxen* aller Art und mathematische Formeln setzen den `\spacefactor` auf 1000 zurück.
2.) Zeichen mit einem `\sfcode` $g = 0$ haben keine Auswirkungen auf den `\spacefactor`, sie sind sozusagen transparent.

3.) Zeichen mit einem `\sfcode` $g > 1000$ an einer Stelle mit `\spacefactor` $f < 1000$ setzen `\spacefactor` auf 1000. Im Klartext heißt das, daß der `\spacefactor` keine Sprünge von $f < 1000$ auf $f > 1000$ machen darf. Auf diese Art wird der zusätzliche Leerraum nach einem auf einen Großbuchstaben folgenden Punkt unterdrückt ($g = 999$).

4.) In allen anderen Fällen wird der `\sfcode` des Zeichens zum aktuellen `\spacefactor` gemacht.

Vergleiche: `\fontdimen`, `\nonfrenchspacing`, `\sfcode`, `\spaceskip`, `\xspaceskip`, [L] `\nocorr`, `\nocorrlist`.

\spaceskip ⟨*skip*⟩$_s$

System: TEX-Primitive, Plain-TEX, LATEX2.09, LATEX 2ε.

Wirkung: Das TEX-Register `\spaceskip` erlaubt es, die normale Ausdehnung eines Leerzeichens zu verändern.

Beispiel: Die plain-TEX-Version von `\raggedright` unterdrückt die Dehnung von Leerräumen, indem sie die Dehnungskomponenten, die durch den Zeichensatz definiert werden, unterdrückt:

```
\def\raggedright{
    \rightskip0pt plus2em
    \spaceskip.3333em
    \xspaceskip.5em\relax
}
```

Beschreibung: In jedem Zeichensatz werden ein normaler und ein zusätzlicher Leerraum definiert (vgl. `\fontdimen` 2,7). Diese können durch die Werte von `\spaceskip` bzw. `\xspaceskip` unterdrückt werden. Falls letztere ungleich 0 sind, werden diese für den normalen bzw. zusätzlichen Leerraum eingesetzt. In diesem Fall ersetzen die elastischen Komponenten von `\spaceskip` bzw. `\xspaceskip` die durch den Zeichensatz definierten Dehn- und Stauchbarkeiten (vgl. `\fontdimen` 3,4).

Bemerkung: Die endgültige Breite eines Leerzeichens hängt von `\spacefactor` ab. Normalerweise errechnet sie sich durch Multiplikation von `\spaceskip` mit `\spacefactor` (s. dort).

Vergleiche: `\fontdimen`, `\sfcode`, `\spacefactor`, `\xspaceskip`.

\spadesuit ♠

System: Plain-TeX, LaTeX2.09, LaTeX 2ε; Mathemodus; Binärer Operator.

Definition: `\mathchardef\spadesuit="027F`

Vergleiche: `\clubsuit`, `\diamondsuit`, `\heartsuit`.

\span

System: TeX-Primitive, Plain-TeX, LaTeX2.09, LaTeX 2ε.

Wirkung: Verbindet im Tabellensatz mittels `\halign` zwei nebeneinanderliegende Tabellenspalten.

Beispiel:

```
\halign{
:\hrulefill #\hrulefill &&
:\hrulefill #\hrulefill \cr
Spalte 1& Spalte 2& Spalte 3& Spalte 4\cr
       1&        2&        3&        4\cr
     1+2\span\omit&        3&        4\cr}
```

:Spalte 1:Spalte 2:Spalte 3:Spalte 4
:___1___:___2___:___3___:___4___
:______1+2______:___3___:___4___

Beschreibung: `\span` nimmt verschiedene Bedeutungen an, je nachdem, ob es in der Musterzeile oder im Text einer Tabelle auftritt.

1.) In der Musterzeile führt `\span` dazu, daß das nachfolgende *Token* bereits beim Einlesen der Musterzeile expandiert wird. (Normalerweise werden alle *Token* innerhalb der Musterzeile erst in der jeweiligen Tabellenzeile ausgeführt).

2.) Innerhalb der Tabellenspalten kann `\span` statt eines `&` stehen. In diesem Fall werden die beiden Musterzeilen direkt aneinandergefügt und in einer beide Spalten überspannenden *Box* gesetzt. Will man den in der verbreiterten Spalte gesetzten Text allerdings mit den anderen Texten gleichartig behandelt sehen, kann man die *mehrfache* Verwendung der Musterzeile mittels `\omit` unterbinden.

Vergleiche `\cr`, `\halign`, `\matrix`, `\multispan`, `\omit`.

\special ⟨*Text*⟩

System TEX-Primitive, Plain-TEX, LATEX2.09, LATEX 2_ε.

Wirkung Schreibt *Text* in die *jobname*.`dvi`-Datei.

Beispiel `\special{em:message Hello World}`

Beschreibung Dieser Befehl ist für systemspezifische Erweiterungen vorgesehen. Damit werden beliebige Daten (*Text*) unverändert in die *jobname*.`dvi`-Datei geschrieben. Diese müssen dann vom DVI-Treiber entsprechend ausgewertet werden. Dies hat den Vorteil, daß man z.B. besondere Grafikdaten ausgeben kann, birgt aber natürlich den Nachteil, daß die entsprechenden TEX-Dateien teilweise ihre Portabilität verlieren.

\splitbotmark

System TEX-Primitive, Plain-TEX, LATEX2.09, LATEX 2_ε.

Beschreibung Dieses interne Register enthält den Text der *letzten* Marke (vgl. `\mark`), die sich *innerhalb* der mittels `\vsplit` abgeteilten *Box* befindet. Dabei gilt im wesentlichen alles, was für `\botmark` auch gilt.

Bemerkung — Es gibt kein Analogon zum Befehl `\topmark`, d.h. falls man einen längeren Text mit vielen Marken umbrechen muß, muß man sich den entsprechenden Wert von `\splitbotmark` selbständig merken.

Vergleiche — `\botmark`, `\mark`, `\splitfirstmark`, `\vsplit`.

\splitfirstmark

System — TEX-Primitive, Plain-TEX, LATEX2.09, LATEX 2_ε.

Beschreibung — Dieses interne Register enthält den Text der *ersten* Marke (vgl. `\mark`), die sich *innerhalb* der mittels `\vsplit` abgetrennten *Box* befindet. Es gilt im wesentlichen alles das, was für `\firstmark` auch gilt.

Vergleiche — `\firstmark`, `\splitbotmark`.

\splitmaxdepth

System — TEX-Primitive, Plain-TEX, LATEX2.09, LATEX 2_ε.

Beschreibung — Diese *feste* Länge ist das Analogon zu `\maxdepth`. Damit wird die maximale Unterlänge einer mittels `\vsplit` abgetrennten Box angegeben. Übersteigt die Unterlänge der abgetrennten *Box* diesen Wert, wird der *Bezugspunkt* dieser *Box* entsprechend nach unten verschoben, so daß der angegebene Wert erreicht wird.

Definition — `\splitmaxdepth\maxdimen`

Vergleiche — `\boxmaxdepth`, `\maxdepth`, `\vsplit`.

\splittopskip

System — TEX-Primitive, Plain-TEX, LATEX2.09, LATEX 2_ε.

Beschreibung — Diese *elastische* Länge ist das Analogon zu `\topskip`. Nach dem Abspalten einer *Box* mittels `\vskip` wird, wie beim normalen Seitenumbruch, alles entfernbare vertikale Material (d.h. Leerraum und `\penalty`-Befehle) aus der übriggebliebenen ursprünglichen *Box* entfernt. Anschließend wird ein vertikaler Abstand von `\splittopskip` am Anfang der *Box* eingefügt.

Bemerkung — Der Wert von `\splittopskip` bezeichnet wie bei `\topskip`, den Abstand des *Bezugspunktes* der ersten Zeile zur Oberkante der *Box*. Ist die Oberlänge der *Box* größer als `\topskip`, wird kein Leerraum eingefügt, d.h. die erste innere *Box* schließt oben bündig mit der umfassenden *Box* ab.

Vergleiche — `\topskip`, `\vsplit`.

\sqcap $\sqcap$

System — Plain-TEX, LATEX2.09, LATEX 2ε; Mathemodus; Binärer Operator.

Definition — `\mathchardef\sqcap="2275`

\sqcup $\sqcup$

System — Plain-TEX, LATEX2.09, LATEX 2ε; Mathemodus; Binärer Operator.

Definition — `\mathchardef\sqcup="2274`

\sqrt

System — Plain-TEX.

Wirkung — Erzeugt ein Wurzelzeichen variabler Größe.

Definition — `\def\sqrt{\radical"270370 }`

Beschreibung

In TeX wird mit `\sqrt` nur die Quadratwurzel erzeugt. Für die Angabe der Ordnung gibt es den Befehl `\root`:

```
$$\sqrt{1\over1+{1\over 1+x}}$$
```

$$\sqrt{\frac{1}{1+\frac{1}{1+x}}}$$

Vergleiche

`\radical`, `\root`.

\sqsubset ⊏

System

LaTeX2.09, LaTeX 2$_\varepsilon$: *package* `latexsym`; Mathemodus; Relation.

Bemerkung

Der Befehl `\Box` wird vom NFSS in LaTeX 2$_\varepsilon$ nicht mehr standardmäßig bereitgestellt. Abhilfe schafft das *package* `latexsym`.

Definition

```
\mathchardef\sqsubset"3A3C
```

\sqsubseteq ⊑

System

Plain-TeX, LaTeX2.09, LaTeX 2$_\varepsilon$; Mathemodus; Relation.

Definition

```
\mathchardef\sqsubseteq="3276
```

\sqsupset ⊐

System

LaTeX2.09, LaTeX 2$_\varepsilon$: *package* `latexsym`; Mathemodus; Relation.

Bemerkung

Der Befehl `\Box` wird vom NFSS in LaTeX 2$_\varepsilon$ nicht mehr standardmäßig bereitgestellt. Abhilfe schafft das *package* `latexsym`.

Definition

```
\mathchardef\sqsupset"3A3D
```

\sqsupseteq ⊒

System: Plain-TEX, LATEX2.09, LATEX 2ε; Mathemodus; Relation.

Definition: `\mathchardef\sqsupseteq="3277`

\ss ß

System: Plain-TEX, LATEX2.09, LATEX 2ε.

Wirkung: Erzeugt die sz-Ligatur, auch scharfes S genannt.

Definition: `\chardef\ss="19`

Beschreibung: Die Position `"19` gilt für alle Computer-Modern-Schriften. Im Unterschied zu `"s` ist `\ss` in allen Umgebungen definiert, wogegen `"s` nur durch Makropakete, z.B. `german` zur gleichen Bedeutung definiert wird.

Vergleiche: `\3`.

\stackrel ⟨*Oben*⟩⟨*Unten*⟩

System: LATEX2.09, LATEX 2ε.

Wirkung: Setzt *Oben* über *Unten*.

Beispiel:

```
A \stackrel{\spadesuit}{=} 2
A \stackrel{1\over 1+x}{\longrightarrow} A
```

$$A \stackrel{\spadesuit}{=} 2 \qquad A \stackrel{1\over 1+x}{\longrightarrow} A$$

Definition: `\def\stackrel#1#2{\mathrel{\mathop{#2}\limits^{#1}}}`

Beschreibung: *Oben* und *Unten* können im Prinzip beliebige Formelteile sein, wobei *Oben* im `\scriptstyle` gesetzt wird.

\star ⋆

System: Plain-TEX, LATEX2.09, LATEX 2ε; Mathemodus; Binärer Operator.

Definition:
```
\mathchardef\star="213F
```

\stepcounter ⟨*LATEX-Zähler*⟩

System: LATEX2.09, LATEX 2ε.

Wirkung: Erhöht einen *LATEX-Zähler* um eins.

Beispiel:
```
\stepcounter{page}
```

Definition:
```
\def\stepcounter#1{\global
    \advance\csname c@#1\endcsname \@ne
    \begingroup\let\@elt\@stpelt
    \csname cl@#1\endcsname\endgroup}
```

Beschreibung: Da es sich um einen LATEX-*Zähler* handelt, muß dessen Name *ohne Backslash* angegeben werden. Bei der Ausführung dieses Befehls werden alle *abhängigen* LATEX-*Zähler* auf 0 zurückgesetzt (vgl. \newcounter).

Vergleiche: [L] \addtocounter, \newcounter, \refstepcounter, \setcounter.

\stop

System: LATEX2.09, LATEX 2ε.

Wirkung: Dieser Befehl ist eine Notbremse zum sofortigen Beenden eines LATEX-Durchlaufes.

Definition:
```
\def\stop{\clearpage\deadcycles\z@
  \let\par\@@par\@@end}
```

Vergleiche: [L] \end.

\stretch ⟨*Faktor*⟩

System — LaTeX2.09, LaTeX 2ε.

Definition — `\def\stretch#1{\z@ \@plus #1fill\relax}`

Beschreibung — Dieser Hilfsbefehl erzeugt einen Text, welcher, nach einem Befehl, der eine *elastische* Länge erwartet, eine *elastische* Länge von `0pt`, aber einer Dehnbarkeit von *Faktor* `fill` erzeugt (vgl. `\parfilllstretch`).

\string

System — TeX-Primitive, Plain-TeX, LaTeX2.09, LaTeX 2ε.

Wirkung — Erzeugt eine Textdarstellung des folgenden *Tokens*.

Beispiel —

```
\escapechar='/
\string
```

Erzeugt: /par

Beschreibung — Der `\string`-Befehl erzeugt aus einem Befehlsnamen, der mit einem *Backslash* „\" beginnt, eine Zeichenkette, die alle Zeichen enthält, deren `\catcode` aber auf 12 geändert wurde, wobei das *Escape Symbol* „\" durch `\escapechar` ersetzt wird. Handelt es sich um ein aktives Zeichen, wird sein `\catcode` ebenfalls auf 12 geändert, aber kein `\escapechar` vorangestellt. Handelt es sich schließlich bei dem folgenden *Token* gar nicht um einen Befehl, sondern um ein Zeichen, wird dieses unverändert weitergeleitet.

Vergleiche — `\escapechar`, `\noexpand`.

\strut

System — Plain-TeX, LaTeX2.09, LaTeX 2ε.

Definition —

```
\def\strut{\relax\ifmmode\copy\strutbox
  \else\unhcopy\strutbox\fi}
```

Beschreibung — Erzeugt eine *Box* der maximalen Zeichenausmaße eines Zeichensatzes, aber mit Breite `0pt`. Damit kann man erreichen, daß verschiedene Zeilen, die nebeneinander stehen sollen, die gleiche Ober- und Unterlänge haben, auch wenn der Text sich in Ober- und Unterlänge unterscheiden würde.

Beispiel

```
\sqrt{a} = \sqrt{b} \qquad
\sqrt{\strut a} = \sqrt{\strut b}
```

$$\sqrt{a} = \sqrt{b} \qquad \sqrt{\strut a} = \sqrt{\strut b}$$

Bemerkung — Man beachte (vgl. `\strutbox`), daß die Höhe eines `\strut` fest ist und nicht von der Art oder Größe des Zeichensatzes abhängt.

Vergleiche — `\halign`, `\mathstrut`, `\smash`, `\strutbox`, `\valign`.

\strutbox

System — Plain-TEX, LATEX2.09, LATEX 2_ε.

Wirkung — `\strutbox` ist die von `\strut` verwendete *Box* zur Erzeugung gleich hoher Zeilen.

Definition — `\newbox\strutbox`

Beispiel — Standard:

```
\setbox\strutbox=\hbox{\vrule
    height8.5pt depth3.5pt width\z@}
```

Vergleiche — `\strut`.

\subitem

System — LATEX2.09, LATEX 2_ε.

Wirkung — Erzeugt einen Untereintrag innerhalb der {`theindex`}-Umgebung.

Abbildung 2: Beispiel für `\subitem`

Index

Gelegenheit
    Sitz-, 11
    Eß, 2, 12

Beispiel

```
\begin{theindex}
  ...
  \item Gelegenheit
    \subitem Sitz-, 11
    \subitem E"s, 2, 12
  ...
\end{theindex}
```

Definition

```
\newcommand\subitem{\par
  \hangindent 40\p@ \hspace*{20\p@}}
```

Vergleiche [T] `\item`, [L] `\subsubitem`, `{theindex}`.

\subparagraph [⟨*Kurztitel*⟩] ⟨*Titel*⟩

System LaTeX2.09, LaTeX 2_ε.

Wirkung Beginnt einen neuen Unterabsatz, d.h. einen Absatz mit fettgedruckter, in den Text eingefügter Überschrift:

Beispiel `\subparagraph{Blumenmuster} sind out.`

Blumenmuster sind out.

Beschreibung Der Befehl `\subparagraph` erzeugt einen neuen Unterabsatz mit der Überschrift *Titel*. Vor dem Absatz wird ein vertikaler Leerraum erzeugt. Wird ein optionaler *Kurztitel* angegeben, wird dieser statt des Gesamttitels im Inhaltsverzeichnis eingetragen.

Vergleiche `secnumdepth` , [L] `\chapter`, `\paragraph`, `\part`, `\section`, `\subparagraph*`, `\subsection`, `\subsubsection`.

subparagraph

System — LaTeX2.09, LaTeX 2_ε.

Wirkung — Dieser LaTeX-Zähler ist für die Numerierung von Unterabsätzen zuständig. `\subparagraph*` wird natürlich nicht numeriert.

Beispiel —
```
\addtocounter{subparagraph}{1}
\subparagraph*{\thesubparagraph\ Im Volk}
```

Definition —
```
\newcounter{subparagraph}[paragraph]
```

Vergleiche — [L] `\subparagraph`, `\thesubparagraph`.

\subparagraph* {*Titel*}

System — LaTeX2.09, LaTeX 2_ε.

Wirkung — Beginnt einen neuen Unterabsatz, d.h. einen Absatz mit fettgedruckter, in den Text eingefügter Überschrift:

Beispiel —
```
\subparagraph*{Karos} sind in.
```

Karos sind in.

Beschreibung — Der wesentliche Unterschied zu `\paragraph` ist, daß kein Eintrag im Inhaltsverzeichnis erstellt und der entsprechende Zähler nicht hochgezählt wird.

Vergleiche — [L] `\chapter`, `\paragraph`, `\part`, `\section`, `\subparagraph`, `\subsection`, `\subsubsection`.

\subparagraphmark

System — LaTeX2.09, LaTeX 2_ε.

Wirkung — Definiert einen Befehl, der bei jedem `\subparagraph` aufgerufen werden könnte.

Definition —
```
\def\subparagraphmark#1{}
```

Beschreibung — Der Befehl ist das konsequente Analogon von `\chaptermark`, wird jedoch bisher nirgends aufgerufen und ist außerdem leer, d.h. das angegebene Argument wird unterdrückt.

Vergleiche — [L] `\chaptermark`.

\subsection [⟨*Kurztitel*⟩] ⟨*Titel*⟩

System — LaTeX2.09, LaTeX 2ε.

Wirkung — Erzeugt einen neuen Unterabschnitt der Überschrift *Titel* und erhöht den entsprechenden Zähler.

Beispiel — `\subsection{Kochen mit \TeX?}`

Kochen mit TeX?

Beschreibung — Wird der optionale Parameter angegeben, wird *Kurztitel* statt *Titel* im Inhaltsverzeichnis übernommen.

Vergleiche — `secnumdepth` , [L] `\chapter`, `\paragraph`, `\part`, `\section`, `\subparagraph`, `\subsection*`, `\subsubsection`.

subsection

System — LaTeX2.09, LaTeX 2ε.

Wirkung — Dieser LaTeX-Zähler ist für die Numerierung von Unterabschnitten zuständig. `\subsection*` wird natürlich nicht numeriert.

Beispiel —
```
\addtocounter{subsection}{1}
\section*{\thesubsection\ Volks-}
```

Definition — `\newcounter{subsection}[section]`

Vergleiche — `secnumdepth` , [L] `\subsection`, `\thesubsection`.

\subsection* ⟨*Text*⟩

System: LaTeX2.09, LaTeX 2ε.

Wirkung: Simuliert einen neuen Unterabschnitt mit der Überschrift *Text*. Dieser Unterabschnitt wird allerdings nicht in das Inhaltsverzeichnis übernommen und der Zähler auch nicht erhöht.

Beispiel:

```
\subsection*{{\sl Drivemusic\/} mit \TeX?}
```

Drivemusic **mit TEX?**

Vergleiche: `secnumdepth` , [L] `\chapter`, `\paragraph`, `\part`, `\section`, `\subparagraph`, `\subsection`, `\subsubsection`.

\subsectionmark

System: LaTeX2.09, LaTeX 2ε.

Wirkung: Definiert einen Befehl, der bei jedem `\subsection`-Befehl aufgerufen werden könnte.

Definition:

```
\newcommand{\subsectionmark}[1]{}
```

Beschreibung: Der Befehl ist das konsequente Analogon von `\chaptermark`, wird jedoch normalerweise nicht aufgerufen und ist außerdem leer, d.h. das angegebene Argument wird unterdrückt.

Vergleiche: [L] `\chaptermark`.

\subset $\subset$

System: Plain-TEX, LaTeX2.09, LaTeX 2ε; Mathemodus; Relation.

Definition:

```
\mathchardef\subset="321A
```

\subseteq ⊆

System Plain-TEX, LATEX2.09, LATEX 2ε; Mathemodus; Relation.

Definition `\mathchardef\subseteq="3212`

\subsubitem

System LATEX2.09, LATEX 2ε.

Wirkung Erzeugt einen Untereintrag zweiter Ordnung innerhalb der {`theindex`}-Umgebung.

Definition
```
\newcommand\subsubitem{\par
  \hangindent 40\p@ \hspace*{30\p@}}
```

Vergleiche [T] `\item`, [L] `\subitem`, {`theindex`}.

\subsubsection [⟨*Kurztitel*⟩] ⟨*Text*⟩

System LATEX2.09, LATEX 2ε.

Wirkung Erzeugt einen neuen Unterunterunterabschnitt mit der Überschrift *Text* und erhöht den entsprechenden Zähler.

Beispiel
```
\subsubsection{Pfannkuchen von \TeX\ gewendet!}
```

Pfannkuchen von TEX gewendet!?

Vergleiche `secnumdepth` , [L] `\chapter`, `\paragraph`, `\part`, `\section`, `\subparagraph`, `\subsection`, `\subsubsection*`.

subsubsection

System LaTeX2.09, LaTeX 2ε.

Wirkung Dieser LaTeX-Zähler ist für die Numerierung von Unterunterabschnitten zuständig. `\subsubsection*` wird natürlich nicht numeriert.

Beispiel
```
\addtocounter{subsubsection}{1}
\section*{\thesubsubsection\ Basis-}
```

Definition `\newcounter{subsubsection}[subsection]`

Vergleiche `secnumdepth` , [L] `\subsubsection`, `\thesubsubsection`.

\subsubsection* ⟨*Text*⟩

System LaTeX2.09, LaTeX 2ε.

Wirkung Simuliert einen neuen Unterunterabschnitt mit der Überschrift *Text*. Dieser Unterunterabschnitt wird allerdings nicht in das Inhaltsverzeichnis übernommen und der Zähler auch nicht erhöht.

Beispiel
```
\subsubsection*{Rinderzunge schnell gesch"alt!}
```

Rinderzunge schnell geschält!

Vergleiche [L] `\chapter`, `\paragraph`, `\part`, `\section`, `\subparagraph`, `\subsection`, `\subsubsection`.

\subsubsectionmark

System LaTeX2.09, LaTeX 2ε.

Wirkung Definiert einen Befehl, der bei jedem `\subsubsection`-Befehl aufgerufen werden könnte.

Definition `\def\subsubsectionmark#1{}`

Beschreibung — Der Befehl ist das konsequente Analogon von `\chaptermark`, wird jedoch normalerweise nicht aufgerufen und ist außerdem leer, d.h. das angegebene Argument wird unterdrückt.

Vergleiche — [L] `\chaptermark`.

\succ $\succ$

System — Plain-TEX, LATEX2.09, LATEX 2_ε; Mathemodus; Relation.

Definition — `\mathchardef\succ="321F`

\succeq $\succeq$

System — Plain-TEX, LATEX2.09, LATEX 2_ε; Mathemodus; Relation.

Definition — `\mathchardef\succeq="3217`

\sum $\sum$

System — Plain-TEX, LATEX2.09, LATEX 2_ε; Mathemodus; Großer Operator.

Beispiel — `$$\sum_1^n k = {n(n+1) \over 2}$$`

$$\sum_1^n k = {n(n+1) \over 2}$$

Definition — `\mathchardef\sum="1350`

Vergleiche — `\int`, `\prod`.

\sup

sup

System	Plain-TeX, LaTeX2.09, LaTeX 2_ε; Mathemodus; Großer Operator.
Definition außer LaTeX 2_ε	`\def\sup{\mathop{\rm sup}}`
Definition LaTeX 2_ε	`\def\sup{\mathop{\operator@font sup}}`

\supereject

System	Plain-TeX, LaTeX2.09, LaTeX 2_ε.
Wirkung	Erzwingt einen Seitenumbruch und die Ausgabe aller noch vorhandenen Einfügungen (*insertions*).
Definition	`\def\supereject{\par\penalty-\@MM}`
Vergleiche	`\allowbreak`, `\eject`, `\penalty`, [T] `\dosupereject`.

\suppressfloats [⟨*Position*⟩]

System	LaTeX 2_ε.
Wirkung	Unterdrückt die Ausgabe von Gleitobjekten auf der aktuellen Seite.
Beispiel	`\renewcommand{\section}{\suppressfloats[t] ...`
Beschreibung	Werden optionale Parameter angegeben, wird nur die Ausgabe von Gleitobjekten der angegebenen Art unterdrückt, ansonsten werden alle Gleitobjekte auf der Seite, auf welcher der Befehl `\suppressfloats` auftaucht, unterdrückt. Als Parameter sind `t` (top) und `b` (bottom) erlaubt.
Vergleiche	[L] {`figure`}.

\supset ⊃

System Plain-TeX, LaTeX2.09, LaTeX 2$_\varepsilon$; Mathemodus; Relation.

Definition `\mathchardef\supset="321B`

\supseteq ⊇

System Plain-TeX, LaTeX2.09, LaTeX 2$_\varepsilon$; Mathemodus; Relation.

Definition `\mathchardef\supseteq="3213`

\surd 

System Plain-TeX, LaTeX2.09, LaTeX 2$_\varepsilon$; Mathemodus; Großer Operator.

Definition `\def\surd{{\mathchar"1270}}`

\swarrow 

System Plain-TeX, LaTeX2.09, LaTeX 2$_\varepsilon$; Mathemodus; Relation.

Definition `\mathchardef\swarrow="322E`

\sym...

System LaTeX 2$_\varepsilon$(je nach geladenen *Packages*. .

Wirkung LaTeX 2$_\varepsilon$ interne Flags, die durch `\DeclareSymbolFont` erzeugt werden. Mit diesen kann LaTeX 2$_\varepsilon$ feststellen, ob ein Alphabet bereits definiert wurde. Sie enthalten außerdem die Nummer der

	Schriftfamilie (vgl. `\fam`), welche mit diesem Zeichensatz assoziiert ist.
Vergleiche	[T] `\fam`, [L] `\DeclareSymbolFont`, `\mathgroup`.

\symbol ⟨⟨*Nummer*⟩$_z$⟩

System	LaTeX2.09, LaTeX 2$_\varepsilon$.
Wirkung	Erzeugt das Zeichen mit dem Charaktercode *Nummer* im aktuellen Zeichensatz.
Beispiel	`\symbol{65}\symbol{66}\symbol{67}` Erzeugt: ABC
Beschreibung	Der Befehl entspricht genau dem `\char`-Befehl von TeX.
Definition	`\def\symbol#1{\char #1\relax}`

Befehle T

\t ⟨*Buchstabe*⟩

System: Plain-TEX, LATEX2.09, LATEX 2_ε; Mathemodus.

Wirkung: Erzeugt einen „*tie-after*"- Akzent.

Beispiel:

```
So wird \t oe verbunden. Aber: \t .
```

So wird o͡e verbunden. Aber: ͡

Definition:

```
\def\t#1{{\edef\next{\the\font}
  \the\textfont1\accent"7F\next#1}}
```

Beschreibung: Vorsicht: obwohl nur ein Parameter verlangt wird erstreckt sich der Akzent aufgrund der in der `.tfm`-Datei angegebenen geringeren Breite über einen Buchstaben hinaus!

Vergleiche: Akzente/im Text.

\tabalign

System: Plain-TEX.

Wirkung: Ersetzt die Bedeutung von \+ in `\settabs` innerhalb von Makrodefinitionen.

Beispiel:

```
\def\mytabline{\tabalign------&------&------}
\settabs 3\columns
\mytabline\cr
\+ col 1 & col 2 & col 3\cr
```

———	———	———
col 1	col 2	col 3

Beschreibung: Der Befehl `\tabalign` kann anstelle von \+ verwendet werden, wenn man den \+-Befehl, der als `\outer` definiert ist, innerhalb von Makros verwenden will. Der einzige Unterschied ist, daß man `\tabalign` *nicht direkt nach* `\settabs` *verwenden darf*, d.h. man kann das \+, welches eine *Musterzeile* einleitet, nicht durch `\tabalign` ersetzen.

Vergleiche: [T] `\settabs`.

{tabbing}

System LaTeX2.09, LaTeX 2_ε.

Wirkung Erstellt eine einfache Tabelle in LaTeX.

Beispiel

```
\begin{tabbing}
Erste Spalte \= Zweite Spalte \= Dritte Spalte \= \+\\
Zweite Spalte \\
Zweite Spalte \> \> Vierte Spalte \= \\
\< Erste Spalte \- \\
Rand \' Erste Spalte \\
\` Rand \+\+ \\
\pushtabs
Neue Tabelle \\
\poptabs
\end{tabbing}
```

Erste Spalte Zweite Spalte Dritte Spalte
Zweite Spalte
Zweite Spalte Vierte Spalte
Erste Spalte
Rand Erste Spalte
Rand
Neue Tabelle

Beschreibung Mit der {tabbing}-Umgebung können einfache Tabellen erzeugt werden. Es stehen dazu die folgenden Befehle zur Verfügung:

\=	Erzeugt eine Tabulatormarke.
\>	Bewegt den *Cursor* zur nächsten Tabulatormarke.
\\	Schließt eine Zeile ab und bewegt den *Cursor* an den Anfang der nächsten Zeile.
\+	Verschiebt den Anfang aller nachfolgenden Zeilen um eine Tabulatorposition nach rechts. Alle folgenden Zeilen werden also eingerückt begonnen.
\-	Verschiebt den Anfang aller nachfolgenden Zeilen um eine Tabulatorposition nach links, d.h. der Effekt eines \+ wird aufgehoben.
\<	Verschiebt den Anfang der *momentanen* Zeile um eine Tabulatorposition nach links. Dieser Befehl muß am Anfang einer Zeile stehen und bewirkt dann die Aufhebung *eines* vorhergehenden \+-Befehls.

`\'`	Setzt den folgenden Text rechtsbündig an den rechten Tabellenrand. Die Befehle `\>`, `\=` und `` \` `` dürfen nicht zwischen `\'` und dem die Zeile beendenden Kommando stehen.
`` \` ``	Setzt den folgenden Text rechtsbündig gegen das Ende der laufenden Spalte. Zur nächsten Spalte wird ein Abstand von `\tabbingsep` eingehalten.
`\kill`	Beendet die laufende Zeile und verwirft deren Ergebnis. Dies ist nützlich, um eine Musterzeile an den Anfang der Tabelle stellen zu können, ohne daß diese gedruckt wird.
`\pushtabs`	Legt alle bisher definierten Befehle auf einem *Stack* ab und beginnt eine neue Tabelle.
`\poptabs`	Holt die gespeicherten Tabulatorpositionen vom *Stack*. Für jeden Aufruf von `\pushtabs` muß ein `\poptabs` stehen.
`\a=`	Ersetzt die normale Bedeutung von `\=` und muß statt dessen verwendet werden.
`` \a` ``	Ersetzt die normale Bedeutung von `` \` `` und muß statt dessen verwendet werden.
`\a'`	Ersetzt die normale Bedeutung von `\'` und muß statt dessen verwendet werden.

Bemerkung

Für Befehlsdefinitionen gilt es zu beachten, daß jede Spalte eine eigene Gruppe darstellt, daß also alle Befehlsdefinitionen lokal zur jeweiligen Zeile und Spalte sind.

Als zweite Eigenheit von {`tabbing`} muß noch erwähnt werden, daß Zeilen nicht automatisch umbrochen werden.

Vergleiche

[L] `\kill`, `\poptabs`, `\pushtabs`, `\tabbingsep`, {`tabular`}.

\tabbingsep

System: LaTeX2.09, LaTeX 2ε.

Wirkung: Legt für {tabbing} den Abstand eines mittels \' erzeugten Eintrages vom rechten Spaltenrand fest.

Beispiel:

```
\begin{tabbing}
Wir definieren eine lange Spalte  \= ! \\
! \> \global\tabbingsep1mm rechts \' ! \\
! \> \global\tabbingsep2mm rechts \' ! \\
! \> \global\tabbingsep4mm rechts \' ! \\
! \> \global\tabbingsep8mm rechts \' ! \\
\end{tabbing}
```

```
Wir definieren eine lange Spalte !
!                        rechts !
!                       rechts  !
!                     rechts    !
!                 rechts        !
```

Definition: \newdimen\tabbingsep

Vergleiche: [L] {tabbing}.

\tabcolsep

System: LaTeX2.09, LaTeX 2ε.

Wirkung: Gibt den halben Spaltenabstand innerhalb einer {tabular}-Umgebung an.

Beispiel: Standard: \tabcolsep 6pt

\newdimen\tabcolsep

Beschreibung: Die *feste* Länge \tabcolsep wird vor und nach jeder Spalte einer {tabular}-Umgebung eingefügt. Diese Länge wird allerdings unterdrückt, wenn mittels @{...} in der *Preambel* der Tabelle ein Spaltentrenner bestimmt wird.

Vergleiche: [L] {array}, \arraycolsep, {tabular}.

{**table**} [⟨*Pos*⟩]

System LaTeX2.09, LaTeX 2ε.

Wirkung Erzeugt ein Gleitobjekt für Tabellen.

Beispiel

```
\begin{table}[hbt]
  \def\tiny{\vskip.4pt}
  \hrule\tiny\hrule\smallskip
  \verb!{table}!
  \smallskip\hrule\smallskip
  Dieser Text wird ...
  \def\tablename{Meine Tabelle }
  \caption{Die {\tt \{table\}}-Umgebung.}
  \smallskip\hrule\tinyskip\hrule
\end{table}
```

622

Siehe Abbildung 1 auf Seite 622.

{`table`}

Dieser Text wird innerhalb eines Gleitobjektes gesetzt. Der Unterschied zu {`figure`} besteht in dem benutzten Zähler für Index und Querverweise.

Meine Tabelle 1: Die {`table`}-Umgebung.

Beschreibung Der optionale Parameter *Pos* gibt an, wo das Gleitobjekt ausgegeben werden soll:

- `h` Direkt an der Stelle des Aufrufes.
- `t` Am oberen Seitenrand.
- `b` Am unteren Seitenrand.
- `p` Auf einer eigenen Seite, die nur Gleitobjekte enthält.

Das Gleitobjekt wird an der erstmöglichen Stelle ausgegeben, die durch die Parameter erlaubt sind. Fehlt *Pos*, wird `[tbp]` angenommen. Zusätzlich wird auf jeden Fall die Reihenfolge des Aufrufes von {`table`} berücksichtigt. Die Reihenfolge der Parameter hat keine Auswirkung, mit der Ausnahme, daß `[h]` als erstes ausgeführt wird.

Vergleiche `table`, `bottomnumber`, `dbltopnumber`, `topnumber`, `totalnumber`, `\newinsert`, [L] `\botfigrule`, `\bottomfraction`, `\caption`, `\cleardoublepage`, `\clearpage`, `\dblfloatpagefraction`,

`\dblfloatsep`, `\dbltextfloatsep`, `\dbltopfraction`, {`figure`}, `\floatpagefraction`, `\floatpagefraction`, `\floatsep`, `\intextsep`, `\listoftables`, `\tablename`, {`table*`}, `\textfloatsep`, `\textfraction`, `\topfraction`.

table

System
LaTeX2.09, LaTeX 2ε.

Wirkung
Dieser LaTeX-Zähler ist für die Numerierung von Tabellen zuständig.

Beispiel
```
\setcounter{table}{255}
\begin{table} \caption ...
```

Definition
`\newcounter{table}[chapter]`

Vergleiche
[L] {`table`}, `\thetable`.

{table*} [⟨*Pos*⟩]

System
LaTeX2.09, LaTeX 2ε.

Wirkung
Analog zur {`table`}-Umgebung wird ein Gleitobjekt erzeugt, das auch im Mehrspaltensatz die volle Seitenbreite ausfüllt.

Beschreibung
Im Gegensatz zu {`table`} ist der Wert `h` für den Parameter *Pos* nicht erlaubt {`table`}).

Vergleiche
[L] {`table`}.

\tablename

System
LaTeX2.09, LaTeX 2ε.

Wirkung
Definiert den Standardtext für die Ausgabe von `\caption` in Tabellen.

Definition
`\def\tablename{Table}`

Vergleiche
`\refname`, [L] `\caption`, {`table`}, Sprachanpassung.

\tableofcontents

System — LaTeX2.09, LaTeX 2_ε.

Wirkung — Erzeugt ein Inhaltsverzeichnis aller Gliederungsbefehle (vgl. `secnumdepth`).

Beispiel

```
\section{Haput}
\section{Caput}
\tableofcontents
```

Inhaltsverzeichnis

Definition — Diese Befehlsdefinition stammt aus `report.cls` in LaTeX2e, wobei sich die Definitionen allerdings nur in der genauen Behandlung von Mehrspaltensatz und Überschrift unterscheiden. `\@starttoc{toc}` liest *jobname*.`toc`.

```
\newcommand\tableofcontents{%
    \if@twocolumn
      \@restonecoltrue\onecolumn
    \else
      \@restonecolfalse
    \fi
    \chapter*{\contentsname
        \@mkboth{\uppercase{\contentsname}}
                {\uppercase{\contentsname}}}%
    \@starttoc{toc}%
    \if@restonecol\twocolumn\fi
    }
```

Beschreibung Der Befehl sorgt zum einen dafür, daß LaTeX eine Ausgabedatei *jobname*.toc erzeugt, zum anderen wird an der Stelle dieses Befehls ein Inhaltsverzeichnis erzeugt, falls bereits eine *jobname*.toc-Datei existiert. Dies bedeutet, daß das Inhaltsverzeichnis immer um einen LaTeX-Durchlauf hinterherhinkt!

Vergleiche `secnumdepth`, [L] `\addcontentsline`, `\addtocontents`, `\contentsname`, `\listoffigures`, `\listoftables`, `\nofiles`, `\numberline`.

\tabs

System Plain-TeX.

Wirkung Enthält die Spaltenbreiten der mit `\settabs` erzeugten Spalten.

Beispiel

```
\settabs\+\hskip100pt&\hskip200pt&\cr
\showbox\tabs
```

```
> \box12=
\hbox(0.0+0.0)x300.0
.\hbox(0.0+0.0)x200.0
.\hbox(0.0+0.0)x100.0

! OK.
l.2 \showbox\tabs
```

Definition `\newbox\tabs`

Beschreibung `\tabs` enthält ein Reihe leerer `\hbox`en, die die Breiten der einzelnen Spalten in *umgekehrter* Reihenfolge angeben.

Vergleiche [T] `\settabs`, `\tabsyet`.

\tabsdone

System Plain-TeX.

Wirkung Diese *Hilfsbox* enthält alle innerhalb der `\settabs`-Tabelle bereits fertig gesetzten Spalten.

Definition `\newbox\tabsdone`

Vergleiche [T] `\settabs`, `\tabsyet`.

\tabskip

System — TEX-Primitive, Plain-TEX, LATEX2.09, LATEX 2ε.

Wirkung — Diese *elastische* Länge bestimmt den Zwischenraum zwischen zwei Zeilen einer `\halign`-Tabelle.

Beispiel — Standard: `\tabskip0pt`

Beschreibung — Normalerweise ist `\tabskip 0pt`, d.h. zwischen den einzelnen Spalten wird kein Leerraum eingefügt. Der aktuelle Wert von `\tabskip` wird vor der ersten, nach der letzten und zwischen allen Spalten eingefügt. Dabei gelten insbesondere auch die Werte, die innerhalb der *Präambel* angegeben wurden (unabhängig von Gruppenstrukturen, aber ohne Expansion der *Präambel*).

Vergleiche — `\halign`, `\skip`, `\valign`.

\tabsyet

System — Plain-TEX.

Wirkung — Diese *Hilfsbox* enthält alle innerhalb der momentanen Zeile einer `\settabs`-Tabelle noch zu bearbeitenden Spalten.

Definition — `\newbox\tabsyet`

Vergleiche — [T] `\settabs`, `\tabs`, `\tabsdone`.

{tabular} [⟨*Position*⟩] ⟨*Spaltenformat*⟩

System — LATEX2.09, LATEX 2ε.

Wirkung — Umgebung für die Erstellung umfangreicher Tabellen.

Beschreibung — Die {`tabular`}-Umgebung entspricht genau der {`array`}-Umgebung, kann jedoch auch im normalen Textsatz aufgerufen werden. Außerdem werden die Spalten auf jeden Fall im LR-Modus, nicht im mathematischen Modus gesetzt, auch wenn {`tabular`} innerhalb einer mathematischen Umgebung aufgerufen wird.

Vergleiche — `\halign`, `\hidewidth`, `\matrix`, [L] {`array`}, `\cline`, `\doublerulesep`, `\extracolsep`, `\hline`, `\multicolumn`, {`tabbing`}, `\tabcolsep`, {`tabular*`}, `\vline`.

{tabular*} {*Breite*} [⟨*Position*⟩] ⟨*Spaltenformat*⟩

System — LaTeX2.09, LaTeX 2$_\varepsilon$.

Wirkung — Umgebung für die Erstellung umfangreicher Tabellen.

Beschreibung — {`tabular*`} entspricht mit Ausnahme der *Breite*-Angabe der {`tabular`}-Umgebung. *Breite* gibt die Breite an, welche die Tabelle auf jeden Fall mindestens hat.

Vergleiche — [L] {`tabular`}, `\vline`.

\tan — tan

System — Plain-TeX, LaTeX2.09, LaTeX 2$_\varepsilon$; Mathemodus; Großer Operator.

Definition TeX und LaTeX — `\def\tan{\mathop{\rm tan}\nolimits}`-

Definition LaTeX 2$_\varepsilon$ — `\def\tan{\mathop{\operator@font tan}\nolimits}`

\tanh — tanh

System — Plain-TeX, LaTeX2.09, LaTeX 2$_\varepsilon$; Mathemodus; Großer Operator.

Definition TeX und LaTeX — `\def\tanh{\mathop{\rm tanh}\nolimits}`

Definition LaTeX 2$_\varepsilon$ — `\def\tanh{\mathop{\operator@font tanh}\nolimits}`

\tau

τ

System Plain-TEX, LATEX2.09, LATEX 2_ε; Mathemodus.
Definition `\mathchardef\tau="011C`
Vergleiche `\phi`.

\tenbf

System Plain-TEX.
Wirkung Selektiert den Zeichensatz `cmbx10 scaled 1000`.
Definition `\font\tenbf=cmbx10 % boldface extended`

\tenex

System Plain-TEX.
Wirkung Selektiert den Zeichensatz `cmex10 scaled 1000`.
Definition `\font\tenex=cmex10 % math extension`

\teni

System Plain-TEX.
Wirkung Selektiert den Zeichensatz `cmmi10 scaled 1000`.
Definition `\font\teni=cmmi10 % math italic`

\tenrm

System Plain-TEX.
Wirkung Selektiert den Zeichensatz `cmr10 scaled 1000`.
Definition `\font\tenrm=cmr10 % roman text`

\tensl

System Plain-TEX.
Wirkung Selektiert den Zeichensatz `cmsl10 scaled 1000`.
Definition `\font\tensl=cmsl10 % slanted roman`

\tensy

System Plain-TEX.
Wirkung Selektiert den Zeichensatz `cmsy10 scaled 1000`.
Definition `\font\tensy=cmsy10 % math symbols`

\tenit

System Plain-TEX.
Wirkung Selektiert den Zeichensatz `cmti10 scaled 1000`.
Definition `\font\tenit=cmti10 % text italic`

\tentt

System Plain-TeX.

Wirkung Selektiert den Zeichensatz `cmtt10 scaled 1000`.

Definition `\font\tentt=cmtt10 % typewriter`

\TeX

TeX

System Plain-TeX, LaTeX2.09, LaTeX 2_ε.

Wirkung Erzeugt das TeX-Logo.

Definition

```
\def\TeX{T\kern-.1667em\lower.5ex
  \hbox{E}\kern-.125emX}
```

Vergleiche [L] `\LaTeX`, `\LaTeXe`, `\SliTeX`, `\SLiTeX`, `\Web`.

\textbf ⟨*Text*⟩

System LaTeX 2_ε.

Wirkung Stellt *Text* in **Fettschrift** dar.

Beispiel

```
{\rmfamily Normaler \textbf{fetter} Text.}
{\sffamily \textbf{Fetter} serifenfreier Text.}
```

Normaler **fetter** Text.
Fetter serifenfreier Text.

Beschreibung Der Befehl verändert die Schriftserie der momentanen Schriftfamilie.

Vergleiche `\bf`, [L] `\bfdefault`, `\bfseries`, `\normalfont`, `\rmfamily`, `\textit`, `\textmd`, `\textnormal`, `\textrm`, `\textsc`, `\textsf`, `\textsl`, `\texttt`, `\textup`, `\upshape`.

\textfloatsep

System LaTeX2.09, LaTeX 2_ε.

Wirkung *Elastische* Länge, die den Abstand angibt, der zwischen einem *Gleitobjekt* am oberen oder unteren Seitenrand und dem Text eingefügt wird.

Beispiel Standard: `\textfloatsep=20.0pt plus 2.0pt minus 4.0pt`

Definition `\newskip\textfloatsep`

Vergleiche [L] {`figure`}, {`table`}.

\textfont ⟨*Nummer*⟩$_z$ = ⟨*Zeichensatz*⟩$_\backslash$

System TeX-Primitive, Plain-TeX, LaTeX2.09, LaTeX 2_ε.

Wirkung Setzt den *Zeichensatz* für normale Zeichen in der Schriftfamilie *Nummer* fest.

Vergleiche `\scriptfont`.

\textfraction

System LaTeX2.09, LaTeX 2_ε.

Wirkung *Mindestanteil* der Seite, der für Text verwendet werden muß. Der Rest darf für *Gleitobjekte* verwendet werden.

Definition `\newcommand{\textfraction}{.2}`

Vergleiche [L] {`figure`}, `\floatpagefraction`, {`table`}.

\textheight

System: LaTeX2.09, LaTeX 2ε.

Definition: `\newdimen\textheight`

Beschreibung: Gibt die Länge einer Seite an, d.h. genaugenommen wird hiermit die Höhe der *Box* beschrieben, innerhalb derer der eigentliche auf der Seite befindliche Text gesetzt wird. Für die gesamte Seitenhöhe muß man noch die Kopf- und Fußzeilen berücksichtigen.

Vergleiche: `\voffset`, [L] `\enlargethispage`, `\footheight`, `\footskip`, `\headheight`, `\headsep`, `\paperheight`, `\paperwidth`, `\textwidth`, `\topmargin`.

\textindent ⟨*Text*⟩

System: Plain-TeX, LaTeX2.09, LaTeX 2ε.

Wirkung: Hilfsmakro zur Erzeugung von eingerückten Aufzählungen mittels `\item` in plain-TeX.

Definition:

```
\def\textindent#1{\indent\llap
  {#1\enspace}\ignorespace}
```

Beschreibung: `\textindent` erzeugt eine Einrückung der Tiefe `\parindent`. Anschließend wird der als Parameter angegebene *Text* nach links eingerückt (vgl. `\llap`).

Vergleiche: `\llap`, [T] `\item`, `\itemitem`.

\textit ⟨*Text*⟩

System: LaTeX 2ε.

Wirkung: Stellt *Text* in *Kursivschrift* dar.

Beispiel

```
{\rmfamily \textit{Kursiver} Text.}
{\rmfamily \textsl{Geneigter} Text.}
{\rmfamily \textup{Normaler} Text.}
{\rmfamily \textsc{Kapit"alchen} im Text.}
```

Kursiver Text.
Geneigter Text.
Normaler Text.
KAPITÄLCHEN im Text.

Beschreibung — Der Befehl verändert die Schriftgestalt der momentanen Schriftfamilie. Am Ende des Textes wird noch eine *italic correction* eingefügt.

Vergleiche — \emph, \it, [L] \bfseries, \itdefault, \itshape, \nocorrlist, \normalfont, \ptextit, \rmfamily, \textbf, \textmd, \textnormal, \textrm, \textsc, \textsf, \textsl, \texttt, \textup, \upshape.

\textmd ⟨*Text*⟩

System — LaTeX 2_ε.

Wirkung — Stellt *Text* in Normalschrift dar.

Beispiel

```
{...\bfseries Normaler \textmd{fetter} Text.}
{...\bfseries \textmd{Fetter} serifenfreier Text.}
```

Normaler fetter **Text.**
Fetter **serifenfreier Text.**

Beschreibung — Der Befehl verändert die Schriftserie der momentanen Schriftfamilie.

Vergleiche — [L] \bfseries, \mddefault, \mdseries, \nocorrlist, \normalfont, \rmfamily, \textbf, \textit, \textnormal, \textrm, \textsc, \textsf, \textsl, \texttt, \textup, \upshape.

\textnormal ⟨*Text*⟩

System
: LaTeX 2ε.

Wirkung
: Mit `\textnormal` kann man einen *Text* in der Standard-Dokumentschrift setzen. Man kann den gleichen Effekt mit `\normalfont` erreichen.

Vergleiche
: [L] `\bfseries`, `\familydefault`, `\normalfont`, `\rmfamily`, `\seriesdefault`, `\shapedefault`, `\textbf`, `\textit`, `\textmd`, `\textsc`, `\textsf`, `\textsl`, `\texttt`, `\textup`, `\upshape`.

\textrm ⟨*Text*⟩

System
: LaTeX 2ε.

Wirkung
: Stellt *Text* in *Roman* dar.

Beispiel

```
{\sffamily\textrm{Normaler} Text.}
{\rmfamily\texttt{Schreibmaschinentext.}}
{\ttfamily\textsf{Serifenfreier Text.}
```

Normaler Text.
`Schreibmaschinentext.`
Serifenfreier `Text.`

Beschreibung
: Der Befehl verändert die momentane Schriftfamilie.

Vergleiche
: [L] `\bfseries`, `\nocorrlist`, `\rmfamily`, `\textbf`, `\textit`, `\textmd`, `\textsc`, `\textsf`, `\textsl`, `\texttt`, `\textup`, `\upshape`.

\textsc ⟨*Text*⟩

System
: LaTeX 2ε.

Wirkung
: Stellt *Text* in KAPITÄLCHEN dar.

Beispiel

```
{\rmfamily \textit{Kursiver} Text.}
{\rmfamily \textsl{Geneigter} Text.}
{\rmfamily \textup{Normaler} Text.}
{\rmfamily \textsc{Kapit"alchen} im Text.}
```

Kursiver Text.
Geneigter Text.
Normaler Text.
KAPITÄLCHEN im Text.

Beschreibung — Der Befehl verändert die Schriftgestalt der momentanen Schriftfamilie.

Vergleiche — [L] \bfseries, \nocorrlist, \normalfont, \rmfamily, \textbf, \textit, \textmd, \textnormal, \textrm, \textsf, \textsl, \texttt, \textup, \upshape.

\textsf ⟨*Text*⟩

System — LaTeX 2_ε.

Wirkung — Stellt *Text* in *Sans Serif* dar.

Beispiel

```
{\ttfamily\textsf{Serifenfreier Text.}
{\sffamily\textrm{Normaler} Text.}
{\rmfamily\texttt{Schreibmaschinentext.
```

Serifenfreier Text.
Normaler Text.
Schreibmaschinentext.

Beschreibung — Der Befehl verändert die momentane Schriftfamilie.

Vergleiche — [L] \bfseries, \nocorrlist, \normalfont, \rmfamily, \textbf, \textit, \textmd, \textnormal, \textrm, \textsc, \textsl, \texttt, \textup, \upshape.

\textsl ⟨*Text*⟩

System — LaTeX 2_ε.

Wirkung — Stellt *Text* in *geneigter* Schrift dar.

Beispiel

```
{\rmfamily \textit{Kursiver} Text.}
{\rmfamily \textsl{Geneigter} Text.}
{\rmfamily \textup{Normaler} Text.}
{\rmfamily \textsc{Kapit"alchen} im Text.}
```

Kursiver Text.
Geneigter Text.
Normaler Text.
KAPITÄLCHEN im Text.

Beschreibung
Der Befehl verändert die Schriftgestalt der momentanen Schriftfamilie.

Vergleiche
[L] `\bfseries`, `\nocorrlist`, `\normalfont`, `\rmfamily`, `\slshape`, `\textbf`, `\textit`, `\textmd`, `\textnormal`, `\textrm`, `\textsc`, `\textsf`, `\texttt`, `\textup`, `\upshape`.

\textstyle

System
TEX-Primitive, Plain-TEX, LATEX2.09, LATEX 2ε.

Wirkung
Erzwingt den Satz einer Formel oder eines Formelteiles im *textstyle*, d.h. so wie normale Formelteile gesetzt würden.

Beispiel

```
\def\sym{\left( ax^2 \over by+c \right)}
  \scriptscriptstyle\sym\scriptstyle
  \sym\textstyle\sym\displaystyle\sym
```

$$\scriptscriptstyle\left(\frac{ax^2}{by+c}\right)\quad\scriptstyle\left(\frac{ax^2}{by+c}\right)\textstyle\left(\frac{ax^2}{by+c}\right)\displaystyle\left(\frac{ax^2}{by+c}\right)$$

Vergleiche
`\displaystyle`, `\scriptscriptstyle`, `\scriptstyle`.

\texttt ⟨*Text*⟩

System
LATEX 2ε.

Wirkung
Stellt *Text* in *Typewriter* dar.

Beispiel

```
{\rmfamily\texttt{Schreibmaschinentext.
{\ttfamily\textsf{Serifenfreier Text.}
{\sffamily\textrm{Normaler} Text.}
```

`Schreibmaschinentext.`
Serifenfreier `Text.`
Normaler Text.

Beschreibung — Der Befehl verändert die momentane Schriftfamilie.

Vergleiche — [L] `\bfseries`, `\nocorrlist`, `\normalfont`, `\rmfamily`, `\textbf`, `\textit`, `\textmd`, `\textnormal`, `\textrm`, `\textsc`, `\textsf`, `\textsl`, `\textup`, `\upshape`.

\textup ⟨*Text*⟩

System — LaTeX 2ε.

Wirkung — Stellt *Text* in ungeneigter Schrift dar.

Beispiel

```
{\rmfamily \textit{Kursiver} Text.}
{\rmfamily \textsl{Geneigter} Text.}
{\rmfamily \textup{Normaler} Text.}
{\rmfamily \textsc{Kapit"alchen} im Text.}
```

Kursiver Text.
Geneigter Text.
Normaler Text.
KAPITÄLCHEN im Text.

Beschreibung — Der Befehl verändert die Schriftgestalt der momentanen Schriftfamilie.

Vergleiche — [L] `\bfseries`, `\nocorrlist`, `\normalfont`, `\rmfamily`, `\textbf`, `\textit`, `\textmd`, `\textnormal`, `\textrm`, `\textsc`, `\textsf`, `\textsl`, `\texttt`, `\upshape`.

\textwidth

System — LaTeX2.09, LaTeX 2ε.

Definition — `\newdimen\textwidth`

Beschreibung — Gibt die Breite des Textes an, d.h. die Breite der Box, die den Text umfaßt. Für die gesamte Seitenbreite muß man noch die Ränder berücksichtigen.

Vergleiche — \hoffset, \hsize, [L] \evensidemargin, \marginparsep, \marginparwidth, \oddsidemargin, \onecolumn, \paperheight, \paperwidth, \textheight, \twocolumn.

\thanks ⟨*Text*⟩

System — LaTeX2.09, LaTeX 2_ε.

Wirkung — Stellt in Verbindung mit den Befehlen \title, \author und \date eine Kommentarfußnote auf einer durch \maketitle generierten Titelseite dar.

Definition

```
\def\thanks#1{\footnotemark\begingroup
\def\protect{\noexpand\protect\noexpand}
  \xdef\@thanks{\@thanks
      \protect\footnotetext[\the\c@footnote]{#1}}
      \endgroup}
```

Beschreibung — Es gilt zu beachten, daß die Bedeutung von \thanks durch \maketitle gelöscht wird, d.h. man kann nur eine Titelseite erzeugen und, alle Aufrufe von \thanks produzieren den entsprechenden *Text*.

Vergleiche — [L] \and, \author, \date, \maketitle, \title.

\the ⟨*Token*⟩

System — TeX-Primitive, Plain-TeX, LaTeX2.09, LaTeX 2_ε.

Wirkung — Gibt den expandierten Inhalt des ersten nicht weiter expandierbaren Register*tokens* an.

Beispiel

```
\newskip\shortty
\shortty10pt plus 1pt minus 2pt
Shortty: \the\shortty.
```

Shortty: 10.0pt plus 1.0pt minus 2.0pt.

Beschreibung

Das direkt auf den Befehl folgende *Token* wird, falls möglich, expandiert. Falls das direkt auf den Befehl folgende *Token* dann immer noch expandierbar ist, wird dieses wiederum expandiert, etc. Sobald das *Token* nicht weiter expandierbar ist, wird es zu seinem Inhalt expandiert, falls es sich um ein TEX-Register handelt. Anderenfalls beschwert sich TEX:

```
! You can't use 'the character (' after \the.
```

Vergleiche

`\show`, `\showthe`.

\thebibliography

System

LATEX2.09, LATEX 2ε.

Wirkung

Erzeugt ein Literaturverzeichnis aufgrund von `\cite` bzw. `\nocite`-Aufrufen.

Definition

```
\def\thebibliography#1{\section*{\refname\@mkboth
  {\uppercase{\refname}}{\uppercase{\refname}}}\list
  {\@biblabel{\arabic{enumiv}}}{\settowidth
        \labelwidth{\@biblabel{#1}}%
   \leftmargin\labelwidth
   \advance\leftmargin\labelsep
   \usecounter{enumiv}%
   \let\p@enumiv\@empty
   \def\theenumiv{\arabic{enumiv}}}%
   \def\newblock{\hskip .11em plus.33em minus.07em}%
   \sloppy\clubpenalty4000\widowpenalty4000
   \sfcode`\.=1000\relax}
```

Beschreibung

Analog der {`theglossary`}-Umgebung kann das Literaturverzeichnis (*Bibliography*), welches von LATEX 2ε in die Datei *jobname*.`bib` geschrieben wird, mit

BibTeX `\jobname`

in die entsprechende *jobname*.`bbl`-Datei umgewandelt werden, die beim nächsten Durchlauf eingelesen und innerhalb der {`thebibliography`}-Umgebung gesetzt wird.

Vergleiche

[L] `\bibindent`, `\bibitem`, `\bibliography`, `\bibliographystyle`, `\cite`, `\nocite`.

\thechapter

System — LaTeX2.09, LaTeX 2_ε.

Wirkung — Definiert die Art, wie ein Kapitel numeriert wird.

Definition

im Buch — `\renewcommand{\thechapter}{\arabic{chapter}}`

im Anhang — `\renewcommand{\thechapter}{\Alph{chapter}}`

Bemerkung — Die Befehle `\the`*Zählername* werden von `\newcounter` auf `\arabic` vordefiniert.

Vergleiche — [L] `\chapter`, `\theparagraph`, `\thepart`, `\thesection`, `\thesubparagraph`, `\thesubsection`, `\thesubsubsection`.

\theenumi

System — LaTeX2.09, LaTeX 2_ε.

Wirkung — Bestimmt die Art, wie die oberste Verschachtelungsebene einer {`enumerate`}-Aufzählung numeriert wird.

Beispiel

```
\renewcommand{\theenumi}{\Alph{enumi}}
\renewcommand{\theenumii}{\arabic{enumii}}
\renewcommand{\theenumiii}{\alph{enumiii}}
\renewcommand{\theenumiv}{\roman{enumiv}}
\begin{enumerate} \item Eintrag 1.1
  \begin{enumerate} \item Eintrag 2.1
    \begin{enumerate} \item Eintrag 3.1
      \begin{enumerate} \item Eintrag 4.1
                        \item Eintrag 4.2
      \end{enumerate} \item Eintrag 3.2
    \end{enumerate} \item Eintrag 2.2
  \end{enumerate} \item Eintrag 1.2
\end{enumerate}
```

A.Eintrag 1.1
  (1)Eintrag 2.1
    a.Eintrag 3.1
      i.Eintrag 4.1
      ii.Eintrag 4.2
    b.Eintrag 3.2

(2)Eintrag 2.2
B.Eintrag 1.2

Definition — Die Definitionen unterscheiden sich je nach der aktuellen Stiloption, allerdings nur in der Darstellungsfunktion:

`\newcommand\theenumi{\arabic{enumi}}`

Bemerkung — Die Befehle `\the`*Zählername* werden von `\newcounter` auf `\arabic` vordefiniert.

Vergleiche — `enumi`, [L] {`enumerate`}, `\theenumii`, `\theenumiii`, `\theenumiv`.

\theenumii

System — LaTeX2.09, LaTeX 2ε.

Wirkung — Bestimmt die Art, wie die erste Verschachtelungsebene einer {`enumerate`}-Aufzählung numeriert wird.

Vergleiche — `enumii`, [L] `\theenumi`.

\theenumiii

System — LaTeX2.09, LaTeX 2ε.

Wirkung — Bestimmt die Art, wie die zweite Verschachtelungsebene einer {`enumerate`}-Aufzählung numeriert wird.

Vergleiche — `enumiii`, [L] `\theenumi`.

\theenumiv

System — LaTeX2.09, LaTeX 2ε.

Wirkung — Bestimmt die Art, wie die dritte Verschachtelungsebene einer {`enumerate`}-Aufzählung numeriert wird.

Vergleiche — `enumiv`, [L] `\theenumi`.

\theequation

System LaTeX2.09, LaTeX 2_ε.

Wirkung Bestimmt die Art, wie eine Gleichung numeriert wird.

Beispiel

```
\begin{equation} ... \end{equation}
\renewcommand{\theequation}{Gl.
  \Roman{equation}}
\begin{equation} ... \end{equation}
```

$$a^2 + b^2 = c^2 \cdot \cos(\gamma) \tag{1.9}$$

$$a^2 + b^2 = c^2 \cdot \cos(\gamma) \tag*{(Gl. X)}$$

Definition

```
\renewcommand\theequation{\thechapter
     .\arabic{equation}}
```

Bemerkung Die Befehle `\the`*Zählername* werden von `\newcounter` auf `\arabic` vordefiniert.

Vergleiche [L] {`equation`}.

\thefigure

System LaTeX2.09, LaTeX 2_ε.

Wirkung Bestimmt die Art, wie Bilder in Gleitobjekten numeriert werden.

Beispiel

```
\renewcommand{\thefigure}{\thesection
      .\roman{figure}}
```

Bemerkung Die Befehle `\the`*Zählername* werden von `\newcounter` auf `\arabic` vordefiniert.

Vergleiche [L] `\thetable`.

\thefootnote

System LaTeX2.09, LaTeX 2ε.

Wirkung Bestimmt die Art, wie Fußnoten numeriert werden.

Beispiel
```
\renewcommand{\thefootnote}{\thesection
    .\arabic{footnote}}
```

Bemerkung Die Befehle `\the`*Zählername* werden von `\newcounter` auf `\arabic` vordefiniert.

Vergleiche [T] `\footnote`, [L] `\thempfn`, `\thempfootnote`.

{theglossary}

System LaTeX 2ε.

Wirkung Formatiert ein Schlagwortverzeichnis.

Beschreibung Einige der bei LaTeX 2ε mitgelieferten *Packages* erzeugen ein Schlagwortverzeichnis (*Glossary*), welches von LaTeX 2ε in eine *jobname*.`gls`-Datei geschrieben wird. Unter Verwendung von:

MakeIndex `-s gglo.ist -o \jobname.gls \jobname.glo`

kann diese Datei dann wieder eingelesen und als Schlagwortverzeichnis gesetzt werden, wobei das gesamte Verzeichnis innerhalb der {`theglossary`}-Umgebung gesetzt wird, d.h. die von *MakeIndex* erzeugte *jobname*.`glo`-Datei enthält einen Aufruf von {`theglossary`}.

Fazit: Hat man *MakeIndex* mit `gglo.ist` auf seine *jobname*.`gls`-Datei angewendet, muß man eine Umgebung {`theglossary`} definiert haben.

Vergleiche `\indexentry`, `\glossaryentry`, [L] `\makeglossary`.

{theindex}

System LaTeX2.09, LaTeX 2_ε.

Wirkung Erzeugt ein Stichwortverzeichnis.

Definition
```
\newenvironment{theindex}
               {\if@twocolumn
                  \@restonecolfalse
                \else
                  \@restonecoltrue
                \fi
                \columnseprule \z@
                \columnsep 35\p@
                \twocolumn[\@makeschapterhead{\indexname}]%
                \@mkboth{\uppercase{\indexname}}%
                        {\uppercase{\indexname}}%
                \thispagestyle{plain}\parindent\z@
                \parskip\z@ \@plus .3\p@\relax
                \let\item\@idxitem}
               {\if@restonecol\onecolumn\else\clearpage\fi}
```

Beispiel
```
\begin{theindex}
\item Flieger
    \subitem "Uber- \hfill 2
    \subitem Tief- \hfill 2, 12, 24
        \subsubitem Geistige- \hfill 2
        \subsubitem Milit"arische \hfill 12
\item Freiheit
    \subitem Entscheidungs- \hfill 2, 13
    \subitem fehlende \hfill 12, 80
    \subitem Gestaltungs-
        \subsubitem K"unstlerische \hfill 81
        \subsubitem Wirtschaftliche \hfill 13
    \subitem Narren- \hfill 2
\end{theindex}
```

Beschreibung Analog der {`theglossary`}-Umgebung kann das Stichwortverzeichnis (*Index*), welches von LaTeX's `\index`-Befehl in die Datei *jobname*.`idx` geschrieben wird, mit:

MakeIndex `-s gind.ist \jobname`

in die entsprechende *jobname*.`ind`-Datei umgewandelt werden, die beim nächsten Durchlauf eingelesen und innerhalb der {`theindex`}-Umgebung gesetzt wird.

Man beachte dabei, daß die Einrückungsbefehle `\item`, etc. ohne Parameter definiert sind.

Abbildung 3: Beispiel für `{theindex}`

Index

Flieger
  Über- 2
  Tief- 2, 12, 24
    Geistige- 2
    Militärische 12
Freiheit
  Entscheidungs- 2, 13
  fehlende 12, 80
Gestaltungs-
  Künstlerische 81
  Wirtschaftliche 13
Narren- 2

Im Gegensatz zu {`theglossary`} ist {`theindex`} in LaTeX bereits definiert.

Vergleiche [T] `\item`, [L] `\index`, `\indexspace`, `\makeindex`, `\printindex`, `\subitem`, `\subsubitem`.

\thempfn

System LaTeX2.09, LaTeX 2_ε.

Wirkung Bestimmt die Art, wie Fußnoten in {`minipage`}-Umgebungen dargestellt werden.

Definition `\renewcommand{\thempfn}{\alph{mpfootnote}}`-

Bemerkung Die Befehle `\the`*Zählername* werden von `\newcounter` auf `\arabic` vordefiniert.

Beschreibung Der Befehl `\thempfn` wird von der jeweiligen Dokumentstilart als `\thefootnote` definiert und von der {`minipage`}-Umgebung zu `\thempfootnote` umdefiniert. Will man also das Aussehen von Fußnoten innerhalb von {`minipage`}-Umgebungen ändern, muß man entweder `\thempfootnote` ändern oder `\thempfn` *innerhalb* der aktuellen {`minipage`}-Umgebung setzen.

Vergleiche [L] `\thefootnote`, `\thempfootnote`.

\thempfootnote

System — LaTeX2.09, LaTeX 2_ε.

Wirkung — Bestimmt die Art, wie Fußnoten in {minipage}-Umgebungen numeriert werden.

Definition — `\renewcommand{\thempfootnote}{\alph{mpfootnote}}`

Bemerkung — Die Befehle `\the`*Zählername* werden von `\newcounter` auf `\arabic` vordefiniert.

Vergleiche — [T] `\footnote`, [L] `\thefootnote`, `\thempfn`.

\thenote

System — SLITeX: Dokumentstil `slides`, LaTeX 2_ε: Dokumentklasse `slides`.

Wirkung — Bestimmt die Art, wie Kommentarseiten in SLITeX numeriert werden.

Definition — `\renewcommand{\thenote}{\theslide -\arabic{note}}`

Bemerkung — Die Befehle `\the`*Zählername* werden von `\newcounter` auf `\arabic` vordefiniert.

Vergleiche — `note`, `\theoverlay`, `\theslide`.

\theoverlay

System — SLITeX: Dokumentstil `slides`, LaTeX 2_ε: Dokumentklasse `slides`.

Wirkung — Bestimmt die Art, wie Überlagerungsfolien in SLITeX numeriert werden.

Definition — `\renewcommand{\theslide}{\theslide -\alph{overlay}}`

Bemerkung — Die Befehle `\the`*Zählername* werden von `\newcounter` auf `\arabic` vordefiniert.

Vergleiche — `overlay`, `\thenote`, `\theslide`.

\thepage

System	LaTeX2.09, LaTeX 2ε.
Wirkung	Bestimmt die Art, wie Seitennummern dargestellt werden.
Definition	`\let\thepage\relax`
Bemerkung	Die Befehle `\the`*Zählername* werden von `\newcounter` auf `\arabic` vordefiniert.
Beschreibung	Die verfügbaren Zahlenformate wurden bereits unter dem Stichwort `\pagenumbering` beschrieben. Eine direkte Änderung von `\thepage` bringt zusätzliche Flexibilität, da hier noch zusätzliche Zeichen in die Seitennummer eingefügt werden können, z.B.: `\def\thepage{-- \roman{page} --}` liefert – dcxlvii –.
Vergleiche	`page` , `\pagename`, [L] `\pageref`.

\theparagraph

System	LaTeX2.09, LaTeX 2ε.
Wirkung	Definiert die Art, wie ein Unterabschnitt numeriert wird.
Beispiel	`\renewcommand{\theparagraph}{\thesubsubsection .\arabic{paragraph}}`
Bemerkung	Die Befehle `\the`*Zählername* werden von `\newcounter` auf `\arabic` vordefiniert.
Vergleiche	`paragraph`, [L] `\paragraph`, `\thechapter`, `\thepart`, `\thesection`, `\thesubparagraph`, `\thesubsection`, `\thesubsubsection`.

\thepart

System — LaTeX2.09, LaTeX 2ε.

Wirkung — Definiert die Art, wie ein Abschnitt numeriert wird.

Beispiel — `\renewcommand{\thepart}{\Roman{part}}`

Bemerkung — Die Befehle \the*Zählername* werden von \newcounter auf \arabic vordefiniert.

Vergleiche — part, [L] \part, \partname, \thechapter, \theparagraph, \thesection, \thesubparagraph, \thesubsection, \thesubsubsection.

\thesection

System — LaTeX2.09, LaTeX 2ε.

Wirkung — Definiert die Art, wie ein Unterkapitel numeriert wird.

Definition —

```
\renewcommand{\thesection}{\thechapter
  .\arabic{section}}
```

Bemerkung — Die Befehle \the*Zählername* werden von \newcounter auf \arabic vordefiniert.

Vergleiche — section, [L] \section, \thechapter, \theparagraph, \thepart, \thesection, \thesubparagraph, \thesubsection, \thesubsubsection.

\theslide

System — SLITeX: Dokumentstil slides, LaTeX 2ε: Dokumentklasse slides.

Wirkung — Bestimmt die Art, wie Hauptfolien in SLITeX numeriert werden.

Definition — `\renewcommand{\theslide}{\arabic{slide}}`

Bemerkung — Die Befehle \the*Zählername* werden von \newcounter auf \arabic vordefiniert.

Vergleiche — slide, {slide}, \thenote, \theoverlay.

\thesubparagraph

System — LaTeX2.09, LaTeX 2_ε.

Wirkung — Definiert die Art, wie ein Unterabschnitt numeriert wird.

Beispiel —
```
\newcommand{\thesubparagraph}{\theparagraph
    .\arabic{subparagraph}}
```

Bemerkung — Die Befehle \the*Zählername* werden von \newcounter auf \arabic vordefiniert.

Vergleiche — subparagraph, [L] \subparagraph, \thechapter, \theparagraph, \thepart, \thesection, \thesubparagraph, \thesubsection, \thesubsubsection.

\thesubsection

System — LaTeX2.09, LaTeX 2_ε.

Wirkung — Definiert die Art, wie ein Unterkapitel numeriert wird.

Beispiel —
```
\newcommand{\thesubsection}{\thesection
    .\arabic{subsection}}
```

Bemerkung — Die Befehle \the*Zählername* werden von \newcounter auf \arabic vordefiniert.

Vergleiche — subsection, [L] \subsection, \thechapter, \theparagraph, \thepart, \thesection, \thesubparagraph, \thesubsubsection.

\thesubsubsection

System LaTeX2.09, LaTeX 2_ε.

Wirkung Definiert die Art, wie ein Unterkapitel numeriert wird.

Beispiel
```
\newcommand{\thesubsubsection}{\thesubsection
    .\arabic{subsubsection}}
```

Bemerkung Die Befehle `\the`*Zählername* werden von `\newcounter` auf `\arabic` vordefiniert.

Vergleiche `subsubsection`, [L] `\subsubsection`, `\thechapter`, `\theparagraph`, `\thepart`, `\thesection`, `\thesubparagraph`, `\thesubsection`.

\theta θ

System Plain-TeX, LaTeX2.09, LaTeX 2_ε; Mathemodus.

Definition `\mathchardef\theta="0112`

\Theta Θ

System Plain-TeX, LaTeX2.09, LaTeX 2_ε; Mathemodus.

Definition `\mathchardef\Theta="7002`

\thetable

System LaTeX2.09, LaTeX 2_ε.

Wirkung Bestimmt die Art, wie Tabellen in Gleitobjekten numeriert werden.

Beispiel

```
\renewcommand{\thetable}{\thesection
  .\arabic{ftable}}
```

Definition

```
\renewcommand\thetable{\thechapter .\arabic{table}}
```

Bemerkung — Die Befehle `\the`*Zählername* werden von `\newcounter` auf `\arabic` vordefiniert.

Vergleiche — `table`, [L] `\thetable`.

\thicklines

System — LaTeX2.09, LaTeX 2_ε.

Wirkung — Stellt die Linienbreite für alle Linien innerhalb der {`picture`}-Umgebung auf dick ein.

Beispiel

```
\unitlength.01\linewidth
\begin{picture}(100,10)
\thinlines
  \multiput(0,0)(1,0){101}{\line(0,1){ 10}}
  \multiput(0,0)(0,1){ 11}{\line(1,0){100}}
\thicklines
  \multiput(0,0)(10,0){11}{\line(0,1){ 10}}
  \multiput(0,0)(0,10){ 2}{\line(1,0){100}}
\end{picture}
```

Definition

```
\def\thicklines{%
  \let\@linefnt\tenlnw \let\@circlefnt\tencircw
  \@wholewidth\fontdimen8\tenlnw
  \@halfwidth .5\@wholewidth}
```

Beschreibung — Im Gegensatz zu `\linethickness` werden von `\thicklines` *alle* Linien beeinflußt.

Vergleiche — [L] `\linethickness`, {`picture`}, `\thinlines`.

\thickmuskip

System
TEX-Primitive, Plain-TEX, LATEX2.09, LATEX 2ε.

Wirkung
Definiert die Größe eines großen Leerraumes im mathematischen Modus.

Beispiel
Standard: `\thickmuskip=5mu plus 5mu`

Beschreibung
Die Größe von `\thickmuskip` wirkt sich auf die Größe von `\;` aus und hat gegenüber `\quad` den Vorteil, daß sie von der jeweiligen Schriftart abhängt, weil `18mu` = `1em`.

Vergleiche
`\,`, `\medmuskip`, `\thinmuskip`, `\;`, `\!`.

\thinlines

System
LATEX2.09, LATEX 2ε.

Wirkung
Stellt die Linienbreite aller Linien in der {`picture`}-Umgebung auf dünn ein.

Definition

```
\def\thinlines{%
  \let\@linefnt\tenln \let\@circlefnt\tencirc
  \@wholewidth\fontdimen8\tenln \@halfwidth .5\@wholewidth}
```

Vergleiche
[L] {`picture`}, `\thicklines`.

\thinmuskip

System
TEX-Primitive, Plain-TEX, LATEX2.09, LATEX 2ε.

Wirkung
Definiert die Größe eines kleinen Leerraumes im mathematischen Modus.

Beispiel
Standard: `\thinmuskip=3mu`

Beschreibung — Die Größe von `\thinmuskip` wirkt sich auf die Größe von `\,` und `\!` aus und hat gegenüber `\quad` den Vorteil, daß sie von der jeweiligen Schriftart abhängt, weil `18mu` = `1em`.

Vergleiche — `\medmuskip`, `\thickmuskip`, `\!`.

\thinspace

System — Plain-TEX, LATEX2.09, LATEX 2ε.

Wirkung — Erzeugt einen kleinen Leerraum.

Definition — `\def\thinspace{\kern.16667em }`

Beschreibung — Der erzeugte Leerraum kann von TEX nicht entfernt werden. Er kann wahlweise horizontal oder vertikal sein (je nach momentanem Modus), ist aber von seiner Natur her horizontal gedacht, da er 1/6 `em`, d.h. 1/6 der *Breite* eines „M" im aktuellen Zeichensatz darstellt.

Vergleiche — `\kern`, `\negthinspace`, `\qquad`, `\quad`.

\thispagestyle ⟨*Art*⟩

System — LATEX2.09, LATEX 2ε.

Wirkung — Der Befehl ist analog zu `\pagestyle`, wirkt sich jedoch nur auf die aktuelle Ausgabeseite aus.

Vergleiche — [L] `\pagestyle`.

\tilde ⟨*Zeichen*⟩

System — Plain-TEX, LATEX2.09, LATEX 2ε; Mathemodus.

Wirkung — Erzeugt einen *Tilde*-Akzent.

Beispiel — `\tilde a = \tilde b`

$$\tilde a = \tilde b$$

Definition — `\def\tilde{\mathaccent"707E }`

Beschreibung — `\tilde` verlangt einen Parameter. Will man den Tilde-Akzent ohne Zeichen erzeugen, kann man leere Klammern statt eines Parameters angeben.

`\tilde{}` erzeugt ˜.

Vergleiche — `\breve`, `\hat`, `\widetilde`.

\time

System — TEX-Primitive, Plain-TEX, LATEX2.09, LATEX 2_ε.

Wirkung — Enthält die Uhrzeit zu Programmstart, in Sekunden seit Mitternacht. Der Wert kann mittels

`\the\time`

ausgegeben werden.

Vergleiche — `\day`, `\month`, `\the`, `\year`, [L] `\today`.

\times ×

System — Plain-TEX, LATEX2.09, LATEX 2_ε; Mathemodus; Binärer Operator.

Definition — `\mathchardef\times="2202`

\tiny

System — LATEX2.09, LATEX 2_ε.

Wirkung — Stellt die Schriftgröße auf *winzig* um.

Beispiel — `Dieser Text {\tiny ist winzig,} nicht wahr.`

Dieser Text ist winzig, nicht wahr.

Beschreibung — Wie bei allen Schriftgrößenkommandos in LaTeX2.09 muß man die Größe zuerst ändern, weil bei jeder Größenveränderung die Schriftart auf `\rm` zurückgesetzt wird.

Vergleiche — [L] `\footnotesize`, `\huge`, `\Huge`, `\large`, `\Large`, `\LARGE`, `\normalsize`, `\scriptsize`, `\small`.

\title ⟨*Titel*⟩

System — LaTeX2.09, LaTeX 2ε.

Wirkung — Definiert einen Titel für das aktuelle Dokument, der dann mittels `\maketitle` ausgegeben wird.

Beispiel — `\title{Rotkl"appchen und die sieben Sverige}`

Definition — `\def\title#1{\gdef\@title{#1}}`

Vergleiche — [L] `\and`, `\author`, `\maketitle`, `\thanks`, {`titlepage`}.

{titlepage}

System — LaTeX2.09, LaTeX 2ε.

Wirkung — Erzeugt eine leere Titelseite, für deren Layout und Inhalt der Benutzer selbst zuständig ist.

Definition —

```
\newenvironment{titlepage}
               {\if@twocolumn
                  \@restonecoltrue\onecolumn
                \else
                  \@restonecolfalse\newpage
                \fi
                \thispagestyle{empty}%
                \setcounter{page}{0}}
               {\if@restonecol\twocolumn \else \newpage \fi}
```

Vergleiche — [L] `\maketitle`, `\title`.

\to $\rightarrow$

System — Plain-TEX, LATEX2.09, LATEX 2_ε; Mathemodus; Relation.

Definition — `\let\to=\rightarrow`

Vergleiche — `\rightarrow`.

\toaddress

System — LATEX2.09: Dokumentstil `letter`, LATEX 2_ε Dokumentklasse `letter`.

Wirkung — Enthält die Adresse des Briefempfängers.

Beschreibung — `\toaddress` ist ein internes Makro der *Dokumentklasse* `letter`. Es wird aus der Adressangabe in {`letter`} gesetzt.

Vergleiche — [L] `\begin`, `\closing`, `\opening`, `\toname`.

tocdepth

System — LATEX2.09, LATEX 2_ε.

Wirkung — Dieser LATEX-Zähler ist für die Aufnahme von Überschriften in das Inhaltsverzeichnis zuständig.

Beispiel

```
\setcounter{tocdepth}{2}
\tableofcontents
```

Beschreibung — In Abhängigkeit von diesem LATEX-Zähler werden Überschriften in das Inhaltsverzeichnis aufgenommen. Dabei werden je nach Einstellung folgende Überschriften aufgenommen:

`tocdepth` *geq*	
-1	`\part`
0	`\chapter`
1	`\section`
2	`\subsection`
3	`\subsubsection`

4	`\paragraph`
5	`\subparagraph`

Dieser Zähler muß vor dem Aufruf von `\tableofcontents` verändert werden, da in der *jobname*.`toc`-Datei alle Überschriften angegeben sind und erst in `\tableofcontents` jene aussortiert werden, die nicht mehr dargestellt werden sollen.

Vergleiche [L] `\chapter`, `\part`, `secnumdepth`, `\section`, `\subsection`, `\subsubsection`.

\today

System LaTeX2.09, LaTeX 2ε.

Wirkung Erzeugt das momentane Datum (zu Beginn des TeX-Programms) im Format:

Beispiel `\today`

13. November 1996

Definition

```
\newcommand\today{\ifcase\month\or
  January\or February\or March\or April\or
  May\or June\or July\or August\or September\or
  October\or November\or December\fi
  \space\number\day, \number\year}
\setlength\columnsep{10\p@}
```

Vergleiche `\day`, `\month`, `\time`, `\year`, [L] {`letter`}.

\toks ⟨*Zahl*⟩$_z$

System TeX-Primitive, Plain-TeX, LaTeX2.09, LaTeX 2ε.

Wirkung Adressiert eines der 255 *Token*-Register.

Beispiel

```
\toks12={Quelle. } \the\toks12
\toksdef\qualle13
\qualle={Qualle. } \the\qualle
\newtoks\quaele
\quaele={Quaele. } \the\quaele
```

Quelle. Qualle. Quaele.

Vergleiche `\count`, `\dimen`, `\newtoks`, `\skip`, `\the`, `\toksdef`.

\toksdef ⟨*Befehlsname*⟩$_\backslash$ = ⟨*Zahl*⟩$_z$

System TEX-Primitive, Plain-TEX, LATEX2.09, LATEX 2$_\varepsilon$.

Wirkung Definiert einen *Befehlsnamen* für ein *Tokenregister*. Anschließend kann man *Befehlsname* anstelle von `\toks`*Zahl* schreiben.

Vergleiche `\countdef`, `\dimendef`, `\skipdef`, `\toks`.

\toname

System LATEX2.09: Dokumentstil `letter`, LATEX 2$_\varepsilon$ Dokumentklasse `letter`.

Wirkung Enthält den Namen des Briefempfängers.

Beschreibung `\toname` ist ein internes Makro der *Dokumentklasse* `letter`. Es wird aus der Adressangabe in {`letter`} gesetzt.

Vergleiche [L] `\begin`, `\closing`, `\headtoname`, `\opening`, `\toaddress`, `\toname`.

\tolerance

System TEX-Primitive, Plain-TEX, LATEX2.09, LATEX 2$_\varepsilon$.

Wirkung Gibt die maximale *Badness* an, die eine Zeile im endgültigen Umbruchversuch erreichen darf.

Beispiel `\tolerance200` default

Abbildung 4: Beispiel für `\topfigrule`

Diese Abbildung demonstriert die Verwendung von `\topfigrule`. Die unter der Abbildung stehende Linie wurde mit

```
\def\topfigrule{\vbox to 0pt{\vss
    \hrule width \textwidth \vskip.4pt
    \hrule width \textwidth \vss}}
```

erzeugt.

Beschreibung
: Um Zeit zu sparen, versucht TEX zunächst Zeilen ohne Worttrennung umzubrechen. Diesen Versuch betrachtet TEX dann als erfolgreich, wenn es einen Absatz formen kann, in dem die *Badness* keiner Zeile größer ist als `\pretolerance`. Setzt man als `\pretolerance` auf 10000, dann sind (fast) beliebige Zeilenumbrüche erlaubt und TEX führt keine Worttrennungen mehr aus.

Erst wenn dieser Durchlauf nicht erfolgreich war, versucht TEX, durch Einfügen zusätzlicher Umbruchstellen mittels Worttrennung einen guten Absatz zu erstellen. Im zweiten Durchlauf wird `\pretolerance` durch `\tolerance` ersetzt.

Vergleiche
: `\badness`, `\emergencystretch`, `\penalty`, `\pretolerance`.

\top

T

System
: Plain-TEX, LATEX2.09, LATEX 2$_\varepsilon$; Mathemodus.

Definition
: `\mathchardef\top="023E`

\topfigrule

System
: LATEX 2$_\varepsilon$.

Wirkung
: Definiert eine Kommandofolge, die zwischen einem *Gleitobjekt* am oberen Seitenrand und dem Text ausgeführt werden soll.

Beispiel
: Siehe Abbildung 10, Seite 659 oben.

Definition
: `\let\topfigrule=\relax`

Beschreibung — Wie `\footnoterule` darf `\topfigrule` effektiv keinen vertikalen Leerraum erzeugen.

Vergleiche — `\footnoterule`, [L] {`figure`}, {`table`}.

\topfraction

System — LaTeX2.09, LaTeX 2ε.

Wirkung — Höchst*anteil* der Seite, der für *Gleitobjekte* am oberen Seitenrand verwendet werden darf.

Definition — `\newcommand{\topfraction}{.7}`

Vergleiche — [L] `\bottomfraction`, {`figure`}, `\floatpagefraction`, {`table`}.

\topglue ⟨*Elastische Länge*⟩$_s$

System — Plain-TeX.

Wirkung — Ersetzt `\topskip`.

Definition — `\def\topglue{\nointerlineskip \vglue-\topskip \vglue}`

Beschreibung — Dieser Befehl ist für den Anfang einer Seite gedacht, wo er `\topskip` entfernt und statt dessen *Elastische_Länge* einsetzt. Wird `\topglue` an einer anderen Stelle im Text aufgerufen, z.B. zwischen zwei Absätzen, erzeugt er einen vertikalen Leerraum der Ausmaße *Elastische_Länge* - `\topskip`. Voraussetzung ist aber das Vorhandensein einer elastischen Länge (*skip* im Text direkt vor dem Befehl.

Vergleiche — `\topskip`.

\topins

System Plain-TEX.

Wirkung `\topins` ist das Einfügungsregister, in dem `\topinsert` die am oberen Seitenende einzufügenden Informationen speichert.

Definition `\newinsert\topins`

Vergleiche [T] `\topinsert`.

\topinsert ⟨*Daten*⟩ \endinsert

System Plain-TEX.

Wirkung Erzeugt eine *Einfügung* am oberen Seitenrand der aktuellen Seite, oder, falls auf der aktuellen Seite nicht mehr genügend Platz ist, am oberen Rand einer folgenden Seite.

Beschreibung Das angegebene *Daten*material wird im vertikalen Modus gesetzt und im *Insertion*-Register `\topins` gespeichert, bis auf einer Seite genügend Platz ist, daß das Material gesetzt werden kann. In diesem Fall wird es zwischen Kopfzeile und Seitenrumpf eingefügt und letzterer um die Größe des vertikalen Materials verkleinert.

Vergleiche `\footins`, `\insert`, `\newinsert`, [T] `\midinsert`, `\pageinsert`, `\topins`.

\topmargin

System LATEX2.09, LATEX 2$_\varepsilon$.

Wirkung Definiert den oberen Seitenrand, d.h. den Abstand zwischen der durch `\voffset` definierten Seitenoberkante und der Kopfzeilenoberkante. *Feste Länge.*

Definition `\newdimen\topmargin`

Vergleiche `\voffset`, [L] `\evensidemargin`, `\footskip`, `\headheight`, `\headsep`, `\paperheight`, `\textheight`.

\topmark

System TeX-Primitive, Plain-TeX, LaTeX2.09, LaTeX 2_ε.

Wirkung Gibt diejenige mittels `\mark` gesetzte Marke aus, die sich als *letzte* auf der vorhergehenden *Ausgabeseite* befindet.

Vergleiche `\botmark`, `\firstmark`, `\mark`.

\topsep

System LaTeX2.09, LaTeX 2_ε.

Wirkung Definiert den zusätzlichen vertikalen Abstand zwischen dem ersten Absatz einer mit {`list`} oder {`trivlist`} erzeugten Liste und dem vorhergehenden Text.

Definition `\newskip\topsep`

Vergleiche `\topskip`, [L] `\itemsep`, {`list`}, {`trivlist`}.

\topskip

System TeX-Primitive, Plain-TeX, LaTeX2.09, LaTeX 2_ε.

Beschreibung Gibt den Mindestabstand zwischen der Grundlinie der ersten Zeile und der Seitenoberkante an. Allerdings ist dieser Abstand auch mindestens so groß wie die Oberlänge der ersten Zeile.

Vergleiche `\splittopskip`, [T] `\topglue`, [L] `\footskip`, `\headsep`, `\topsep`.

\totalheight

System — LaTeX 2ε.

Wirkung — Erlaubt den Zugriff auf die *Gesamthöhe* einer von LaTeX 2ε erstellten *Box*.

Beschreibung — `\totalheight` kann nur innerhalb der optionalen Längenangaben eines LaTeX 2ε *Box*-Kommandos stehen. Dort erlaubt es den Zugriff auf die Gesamthöhe, d.h. *Ober-* und *Unterlänge* des innerhalb der Box gesetzten Materials.

Vergleiche — [L] `\depth`, `\framebox`, `\height`, `\makebox`, {`minipage`}, `\raisebox`, `\totalheight`, `\width`.

\tracefloats

System — LaTeX 2ε.

Definition — `\def \tracefloats{\let \tr@ce \@tracemessage}`

Beschreibung — Erlaubt die Ausgabe von Verarbeitungsinformationen über *Gleitobjekte*. Mit diesem Befehl kann die Ausgabe nur eingeschaltet werden. Man kann die Ausgabe mit `\notrace` wieder ausschalten.

Warnung — Dieser Befehl macht den Eindruck, als ob er sich in späteren Versionen von LaTeX 2ε noch ändern könnte. Diese Beschreibung gilt für LaTeX 2ε `1993/12/17`.

Vergleiche — [L] `\notrace`, `\tracefloatvals`.

\tracefloatvals

System — LaTeX 2ε.

Definition —

```
\def \tracefloatvals{%
  \@dblfloatplacement
  \@floatplacement
  \@traceval\@colnum
  \@traceval\@colroom
  \@traceval\@topnum
```

```
  \@traceval\@toproom
  \@traceval\@botnum
  \@traceval\@botroom
  \@traceval\@fpmin
  \tr@ce{\string\textfraction = \textfraction}%
  \@traceval\@dbltopnum
  \@traceval\@dbltoproom
}
```

Beschreibung — Mit diesem Befehl können Informationen über die momentanen internen Parameter der *Gleitobjektplazierung* ausgegeben werden. Eine Ausgabe erfolgt nur, wenn zuvor `\tracefloats` aufgerufen wurde.

Warnung — Dieser Befehl macht den Eindruck, als ob er sich in späteren Versionen von LaTeX 2_ε noch ändern könnte. Diese Beschreibung gilt für LaTeX 2_ε 1993/12/17.

Vergleiche — [L] `\tracefloats`.

\tracingall

System — Plain-TeX, LaTeX2.09, LaTeX 2_ε.

Wirkung — Aktiviert eine globale Protokollierung von TeXs Arbeit.

Definition —

```
\def\tracingall{\tracingonline=1
  \tracingcommands=2 \tracingstats=2
  \tracingpages=1 \tracingoutput=1
  \tracinglostchars=1 \tracingmacros=2
  \tracingparagraphs=1 \tracingrestores=1
  \showboxbreadth\maxdimen
  \showboxdepth\maxdimen
  \errorstopmode}
```

Beschreibung — Der Befehl aktiviert alle obengenannten Protokollroutinen, d.h. fast alles, was TeX tut, wird auf dem Bildschirm mitprotokolliert (`\tracingonline`), und der Benutzer bei Fehlern um eine Eingabe gebeten (`\errorstopmode`).

Vergleiche — `\meaning`, `\pausing`, `\show`, `\showbox`, `\showboxbreadth`, `\showboxdepth`, `\showhyphens`, `\showlists`, `\showthe`, `\the`, `\tracingcommands`, `\tracinglostchars`, `\tracingmacros`, `\tracingonline`, `\tracingoutput`, `\tracingpages`, `\tracingparagraphs`, `\tracingrestores`, `\tracingstats`, [L] `\showoutput`, `\showoverfull`, `\tracefloatvals`.

\tracingcommands

System	TEX-Primitive, Plain-TEX, LATEX2.09, LATEX 2ε.
Wirkung	Stellt die Protokollierung von Befehlsaufrufen ein.
Beschreibung	`\tracingcommands` kann 3 Werte annehmen: 0: Befehlsaufrufe werden nicht protokolliert. 1: Befehlsaufrufe werden protokolliert. 2: Alle Befehle, die TEX liest, auch solche in nicht ausgeführten `\if`-Verzweigungen, werden protokolliert.
Vergleiche	`\show`, `\tracingall`, `\tracingmacros`, `\tracingonline`.

\tracingfonts

System: LATEX 2ε: *package* `tracefnt`.

Definition: `\tracingfonts` ist nur im `tracefnt.sty` definiert als:

```
\def\tracingfonts{\font@warning
  {Command \noexpand\tracingfonts,
```

ansonsten wird eine Warnung ausgegeben:

```
  Command \tracingfonts not provided,
  Use the 'tracefnt' package.
```

Beschreibung: `\tracingfonts` ist ein interner Schalter des TRACEFNT-Package, welcher die Gesprächigkeit der Ausgabe angibt. Dieser Schalter sollte nicht direkt verwendet werden, sondern besser über die Optionen des TRACEFNT-Package gesetzt werden:

`errorshow`	Es werden nur Fehler bei der Zeichensatzwahl protokolliert.
`warningshow`	Es werden zusätzlich Warnungen ausgegeben.
`infoshow`	Ausführliche Protokollierung. Normaleinstellung, falls TRACEFNT ohne Optionen geladen wird.
`debugshow`	Ausführlichste Protokollierung mit Informationen über Zeichensatzumstellungen etc.

Die obenstehenden Optionen schließen sich gegenseitig aus. Zusätzlich gibt es noch folgende Optionen:

`pausing`	Nach jeder Warnmeldung wird auf eine Benutzereingabe gewartet.
`loading`	Alle nach dem Laden von TRACEFNT zusätzlich geladenen Zeichensätze werden protokolliert.

\tracinglostchars

System
: TEX-Primitive, Plain-TEX, LATEX2.09, LATEX 2ε.

Beschreibung
: Für Werte größer 0 werden alle Zeichen protokolliert, die nicht ausgegeben werden, weil sie in dem aktiven Zeichensatz nicht definiert sind.

Vergleiche
: `\nullfont`, `\show`, `\tracingall`, `\tracingonline`.

\tracingmacros

System
: TEX-Primitive, Plain-TEX, LATEX2.09, LATEX 2ε.

Beschreibung
: Für Werte größer 0 werden alle Makroparameter protokolliert.

Vergleiche
: `\show`, `\tracingall`, `\tracingcommands`, `\tracingonline`.

\tracingonline

System
: TEX-Primitive, Plain-TEX, LATEX2.09, LATEX 2ε.

Beschreibung
: Für Werte größer 0 werden alle Protokollausgaben nicht nur in die *jobname*.`log`-Datei, sondern zudem noch auf dem Bildschirm ausgegeben.

Vergleiche
: `\show`, `\showthe`, `\tracingall`, `\tracingcommands`, `\tracinglostchars`, `\tracingmacros`, `\tracingoutput`, `\tracingpages`, `\tracingparagraphs`, `\tracingrestores`, `\tracingstats`, [L] `\showoverfull`.

\tracingoutput

System
TEX-Primitive, Plain-TEX, LATEX2.09, LATEX 2ε.

Beschreibung
Für Werte größer 0 werden alle von `\shipout` gemachten Ausgaben protokolliert. Diese Ausgaben sind in der Regel sehr lang, so daß sich die Verwendung von `\tracingonline` nicht immer empfiehlt.

Vergleiche
`\show`, `\tracingall`, `\tracingonline`.

\tracingpages

System
TEX-Primitive, Plain-TEX, LATEX2.09, LATEX 2ε.

Beschreibung
Für Werte größer 0 wird für jede *Box*, die zur aktuellen Seite hinzugefügt wird, eine Protokollzeile der Form:

```
% t=10.0 g=540.60236 b=10000 p=300 c=100000#
```

ausgegeben. Die Angaben bedeuten:

- t `\pagetotal`. Gibt die Gesamthöhe der Seite bisher an.
- g `\pagegoal`. Gibt die momentane Sollhöhe der Seite an. Diese kann durch direkte Änderung von `\pagegoal` oder durch Einfügungen (vgl. `\insert`) verändert werden.
- b *badness*. Gibt die momentane *Badness* der Seite an (vgl.: `\badness`, `\pagegoal` und `\output`).
- p *penalty*. Gibt die Strafpunkte eines Seitenumbruches nach dieser *Box* an.
- c *cost*. Gesamtbewertung eines Seitenumbruches an dieser Stelle nach `c=p+b` (vgl. `\output`).

Zusätzlich gibt es noch das `#`-Zeichen nach `c`, welches angibt, daß diese Umbruchstelle die bisher beste ist, die TEX gefunden hat. Als letztes kann noch das `*`-Zeichen auftauchen, welches besagt, daß TEX diese Stelle für einen Umbruch gewählt hat.

Vergleiche
`\penalty`, `\show`, `\tracingall`, `\tracingonline`.

\tracingparagraphs

System — TEX-Primitive, Plain-TEX, LATEX2.09, LATEX 2_ε.

Beschreibung — Für Werte größer 0 werden alle Zeilenumbruchversuche protokolliert. Die Ausgabe ist kryptisch, so daß interessierte Leser auf [Knu91, Kapitel 14] verwiesen werden.

Vergleiche — `\show`, `\tracingall`, `\tracingonline`.

\tracingrestores

System — TEX-Primitive, Plain-TEX, LATEX2.09, LATEX 2_ε.

Beschreibung — Für Werte größer 0 werden Zurücksetzungen von internen Registern und Makrodefinitionen am Gruppenende protokolliert.

Vergleiche — `\show`, `\tracingall`, `\tracingonline`.

\tracingstats

System — TEX-Primitive, Plain-TEX, LATEX2.09, LATEX 2_ε.

Beschreibung — Für Werte größer 0 werden am Ende des Dokumentes Daten zur Speicherausnutzung von TEX ausgegeben.

Beschreibung — Für Werte größer 1 geschieht dies auch am Ende jeder Seite.

Vergleiche — `\show`, `\tracingall`, `\tracingonline`.

\triangle $\triangle$

System — Plain-TEX, LATEX2.09, LATEX 2_ε; Mathemodus.

Definition — `\mathchardef\triangle="0234`

\triangleleft ◁

System Plain-TeX, LaTeX2.09, LaTeX 2ε; Mathemodus; Binärer Operator.
Definition `\mathchardef\triangleleft="212F`

\triangleright ▷

System Plain-TeX, LaTeX2.09, LaTeX 2ε; Mathemodus; Binärer Operator.
Definition `\mathchardef\triangleright="212E`

{trivlist}

System LaTeX2.09, LaTeX 2ε.

Wirkung Erstellt eine Liste mit Standardparametern. Verhält sich im wesentlichen wie {`list`} und hat dieselben Stilparameter. Da man aber keinen Standardeintrag für `\item` definieren kann, muß jeder `\item`-Befehl ein Argument bekommen.

Beschreibung Für die Erstellung der Liste werden `\leftmargin`, `\labelwidth` und `\itemindent` auf `0pt` gesetzt. Daneben wird noch `\parsep` gleich `\parskip` gesetzt. Für alle anderen Parameter werden die aktuellen (außerhalb der Liste herrschenden Parameter) verwendet, was im Normalfall die durch den Dokumentstil definierten sind.

Bemerkung Es ist möglich (und die typische Anwendung), eine leere Liste zu erzeugen, indem man eine Umgebung definiert, die mit einer {`trivlist`} und einem leeren `\item`□ beginnt und am Ende nur die {`trivlist`} beendet. Damit hat man einen Standardabstand zum Text erzeugt.

Vergleiche `\parskip`, [T] `\item`, [L] `\itemindent`, `\itemsep`, `\labelsep`, `\labelwidth`, `\leftmargin`, `\listparindent`, `\makelabel`, `\parsep`, `\partopsep`, `\rightmargin`, `\topsep`, `\usecounter`.

\tt

System	Plain-TEX, LATEX2.09, LATEX 2ε, LATEX2.09, LATEX 2ε.
Wirkung	Schaltet auf die `Schreibmaschinenschrift` um.
Beispiel	`{\sl Innerhalb dieses Textes\/\ {\tt nicht normal}.}` *Innerhalb dieses Textes* `nicht normal`.
Definition LATEX 2ε und SLITEX	`\def\tt{\protect\ptt}`
Definition TEX und LATEX	`\newfam\ttfam \def\tt{\fam\ttfam\tentt}`
Beschreibung	Bei allen anderen Schriftartbefehlen in LATEX2.09 muß zuerst die Schriftgröße umgestellt werden, weil LATEX sonst die Schriftart auf `\rm` umstellt.
Vergleiche	`\bf`, `\it`, `\mit`, `\rm`, `\sl`, [L] `\sc`, `\sf`, `\sf`.

\ttdefault

System	LATEX 2ε.
Wirkung	Enthält den Namen des *Zeichensatzes*, in dem die Schriftfamilie *Text Typewriter* dargestellt wird.
Definition	LATEX 2ε`\newcommand{\ttdefault}{cmtt}` SLITEX`\newcommand{\ttdefault}{lcmtt}`
Vergleiche	[L] `\bfdefault`, `\familydefault`, `\itdefault`, `\mddefault`, `\rmdefault`, `\seriesdefault`, `\sfdefault`, `\shapedefault`.

\ttfam

System	Plain-TEX, LATEX2.09, LATEX 2ε.
Wirkung	Gibt die Nummer der Schriftfamilie *Typewriter* an.
Vergleiche	[T] `\fam`.

\ttfamily

System LaTeX 2ε.

Wirkung Stellt die aktuelle Schriftfamilie auf *Text Typewriter* ein.

Beispiel
```
\sffamily\slshape Dieser Text ist in geneigtem
Sans Serif gesetzt. \ttfamily Jetzt kehren wir in
geneigte Schreibmaschinenschrift zur"uck.
```
Dieser Text ist in geneigtem Sans Serif gesetzt. Jetzt kehren wir in geneigte Schreibmaschinenschrift zurück.

Beschreibung Genaugenommen wird die Schriftfamilie auf `\ttdefault` umgeschaltet, was im Normalfall *Computer Modern Roman* ist.

Vergleiche `\rm`, [L] `\bfseries`, `\itshape`, `\mdseries`, `\rmdefault`.

\ttraggedright

System Plain-TEX, LaTeX2.09, LaTeX 2ε.

Wirkung Stellt auf Schreibmaschinenschrift um und erlaubt einen rechten Flatterrand.

Definition
```
\def\ttraggedright{\tt\rightskip\z@ plus2em\relax}
```

Beschreibung Im Gegensatz zu `\raggedright` werden weder `\spaceskip` noch `\xspaceskip` verändert. Außerdem empfiehlt es sich wegen der Umschaltung auf Schreibmaschinenschrift, den Befehl innerhalb einer Gruppe einzuschließen oder ihn als Umgebung {`ttraggedright`} anzuwenden.

Vergleiche [L] `\raggedright`.

\twentyfourpt

System SLITEX: Dokumentstil `slides`, LaTeX 2ε: Dokumentklasse `slides`.

Wirkung Schaltet auf 24 pt große Schrift um.

\twentyninept

System — SLiTeX: Dokumentstil `slides`, LaTeX 2ε: Dokumentklasse `slides`.

Wirkung — Schaltet auf 29 pt große Schrift um.

\twentypt

System — SLiTeX: Dokumentstil `slides`, LaTeX 2ε: Dokumentklasse `slides`.

Wirkung — Schaltet auf 20 pt große Schrift um.

\twocolumn [⟨*text*⟩]

System — LaTeX2.09, LaTeX 2ε.

Wirkung — Stellt auf Zweispaltensatz um und gibt *Text* im einspaltigen Satz darüber aus.

Definition

```
\def \twocolumn {%
  \clearpage
  \global\columnwidth\textwidth
  \global\advance\columnwidth-\columnsep
  \global\divide\columnwidth\tw@
  \global\hsize\columnwidth
  \global\linewidth\columnwidth
  \global\@twocolumntrue
  \global\@firstcolumntrue
  \@ifnextchar [\@topnewpage\@floatplacement
}
```

Beschreibung — Der Befehl `\twocolumn` ruft zunächst ein `\clearpage` auf und stellt anschließend auf Zweispaltensatz um, wobei sich die Spaltenbreite aus `\textwidth` und `\columnsep` berechnet.

Vergleiche — [L] `\clearpage`, `\columnsep`, `\columnseprule`, `\columnwidth`, `\oddsidemargin`, `\onecolumn`, `\textwidth`.

\typein [⟨⟨*Befehlsname*⟩\ ⟩] ⟨*Text*⟩

System — LaTeX2.09, LaTeX 2ε.

Wirkung — Wie bei `\typeout` wird *Text* auf dem Bildschirm dargestellt und anschließend auf eine Eingabe gewartet.

Beispiel — `\typein[\mail]{Who am I?}`

```
Who am I?

\mail=
```

`\typein{Who am I?}`

```
Who am I

\@typein=
```

Beschreibung — Wird ein Kommando angegeben, wird der Eingabetext diesem zugewiesen, anderenfalls wird der Text in die Datei eingefügt.

Vergleiche — `\read`, [L] `\typeout`.

\typeout ⟨*Text*⟩

System — LaTeX2.09, LaTeX 2ε.

Wirkung — Gibt *Text* auf den Bildschirm aus.

Beispiel — `\typeout{When shall we three meet again?}`

```
When shall we three meet again?
```

Definition — Innerhalb der LaTeX-Definitionsdateien wird folgende vereinfachte Definition verwendet:

```
\def\typeout{\immediate\write17}
```

Für den Benutzer gibt es die mit `\protect` geschützte Variante:

```
\def\typeout#1{\begingroup
  \let\protect\string
  \immediate\write\@unused{#1}\endgroup}
```

Vergleiche — `\read`, `\write`, [L] `\typein`.

Befehle U

\u ⟨*Buchstabe*⟩

System — Plain-TEX, LATEX2.09, LATEX 2ε; Mathemodus.

Wirkung — Erzeugt einen *Breve*-Akzent über *Buchstabe*.

Beispiel — `\u o` erzeugt ŏ.

Definition — `\def\u#1{{\accent21 #1}}`

Beschreibung — Im Gegensatz zu plain-TEX kann in LATEX nach diesem Akzent nicht umbrochen werden.

Vergleiche — `\breve`, Akzente/im Text.

\uccode ⟨*Zeichenkonstante*⟩$_z$ = ⟨*Zeichenkonstante*⟩$_z$

System — TEX-Primitive, Plain-TEX, LATEX2.09, LATEX 2ε.

Wirkung — Weist einem Zeichen einen zugehörigen *Großbuchstaben* zu.

Definition — `\uccode'a='A \uccode'A='A`

Beschreibung — `\uccode` weist einem bestimmten Zeichen ein weiteres Zeichen zu, das TEX fortan als zugehörigen *Großbuchstaben* für den Befehl `\uppercase` verwendet. Für den gewöhnlichen Gebrauch hat TEX allen gewöhnlichen Zeichen die entsprechenden `\uccode`-Werte zugewiesen. Allerdings kann man durch die Veränderung der `\uccode`-Werte besondere Effekte erzielen, wie das Beispiel zeigt.

Beispiel —

```
\catcode'\@=11
...
{
  \uccode'1='i \uccode'2='f
  \uppercase{\gdef\if@12{}}
}
```

Erläuterung — Das Beispiel definiert ein Makro, das `\if@` heißt und den Text `if` im Parameter erwartet. So eine Definition ist in TEX normalerweise nicht möglich, weil der Makroname erst mit dem ersten Zeichen beendet ist, dessen `\catcode` sich von 11 unterscheidet. Im Beispiel wird dieses Problem dadurch umgangen, daß ein Makro `\if@` mit dem notwendigen Text „12" definiert wird. Da TEX den Parameter von `\uppercase` zuerst vollständig einliest, wird den Zeichen „1" und „2" der `\catcode`-Wert 12 für sonstige Zeichen zugewiesen. Anschließend wird dem Zeichen „1" der zugehörige *Großbuchstabe* „i", dem Zeichen „2" der Buchstabe „f" zugewiesen. Erst nach der Ausführung von `\uppercase` wird `\gdef` aufgerufen, welches jetzt eine Zeichenkette $\backslash_0\mathtt{i}_{11}\mathtt{f}_{11}\mathtt{@}_{11}\mathtt{i}_{12}\mathtt{f}_{12}$ vorfindet.

Vergleiche `\catcode`, `\lccode`, `\lowercase`, `\uppercase`.

\uchyph

System: TEX-Primitive, Plain-TEX, LATEX2.09, LATEX 2ε.

Wirkung: Kontrolliert die Trennbarkeit großgeschriebener Wörter.

Definition: `\uchyph=1`

Beispiel:

```
\uchyph=0 \showhyphens{
Supercalifragilistischexpialigetisch}
```

```
Underfull \hbox (badness 10000) in paragraph at lines
4--4 [] \tenrm
Supercalifragilistischexpialigetisch

\hbox(6.94444+1.94444)x16383.99998, glue set
9727.49219 []
```

```
\uchyph=1 \showhyphens{
Supercalifragilistischexpialigetisch}
```

```
Underfull \hbox (badness 10000) in paragraph at lines
6--6 [] \tenrm
Su-per-ca-lifra-gi-li-stisch-ex-pia-li-ge-tisch
\strut\absatz
\hbox(6.94444+1.94444)x16383.99998, glue set
9727.49219 []
```

Beschreibung: TEXs Trennalgorithmus erkennt großgeschriebene Wörter nur dann, wenn `\uchyph` größer 0 ist. Anderenfalls können großgeschriebene Wörter nicht getrennt werden. Vergleiche dazu auch [Knu91, Anhang H].

Vergleiche `\allowhyphens`, `\noboundary`, `\discretionary`, `\hyphenation`, `\hyphenchar`, `\patterns`, `\showhyphens`.

\umlauthigh

System — LaTeX2.09: Stiloption `german`, $\LaTeX\,2_\varepsilon$: *package* `babel`: Option `german`.

Wirkung — Stellt die durch `\umlautlow` veränderte Bedeutung von `\"` wieder her.

Definition — `\def\umlauthigh{\def\"##1{{\accent127 ##1}}}`

Vergleiche — `\newumlaut`, `\umlautlow`.

\umlautlow

System — LaTeX2.09: Stiloption `german`, $\LaTeX\,2_\varepsilon$: *package* `babel`: Option `german`.

Wirkung — Setzt die Punkte „¨" für Umlaute etwas niedriger als normal über *Zeichen* und verändert die Bedeutung von `\"`, so daß vor und nach dem Akzent umbrochen werden kann.

Beispiel — `\umlauthigh"o - \umlautlow"o`

Ö - Ö

```
\umlauthigh
\showhyphens{Vorsorgeunterst"utzungsverein}
```

```
Underfull \hbox (badness 10000) in paragraph at lines
109--109
[] []\tenrm Vor-sor-ge-un-terst^^?utzungsverein
```

```
\umlautlow
\showhyphens{Vorsorgeunterst"utzungsverein}
```

```
Underfull \hbox (badness 10000) in paragraph at lines
111--111
[] []\tenrm Vor-sor-ge-un-terst[]utzungs-ver-ein
```

Definition — `\def\umlautlow{\def\"{\protect\newumlaut}}`

Beschreibung — Die Wirkung von `\umlautlow` wird durch `\umlauthigh` aufgehoben. Die Resultate der zusätzlichen Trennbarkeit hängen in sehr starkem Maße von den Trenntabellen ab, weil nach dem Umlaut ein neuer Wortabschnitt begonnen wird (vgl. [Knu91, Anhang H]).

\unboldmath

System — LaTeX2.09.

Wirkung — Hebt die Wirkung von `\boldmath` wieder auf (s. dort).

Bemerkung — Dieser Befehl darf nicht innerhalb des *mathematischen* Modus angewendet werden.

Vergleiche — [L] `\mathversion`.

\underbar ⟨*Text*⟩

System — Plain-TeX, LaTeX2.09, LaTeX 2ε.

Wirkung — Unterstreicht *Text*.

Beispiel

```
\underbar{Immer} \underbar{gleich}
```

Immer gleich

Definition

```
\def\underbar#1{$\setbox\z@\hbox{#1}\dp\z@\z@
  \m@th \underline{\box\z@}$}
```

Beschreibung — Der *Text* wird in einer `\hbox` gesetzt und auf der Höhe des *Bezugspunktes* unterstrichen, d.h. die Unterlänge des Textes findet keine Beachtung.

Vergleiche — `\underline`.

\underbrace ⟨*Formel*⟩

System — Plain-TEX, LATEX2.09, LATEX 2ε; Mathemodus; Großer Operator.

Wirkung — Stellt eine waagerechte geschweifte Klammer unter einer *Formel* dar.

Beispiel

```
\underbrace{\sum_{i=1}^n}_{\hbox{x-Richtung}}
\underbrace{\sum_{j=1}^n}_{\hbox{y-Richtung}}
a_{ij}
```

$$\underbrace{\sum_{i=1}^n}_{\hbox{x-Richtung}} \underbrace{\sum_{j=1}^n}_{\hbox{y-Richtung}} a_{ij}$$

Definition

```
\def\underbrace#1{\mathop{\vtop{\m@th\ialign{##\crcr
      $\hfil\displaystyle{#1}\hfil$\crcr
        \noalign{\kern3\p@\nointerlineskip}
      \upbracefill\crcr\noalign{\kern3\p@}}}}\limits}
```

Beschreibung — Der Ausdruck `\overbrace{`*Formel*`}` wird als großer Operator gesetzt, so daß man entsprechend beschriften kann. Es gilt zu beachten, daß *Formel* im `\displaystyle` gesetzt wird, unabhängig von der mathematischen Umgebung.

Vergleiche — `\cases`, `\overbrace`, `\overleftarrow`, `\overline`, `\overrightarrow`, `\underbrace`.

\underline ⟨*Text*⟩

System — TEX-Primitive, Plain-TEX, LATEX2.09, LATEX 2ε.

Wirkung — Unterstreicht den als Parameter angegebenen *Text*.

Beispiel

`\underline{axc}`	$\underline{\text{axc}}$
`\underline{ayc}`	$\underline{\text{ayc}}$

Beschreibung

Im Gegensatz zu `\underbar` wird bei `\underline` die Unterstreichung direkt unter den angegebene *Text* gesetzt, wodurch mehrere nebeneinander stehende Zeichen, abhängig von ihrer jeweiligen Unterlänge, in verschiedenen Höhen unterstrichen werden. Bei *Text* kann es sich auch um eine mathematische Formel handeln.

Vergleiche

`\overleftarrow`, `\overline`, `\overrightarrow`, `\underbar`.

\unhbox ⟨*Registernummer*⟩$_z$

System

TEX-Primitive, Plain-TEX, LATEX2.09, LATEX 2$_\varepsilon$.

Wirkung

Entfernt eine umfassende `\hbox` und gibt den Inhalt unter Löschung des Registers aus.

Beispiel

```
\showboxdepth0
\showboxbreadth0
\setbox1=\hbox{Holulilalio}
\showbox1
```

```
! OK.
> \box1=
\hbox(6.94444+0.0)x44.72235 []

! OK.
l.211 \setbox1=\hbox{Holulilalio}\showbox1

?
```

```
\setbox1=\hbox to 1.05\wd1{\unhbox1}  \showbox1
```

```
> \box1=
\hbox(6.94444+0.0)x46.9586 []

! OK.
l.212 ...box1=\hbox to 1.05\wd1{\unhbox1}\showbox1

?
```

Beschreibung

Der Befehl `\unhbox` funktioniert analog zu `\box`, wobei zusätzlich die äußerste `\hbox` entfernt wird. Ist die *Box* leer, geschieht nichts, ist aber die äußerste *Box* eine `\vbox`, erhält man eine Fehlermeldung.

Das Beispiel zeigt eine mögliche Anwendung, in der der Text in eine `\hbox` gesetzt wird, die allerdings anschließend um 5% erweitert wird.

Vergleiche

`\box`, `\copy`, `\lastbox`, `\newbox`, `\setbox`, `\unhcopy`, `\unvbox`, `\unvcopy`, `\wd`.

\unhcopy ⟨*Registernummer*⟩$_z$

System

TEX-Primitive, Plain-TEX, LATEX2.09, LATEX 2$_\varepsilon$.

Wirkung

Entfernt eine umfassende `\hbox` und gibt den Inhalt unter Erhalt des Registers aus.

Beschreibung

Bis auf die Tatsache, daß der Inhalt des Registers erhalten bleibt, ist der Befehl identisch mit `\unhbox` (s. dort).

Vergleiche

`\newbox`, `\unhbox`, `\wd`.

\unitlength

System

LATEX2.09, LATEX 2$_\varepsilon$.

Wirkung

Gibt die Längeneinheit für die Bilddarstellung mittels {`picture`} an.

Beispiel

`\unitlength1cm`

Beispiel

Standard: `\unitlength=1pt`

Definition

`\newdimen\unitlength`

Beschreibung — Für die Positionierung von Objekten innerhalb der {picture}-Umgebung werden nur relative Koordinaten in Einheiten von \unitlength angegeben. Ein Bild, das mit

```
\begin{picture}(10,5)
```

eingeleitet wird, hätte also bei \unitlength1cm eine Breite von 10 cm bzw. eine Höhe von 5 cm, bei \unitlength1mm eine Breite von 1 mm bzw. eine Höhe von 5 mm.

Vergleiche — [L] \dashbox, {picture}.

\unkern

System — TEX-Primitive, Plain-TEX, LATEX2.09, LATEX 2ε.

Wirkung — Entfernt den letzten \kern aus der momentanen Arbeitsliste.

Beispiel

`A\kern.2pt\unkern B`	AB
`A\kern.2pt\kern-\lastkern B`	AB

Beschreibung — Falls das letzte Element in der momentan bearbeiteten Liste ein *Kern* ist (vgl. \kern), wird dieses letzte Element aus der Liste entfernt.

Die einzige Ausnahme bildet der seltene Fall, wo ein \kern aus der *vertikalen* Seitenliste herausgenommen werden soll, die bereits fertig gesetzt ist. In diesem Fall bleibt der \kern erhalten.

Vergleiche — \kern, \lastbox, \lastkern, \unpenalty, \unskip.

\unlhd ⊴

System — LATEX2.09, LATEX 2ε: *package* latexsym; Mathemodus; Binärer Operator.

Bemerkung — Der Befehl \Box wird vom NFSS in LATEX 2ε nicht mehr standardmäßig bereitgestellt. Abhilfe schafft das *package* latexsym.

Definition

```
\def\unlhd{\mathbin{\leq \hbox to -.43em{}\hbox
  {\vrule \@width .065em \@height .63em
  \@depth -.08em}\hbox to .2em{}}}
```

\unpenalty

System — TEX-Primitive, Plain-TEX, LATEX2.09, LATEX 2ε.

Wirkung — Entfernt den letzten `\penalty` aus der momentanen Arbeitsliste.

Beispiel —

```
A\penalty.2pt\unpenalty B                AB
A\penalty.2pt\penalty-\lastpenalty B     AB
```

Beschreibung — Falls das letzte Element in der momentan bearbeiteten Liste *Strafpunkte* verteilt (vgl. `\penalty`), dann wird dieses letzte Element aus der Liste entfernt.

Die einzige Ausnahme bildet der seltene Fall, wo ein `\penalty` aus der *vertikalen* Seitenliste herausgenommen werden soll, die bereits fertig gesetzt ist. In diesem Fall bleibt die `\penalty` erhalten.

Vergleiche — `\kern`, `\lastbox`, `\unkern`, `\unskip`.

\unrhd ⊵

System — LATEX2.09, LATEX 2ε: *package* `latexsym`; Mathemodus; Binärer Operator.

Bemerkung — Der Befehl `\Box` wird vom NFSS in LATEX 2ε nicht mehr standardmäßig bereitgestellt. Abhilfe schafft das *package* `latexsym`.

Definition —

```
\def\unrhd{\mathbin{ \hbox to .3em{}\hbox
  {\vrule \@width .065em \@height .63em
  \@depth -.08em}\hbox to -.43em{}\geq}}
```

\unskip

System — TEX-Primitive, Plain-TEX, LATEX2.09, LATEX 2ε.

Wirkung — Entfernt den letzten `\skip` aus der momentanen Arbeitsliste.

Beispiel —

```
A\skip.2pt\unskip B              AB
A\skip.2pt\skip-\lastskip B      AB
```

Beschreibung — Falls das letzte Element in der momentan bearbeiteten Liste eine *elastische* Länge ist (vgl. `\skip`), dann wird dieses letzte Element aus der Liste entfernt.

Die einzige Ausnahme bildet der seltene Fall, wo ein `\skip` aus der *vertikalen* Seitenliste herausgenommen werden soll, die bereits fertig gesetzt ist. In diesem Fall bleibt der `\skip` erhalten.

Vergleiche — `\kern`, `\lastbox`, `\lastskip`, `\newskip`, `\unkern`, `\unpenalty`.

\unvbox ⟨*Registernummer*⟩$_z$

System — TEX-Primitive, Plain-TEX, LATEX2.09, LATEX 2$_\varepsilon$.

Wirkung — Entfernt eine umfassende `\vbox` und gibt den Inhalt unter Löschung des Registers aus.

Beschreibung — Der Befehl entspricht genau `\unhbox` (s. dort).

Vergleiche — `\lastbox`, `\newbox`, `\setbox`, `\unhbox`, `\unvcopy`, `\wd`.

\unvcopy ⟨*Registernummer*⟩$_z$

System — TEX-Primitive, Plain-TEX, LATEX2.09, LATEX 2$_\varepsilon$.

Wirkung — Entfernt eine umfassende `\vbox` und gibt den Inhalt unter Erhalt des Registers aus.

Beschreibung — Bis auf die Tatsache, daß der Inhalt des Registers erhalten bleibt, ist der Befehl identisch mit `\unvbox` (s. dort).

Vergleiche — `\newbox`, `\unhbox`, `\unvbox`, `\wd`.

\uparrow $\uparrow$

System — Plain-TEX, LATEX2.09, LATEX 2$_\varepsilon$; Mathemodus; Relation; Großer Operator.

Definition — `\def\uparrow{\delimiter"3222378 }`

Vergleiche — `\downarrow`, `\nearrow`, `\nwarrow`.

\Uparrow ⇑

System: Plain-TEX, LATEX2.09, LATEX 2ε; Mathemodus; Relation; Großer Operator.

Definition: `\def\Uparrow{\delimiter"322A37E }`

Vergleiche: `\Downarrow`.

\upbracefill

System: LATEX2.09.

Wirkung: Erzeugt eine beliebig dehnbare, untere geschweifte Klammer.

Beispiel:
```
\hbox to \linewidth{Anfang \upbracefill\ Ende}
\hbox to \linewidth{\upbracefill}
```

Anfang ⏟ Ende

⏟

Definition:
```
\def\upbracefill{$\m@th\bracelu\leaders\vrule\hfill\bracerd
  \braceld\leaders\vrule\hfill\braceru$}
```

Beschreibung: `\upbracefill` verhält sich im wesentlichen wie ein `\hfill` mit dem Unterschied, daß keine leere *Box*, sondern eine geschweifte Klammer erzeugt wird. Wie man am Beispiel weiterhin erkennen kann, ist es allerdings normalerweise nicht möglich, ein `\hfill` durch ein `\upbracefill` zu ersetzen, weil die Höhe der waagerechten Linie der umfassenden *Box* angepaßt wird.

——— weitere Bedeutung ———

System: LATEX 2ε.

Wirkung: Erzeugt eine beliebig dehnbare untere geschweifte Klammer.

Beispiel

```
\hbox to \linewidth{Anfang \upbracefill\ Ende}
\hbox to \linewidth{\upbracefill}
```

Anfang ⏟ Ende

Definition

```
\def\upbracefill{$\m@th \setbox\z@\hbox{$\braceld$}%
  \bracelu\leaders\vrule height\ht\z@ depth\z@
        \hfill\bracerd
  \braceld\leaders\vrule height\ht\z@ depth\z@
        \hfill\braceru$}
```

Beschreibung — Wie am Beispiel zu sehen, kann man die geschweifte Klammer jetzt doch wie `\hfill` verwenden.

Vergleiche — `\downbracefill`.

\updefault

System — LaTeX 2ε.

Wirkung — Enthält den Namen des *Zeichensatzes*, in dem für den Standardzeichensatz die Schriftgestalt *Ungeneigt* dargestellt wird.

Definition — `\newcommand\updefault{n}`

Vergleiche — [L] `\bfdefault`, `\familydefault`, `\itdefault`, `\mddefault`, `\scdefault`, `\seriesdefault`, `\shapedefault`, `\sldefault`.

\updownarrow $\updownarrow$

System — Plain-TeX, LaTeX2.09, LaTeX 2ε; Mathemodus; Relation; Großer Operator.

Definition — `\def\updownarrow{\delimiter"326C33F }`

Vergleiche — `\downarrow`.

\Updownarrow ⇕

System: Plain-TEX, LATEX2.09, LATEX 2ε; Mathemodus; Relation; Großer Operator.

Definition: `\def\Updownarrow{\delimiter"326D377 }-`

Vergleiche: `\downarrow`.

\uplus ⊎

System: Plain-TEX, LATEX2.09, LATEX 2ε; Mathemodus; Binärer Operator; Großer Operator.

Definition: `\mathchardef\uplus="225D`

\uppercase {*Text*}

System: TEX-Primitive, Plain-TEX, LATEX2.09, LATEX 2ε.

Wirkung: Verwandelt den angegebenen *Text* in *Großbuchstaben*.

Beispiel:
```
\expandafter\uppercase
  \expandafter{\romannumeral\the\year}.
```
MCMXCVI.

Beschreibung: Für alle Zeichen des angegebenen *Textes* wird der zugeordnete `\uccode` als *Zeichencode* eingesetzt. Ist der `\uccode` eines Zeichens 0, wird keine Veränderung vorgenommen.

Bemerkung: Der Befehl `\uppercase` hat wahrscheinlich mehr Verwendung in Trickmakros (vgl. `\newif`, `\uccode`) gefunden als für Textanwendungen.

Vergleiche: `\lccode`, `\lowercase`, `\uccode`, `\uppercase`, [L] `\Roman`.

\upshape

System — LaTeX 2_ε.

Wirkung — Stellt die Schriftgestalt der momentan selektierten Schriftfamilie auf *Ungeneigt* um.

Beispiel —
```
{\sffamily\itshape In geneigter Schrift ist
{\upshape ungeneigt} hervorgehoben.}
```
In geneigter Schrift ist ungeneigt *hervorgehoben.*

Vergleiche — \rm, [L] \bfseries, \itshape, \mdseries, \normalfont, \scshape, \slshape, \textbf, \textit, \textmd, \textnormal, \textrm, \textsc, \textsf, \textsl, \texttt, \textup.

\upsilon υ

System — Plain-TeX, LaTeX2.09, LaTeX 2_ε; Mathemodus.

Definition — `\mathchardef\upsilon="011D`

\Upsilon Υ

System — Plain-TeX, LaTeX2.09, LaTeX 2_ε; Mathemodus.

Definition — `\mathchardef\Upsilon="7007`

\usebox ⟨⟨*Box*⟩$_z$⟩

System — LaTeX2.09, LaTeX 2_ε.

Wirkung — Gibt eine mittels \sbox bzw. \savebox gespeicherte *Box* aus.

Beispiel — Siehe \setbox.

Definition — `\def\usebox#1{\leavevmode\copy #1\relax}`

Beschreibung — Der Befehl entspricht im wesentlichen dem TEX-Befehl `\copy`, wobei allerdings auf jeden Fall in den *horizontalen* Modus umgeschaltet wird.

Vergleiche — `\setbox`, [L] `\newsavebox`, `\savebox`, `\sbox`.

\usecounter ⟨*Name*⟩

System — LATEX2.09, LATEX 2ε.

Wirkung — Definiert den angegebenen LATEX-*Zähler Name* als Eintragszähler einer Liste.

Beispiel

```
\newcounter{pos}
\begin{list}{Pos.\,\arabic{pos}~~
}{\usecounter{pos}}
\item              Erster Eintrag in der Liste. ...
\item[1.\,a) ]  Zus"atzlicher Eintrag, von H ...
\item              Im Zweiten Eintrag ist der Z ...
\end{list}
```

1.) Erster Eintrag in der Liste. Als solcher bekommt er die Nummer 1.

1. a) Zusätzlicher Eintrag, von Hand numeriert. Der Zähler `pos` bleibt unverändert.

2.) Im zweiten Eintrag ist der Zähler also wieder korrekt.

Beschreibung — Der angegebene LATEX-*Zähler* (ohne *Backslash*) wird am Anfang der Liste auf 0 gesetzt und bei jedem nicht explizit numerierten `\item` um 1 erhöht.

Vergleiche — [L] `{list}`, `\newcounter`.

\usefont ⟨*Codierung*⟩⟨*Familie*⟩⟨*Gewicht*⟩⟨*Neigung*⟩

System: LaTeX 2ε.

Wirkung: Selektiert einen Zeichensatz durch Angabe aller Schriftartparameter außer der Schriftgröße. Will man die Schriftgröße auch angeben, kann man dies vorher mit `\fontsize` tun.

Beispiel:

```
Dieser Text ist in sehr kleiner Schreibmaschinenschrift, aber mit einem
dafür sehr großen Zeilenabstand gesetzt, wie man sehen kann. Dies
alles wurde erzeugt durch:
\fontsize{6}{12pt}
\usefont{OT1}{cmtt}{m}{n}
\begin{minipage}{.8\linewidth}
Dieser Text ist in sehr ...
\end{minipage}
```

Definition: `\def\usefont#1#2#3#4{\fontencoding{#1}\fontfamily{#2}%`

Vergleiche: [L] `\DeclareFixedFont`, `\fontencoding`, `\fontfamily`, `\fontseries`, `\fontshape`, `\fontsize`.

\USenglish

System: LaTeX2.09: Stiloption `german`, LaTeX 2ε: *package* `babel`: Option `german`.

Beschreibung: Stellt die Formatierungsparameter und Standardtexte auf amerikanische Standards ein. Davon sind folgende, in den Stilarten definierte und verwendete Parameter betroffen:

Vergleiche: `\austrian`, `\english`, `\french`, `\german`, `\pagename`, `\refname`, `\selectlanguage`, [L] `\seename`.

Abbildung 5: Beispiel für `\USenglish`

Parameter	Deutsch	Englisch	Französisch
`\refname`	Literatur	References	Références
`\abstractname`	Zusammenfassung	Abstract	Résumé
`\bibname`	Literaturverzeichnis	Bibliography	Bibliographie
`\chaptername`	Kapitel	Chapter	Chapitre
`\appendixname`	Anhang	Appendix	Annexe
`\contentsname`	Inhaltsverzeichnis	Contents	Table des matières
`\listfigurename`	Abbildungsverzeichnis	List of Figures	Liste des figures
`\listtablename`	Tabellenverzeichnis	List of Tables	Liste des tableaux
`\indexname`	Index	Index	Index
`\figurename`	Abbildung	Figure	Figure
`\tablename`	Tabelle	Table	Tableau
`\partname`	Teil	Part	Partie
`\enclname`	Anlage(n)	encl	P. J.
`\ccname`	Verteiler	cc	Copie à
`\headtoname`	An	To	A
`\pagename`	Seite	Page	Page

\usepackage [⟨*Optionen*⟩] ⟨*Packageliste*⟩ [⟨*Erstellungsinformationen*⟩]

System — LaTeX 2_ε.

Wirkung — Lädt eine oder mehrere *Packages* nach. Jeder der durch Kommata getrennten *Packages* in der *Packageliste* werden alle, wieder durch Kommata getrennten, *Optionen* übergeben.

Beispiel — `\usepackage[german]{babel}`

Beschreibung — Der Befehl `\usepackage` darf für jedes *Package* nur einmal aufgerufen werden (auch wenn sich die *Optionen* unterscheiden sollten), und das auch nur in der *Präambel*, d.h. zwischen `\documentclass` und `\begin{document}`.

Bemerkung — Ein *Package* in LaTeX 2_ε ist ein Makropaket, das im Normalfall eine von der *Dokumentklasse* unabhängige Funktion erfüllt, z.B. Mehrspaltensatz zur Verfügung zu stellen (MULTICOL), etc. *Packages* sind Dateien mit Namen *Datei*.`sty`, die durch `\usepackage` oder `\RequirePackage` geladen werden können.

Vergleiche — [L] `\NeedsTeXFormat`, `\OptionNotUsed`, `\ProvidesPackage`, `\RequirePackage`.

Befehle V

\v ⟨*Buchstabe*⟩

System — Plain-TEX, LATEX2.09, LATEX 2_ε; Mathemodus.

Wirkung — Erzeugt einen *Háček*-Akzent über *Buchstabe*.

Beispiel — `\v s` erzeugt š.

Definition — `\def\v#1{{\accent20 #1}}`

Beschreibung — Im Gegensatz zu plain-TEX kann in LATEX nach diesem Akzent nicht automatisch umbrochen werden.

Vergleiche — Akzente/im Text.

\vadjust {*Vertikale Liste*}

System — TEX-Primitive, Plain-TEX, LATEX2.09, LATEX 2_ε.

Wirkung — Setzt die angegebene *vertikale Liste* direkt nach der Zeile, in welcher der `\vadjust`-Befehl aufgetreten ist.

Beispiel — `\vadjust{\eject}` würde einen Seitenumbruch direkt nach dieser Zeile bewirken. `\vadjust{\smallskip}` führt einen Zwischenraum zwischen diesen beiden Zeilen ein.

Beschreibung — Der Befehl `\vadjust` ignoriert alle folgenden Leerzeichen *und* `\relax`-Befehle bis zum ersten anderen *Token*. Ist dieses keine geschweifte Klammer „{", gibt TEX eine Fehlermeldung aus. Die angegebene *vertikale Liste* wird dann zwischen der *Box* der Ausgabezeile, in der `\vadjust` aufgetreten ist, und der darauffolgenden *Box* ausgegeben.

\valign

System — TEX-Primitive, Plain-TEX, LATEX2.09, LATEX 2_ε.

Syntax — `\valign` { *Tabelle* }
`\valign to` *Höhe* { *Tabelle* }
`\valign spread` *Höhe* { *Tabelle* }

Wirkung

Erzeugt analog `\halign` Tabellen in TeX, in denen allerdings im Gegensatz zu `\halign` Zeilen und Spalten vertauscht sind.

Beispiel

```
{\hsize3cm\tabskip0pt
\valign{&\vfil#\strut\hfil\vfil\cr
I&  thou& he/she/It& we & you& they\cr
am& art&  \multispan4\vfil are\hfil\vfil\cr
was& wast& \multispan4\vfil were\hfil\vfil\cr
}}
```

I	am	was
thou	art	wast
he/she/It		
we	are	were
you		
they		

Beschreibung

Tabelle besteht aus zwei Teilen: der *Musterzeile* und den *Daten*. Die *Musterzeile* hat dabei die Form

$$a_{1v}\#a_{1n}\&a_{2v}\#a_{2n}\&a_{3v}\#a_{3n}\&\ldots\ \backslash\texttt{cr}$$

Dabei bedeutet `#` einen Platzhalter für Datenmaterial aus dem *Daten*-Teil der *Tabelle*. Dieser Platzhalter wird behandelt wie in Makrodefinitionen, d.h. innerhalb einer Makrodefinition muß entsprechend `##`, etc. stehen.

`&` leitet einen neuen Eintrag ein. Kommt ein `&` nach einem leeren Eintrag, d.h. `\valign{&` bzw. `&&`, dann werden alle folgenden Einträge (bis zum abschließenden `\cr`) bei Bedarf wiederholt.

Die *Musterzeile* wird *nicht expandiert*. TeX untersucht die *Musterzeile* nur auf das Auftreten der Schlüsselworte `&`, `#`, `\cr`, `\span` und `\tabskip`. Nur in den beiden letztgenannten Fällen werden die folgenden *Token* expandiert, ansonsten werden diese nur gespeichert und erst bei der Ausgabe der einzelnen Einträge interpretiert. Aufgrund dieses Expansionsmechanismus werden Klammerstrukturen innerhalb der *Musterzeile* großteils ignoriert. Dafür bekommt jeder Eintrag eine implizite Klammerstruktur, so daß alle Definitionen innerhalb der *Musterzeile* lokal bleiben (vgl. `\globaldefs`).

Der zweite Teil der *Tabelle* besteht aus den *Daten*. Hier werden einzelne Einträge durch `&` getrennt, `\cr` beendet die laufende Spalte (Zeile bei `\halign`) unabhängig von der bereits gesetzten Zahl von Einträgen. Besondere Effekte der Formatierung kann man mit den Befehlen `\span`, `\omit`, `\multispan` und `\noalign` erreichen.

Bemerkung — *Im Gegensatz zu* `\halign` *wird bei* `\valign` *jeder Eintrag auf die Breite von* `\hsize` *gesetzt, d.h. man muß* `\hsize` *ändern, falls man nicht eine Spalte über die ganze Seitenbreite gestreckt bekommen will.*

Wie aus dem Beispiel zu ersehen ist, werden die Einträge von oben nach unten *und von* links nach rechts *gesetzt.*

Vergleiche — `\everycr`, `\halign`, `\ialign`, `\matrix`, `\multispan`, `\noalign`, `\omit`, `\strut`, `\tabskip`.

\value ⟨*LaTeX-Zähler*⟩

System — LaTeX2.09, LaTeX 2_ε.

Wirkung — Erzeugt den Wert eines LaTeX-Zählers für die Verwendung mit `\setcounter` oder `\addtocounter`.

Beispiel

```
\newcounter{valiant}
\setcounter{valiant}{12}
\verb!\valiant! = \number\value{valiant}
```

`\valiant` = 12

Definition — `\def\value#1{\csname c@#1\endcsname}`

Beschreibung — Genaugenommen wird nicht der Wert des Zählers, sondern sein *wirklicher Name* erzeugt (`\c@`*Zähler*). Damit die Verwendung von `\value` Sinn macht, muß *Zähler* ein bereits bekannter LaTeX-Zähler sein, d.h. der Name muß ohne *Backslash* angegeben werden.

Vergleiche — `\number`, [L] `\newcounter`, `\refstepcounter`, `\setcounter`, `\stepcounter`.

\varepsilon ε

System — Plain-TeX, LaTeX2.09, LaTeX 2_ε; Mathemodus.

Definition — `\mathchardef\varepsilon="0122`

\varphi φ

System Plain-TEX, LATEX2.09, LATEX 2_ε; Mathemodus.
Definition `\mathchardef\varphi="0127`

\varpi ϖ

System Plain-TEX, LATEX2.09, LATEX 2_ε; Mathemodus.
Definition `\mathchardef\varpi="0124`

\varrho ϱ

System Plain-TEX, LATEX2.09, LATEX 2_ε; Mathemodus.
Definition `\mathchardef\varrho="0125`

\varsigma ς

System Plain-TEX, LATEX2.09, LATEX 2_ε; Mathemodus.
Definition `\mathchardef\varsigma="0126`

\vartheta ϑ

System Plain-TEX, LATEX2.09, LATEX 2_ε; Mathemodus.
Definition `\mathchardef\vartheta="0123`

\vbadness

System	TEX-Primitive, Plain-TEX, LATEX2.09, LATEX 2ε.
Wirkung	*Badness*-Wert, oberhalb dessen TEX eine Warnmeldung für eine überfüllte `\vbox` ausgibt.
Definition	`\vbadness1000`
Vergleiche	`\badness`, `\hbadness`, `\hfuzz`, `\penalty`, `\vfuzz`.

\vbox

System	TEX-Primitive, Plain-TEX, LATEX2.09, LATEX 2ε.
Syntax	`\vbox` { *Token* } `\vbox to` *Höhe* { *Token* } `\vbox spread` *Höhe* { *Token* }
Wirkung	Erzeugt einen unsichtbaren Kasten, dessen Inhalt vertikal angeordnet wird.
Beschreibung	Der Befehl entspricht `\hbox`. Die Elemente werden hier im *restricted vertical mode* gesetzt, d.h. es findet kein Seitenumbruch statt. Wie für `\hbox` gilt auch hier der Wert `\boxmaxdepth` als maximale Unterlänge, so daß man die vertikale Positionierung der *Box* bei Bedarf steuern kann.
Vergleiche	`\box`, `\boxmaxdepth`, `\hbox`, `\lastbox`, `\vcenter`, `\vtop`.

\vcenter

System	TEX-Primitive, Plain-TEX, LATEX2.09, LATEX 2ε.
Syntax	`\vcenter` { *Token* } `\vcenter to` *Höhe* { *Token* } `\vcenter spread` *Höhe* { *Token* }
Wirkung	Erzeugt im mathematischen Modus eine vertikale *Box*, deren Inhalt um die Mittellinie zentriert ist.

Beispiel

```
{2d\sin(\theta)\over n} = \lambda \equiv
\vcenter{\hsize5cm\small\raggedright Bragg ...
```

$$\frac{2d\sin(\theta)}{n} = \lambda \equiv \vcenter{\text{Bragg'sche Gleichung zur Bestimmung des Beugungswinkels } \theta}$$

Beschreibung — Die Größe der *Box* kann wie bei `\vbox` auch explizit angegeben werden.

Vergleiche — `\vbox`.

\vdash ⊢

System — Plain-TEX, LATEX2.09, LATEX 2ε; Mathemodus; Relation.

Definition — `\mathchardef\vdash="3260`

\vdots ⋮

System — LATEX2.09, LATEX 2ε.

Wirkung — Produziert übereinandergesetzte Punkte (⋮), wie sie als Auslassungszeichen in Matrizen Verwendung finden.

Definition

```
\def\vdots{\vbox{\baselineskip4\p@ \lineskiplimit\z@
     \kern6\p@\hbox{.}\hbox{.}\hbox{.}}}
```

Beschreibung — Unabhängig von der verwendeten Schriftart und Größe werden die Punkte in einem Abstand von 4 pt gesetzt.

Vergleiche — `\cdots`, `\ddots`, `\dots`, [L] `\ldots`.

\vec →

System — Plain-TEX, LATEX2.09, LATEX 2ε.

Wirkung — Erzeugt einen Vektorpfeil als mathematischen Akzent.

Beispiel `\vec a = {\vec\imath \choose \vec\jmath}`

$$\vec a = {\vec\imath \choose \vec\jmath}$$

Definition `\def\vec{\mathaccent"017E }`

Vergleiche `\breve`, `\imath`, `\jmath`.

\vector (⟨*X-Step*⟩ , ⟨*Y-Step*⟩) ⟨*Länge*⟩

System LaTeX2.09, LaTeX 2_ε.

Wirkung Erzeugt einen Vektorpfeil innerhalb der {`picture`}-Umgebung.

Beispiel

```
\unitlength0.01\linewidth
\begin{picture}(100,40)
  \put(10,0){\vector(4,0){80}}
  \put(10,0){\vector(4,1){80}}
  \put(10,0){\vector(2,1){80}}
  \put(10,0){\vector(4,3){53}}
  \put(10,0){\vector(1,1){40}}
  \put(10,0){\vector(3,4){30}}
  \put(10,0){\vector(1,2){20}}
  \put(10,0){\vector(1,4){10}}
\end{picture}
```

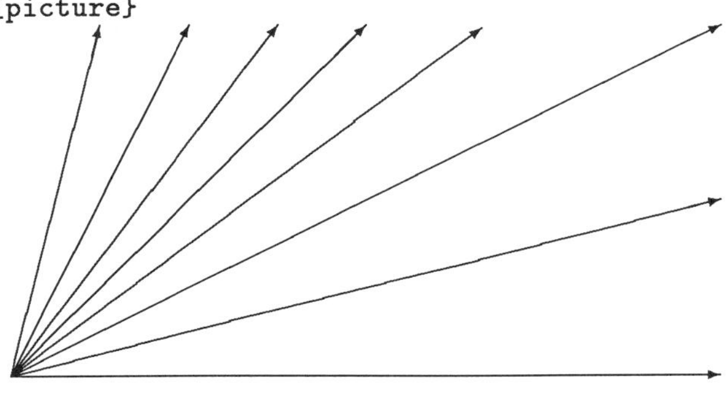

Beschreibung — Die Werte *X-Step* und *Y-Step* geben die Steigung des Vektors an. Sie müssen klein ($-5 < \mathit{Step} < 5$), ganzzahlig und teilerfremd sein. *Länge* gibt die Ausdehnung des Vektors in x-Richtung an (unabhängig von der Steigung). Handelt es sich um eine senkrechte Linie, wird *Länge* als y-Ausdehnung verwendet.

Vergleiche — [L] `\line`, {`picture`}.

\vee ∨

System — Plain-TeX, LaTeX2.09, LaTeX 2_ε; Mathemodus; Binärer Operator.

Definition — `\mathchardef\vee="225F \let\lor=\vee`

\verb ⟨*Zeichen*⟩⟨*Text*⟩⟨*Zeichen*⟩

System — LaTeX2.09, LaTeX 2_ε.

Wirkung — Gibt *Text* unexpandiert im *typewriter*-Zeichensatz aus, wobei auch alle Sonderzeichen (außer den Begrenzer-*Zeichen*) als Zeichen ausgegeben werden.

Beispiel — `The art of \verb!\TeX!.`

The art of `\TeX`.

Beschreibung — Die *Zeichen* müssen gleich sein. Sie dienen als Begrenzer und dürfen folglich nicht im Text auftreten. Aufgrund der Tatsache, daß TeX Parameter zuerst vollständig einliest und in *Token* verwandelt, kann man `\verb` nicht als Parameter für ein Makro angeben.

Vergleiche — `\makeshortverb`, [L] {`verbatim`}, {`verbatim*`}, `\verb*`.

\verb* ⟨*Zeichen*⟩⟨*Text*⟩⟨*Zeichen*⟩

System — LaTeX2.09, LaTeX 2ε.

Wirkung — Gibt *Text* unexpandiert im *typewriter*-Zeichensatz aus, wobei auch alle Sonderzeichen (außer *Zeichen*) als Zeichen ausgegeben werden.

Beispiel —

```
{\em This is \verb*! \the  \time !to\verb*!   \relax!}
```

emThis is ␣\the␣␣\time␣to␣␣␣\relax

Beschreibung — Der Befehl \verb* entspricht \verb. Zusätzlich werden Leerzeichen in der Eingabe mit einem besonderen Leerzeichen (␣) dargestellt.

Vergleiche — [L] \verb, {verbatim}, {verbatim*}.

{verbatim}

System — LaTeX2.09, LaTeX 2ε.

Wirkung — Der gesamte Text innerhalb der Umgebung wird unexpandiert im *typewriter*-Zeichensatz ausgegeben, und für jedes Zeilenende in der Eingabe wird ein Zeilenumbruch in der Ausgabe gemacht.

Beispiel —

```
Dieser Text wird genauso ausgegeben \\ wie
er eingegeben wurde.** \par
```

Beschreibung — Wie \verb auch, darf die {verbatim}-Umgebung nicht als Parameter übergeben werden, weil TeX sonst den Text zuerst in *Token* umwandelt. Für {verbatim} heißt das vor allem, daß \endverbatim expandiert wird und damit der gesamte Rest der Datei als Teil von {verbatim} betrachtet wird.

Vergleiche — [L] {macrocode}, {macrocode}, \verb, {verbatim*}, \verb*.

** Nein, nicht über den Drucker!

{verbatim*}

System — LaTeX2.09, LaTeX 2ε.

Wirkung — Der gesamte Text innerhalb der Umgebung wird unexpandiert im *typewriter*-Zeichensatz ausgegeben, und für jedes Zeilenende in der Eingabe wird ein Zeilenumbruch in der Ausgabe gemacht.

Beispiel —
```
Dieser␣Text␣wird␣genauso␣ausgegeben␣\\␣wie
er␣eingegeben␣wurde.␣\par
```

Beschreibung — Die {`verbatim*`}-Umgebung entspricht {`verbatim`}. Zusätzlich werden Leerzeichen in der Eingabe mit einem besonderen Leerzeichen (␣) dargestellt.

Vergleiche — [L] `\verb`, {`verbatim`}, `\verb*`.

{verse}

System — LaTeX2.09, LaTeX 2ε.

Wirkung — Formatvorgabe für Gedichte.

Beispiel —
```
\begin{verse}
Are you going to Scarborough fair,\\
  parsley, sage, rosemary and thyme.\\
  Remember me to one who lives there,\\
  For once she was a true love of mine.

 ...
\end{verse}
```

Are you going to Scarborough fair,
parsley, sage, rosemary and thyme.
Remember me to one who lives there,
for once she was a true love of mine.
Tell her to make me a cambric shirt,
parsley, sage, rosemary and thyme.
Without any seam or fine needlework.
And then she'll be a true love of mine.

Definition —
```
\newenvironment{verse}
    {\let\\=\@centercr
    \list{}{\setlength\itemsep{\z@}%
        \setlength\itemindent{-1.5em}%
```

```
        \setlength\listparindent{\itemindent}%
        \setlength\rightmargin{\leftmargin}%
        \addtolength\leftmargin{1.5em}}%
    \item[]}
    {\endlist}
```

Beschreibung
: Zeilen einer Strophe müssen mit \\ voneinander getrennt werden, einzelne Strophen können untereinander durch eine oder mehrere Leerzeilen formatiert werden.

Vergleiche
: [L] {`list`}.

\vert |

System
: Plain-TEX, LATEX2.09, LATEX 2$_\varepsilon$; Mathemodus; Binärer Operator; Großer Operator.

Definition
: `\def\vert{\delimiter"26A30C }`

Vergleiche
: `\abovewithdelims`, `\arrowvert`, `\atopwithdelims`, `\bracevert`, `\delimiter`, `\left`, `\overwithdelims`, `\right`.

\Vert ‖

System
: Plain-TEX, LATEX2.09, LATEX 2$_\varepsilon$; Mathemodus; Binärer Operator; Großer Operator.

Definition
: `\def\Vert{\delimiter"26B30D } \let\|=\Vert`

Vergleiche
: `\abovewithdelims`, `\atopwithdelims`, `\delimiter`, `\left`, `\overwithdelims`, `\right`.

\vfil

System
: TEX-Primitive, Plain-TEX, LATEX2.09, LATEX 2$_\varepsilon$.

Wirkung
: Erzeugt einen elastischen *vertikalen* Leerraum (erster Stufe), der von 0 pt aus beliebig wachsen, aber nicht schrumpfen kann.

Beschreibung Der Befehl ist ansonsten analog zu `\hfil`.

Vergleiche `\hfil`, `\pagefilllstretch`, `\vfill`, `\vfilneg`, `\vss`, [L] `\stretch`, `\stretch`.

\vfill

System TEX-Primitive, Plain-TEX, LATEX2.09, LATEX 2_ε.

Wirkung Erzeugt einen elastischen *vertikalen* Leerraum (zweiter Stufe), der von 0 pt aus beliebig wachsen, aber nicht schrumpfen kann.

Beschreibung Der Befehl ist ansonsten analog zu `\hfill`.

Vergleiche `\hfil`, `\pagefilllstretch`, `\vfil`, `\vfilneg`, `\vss`, [L] `\stretch`, `\stretch`.

\vfilneg

System TEX-Primitive, Plain-TEX, LATEX2.09, LATEX 2_ε.

Wirkung Neutralisiert ein vorangestelltes oder nachgestelltes `\vfil`.

Beispiel

```
\framebox[4cm]{\vbox to 2cm{
\vfil\vfil\vfilneg  X\vfil}}
```

X

Beschreibung Steht der Befehl alleine oder nur mit seinesgleichen in der Zeile, so wirkt er wie `\vfil`.

Vergleiche `\hfilneg`, `\pagefilllstretch`, `\pageshrink`, `\vfil`.

\vfootnote ⟨*Marke*⟩⟨*Text*⟩

System
: Plain-TEX.

Wirkung
: Simuliert eine Fußnote.

Beispiel

```
Innerhalb von \hbox{\em Boxen$^1$
}\vfootnote1{Fu"snote} ... kann man
keine Fu"snoten setzen.
```

> Innerhalb von *Boxen*[a] und außerhalb der *vertikalen* Liste kann man keine Fußnoten setzen.
>
> [a]Fußnote

Definition

```
\def\vfootnote#1{\insert\footins\bgroup
  \interlinepenalty\interfootnotelinepenalty
  \splittopskip\ht\strutbox % top baseline for
                            % broken footnotes
  \splitmaxdepth\dp\strutbox \floatingpenalty\@MM
  \leftskip\z@skip \rightskip\z@skip \spaceskip\z@skip
       \xspaceskip\z@skip
  \textindent{#1}\footstrut\futurelet\next\fo@t}
```

Beschreibung
: Der Fußnotentext wird behandelt wie ein `\insert`- oder ein `\valign`-Befehl, d.h. der Text wird nach der laufenden `\hbox` eingesetzt. Bei zu tiefer Verschachtelung kommt der Text also entweder an einer falschen Stelle oder überhaupt nicht zum Vorschein. Muß man also aus irgendwelchen Gründen Fußnoten innerhalb einer *Box* verwenden, kann man den Text der Fußnote mittels `\vfootnote` simulieren, indem man den Befehl an der ersten folgenden Stelle der vertikalen Liste einfügt.

In LATEX hat man die Möglichkeit, die zur Fußnote gehörige Marke mit `\footnotemark` zu erzeugen. In TEX ist keine solche Möglichkeit vorgesehen, also bleibt einem nur der Trick mit `$^`*Marke*`$`.

Vergleiche
: [T] `\footnote`, [L] `\footnotemark`, `\footnotetext`.

\vfuzz

System TeX-Primitive, Plain-TeX, LaTeX2.09, LaTeX 2ε.

Wirkung Legt fest, um wieviel der Inhalt einer `\vbox` deren Ausmaße überschreiten darf, bevor eine Warnung wegen einer übervollen `\vbox` erfolgt.

Definition `\vfuzz.1pt`

Vergleiche `\hfuzz`, `\vbadness`.

\vglue ⟨*Elastische Länge*⟩$_s$

System Plain-TeX, LaTeX2.09, LaTeX 2ε.

Wirkung Erzeugt einen *elastischen* Leerraum, der allerdings im Gegensatz zu `\vskip` nicht entfernt und nicht umbrochen werden kann.

Beispiel

```
\hrule width .5\linewidth
\vskip 1cm
\hrule width .5\linewidth
```

Vergleiche `\hglue`, `\skip`, [L] `\vspace`, `\vspace*`.

\visible

System SLITeX: Dokumentstil `slides`, LaTeX 2ε: Dokumentklasse `slides`.

Wirkung Schaltet auf *sichtbare* Schrift um.

Beschreibung

In SLITEX wird die Darstellung von Folientext durch `\invisible` und die Angabe der in `\colors` definierten Farben gesteuert. Normalerweise wird ein Text nur sichtbar, wenn die angegebene Farbe in `\colorslides` angegeben und definiert ist (vgl. `\colors`) bzw. `\blackandwhite` verwendet wird. Neben diesen Farben stellt SLITEX den Befehl `\visible`, der immer sichtbaren Text erzeugt und nicht definiert werden muß.

Vergleiche

[S] `\blackandwhite`, `\colors`, `\colorslides`, `\invisible`, {`note`}, {`overlay`}, {`slide`}.

\vline

System

LATEX2.09, LATEX 2ε.

Wirkung

Erzeugt innerhalb der Spaltendefinition von {`array`}, {`tabular`} bzw. {`tabular*`} eine *vertikale* Linie mit der Höhe einer Tabellenspalte.

Beispiel

```
\begin{tabular}{|l|c|l|}
\hline%-----------&----&-------------\\
$(NH_4)(CH_3COO) $& -  & -             \\
$(NH_4)Br        $& -  & -             \\
$(NH_4)Cl        $& Xn & R:22-36 ...   \\
$(NH_4)F         $& T  & R:23/24 ...   \\
$(NH_4)HCO_3     $& -  & -             \\
\hline%-----------&----&-------------\\
\end{tabular}
```

$(NH_4)(CH_3COO)$	-	-
$(NH_4)Br$	-	-
$(NH_4)Cl$	Xn	R:22-36 | S:22
$(NH_4)F$	T	R:23/24/25 | S:1/2-26-44
$(NH_4)HCO_3$	-	-

Definition

`\def\vline{\vrule \@width \arrayrulewidth}`

Beschreibung

Der Befehl `\vline` darf innerhalb der Spalten einer Tabelle oder innerhalb eines `@{...}`-Befehles im Tabellenvorspann auftauchen. Wird er innerhalb der Tabelle selbst benutzt, kann die Linie mittels `\hfill` an einen der Ränder geschoben werden.

Vergleiche

`\vrule`, [L] {`array`}, `\arrayrulewidth`, `\cline`, `\hline`, {`tabular`}, {`tabular*`}.

\voffset

System
: TEX-Primitive, Plain-TEX, LATEX2.09, LATEX 2_ε.

Wirkung
: Legt eine Verschiebung der Seite gegen den Papierursprung fest.

Definition
: `\voffset0pt`

Beschreibung
: Der durch `\hoffset` und `\voffset` festgelegte Punkt könnte als der Papierursprung angesehen werden. Aus technischen Gründen ist dieser Punkt jedoch um 1 inch gegen den oberen linken Seitenrand verschoben. Alle Koordinatenangaben beziehen sich auf diesen Punkt, so daß man `\voffset-1in` setzen muß, um die obere Kante des Blattes bedrucken zu können (falls das Ausgabegerät dazu mechanisch in der Lage ist).

Vergleiche
: `\hoffset`, `\topskip`.

\vpageref [⟨*selbe Seite*⟩] [⟨*andere Seite*⟩] ⟨*Marke*⟩

System
: LATEX 2_ε: *package* `varioref`.

Wirkung
: Erzeugt variablere Seitenreferenzen.

Beispiel
:
```
\label{pg:dummy}
Marke ist \vpageref[hier auf][woanders auf]{pg:dummy}
Marke ist \vpageref[hier auf][woanders auf]{Glyx}
```

Marke ist hier auf Marke ist woanders aufauf Seite 553

Beschreibung
: Im Gegensatz zu `\vref` werden nur Seitenverweise `\pageref` gemacht. Dabei wird unterschieden, ob sich das referierte Objekt auf derselben Seite befindet, dann wird `\reftextcurrent` verwendet, ansonsten wird ein `\pageref` substituiert. Neben diesem allgemeinen Verfahren kann man auch noch optionale Texte einsetzen, die statt der obengenannten eingesetzt werden.

Vergleiche
: [L] `\reftextafter`, `\reftextbefore`, `\reftextcurrent`, `\reftextfaceafter`, `\reftextfacebefore`, `\reftextfaraway`, `\reftextvario`, `\vref`.

\vphantom ⟨*Text*⟩

System	Plain-TeX, LaTeX2.09, LaTeX 2_ε.
Wirkung	Erzeugt eine leere *Box* der Breite 0 pt, aber mit der gleichen Ober- und Unterlänge wie *Text*.
Beispiel	`\frame{.} \frame{.} \frame{.}\\` `\frame{.} \frame{\vphantom{Opera}.} \frame{.}`
Vergleiche	`\hphantom`, `\mathstrut`, `\phantom`, `\smash`.

\vref ⟨*Marke*⟩

System	LaTeX 2_ε: *package* `varioref`.
Wirkung	Erzeugt variable Querverweise.
Beschreibung	`\vref` erzeugt entweder nur ein `\ref`, falls sich *Marke* und Text auf derselben Seite befinden, einen Text der Art *on the facing page* etc., falls sich Verweis und *Marke* um eine Seite unterscheiden und `\ref` und ein `\pageref`, falls sich Verweis und *Marke* um mehr als eine Seite unterscheiden.
Vergleiche	[L] `\reftextafter`, `\reftextbefore`, `\reftextcurrent`, `\reftextfaceafter`, `\reftextfacebefore`, `\reftextfaraway`, `\reftextvario`, `\vpageref`.

\vrule

System	TeX-Primitive, Plain-TeX, LaTeX2.09, LaTeX 2_ε.
Wirkung	Zieht eine vertikale Linie. Dieser Befehl arbeitet nur im *horizontalen* Modus.

Beispiel

```
\hbox to \linewidth{\strut
    \vrule\ \hrulefill\
    \vrule width 1pt\ \hrulefill\
    \vrule width 1pt height 2pt\ \hrulefill\
    \vrule width 1pt depth 0pt\ \hrulefill\
    \vrule width 1pt depth 0pt height 2pt
}
```

Beschreibung

`\vrule` leitet auf jeden Fall den *vertikalen* Modus ein, falls TEX sich nicht bereits in diesem befindet. Werden keine Dimensionen angegeben, paßt TEX die *vertikale* Ausdehnung der Linie der umfassenden *Box* an, die Standardbreite einer Linie beträgt 0.4 pt. Werden Werte für Oberlänge, Unterlänge oder Breite angegeben (diese können in beliebigen Kombinationen angegeben werden), so ersetzen diese den jeweiligen, durch TEX vorgegebenen, Wert.

Vergleiche

`\halign`, `\hrule`, `\hrulefill`, [L] `\rule`, `\vline`.

\vsize

System

TEX-Primitive, Plain-TEX, LATEX2.09, LATEX 2_ε.

Wirkung

Gibt die *Länge* der Seite an, die TEX beim Seitenumbruch zu erreichen versucht.

Beschreibung

`\vsize` gibt die effektive Maximallänge des Textes auf der Seite an (vgl. `\raggedbottom`). In LATEX wird `\vsize` via `\textheight` gesetzt. Der Wert von `\vsize` ist dabei nur die Länge, die TEX am Anfang einer neuen Seite für `\pagegoal` einsetzt, so daß einzelne Seiten in ihrer Länge verändert werden können, ohne `\vsize` zu ändern.

Vergleiche

`\hsize`, `\pagegoal`, `\raggedbottom`, [L] `\paperheight`, `\paperwidth`.

\vskip ⟨*Länge*⟩$_s$

System: TEX-Primitive, Plain-TEX, LATEX2.09, LATEX 2$_\varepsilon$.

Wirkung: Erzeugt einen *elastischen vertikalen* Leerraum. Dieser Befehl arbeitet nur im *horizontalen* Modus.

Beispiel:
```
\hrule width .5\linewidth
\vskip 1cm
\hrule width .5\linewidth
```

Beschreibung: Erzeugt einen *elastischen vertikalen* Leerraum, der umbrochen werden kann. Geschieht dies, wird der auf den Anfang der neuen Seite beförderte Anteil verworfen (s.a. \vglue).

Vergleiche: \bigskip, \hskip, \medskip, \mskip, \smallskip, [L] \addvspace, \vspace, \vspace*.

\vspace ⟨*Länge*⟩$_d$

System: LATEX2.09, LATEX 2$_\varepsilon$.

Wirkung: Erzeugt einen *elastischen vertikalen* Leerraum *Länge*.

Beispiel:
```
\hrule width .5\linewidth
\vspace{1cm}\hrule
\hrule width .5\linewidth
```

Beschreibung: Dieser Befehl ist im Prinzip analog zu \vskip. Der wesentliche Unterschied besteht darin, daß innerhalb eines Absatzes nicht die laufende Zeile sofort beendet wird wie bei \vskip, sondern die Einfügung wird erst am Ende der laufenden Zeile gemacht. Wie \vskip kann auch \vspace umbrochen werden. Um einen Umbruch zu verhindern, gibt es das analoge Kommando \vspace*.

Vergleiche: \bigskip, \medskip, \newskip, \smallskip, \vglue, \vskip, [L] \addvspace, \hspace, \hspace*, \vspace*.

\vspace* ⟨*Länge*⟩$_d$

System
: LaTeX2.09, LaTeX 2ε.

Wirkung
: Erzeugt einen *elastischen vertikalen* Leerraum *Länge*, der nicht umbrochen werden kann.

Beispiel

```
\hrule width .5\linewidth
\vspace*{1cm}\hrule
\hrule width .5\linewidth
```

Beschreibung
: Dieser Befehl ist im analog zu `\vspace`, mit dem Unterschied, daß hier kein Umbruch stattfinden und daher auch kein Leerraum verloren gehen kann (vgl. `\vskip`).

Vergleiche
: `\vglue`, `\vskip`, [L] `\vspace`.

\vsplit ⟨*Register*⟩$_z$ to ⟨*Länge*⟩$_d$

System
: TeX-Primitive, Plain-TeX, LaTeX2.09, LaTeX 2ε.

Wirkung
: Spaltet eine *Box* mit *Länge* aus dem *Boxregister Register* ab.

Beispiel

```
\newbox\jubjub
\newdimen\tumtum
\hsize.24\linewidth
\setbox\jubjub=\vbox{\noindent
\begin{quote}
...
\end{quote}}
\tumtum .25\wd\jubjub
\vsplit\jubjub to \tumtum ...
\vsplit\jubjub to \tumtum ...
\vsplit\jubjub to \tumtum ...
\box\jubjub
}
```

Das erste Viertel

The Jabberwock

'Twas brillig, and the slithy toves
did gyre and gimble in the wabe;
All mimsy were the borogoves,
and the mome raths outgrabe.
"Beware the Jabberwock my son!

Das zweite Viertel

The jaws that bite, the claws that catch!
Beware the jubjub Bird, and shun
The frumious Bandersnatch."
He took his vorpal sword in hand:
Long time the manxoma foe he sought –
so rested he by the Tumtum tree
And stood awhile in thought.

Das dritte Viertel

And, as in uffisch thought he stood,
The Jabberwock with eyes of flame,
Game whiffling through the tulgey wood,
And burbled as it came!
One, two! One, two! And through and through
the vorpal blade were snicker-snack!
He left it dead, and with its head

Das letzte Viertel

He went galumphing back.
"And hast thou slain the Jabberwock?
Come in my arms, my beamish boy!
O frabjous day! Calloh! Callay,"
He chortled in his joy.
'Twas brillig, and the slithy toves
did gyre and gimble in the wabe;
All mimsy were the borogoves,
and the mome raths outgrabe.

Beschreibung

`\vsplit` stellt eine vereinfachte Form des Seitenumbruchmechanismus von TEX zur Verfügung. Das angegebene *Boxregister* entspricht dabei der *vertikalen* Liste. Die Werte `\splittopskip` und `\splitmaxdepth` sind analog zu `\topskip` bzw. `\maxdepth`.

Wie beim Seitenumbruch sucht TEX in der angegebenen *Box* eine Trennstelle, die möglichst nah an der vorgegebenen *Länge* liegt (vgl. `\output`). Der vor der Trennstelle gelegene Teil wird ausgegeben, als wäre ein `\box` ausgeführt worden, d.h. man kann diesen Teil auch mit

```
\setbox\savebox=\vsplit ...
```

einer anderen Box zuweisen. Dabei wird die Unterlänge dieser Box auf `\splitmaxdepth` angepaßt.

Im Rest werden alle entfernbaren Teile (*glue, kern* und *penalty*) am Anfang entfernt und die Grundlinie der ersten Zeile um `\splittopskip` (oder die Oberlänge der ersten Zeile, falls diese größer als `\splittopskip` ist) gegen den oberen Rand der *Box* verschoben. Das heißt allerdings auch, daß sich der Wert von `\splittopskip` erst auf den Teil *nach dem Umbruch* auswirkt.

Vergleiche `\box`, `\copy`, `\output`, `\setbox`, `\splitbotmark`, `\splitmaxdepth`, `\splittopskip`.

\vss

System TEX-Primitive, Plain-TEX, LATEX2.09, LATEX 2_ε.

Wirkung Erzeugt einen Leerraum ohne eigene Länge, aber mit beliebiger Dehn- und Schrumpfbarkeit.

Beispiel

```
\vskip1cm
\leavevmode
\hbox to \linewidth{\hss\framebox[.75\linewidth]{
  Links \hfill
    \hbox{\vbox to 5pt{\vss\hrule height1cm width3mm}}\,
    \hbox{\vbox to 5pt{\vss\hrule height1cm width3mm\vss}}\,
    \hbox{\vbox to 5pt{\hrule height1cm width3mm\vss}}
  \hfill Rechts
}\hss}
\vskip1cm
```

Beschreibung Der Inhalt einer mit `\vss` gefüllten `\vbox` hat immer die korrekte Größe. Mit diesem Befehl kann man außerdem (wie im Beispiel zu sehen) den Inhalt einer Box außerhalb deren Grenzen herumschieben.

Vergleiche `\hfill`, `\hss`, `\vfil`.

\vtop

System
: TEX-Primitive, Plain-TEX, LATEX2.09, LATEX 2_ε.

Syntax
: `\vtop` { *Token* }
: `\vtop to` *Höhe* { *Token* }
: `\vtop spread` *Höhe* { *Token* }

Wirkung
: Erzeugt eine *Box*, deren Referenzpunkt mit dem des ersten Elementes der *Box* zusammenfällt.

Beispiel
:
```
Dieser Text ist \vbox{\hbox{oben}\hbox{\strut\ldots}}
dieser \vtop{\hbox{\strut\ldots}\hbox{unten}}.
```

oben
Dieser Text ist . . . dieser . . . .
unten

Beschreibung
: `\vtop` wirkt genau wie eine `\vbox` (s. dort), mit dem Unterschied, daß der Referenzpunkt der durch `\vtop` erzeugten `\vbox` mit der ersten *Box* der Liste zusammenfällt.

Vergleiche
: `\vbox`.

Befehle W

\wd ⟨*Boxregister*⟩$_z$

System: TEX-Primitive, Plain-TEX, LATEX2.09, LATEX 2$_\varepsilon$; Mathemodus.

Wirkung: Adressiert die Breite eines der 256 *Boxregister*.

Beispiel:

```
\newbox\narrow
\setbox\narrow=\hbox{Eng}
\frame{\copy\narrow}\ \the\wd\narrow\
\wd\narrow=6\wd\narrow
\frame{\copy\narrow}\ \the\wd\narrow
```

Eng 17.48987pt Eng 104.93921pt

Beschreibung: Mit `\wd` wird die Breite eines *Boxregisters* angesprochen. Da der Text innerhalb eines *Boxregisters* bereits fertig ausgesetzt ist, kann man durch `\wd` zwar die Breite der *Box* beeinflussen, innerhalb derer der Text von TEX gesetzt wird, nicht aber den Satz des Textes beeinflussen. Durch `\unhbox` etc. wird die durch `\wd` veränderte *Box* entfernt, so daß der enthaltene Text seine natürliche Breite (jene, welche während des `\setbox`-Befehles aktuell war) zurückerhält, Dehn- und Stauchbarkeit jedoch nicht.

Vergleiche: `\box`, `\copy`, `\dp`, `\ht`, `\setbox`, `\unhbox`, `\unhcopy`, `\unvbox`, `\unvcopy`.

\wedge $\wedge$

System: Plain-TEX, LATEX2.09, LATEX 2$_\varepsilon$; Mathemodus; Binärer Operator.

Definition: `\mathchardef\wedge="225E \let\land=\wedge`

Vergleiche: `\bigwedge`, `\land`, `\vee`.

\whiledo ⟨*Bedingung*⟩⟨*Tokenliste*⟩

System: LATEX2.09: Stiloption `ifthen`, LATEX 2$_\varepsilon$: *package* `ifthen`.

Wirkung: Führt *Tokenliste* solange aus, wie *Bedingung* erfüllt ist.

Beispiel

```
\def\query{Y}
\whiledo{\equal{\query}{Y}}{\typein[\query]{Continue}}
```

Beschreibung — Für *Bedingung* kann ein komplexer Ausdruck stehen, der wie bei `\ifthenelse` die Befehle `\(`, `\)`, `\and`, `\or`, `\not`, `\)`, `\isodd` und `\equal` enthalten darf.

Vergleiche — [L] `\ifthenelse`, `\isodd`, `\newboolean`.

\widehat ⟨*Text*⟩

System — Plain-TEX, LATEX2.09, LATEX 2$_\varepsilon$; Mathemodus.

Wirkung — Erzeugt einen bedingt dehnbaren mathematischen Akzent.

Beispiel

```
\widehat{a}  \quad\widehat{ab}\quad
\widehat{abc}\quad\widehat{abcd}
\widehat{abcde}
```

$$\widehat{a} \quad \widehat{ab} \quad \widehat{abc} \quad \widehat{abcd} \quad \widehat{abcde}$$

Definition — `\def\widehat{\mathaccent"0362 }`

Vergleiche — `\hat`, `\widetilde`.

\widetilde ⟨*Text*⟩

System — Plain-TEX, LATEX2.09, LATEX 2$_\varepsilon$; Mathemodus.

Wirkung — Erzeugt einen bedingt dehnbaren mathematischen Akzent.

Beispiel

```
\widetilde{a}  \quad\widetilde{ab}\quad
\widetilde{abc}\quad\widetilde{abcd}
\widetilde{abcde}
```

$$\widetilde{a} \quad \widetilde{ab} \quad \widetilde{abc} \quad \widetilde{abcd} \quad \widetilde{abcde}$$

Definition — `\def\widetilde{\mathaccent"0365 }`

Vergleiche — `\tilde`, `\widehat`.

\widowpenalty

System: TEX-Primitive, Plain-TEX, LATEX2.09, LATEX 2ε.

Wirkung: Gibt die Strafpunkte für alleinstehende Zeilen am Anfang einer neuen Seite an.

Beispiel: Standard: `\widowpenalty150`

Vergleiche: `\interlinepenalty`, `\penalty`.

\width

System: LATEX 2ε.

Wirkung: Erlaubt den Zugriff auf die *Breite* einer von LATEX 2ε erstellten *Box*.

Beispiel:

```
\framebox{Normaler Text} \\
\framebox[1.5\width]{Normaler Text} \\
\framebox[2\width][s]{Normaler Text}
```

Normaler Text

Normaler Text

Normaler Text

Beschreibung: `\width` kann nur innerhalb der optionalen Breitenangabe eines LATEX 2ε *Box*-Kommandos stehen. Dort erlaubt es den Zugriff auf die Breite des innerhalb der Box gesetzten Materials.

Vergleiche: [L] `\depth`, `\framebox`, `\height`, `\makebox`, `\totalheight`.

\wlog {*Text*}

System: Plain-TEX, LATEX2.09, LATEX 2ε.

Wirkung: Schreibt *Text* in die Protokolldatei, ohne ihn auf den Bildschirm auszugeben (vgl. `\write`).

Definition:

```
\def\wlog{\immediate\write\m@ne} % log file (only)
```

Vergleiche: `\write`.

\wp $\wp$

System: Plain-TEX, LATEX2.09, LATEX 2ε; Mathemodus.

Definition: `\mathchardef\wp="017D`

Vergleiche: `\Re`.

\wr $\wr$

System: Plain-TEX, LATEX2.09, LATEX 2ε; Mathemodus; Binärer Operator.

Definition: `\mathchardef\wr="226F`

\write ⟨*Stream*⟩$_z${*Daten*}

System: TEX-Primitive, Plain-TEX, LATEX2.09, LATEX 2ε.

Wirkung: Schreibt die angegebenen *Daten* in die Ausgabedatei *Stream*.

Beispiel:

```
\newlinechar=`^^J
\immediate\openout2=\jobname.out
\immediate\write2{\% \jobname produziert ^^J \relax }
\immediate\closeout2
\immediate\write16{Done writing ...}
```

Erzeugt eine Datei namens `test.out` (für `\jobname=test`) mit folgendem Inhalt:

```
\% testproduziert
 \relax
```

Beschreibung: Die *Daten* werden in eine Datei ausgegeben, die durch den `\openout`-Befehl mit der Dateinummer *Stream* assoziiert wird. Ist *Stream* bislang keine Datei zugewiesen worden, oder ist *Stream* größer als 15, wird die Ausgabe auf den Bildschirm umgeleitet (s.a. `\batchmode`). Ist *Stream* kleiner 0, wird die Ausgabe in die Protokolldatei `\jobname.LOG` ausgegeben, ohne auf dem Bildschirm zu erscheinen (vgl. `\wlog`).

Die *Daten* werden bei der Ausgabe solange expandiert, bis nur noch nicht weiter expandierbare TEX-Befehle auftreten. Deren

Namen werden dann, mit vorangestelltem \escapechar (außer bei aktiven Zeichen), ausgegeben. Zeichen bleiben unverändert, das Makroparameterzeichen ($\#_6$) wird verdoppelt. Bei der Expansion gilt es allerdings zu beachten, daß sie (außer mit \immediate) erst während der \output-Routine der Seite stattfindet, auf der der \write-Befehl stand.

Möchte man sehr lange Zeilen ausgeben, empfiehlt es sich, mit dem \newlinechar umzubrechen, da manche TEX-Implementationen in der Länge der Ausgabezeilen beschränkt sind.

Vergleiche

\closeout, \escapechar, \immediate, \message, \newlinechar, \newwrite, \openin, \openout, \read, \wlog, [L] \typeout.

Befehle X

\xdef

System: TeX-Primitive, Plain-TeX, LaTeX2.09, LaTeX 2_ε.

Wirkung: Definiert *global* einen Befehl, wobei der Definitionstext vor der Definition expandiert wird (vgl. `\def`).

Beispiel:

```
\def\piep{pp}
\def\Pieep{mf}
\def\PIEEP{ff}

\xdef\leise{\piep} {
  \xdef\leise{\Pieep} {
    \xdef\leise{\PIEEP}
}}
\def\piep{-- ppp --}
\def\Pieep{-- mf --}
\def\PIEEP{-- fff --}

Ich sage {\bf\it\leise} Maestro!
```

Ich sage ***ff*** Maestro!

Bemerkung: Normalerweise, d.h., wenn der Befehl durch `\def` definiert wurde, wird ein Befehl erst in der Output-Routine expandiert.

Vergleiche: `\def`, `\edef`, `\gdef`, `\global`, `\globaldefs`, `\noexpand`, `\outer`.

\xi ξ

System: Plain-TeX, LaTeX2.09, LaTeX 2_ε; Mathemodus.

Definition: `\mathchardef\xi="0118`

Vergleiche: `\chi`, `\phi`.

\Xi

System — Plain-TEX, LaTeX2.09, LaTeX 2_ε; Mathemodus.

Definition — `\mathchardef\Xi="7004`

Vergleiche — `\chi`, `\phi`.

\xleaders

System — TEX-Primitive, Plain-TEX, LaTeX2.09, LaTeX 2_ε.

Wirkung — Wiederholt die Befehle `\hbox`, `\vbox`, `\hrule` oder `\vrule`.

Beispiel —

```
\def\filler{\hbox{....:.....}}
\hbox to \linewidth{|\leaders\filler\hfill |}\\
\hbox to \linewidth{|\xleaders\filler\hfill |}\\
\hbox to \linewidth{|\cleaders\filler\hfill |}
```

— ....:..... ....:..... ....:..... ....:..... ....:..... ....:..... ....:..... ....:..... ....:..... —
—....:..... ....:..... ....:..... ....:..... ....:..... ....:..... ....:..... ....:..... ....:..... ....:.....—
— ....:..... ....:..... ....:..... ....:..... ....:..... ....:..... ....:..... ....:..... ....:..... ....:..... —

Beschreibung — Hinter dem zu wiederholenden Befehl muß der Leerraum angegeben werden, der gefüllt werden soll. Das kann sowohl ein fester Leerraum, z.B. `\hskip`, als auch ein elastischer Leerraum wie `\hfill` sein. Die `\xleaders`-Struktur muß von einer Box eingeschlossen werden. Hierbei sind auch die LaTeX-Befehle `\mbox`, `\fbox`, u.ä. erlaubt. `\xleaders` bricht die Wiederholung vor der ersten Box ab, die die Grenzen überschreiten würde. Der verbleibende Leerraum wird gleichmäßig zwischen den Wiederholungselementen verteilt.

Vergleiche — `\cleaders`, `\leaders`.

\xspaceskip

System	TEX-Primitive, Plain-TEX, LATEX2.09, LATEX 2_ε.
Wirkung	Das TEX-Register `\xspaceskip` erlaubt es, die normale Ausdehnung eines überbreiten Leerzeichens zu verändern, z.B. Leerzeichen nach einem Punkt.
Beschreibung	Für eine Beschreibung von `\xspaceskip` siehe `\spaceskip` und `\sfcode`.
Vergleiche	`\fontdimen`, `\sfcode`, `\spacefactor`, `\spaceskip`, `\xspaceskip`.

Befehle Y

\year

System	TEX-Primitive, Plain-TEX, LATEX2.09, LATEX 2ε.
Wirkung	Internes Register, das die momentane Jahreszahl enthält.
Beispiel	`Wir schreiben das Jahr \the\year.`
	Wir schreiben das Jahr 1996.
Beschreibung	Je nach Implementation wird diese Variable am Anfang eines TEX-Durchlaufes aus der Systemuhr initialisiert. (Im Extremfall, wo ein TEX-Lauf über eine Jahreswende ginge, würde also das alte Jahr angenommen).
Vergleiche	`\day`, `\month`, `\time`, [L] `\today`.

Befehle Z

\zeta ζ

System Plain-TEX, LATEX2.09, LATEX 2_ε; Mathemodus.

Definition `\mathchardef\zeta="0110`

Vergleiche `\chi`, `\phi`.

Diverse Konzepte im Crashkurs

Das Gruppen-Konzept

Als „Programmiersprache mit einem sehr edlen Druckertreiber" verfügt TeX über das Konzept lokaler Variablen und lokaler Definitionen. Realisiert wird dies über sogenannte Gruppenstrukturen, von denen TeX drei verschiedene kennt:

`{` und `}`, bzw. `\bgroup` und `\egroup`
`\begingroup` und `\endgroup`
`$`   `$`, bzw. `$$`   `$$`

Alle innerhalb einer Gruppe erfolgenden Registerveränderungen und Definitionen sind in dieser Gruppe lokal und werden am Ende der Gruppenstruktur aufgehoben bzw. zurückgesetzt. Zu diesem Zweck speichert TeX am Anfang einer Gruppe alle Register und Definitionen und stellt diese am Ende der Gruppe wieder her.

Will man Veränderungen außerhalb der Gruppe vornehmen, gelingt dies durch Voranstellen des Befehls `\global` oder durch die entsprechende Voreinstellung von `\globaldefs`. Hierbei werden aber alle darüberliegenden Register gleicher Nummer oder Definitionen gleichen Namens ebenfalls geändert. So würde

```
{\global\setbox\mybox=\hbox{1 }
  {\global\setbox\mybox=\hbox{2 }
   {\global\setbox\mybox=\hbox{3 }
    \leavevmode\copy\mybox}
  \copy\mybox}
\copy\mybox}
```

3 3 3

die Ausgabe 3 3 3 erzeugen. Ohne die vorangestellten `\global`-Befehle wäre die Ausgabe dagegen: 1 2 3

Die drei oben erwähnten Gruppenstrukturen haben die gleiche Gruppenwirkung, können aber von TeX unterschieden werden und zu Warnungen führen, wenn sie über Kreuz verschachtelt werden. Außerdem können `\begingroup` und `\endgroup` in der Definition von Makros verwendet werden:

```
\def\MeinAnfang{\begingroup {\sl Hallo} \raggedright}
\def\MeinEnde{Tsch"u"s! \endgroup}
```

Weitere wichtige Informationen zur Gruppenstruktur finden sich bei `\aftergroup` und `\outer`.

Zähler

Auf den ersten Blick scheint TeX-Zähler und LaTeX-Zähler nicht viel miteinander zu verbinden. Doch der Schein trügt.

TEX-Zähler

In TEX ist ein Zähler ein Befehlsname. Er wird mit Befehlen wie

```
\newcount,
\countdef,
\count,
\addvance
```

verwaltet. Man kann zwei TEX-Zähler direkt einander zuweisen. Zum Beispiel:

```
\count0=\count1
```

LATEX-Zähler

In LATEX ist der Name eines Zählers einfach eine Buchstabenfolge. Es ist also kein eigenständiger Befehl. Verwaltet werden LATEX-Zähler durch Befehle wie

```
\newcounter,
\setcounter,
\addtocounter,
\stepcounter,
\usecounter,
\value.
```

Zuweisungen unter Zählern laufen indirekt über `\setcounter` und `\value`.
Beispiel:

```
\setcounter{mpfootnote}{\value{footnote}}
```

Der Hintergrund

Beiden Implementationen liegen sogenannte `\count`-Register zugrunde. Plain-TEX arbeitet direkt mit diesen Registern, in LATEX dagegen wird über den Zählernamen ein TEX-Zähler namens `\c@`⟨*LATEX-Zähler*⟩ angesprochen. Aus diesem Grund sind hier direkte Zuweisungen wie bei TEX-Zählern nicht möglich.

Längen

Plain-TEX und LATEX kennen feste Längen und elastische Längen. LATEX besitzt keine eigenen Befehle um feste Längen zu erzeugen. Man kann aber ohne Probleme die entsprechenden TEX-Befehle verwenden.

Der Unterschied zwischen fest und elastisch besteht darin, daß eine elastische Länge, im Gegensatz zu einer festen Länge, einen elastischen Anteil besitzen darf. Siehe dazu Abschnitt *Längenangaben* im Nachschlag.

Eine feste Länge kann man durch `\newdimen` erzeugen. Elastische Längen werden durch `\newskip` oder den LaTeX-Befehl `\newlength` erzeugt.

Man kann eine Länge durch direkte Zuweisung einer anderen Länge oder einer Längenangabe initialisieren. Bei der direkten Zuweisung einer anderen Länge ist zudem erlaubt einen beliebigen Faktor voranzustellen. Vorsicht, dabei verlieren elastische Längen ihren elastischen Anteil.

```
\leftskip=0.5\rightskip
```

Das = in der Zuweisung ist optional. TeX und LaTeX stellen eine Reihe von Befehlen zur Veränderung von Längen zur Verfügung. Wichtigste TeX-Primitive ist der universell einsetzbare Befehl `\advance`. LaTeX stellt als Pendant den Befehl `\addtolength` bereit.

Zerbrechliche Befehle

Zerbrechliche Befehle sind Befehle, deren Funktion davon abhängt, daß sie selbst oder ihre Parameter nicht expandiert werden, bevor der Befehl ausgeführt wird. Typischerweise geht es darum, daß

- `\noexpand` Befehle verloren gehen können,
- `\catcode`-s zu früh und also falsch festgelegt werden,
- Leerzeichen verschluckt werden oder
- Klammern oder optionale Zeichen in Befehlsdefinitionen falschen Befehlen zugeordnet werden.

Um also zu verhindern, daß dies geschieht, definieren die entsprechenden Befehle ein Makro `\protect`, um die jeweils notwendige Schutzfunktion gegen unvorhergesehene Expansion zu gewährleisten, so daß Befehle mittels

`\protect`⟨*Zerbrechlicher Befehl*⟩

geschützt werden können. Man beachte die Schreibweise ohne Leerzeichen. Dies ist zwar technisch nicht nötig, ist aber eine zusätzliche Sicherheit, weil auch Leerzeichen oder Zeilenenden für bestimmte Makros zu aktiven Zeichen umdefiniert werden können!

Nachschlag

Längenangaben

Feste Längen

TeX verwendet eine interne Maßeinheit, den *scaled point* (`sp`), in die es alle anderen Einheiten umrechnet (65535 `sp` = 1 `pt`). TeX kennt folgende Längeneinheiten:

Einheit	cm	in	pt
cm	1.0000000 cm	0.3937008 in	28.4527559 pt
mm	0.1000000 cm	0.0393701 in	2.8452756 pt
in	2.5400000 cm	1.0000000 in	72.2700000 pt
pt	0.0351459 cm	0.0138370 in	1.0000000 pt
pc	0.4217518 cm	0.1660440 in	12.0000000 pt
bp	0.0352777 cm	0.0138888 in	1.0037500 pt
cc	0.4512780 cm	0.1776685 in	12.8401037 pt
dd	0.0376065 cm	0.0148057 in	1.0700086 pt

Neben obigen absoluten Größen kennt TeX die zeichensatzabhängigen Einheiten `em` und `ex`, welche die Breite des „M", bzw. die Höhe des „x"angeben.

Jeder Einheit kann das Schlüsselwort `true` vorangestellt werden, was eine andere Verrechnung mit dem `\mag`-Faktor zufolge hat (s. dort).

Nähere Angaben zu den Umrechnungsfaktoren finden sich in [Knu86, Paragraph 458].

Elastische Längen

Neben den festen Längen sind für ein automatisiertes System aber auch elastische Längen unabdingbar. Man kann sich diese als Federn oder Gummibänder vorstellen, die dazu dienen, Text zu zentrieren oder Felder mit Leerraum zu füllen.

TeX kennt drei verschiedene *Federstärken*

`fil`, `fill` und `filll`,

die im folgenden als elastische Längen 1., 2. bzw. 3. Stufe bezeichnet werden. Diese können mit den Schlüsselworten `plus` und `minus` überall dort eingesetzt werden, wo elastische Längenangaben erlaubt sind, z.B.

```
\hskip 1cm plus 1fil minus 1mm
```

Neben den obengenannten Längenangaben gibt es noch einige Befehle, in denen diese implizit enthalten sind:

`\hfil`	entspricht	`\hskip 0pt plus 1fil`
`\hfill`		`\hskip 0pt plus 1fill`
		`\hskip 0pt plus 1filll`
`\hss`		`\hskip 0pt plus 1fil minus 1fil`

und analog für die vertikalen Abstände.

Das Wesentliche bei den elastischen Längen ist die Tatsache, daß die Erhöhung der *Federstärke* mit jeder Stufe so hoch ist, daß die niedrigere Stufe durch die höhere Stufe zu `0pt` eliminiert wird.

Zahlenformate

TEX erlaubt die Eingabe von Zahlen und Buchstaben in verschiedenen Formaten, die je nach Bedarf verschiedene Vorteile in der Handhabung haben. Ganz allgemein ist dies so gelöst, daß TEX eine Reihe von verschiedenen Zahlenformaten akzeptiert und diese in seine interne Darstellung umsetzt:

`"`	*Hexadezimale Ziffern* TEX akzeptiert nur großgeschriebene Buchstaben als Teil der hexadezimalen Zahl.
	Dezimale Zahl
`'`	*Oktale Zahl*
`` ` ``	*Buchstabe.* Es wird der (ASCII-)Zeichencode des Zeichens verwendet.
`^^`	*Buchstabe* oder 2 *hexadezimale Ziffern*. Es wird ein Buchstabe erzeugt, dessen (ASCII-)Zeichencode der Eingabe entspricht. Wird die Definiton über einen Buchstaben gewählt, dann wird von dessen (ASCII-)Zeichencode 64 abgezogen, wenn er zwischen 65 und 128 liegt, ansonsten 64 addiert. Verwendet man die Definition mit hexadezimalen Zahlen, wird die angegebene Zahl direkt als (ASCII-)Zeichencode umgesetzt.

Achtung: In fremdsprachlichen Anpassungen (alles außer Englisch), z.B. durch das Babel-Package, funktionieren diese Eingaben eventuell nicht, weil die entsprechenden Zeichen „"", „'", „`" oder „^" als aktive Zeichen verwendet werden. Abhilfe schafft hier folgende Definition:

```
\catcode`\"=12
```

bzw. deren Analogie für die anderen Zeichen.

Schlüsselworte

Neben den in der alphabetischen Befehlsliste aufgenommenen Stichworten gibt es noch kontextabhängige Worte, die zu Schlüsselworten werden können. Das sind zum einen die Längenangaben

`true`, `in`, `cm`, `mm`, `pt`, `bp`, `sp`, `cc`, `dd`, `pc`, `em` und `ex`,

zum anderen die optionalen Angaben

`to` und `spread` (`\hbox`, `\vbox`, `\halign`, `\valign`),

`height`, `width` und `depth` (`\hrule`, `\vrule`),

`plus` und `minus` für elastische Längen (`\skip` etc.),

`at` und `scaled` für die Größenangaben von Zeichensätzen

und last but not least

`by` für die Befehle `\advance`, `\multiply` und `\divide`.

Diese Buchstabenfolgen können im normalen Text frei verwendet werden, haben aber im Anschluß an die entsprechenden Befehle eine besondere Bedeutung. Dies ist besonders bei den optionalen Angaben

`height`, `width` und `depth` bzw. `plus` und `minus`

kritisch, da diese in beliebiger Reihenfolge vorkommen können und TEX so lange aus der Eingabe liest, bis es sicher ist, daß kein weiteres Schlüsselwort folgt, also auch, wenn dieses optisch in der nächsten Zeile auftritt.

Dies kann vor allem in Makrodefinitionen zu sehr verwirrenden Fehlermeldungen führen, z.B. hier:

```
\def\trenner{\hrule height1pt}
\trenner
width 24pt
\trenner
```

Man wollte hier eine `\hrule` über die volle Zeilenbreite erreichen, hat aber durch das zufällige Auftreten des Textes `width` einen legalen Teil zum Befehl hinzugefügt! Abhilfe schaffen Sie wie folgt:

```
\def\trenner{\hrule height1pt\relax}
\trenner
width 24pt
\trenner
```

---

width 24pt

Verzeichnisse und wie man sie erzeugt

Im Folgenden werden die von LaTeX zur verfügung gestellten Standardverzeichnisse und deren Anwendung beschrieben. Diese Abschnitte sind als Überblick zu den einzelnen Befehlsbeschreibungen gedacht, können diese aber nicht ersetzen.

Inhaltsverzeichnis

Im Inhaltsverzeichnis werden alle Gliederungsbefehle ohne * bis zu der durch `tocdepth` angegebenen Verzeichnistiefe aufgenommen. Das heißt, wenn man nicht alles übernehmen will, kann man die entsprechenden Sternformen verwenden, sich mit `tocdepth` behelfen oder oder die benutzten Gliederungsbefehle entsprechend den Bedürfnissen umdefinieren.

Das Erscheinungsbild des Inhaltsverzeichnisses wird neben `tocdepth` auch von `secnumdepth` bestimmt. Dieser Zähler bestimmt, bis zu welcher Verzeichnisebene Gliederungsbefehle automatisch numeriert werden – sowohl im Text als auch im Inhaltsverzeichnis.

Das Inhaltsverzeichnis wird an der Stelle des `\tableofcontents` Befehls ausgegeben. Will man einen der obengenannten Zähler ändern, muß man dies vor dem Aufruf von `\tableofcontents` tun.

Glossar

Das *Glossar* oder Schlagwortverzeichnis ist ein in der angelsächsichen Literatur häufig anzutreffender Anhang mit Kurzerklärungen zu den wichtigsten vorkommenden Ausdrücken.

LaTeX gibt hier nur periphere Hilfestellung, da man sowohl die Einträge in das Schlagwortverzeichnis mittels `\addcontentsline{glo}{...}` per Hand erzeugen muß, als auch für eine entsprechende Umwandlung und Sortierung sorgen und die {`theglossary`}-Umgebung vernünftig definieren muß.

Stichwortverzeichnis

Das Stichwortverzeichnis enthält Seitenangaben unter den entsprechenden Fachbegriffen, um einen Themenorientierten Zugang zu ermöglichen. Einträge in das Stichwortverzeichnis werden mittels `\index` erzeugt, falls man zuvor in der Präambel `\makeindex` angegeben hat. Die so entstandene Datei muß mit *MakeIndex* sortiert und in ein TeX-verträgliches Format gebracht werden, worauf sie mit `\printindex` oder

```
\begin{theindex}
  ...
  \input{\jobname.IND}
  ...
\end{theindex}
```

oder ähnlichen Konstruktionen ausgegeben werden kann.

Abbildungsnachweise

Bei den Abbildungsnachweisen unterscheifet LaTeX Tabellennachweis und Bildnachweis. Der Befehl `\caption` erzeugt innerhalb der entsprechenden Umgebungen `figure` und `table` die Einträge in den Dateien *jobname*.`lof` bzw. *jobname*.`lot`. Die damit erzeugten Verzeichnisse kann man mit den Befehlen `\listoffigures` und `\listoftables` an geeigneter Stelle ausgegeben lassen.

Bibliographie

In der Bibliographie, auch Literaturverzeichnis genannt, werden die vollständigen Titel der Bücher angegeben, welche im Text nur als Kurzfassung wie [Knu91] erscheinen.

Um eine Bibliographie zu erzeugen, benötigt man zunächst eine Datenbank mit den Angaben über die Bücher, die man zitieren will – näheres dazu bei der jeweiligen BIBTeX-Dokumentation.

Weiterhin benötigt man für BIBTeX eine Angabe über die Ausgabeformatierung. Diese geschieht über `\bibliographystyle`. Schließlich muß man innerhalb des Dokuments mit

`\bibliography`⟨*Eintrag1, Eintrag2, ...* ⟩

die zu verwendenden Datenbankdateien anmelden, aus denen die Literaturverweise stammen sollen und gleichzeitig das Verzeichnis erstellen.

Die Einträge im Literaturverzeichnis werden aus allen `\cite`- und `\nocite`-Befehlen erzeugt. Dabei expandiert

`\cite [`⟨*Text* ⟩`]` ⟨*Label* ⟩

je nach `\bibliographystyle` und *Stiloption* in etwa zu

`[\ref{`*Label*`},` *Text*`]`

wo *Label* eine an der Stelle des vollständigen Literatureintrages gesetzte Textmarke darstellt.

Weiterhin wird ein `\citation`*Label*-Befehl in die *jobname*.`aux`-Datei geschrieben, wo er von BIBTeX zu einem `\bibitem`-Befehl in der *jobname*.`bbl`-Datei umgewandelt wird, falls sich ein Eintrag für *Label* in einer der mittels `\bibliography` angegebenen Dateien befindet.

Die von BIBTEX erzeugte *jobname*.`bbl`-Datei enthält einen Aufruf von {`thebibliography`} und für jede zitierte Literaturstelle einen `\bibitem`.

Im letzten Schritt muß die *jobname*.`bbl`-Datei an der Stelle wieder eingelesen werden, an der das Bibliographieverzeichnis erscheinen soll. Dies geschieht ebenfalls mit dem bereits erwähnten Befehl `\bibliography`.

Vorsicht ist bei der Umdefinition von {`thebibliography`} geboten, da der `\bibitem`-Befehl einen optionalen Parameter hat.

`\bibitem` [⟨*Text-Label*⟩] ⟨*Label*⟩

Dieser wird aber nur von sehr wenigen Stilarten genutzt. Der optionale Parameter ersetzt die sonst verwendete fortlaufende Numerierung durch ein von BIBTEX zu generierendes Textkürzel, welches dann im Text auftaucht.

Beispiel für eine Literaturdatenbank:

```
@BOOK{DEK,
    author = "Donald E. Knuth",
    title = "The \TeX book",
    ...
    year = "1991",
}
```

Inputdatei:

```
\cite[Vergleiche ]{DEK}

\bibliographystyle{alpha}
\bibliography
```

jobname.`bbl`-Datei:

```
\ldots
\bibitem[Knu91]{DEK}
Donald~E. Knuth.
\newblock {\em The \TeX book}, ...
```

jobname.`aux`-Datei (nach dem letzten Durchgang):

```
\bibstyle{alpha}
\bibdata{txrefman}
\bibcite{DEK}{Knu91}
\citation{DEK}
```

Ergebnis: [Knu91, Vergleiche]. Bezüglich des Aussehens des erzeugten Literaturverzeichnisses siehe dort.

Voreinstellungen der Layoutparameter

	TeX	LaTeX	LaTeX 2ε	
\hoffset	0.0pt	0.0pt	0.0pt	.
\voffset	0.0pt	0.0pt	0.0pt	.
\hsize	469.75499pt	325.215pt	372.0pt	.
\vsize	643.20255pt	502.0pt	550.0pt	.
\textheight	...	502.0pt	550.0pt	\dimen
\textwidth	...	325.215pt	372.0pt	\dimen
\oddsidemargin	...	36.135pt	48.8775pt	\dimen
\evensidemargin	...	108.405pt	48.8775pt	\dimen
\topmargin	...	54.2025pt	22.0pt	\dimen
\headheight	...	12.0pt	12.0pt	\dimen
\headsep	...	18.06749pt	18.06749pt	\dimen
\headline	\hfil	...	...	\toks
\footskip	...	25.29494pt	25.29494pt	\dimen
\footheight	...	0.0pt	...	\dimen
\footline	\hss \tenrm \folio \hss	...	...	\toks
\footnotesep	...	6.65pt	6.65pt	\dimen
\baselineskip	12.0pt	12.0pt	12.0pt	.
\lineskip	1.0pt	1.0pt	1.0pt	.
\lineskiplimit	0.0pt	0.0pt	0.0pt	.
\columnsep	...	10.0pt	10.0pt	\dimen
\columnseprule	...	0.0pt	0.0pt	\dimen
\hangindent	0.0pt	0.0pt	0.0pt	.
\hangafter	1	1	1	.
\parindent	20.0pt	15.0pt	15.0pt	.
\parfillskip	0.0pt plus 1.0fil	0.0pt plus 1.0fil	0.0pt plus 1.0fil	.
\topskip	10.0pt	10.0pt	10.0pt	.
\leftskip	0.0pt	0.0pt	0.0pt	.
\rightskip	0.0pt	0.0pt	0.0pt	.
\parskip	0.0pt plus 1.0pt	0.0pt plus 1.0pt	0.0pt plus 1.0pt	.
\leftmargin	...	25.0pt	25.0pt	\dimen
\rightmargin	...	0.0pt	0.0pt	\dimen
\labelwidth	...	20.0pt	20.0pt	\dimen
\labelsep	...	5.0pt	5.0pt	\dimen
\listparindent	...	0.0pt	0.0pt	\dimen
\topsep	...	8.0pt plus 2.0pt minus 4.0pt	8.0pt plus 2.0pt minus 4.0pt	\skip
\partopsep	...	2.0pt plus 1.0pt minus 1.0pt	2.0pt plus 1.0pt minus 1.0pt	\skip
\parsep	...	4.0pt plus 2.0pt minus 1.0pt	4.0pt plus 2.0pt minus 1.0pt	\skip
\marginparsep	...	7.0pt	7.0pt	\dimen
\marginparwidth	...	54.2025pt	106.69371pt	\dimen
\marginparpush	...	5.0pt	5.0pt	\dimen

Seitenlayoutparameter in LaTeX

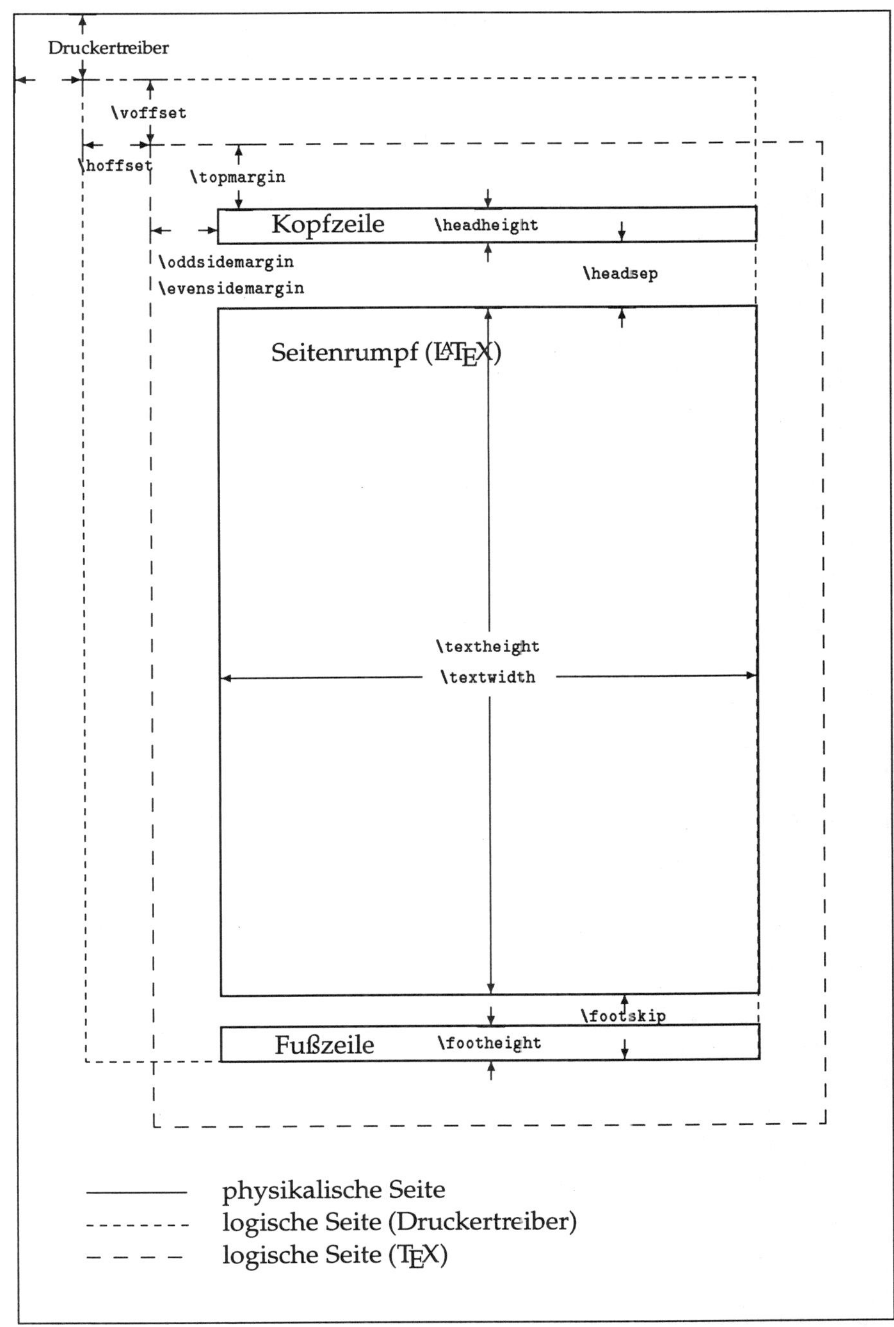

Seitenlayoutparameter in TEX

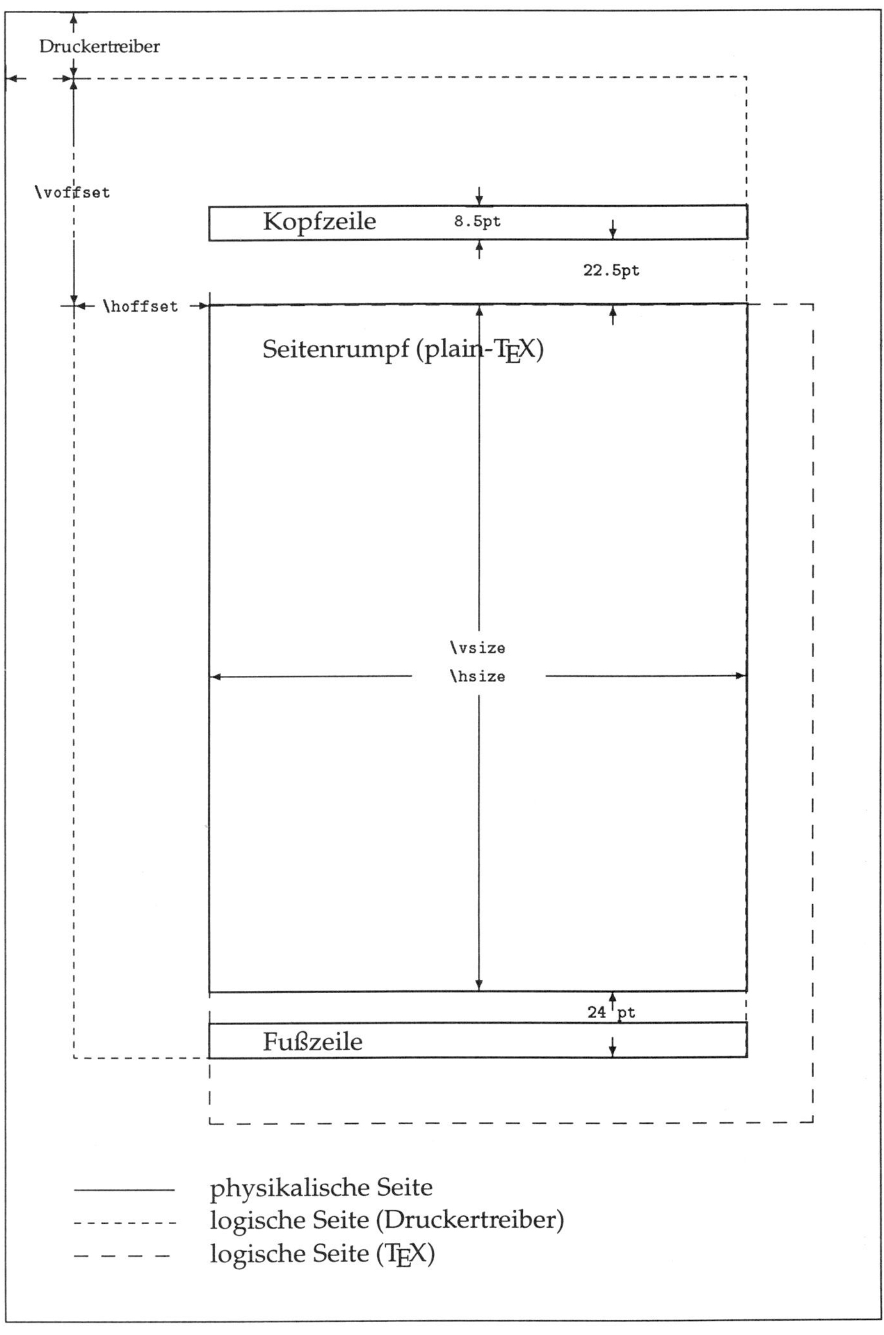

Layoutparameter für den Textfluß (TEX und LATEX)

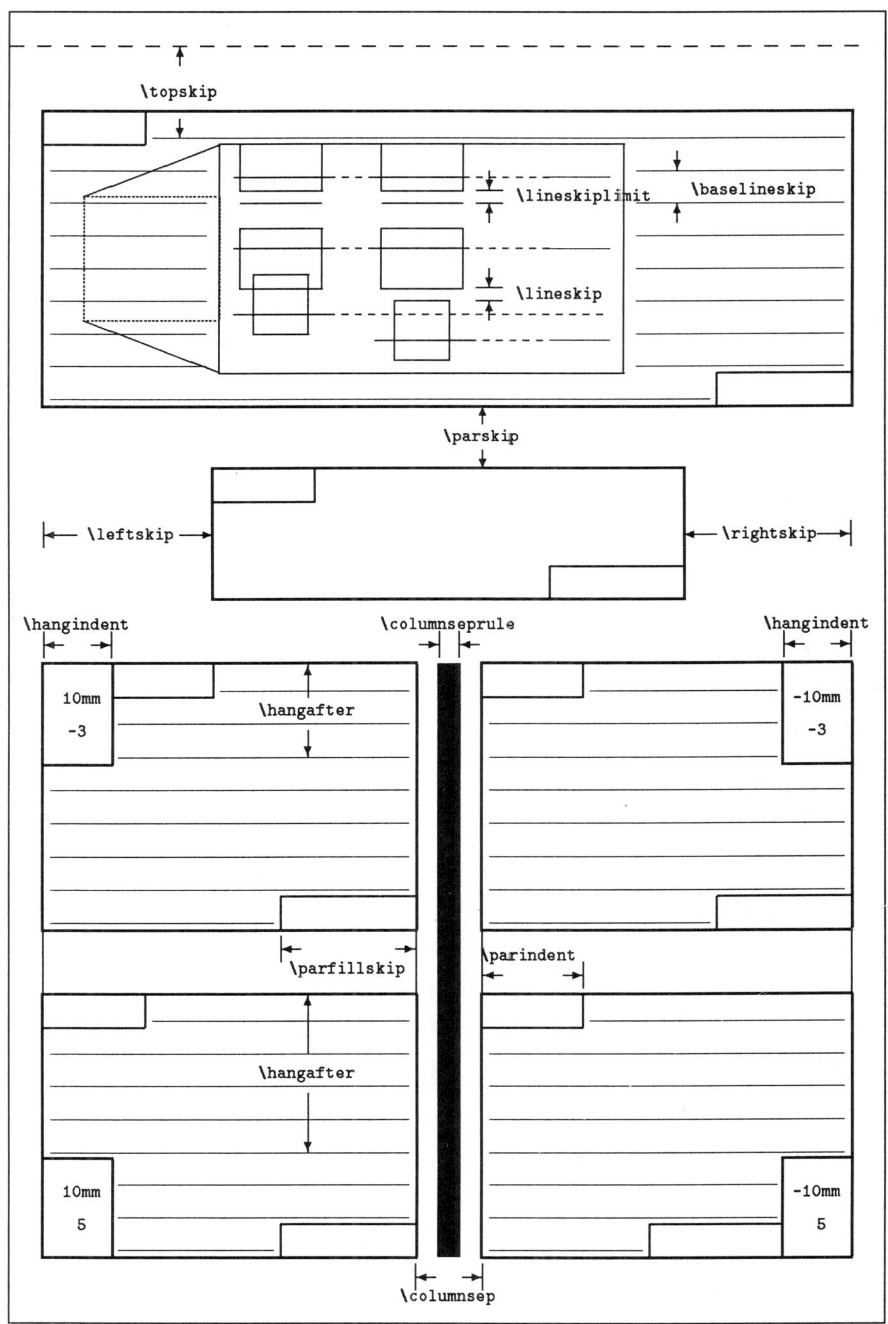

Layout von Randnotizen

```
\marginparpush=5mm
\marginparsep=5pt
\marginparwidth=20mm
```

Für längere Kommentare in der Randspalte empfiehlt es sich, von Blocksatz auf Flatterrand umzustellen, da die Randnotizen sonst sehr unschön werden können! Eine einfache Definition, bei der man allerdings den optionalen Parameter einbüßt, wäre z.B.:

```
\let\margintest\marginpar
\def\marginpar#1{
  \margintest[{\raggedright #1}]{\raggedright #1}
}
```

Wie man aus dem Beispiel schon schließen kann, werden die Randmarken mit dem Befehl

`\marginpar` [⟨*linker Randtext*⟩] {*rechter Randtext*}

erzeugt.

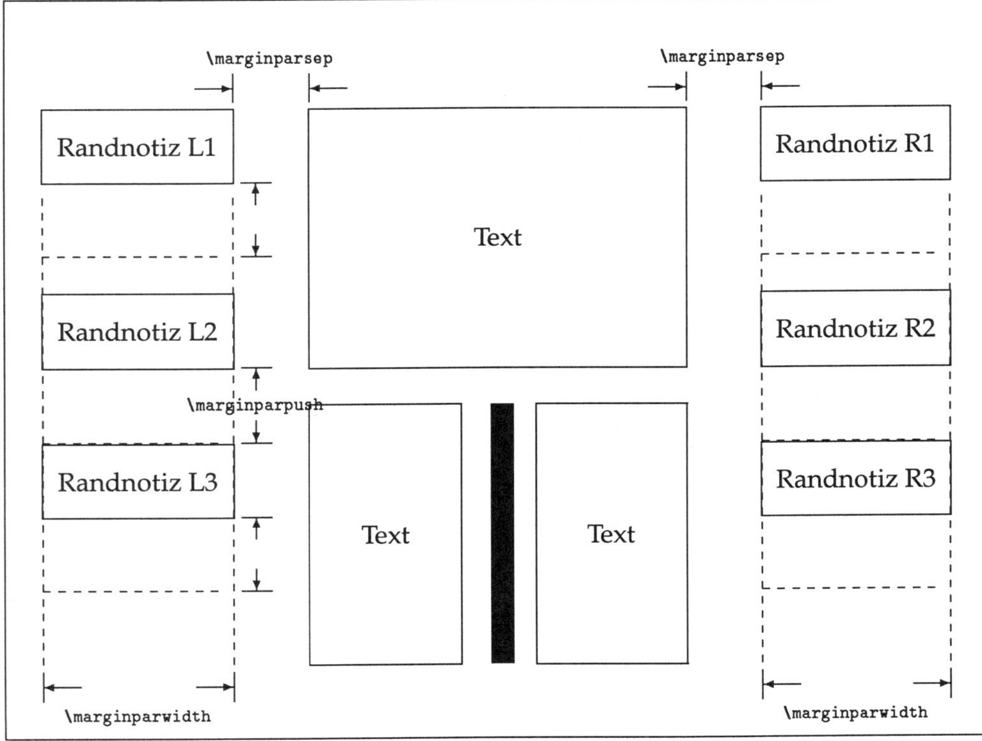

Layoutparameter für LaTeX-Listen: Grafik

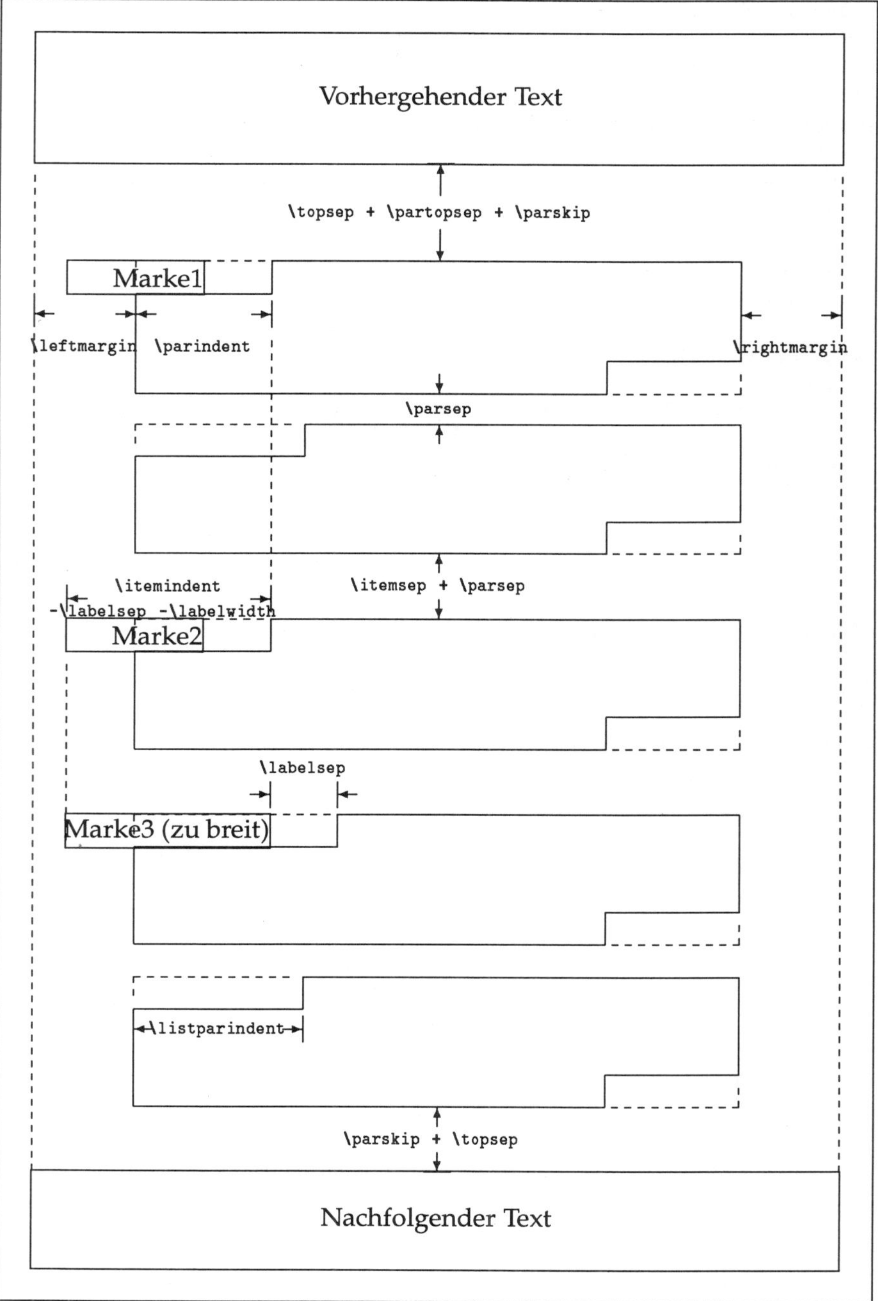

Layoutparameter für LaTeX-Listen: Beispiel

```
\parindent0pt Dieser Absatz enth"alt ...

\begin{list}{Marke}{
    \topsep=2mm
    \parskip=0mm
    \parsep=2mm
    \partopsep=2mm
    \itemsep=2mm
    %
    \itemindent=5mm
    \listparindent=1cm
    %
    \rightmargin=5mm
    \leftmargin=3cm
    \labelwidth=1cm % Breite der kleinsten Marke,
                    % sonst nicht linksbuendig
    \labelsep=1cm}

\item Dies ist der ...

    Der zweite ...

\item[Sehr breite Marke]  Hier folgt ...

\end{list}

Dieser Text folgt nach der Liste ...
```

Layoutparameter für LaTeX-Listen: Wirkung des Beispiels

Dieser Absatz enthält den vorhergehenden Text. Dieser sollte die volle Zeilenbreite von `\textwidth` ausnutzen und einen gewissen Abstand zur folgenden Liste haben:

Marke Dies ist der Text zur ersten Marke. Er sollte in der ersten Zeile um `\labelsep` von der Marke getrennt sein und eine Einrückung von `\itemindent` gegen den linken Rand des Markentextes zeigen.

Der zweite Absatz zur ersten Marke sollte genau wie der erste um `\leftmargin` vom linken Textrand entfernt sein, die erste Zeile ist allerdings um `\listparindent` eingerückt.

Sehr breite Marke Hier folgt der Text zur zweiten Marke. Da diese Marke breiter ist als die dafür vorgesehene Box, kommt es hier zu einer zusätzlichen Einrückung um die Überbreite der Marke, da der Abstand Marke–Text (`\labelsep`) auf jeden Fall eingehalten werden soll.

Dieser Text folgt nach der Liste und hat so alle außerhalb der Liste geltenden Einstellungen.

Parameter für Fußnoten

Die wesentlichen Parameter für Fußnoten sind:

`\footnoterule`
`\footins`
`\footnotesep`

Dabei ist `\footnoterule` ein Makro, in dem die Länge der Fußnotentrennlinie auf `2in` festgelegt wird.

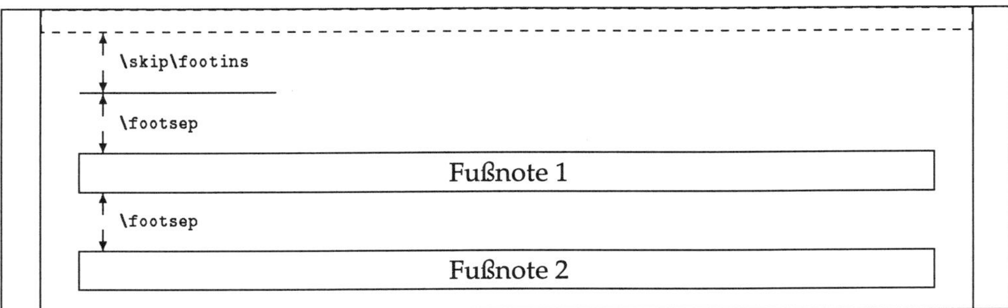

Literatur

[BH90] Karl Berry and Kathryn A. Hargreaves. *TEX for the impatient*. Addison-Wesley, Reading, Massachusetts, 1. edition, 1990.

[GMS94] Michael Goossens, Frank Mittelbach, and Alexander Samarin. *The LATEX Companion*. Addison-Wesley, Reading, Massachusetts, first edition, 1994.

[Knu86] Donald E. Knuth. *TEX the Program*, volume B of *Computers & Typesetting*. Addison-Wesley, Reading, Massachusetts, first edition, 1986.

[Knu91] Donald E. Knuth. *The TEXbook*, volume A of *Computers & Typesetting*. Addison-Wesley, Reading, Massachusetts, eleventh edition, May 1991.

[Kop91a] Helmut Kopka. *LATEX: Eine Einführung*. Addison-Wesley, Bonn; München; Reading, Massachusetts, 3. edition, 1991.

[Kop91b] Helmut Kopka. *LATEX: Erweiterungsmöglichkeiten*. Addison-Wesley, Bonn; München; Reading, Massachusetts, 2. edition, 1991.

[Lam86] Leslie Lamport. *LATEX: A Document Preparation System*. Addison-Wesley, Reading, Massachusetts, first edition, 1986.

[Sch88] Norbert Schwarz. *Einführung in TEX– incl. Ver. 3.0*. Addison-Wesley, Bonn; München; Reading, Massachusetts, 3. edition, 1988.

[Sno92] Wynter Snow. *TEX for the beginner*. Addison-Wesley, Reading, Massachusetts, 1. edition, 1992.

[uSS92] Rudolf Potuček und Stefan Schwarz. *LATEX: Satzkunst statt DTP*. Vogel Verlag, Würzburg, 2. edition, 1992.

[Won88] Dr.R̃einhard Wonneberger. *Kompaktführer LATEX*. Addison-Wesley, Bonn; München; Reading, Massachusetts, 2. edition, 1988.

Themenindex

Zeichen

A

C

D

E

F

G

H

I

K

L

M

\choose, \circ, \clubsuit, \colon, \cos, \cosh, \cot, \coth, \csc, \dag, \ddot, \deg, \Delta, \delta, \det, \Diamond, \diamond, \diamondsuit, \dim, \displaystyle, \dot, \epsilon, \exp, \fnsymbol, \Gamma, \gamma, \gcd, \grave, \hat, \hbar, \hom, \inf, \int, \intop, \Join, \kappa, \ker, \Lambda, \lambda, \ldotp, \ldots, \leadsto, \left, \Leftarrow, \leftarrow, \Leftrightarrow, \leftrightarrow, \lg, \lhd, \lim, \liminf, \limsup, \ln, \load, \log, \Longleftarrow, \longleftarrow, \Longleftrightarrow, \longleftrightarrow, \longmapsto, \Longrightarrow, \longrightarrow, \mapsto, \mathbf, \mathbin, \mathcal, \mathchar, \mathchoice, \mathclose, \mathit, \mathnormal, \mathop, \mathopen, \mathord, \mathpunct, \mathrel, \mathrm, \mathsf, \mathtt, \matrix, \max, \mho, \mid, \min, \models, \mp, \mskip, \mu, \nabla, \natural, \ne, \nearrow, \neg, \neq, \ni, \not, \notin, \nu, \nwarrow, \o, \odot, \ointop, \Omega, \omega, \ominus, \oplus, \oslash, \otimes, \over, \overbrace, \overleftarrow, \overline, \overrightarrow, \overwithdelims, \owns, \P, \parallel, \partial, \perp, \Phi, \phi, \Pi, \pi, {picture}, \pm, \Pr, \prec, \preceq, \prime, \prod, \propto, \Psi, \psi, \qquad, \radical, \rangle, \rbrace, \rbrack, \rceil, \Re, \Relbar, \relbar, \rfloor, \rgroup, \rhd, \rho, \rhook, \right, \Rightarrow, \rightarrow, \rightharpoondown, \rightharpoonup, \rightleftharpoons, \rmoustache, \root, \S, \sb, \searrow, \sec, \setminus, \sharp, \Sigma, \sigma, \sim, \simeq, \sin, \sinh, \smallint, \smile, \spadesuit, \sqcap, \sqcup, \sqsubset, \sqsubseteq, \sqsupset, \sqsupseteq, \star, \subset, \subseteq, \succ, \succeq, \sum, \sup, \supset, \supseteq, \surd, \swarrow, \tan, \tanh, \tau, \Theta, \theta, \tilde, \times, \to, \top, \triangle, \triangleleft, \triangleright, \underbrace, \unlhd, \unrhd, \Uparrow, \uparrow, \Updownarrow, \updownarrow, \uplus, \Upsilon, \upsilon, \varepsilon, \varphi, \varpi, \varrho, \varsigma, \vartheta, \vdash, \vee, \Vert, \vert, \wd, \wedge, \widehat, \widetilde, \wp, \wr, \Xi, \xi, \zeta

Matrizen

\bordermatrix, \matrix, \pmatrix

→ *Formelsatz/Matrizen*

Mehrspaltensatz

\dblfigrule, \dblfloatpagefraction, \dblfloatsep, \dbltextfloatsep, \dbltopfraction, dbltopnumber, \doublerulesep, \onecolumn, \twocolumn

→ *Zweispaltensatz*

Musik

\natural, \sharp

N

Namensbefehle

→ *Bezeichnungen*

NFSS

\DeclareErrorFont, \DeclareFixedFont, \DeclareFontEncoding, \DeclareFontEncodingDefaults, \DeclareFontFamily, \DeclareFontShape, \DeclareFontSubstitution, \DeclareMathAlphabet,

S

\displaystyle,
\displaywidowpenalty,
\displaywidth, \divide,
\doublehyphendemerits, \dump, \edef,
\egroup, \else, \emergencystretch,
\endcsname, \endgroup, \endinput,
\endlinechar, \eqno, \errhelp,
\errmessage, \errorstopmode,
\escapechar, \everydisplay,
\everyhbox, \everymath, \everyvbox,
\exhyphenpenalty, \expandafter,
\finalhyphendemerits, \firstmark,
\floatingpenalty, \font, \fontname,
\gdef, \global, \globaldefs, \halign,
\hangafter, \hangindent, \hbadness,
\hbox, \hfil, \hfill, \hfilneg,
\hoffset, \hrule, \hrulefill, \hsize,
\hskip, \hss, \hyphenation,
\hyphenchar, \hyphenpenalty, \if,
\ifcase, \ifcat, \ifdim, \ifeof,
\iffalse, \ifhbox, \ifhmode,
\ifinner, \ifmmode, \ifnum, \ifodd,
\ifvbox, \ifvmode, \ifvoid,
\ignorespaces, \immediate, \indent,
\input, \insert, \insertpenalties,
\interlinepenalty, \kern, \lastbox,
\left, \leftskip, \leqno, \let,
\limits, \linepenalty, \lineskip,
\lineskiplimit, \long, \looseness,
\lower, \mag, \mark, \mathaccent,
\mathbin, \mathchar, \mathchardef,
\mathchoice, \mathclose, \mathcode,
\mathinner, \mathop, \mathopen,
\mathord, \mathpunct, \mathrel,
\mathsurround, \maxdeadcycles,
\maxdepth, \maxdimen, \meaning,
\medmuskip, \message, \mkern, \month,
\moveleft, \moveright, \mskip,
\multiply, \muskip, \muskipdef,
\newlinechar, \noalign, \noexpand,
\noindent, \nolimits, \nonscript,
\nonstopmode, \nulldelimiterspace,
\nullfont, \number, \omit, \openin,
\openout, \or, \outer, \output,
\outputpenalty, \over,
\overfullrule, \overline,
\overwithdelims, \pagedepth,
\pagefilllstretch,
\pagefillstretch, \pagefilstretch,
\pagegoal, \pageshrink,
\pagestretch, \pagetotal, \par,
\parfillskip, \parindent, \parshape,
\parskip, \patterns, \pausing,
\penalty, \postdisplaypenalty,
\predisplaypenalty,
\predisplaysize, \pretolerance,
\prevdepth, \prevgraf, \radical,
\raise, \read, \relax, \relpenalty,
\right, \righthyphenmin, \rightskip,
\romannumeral, \scriptfont,
\scriptscriptfont,
\scriptscriptstyle, \scriptspace,
\scriptstyle, \scrollmode, \setbox,
\sfcode, \shipout, \show, \showbox,
\showboxbreadth, \showboxdepth,
\showlists, \showthe, \skewchar,
\skip, \skipdef, \spacefactor,
\spaceskip, \span, \special,
\splitbotmark, \splitfirstmark,
\splitmaxdepth, \splittopskip,
\string, \tabskip, \textfont,
\textstyle, \the, \thickmuskip,
\thinmuskip, \time, \toks, \toksdef,
\tolerance, \topmark, \topskip,
\tracingcommands,
\tracinglostchars, \tracingmacros,
\tracingonline, \tracingoutput,
\tracingpages, \tracingparagraphs,
\tracingrestores, \tracingstats,
\uccode, \uchyph, \underline,
\unhbox, \unhcopy, \unkern,
\unpenalty, \unskip, \unvbox,
\unvcopy, \uppercase, \vadjust,
\valign, \vbadness, \vbox, \vcenter,
\vfuzz, \vfil, \vfill, \vfilneg,
\voffset, \vrule, \vsize, \vskip,
\vsplit, \vss, \vtop, \wd,
\widowpenalty, \write, \xdef,
\xleaders, \xspaceskip, \year

V

W

Z

THE SIGN OF EXCELLENCE

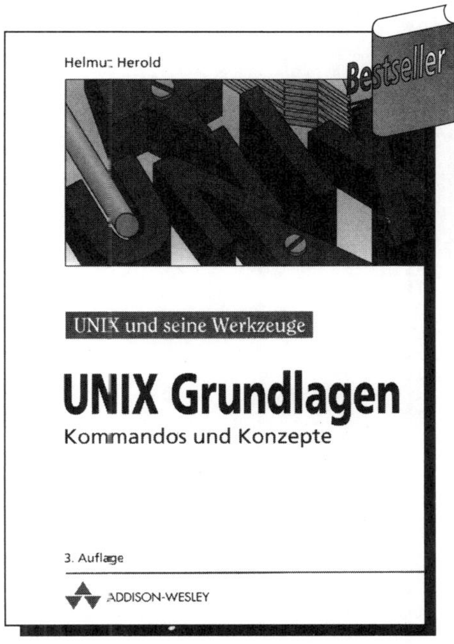

UNIX Grundlagen

Kommandos und Konzepte

Helmut Herold

Dieses Buch macht Sie mit der Arbeit unter dem Betriebssystem UNIX (System V.3 und System V.4) vertraut. Die Lektüre liefert Ihnen ein gesundes Basiswissen, mit dem Sie in die höheren UNIX-Sphären aufsteigen können. Der Autor unterstützt Sie dabei mit weiterführenden Bänden dieser Reihe. Dieses Buch eignet sich sowohl für Einsteiger als auch für Fortgeschrittene, die ihr Wissen über das Betriebssystem vertiefen möchten. Die wichtigsten Themen: Geschichte und Eigenschaften von UNIX; Aufbau von UNIX-Kommandos; das Dateisystem und die Dateiarten; die Editoren ed, vi und ex; das Arbeiten in lokalen und weltweiten Netzen.

900 Seiten, 3. überarbeitete Auflage, 1995
99,90 DM, ISBN 3-89319-734-6

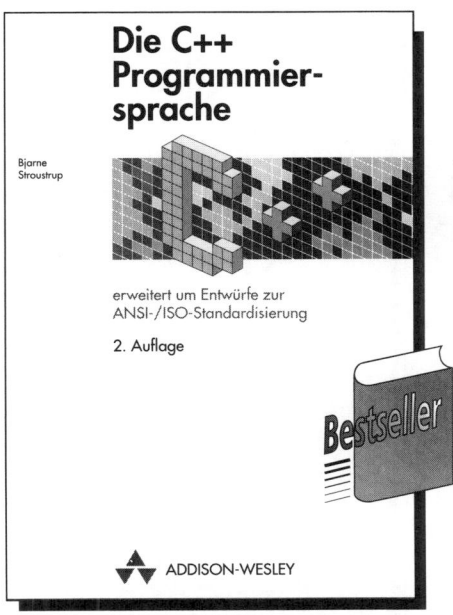

THE SIGN OF EXCELLENCE

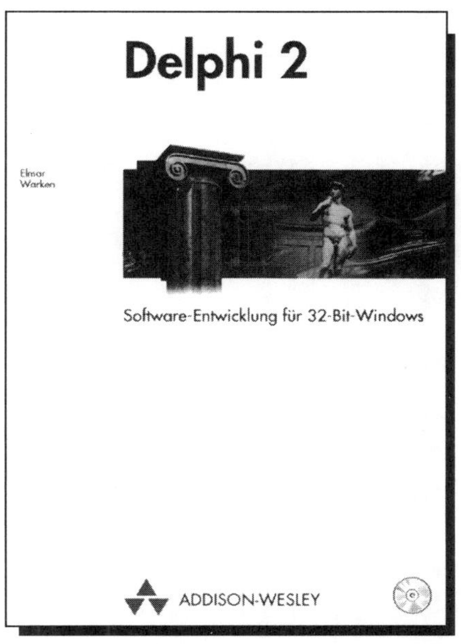

Delphi 2

Software-Entwicklung für 32-Bit-Windows

Elmar Warken

Dieses Buch liefert eine außerordentlich umfassende Beschreibung der Software-Entwicklung mit Delphi 2. Es richtet sich dabei an alle Programmierer, die mit Delphi nicht nur einfache dialogorientierte Anwendungen schreiben, sondern auch die vielen weiterführenden Leistungsmerkmale dieses Entwicklungssystems effektiv nutzen möchten. Es setzt lediglich elementare Programmierkenntnisse voraus, aber keine Kenntnisse in der Windows-Programmierung. Das Buch ist auch für die Entwicklung mit Delphi 1 verwendbar. Zu den Themen des Buches gehören:

- Einführung in die Software-Entwicklung mit Delphi, Funktionsweise der IDE
- Überblick über die VCL, abstrakte Klassen, Nachrichtenfluß, nicht-visuelle Grundlagen der VCL
- Thread-Programmierung, neue Komponenten für Windows 95, Component Object Model
- Datenbankprogrammierung
- Komponentenentwicklung
- Daten- und Codeaustausch: DDE, OLE, OLE-Automation, DLLs

ca. 900 Seiten, gebunden, 1996
ca. 89,90 DM, mit CD-ROM, ISBN 3-8273-1037-7

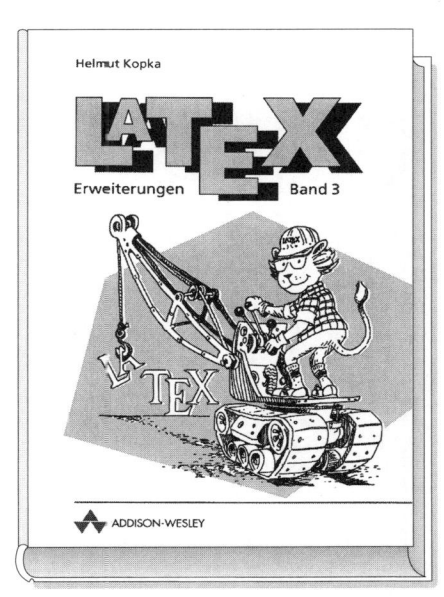

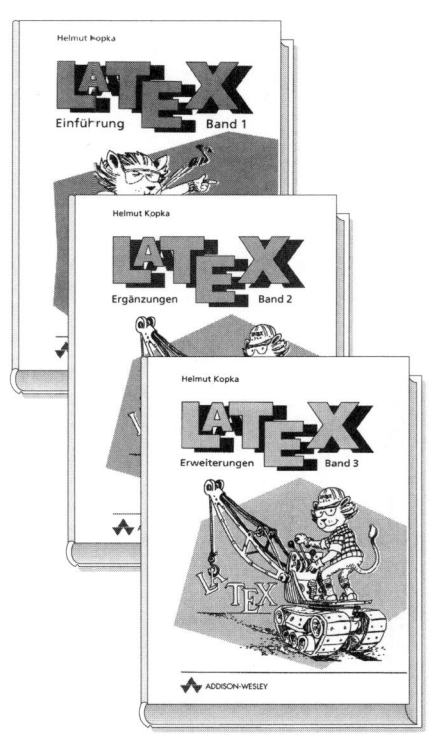

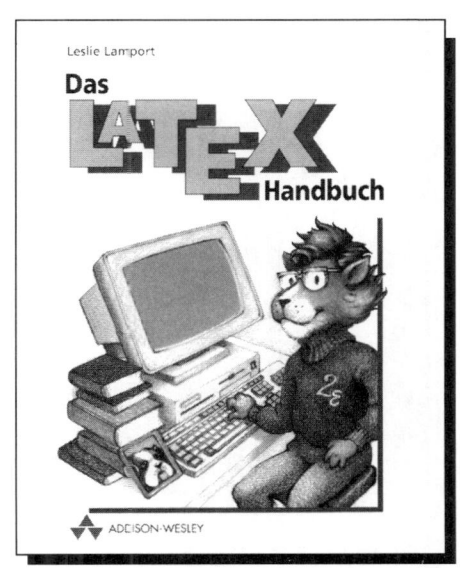

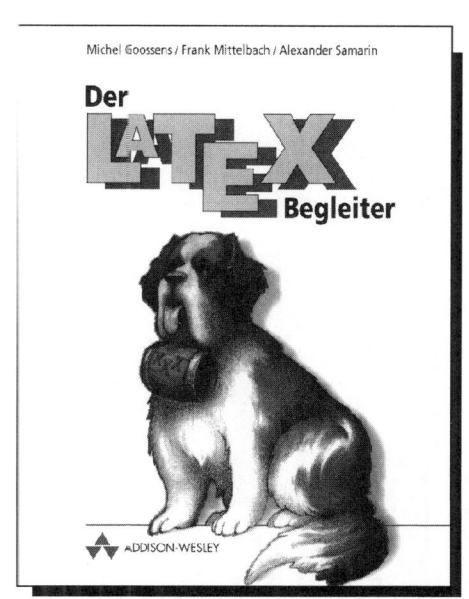